XUNZHAO YI ZHONG HAO ZHIDU

寻找一种好制度

卢现祥制度分析文选Ⅱ

卢现祥◎著

LU XIANXIANG ZHIDU FENXI WENXUAN

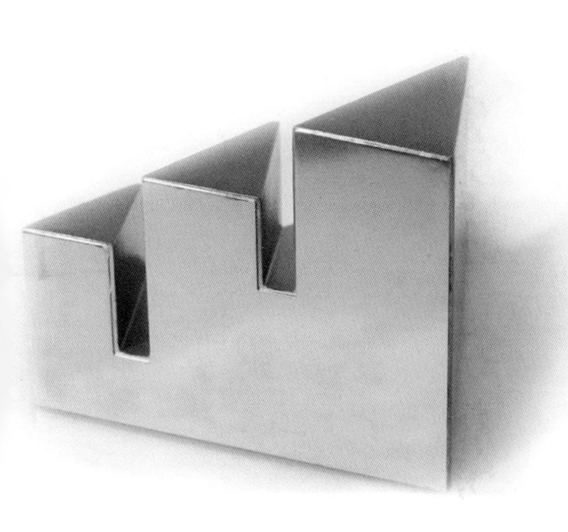

图书在版编目(CIP)数据

寻找一种好制度：卢现祥制度分析文选．2/卢现祥著．—北京．北京大学出版社，2016.8

ISBN 978－7－301－27320－3

Ⅰ．①寻…　Ⅱ．①卢…　Ⅲ．①制度经济学—文集　Ⅳ．①F091.349-53

中国版本图书馆 CIP 数据核字（2016）第 180032 号

书　　名	寻找一种好制度：卢现祥制度分析文选Ⅱ
著作责任者	卢现祥　著
责任编辑	周　玮　王　晶
标准书号	ISBN 978－7－301－27320－3
出版发行	北京大学出版社
地　　址	北京市海淀区成府路 205 号　100871
网　　址	http://www.pup.cn
电子信箱	em@pup.cn　QQ：552063295
新浪微博	@北京大学出版社　@北京大学出版社经管图书
电　　话	邮购部 62752015　发行部 62750672　编辑部 62752926
印 刷 者	北京宏伟双华印刷有限公司
经 销 者	新华书店
	730 毫米×980 毫米　16 开本　26.5 印张　535 千字
	2016 年 8 月第 1 版　2016 年 8 月第 1 次印刷
定　　价	69.00 元

论制度的性质（代前言）

在什么框架下研究好制度和坏制度？这是新制度经济学需要探讨的重要问题。这种制度框架需要有一般性和较强的解释力。美国麻省理工学院经济学教授德隆·阿西莫格鲁（Daron Acemoglu）与哈佛大学政治经济学教授詹姆斯·A. 罗宾逊（James A. Robinson）在合著的《权力、繁荣与贫穷的根源：为什么国家会失败?》（2012）一书中把人类社会所经历的政治和经济制度主要分为广纳性制度（inclusive institutions）和榨取式制度（extractive institutions）。也有的把这两种制度分别翻译为包容性制度和攫取性制度。与此相对应，诺斯在《暴力与社会秩序》一书中有类似的分类：原始社会秩序，即狩猎采集社会秩序；有限准入秩序，即通过对经济体系实行政治控制来解决如何约束暴力的问题，也即通过限制进入产生租金，以此来维持社会秩序；开放准入秩序，即通过政治和经济上的相互竞争而非创设租金来维持社会秩序。制度好坏的分类实质上涉及制度的性质问题。

关于制度性质的研究可以追溯到帕累托的分析，他认为，人类有两种不同的劳动方式：一种是生产或改造经济商品，另一种是占有他人所生产的物品，这两种方式可以分别称为“生产与交换”和“掠夺与冲突”。与此相适应，就有生产与交换的制度体系和掠夺与冲突的制度体系。马克思第一个系统地研究了这两种劳动方式，一般来讲，在生产与交换中是等价交换，而在掠夺与冲突中是不等价交换，包括不平等的分配。传统经济学几乎只关注了其中一个，即生产与交换的方式。但是冲突与掠夺的方式却有着同样重要的经济学意义，它在人类大多数时期都存在。在这里，仍然是建立在稀缺性和理性选择的假设基础上，分散化的选择相互作用产生社会均衡。主流经济学也关注到这类冲突性活动：犯罪、诉讼、劳力与管理层的斗争、寻租竞赛、再分配政治等领域。但是这些分析都是零散的，还未被融合到经济学的主体上去。[①]其实这两种劳动方式是交织在一起的，

① 赫舒拉发：《力量的阴暗面》，华夏出版社，2012 年，第 2 页。

主流经济学只探讨生产与交换的方式这一层面的经济活动，而把冲突与掠夺的方式这一层面的经济活动抽象掉或者不予以研究，这就使主流经济学的解释力大大地下降。

主流经济学的生产与交换的标准理论以三个命题为基础：（1）所有资源的私人所有权，（2）零交易费用，（3）对商品向下倾斜的需求曲线。从这三个命题出发，生产与交换的标准理论极大地促进了人们对社会选择集合的含义、经济效率的结果、市场竞争的类型以及市场均衡的性质的理解。[①]现代产权理论拓展了传统的生产与交换理论：（1）强调一个生产组织内的单个决策者所起的作用；（2）认为事实上存在多种形式的产权，而不能保证利润最大化；（3）认识到交易费用大于零在所有情形中具有的实际重要性。如果引入这些因素，那么对掠夺与冲突的分析就顺理成章了。新制度经济学为掠夺与冲突的研究奠定了基础。

科斯认为，经济学家应该研究经济系统的运行。在他看来，经济学家忽视了对经济系统运行的研究，不注重研究一个有着多重内部关系的系统就像一个生物学家研究血液循环却不研究人体。实际上经济系统极端复杂，有大企业也有小企业，还有非营利组织和政府部门，所有这些一起运转并相互联系形成了整个系统。各个子系统之间是相互影响的，这些都被忽略了。没有将系统当成研究主题是经济学的最大失误（科斯）。

其实，科斯更强调对经济系统运行中的制度和制度网络的研究。现代市场经济是建立在劳动的高度分工和复杂的贸易网络基础上的，这个网络还在不断扩张，用诺斯的话来说就是从人际化交易转变到非人际化交易，这就要求有一个复杂的社会制度网络来协调各种市场和企业的跨界运行。随着现代经济变得愈发制度密集化，想把经济学精简到价格理论就愈发麻烦。如果让这个学科沦落为一种关于选中择的硬科学，而忽视了社会、历史、文化、政治对经济运行的影响，这无异于一种自残（科斯）。任何运行良好的市场都需要制度设计，通过深思熟虑的努力来进行设计，使参与者通过价格和质量进行竞争，而不是通过相互残杀或其他手段进行竞争。[②]没有制度设计，掠夺与冲突就会产生。

为什么主流经济学不把掠夺与冲突纳入经济分析的框架？斯蒂格勒指出，经济学家没有任何先天的理由去假定日常交易中没有欺骗和强制。他说："我推断，我们经济学家习惯性地把欺骗和强制给排除掉，是因为从经验上看，它们在企业通常的经济交易中都不是重要的因素。"[③]制度经济学中的自愿交换和制定合约的

① 斯韦托扎尔·平乔维奇：《产权经济学——一种关于比较体制的理论》，经济科学出版社，2000年，第31页。

② 道格拉斯·C. 诺斯：《理解经济变迁的过程》，《经济社会体制比较》，2004年第1期。

③ 约翰·N. 德勒巴克、约翰·V. C. 奈：《新制度经济学前沿》，经济科学出版社，2003年，第150页。

中心作用已经引起批评者的争论，这种方法设想了这样一种社会，在那里缺乏冲突和剥削，经济关系仅局限于在平等的和独立的当事人之间对共同利益的交换。[1] 新制度经济学也不太重视对掠夺与冲突的研究。如果再分配性组织占主导地位，政体将会发展出一个制度结构来促进那些特殊类型的交易，并形成路径依赖。拉丁美洲的经济历史证明了这一点。事实上，无效路径要比经济增长的路径在经济历史上更为常见。[2]

广纳性制度和榨取式制度是分析经济系统运行的有效框架，它们对应了帕累托所讲的"生产与交换"和"掠夺与冲突"。这个框架强调了制度网络（系统）、经济与政治制度的互动性、制度的性质及制度的转型。现分述如下：

第一，经济系统中的制度网络。如前所述，现代市场经济需要有一个复杂的社会制度网络来协调各种市场和企业的跨界运行。制度网络是一组制度，是制度束，不仅包括正式约束，还包括非正式约束及其实施机制。从制度层次看，制度网络包括：嵌入制度或者社会和文化的基础、基本的制度环境、治理机制及短期资源分配制度（威廉姆森）。广纳性制度和榨取式制度的制度网络是不一样的。广纳性经济制度的主要特点是：保障私有财产（私有制）、创造公平竞争环境（保证个人创业积极性与法制）、鼓励投资和创新等。广纳性政治制度的主要特点是：政治权力分布广泛同时受到限制、有相对集中的政治权力确保国家治理体系的有效运转。只有足够集中化和多元化的政治制度才称为广纳式政治制度。如果这两种条件有任何一种付之阙如，我们会把这套制度称为榨取式政治制度。这也是奥尔森所讲的强化市场型政府，即政府的权力足够保护私人财产的同时又受到限制，包容性政治体制的关键是建立法治国家。

第二，政治制度和经济制度是一种互动关系。在研究经济系统时必须同时研究政治制度和经济制度。繁荣的国家和社会有良好的经济和政治体制，也就是"包容性制度"。而历史上那些即将失败或已失败的国家，无一不是因为制度恶劣，恶劣的制度是一种攫取性制度，这种攫取性以榨干多数人的利益而为极少数人服务为目的。两个制度之间的关系是互为保障的，若仅仅有包容性经济制度，没有包容性政治制度，则经济发展没有持续性，经济的发展必定会停滞以致失败；包容性政治制度为包容性经济制度开路，并促使其进一步发展，一个国家的政治制度最终决定这个国家是否能走向繁荣和富强。经济与政治制度间有强大的相互促进效应。榨取式政治制度集中权力在少数精英手中，权力的行使很少受到制约。经济制度通常也由这些精英建立，用以从社会其他人那里榨取资源。榨取式经济制度因此自然伴随着榨取式政治制度。事实上，它们生来就必须依赖榨取式政治制度才能存活。广纳式政治制度广泛地授予权力，通常能消除剥夺多数人

---

① 李·J. 阿尔斯通等：《制度变革的经验研究》，经济科学出版社，2003 年，第 15 页。

② 道格拉斯·C. 诺斯：《交易费用政治学》，中国人民大学出版社，2013 年，第 12 页。

资源、建立进入障碍和压制市场机能以为少数人谋利的经济制度。阿西莫格鲁等人研究了自然实验（朝鲜半岛的分裂以及欧洲人开拓殖民地的过程）并得出结论，他们认为经济制度和政治制度都对经济增长产生了重要的影响。经济制度影响经济增长的原因在于它们"制定了社会中经济参与者的激励机制"，而这有力地解释了国家间的经济增长差异；政治制度影响经济增长的原因在于它决定了经济制度的质量。不从政治制度与经济制度的互动关系入手，我们很难搞清制度的性质。

在美国总统麦迪逊看来，政治体制的一个根本问题就是利益集团往往要在经济市场和政治市场中活动，来改变市场经济的有效性。诺斯指出，这种由于利益集团的冲突而导致经济市场和政治市场效率低下的状况在两百多年后的今天仍然存在。美国也不例外。因此美国注意防止国家和利益集团通过各种途径实现自己的目的（诺斯）。如何建立有效的抵御利益集团对经济负面影响的制度体系？如果不能达成关于所有社会集团都能从经济增长中获益的改革契约，关于控制权的斗争将愈演愈烈。有效解决控制权斗争的政治制度设计是实现经济长期增长的关键。在这个意义上讲，政治制度的改革比经济制度的改革更重要，难度也更大。

第三，从制度性质来看，广纳性制度是有利于更多人的制度，而榨取式制度是少数人对多数人进行攫取的制度。古往今来，榨取式制度压制了人的创造性、积极性，从而使国家越来越落后；而广纳性制度是鼓励人的主动性，法律面前平等而保障人的私有财产权，从而保障了社会的进步、经济的繁荣和人们生活水平的持续提高。"繁荣的马达是包容性的经济体制，这种体制不仅给人们从事自己愿意的、最适合他们才能的职业的自由，也提供给他们公平的场所和机会。那些有好主意的人能创立他们的企业，工人们到让他们的生产力最能发挥的地方去工作，不那么有效率的企业被更有效率的替代。"①

广纳式制度与诺斯所描述的开放准入秩序的特征基本上一致：（1）政治和经济的协调发展；（2）在经济中负增长出现得较少；（3）存在着大量组织的、丰富而充满活力的公民社会；（4）庞大的、较为分散的政府；（5）普及的非人际关系化的社会关系，包括法治、产权保护、公正和平等，即平等对待所有人的一切方面。而榨取式制度与诺斯所描述的有限准入秩序的特征基本上一致：（1）经济增长缓慢且容易受到冲击；（2）政治未获被统治者的普遍认同；（3）组织的数量相对较少；（4）政府较小并且较集权；（5）主要的社会关系是沿着人际关系这条线路展开的，包括特权、社会等级、法律实施上的不平等、产权缺乏保障，以及一种普遍的观念——人并非是生而平等的。

不同性质的制度对人们的影响是不一样的，就财富观来看，奴隶制下的民族

---

① 德隆·阿西莫格鲁、詹姆斯·A. 罗宾逊：《国家为什么会失败》，湖南科学技术出版社，2015 年，第 177 页。

更多地致力于保护财富，而不是获取，而一个自由的民族则更多地致力于获取财富，而不是保护。[①] 为什么有些国家偏重于劳动密集型的生产活动，而有些国家偏重于资本密集型生产？这与制度性质有关，某些类型的生产或多或少具有自我保护的性质，如粮食采集、手工艺品制造等劳动密集型的生产活动。但是许多其他类型的生产要求有价值昂贵的资产，如机器和工厂，它们无法被藏匿起来，因此就有被攫取或充公的可能。通常情况下，没有人会愿意从事资本密集型生产，如果他或她没有财产权以防止价值昂贵的资本物品被盗贼——不论是流窜性的还是固定性的盗贼——掠走的话。[②] 广纳式制度是拥有确立得最好的个人权利的发达民主社会，同时也是拥有最为复杂、最为广泛的交易以实现贸易收益的社会。它们一般也是拥有最高水平的人均收入的社会。[③]

在制度性质里，个人权利和政府权力的关系是核心问题。保护个人权利、限制政府权力是广纳性制度的本质特征。只要个人的权利阻止了政府去攫取具有超常盈利能力的企业的回报，这些权利也使得政府拥有较少的资源，去接济那些损耗社会资源的企业。[④] 如果个人权利确实受到了保护，那么某些形式的掠夺就不需要再加以考虑了，如在霍布斯式的无政府状态下每个人反对所有人的战争中所发生的掠夺行径。即使在个人权利保护得最好的社会中，我们可以避免公开的掠夺，但也难以避免隐蔽的掠夺，即另外一种形式的掠夺可能而且确实经常性发生。这种形式的掠夺，一是通过游说活动，以赢得符合特殊集团利益的立法和法规，二是通过卡特尔化或共谋行为以操纵价格和工资。[⑤] 为此，一些国家采取了相应的措施把这两种形式的掠夺降低到最低限度。如美国对州立法机构设置了限制，使其制定适用于特定地方事务或特定情形的立法行为为违法，要求其只能制定适用于相似情形下针对所有地方的一般性立法。美国式传统认为在人类行为的组织中起作用的应当是普遍法治，而不是向政治庇护者滥施恩惠。

榨取式制度在历史上如此常见，因为它们有一套强而有力的逻辑：它们可以创造有限度的财富，同时能将它分配给少数精英，即让部分人富起来，而不是让所有人富起来。在榨取式制度下，要实现经济增长，必须具备政治集权的条件。一旦条件都满足，政府通常有诱因投资并创造财富、鼓励其他人投资，以便政府能向他们赚取资源，甚至模仿某些通常由广纳式经济制度和市场所推动的过程。所以，政府与市场边界划不清的国家，很容易形成榨取式制度。从形式上有时我们难以把广纳式制度和榨取式制度区别开来。在加勒比海农场经济体中，榨取式

---

① 安德烈·施莱弗、罗伯特·维什尼：《掠夺之手》，中信出版社，2004 年，第 18 页。

② 曼瑟·奥尔森：《权力与繁荣》，上海人民出版社，2005 年，第 144 页。

③ 同上书，第 145 页。

④ 同上书，第 149 页。

⑤ 同上书，第 152 页。

制度的形式是精英以胁迫方式强迫奴隶生产蔗糖。在苏联，其形式是政府把资源从农业重新配置到工业，并为经理人和工人设计某些诱因。[1]

榨取式制度和广纳式制度都会带来经济增长。不过，榨取式制度带来的增长，在本质上不同于广纳式制度带来的增长。从时间上来看，榨取式制度无法可持续增长，而广纳式制度可以实现可持续增长。从创新上来看，榨取式制度受限于本身的特质，无法培育创造性，最多只能刺激有限的科技进步，而广纳式制度可保持自主创新。榨取式制度激发的增长因此无法持续长久，苏联经验为这种制度的结果提供了鲜明的例证。[2]从深层次看，榨取式制度适应性效率比较低，存在较大的不稳定性，当这些制度为精英创造可观的收益时，其他人会有强烈的诱因想取代既有的精英。内斗和不稳定因此成了榨取式制度内在的特性，而且它们不只制造出更低的效率，还往往反转既有的政治集权，有时候甚至导致治安完全崩溃而陷于混乱。值得关注的是，苏联型社会的运动规律是，它们不仅必然随着时间的推进而逐渐衰退，而且必然会变得越来越腐败。最终会变得像某些人所说的，买东西是不可能的，偷东西却很容易。越来越多的体制受害者开始相信，不拿国家的财产就是抢劫自己的家庭。也就是说，一部分人开始从内心直觉地感受到，他们应该拿些东西回来是绝对正确的。[3] 寻租和腐败会成为榨取式制度的常态。

在17世纪的英格兰之前，榨取式制度是历史的常态。诺斯认为，现在世界人口中的85%还生活在有限准入秩序（或榨取式制度）里，这也是诺斯所讲的人类社会在大多数时期、大多数人没有生活在好制度里，由此可知，通过制度变迁挖掘人类社会的潜力非常重要，从榨取式制度转变到广纳式制度是人类的共同任务。

第四，如何从榨取式制度转变到广纳式制度是研究制度性质中最关键的课题。如诺斯所说，我们现在比较清楚的是，什么样的制度有利于经济发展，不太清楚的是，怎样才能从一个不利于经济发展的传统制度，过渡到一个有利于经济发展的好制度（诺斯，2002）。西欧和美国的制度具备适应效率。它们的经济和社会能够抵挡各种冲击、战争和彻底的基本变化，并通过始终成功地改变自身的制度结构实现长期持续增长。一般来讲，那些榨取式制度的国家是停滞和增长交替出现，如拉丁美洲的一些国家；而采取广纳性制度的国家则是稳定增长，如欧美的一些国家。欧美国家已经演化出一种制度结构，非正式行为标准和更重要的正式规则为国家嵌入了这种适应性。这一制度结构提供了一系列引导原理，制约

① 德隆·阿西莫格鲁、詹姆斯·A. 罗宾逊：《国家为什么会失败》，湖南科学技术出版社，2015年，第180页。

② 同上。

③ 曼瑟·奥尔森：《权力与繁荣》，上海人民出版社，2005年，第118页。

着经济社会的发展方式和形成适应效率的方式。[1] 当人类社会从掠夺与冲突过渡到生产与交换占绝对地位的时候，那么这个社会就会走向繁荣。

反之，当我们从什么是对繁荣最有利的因素转到对繁荣最不利的因素时，人们比较一致的看法就是：当存在激励因素促使人们去攫取而不是创造，即这类社会是寻租有利，也就是从掠夺而不是从生产或者互为有利的行为中获得更多收益的时候，那么社会发展就会陷入低谷。在霍布斯的无政府状态中，没有任何措施限制人们去掠夺别人，或者在盗贼统治的世界中，那些权倾一时的人攫取了大部分的资产，这样，社会生产和收益并不是通过专业化和贸易的社会合作途径来完成的。[2] 为什么会形成这种格局？我们需要发现那些握有权力的人做什么，以及他们如何获得权力。其实广纳式制度形成的过程就是一个把权力关进制度笼子的过程，人类社会的历史就是一部权力的演变史。这也是奥尔森为什么会写《权力与繁荣》的原因所在。

诺斯提出了社会制度无效率的三个主要原因。其实，这三个原因也是制度转型的难点所在。第一，经济行为人可能没有创建这些制度所必需的信息和知识。这一条在人类社会早期起着作用，但在当代社会这一条的作用微乎其微了。第二，建立有效率的制度的成本可能极其昂贵。第三，统治者可能与他们的国民存在利益上的冲突（诺斯，1990）。现在最难的可能是第三点。统治者努力使人们相信他们的利益是与大众的利益一致的，但实际上，这两者往往是不一致的。我们可以从三个前提出发来进行分析：（1）政治家是自利的，他们也是经济人，他们也追求自身利益的最大化。（2）如果没有足够的限制性因素存在，政治家和官僚采用掠夺方式谋利的效益比采用交易方式的效益高，换言之，统治者在榨取式制度里比在广纳式制度里更有利于自身利益最大化；许多制度都是由独裁者、强势利益集团和政治上的多数派创立的，他们建立这些制度的目的就是牺牲他人利益从而使自己获利。例如，公共选择理论就认为国家所有权就是在任的政治家用来向庇护人分配职位和取得政治支持的一种手段（Shleifer and Vishny，1998）。（3）自利的普通公民难以组成集体行动来反对政治家和官僚对其进行的掠夺（奥尔森）。公民社会的形成在广纳式制度的形成中起着极为重要的作用。

从深层次看，制度转型的难点在于特殊利益集团通过推行某些措施来最好地实现自己利益的事实，很容易不为人了解或者一般不大可能为人注意，这种行为对经济效率造成的损失要比他们得到直接与无条件的补贴大得多。[3] 诺斯所指出的“发展中国家普遍缺乏抵御利益集团对经济负面作用的制度体系”就与此情形类似。

---

① 道格拉斯·C. 诺斯：《理解经济变迁的过程》，《经济社会体制比较》，2004 年第 1 期。

② 曼瑟·奥尔森：《权力与繁荣》，上海人民出版社，2005 年，第 1 页。

③ 同上书，第 75 页。

中国改革的目标是国家治理体系和治理能力的现代化。我国改革的目标就是要建立广纳式制度（或包容性制度）。如何让更多人分享改革和发展的成果也是广纳式制度最本质的体现。如何治理好国家？其制度基础是什么？亚当·斯密指出，把一个国家从最低级的未开化状态带到最高级的富裕状态，并不需要其他，只要和平、宽松税收和一个还算好的司法行政部门，其余都通过事物的自然过程而产生。我国全面深化改革的重点就是财税体制和司法体制的改革。这与亚当·斯密的国家治理体系观是一致的。中国已经找到改革的正确路径，但路径依赖会延长中国改革的时间和过程。

以上分析可以作为寻找一种好制度的题解。好制度到底是如何形成的？这是制度经济学永恒的话题。现在中国在改革中强调顶层设计，这是制度经济学所讲的自上而下的强制性制度变迁。这种制度变迁的好处是“来得快”，但这种制度变迁也有局限性：一是缺乏多元性，容易出现“上有政策、下有对策”；二是构建时成本较低但实施成本较高；三是会出现郑永年讲到的中国的制度问题，即追求完美的制度、制度缺乏细节、制度实施难。这是因为制度设计者总是认为制度越完美越好。值得指出的是，中国在制度转型中还要注意制度变革的组织方式的创新。如 Tullock（1984）还从寻租角度重新解读了工业革命，他认为，工业革命只是克伦威尔革命的副产品：革命胜利之后，国会执掌权利，国会中人员众多，寻租需要打通更多的环节，也要耗费更多的成本，因而寻租行为逐渐被放弃，大量有才干的人为了赚钱开始进行发明创造，工业革命就爆发了。其实我们应该把规则、法律及制度的制定交给全国人民代表大会，这更有利于中国的制度创新。

2012 年我在北京大学出版社出版了《寻找一种好制度——卢现祥制度分析文选》，本书是在该书后的续编，共有 35 篇文章，主要由五大部分构成：制度与产权，创新与制度激励，中国经济问题的制度分析，寻租、腐败与制度约束，低碳经济与制度安排。这些都与制度有关，并且寻找好制度是共同的主线。对中国的不同问题采用制度方法去研究成为我这些年的主要学术兴趣。从时间顺序来看，第一部分和第四部分是较早发表的一些论文，因此这些论文的数据有可能显得“陈旧”，但为了保持原貌，数据就不更新了，但观点大多数还是经得住时间考验的。我选择这些文章的主要依据就是看还有没有学术价值。另外三个部分的文章主要是近几年发表的，主要涉及三个方面：转型经济、低碳经济及创新问题。本文集中的文章都在杂志上已公开发表，这次在汇集成册过程中对少数文章做了一些修改、补充。由于时间仓促，文集中可能会存在一些不足或问题，敬请读者批评指正！

卢现祥

2015 年 8 月 8 日于津发小区

目　录

·制度与产权·

·创新与制度激励·

·中国经济问题的制度分析·

·寻租、腐败与制度约束·

·低碳经济与制度安排·

·制度与产权·

我国制度经济学研究中的四大问题

近些年来,制度经济学的研究成为我国经济学领域的一大“热点”。制度经济学成为研究热点的一个重要原因是我国转型经济需要制度经济学。西方新制度经济学对我国改革的理论和实践产生了重要的影响。中国的改革实践也为我国理论界对制度经济学的研究提供了土壤。我认为,我国制度经济学研究中有四大问题是值得我们深入探讨的。

一、制度是自然演化的结果还是人为设计的结果?

制度是约束人的一种行为规则。这种规则是如何形成的?这个问题不仅仅是一个理论问题,而且涉及制度创新的理念及其方式等问题。当前关于制度形成的力量主要有两种观点:一种认为制度是自然演化的结果,如哈耶克就是这种观点;另一种认为制度是人为设计的结果,这些设计者往往是社会的精英,不少人持有或在自己的理论分析中暗含着这种观点。一些人自觉或不自觉地把制度创新与人为设计联系在一起。

在哈耶克看来,自由主义是对一种在社会事务中自动或自发形成的秩序的发现(这一发现也导致人们认识到存在一个理论社会科学的对象),这一秩序较之任何集中命令所建立的任何秩序,使社会一切成员的知识和技能能够得到更大程度的利用,因此人们希望尽可能利用这种强大的、自发形成的秩序。在贯彻保护公认的个人私生活领域的公正行为普遍原则的情况下,十分复杂的人类行为会自发地形成秩序,这是特意的安排永远做不到的,因此政府的强制只应限于实施这些规则,无论政府在管理为此目的而得以支配的特定资源时,还可以提供其他什么样的服务。哈耶克关于制度是自然演化的结果的观点可归结为以下几点:(1)社会经济生活的利益关系是复杂的,市场自发的秩序是以相互性或相互受益为基础的,自然秩序是最好的秩序。(2)以允许个人自由地将各自的知识用于各自的目的之抽象规则为基础的自发秩序比建立在命令上的组织或安排更有效率。(3)自发秩序或法治的极端重要性,是基于这样一个事实——它扩大了人们为相互利益而和平共处的可能性,这些人不是有着共同利益的小团体,也不服从某个共同的上级,由此才使一个巨大的或开放的社会得以产生。哈耶克的这些观点我们并不完全赞同,但是他强调制度或规则的自然演化的一面是值得我们探讨的。

制度经济学研究中当前有一种倾向,那就是重视制度创新中精英式人物的设计,而往往忽视了制度创新中自然演化的力量,这种人为设计的所谓制度创新很容易形成既得利益集团,从表面上看,这种制度是有利于社会的制度创新,但实际上可能是有利于某些既得利益集团的制度安排。人为设计的改革很容易产生改革的变形。

近年来在我国的改革过程中,随着改革措施的不断出台,我国社会主义市场经济体制已初具轮廓。但是一些改革措施,要么偏离了其改革的目标,要么就是以不伦不类的形式表现出来,要么甚至背离了其改革的目标。如《破产法》实施的目的之一是调整社会的债权债务关系,但是一些地方却借破产之机逃债;转变政府职能是为了减少政府机构,但据报道,这些年我们的行政机构及人员仍呈增长的态势;企业股份制改造的目的之一是减少政府对经济的干预,实行政企分开,但是企业股份制改造后,一些政府部门照样对企业进行干预。我们改革的目标很明确,但是为什么在操作过程中,我们的一些改革总是变形呢?

从深层次看,改革既是一个制度创新的过程,也是一个利益关系的调整过程。制度创新有两个层面:一是形式或技术层面,如股份制是世界通用的一种经济组织形式,在股份制的改造方面,在技术或操作程序上我们完全可以借鉴别国的经验。二是制度层面。股份制改造是一个利益关系的调整过程,由于各国在产权制度、法律制度及文化传统等方面的差异,企业股份制的建立是一个错综复杂的利益博弈过程。因此,股份制的利益或制度层面是无法借鉴别国经验的。由此就必然导致制度创新中技术层面与制度层面的摩擦和矛盾,改革变形也就难以避免了。我国的《破产法》和股份制之类的改革都是在产权制度改革还没有到位的情况下“仓促”上阵的,技术层面的超前和制度层面(主要是产权制度)的滞后,使这些改革的利益博弈缺乏规则和制约机制,于是一些人就可以通过改革形式的变化获得好处,形成一种既得利益集团。

首先,制度自然演化的过程是当事人不断参与的过程,这个参与的过程也是当事人的利益博弈过程。通过不断反复的博弈及讨价还价,最终形成的制度一般都会达到制度均衡。而人为设计的制度一般把大多数当事人排除在制度设计之外,人为设计的制度尽管也通过一定的途径征求了当事人的意见,但由于费用或成本方面的考虑,这种意见的征求是很有限的。因此,人为设计的制度很难达到帕累托最优状态。其次,从改革的方式来看,激进式的改革国家一般会采用制度的自然演化方式,而渐进式改革的国家一般会采用人为设计的方式。再次,从价值观看,制度的自然演化过程强调的是个体的自由及其选择，而人为设计的制度强调的是集体的意志及其选择。最后，人为设计的制度很容易受既得利益集团的影响，在人为设计制度的过程中，谁的呼声高，谁就有可能左右制度的设计。

值得指出的是，在现实生活中我们很难把制度的人为设计和自然演化区别开来，但自然演化的制度很强调法治。目前，在我国的制度创新中有一个误区，动不动就强调制度创新，并且这些所谓的制度创新往往就是一种人为的设计。

二、正式约束与非正式约束的关系

制度分为正式约束、非正式约束及实施机制三个方面。我国在二十多年的改革开放过程中，在正式约束方面确实了有了较大的进展。但是根源于文化、历史传统的非正式约束的转变却是一个长期的过程，并且正式约束由于非正式约束形成的滞后其效果大打折扣。从约束机制的角度讲，这些年来我国的市场化主要体现在正式约束的规则上。为什么一些在市场经济国家行之有效的法规在我国会变形？缺乏与之相适应的非正式约束不能不说是一个重要原因。非正式约束是一个自然演变过程，包括相应的思想文化启蒙、思想解放运动及相应的法律文化和传统的积累和沉淀等。缺乏非正式约束使正式约束的实施成本大量上升。

在当代开放经济和经济全球化的情况下，正式约束的建立可以借鉴外国的经验，从而降低正式约束建立的成本。从制度的可移植性来看，一些正式约束尤其是具有国际惯例性质的正式规则是可以从一个国家移植到另一个国家的。如我国在市场化改革的过程中就移植了一些西方国家有关市场的规则。这就大大地降低了正式制度创新和变迁的成本。一些规则的移植尽管给“输入国”带来了不少的好处（或收益），制度转让并不像技术转让那样涉及知识产权（专利权）和技术转让费之类的问题，但是与此相适应的非正式约束是难以从国外借鉴的。我们可以对正式约束进行“修正”（即使其合乎国情），但是这种修正有时会导致正式约束的内在不一致性，从而大大地降低正式约束的有效性。我国市场化程度的提高不仅是一个正式约束（包括法律）的建立和完善过程，也是一个非正式约束的建立过程。而后者是需要时间的。正式约束与非正式约束之间是一种相互制约、相互促进的关系。一般来讲，很多正式约束是从非正式约束中产生的，但我国这些年的不少正式约束是舶来品。

为什么非正式约束难以从国外“引进”呢？非正式约束由于内在于传统和历史积淀，其可移植性就差得多。一种非正式规则尤其是意识形态能否被移植，其本身的性质规定了它不仅取决于所移植国家的技术变迁状况，而且更重要的是取决于后者的文化遗产对移植对象的相容程度。如果两者具有相容性，那么，正如 W.

拉坦所说,制度创新的引入,不管是通过扩散过程,还是通过社会、经济与政治程序所进行的制度转化,它们都会进一步降低制度变迁的成本。在新制度经济学家看来,正式约束只有在社会认可,即与非正式约束相容的情况下,才能发挥作用。进行制度变迁的国家总想尽快通过改变正式规则实现新旧体制的转轨(如从计划经济体制转向市场经济体制),但这种正式规则的改变在一定时期内,可能与持续的非正式约束并不相容,即出现了"紧张"。这种紧张程度取决于改变了的正式规则与持续的(或传统的)非正式约束的偏离程度。1993 年诺斯在获诺贝尔经济学奖发表演讲时指出,离开了非正式规则,即使"将成功的西方市场经济制度的正式政治经济规则搬到第三世界和东欧,也不再是取得良好的经济实绩的充分条件。私有化并不是解决经济实绩低下的灵丹妙药"。因此,国外再好的正式规则,若远远偏离了土生土长的非正式规则,也是"好看不中用"。许多国家在发展过程中采用欧美国家的正式规则有成功的,但大多数都不怎么成功,这其中的重要原因之一就是正式约束与非正式约束的冲突和矛盾。

正式的和非正式的制度在造成特定的经济后果时是互为补充的,有效的正式规则的设计必须考虑新的正式规则与现存的非正式规则之间的相互作用。对非正式规则的更深刻理解可以帮助我们理解,何时特定的正式规则的引入是无效的,即何时特定的正式规则不能与非正式规则体系相匹配,因而将不可能被实施。① 诺斯把非正式制度分成三类:(1)对正式制度的扩展、丰富和修改;(2)社会所认可的行为准则;(3)自我实施的行为标准。②

中国在制度建设方面最难的问题不是正式规则,而是我们在引入或构建与市场经济相适应的正式规则时,我们的非正式规则与这些正式规则的冲突或排异。这些冲突或排异的表现是什么,以及如何减少这些冲突或排异,正是我们要深入研究的问题。

三、强制性制度变迁与诱致性制度变迁的关系

诱致性制度变迁指的是现行制度安排的变更或替代,或者是新制度安排的创造,它由个人或一群(个)人,在响应获利机会时自发倡导、组织和实行。诱致性制度变迁必须由某种在原有制度安排下无法得到的获利机会引起。诱致性制度变迁的发生必须要有某些来自制度不均衡的获利机会。从初始制度均衡,到制度不均衡,再到制度均衡,周而复始,这个过程就是人类制度变迁的过程。引起制度不均

① 道格拉斯·C. 诺斯、张五常等:《制度变革的经验研究》,经济科学出版社,2003 年,第 24 页。
② 道格拉斯·C. 诺斯:《制度、制度变迁与经济绩效》,上海三联书店,2008 年,第 35 页。

衡的原因很多,有的新制度经济学家把它归结为四个因素:一是制度选择集合改变;二是技术改变和社会生产力的发展;三是要素和产品相对价格的长期变动;四是其他制度安排改变。

诱致性制度变迁是否发生,主要取决于个别创新者的预期收益和预期成本的比较。对于创新者而言,不同制度安排的预期收益和预期成本是不同的。

诱致性制度变迁的特点可概括为:(1)盈利性。即只有当制度变迁的预期收益大于预期成本时,有关群体才会推进制度变迁。(2)自发性。诱致性制度变迁是有关群体(初级行动团体)对制度不均衡的一种自发性反应,自发性反应的诱因就是外在利润的存在。(3)渐进性。诱致性制度变迁是一种自下而上、从局部到整体的制度变迁过程。制度的转换、替代、扩散都需要时间。从外在利润的发现到外在利润的内在化,其间要经过许多复杂的环节。如在行动团体内就某一制度方案达成一致同意就是一个旷日持久的过程。非正式制度变迁还要更缓慢一些。

强制性制度变迁由政府命令和法律引入及实现。与诱致性制度变迁不同,强制性制度变迁可以纯粹因在不同选民集团之间对现有收入进行再分配而发生。

强制性制度变迁的主体是国家。国家的基本功能是提供法律和秩序,并保护产权以换取税收。作为垄断者,国家可以比竞争性组织(如初级行动团体)以低得多的费用提供一定的制度性服务。国家在制度供给上除了规模经济这一优势外,在制度实施及其组织成本方面也有优势。例如,凭借强制力,国家在制度变迁中可以降低组织成本和实施成本。

为什么需要国家推进强制性制度变迁?

第一,制度供给是国家的基本功能之一。统治者至少要维持一套规则来减少统治国家的交易费用。这些规则包括统一度量衡、维持社会稳定和安全的一系列规则。统治者的权力、威望和财富,最终取决于国家的财富,因此统治者也会提供一套旨在促进生产与贸易的产权和一套执行合约的程序。

第二,制度安排是一种公共品,而公共品一般是由国家"生产"的,按照经济学的分析,政府生产公共品比私人生产公共品更有效,在制度这个公共品上更是如此。在制度变迁的过程中,即使某一群体发现了制度不均衡及其外在利润,也尽量要求政府提供相应的制度安排。

第三,弥补制度供给不足。在社会经济发展过程中,尽管出现了制度不均衡、外部利润以及制度变迁的预期收益大于预期的成本等诸多有利于制度变迁的条件,但此时"搭便车"的现象相当严重,那么,经济主体可能并不会进行诱致性制度变迁。在这种情况下,强制性制度变迁就会代替诱致性制度变迁。因为政府可以凭借其强制力、意识形态等优势减少或扼制"搭便车"现象,从而降低制度变迁的成本。

强制性制度变迁的有效性受许多因素的制约,其中主要有:统治者的偏好和有限理性、意识形态刚性、官僚政治、集团利益冲突和社会科学知识的局限性、国家的生存危机等。国家经过努力可能降低一些不利因素对制度变迁的影响,但是并不能克服其他不利因素对制度变迁的约束。

强制性制度变迁的局限性还表现在,强制性制度变迁尽管可以降低组织成本和实施成本,但它可能违背了一致性同意原则。某一制度尽管在强制运作,但它可能违背了一些人的利益,这些人可能并不按这些制度规范自己的行为,这类制度就很难有效率。例如现实中国的经济生活中,时时出现"上有政策,下有对策"的现象。这类现象实际表明,中国经过近些年的分权化改革后,中央与地方的利益矛盾由隐蔽转向公开化,此时就容易发生中央的强制性制度变迁与地方利益相"抵触"、"冲突"的现象。

诱致性制度变迁与强制性制度变迁是相互补充的。这种相互补充有两方面的含义:一是当诱致性制度变迁满足不了社会对制度的需求时,由国家实施的强制性制度变迁就可以弥补制度供给不足;二是制度作为一种"公共品"也并不是无差异的,即制度是有层次性、差异性及特殊性的,有些制度供给及其变迁只能由国家来实施,如法律秩序等,即使这些制度变迁有巨额的外在利润,任何自发性团体也无法获取。而另外一些制度及其变迁,由于适用范围是特定的,它就只能由相关的团体(或群体)来完成。这后一类的相互补充并不是由成本—收益比较原则决定的,而是由制度的差异性(类似于新古典经济学关于产品差异性的分析)决定的。

诱致性制度变迁与强制性制度变迁有许多共同点,如两者都是对制度不均衡的反应;两者都得遵循成本—收益比较的基本原则等。但是这两种制度变迁模式又存在不少差别,主要有:

(1) 制度变迁的主体不同。诱致性制度变迁的主体是个人或一群人,或者一个团体;而强制性制度变迁的主体是国家或政府。这两类制度变迁主体的差别并不是在数量上,而是体现在"质"(或性质)上。诱致性制度变迁主体集合的形成主要是依据共同的利益和经济原则,国家这个制度变迁主体进行制度变迁的诱因比竞争性组织(或团体)更复杂。

(2) 两类制度变迁的优势不同。诱致性制度变迁主要是依据一致性同意原则和经济原则。如果它能克服外部效果和"搭便车"之类的问题,那么它在制度变迁中将是最有效率的形式之一。而强制性制度变迁的优势在于,它能以最短的时间和最快的速度推进制度变迁;它能以自己的强制力和"暴力潜能"等方面的优势降低制度变迁的成本。总之,这两类制度变迁模式都有自己的比较优势,它们之间是一种互补关系而不是一种替代关系。

(3) 两类制度变迁面临的问题不同。如诱致性制度变迁作为一种自发性制度变迁过程,其面临的主要问题就是外部效果和"搭便车"问题。而强制性制度变迁却面临着统治者的有限理性、意识形态刚性、官僚政治、集团利益冲突和社会科学知识局限等问题的困扰。

诱致性制度变迁和强制性制度变迁,作为新制度经济关于制度变迁的两个代表性模型,日益受到一些国家理论界的关注。一些理论家用其本国的经验数据来检验这两类制度变迁模型,如一些国家适用于诱致性制度变迁模型,而另一些国家更适用于强制性制度变迁模型。

在我国的改革中,是诱致性制度变迁为主,还是强制性制度变迁为主?市场化改革中制度变迁方式的选择对于制度变迁的成功与否至关重要,对于一个从集权型体制走向分权型体制的国家就更重要了。

目前,我国制度变迁方式主要是强制性制度变迁。这种变迁方式存在一系列问题,主要表现在:第一,我国是一个幅员辽阔的大国,自上而下的强制性制度变迁很难适用于所有地方、所有领域。对北方适用的制度变迁不一定适用于南方。这是我国"上有政策,下有对策"现象产生的原因之一。值得指出的是,地方与中央在政策上产生博弈并不一定都是坏事。有一些制度(政策)强制贯彻下去可能会给这个地方带来负的经济效应,地方在不违背基本原则的情况下对制度(政策)作一点修改就不一定是坏事。第二,为了减少强制性制度变迁的成本,我国不少制度变迁(如利改税等)采用了"先试点,后推广"的变迁模式。这种模式也有利于降低风险。但问题是,有些试点的制度(政策)并没有推广开,这是因为"试点"的制度变迁成本国家财力承受得了,而一旦"推广"国家财力则承受不了。第三,以强制性制度变迁为主的制度变迁模式往往容易抑制诱致性制度变迁的产生;诱致性制度变迁是制度变迁的基本方式,它具有经济性、自发性、博弈性等特征。制度安排有两种:一种是基础性制度安排,另一种是第二级制度安排。前者具有公共品的性质,是公共选择的结果;后者具有个人契约的性质。由于具有公共选择性质的制度安排的确立需要多个人达成"一致同意",或者需要由政府来推动,它比两人之间达成契约性安排要困难得多。因此,与基础性制度安排相伴随的变革费用要大大超过以契约形式为代表的与第二级制度安排相伴随的费用。因而在一个渐进性的历史变革过程中,在基础性制度变迁之前,很有可能发生的是第二级的制度变迁。"这种背离、修改或者绕开现存基础性制度安排的变化会不断地产生压力,从而引致对基础性制度安排进行更根本性的修改"(诺斯)。因此,政府在制度变迁中的作用主要是修改、完善基础性制度安排。但是,目前我国政府的一些活动已渗透到契约性制度安排上来了。行政的强制性制度安排替代了经济的契约性制度安排。"政企不分"似乎是一个无止境的怪圈。政府干预契约性的制度安排在目前有"泛化"的趋势。制度供给过度同样会带来危害。由上述分析可知,我国以强制性为主的制度变迁存在着一系列问题,在改革初期,这种制度变迁方式还存在着一定的优势。但随着改革的深入,这种制度变迁方式的弊端会越来越明显。在我国市场化的过程中,扩大诱致性制度变迁的范围越来越重要。

四、制度设置与制度实施机制的问题

改革开放以来，尤其是西方新制度经济学引入中国以后，我们日益感受到制度及制度创新的重要性，我们也建立了不少与社会主义市场经济相适应的制度。但也存在一些问题，主要表现为：(1)我们大量地引进了西方的一些制度，但是这些制度与我国的文化、价值观及传统还存在诸多的矛盾。(2)存在制度“泛化”的现象，并导致了部分领域制度供给过剩，这不仅不利于我国经济的发展，有的甚至成为经济发展的障碍。(3)强调了正式约束(规则)的建立，忽视了非正式约束以及正式约束与非正式约束的关系。(4)重视制度的设置，忽视了与此相配套的制度实施机制的建立。

我国并不是缺乏制度创新和制度创新的能力，而是缺乏一种实施制度的环境和条件。我国制度创新的关键是建立有效的实施机制。这些年来我国建立与市场经济相关的法规、规则等不少，但是不执行、制度形同虚设的现象比较严重。我国存在着有令不行、有禁不止的现象。这种现象也就是诺贝尔经济学奖获得者缪尔达尔所说的“软政权”现象。“软政权”的根本含义是即使制定了法律和制度，它们也不被遵守，不易实施。在“软政权”中，制度、法律、规范、指令、条例等都是一种软约束，都可以讨价还价，既可以执行也可以不执行，有好处时可以执行，没有好处时可以不执行，有关系时可以执行，没有关系时可以不执行。这里通行的是“权钱交易”的原则。在市场经济国家，法律是最高权威。但是，在我国转型时期，领导批示比红头文件有效，红头文件又比法律有效。这并不表明我们的领导想签字，而是因为我国不少法律、制度没有领导批示就难以实施。我国缺乏有效的制度实施机制。制度不能有效实施的原因可能有以下几种情况：一是这种制度设计不合理或者实施的成本太高。二是制度的实施会影响一些人的利益，因此，一些人会拼命阻挠这个制度的实施，如一些人为了使自己那支笔有含金量就会阻挠《招标投标法》的实施。三是，也是最重要的原因，我们一些政府官员总想凌驾于制度之上，中国人善于搞通融、搞关系，大家都希望制度对自己没有约束力，人们不是把精力用在增加财富的生产活动中去，而是去寻租了。可以讲，这是我国建立市场经济有效制度的最大障碍。四是我国的一些制度设计本身并没有考虑设施机制问题，不少部门只考虑制度的建立，但很少考虑制度的实施或效率。

为此，我们在注重制度创新的同时更要注意实施机制的建立。建立有效实施机制应该考虑以下几点：制度应该注意可行性、可操作性及运行的成本；制度应该尽量减少实施人的可改变余地；保障制度的权威性和严肃性；提高违约成本；个人或领导不能凌驾在制度之上(任何人不能凌驾在法律之上)。规则的权威性是一个国家市场经济制度建立的基本标志。人治与法治国家的基本差别就在于规则的权威性。如果有人能凭权力修改规则甚至不执行规则，这肯定是一种人治。市场机制确实有提高效率的功能，但是市场经济又有许多局限性（如市场失灵），如果我们不能通过有效的制度改善市场结果，那么市场带来的将是无序。千规则，万规则，让规则“硬”起来是首要的规则。在中国建立与市场经济相适应的制度（尤其是正式约束）并不难，难在制度实施的程度。中国人的权利观（等级的权利观，而不是西方人的权利相互制约观）、人情观（而不是契约观）往往使一些制度软化甚至形同虚设。中国人在实施制度（包括政策）时还喜欢讲灵活性、弹性、例外（实质上是特权）等。能否在制度面前人人平等是我们的制度能否有效实施的基本条件。

主要参考文献

1. 哈耶克:《自由秩序原理》,上海三联书店,1997年。
2. 道格拉斯·C.诺斯:《经济史中的结构与变迁》,上海三联书店,1991年。
3. 张曙光:《论制度均衡和制度变革》,《经济研究》,1992年第6期。
4. 孔泾源:《中国经济生活中的非正式制度安排》,《经济研究》,1992年第7期。
5. 罗纳德·H. 科斯等:《财产权利与制度变迁——产权学派与新制度经济学派译文集》,上海三联书店,1991年。
6. 冈纳·缪尔达尔:《亚洲的戏剧——对一些国家贫困问题的研究》,北京经济学院出版社,1992年。
7. 卢现祥:《西方新制度经济学》,中国发展出版社,1996年。

原载《湖北经济学院学报》（武汉），2006年第6期；人大复印资料《理论经济学》2007年第2期转载

论经济发展中非制度因素与制度因素

有关经济发展中制度因素与非制度因素的关系是经济学研究中一个有争议的问题。新制度经济学强调制度在经济发展中作用的观点产生了一些误区，有过分夸大制度功效的问题。

我们这里所说的非制度因素是指资源禀赋，包括普通资源、大气、地质、水文和其他地理条件、技术等。与资源禀赋相对应，制度指的是人们为方便合作而做出的安排。[①] 本文从三个方面探讨经济发展中的非制度因素与制度因素，并分析这两者的关系。

一、在经济发展中制度因素与非制度因素的作用必须联系经济发展的阶段来分析

在经济发展中，制度因素与非制度因素的作用大小（或主次）主要与一定的发展阶段相联系。我们主要讨论以下四种情况下的制度因素与非制度因素：

1. 从人类交易的阶段来看，从简单的交易到非人格化交易过程，也是一个制度作用不断增加的过程

诺斯认为人类经历了两类交换形式：一类是简单的交换形式。在这类交换形式中，专业化和分工处于原始状态，交易是不断重复进行的，卖和买几乎同时发生，每项交易的参加者很少，当事人之间拥有对方的完全信息，因而不需要通过建立一套制度来约束人们的交易行为，达到合作解。这种个人的交易受市场和区域范围的局限，专业化程度不高，生产费用高。实际上这就是新古典理论中的完全竞争状态。这个阶段类似于布罗代尔的下层市场组织，即面对面的即时买卖交易，一手交

① 哈罗德·德姆塞茨：《经济发展中的主次因素》，载罗纳德·H. 科斯、道格拉斯·C. 诺斯等，《制度、契约与组织——从新制度经济学角度的透视》，经济科学出版社，2003年，第83页。

钱,一手交货,这种交易随处可见,属于市场经济的基本内容。这个阶段也类似于奥尔森“自我实施型”的交易,在发展中国家,他认为看到更多的是现货交易,是依靠交易者的自我实施完成的,如在印度加尔各答街头的商品买卖,奥尔森把这种市场中的交易称为“自我实施型”的或在现场进行的交易。

随着专业化和分工的发展、交换的增加、市场规模的扩大,另一类即非个人交换形式出现了。在这类交换形式中,交易极其复杂,交易的参与者很多,信息不完全或不对称,欺诈、违约、偷窃等行为不可避免。这样个人收益与社会收益就会发生背离,如果个人收益与其投入不相对称,个人便失去了从事生产性活动的动力,社会效率也达不到最优。新古典理论没有把这两种交换状态区别开来。亚当·斯密所说的通过看不见手的作用,人们追求个人利益最大化的同时,能自动实现社会利益最大化的假定,说明不了非个人交换的状态。于是产生了“囚犯困境”和奥尔森描述的“搭便车”(free rider)情况,因此,制度便应运而生。诺斯所说的非个人交换形式类似于布罗代尔上层市场组织,上层的首要特点在于交易双方互相并不见面,中间成为一个专业的、独立的部门,商人分化出来了。这个阶段也类似于奥尔森所说的“非自我实施型的互利性交易”,在发达国家,典型的市场是资本市场、货币市场、保险市场、期货市场与外汇市场等复杂类型的市场,奥尔森认为这类市场中的交易属于“非自我实施型的互利性交易”(或者叫社会规划型市场)。这类交易不是现场进行的,而是依靠契约的实施来完成的,他把这类市场称为产权密集型或契约密集型市场。制度的作用在于,规制人们之间的相互关系,减少信息成本和不确定性,把阻碍合作得以进行的因素减少到最低限度。从简单的交易到非人格化交易过程,也是一个制度作用不断增加的过程。随着分工的发展,交易的范围扩大,交易层次也在增加,也就是说,交易越来越复杂,人的行为也越来越难以预期,于是制度就很重要了。

2. 从一个地区或一个国家的发展阶段来看,在一个地区或一个国家的经济发展中,非制度因素在发展初始阶段的重要性要高于在后期阶段的重要性

在发展的初始阶段,非制度因素为制度变迁创造了制度创新的潜力。在一定阶段后,制度因素比非制度因素更重要。制度确实很重要,但在经济发展过程中,它们是在非制度因素这一背景下起作用的。随着制度的产生、成熟和消亡,每一代人所获得的禀赋中都包含了从过去历史继承下来的制度。也就是说,制度具有累积性和延续性。在这种意义上,制度成为更广泛定义的资源禀赋的一部分,并且随着时间的流逝,越来越重要。人类刚摆脱原始状态时只拥有少数制度安排,因而在发展的早期阶段,资源禀赋很大程度上控制了经济发展的时间和模式。随着经济发展过程一步步展开,更大的并经过更多实验的制度集合出现了,从而影响了以后

经济发展的时间和模式。[①]

为什么随着人类社会经济的发展制度越来越重要？相对而言，非制度因素在发展初始阶段的重要性要高于在后期阶段的重要性。在经济发展的后期阶段，产生了众多的上下层制度安排以引导经济发展。而经济发展的最初阶段由于缺乏这些安排，使得资源禀赋的作用特别重要。[②] 在进入工业化时代以后，制度上的差异会发挥更大的作用。[③] 一些实证研究表明，那些较早进入工业化并能迅速完成工业化的国家，往往是那些制度建设较为完善的国家。在人类社会发展的后期阶段，制度创新会使各种资源的潜力最大化使用，有效的制度可以克服资源瓶颈。

3. 从一国的体制变迁来看，一国处在新旧体制转轨时期，此时制度绩效可能较高也可能较低

在制度创新过程中经济增长率也较高。一旦制度体系逐步完善以后，制度效率就会处于相对稳定的状态。从某种意义上讲，新制度经济学对发展中国家更具有实用价值。经济学家估计，中国由家庭承包责任制取代原来的集体农作制度这一变迁对中国农业生产力的贡献份额为20%—50%，有的学者的估计值甚至高达70%。从这些分析看来，新旧制度的转型期可能对人的行为影响极为明显，一种能够充分调动人的积极性的制度取代了压制人的积极性的制度后，会使生产率大大地提高。当经济发展中的制度是一个瓶颈因素的时候，制度创新或制度变迁都会带来经济的发展。

菲利普·基弗和玛丽·雪莉提出了不同的观点，他们指出，拥有完善制度的国家具有较高的增长率。通过对中国和加纳的比较分析，他们认为，正式制度（诸如控制和平衡性政治体制）以及某些重要的非正式制度是经济发展的关键。[④] 是不是一定具有完善制度的国家才有较高的增长率呢？我们认为不一定，如中国多年的改革开放是一个制度不断完善的过程，我国与市场经济相适应的制度体系并不完善，但我国经济一直保持着较高的增长率。当然，在转型期制度绩效不一定都是高的，如苏联、东欧一些转型国家，在一定阶段就出现过经济增长的下降或放缓。

4. 从一种社会形态到另一种社会形态的转变的制度作用比较明显

西方国家在从封建社会过渡到资本主义社会的过程中，制度的变迁和创新起着极为重要的作用。诺斯认为，在从封建社会过渡到资本主义社会的过程中，如有

---

① 哈罗德·德姆塞茨：《经济发展中的主次因素》，载罗纳德·H. 科斯、道格拉斯·C. 诺斯等，《制度、契约与组织——从新制度经济学角度的透视》，经济科学出版社，2003年，第98页。

② 罗纳德·H. 科斯、道格拉斯·C. 诺斯等：《制度、契约与组织——从新制度经济学角度的透视》，经济科学出版社，2003年，第83页。

③ 达龙·阿西莫格鲁、西蒙·约翰逊、詹姆斯·鲁滨逊：《贫富的逆转：现代世界贫富格局中的地理和制度的作用》，载吴敬琏主编，《比较》（第23辑），中信出版社，2006年，第173页。

④ 罗纳德·H. 科斯、道格拉斯·C. 诺斯等：《制度、契约与组织——从新制度经济学角度的透视》，经济科学出版社，2003年，第2页。

的制度安排能够使经济单位实现规模经济（股份公司、企业），有的制度安排鼓励创新（奖金、专利法），有的制度安排提高要素市场的效率（圈地、汇票、废除农奴），或者减少市场的不完善（保险公司），这些制度安排起到了提高效率的作用。马克思也曾经讲过，封建时代的生产力要比奴隶时代的生产力高，而资本主义时代的生产力又比封建时代的生产力高。

以上四个方面从不同层面揭示了制度和非制度因素在社会经济发展中的作用是与经济发展阶段联系在一起的，离开经济发展阶段我们很难搞清楚制度因素与非制度因素在社会经济发展中的作用。以上四个方面有些重叠，但我们分析问题的切入点还是有差异的。

二、制度决定论与技术决定论只有在一定的约束条件下成立，任何理论的绝对化都有可能使理论变成谬误。经济发展中制度因素与非制度因素是互补的、互动的关系

在技术变迁与制度变迁的关系上，存在着两种对立的观点：一种观点是制度变迁依赖于技术变迁，即技术决定论；另一种则认为，技术变迁依赖于制度变迁，即制度决定论。其实这种决定论的观点的争议有点类似“是先有鸡，还是先有蛋”的问题。在历史的长河中，我们很难把制度与技术对人类社会经济发展的作用分开来。

1. 技术决定论的依据及其局限性

关于技术决定论主要是依据两点来分析的：一是技术与制度的关系，这两者到底是谁决定谁的问题；二是在经济发展中，到底是技术进步能降低成本、提高生产率，还是制度完善能降低成本、提高生产率，从而促进经济发展，即使两者都重要的情况下，也有一个主次的问题。

新制度经济学家把马克思的观点划入了技术决定论。尽管马克思强调了生产方式的变化（技术变迁）与生产关系的变化（制度变迁）之间的辩证关系，但他相信前者提供了社会组织变迁，是更为动态的力量。在马克思看来，生产力（技术）是最活跃的，而生产关系（制度）则随着生产力的变化而变化。有趣的是，技术决定论在美国近代制度学派的著作中也是一个处于支配地位的论点。凡勃伦和他的追随者将技术视为经济进步与增长的动态因素，而制度是静态的因素。凡勃伦认为，技术变迁的速度和方向受到现存制度框架的影响。而制度框架是在思维的习惯方式及决策者的利益中表现出来的。技术通过改变物质条件，及改变个人生活与思

想的方法、模式和习惯而产生制度后果。①

关于技术变迁在社会经济发展中的作用,技术决定论把技术放到了决定性的地位。以凡勃伦为首的美国制度学派并不强调制度在经济增长中的作用。在凡勃伦的体系中,正是动态技术与静态制度之间的辩证斗争和冲突导致了经济与政治制度被慢慢地置换和替代,经济组织的体系经历了历史的变迁和调整。为什么出现技术进步? 多西(1988)对相关文献进行了综述。一些解释性的因素包括:相对价格、可流动性、企业和产业专有路径、标准操作程序、交易成本、市场结构、技术路径和同步的不可改变性。② 从这些解释因素来看,制度也是重要的解释因素。

技术决定论的局限性表现为,不能解释在人类社会经济发展过程中的一些现象,即人类历史上有不少时期并没有出现大的技术进步,或没有技术变迁,但仍然存在生产率提高、成本下降等现象。另外,技术决定论还忽视了其他因素在社会经济发展中的作用,如人口压力代表着对食物需求的增加,在供给不足的情况下,必然要求制度变迁能产生更多的预计回报。增加了的食物需求产生的压力与欧洲对毛皮的需求在美国产生的作用相当,这两者都带来商品价值或价格的升高,并都产生了新的制度安排以增加这些商品的供给。③

2. 制度决定论的依据及其局限性

制度决定论主要也是依据两点来分析的:一是技术与制度的关系,这两者到底是谁决定谁的问题;二是在经济发展中,到底是技术进步能降低成本、提高生产率还是制度能降低成本、提高生产率,从而促进经济发展,即使两者都重要,也有一个主次的问题。或者说,在一国经济发展中,到底是制度变迁优先,还是技术变迁优先的问题。

一就技术与制度的关系来看,在制度决定论看来,制度框架所建立的激励结构在规范技能与知识的形式中起着决定性的作用。④ 诺斯特别提出了两个引起技术快速变化的原因——巨大的市场规模和完善的产权。这两种导致技术变化的原因从本质上来说具有(或至少部分具有)制度特征。涉及产权的法律习俗,以及它们的复杂程度显然是制度现象。这样,我们最后可以得出一个理论判断:制度引起了经济绩效的改变,并且这一判断受到历史事实的支持。经济绩效随技术的快速变化而提高,技术变化又得到大规模市场和更完善的产权制度的支持。这里,制度成为主导的决定力量,这种对增长的解释使哈罗德和多马所强调的资源禀赋(如劳动

---

① 马尔科姆·卢瑟福:《经济学中的制度——老制度主义和新制度主义》,中国社会科学出版社,1999年,第47页。

② 阿兰·斯密德:《制度与行为经济学》,中国人民大学出版社,2004年,第280页。

③ 哈罗德·德姆塞茨:《经济发展中的主次因素》,载罗纳德·H. 科斯、道格拉斯·C. 诺斯等,《制度、契约与组织——从新制度经济学角度的透视》,经济科学出版社,2003年,第96页。

④ 道格拉斯·C. 诺斯:《制度、制度变迁与经济绩效》,上海三联书店,1994年,第105页。

和资本的供给)显得不重要。[①] 从人类历史来看,新技术不断地被开发出来,但步伐缓慢,时有间断,主要的原因在于对发展新技术的激励仅仅是偶然的。通常,创新可以被别人无代价地模仿,而发明创造者得不到任何报酬。直到现代,不能在创新方面建立一个系统的产权仍是技术变化迟缓的主要根源。[②]

二就制度在社会经济发展中的作用来看,在经济发展的研究中把制度因素内生化是新制度经济学的一大贡献。一般而言,在各种有关经济增长的模型中,制度因素是被排除在外的。经济学家们主要是通过各种物质生产要素的变化去说明生产率的变化和经济增长与否。其中,把经济增长率中不能解释的"余值"(或"剩余")归因于技术创新论风行一时。那么,能不能说:当物质生产要素不变时,尤其是技术不变时,生产率就无法提高,经济增长就不能实现了呢?显然不是。诺斯在《1600—1850 年海洋运输生产率变化的原因》(1968)一文中的分析表明,在没有发生技术变化的情况下,通过制度创新亦能提高生产率和实现经济增长。为什么制度创新能提高生产率和实现经济增长?诺斯认为,经济学家们在构造他们的模型时,忽略了在专业化和劳动分工发展的情况下,生产要素交易所产生的费用,而这些交易费用是制度建立的基础。专业化和劳动分工的发展会提高交易费用,而不会有自动导致降低交易费用的制度产生。结果,逐渐提高的交易费用会阻碍专业化和劳动分工的进一步发展,导致经济衰退。而制度的建立是为了减少交易成本,减少个人收益与社会效益之间的差异,激励个人和组织从事生产性活动,最终导致经济增长。

诺斯和托马斯反复强调了制度变迁比技术变迁更为优先且更为根本的观点。他们在《西方世界的兴起》一书中将更为集约的耕作制度(如二田制对三田制的替代)视为一种制度对相对要素价格变化(而不是技术变迁)的回应。进而,他们强调了一个市场经济的扩张即便在没有发生技术变迁时,也能为人均收入的提高作出贡献。[③]

从管理学的角度看,小阿尔弗雷德·钱德勒在一个范围不很广的研究中论证到,美国工业于 20 世纪 50 和 60 年代发生的管理革命,同它对技术变迁可能实现的潜在规模经济的经济收益的回应相比,更多的是由市场机会扩张所诱致的制度变迁的产物。在他看来,美国工业中的规模经济更多的是制度创新的产物,而不是技术变迁的结果。[④]

---

① 罗纳德·H. 科斯、道格拉斯·C. 诺斯等:《制度、契约与组织——从新制度经济学角度的透视》,经济科学出版社,2003 年,第 88 页。

② 道格拉斯·C. 诺斯:《经济史中的结构与变迁》,上海三联书店,1991 年,第 185 页。

③ 罗纳德·H. 科斯等:《财产权利与制度变迁——产权学派与新制度学派译文集》,上海三联书店,1991 年,第 332 页。

④ A. D. 钱德勒:《战略与结构:美国工业企业史的几章》,麻省理工学院出版社,1972 年,第 15 页。

制度决定论的局限性表现为,经济发展是不是始终由制度决定?这个问题是制度决定论者尚未回答的问题,即使诺斯的新经济史学也没有回答这个问题,他所说的无论是海洋运输生产率的提高也好,还是西方世界的兴起也好,都是人类社会经济活动中的某一个阶段,这些分析都只是证明了这个阶段制度起着极为重要的作用。另外,制度决定论由于受制度对经济绩效的影响难以量化等因素的制约,制度决定论的分析还主要是限于逻辑及假设,制度很重要已经没有什么争议,但这种重要性及其对经济发展的绩效如何量度已成为制度经济学亟待解决的主要问题。

3. 经济发展中制度因素和技术因素是互补的、互动的关系

哈罗德·德姆塞茨针对强调制度在解释经济增长中的作用的观点,提出应当抛弃"诺斯因果链"(North's chain of causation)。他认为,技术和自然禀赋等非制度因素决定着制度安排的变迁。[①] 我们认为哈罗德·德姆塞茨的这种关于技术变迁与制度变迁关系的分析是比较客观的,这是因为:第一,制度的产生离不开技术和自然禀赋等非制度因素。第二,为什么不同地区、不同国家、不同时期制度呈现出多样性、差异性,这也需要到非制度因素中去找原因。实际上作为制度决定论者的诺斯也意识到了这个问题,如他所说的,近期的许多交易费用文献都暗含着这样的观点:制度仅决定了交易费用,而技术仅决定了转化费用。但是技术、制度、转化成本与交易费用之间的相互关系却比之更为复杂。[②] 第三,马克思关于生产力决定生产关系、生产关系反作用于生产力的分析实际上科学地分析了非制度因素(生产力)与制度因素(生产关系)的关系。

制度分析的一个重要意义在于,我们人类社会经济活动中的改善潜力是很大的,从宏观上来讲,引入制度因素以后,我们潜在的 GDP 比现在经济学家所预期的还要大;从微观上讲,引入制度因素以后,我们关于生产可能性的边界还可外移。如诺斯所分析的那样,使一个油田成为一个单位,也就是说,创造一种具有强制力和监督力的组织来分配一个油田的产出,提高了交易费用(用于创立与维持及监督与依从一种组织的资源),同时油田的整合降低了转化成本(这是更为有效的抽油和精炼的结果),这在一定程度上大大抵消了交易费用的上升。在这一情形下,一种提高交易费用的制度变迁会受到降低转化成本的更大补偿。[③]

如果把技术变迁与制度变迁结合起来分析,我们发现这两者的所谓决定论最终要与成本联系起来,它们对于社会经济发展的绩效都可以用成本来分析。如阿兰·斯密德所说,成功的技术变化能够降低交易成本和转换成本,制度变迁也能够降低交易成本和转换成本。只是说降低交易成本和转换成本的性质和程度有差异

---

① 罗纳德·H. 科斯、道格拉斯·C. 诺斯等:《制度、契约与组织——从新制度经济学角度的透视》,经济科学出版社,2003 年,第 2 页。

② 道格拉斯·C. 诺斯:《制度、制度变迁与经济绩效》. 上海三联书店,1994 年,第 89 页。

③ 同上书,第 90 页。

而已。制度变迁是经济增长的源泉,技术并没有指定制度选择。[1] 实际上,即使有了技术变化,但选择什么样的制度,或制度是否必然变化,并不仅仅取决于技术变迁。从阿兰·斯密德的观点来看,技术变迁与制度变迁具有同样的功效,但是各自又有相对的独立性。

把制度与技术决然分开是很困难的,它们的关系实际是你中有我,我中有你。这是一种动态的互相作用:制度对技术产生影响,而技术对制度也产生影响。实证经济学特别关心涉及人类和自然的关系的社会组织或现存秩序,也就是通过人与人之间关系的研究,物质再生产中人与自然的关系被制度化了。[2] 根据马克思的分析,人与自然的关系可以用生产力来研究,人与人之间的关系可以用生产关系来研究。制度经济学的一个重要贡献就是系统研究了“物质再生产中人与自然的关系被制度化”的过程及制度体系是如何形成的。

社会再生产是制度不断产生的过程。社会再生产是在技术和制度的互相作用中进行的,特别是制度针对技术变化而进行的调整。技术设备、组织机构或社会知识、物质过程的变化立刻就会在社会遵循的惯例、法律和指导原则方面造成修正性调整的紧张气氛。这种调整不单是对技术规则进行单方面调整,它还塑造了或在技术上限制了一个社会集团的价值准则。这种制度调整是实证制度分析的中心。确实,按照实证观点,经济问题是社会关系中技术关系持续不断地再制度化。[3]

经济发展中制度与技术的互补和互动关系的表现是多方面的。第一,技术创新有时同时要求制度创新。例如,新的生产、运输、通信、消费方式有可能使改变产权界定或调整商务惯例和工作常规成为必要。例如 19 世纪的铁路建设热潮不仅带来了技术变革,还带来了治理股票证券市场的新制度。[4] 技术进步产生了新的利润、名声、权力和声望的机会,也会产生实现这些进步制度变迁的需求;同时,制度和意识形态也影响技术进步。[5] 第二,制度影响竞争的结果和技术进步的内容与进程。[6] 第三,一些技术的使用和推广需要有制度和组织协调的配套。“奖惩程度和新技术的引进与扩散的速度取决于环境与制度的综合考虑,环境与制度因素在不同部门、不同国家和不同时期存在明显差异。”一些相对独立的技术的应用比较快,另外一些取决于互补技术以及组织和制度协调的技术则应用缓慢,例如奥利弗·埃文斯 1785 年发明的蒸汽货车,由于没有道路和轨道,一直没用;克拉伦斯·

---

① 阿兰·斯密德:《制度与行为经济学》,中国人民大学出版社,2004 年,第 280 页。

② A.S.艾克纳:《经济学为什么还不是一门科学》,北京大学出版社,1990 年,第 170 页。

③ 同上。

④ 柯武刚、史漫飞:《制度经济学——社会秩序与公共政策》,商务印书馆,2000 年,第 482 页。

⑤ 阿兰·斯密德:《制度与行为经济学》,中国人民大学出版社,2004 年,第 383 页。

⑥ 同上书,第 290 页。

伯宰发明的速冻可以显著地改善水果和蔬菜的质量，但是在多年后建立了商店和家庭冰柜的其他系统之后才发挥作用。[1]

原载《福建论坛》，2006 年第 8 期

① 阿兰·斯密德：《制度与行为经济学》，中国人民大学出版社，2004 年，第 282 页。

论经济发展中的制度因素、制度绩效量度及制度竞争问题

一、经济发展中的制度因素

制度在经济活动和经济发展中的地位和作用,在经济学家中有三派观点:

(1) 在经济研究中,他们通过抽象法将制度省略或剔除掉。现有的大量增长模型(如哈罗德-多马经济增长模型、新古典经济增长模型等)就是将制度视为“自然状态”的一部分,因而制度被剔除掉了。在他们看来,这些制度不会发生变迁,它们或者是外生的,或者是一个适应于增长动态的变量。为什么一些经济学家要把制度省略或剔除掉?可能有以下几个原因:第一,是经济学家“分工”观念的产物。在一些经济学家看来,制度、规则、意识形态、法律、文化等因素在经济发展中固然重要,但它们应该留给政治学家、法律专家、文化专家们去研究。第二,在交易费用这类概念产生之前,经济学家们缺乏一种“范式”分析制度之类的问题。第三,第二次世界大战后,西方经济学家们研究经济增长问题主要是以发达国家为背景进行的。发达国家的制度问题显然没有在其发展初期或其他发展中国家的制度问题严重。与此同时,这些经济学家们主要关注的是短期的增长问题,而不是长期的增长问题。

(2) 在经济分析中,一些经济学家视制度结构与制度变迁为给定的。他们认为制度变迁可能是重要的,且在社会经济发展过程中是不可缺少的,但其关键的基本假定是这些制度变迁与经济增长无关。因此,制度被视为外生的变量。它们会由于一些政治行动包括法律的决定而改变,它们是不依赖于经济增长进程的,这种假定显然是不符合实际的。一些政治制度的确定尽管有相对的独立性,但它们最终要受经济因素的制约。在一个制度体系比较成熟的国家里,可以在一定条件下假定制度结构与制度变迁是给定的,而不会影响分析结论的正确性。如果是对一个发展中国家或者新旧体制转轨时期国家的经济发展进行分析,那么这种假定(或

给定）将严重影响分析结论的正确性。

（3）新制度经济学家视制度为经济领域的一个内生变量，制度在长期经济增长的分析中至关重要。制度至关重要的结论是经济分析和科学论证的结果。这个结论是建立在科学、历史与现实相统一的基础之上的。[①]

在经济发展的研究中把制度因素内生化是新制度经济学的一大贡献。经济增长问题是20世纪50年代末和60年代初经济研究的热门课题。一般而言，在各种有关经济增长的模型中，制度因素是被排除在外的。经济学家们主要是通过各种物质生产要素的变化去说明生产率的变化和经济增长与否。其中，把经济增长率中不能解释的“余值”（或“剩余”）归因于技术创新论风行一时。那么，能不能说：当物质生产要素不变时，尤其是技术不变时，生产率就无法提高，经济增长就不能实现了呢？显然不是。例如，在1600—1850年间，世界海洋运输业中并没有发生用轮船代替帆船之类的重大技术进步，但这期间海洋运输的生产率却有了提高，这又作何解释呢？诺斯于1968年10月在《政治经济学杂志》上发表了《1600—1850年海洋运输生产率变化的原因》一文，对此问题作了开拓性的回答。该文经过对海洋运输成本的多方面统计分析，结果发现，尽管这一时期海洋运输技术没有大的变化，但由于海洋运输和市场经济变得更完善，因此，船运制度和市场制度发生了变化，从而降低了海洋运输成本，最终使得海洋运输生产率大有提高。诺斯指出在没有发生技术变化的情况下，通过制度创新亦能提高生产率和实现经济增长。

为什么制度创新能提高生产率和实现经济增长？诺斯认为，经济学家们在构造他们的模型时，忽略了在专业化和劳动分工发展的情况下生产要素交易所产生的费用，而这些交易费用是制度建立的基础。专业化和劳动分工的发展会提高交易费用，而不会自动导致降低交易费用的制度产生。结果，逐渐提高的交易费用会阻碍专业化和劳动分工的进一步发展，导致经济衰退。而制度的建立是为了减少交易成本，减少个人收益与社会效益之间的差异，激励个人和组织从事生产性活动，最终导致经济增长。

经济增长的最简单定义是以国民生产总值（GNP）表示的“一国生产的商品和劳务总量的增加”。不仅国民生产总值的绝对量要有所增长，按人口平均的国民生产总值的绝对量也要有所增长，即人均国民生产总值也要增加。这两种增长（总量增长与人均增长）可能一致，也可能不一致。这种不一致关键根源于人口变动了。例如，近些年中国国民生产总值总额可排在世界前列；但人均国民生产总值却排在一百多个国家之后。

新制度经济学家发现，在人类历史上，这两种增长现象同向变化（即一致）是例外情况，而反向变化（即不一致）倒是一般情况。在工业社会以前，“增长”（总生

---

① T.W.舒尔茨：《制度与人的经济价值的不断提高》，载罗纳德·H. 科斯等，《财产权利与制度变迁——产权学派与新制度学派译文集》，上海三联书店，1991年，第256—257页。

产量的增加)往往伴随着个人生活水平的下降,而不是增长。这是人口因素在起作用:经济的繁荣导致人口的增长,而人口增长又往往超过生产的发展,并使每个居民的生活水平下降(新制度经济学家很重视人口在制度变迁中的作用。在历史上,人口压力不断地促使组织创新与制度变迁。人口变量是社会发展的基本变量之一)。著名的马尔萨斯循环规律使个人的贫困化恰恰出现于经济普遍繁荣的时期;相反,大危机时代,至少对于活下来的人来说,倒是个收入增加的时代。

现代意义上的"增长"应该是两种增长的统一。诺斯及一些新经济史学家认为,经济增长是始于 17 世纪的新现象。人们习惯于把"产业革命"当作现代工业社会的起点,这是一个错误。其实"经济增长"比本来意义上的产业革命出现得要早。产业革命不过是增长的一种表现形式、一个标记,而不是它产生的原因。

现代意义上的增长现象最早出现在 17 世纪的荷兰和英国。当时欧洲人口和经济第一次出现了差别。在法国和西班牙,人口减少了,生活水平却停滞不前,甚至出现了倒退;而在英国和荷兰,虽然人口持续增加(英国增加了 25%),实际生活水平却提高了(大约提高了 35% 和 50%)。这是史无前例的事情:在欧洲历史上,同时也是人类历史上,两个国家第一次能够持续地向不断增长的人口提供不断提高的生活水准。① 为什么首先实现现代意义上增长的是荷兰和英国,而不是法国和西班牙呢?诺斯回答说:"因为荷兰(前西班牙省份)和英国是当时在确定制度和所有权体系——可以有效地发挥个人积极性,保证把资本和精力都用于对社会最有益的活动——方面走在最前面的两个欧洲国家。"②

新制度经济学在分析制度在经济增长中的作用时,提出了一个很有价值的观点,即在缺乏有效制度的领域或地区,或者一国处在新旧体制转轨时期,此时此地制度效率是最高的。同时,在制度创新过程中经济增长率也较高。一旦制度体系逐步完善以后,制度效率就会处于相对稳定的状态。从某种意义上讲,新制度经济学对发展中国家更具有实用价值。

制度选择与经济发展的关系已经成为发展经济学的重要研究领域。有人把制度分析引入发展经济学称作发展经济学革命的重要组成部分。③ 1957 年,鲍尔与巴塞尔·S.耶梅写了一本开创先河的著作《欠发达国家经济学》。本书打破了传统发展经济学的许多神话,并号召对比较制度进行研究,以考察哪些制度更有助于经济增长。鲍尔和耶梅并不是把非经济变量,如产权制度和非正规行为规则,作为既定的变量,而是作为决定经济发展的重要因素。格莱尔德·斯库利在研究中发现:"制度结构的选择对经济效率和增长有深远的影响。与法律条例、个人财产、资源市场配置相结合的开放社会,与那些自由被限制和剥夺的社会相比,其增长率是后

---

① 亨利·勒帕日:《美国新自由主义经济学》,北京大学出版社,1985 年,第 100 页。

② 同上。

③ 詹姆斯·A.道等:《发展经济学的革命》,上海三联书店,2000 年。

者的 3 倍,其效率是后者的 2.5 倍。”[①]阿兰·鲁福斯·华特斯是最早认识到产权在发展中重要性的发展经济学家之一。他认为,尽管文化在决定经济绩效中起着重要的作用,但它并不能与有效的所有制结构相提并论。个人必须对其财产拥有排他使用权,能自由买卖财产,允许分割所有权和拥有确定的所有权。政府的作用是强化这些权利,使个人对自己的行动负责。这样,个人才会有一种强烈的冲动,通过把资源用到有利可图的用途上,使稀缺资源增值。

过去不少人把缺乏资本看作一个国家经济发展的主要约束。其实,缺乏资本的主要原因是制度安排的缺乏。著名经济学家乔治·A.阿克劳夫(1970)把制度安排的缺乏看作经济发展的主要约束。在历史上,一些国家有大量的钱闲置,由于缺乏一种制度,这些钱都没有用于生产和投资活动。法国历史年鉴学派的代表人物布劳代尔发现,一些国家历史上有许多钱并没有被有效使用。鲍尔和耶梅批评在发展进程中对资本积累作用的过分关注而忽视社会和政治制度。他们指出,与其说发展依赖资本积累,不如说经济发展创造了资本。

新发展经济学与新制度经济学在关于发展实质的看法上基本是一致的,那就是发展实质上是更有效利用资源的制度变迁过程。如詹姆斯·A.道、史迪夫·H.汉科等指出的那样:“在正规的完全竞争模型下,许多发展‘专家’们忽视了现实,忽略了产权和市场价格在发展进程中的作用。恰当的经济推理被社会工程化和过于简单的模式所替代,这种模式强调了资本积累和外援是经济增长的决定性因素,但并没有把对资本有效利用和动态贸易收益至关重要的制度体系考虑进去。”[②]著名发展经济学家彼特·鲍尔在《关于发展的异议》中指出:“经济成就的取得主要取决于人们的能力和态度,也取决于他们的社会政治制度。这些决定性因素的差异在很大程度上可以解释经济发展水平和物质进步速度的快慢。”[③]经济理论如果只有三大传统柱石——天赋要素、技术和偏好,是解释不了复杂的经济活动的。经济理论必须要有第四大柱石,即制度。有了某种制度安排,能使决策者了解他们的立场正确与否及其行为的结果。土地、劳动和资本这些生产要素,有了制度才得以发挥功能。

二、制度绩效的量度问题:案例分析与模型分析

把制度、制度变迁、制度安排等内生化,即作为经济发展的一个重要因素是新

① 詹姆斯·A.道等:《发展经济学的革命》,上海三联书店,2000 年,第 9—10 页。
② 同上书,第 1 页。
③ 同上。

制度学派的一个重要贡献。现在的问题是,如何量化制度在经济发展中的作用?制度变迁对经济发展的作用机理是什么?制度变迁既然是经济发展的重要推动力量,为什么大多数发展中国家忽视制度变迁?为什么不少发展中国家的政府选择以政府干预代替制度变迁?不利制度变迁背后的原因是什么?制度对经济发展的作用体现在两方面:一方面,制度创新也是一种生产力;另一方面,有效的制度可以降低技术进步和技术成果转化为生产力的交易成本,从而促进生产力的发展。在转型国家,这种双重制度效应是比较明显的。

有效的制度能促进经济发展,不利的制度反而阻碍经济发展。分析制度在经济发展中的作用时要注意以下几点:(1)制度必须与其他因素结合起来分析,单方面强调制度因素也是不可取的。(2)制度因素对经济发展的促进作用也有一个生命周期问题,当新的制度建立的时候及替代传统的不利于经济发展的制度的时候,制度对经济发展的促进作用是比较明显的,但后来会呈稳定甚至下降的趋势,制度会出现"制度平台",没有永远适应经济发展的永恒制度。(3)制度从外生变量转变成内生变量是制度学派的贡献,制度也是一个稀缺性因素,当经济发展中的制度是一个瓶颈因素的时候,制度创新或制度变迁都会带来经济的发展。诺斯认为,制度安排能够使经济单位实现规模经济(股份公司、企业),鼓励创新(奖金、专利法),提高要素市场的效率(圈地、汇票、废除农奴),或者减少市场的不完善(保险公司),这些制度安排起到了提高效率的作用。

目前关于制度绩效的量化分析主要有以下几种方法:一是案例分析,如对一些重大的制度变迁在能排除其他因素的情况下,可以对某一制度变迁或制度创新的绩效进行量化分析,如对庄园制(诺斯)、船运制度(诺斯)、奴隶制度(巴泽尔、福格尔)等制度绩效的分析。这一分析是比较成功的。二是模型分析,如运用现代经济分析模型对制度变量的经济绩效进行分析。

首先,我们以土地制度变迁对经济发展起促进作用为例来进行分析。

改革开放以来中国农村生产力取得了举世瞩目的进步,其根本原因是什么呢?经济学家估计,中国由家庭承包责任制取代原来的集体农作制度这一变迁对中国农业生产力的贡献份额在20%到50%之间,有的学者的估计值甚至高达70%。据说苏联的农民用1%的自留地生产了苏联27%的农产品。这就是私人地与公共地(苏联农村99%的地是集体农庄的土地)对人的行为的影响的差异。据测算,苏联私人地的效率是公共地效率的四十余倍。一样的天、一样的地、一样的自然环境,但是由于制度(私人土地制度和公共土地制度)的差异而导致生产率有天壤之别。在历史上,法国在一个时期内的农业发展落后于英国的农业发展,历史学家们找了很多原因,但最后发现导致这种差距的根本原因在于土地产权制度的差异。在法国,土地上的及土地上空的权利都是土地所有者的,但土地下的权利是国家的;但在英国,土地上的、土地上空的及土地下的权利都是土地所有者的,也就是说,英国的土地所有权要比法国的土地所有权完整。为什么法国土地所有权的不完整不利于法国农业的发展呢？这是因为人们在土地上不敢从事长期投资，一旦政府在地下发现了矿藏，那么投资就很难收回了。

以我国西部开发为例。西部开发除了土地、人口不缺以外，缺水、缺人才、缺资金、缺基础设施、缺技术、缺教育等。但还缺一个很重要的东西，那就是制度。西部最缺的是制度。物质和技术上的落后固然可怕，但更可怕的是观念和制度上的落后。物质和技术上的先进可以降低生产成本，而制度上的先进则可以大大地降低交易成本。诺斯在《西方世界的兴起》一书中指出，有效率的经济组织是经济增长的关键，有效率的经济组织也是西方世界兴起的原因所在。诺斯说欧洲在 18 世纪就建立起来了这种有效的制度。美国人、加拿大人在搞西部开发的时候，都很注重让到西部开发的人（理性的人）赚到钱，这个钱不是政府直接搞什么补贴，而是在制度上做文章，如低价向到西部开发的人出售土地。

诺斯和托马斯反复强调了制度变迁比技术变迁更为优先且更为根本的观点。他们在《西方世界的兴起》一书中将更为集约的耕作制度（如二田制对三田制的替代）视为一种制度对相对要素价格变化（而不是技术变迁）的回应。进而，他们强调了一个市场经济的扩张即便在没有发生技术变迁时，也能为人均收入的提高作出贡献。[①] 诺斯特别提出了两个引起技术快速变化的原因——巨大的市场规模和完善的产权。这两种导致技术变化的原因从本质上来说具有（或至少部分具有）制度特征。经济绩效随技术的快速变化而提高，技术变化又得到大规模市场和更完善的产权制度的支持。在这里，制度成为主导的决定力量，这种对增长的解释使哈罗德和多马所强调的资源禀赋（如劳动和资本的供给）显得不重要。[②]

其次，我们运用现代经济分析模型对制度变量的经济绩效进行分析。

美国马里兰大学的两位经济学家默瑞尔和奥尔森指出，为更准确地衡量一国经济的真实绩效，需要考虑其实际人均国民收入增长率和潜在人均国民收入增长率的差距，即良好的经济绩效意味着一国能尽可能地挖掘该国经济增长的潜在能力，缩小其实际人均国民收入增长率和潜在人均国民收入增长率的差距。根据他们的研究，计划经济体制国家和市场经济国家在 1950—1965 年、1965—1980 年这两个时期的经济绩效如表 1、表 2 所示。

表 1　市场经济国家和计划经济国家 1950—1965 年间经济绩效比较　　单位：%

	实际增长率(1)	潜在增长率(2)	增长率差距(2)-(1)
市场经济国家	3.75	5.49	1.74
计划经济国家	4.43	6.05	1.62

① 罗纳德·H. 科斯等：《财产权利与制度变迁——产权学派与新制度学派译文集》，上海三联书店 1991 年，第 332 页。

② 哈罗德·德姆塞茨：《经济发展中的主次因素》，载罗纳德·H. 科斯、道格拉斯·C. 诺斯等，《制度、契约与组织——从新制度经济学角度的透视》，经济科学出版社，2003 年，第 88 页。

表 2　市场经济国家和计划经济国家 1965—1980 年间经济绩效比较　　单位:%

	实际增长率(1)	潜在增长率(2)	增长率差距(2) -(1)
市场经济国家	3.36	5.13	1.76
计划经济国家	3.24	5.71	2.48

根据表 1 和表 2 可以看出,在 1965—1980 年间,市场经济国家人均国民收入增长率和潜在增长率的差距(1.76%)和上一时期(1.74%)相比基本相同,但计划经济国家人均国民收入增长率和潜在增长率的差距从 1.62%扩大到 2.48%。市场经济国家的差距仅扩大了 2%,而计划经济国家的差距则扩大了 86%。这表明,与计划经济体制相比,市场经济体制更有利于资源配置。

制度也是一种生产力。不同制度安排下的经济绩效是不一样的。同样的投入,但由于制度的不同,产出可能会有很大差异。西方经济学把生产函数仅仅看作投入与产出之间的纯技术关系是不全面的,应该考虑制度这个重要因素。制度促进一国经济发展可以从两个层面分析,一是宏观层面,二是微观层面。从宏观层面来看,制度能促进一国经济发展主要表现为,一国有效的制度环境及制度安排大大地减少了交易中的不确定性,降低了社会经济活动的交易成本。从微观层面来看,制度能促进一国经济发展主要表现为,有效的制度能解决激励和约束市场经济中的两大基本问题。制度包含着激励与约束的双重功能。我们很难用精确的方法来量化制度的绩效,也许有这方面的原因,过去人们大大地低估了制度在经济社会发展中作用。越来越多的理论家们开始认识到,发展中国家与发达国家的差异主要是一种制度上的差异,也就是讲,发展中国家在制度(包括法律制度等)上落后于发达国家。制度瓶颈使发展中国家的各种要素难以通过市场机制有效地配置。制度并非是万能的,但是在我国市场化改革过程中,我们最缺乏的是具有激励功能和约束功能的制度。

三、经济全球化中的制度竞争

一是随着经济的全球化,国与国之间的竞争越来越表现为制度的竞争。在当今经济一体化的世界里,当资本、技术、劳动力、信息等能在世界范围内更自由流动时,为什么发达国家与发展中国家的差距不仅没有缩小,反而有扩大的趋势呢?技术可以转移,资本可以转移,劳动力也可以转移,但是作为经济发展的制度因素却难以转移,这是因为其具有专用性质,即使发展中国家能强制性地照搬发达国家的某一制度，这种制度移植也往往变形，甚至低效，有的还比不上原有的制度。许多发展中国家的制度不是本土的，而是殖民地时期移植过来的。尽管许多移植的制度增进了对产权的保护，但没有理由相信殖民地移植制度可以自动生效。这其中的原因确实值得我们探讨。过去人们往往从技术、资本、劳动力、自然资源等有形因素去比较不同国家的发展差异，而忽视了制度、价值观、意识形态等无形因素对经济发展的影响。

二是制度的比较优势比其他要素的优势更重要。一个值得我们思考的现象是，一些发展中国家的领导人宁愿花大量的钱从发达国家(或外国)引进先进的技术、设备，但是他们不愿在制度创新方面进行投资。这是因为前者往往看得见、摸得着，并且能立竿见影，而后者一般看不见、摸不着，并且制度创新显示成效是一个很缓慢的过程。一些发展中国家花了不少钱从发达国家引进先进的技术，但是由于缺乏相应的制度环境，这些先进的技术并没有发挥应有的作用，有的甚至是低效使用。哈比逊早在20世纪50年代就指出，组织的差异造成了劳动生产率的巨大差异。他指出50年代埃及的工厂在工艺技术上和美国的工厂相同，但其劳动生产率却只是美国的1/6到1/4。他把这种差异归因于组织的质和量：埃及的“管理资源稀缺，管理方法极其原始”。为什么制度重要？埃及能从美国引进“硬件”，但是不能从美国引进“软件”。这个“软件”包括制度、制度环境、管理及观念等。制度好像是软的，看不见的，无形的，但是它对一个国家的竞争力、经济发展和人民福利的影响却是实实在在的，不可低估的。有人讲，如果发展中国家出现内乱和不重视人才的现象，那么美国的资金和人才就会增加。美国以它市场经济制度的优势吸纳了世界不少国家的资源(尤其是人力资本)。

三是发展中国家和发达国家的差异最主要的是制度上的差异。莱索托在考察了多个拉丁美洲和非洲地区发展中国家的经济发展史之后得出一个结论，资本主义在很多发展中国家没能成功的原因并不是因为没有启动资本，而是因为没有能够长期促进和保障资本积累的法律制度环境。换言之，不是因为没有钱，而是因为没有促进和保障钱生钱的制度。制度就是一国各方面的(包括政治和经济)行为规则，这种规则的形成根源于一国的历史、文化、社会的价值观及意识形态等因素。在20世纪最后10年所发生的一系列与制度相关的事件和现象已经并将继续对相关国家的经济绩效产生深远的影响。举例来说，苏联的解体以及随后的经济转轨、硅谷现象及电子商务的出现、欧元统一与市场一体化、日本和东南亚金融危机等，这些例子当中的一些就其表面而言可看作纯粹的市场现象，但如果我们试图更深入地理解这些事件和现象的深层次原因及其后果，我们不得不将它们的制度方面纳入考察范围(青木昌彦，2000年)。国与国之间的竞争、地区与地区之间的竞争，从表面上看，是产品的竞争，是技术的竞争，是人才的竞争，但在这些竞争的背后都包含着制度的竞争。

四是发达国家以其制度优势在国际贸易中处于有利地位，并形成了国际贸易中的“制度歧视”。目前，一些跨国公司正在利用知识产权抢占我国高新技术产业市场。据统计，外国公司在我国获得的通信、半导体类授权专利数量约占我国同类授权专利的 90%以上，生物行业约占 90%，医药行业和计算机行业约占 70%。从表面看，这是一种技术上的竞争，但实质是知识产权制度的竞争。在世界上，英国最早建立了专利制度。过去专利制度主要是为了保护发明者的利益，但现在专利制度已经成为国与国之间技术竞争的重要方面。在关税贸易壁垒消除以后，外国公司收取较高的专利使用费，削弱了我国一些制造产品出口的竞争力。如，6C 和 3C 等外国电器制造企业联盟向我国部分出口 DVD 的企业发出收取专利使用费的最后通牒，并扣押了部分出口 DVD 产品；日本 9 家摩托车厂商指控我国 24 家摩托车生产企业存在“专利侵权”问题。又如日本产品实行分级制度，分级制度规定一流的产品在国内销售，二流的销往欧美，三流产品销往中国等经济不发达的发展中国家。日本销往中国的产品大多是其国内已经淘汰的“过时品”。当一个国家的人均收入超过 3000 美元的时候，这个国家就会进入品牌消费时代。日本东芝公司因为向美国用户出售有故障的笔记本电脑，以赔偿 2300 万美元来了断官司。面对中国用户的质询，日本东芝公司的有关人士强调中美法律制度不同，不能采取对等赔偿，因而激起中国用户的不满。法律制度不同，企业的行为和成本也就不一样。为什么跨国公司很重视对投资国的文化、法律、价值观等软环境的分析？

国与国之间的竞争、地区与地区之间的竞争实际上是制度的竞争。这主要表现在有效的制度安排可以大大地降低这个地区的交易成本，吸引更多的生产要素流入这个地区，有效的制度安排还可以大大地提高要素使用的效率。有人绕地球一圈后很有感慨地说，在美国办一个企业只要两三个小时，在香港地区要两三天，在深圳两三个星期也够了，但在我国内地一些地方可能得两三个月。这种差异并不仅仅是一个办事效率的问题，而且还涉及制度、体制、文化、观念等深层次问题。这些不同因素将大大地影响一国“制度运行的费用”（交易成本）。在我国沿海和开放地区从事经济活动的交易成本要比内地的交易成本低得多。尽管国与国之间、地区与地区之间的制度的竞争看不见、摸不着，但却客观存在，并且越来越激烈。有人讲，21 世纪世界的竞争将是制度之间的竞争。谁的制度好，资源就会流向那里。人才、资金及技术等都会流向那些制度环境好的地方。我国加入 WTO 后，制度竞争对于我们的挑战更加明显。认识制度的重要性，是我们寻找一种好制度的前提。

主要参考文献

1. 罗纳德 · H. 科斯等：《财产权利与制度变迁——产权学派与新制度学派译文集》，上海三联书店，1991 年。

2. 亨利 · 勒帕日：《美国新自由主义经济学》，北京大学出版社，1985 年。

3. 詹姆斯·A.道等:《发展经济学的革命》,上海三联书店,2000年。
4. 安德瑞·斯莱夫:《新比较经济学》,《经济学消息报》,2003年1月24日。
5. 青木昌彦:《比较制度分析》,上海远东出版社,2002年。

原载《福建论坛》,2003年第9期

论发展中国家的制度移植及其绩效问题

在经济全球化的影响下,许多发展中国家的制度体系更多地移植了发达国家的制度,而不是从自身条件发展出更有效率的法律和秩序体系。那些适合民主国家的制度并不一定能在一个不同的政治环境中有效运行。因此有必要从理论上探讨为什么会产生制度移植及发展中国家制度移植的绩效问题。

一、为什么会产生制度移植

所谓制度移植,就是制度(或规则)从一个国家或地区向另一个国家或地区的推广或引入。制度移植在发展中国家的制度变迁中占有相当大的比重。如拉丁美洲国家90%的制度是从欧美国家移植的。对于一个国家来讲,制度变迁的途径主要有两个:一是制度创新,二是制度移植。发展中国家对于发达国家的制度移植有两种情况:一种是主动移植,如现在一些转型国家从发达国家学习有利于经济发展的制度(规范);另一种是被动移植,如殖民时期的制度移植。当欧洲国家19世纪大肆推行殖民化政策时,他们也把相关制度移植到这些殖民地。英国将普通法带到了南亚、东非、澳大利亚和新大陆,法国通过拿破仑战争将民法移植到许多欧洲国家,包括西班牙和葡萄牙,并进一步扩散到拉丁美洲、北非、西非和其他许多地方。各国制度的不同在很大程度上可由制度传播解释,制度起源决定了制度间的区别。

为什么会产生制度移植?

一是国与国之间的差距,人们往往把先进国家的经济发达与其制度联系起来,于是会产生一种示范效应,接着是模仿与学习。技术之间的竞争引起国与国之间的技术转移;产品之间的竞争引起国与国之间产品的交换;组织形式的竞争引起组织形式的移植;同样的道理,制度与制度之间的竞争引起制度的移植。有效的制度可以大大地促进一国经济发展,这种示范效应是制度移植的一个重要原因。那些具有制度优势的国家也有一种输出制度的动力。

国与国之间的竞争、地区与地区之间的竞争实际上是制度的竞争。这主要表现在有效的制度安排可以大大地降低这个地区的交易成本,吸引更多的生产要素流入这个地区,有效的制度安排还可以大大地提高要素使用的效率。制度比较优势比其他要素的优势更重要。一个值得我们思考的现象是,一些发展中国家的领导人宁愿花大量的钱从发达国家(或外国)引进先进的技术、设备,但是他们不愿在制度创新方面进行投资。这是因为前者往往看得见、摸得着,并且能立竿见影,而后者一般看不见、摸不着,并且制度创新显示成效是一个很缓慢的过程。一些发展中国家花了不少钱从发达国家引进先进的技术,但是由于缺乏相应的制度环境,这些先进的技术并没有发挥应有的作用,有的甚至是低效使用。福格尔说,经济呈现出周期性时常是如下一种趋势:与技术使用有关的伦理道德以及控制技术使用的人类制度往往会落后于技术进步的要求。[①]

尽管国与国之间、地区与地区之间的制度的竞争看不见、摸不着,但却客观存在,并且越来越激烈。有人讲,21 世纪世界的竞争将是制度之间的竞争。谁的制度好,资源就会流向那里。人才、资金及技术等都会流向那些制度环境好的地方。我国加入 WTO 后,制度竞争对于我们的挑战更加明显。国与国之间的竞争压力以及制度差异导致的经济绩效的差异已经被越来越多的发展中国家所认识到,因此,制度移植的重要性也被越来越多的发展中国家的理论家和政治家们所意识到,这是发展中国家制度移植的重要原因。

二是制度移植可以降低制度变迁的成本。在发展中国家,与经济发展相适应的制度供给不足是一种较普遍的现象。过去不少人把缺乏资本看作一个国家经济发展的主要约束。其实,缺乏资本的主要原因是制度安排的缺乏。著名经济学家乔治·A.阿克劳夫(1970)把制度安排的缺乏看作经济发展的主要约束。在历史上,一些国家有大量的钱闲置,由于缺乏一种制度,这些钱都没有用于生产和投资活动。法国历史年鉴学派的代表人物布劳代尔发现,一些国家历史上有许多钱并没有被有效使用。鲍尔和耶梅批评在发展进程中对资本积累作用的过分关注而忽视社会和政治制度。他们指出,与其说发展依赖资本积累,不如说经济发展创造了资本。为什么制度供给不足?影响制度供给变化的因素有:宪法秩序、现存制度安排、制度设计成本、现有知识积累、实施新安排的预期成本、规范性行为准则、公众态度、上层决策者的预期净利益等。[②] 从成本的角度来讲,以正式制度安排为例,制度供给的成本至少包括:(1)规划设计、组织实施的费用;(2)清除旧制度的费用;(3)消除制度变革阻力的费用;(4)制度变革及其变迁造成的损失;(5)实施成

---

① 罗伯特·威廉·福格尔:《第四次大觉醒及平等主义的未来》,首都经济贸易大学出版社,2003 年,第 51 页。

② V.奥斯特罗姆等:《制度分析与发展的反思——问题与抉择》,商务印书馆,1996 年,第 155 页。

本;(6)随机成本。这些成本的存在会制约发展中国家的制度创新。制度安排的供给还受实施上的预期成本的影响。制度从潜在安排转变为现实安排的关键就是制度安排实施上的预期成本的大小。一些好的制度安排因实施的预期成本太高而无法推行。对于发展中国家来讲,除了制度创新的设计成本制约一国制度创新以外,更重要的是新制度的预期收益往往是不确定的,这就加大了制度创新的成本,而从发达国家移植一种较成熟的制度则可以大大地降低成本与风险。

三是一些制度在世界范围内有共同性,能够移植就没有必要再去创新了。对于制度输出国来讲,同一制度可以大大地扩大其市场范围、降低交易费用。许多制度规则是人类共有的,这些规则可能在一些国家先创立起来,没有这个规则的国家没有必要重复创新,制度移植是一个有效的途径。有人说,WTO 的规则是富人(发达国家)的规则,要想加入就得遵守规则。市场经济的许多规则在市场经济国家都是通用的,这些规则经过实践检验证明是有效率的。加入 WTO 后实际上意味着成员国必须按照 WTO 的规则(实际上是市场经济的规则)来构造自己的经济体制。加入 WTO 后一国的制度移植和制度变迁的进程就加快了速度,同时,加入 WTO 会产生强制性的制度移植效应。如果制度变迁中的路径依赖形成,制度变迁就可能变成"修修补补"的游戏了。因此,新旧体制转轨的国家要不断解决"路径依赖"的问题。渐进式改革很容易产生路径依赖,这主要表现为,人们对这种改革方式习以为常,并且每个人都希望从这种改革方式中获得好处(如优惠政策、改革试点、配套资金、税收减免等)。这种改革往往只有局部的改进,而没有整体改进。其次,我国政治体制改革的相对滞后也为既得利益集团的形成提供了一定的条件。

如何打破既得利益集团?一种思路是给既得利益集团以补偿,也就是一种赎买政策。这种做法存在两个问题,一是政府财力的制约,二是渐进式改革会不断地产生新的既得利益集团。另一种思路是通过外来的冲击打破既得利益集团。加入 WTO 有利于从根本上治理渐进式改革留下的一个后遗症:打破既得利益集团对我国市场化改革推进的阻挠。外来的冲击比自我改革要有效得多,也快得多。这是因为加入 WTO 后,一方面给政府打破既得利益集团增加了压力,另一方面也使既得利益集团维持自己特殊利益的成本大大上升。

制度选择与经济发展的关系已经成为发展经济学的重要研究领域。有人把制度分析引入发展经济学称作发展经济学革命的重要组成部分。1957 年,鲍尔与巴塞尔·S.耶梅写了一本开创先河的著作《欠发达国家经济学》。此书打破了传统发展经济学的许多神话,并号召对比较制度进行研究,以考察哪些制度更有助于经济增长。鲍尔和耶梅并不是把非经济变量,如产权制度和非正规行为规则,作为既定的变量,而是作为决定经济发展的重要因素。格莱尔德·斯库利在研究中发现:"制度结构的选择对经济效率和增长有深远的影响。与法律条例、个人财产、资源市场配置相结合的开放社会,与那些自由被限制和剥夺的社会相比,其增长率是后者的 3 倍,其效率是后者的 2.5 倍。”①

二、发展中国家制度移植的绩效问题

现在国外理论界有一种观点,发展中国家从发达国家的制度移植除了少数有效以外,大多是低效的。为什么一些制度移植往往是低效的?关于发展中国家从发达国家制度移植的低效问题主要有两种情况:一是有些移植制度的效率相对于发达国家来讲是低效的;二是移植的制度相对发展中国家原来的制度来讲是低效的。在此我们主要分析前一种情况。

第一,从制度内在构成来看,正式约束与非正式约束的矛盾往往会导致制度移植的低效。从制度的可移植性来看,一些正式约束尤其是那些具有国际惯例性质的正式规则是可以从一个国家移植到另一个国家的。如我国在市场化改革的过程中就移植了一些西方国家有关市场的规则。这就大大降低了正式制度创新和变迁的成本。一些规则的移植尽管给“输入国”带来了不少的好处(或收益)。但是制度转让并不像技术转让那样涉及知识产权(专利权)和技术转让费之类的问题。但非正式约束(或非正式制度安排)由于内载着传统根性和历史积淀,其可移植性就差很多。一种非正式规则尤其是意识形态能否被移植,其本身的性质规定了它不仅取决于所移植国家的技术变迁状况,而且更重要的取决于后者的文化遗产对移植对象的相容程度。如果两者具有相容性,那么,正如 W. 拉坦所说,制度创新的引入,不管它是通过扩散过程,还是通过社会、经济与政治程序所进行的制度转化,都会进一步降低制度变迁的成本。

发展中国家在制度移植过程中,改变了的正式约束与持续的非正式约束之间的紧张程度,对经济变化的方向有着重要的影响。进行制度变迁的国家总想尽快通过改变正式规则实现新旧体制的转轨(如从计划经济体制转向市场经济体制),但这种正式规则的改变在一定时期内,可能与持续的非正式约束并不相容,即出现了“紧张”。这种紧张程度取决于改变了的正式规则与持续的(或传统的)非正式约束的偏离程度。1993 年诺斯在获诺贝尔经济学奖发表演讲时指出,离开了非正式规则,即使“将成功的西方市场经济制度的正式政治经济规则搬到第三世界和东欧,就不再是取得良好的经济实绩的充分条件。私有化并不是解决经济实绩低下的灵丹妙药”。因此,国外再好的正式规则,若远远偏离了土生土长的非正式规则,也是“好看不中用”。这类似于发展中国家在引进国外的先进技术时曾经经历过

① 詹姆斯·A.道等:《发展经济学的革命》,上海三联书店,2000 年,第 9—10 页。

的教训一样，开始认为越先进的技术越好，似乎只有这样才能尽快地赶上发达国家。事实证明，“欲速则不达”。后来发展中国家的人们才逐渐发现，“适中”的技术才是最好的技术。这个道理同样适用于制度移植。

第二，从制度的层次来看，发展中国家的制度移植还存在制度环境与制度安排的矛盾。制度环境，是指一系列用来建立生产、交换与分配基础的政治、社会和法律基础规则。例如，支配选举、产权和合约权利的规则就是构成经济环境的基本规则。制度环境实质上是基础性制度安排（foundament institutional arrangement），制度环境是一国的基本制度规定，它决定、影响其他的制度安排。在制度环境中，宪法和法律结构又是至关重要的。制度安排，是支配经济单位之间可能合作与竞争的方式的一种安排。制度安排可能是正规的，也可能是非正规的；它可能是暂时性的，也可能是长久的。这里的制度安排类似于第二级制度安排（secondary institutional arrangement）。制度安排一般在制度环境的框架里进行。

发展中国家可能偏向于移植次级制度而不改变基础性制度。如一些国家在宪政上与发达国家并不一样，或者有较大的差异，移植的仅仅是次级制度。这两者会产生一些矛盾。

在宪政秩序没有大的变化的情况下，仅仅移植次级制度不一定有效。从经济市场与政治市场的关系来看，诺斯认为，有效的市场经济模型是不仅可以在短期内提高经济运行的效率，而且从长期来看，可以随着市场经济模式的演化，不断促进技术的创新和新的生产方式的应用，从而提高社会生产力的动态模型。这个模型的建立，首先需要一个交易成本较低的有效的经济市场；其次需要一个有效的政治市场来界定和执行市场经济的产权安排；最后需要经济市场与政治市场之间的协调（诺斯，1998）。当前我国由于政治体制改革的相对滞后，政治市场与经济市场之间还缺乏一种有效的互动关系。

对一个转轨国家来讲，如从传统的计划经济转向市场经济，有人认为，转轨的核心是宪政规则的大规模改变（萨克斯和皮斯特，1997）。经济转轨，即价格自由化和私有化，只是转轨的一部分。现在的问题是，宪政规则的改变对一个国家的经济社会影响是全方位的，其中一个突出问题是，宪政规则的改变对经济绩效的长期效应和短期影响并不总是一致的，如在法国，宪政秩序的形成始于法国大革命，持续了大约一个世纪。法国大革命对经济的短期影响是灾难性的，但是，从旧制度到新宪政秩序漫长转轨过程中出现的《拿破仑法典》和许多其他制度及政策对于法国的经济发展具有长期的正面效应。这次转轨连同英国、法国、其他欧洲大陆国家和美国之间的竞争，导致了西欧大陆经济发展的跳跃，并在 19 世纪的后半叶超过英国（萨克斯等，1999）。宪政规则改变的短期效应与长期效应的不一致，成为发展中国家愿意移植次级制度而不愿意改变宪政规则的原因之一。

另外一种情况是，一些发展中国家可能在宪政制度上移植了发达国家的宪政，但是与之相适应的制度安排或者经济基础并不配套，这也会产生基础性制度与制度安排的矛盾。在许多国家,政治制度存在着系统性差异,而制度移植是理解其差异的关键。在宪政设计上,根据哈耶克的观点有两种方式:一是英国的普遍法思想,即司法独立,也就是当法律一旦被议会通过,就应不受政治干预地由司法机构独立执行;二是美国式的政府间相互制衡思想,即法院有权力来评估与宪法不符的立法者的决策和法律,与英国的传统不同,美国的法院可在多方面干预立法选择。在过去的两百多年间,两种宪制思想均被传播到许多国家,但其影响的范围和程度却存在较大差异。司法独立思想主要被英国殖民地国家采用,而对民法国家的影响较小。美国式的权力制衡思想则首先被移植到受美国影响的拉丁美洲国家,第二次世界大战后进一步影响到欧洲大陆国家。现在,欧洲民法国家普遍设立了宪法法院。根据对 71 个国家宪法的比较研究,普通法国家更多地吸收了司法独立的思想,而受美国影响较大的国家更多地接受了权力制衡思想。一般而言,司法独立的宪制与高度的政治和经济自由相关,而权力制衡宪制与高度的政治自由相关,但却对经济自由有较大限制。[①] 在这种宪政格局下,一些发展中国家可能在宪政上改变了,但与此适应的制度安排还严重滞后,也可能导致制度移植的低效。

第三,制度移植往往是一部分或局部的,制度的效果往往还取决于整体及其制度环境。

发展中国家的很多制度都从移植中形成,而不是根据当地情形做出的有组织的反应。这引起一个问题,那就是在民主和有限政府国家中适宜的制度被移植到不同政治环境以后,可能不会良好运作。如果统治者利益和公众利益不一致以及规则容易受到破坏,集中控制和法律实施将是最无效率的。我们的理论可以解释为何在民主的法国和德国运作良好的大陆法,在"坏"政府手里会变成压制的工具。[②] 这些研究表明,制度移植能否成功很大程度上取决于制度输入国的环境,以及对制度移植的认可度。

格莱泽和施莱弗(2002)研究认为,普通法的母国英国和大陆法的母国法国在制度设计上的差异很大程度上反映了两国各自不同的法律和秩序特征。但当它们的殖民地在进行制度移植时,保留了母国的制度特征,但却无法保证这些制度的有效性。很多方面的事实表明,接受了法国法律传统的国家往往存在更多的政治控制,同时经济和社会发展也相对落后。[③] 一个较普遍的现象是发展中国家容易从发达国家移植相应的经济制度或体制,但不容易从发达国家移植政治制度或体制,因为后者涉及统治者的利益、权力等。制度移植本身可能就是效率低下的原因,如把在中等收入国家和发达国家中运行良好的制度移入不同的政治和经济环境里,

① 陈志昂:《比较经济学的新发展》,《经济学消息报》,2003 年 4 月 25 日。

② 安德瑞·斯莱夫:《新比较经济学》,《经济学消息报》,2003 年 1 月 24 日。

③ S.詹科夫、R. 拉·波塔等:《新比较经济学的新视角》,载吴敬琏主编,《比较》(第 4 辑),中信出版社,2002 年,第 73、74 页。

导致这些制度被滥用或被破坏之后，所产生的结果只能是专制和腐败。[①] 这表明，经济体制和政治体制本身具有内在的一致性，如果割裂开政治与经济体制，仅仅移植经济制度就有可能导致低效。

皮思特等研究了六个法律移植国家的公司法，认为移植国家在法律制度的有效性上明显不同于起源国家，而且法律变革倾向于变化不定或停滞不前，法律移植的低效关键不在于法律起源，而在于国内的环境条件和法律变革的创新及自我持续能力。[②]

对移植制度的适应性问题，近期的相关研究得出了制度的移植效率与殖民定居者生存率相关的结论。阿塞莫格勒等指出，不同殖民地的殖民定居者面临不同的生存率，而生存率高的殖民定居者总试图移植和发展其制度，并与当地的环境相适应。这样生存率高的殖民地的制度效率就高。这就是说，制度是与人文环境并存的，制度的外生影响或移植是否成功，在很大程度上取决于是否移民，正是这些殖民定居者带入、继承和发展了其母国的法律制度，并使其在国外有效运行。这也正是美国、加拿大、澳大利亚等国制度移植有效，而定居者较少的国家制度缺乏效率的重要原因。[③] 最新的研究指出了制度移植另一个非常重要的方面。有人指出，殖民者在不同殖民地的死亡率不同，因此他们更可能留在存活率高的地区发展他们的制度，移植西方制度带来了产权的保护和经济发展的好处。这个理论可以解释制度差异的外生变化，这也表明至少殖民者定居的区域得益于制度移植。美国、加拿大和澳大利亚可以继续英国的传统，省得白手起家创造法律。另一方面，如果殖民者不定居，制度移植可能导致制度无效率。制度是约束人的一种行为规则，这种规则的形成是不同的个人或群体在一定环境条件下博弈的产物。制度与人的行为、习俗及文化有着内在的联系。

诺斯认为，适应性效益是经济增长的关键性因素，而配置性效益则不是。配置性效益是短期经济增长的标准，适应性效益则有利于经济体制的演化，并在演化过程中促进可使经济长期增长的经济、政治、法律体制框架的形成。这个体制框架具有一定的灵活性和弹性，能够适应各种条件的变化和经济体制的演化，从而带来经济的长期增长。然而适应性效益只能被观察到，却不知道是如何创造出来的，即只能通过长期观察看到过程演化的结果。

此外，发展中国家在从发达国家移植制度的时候降低了制度规划设计的成本，但是由于没有考虑到制度的实施成本及技术支撑条件，这也是制度移植出现低效的原因之一。

---

① S.詹科夫、R.拉·波塔等：《新比较经济学的新视角》，载吴敬琏主编，《比较》（第4辑），中信出版社，2002年，第73、74页。

② 陈志昂：《比较经济学的新发展》，《经济学消息报》，2003年4月25日。

③ 同上。

三、几点思考

在当今经济一体化的世界里,当资本、技术、劳动力、信息等能在世界范围内更自由流动时,为什么发达国家与发展中国家的差距不仅没有缩小,反而有扩大的趋势呢? 技术可以转移,资本可以转移,劳动力也可以转移,但是作为经济发展的制度因素却难以转移,这是因为其具有专用性质,即使发展中国家能强制性地照搬发达国家的某一制度,这种制度移植也往往变形,甚至低效,有的还比不上原有的制度。这其中的原因确实值得我们探讨。过去人们往往从技术、资本、劳动力、自然资源等有形因素去比较不同国家的发展差异,而忽视了制度、价值观、意识形态等无形因素对经济发展的影响。

哈比逊早在20世纪50年代就指出组织的差异造成了劳动生产率的巨大差异。他指出50年代埃及的工厂在工艺技术上和美国的工厂相同,但其劳动生产率却只是美国的1/6到1/4。他把这种差异归因于组织的质和量:埃及的"管理资源稀缺,管理方法极其原始"。

为什么制度重要? 埃及能从美国引进"硬件",但是不能从美国引进"软件"。这个"软件"包括制度、制度环境、管理及观念等。制度好像是软的,看不见的,无形的,但是它对一个国家的竞争力、经济发展和人民福利的影响却是实实在在的,不可低估的。有人讲,如果发展中国家出现内乱和不重视人才的现象,那么美国的资金和人才就会增加。美国以它市场经济制度的优势吸纳了世界不少国家的资源(尤其是人力资本)。发展中国家和发达国家的差异最主要的是制度上的差异。

莱索托在考察了多个拉丁美洲和非洲地区发展中国家的经济发展史之后得出一个结论:资本主义在很多发展中国家没能成功并不是因为没有启动资本,而是因为没有能够长期促进和保障资本积累的法律制度环境。换言之,不是因为没有钱,而是因为没有促进和保障钱生钱的制度。制度就是一国各方面的(包括政治和经济)行为规则,这种规则的形成根源于一国的历史、文化、社会的价值观及意识形态等因素。2001年,弗里德曼在接受采访时谈到20世纪90年代诸多实行私有化的国家的经验教训时,就特别强调最大的教训就是未能意识到实行法治是私有化的基础前提。他承认:"10年前,我对实行私有化的国家的建议只有三个词,那就是——私有化、私有化、私有化;但结果证明我错了,因为缺乏法治环境的私有化根本就意义不大。"

发展中国家要提高制度移植的效率必须要做到:第一,要注重制度环境的完善,尤其是加快政治体制改革的步伐;第二,要注重非正式规则的完善及文化建设,要注重观念的转变;第三,要注重制度移植的配套性和适应性研究,尤其要打破利益集团在制度移植过程中加上自己的所谓“创新”之说。

主要参考文献

1. 陈志昂:《比较经济学的新发展》,《经济学消息报》,2003 年 4 月 25 日。
2. 道格拉斯 · C. 诺斯:《经济史中的结构与变迁》,上海三联书店,1994 年。
3. S.詹科夫、R.拉 · 波塔等:《新比较经济学的新视角》,载吴敬琏主编,《比较》(第 4 辑),中信出版社,2002 年。
4. 卢现祥:《西方新制度经济学》,中国发展出版社,2003 年。
5. 赫尔南多 · 德 · 索托:《资本的秘密》,江苏人民出版社,2001 年。

原载《福建论坛:人文社科版》(福州),2004 年第 4 期;人大复印资料《理论经济学》2004 年第 10 期转载;本文与朱巧玲合写

人与制度关系研究的理论演进

在一定意义上讲,人类社会发展的历史就是人的潜力的制度化释放过程。人的潜力发挥多少与制度好坏密切相关,一部人类史实际上是人类与制度相互作用的过程。制度经济学说史就是人与制度关系研究不断深入的历史。

一、人与制度关系研究的重心:是正式制度还是非正式制度

正式制度、非正式制度和它们的实施特征的混合决定了经济绩效。[①] 这些"特征的混合"是什么?不同国家的"特征的混合"的差异能否解释不同国家绩效的差异?在一国的制度体系中,到底是正式制度重要还是非正式制度重要?这是一个在制度经济学研究中还没有明确界定的问题。我们认为,在制度体系中,非正式制度更重要,尤其是把非正式制度在一国制度体系构建中的作用及机理搞清楚对于我们理解转型非常重要。

从正式制度与非正式制度的关系来看,诺斯把非正式制度分成三类:对正式制度的扩展、丰富和修改;社会所认可的行为准则;自我实施的行为标准。[②] 从非正式制度的演变来看,人格化交换依赖于互惠、重复交易以及倾向于从发达的互惠关系中演化而来的非正式规范之类的东西。人类社会早期及后的相当长时间非正式制度与人类关系相互演化。同样的正式规则和宪章,加诸不同的社会,因非正式制度的差异往往得到不同的结果。[③] 从文化中衍生出来的非正式约束不会立即对正式规则的变化做出反应,因而,已改变了的正式规则与持存的非正式约束之间的紧

---

① 道格拉斯·C. 诺斯:《理解经济变迁过程》,中国人民大学出版社,2008 年,第 141 页。

② 道格拉斯·C. 诺斯:《制度、制度变迁与经济绩效》,上海三联书店,1994 年。

③ 同上书,第 51 页。

张关系所导致的(社会)后果,对理解经济变迁的方式有着重要的影响。[①] 当正式规则的剧烈变化导致了其与现存非正式约束不相融合时,二者之间无法缓解的紧张和矛盾将带来政治的长期不稳定。[②]非正式制度更多与个人联系在一起,而正式制度则与国家联系在一起,因此,要把非正式制度与正式制度的关系搞清楚,必须把个人与国家的关系搞清楚。

在人类社会的发展过程中,各民族和国家形成了自己有特色的非正式制度。在许多非洲国家,主要是氏族约束;在中国主要是家庭约束;在许多伊斯兰国家,在氏族约束之外,受宗教规则影响较大;在美国,宗教意识形态规则则发挥重要作用;而在德国,法律强制规则是主要的秩序因素。这些非正式制度的不同特点对这些国家制度体系的形成起到了基础性作用。

当今各国制度体系的差异要到非正式制度的起源及非正式制度的特点中去寻找原因。一是正式制度与非正式制度的传递方式不一样,从知识表达和传导方式看,非正式制度是心照不宣的默认的知识,它只能通过传递双方的共同理解和信任在实践中获得。而正式制度是编码化的显性知识,它可以通过语言或以符号形式进行表述、传递和存储。二是从两种制度的连续性来看,正式制度面对外部环境的变化在不断调整和变化,而非正式制度是连续且相对稳定的。[③] 三是从长期的演化路径来看,非正式约束在制度渐进演化方面起着重要的作用,从而成为路径依赖的根源。[④] 如诺斯所说,美国在过去的几个世纪里运行得相对成功,我们就必须关注和正式规则一同起作用的非正式约束发挥的关键作用。四是正式制度只有在与非正式制度相容的情况下,才能发挥作用。离开了非正式制度的匹配,再"先进"的正式制度也无法发挥作用。五是从制度变迁过程来看,改变旧的正式规则可能与持续的非正式约束并不相容,这种不相容的程度既取决于改变了的正式规则与持续的(或传统的)非正式约束的偏离程度,也可能还取决于新旧正式规则"破"与"立"的吻合程度,这种不相容达到一定程度会导致秩序混乱或无秩序状态。

任何国家制度体系的建立都要解决从人格化交换到非人格化交换转变中的问题。非正式制度的特点及其适应性效率将在一定程度上决定一国正式制度的起源及适应性效率。尤其是非正式制度的基因不仅影响着在其内部能否演化出适应非人格化交换的正式制度,也决定着其能否从外部引进和复制国外的正式制度。人格化交换依赖于互惠、重复交易以及倾向于从发达的互惠关系中演化而来的非正式规范之类的东西。人格化交换从本质上讲会将经济活动范围限制在熟人圈里,需要进行重复的面对面的交易。非人格化交换则要求发展经济和政治制度以改变

① 道格拉斯·C. 诺斯:《制度、制度变迁与经济绩效》,上海三联书店,1994 年,第 63 页。
② 同上书,第 193 页。
③ 同上书,第 52 页。
④ 同上书,第 62 页。

交换中的支付,为合作行为提供激励机制。非人格化交换需要大量的政治、社会和经济制度,这就“破坏了”原始社会数百年演化而成的内在遗传特征。[①] 换言之,人格化交换建立在非正式规范基础上即可,但到了非人格化交换不仅必须建立在正式制度基础上,而且需要建立在平等、自由、民主、契约及法治等信念基础上。19世纪德国社会科学家费迪南·滕尼斯从文化比较中把社会分为礼俗社会与法理社会。从历史来看,我国具有礼俗社会的典型特征。礼俗社会与人格化交换存在着相互强化的关系。而法理社会与非人格化交换又有内在的逻辑上的一致性。对人格化交换的路径依赖制约着我国向非人格化交换的转型。

对非正式制度与正式制度的依赖关系我们可以从更大的历史视野去分析,2002年,阿西莫格鲁等发表了一篇名为《贫富的逆转》的文章。文章的开篇就指出了财富反转的事实:“例如,印度的Mughal地区,美洲的Aztec、Inca地区在1500年就有最灿烂的物质文明,而此时的北美、新西兰以及澳大利亚等地则是十分贫困的。而今天的美国、加拿大、新西兰以及澳大利亚却远比当初的Mughal、Aztec以及Inca的所在地区要富强得多。”对这种财富反转的现象有各种各样的解释,阿西莫格鲁提出了制度假说,认为殖民者在其殖民地建立的不同制度(私有财产制度和掠夺型制度)以实现其殖民策略是导致这些地区财富反转的重要原因。导致这种策略差异的原因主要有两个:一是死亡率,二是人口密度。殖民者在选择是移民还是掠夺的时候,除了考虑当地死亡率之外,还需要考虑的是当地的人口密度。[②] 值得指出的是,殖民移民下的制度成功的根源在于移民解决了非正式规则不能移植的问题,非正式制度只有伴随大量的移民才能转移过去。非正式制度是一国制度的长期积淀,其“基因”和特点将会决定一国正式制度的构建。仅仅移植正式制度是不够的,必须要考虑其与非正式制度的兼容性。

在诺斯看来,我们现在已经搞清楚什么样的制度有利于经济发展,但问题是,我们还没有搞清楚如何从不利于经济发展的传统制度过渡到有利于经济发展的好制度(诺斯,2002)。这里的难点在于如何打破不利于经济发展的传统制度。上面对财富逆转事实的分析忽视了一个问题,美国、加拿大、澳大利亚等这些地方之所以后来居上,还有一个很重要的原因,这些地方原来文明程度不高,人口密度低,不利于经济发展的传统制度不多,他们更多是靠非正式制度维持经济运行,在这些“白纸”的地方建立正式制度比较容易,反而那些传统制度历史悠久的国家要完成经济转型则难得多。其实,这里过渡的难点在于正式制度、非正式制度及实施机制如何结合。

---

① 道格拉斯·C. 诺斯:《理解经济变迁过程》,中国人民大学出版社,2008年,第65页。

② 达龙·阿西莫格鲁、西蒙·约翰逊、詹姆斯·鲁滨逊:《贫富的逆转:现代世界贫富格局中的地理和制度的作用》,载吴敬琏主编,《比较》(第23辑),中信出版社,2006年,第173页。

二、西方主流经济学研究人与制度的局限性

关于西方主流经济学存在的问题已有许多批评了,我们在此主要是指出主流经济学在研究人与制度上的局限性。

西方主流经济学对人与制度关系的研究或隐或现,不少经济学家主观上非常强调对人与制度关系的研究,但由于西方主流经济学家研究问题范式的局限性,客观上他们并没有很好地完成这个任务。马歇尔、米塞斯等强调经济学对人类行为的研究,而布坎南进一步认为经济学家所研究的根本主题就是社会制度中的人类行为,而不是抽象的人类行为。诺斯明确提出研究人类行为必须结合制度来分析,必须从人类行为与制度的互动关系中去研究。在诺斯看来,制度理论是由一个关于人类行为的理论结合一个关于交易费用的理论建立起来的。

主流经济学对人性进行简单化假设。亚当·斯密"看不见的手"实质上是他关于人与制度发展的一种理想的制度结构。需要澄清的是,经济学家自身并不认同更多的自利是可取的,正如亚当·斯密 1759 年在他的第一本跨时代著作《道德情操论》中所写:"一个铁石心肠、自私自利、对别人的欢乐和痛苦无动于衷的人,在我们看来多么面目可憎!……因此,完美无瑕的人性就是关心他人胜过关心自己,就是公正无私和慈善博爱的情怀。唯有如此,人与人之间才能达到感情上的沟通与和谐,才能产生得体适度的行为。"其实,亚当·斯密也强调了人有利他的一面,人是利己与利他、理性与非理性的统一体。后来的主流经济学家们只强调了亚当·斯密关于人的利己一面。现在的行为经济学家们回归到了亚当·斯密关于人的本质分析本身。在价格信息充分的竞争性市场上,经济学家所采用的充分理性假设是非常有效的。但在利用纯粹形式的理性假设分析包含不确定性的复杂问题的过程中,经济学家的研究取向已经成为我们更好地理解人类行为的障碍。① 不完美信息和反馈是不确定性的最普遍的特点,同时,理性假设也没有充分解决心智和环境的关系。② 正因为如此,科斯和诺斯都主张从实际的人出发来研究经济问题。

诺斯提出的新制度经济学与传统经济学的区别是以人为本,这更加接近东方哲学思想。他提出经济学作为社会科学应该注重人、团体、社会之间的行为关系与制度,不仅是单纯的思考成本、价格、工资、产业分布中的实证数据,而是把它们放

① 道格拉斯·C. 诺斯:《理解经济变迁过程》,中国人民大学出版社,2008 年,第 23 页。

② 同上。

在真正的社会形态与历史环境下进行研究。[①] 主流经济学强调选择程序的研究，而忽视了对驱动这个程序的人和制度的实质做深入分析。“经济学就是对如何安排目的和多种用途的稀缺资源之间关系的人类行为的研究”（罗宾斯）。[②] 科斯认为这种经济学定义对学科发展是有害的，因为这种方法（选择分析）已经和它的研究对象脱离了。他认为经济学家已经把他们的注意力几乎全部集中在选择程序上，而没有对驱动这个程序的人和制度的实质做深入分析。

建立在物理学基础上的主流经济学难以对经济行为之间质的差异进行研究。以物理学为基础的经济学只能度量经济活动中收入的量的差异，却不能抓住经济行为之间质的差异。物理学基础模型也不能很好地处理新奇和发明；同样不能很好地处理协同效应、联系效应和系统效应。身体隐喻抓住这样一个理念：作为一个经济要素，人这种灵性的存在体有一个创造性的头脑。结果是，人类经济社会的基本动力正是尼采指出的“精神和意志的资本”：个体和公共的新知识、企业家精神、组织能力。主流经济学偏重于从物理学角度研究人的行为，而不重视从心理学、生物学角度研究人的行为。

主流经济学重视对价格的研究，而忽视了对影响人的行为的制度的研究。在科斯看来，经济理论由“没有人性的消费者、没有组织的企业，甚至没有市场的交换”构成，结果是“我们对经济系统的运行惊人的无知”。在尼采看来，除了交换和创新之外，将人类与其他动物分开的关键因素还在于：人类是一个唯一可以遵守约定的动物。在科斯看来，新古典经济学研究的是“没有躯体的血液循环”，必须给它们添加制度作为躯体。经济转型的国家不仅要把价格搞对，而且还要把制度搞对。主流经济学的“价格—制度”两张皮的分析大大地降低了经济学的解释力。

制度为一个有序的能发挥作用的社会、经济体系的存在所必须。制度提供人在世上行为的基础，没有这个基础，世界将充满无知和不确定性（哈耶克）；制度使行为达到一定程度的标准化和可预见性；制度解决经常现出的协调问题（刘易斯）、囚犯困境问题。在海纳看来，未来是不确定的，制度创新的根源在于 C—D 之差——个体能力与所决策的难度之间的差距。如何缩小这种差距？最好的办法是构造一些规则去限制这种条件下选择的灵活性，这些规则就是我们所说的制度。制度把选择导向一个更小的行动集，在一定程度上克服了人的有限理性带来的局限性，制度可以改进人类控制环境的能力。[③]

---

① 栗施路：《中国经济增长以人为本》，《每日经济新闻》，2015 年 11 月。

② 转引自科斯：《论经济学和经济学家》，上海三联书店，2001 年，第 49 页。

③ 道格拉斯 · C. 诺斯：《理解经济变迁过程》，中国人民大学出版社，2008 年。

三、行为经济学是探讨人与制度关系的可行路径

为什么行为经济是探讨人与制度关系的可行路径?这主要基于以下四个方面的考虑:

(1)行为经济学对人的假设更有利于研究人与制度的关系

在主流经济学看来,个人追求自身利益最大化,并且是同质的计算机器。而行为经济学则认为人是充满人性的异质的人,个人不仅追求利益最大化,而且还关注公平、互惠和社会地位等许多其他方面,而后者是主流经济学根本不关注的。异质性的两个基本假定:第一,认为个体是有限理性的;第二,认为个体不完全是利己主义的,还具有一定的利他主义。这种人就是新制度经济学所讲的实际的人。主流经济学对心理学的忽视是其对人的假设存在局限性的重要原因,而行为经济学是心理学与经济分析相结合的产物。广义而言,行为经济学把认知不协调-C-D gap、身份—社会地位、人格—情绪定势、个性—偏好演化、情境理性与局部知识等要素引入经济分析框架,从而大大地丰富了对行为模型的研究。除了修正过的个人决策模型,其他行为模型也可帮助我们理解经济体制的运作。在规范经济学方面,加入行为要素的模型有助于建立更好的制度。这不仅仅建立在对制度作用的更深入理解之上,更是建立在对个人需要和福利概念的更深理解之上。[①] 各种描述大脑工作方式的变量与步骤的有效模型为制度影响与变迁分析奠定了良好的基础。制度经济学许多问题的研究要建立在行为科学的基础上。

(2)从人类演化的不同阶段去寻找人与制度不断互动的机制

人类面临的不确定性是源于人类行为内在的不稳定性,还是源于我们对社会环境的感知和信念体系?与环境条件相比,心智的基因结构能够在何种程度上塑造文化?演化心理学家认为,几百万年的狩猎生活使心智的基因结构能够适应某些特殊条件,并塑造我们文化的大部分特征。大部分人类合作行为是由基因决定的。

诺斯认为遗传倾向和文化力量之间确切的结合方式还远没有解释清楚。唐纳德用认知的分类标准提出了灵长类/原始人类文化演化的几个阶段:第一个阶段只是一种插曲,以灵长类动物为特征,如猿是一种智慧型动物,但是其表达的方式却非常有限,也称为模仿阶段。第二个阶段是原始人类的认知转换使得模仿文化转向语言和充分发展的口头流传的神话文化。第三个阶段,是符号式文化社会的理

---

① 戴蒙德·瓦蒂艾宁:《行为经济学及其应用》,中国人民大学出版社,2011年,第3页。

论阶段,其标志是长期的、文化上不断累积的可视符号发明的历史。

建立在采用统计技术以及理论与经验证据之间复杂的相互作用基础上的科学方式,改变了我们对于物质和人类环境的理解。东西方的认知差异主要产生于最后一个阶段。东西方的差异主要表现在:一是我国诸子百家属于人文伦理,而古希腊文明提供了科学探索的工具。二是中国古代没有发展出系统的数学思想,因而缺乏科技研发的有效工具。在历史上,我们许多生产和生活活动(如中医、烹调等)重感觉而轻精确计量的现象比较普遍。这些认知上的差异对后来东西方的制度及其形成产生了深刻的影响。

由于科技缩小了物理环境上的差异,人口、知识存量和社会制度之间的复杂的交互作用就逐渐地决定了绩效(诺斯,2008)。人口、知识存量与社会制度之间的复杂交互作用这个框架可以较好地分析人与制度之间的互动关系。人类潜力发挥的大小或多少,除了人口和知识存量增长以外,更重要的是社会制度及其激励机制是否有效地释放人类潜力。比如说,为什么美国创新能力非常强?这是因为它以其制度优势获得了人口和知识存量增长的红利。

(3) 重视人类的意识、信念及意识形态在制度形成的作用

在向更复杂的、相互依赖的文化演化的压力环境中,人类的意识、信念及意识形态在制度的形成及制度结构的演化中发挥着极为重要的作用。行为经济学的研究将有利于揭示这个作用的机理。主流经济学强调成本—收益在制度形成中的作用,但是仅有这些是不够的。

在诺斯看来,我们只有通过认知科学及行为经济学的研究,才能搞清楚非正式约束及其形成。感知、意向性、心智结构、信念等是非正式约束的决定性因素。个体通过基因遗传、文化传统和个体经验学习,由此形成心智结构,心智结构决定信念,信念体系决定制度框架。制度结构是由人类的意识和意向性决定的,而社会不同的绩效特征又是由制度结构决定的。政治、经济和社会制度的发展反映了信念体系的发展。在基督教信念基础上形成的自然观认为,自由应该为人类服务,因此宇宙能够也应该为了经济的目的而被控制。信念结构在荷兰、英国的经济和政体的制度演化中发挥着极为重要的作用。信念体系和制度的关系表现为,信念体系是人类行为的内在表现的具体体现;制度是人们施加给人类行为的结构,以达到人们希望的结果。信念体系是内在表现,制度是这种内在表现的外在显示。[①] 因此,研究一国制度就离不开对其信念体系的研究。

制度是信念的外在表现形式,好的制度来自于好的信念。但是,在真实世界里,根深蒂固的信念和偏见常常导致高不可攀的交易成本。[②] 从过去继承的制度结构可能反映一系列不受变迁影响的信念,这又有两种情况:一是制度变迁与这种

---

① 道格拉斯·C. 诺斯:《理解经济变迁过程》,中国人民大学出版社,2008 年,第 47 页。

② 同上书,第 180 页。

信念体系背道而驰，二是被提议的制度变迁威胁到了现存组织中的领导者和企业家。在从根本上来说相互竞争的信念并存的地方，建立一套可行的制度安排的难度就会增加。解决这一问题的最好处方是建立一致同意的政治规则。①

从意识形态与信念的关系来看，意识形态是有组织的信念系统，它一般起源于宗教。统一的意识形态不仅可以降低交易成本，而且使得行为可预期。制度构成了人们的外部环境，意识形态构成了精神环境。在诺斯看来，意识形态具有双重性，一方面意识形态对顺从的要求至今仍然是减少维持秩序的成本的主要力量，另一方面意识形态也有可能阻止制度变革、惩罚偏离常规者，以及在与之竞争的宗教改革冲突中成为无休止的人类冲突的来源，这是另外的社会成本。这种社会成本高到使一些国家根本没有办法进行制度变革，因此好的意识形态有利于制度的变革和创新。

在诺斯看来，制度变迁是个人和企业家选择的结果，在早期，诺斯认为这种选择是依据成本收益进行的，但后来他强调大多数选择仅仅是依惯例而行的。这种变化表明诺斯越来越重视非正式约束在制度体系变革中的地位和作用。变革需要知识，而知识的产生还要受到决策者"心智模型"和信仰体系的影响。因此，要理解制度变迁，就需要到"信念、意识形态、神话、教条和偏见"中去找原因。这也是为什么诺斯非常强调认知科学在经济学研究中的重要作用。

（4）建立在个人主义行为信念基础上的制度有利于人的潜力的发挥

在对信念的研究过程中，西方新制度经济学尤其重视对个人主义行为信念与制度关系的研究。亚当·斯密开始注意到个人主义行为信念与制度的关系。亚当·斯密及其同时代人所倡导的个人主义的主要价值就在于它是一种能够把坏人造成的损害减少到最低限度的制度。亚当·斯密的目标就是要建立一种有可能把自由赋予所有人的制度，而不是要建立一种把自由赋予"好人和聪明人"的制度。从个人主义者出发就是如何才能发现一套激励制度，以便激励人们根据选择实现自身利益最大化的同时也为满足所有其他人的需要贡献出自己的力量。与此同时，私有财产制度在这方面确实为人们提供了这样一种激励，而且这种激励的作用之大和范围之广，也是人们在此之前对它的理解所无法企及的。② 为什么从个人主义出发更有利于制度的建立？这是制度经济学需要研究的一个重要问题。韦伯把宗教与价值观联系起来，然后又把价值观与经济行为联系起来，但他没有分析随后的行为怎样使得能产生不断的经济增长的特定制度和组织出现。

诺斯等人分析了个人主义行为信念与英国、美国制度变迁的关系。不断变化的对个人权利的感知——从对中世纪特权的看法，到对17世纪英国人生而自由的看法——反映了1500年到1628年信念结构的演化过程。这也是一场信念上的伟

① 道格拉斯·C. 诺斯：《理解经济变迁过程》，中国人民大学出版社，2008年，第141页。

② 哈耶克：《个人主义与经济秩序》，生活·读书·新知三联书店，2003年，第17页。

大革命。信念结构与荷兰、英国的特殊状况正向融合,导致了经济和政体的制度演化(诺斯,2008)。学者们一直认为个人主义的行为信念适合经济增长。《英国个人主义的起源》认为,英国个人主义起源于13世纪或者更早。此书描述了一系列对家庭、工作组织和乡村社区的社会结构持有的不断变化的、个人主义导向的态度。福山认为美国有双重的文化遗产:个人主义与社区主义。美国人是反中央集权主义者,但是美国人却自愿服从各种中间社会团体的权威。

格雷夫比较了个人主义和集体主义行为信念对制度起源的影响。格雷夫对比研究了热那亚商人和马格里布商人,这两个社会商业组织结构的系统性差异起源于个人主义和集体主义行为信念的不同。集体主义文化信念产生了适于人格化交换的制度,其内聚力和结构是围绕紧密的个人纽带建立的;而个人主义文化信念却更少地依赖于个人纽带,它们更多地依赖于规则和实施机制,从而更有利于制度的建立。每种结构孕育了自己一套信念,这套信念又塑造了政体、经济和社会不断演化的结构。①

不同的行为信念导致了不同形式的制度和组织,那么信念是怎么产生的呢?在诺斯看来:①体现在宗教中的人口/资源约束可能就是信念的来源;②研究中心不应集中在特定的规范上,而应集中在特定的信念结构及由此形成的学习过程上,正是学习过程导致了有助于经济增长的适应性调整;③把社会中制度/组织结构置于研究的中心,由此我们可以探讨变革的背景中经济和政治组织的相互作用,变革由参与人感知的变化或外部力量所引起。西方世界兴起的关键是选择的多样性和不断增加的促进经济增长的可能性。②

与上述个人主义信念相适应,随着环境的变化,人类环境日益提出至关重要的问题,即不断增长的机会使得社会组织的根本转换成为必要。这要求依赖于相互控制、尊重等级和严格实施的以身份为基础的强制社会(人格化交换)向以自由进入和退出、民主治理、能力标准和社会经济结构优化的开放社会(非人格化交换)转变。③

阿西莫格鲁实证分析了个人主义对创新及人的潜力发挥的作用。图1描绘的是国家(地区)层面上,控制了许多因素后,包括人均GDP、教育、国家(地区)的专利总数等,个人主义(横轴)与创新质量(纵轴)的关系。个人主义指的是个人能够在多大程度上追求个人利益,而非集体利益;创新质量的衡量指标是专利的引用数。可以清晰看到,个人主义对创新质量有相当大的作用。

在此我们要把政治上的信仰与实际存在的事实区别开来。我们不对个人主义行为信念做出价值判断,但是从众多学者的分析来看,个人主义行为信念在现代市场经济制度尤其是正式制度的起源中发挥着极为重要的作用。不重视这个问题的

---

① 道格拉斯·C. 诺斯:《理解经济变迁过程》,中国人民大学出版社,2008年,第90页。

② 同上书,第123页。

③ 同上书,第90页。

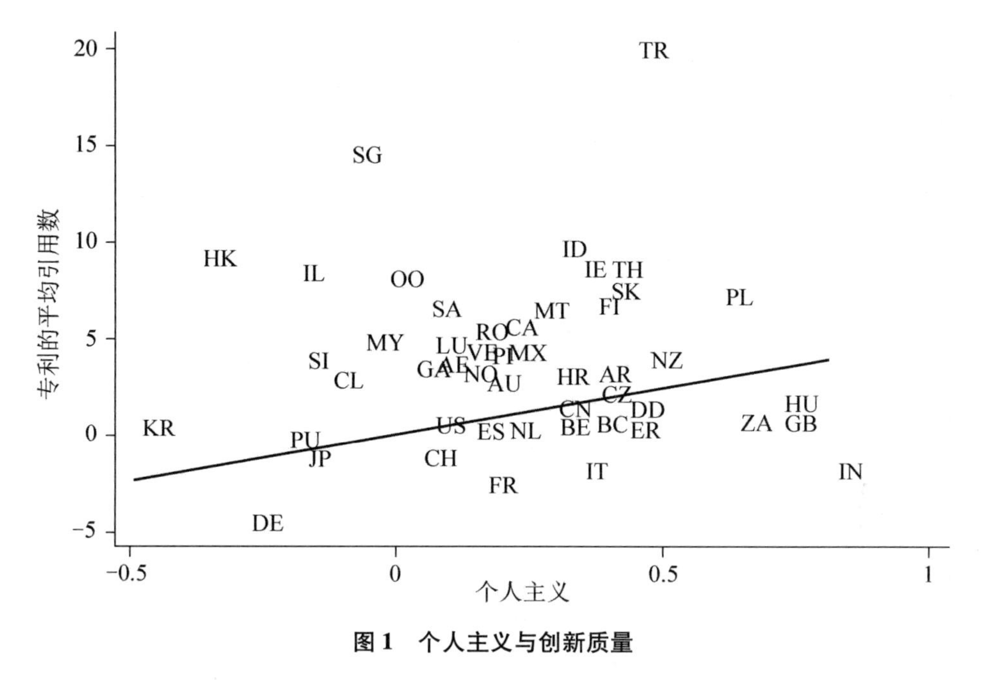

图1 个人主义与创新质量

研究,我们就难以真正理解西方的一些制度与我们制度的差异。信念是我们理解人与制度关系的重要切入点。从这里我们也可以看到马克思人的全面自由发展的价值所在。

四、中国非正式规则与市场经济的冲突及重构我国市场化改革的组织构架

在诺斯看来,从人类历史看,意识形态、宗教等决定了一个国家的政治秩序、道德准则、法律制度和经济绩效。

改革开放三十多年,我国与市场经济相应的正式制度的制定也越来越多,但是社会经济中的矛盾与冲突并没有随着这些正式制度的制定而减少,反而在一些方面有所增加,那么,要么是这些正式制度存在问题,要么是与正式制度相应的非正式制度有问题。我们认为,中国的主要问题是非正式制度及非正式制度与正式制度的冲突。

(1) 要正确认识我国非正式规则与市场经济之间的冲突

研究人与制度的关系关键是研究人的行为与非正式(信念、意识形态、文化甚至宗教)规则的关系。中国人的行为与市场经济的诸多不适应、冲突要到非正式规

则层面去寻找原因。正式规则的失灵根源于我国非正式规则与市场经济的先天性冲突。中国的非正式规则（信念、意识形态、宗教）与市场经济相适应的正式规则之间存在诸多不适应。从非正式规则中的信念来看，美国前副总统拜登认为中国人的信念有三大问题：一是长期由于受儒家思想的影响，中国人养成了一个服从秩序、尊重权威的集体无意识；二是在学术界以官的大小评价学术水平的高低，谁的官大谁的学问就大，谁的观点也就越正确；三是中国人不仅不善于另类思维，还排斥这种思维，动辄把言行与自己不同者看成异类，从而不利于创新。拜登的这些观点不一定都正确，但有值得我们反思的地方。这些信念不利于中国从人格化交换到非人格化交换的转变，也不利于中国从强制社会向开放社会的转变。

改革开放三十多年，我国在市场化改革过程中，市场经济的制度体系（主要是正式制度）在不断完善，但是市场经济中产生的诸多问题，如假冒伪劣产品、信用缺失、损人利己、机会主义行为盛行、仇富等现象困扰着我们。这是否说明我们在人格化交换阶段可能通过非正式规则解决了这些问题，但当我们面对市场经济和非人格化阶段时，由于制度的缺失，这些问题成为阻碍我们发挥市场经济的一些因素。非正式约束直接影响交易成本。诚实、正直、可信的规范降低了交易成本。[①]缺乏非正式约束使我国市场运行的成本越来越高。有的人甚至把这些现象的产生归结为市场经济本身；也有相反意见说这是我国市场经济发展不完善；还有人从我国缺乏教堂角度去探讨，市场经济可以解决不偷懒的问题，而教堂（宗教）则可解决不撒谎、不害人的问题，教堂还可缓解穷人与富人间的紧张关系。

其实，关于宗教与市场经济的关系有许多研究，韦伯证明，就赚钱的动机和商业性交易而言，从古到今世界各地都有了，只是“市场经济”在新教伦理昌盛之后才真正产生。美国国民经济研究局（NBER）有一篇论文对世界上100多个国家宗教与经济的关系所做的实证研究表明，有宗教信仰的国家（地区）更容易建立起共同遵守的制度和法律。韦伯在欧洲的职业统计中发现，在近代企业所有者、经营者和高级熟练工人等中，新教徒所占的比例较之新教徒人口比例要大。在他看来，加尔文派新教徒，基于其教义，由于确信来世会被救济，在现世中就采取禁欲地、合理地从事职业劳动的生活态度，这种情况可以说作为无意识的结果导致了他们经济上的成功。

但是，是不是没有教堂就不能搞市场经济了？不一定。其实，非正式制度比宗教包括的范围更广。美国在法律上规定没有任何一种宗教成为国教不也是把市场经济搞得很好吗？但是有一点是值得注意的，那就是搞市场经济必须注意人与非正式规则的研究。我们的社会科学在转变人的观念方面发挥着极为重要的作用，一国的非正式规则与一国的文化、社会科学的研究有着极为密切的关系。

---

① 道格拉斯·C. 诺斯：《理解经济变迁过程》，中国人民大学出版社，2008年，第68页。

(2) 从社会主义核心价值观入手，构建我国适应社会主义市场经济的非正式制度，从而为我国适应市场经济的正式制度建立提供支撑条件

非正式制度的变化非常缓慢，但并不是不可变化的。像日本、韩国等国在建立市场经济制度的过程中，对非正式规则进行了改造，日本甚至在制度层面提出了"脱亚进欧"。社会主义核心价值观包括民主、自由、法治、平等等，但我们缺乏以自由看待发展、以平等看待发展、以民主看待发展的共有信念。因为这些信念不少也是"舶来品"，把社会主义核心价值观的内容真正变成人们的共有信念还有一个过程。这些信念影响制度的选择，并在一定程度上可以解释我们的制度缺陷，如我国城乡中的不平等制度严重地制约了我国城镇化的进程，为什么这些不平等的制度会"再生产"出来？从计划经济年代的工农业产品价格的"剪刀差"到现在的土地财政，就是这种不平等制度的体现。可感知的现实——信念——制度——政策——变化了的可感知现实(诺斯，2008)。人们持有的信念决定了他们做出的选择。然后，这些选择建构了人类行为的变化。[①] 在不同社会中有不同的行为信念，不同的行为信念导致了不同形式的制度和组织。至少一个好的制度应该反映本社会共有的信念。在我国转型时期，应重视信念与制度关系的研究。

(3) 实现从人格化交换到非人格化交换的转换，构建人与制度互动关系的良性机制

从深层次看，我国经济转型(包括社会转型)实质上就是一个从人格化交换到非人格化交换的转换。我国社会经济中人格化交换的比重还相对较高，因此我国许多制度构建还体现为人格化交换。这主要表现为我们制度设计总带有熟人圈里的痕迹，从双轨价格、所有制的差异、市场进入的限制、有差异的城乡社会保障制度等。同样的制度在中国不同人群里是有差异的，其实这变相地把制度分为熟人圈里与非熟人圈里。从人格化交换到非人格化交换的转换就是要打破身份识别(如有血缘关系、朋友、同学、等级关系等)从而实现平等的人按契约、制度来进行交换。这还需要通过制度、组织、法律及技术手段等来解决非人格化交换中的机会主义、道德风险、假冒伪劣产品、信用缺失等问题。从技术层面讲，我们从人格化交换转换到非人格化交换已经没有阻碍了。今天互联网的技术越来越发达，从陌生人社会越来越成为一个准熟人和熟人社会，共享从一个过去亲朋好友彼此之间的一种个人化的行为，变成普遍商业模式，变成一种经济形态了。制约中国从人格化交换到非人格化交换转换的关键还是非正式制度层面的，如前所述民主、自由、法治、平等这些信念和价值观的建立。只有在这些信念的基础上，我们才能实现从人格化交换到非人格化交换，进而构建人与制度互动关系的良性机制。在平等与自由的基础上我们才能建立人与制度互动关系的良性机制。

---

① 道格拉斯·C. 诺斯：《理解经济变迁过程》，中国人民大学出版社，2008年，第22页。

（4）重构市场经济的组织构架体系，提高制度适应性效率

正式制度结构改变了个人为其信念所付出的代价，因而使他们的选择能够产生效果。[①] 我国非正式制度与市场经济的冲突是可以通过正式制度的变化来缓解的。尽管非正式制度变化非常缓慢，但是我们要重视正式制度及其强制实施对非正式制度变迁的作用。问题解决的前提是这些制度必须得到有效的实施。我们设计的许多正式制度的实施是没有时间表的，也没有相应的实施措施或手段。许多正式制度是在非正式制度基础上演化和提炼而出的，转过来正式制度也会影响人们的非正式制度，从而形成良性的互动关系。问题是，非正式制度会对现行正式制度的建立或实施带来较大的影响，并且往往使正式制度只是“理论”上的，而不是实践中的。这是因为，许多正式制度是有“歧义”的，这就使人们总是把它们与非正式制度相适应的一面去解释。如法治国家，就有两种法治国家，一种是用法律去治理国家，另一种是按照法律的规定权力受到制约，这主要根源于东西方人在法治观念上的差异；又如现代预算管理体制，也有两种，一种是如何科学地搞好现代国家收支的管理，另一种是把现代选举制度和预算制度的结合起来，这也主要根源于东西方人在观念上的差异。可以这样讲，我们在法治国家、现代预算管理体制（这是我国改革的两大重点）在正式制度层面与西方国家理解上差异不大，但在非正式制度及实施层面却存在较大差异，而这又根源于文化的差异。

反思我国这些年的市场化改革，除了制度层面的问题外，还有我国组织层面的问题。制度是游戏规则，而组织就是社会玩游戏的角色。制度与组织是相互关系相互制约的。在诺斯看来，“全球经济”并不是同一水平的竞技场。发达国家在制度/组织框架方面有着重大优势，这一制度/组织框架能够攫取整合分散知识所固有的潜在生产率，而分散知识是在一个专业化的世界中有效率地生产所必需的。我们这里探讨的组织是宏观层面的组织，我国宏观层面的组织与市场经济还不相适应，有的甚至存在冲突。重构我国市场经济的组织构架体系包括三个层面：一是正确处理政府与市场的关系；二是从自上而下的改革方式为主向自下而上的改革为主转变；三是充分发挥地方政府的积极性，建立全国统一的市场。这种新的组织构架，更有利于提高制度的适应性效率。其实，这三个方面的改革，又反过来促进人们相应的非正式约束的形成，也就是说，通过正式规则的变化来“倒逼”非正式约束的转变。

一是正确处理政府与市场的关系。在我国，一方面，对行政部门做事的满意度降到前所未有的低点；另一方面，却把什么希望都寄托在政府身上，什么东西都要政府管起来（陈志武）。为什么会形成这种政府偏好情结？首先是在历史上存在路径依赖，过去几千年的封建统治，加上新中国成立后长期的计划经济体制，对政府的信赖根深蒂固。其次是权力还没有关进制度的笼子里，不受约束的权力必然会

---

① 道格拉斯·C. 诺斯：《制度、制度变迁与经济绩效》，上海三联书店，1994年，第61—62页。

挤压市场。最后是我国各种社会组织发展缓慢,即使已有的一些组织(如协会之类的)也挂靠在政府部门(现正在考虑脱钩)。社会治理能力差也使政府管了它不该管的事,这也是政府管得过多的必然结果。人们在政府与市场关系认知上(包括观念上)的“落后”严重地制约了我国处理政府与市场关系的正式制度的制定和实施。

二是从自上而下的资源配置方式为主向自下而上的资源配置为主转变。其实,这个问题与上述问题是有内在联系的。在我国达到中等收入水平后,我们现在的问题是如何优化结构和创新驱动发展,换言之,过去我国是讲“量”(如 GDP、财税收入等),而现在是讲“质”(结构、创新、效率)了,如果我们的资源配置(包括项目决策权)还是自上而下为主而不是自下而上为主,那么我们的经济转型就很难完成。其实,这也是一个观念的问题。我们的理论工作者和决策者还没有充分认识到这些年来我国这种自上而下的资源配置方式对我国带来的负面影响,这包括资源配置的低效、无效投资及产能过剩等问题。同样的资源,若我们采用自下而上的配置方式为主,即使扣除市场的盲目性导致的经济损失,也比现在自上而下的集中配置资源效果要好。其实,我国这些年的自上而下的配置资源没有减少盲目性,有些方面加剧了盲目性。如我国过多的汽车总装厂(全国有 130 多家)、遍地开花的机器人生产商(全国有 400 多家)等现象在不少产业都存在。这说明我们自上而下的配置方式也没有解决盲目性问题,因为上级部门对不同的地方不能厚此薄彼,“一个也不能少”,从而导致不同地方的重复建设,没有规模经济,也不利于全国统一市场的形成,成本不断上升。这种盲目性比市场造成的盲目性还要难以治理,因为这背后站着的都是政府。这也是一个观念问题,我们宁可相信政府也不愿意相信市场。市场决定资源配置在我国还很难从理论变成实践。建立在以人为本基础上的自下而上的资源配置方式不仅有利于提高适应性效率,而且有利于人的潜力的最大化释放。

三是充分发挥地方政府的积极性,建立全国统一的市场。这既是一个经济问题,也是一个政治问题,好的政治体制应该是集权与分权的有机统一。从经济上讲,我国现在一些部委集中的权力太多,禁锢了地方的积极性。我国发挥了集中的优势(如 GDP 总量上去了、许多产业产品产量世界第一),但是失去了分散化优势(如多样性、特色、创新、质量、品牌等)。我国经济发展阶段对经济体制的要求越来越高,结构优化、创新及人的全面发展,要求我们的体制更具有适应性效率。市场经济的本质是不确定性(奈特,2006)[①],具有适应性效率的制度结构能够为不断的试错创造条件,鼓励和允许进行实验。因此,充分发挥地方的积极性会大大地提高我国制度的适应性效率,也更有利于人与制度的协调发展。一种经济方式(如市场经济)若没有相应的制度跟上,那么不仅不能带来高效,而且还会带来人的行为扭曲。

本文与罗小芳合写,写于 2016 年 1 月

① 奈特:《风险、不确定性与利润》,商务印书馆,2006 年,第 197 页,转载于《福建论坛》,2016 年第 5 期。

论产权失灵

一、产权失灵及其根源

所谓产权失灵,是指产权不存在或者产权的作用受到限制而出现的资源配置低效甚至无效的现象。斯蒂格利茨在《经济学》中指出有三种情况会出现产权失灵:一是范围不明确的产权,如大浅滩,由于不存在产权,每个人都尽可能多捕鱼,从而出现竭泽而渔的现象。二是有限制的产权,如政府对用水权的限制使水资源不能得到有效利用。三是作为产权的法定权利。法定权利,如在一些大城市里普遍存在的、以受到控制的租金终生租用公寓的权利也是一种产权。由于住在租金受到控制的公寓里的人不能够(合法地)出售公寓的居住权,当他年龄大时,维修房子的动机就会减弱,更不用说对它加以改善了。这是从微观角度界定的产权失灵。从宏观的角度来看,也存在产权失灵的问题,宏观上的产权失灵是系统性的、全面性的产权失灵。如在一个典型的非洲国家,仅有 1/10 的居民生活在产权属于自己的房子里,只有 1/10 的劳动力在产权清楚的经济领域内就业。

宏观上的产权失灵比微观上的产权失灵包括的范围更广、对经济的影响也更大。产权失灵的程度可以通过把一个国家产权不存在的数量和产权作用受到限制的数量加总起来看占一国 GDP 的比重来判断。目前经济学界关于"市场失灵"与"政府失灵"的文献很多,这些文献从不同层面揭示了市场与政府失灵的根源及其局限性。但是自科斯《社会成本问题》(1960)发表以来,不少经济学家开始认识到,与"市场失灵"和"政府失灵"相对应的更深层次的失灵是"产权失灵"。产权失灵的领域越大,导致市场失灵的领域也越大。

产权失灵实际上是产权的不完备。完备的产权应该包括关于资源利用的所有权利。这些所有权利就构成了"权利束"。"权利束"常常附着在一种有形的物品或服务上,正是权利的价值决定了所交换的物品的价值。"权利束"既是一个"总量”概念,即产权是由许多权利构成的,如产权的排他性、收益性、可让渡性、可分割性等,也是一个“结构”概念,即不同权利束的排列与组合决定产权的性质及结构。但是任何权利都不是无限的,都要受到约束和限制。因此,即使是私有产权,按照阿尔奇的说法,“也需从许可的一组用途中进行选择”。

产权的完备性只是一种理想状态,实际生活中的任何产权不可能是完备的,这种不完备性大体可分为两种情形:一种是产权的主体在界定、保护和实现权利时的费用太高,而自动放弃一部分权利束;另一种情形是外来的干预(或侵犯),如国家的一些管制等造成的所有制残缺。但是值得指出的是,对任何产权主体来讲,尽管不能做到产权的完备性,但是关键权利束(如收益权、转让权等)的具备是有效产权的基本条件。

产权失灵的根本原因应该从国家理论中去寻找。因为产权的本质是一种排他性的权利,在暴力方面具有比较优势的组织处于界定和行使产权的地位。诺斯指出,国家理论“关键的问题是解释由国家界定和行使的产权的类型以及行使的有效性。最富有意义的挑战是,解释历史上产权结构及其行使的变迁”[①]。历史上有效率的产权和无效率的产权都与国家有关。“产权的出现是国家统治者的欲望与交换当事人努力降低交易费用的企图彼此合作的结果。”[②]国家在产权制度形成中的作用主要表现在:(1)国家凭借其暴力潜能和权威在全社会实现所有权。与各种民间组织相比,政府能以更低的成本确立和实现所有权,并且由此获得的好处要比经过扩大市场获得的好处明显得多。(2)有利于降低产权界定和转让中的交易费用。国家作为第三种当事人,能通过建立非人格化的立法和执法机构来降低交易费用。

但是,在历史和现实中的无效或低效产权又或多或少与国家有关。这主要表现为:

第一,国家为了自身利益最大化强化了行政权而弱化了财产权利制度。在人类社会发展历史上,有两种权利一直在交替,相互“争权夺利”,那就是产权与行政权。产权一般根源于社会财富的生产与分配过程,也就是讲,它是产生于经济市场;而行政权本是由政府职能的存在而产生的一种权力,也就是讲,它是产生于政治市场。当一个社会的资源配置是由产权决定的时候,就会形成一种寻利的社会;当一个社会的资源配置是由行政权决定的时候,就会形成一种寻租的社会。但还有一种情况,即即使一个在产权规则决定资源配置的社会里,如果政府在经济中的活动范围过大,行政权往往大于产权,那么这种社会也容易形成寻租的社会。当一个社会产权失灵的时候,人们就会去追求租金的最大化而不是利润的最大化。当产权失灵的时候,其所留下来的权利真空就会被行政权填补。为什么我们政府转

---

① 道格拉斯·C.诺斯:《经济史中的结构与变迁》,上海三联书店,1991年,第21页。

② 同上书,第17页。

变职能这么难？当社会还有大量租金存在的时候，权利就会进来分割租金以便设租与寻租。为什么我们的一些企业家（尽管不是严格意义上的企业家）最初还是寻利的，但达到一定程度以后（被授予一定的官职）就去寻租呢？中国采取渐进式改革的最大风险就是过长的改革时间容易形成既得利益集团，从而形成寻租社会。如果一个社会产权规则不能成为社会的基本规则，而行政权能够决定资源的配置，那么这种社会就很容易变成寻租社会。所谓寻租社会，就是大家不是把精力用在生产财富、面对市场的活动之中，而是把很多精力用在非生产性活动、面对政府官员的活动之中。公共选择学派的代表人物布坎南说，寻租活动直接同政府在经济中的活动范围有关，同公营部分的相对规模有关。产权约束的软化是导致我国当前经济生活中一些腐败产生的根源之一。

第二，对产权形式的选择和歧视。在产权形式的选择中，决策者的偏好是一个重要的因素。决策者（统治者）可以通过很多方式（如政策、规则）来显示他对产权形式的偏好。同时，统治者对某一产权的歧视也可通过政策、规则之类的方式体现出来。在统治者偏好的特定效用函数中，除了经济因素之外，还有政治因素、意识形态等。

第三，国家的干预和管制导致的所有制残缺。“所有制残缺”这个概念是由产权经济学家阿尔奇与卡塞尔在 1962 年首先提出来的。他们分析了权利的残缺与行为之间可能遵循的相互关系。所有权的残缺可以被理解为是对那些用来确定“完整的”所有制的权利束中的一些私有权的删除。权利之所以常常会变得残缺，是因为一些代理者（如国家）获得了允许其他人改变所有制安排的权利。对废除部分私有权束的控制已被安排给了国家，或已由国家来承担。国家的干预和管制是造成所有制残缺的重要根源之一。在产权经济学家看来，“完全的私有权、完全的国有权和完全的共有权的概念相对于所包含的实质的权利束有很大的弹性”。[①]实际上不同产权安排的完整内容在有些方面是含糊的和很难界定的。

在历史与现实中，有的国家只为产权安排和产权变更提供“游戏规则”；有的国家不仅提供“游戏规则”，而且还直接参与甚至干预产权的安排与产权变革。这主要有三种情况：（1）产权安排完全是私人之间的一种合约，国家权力的介入仅仅在于承认这种合约安排的合法性和有效性，并保护产权的交易。（2）国家干预产权交易。一种是国家只限制产权交易的价格；另一种是国家除了限制交易的价格以外，还可以对产权交易作进一步的干预。（3）产权的变更和取得不是通过个人之间的交易，而是通过国家权力强制作出的安排，这种形成的产权就是对另外一种产权进行剥夺的结果。[②] 可以说，国家对产权干预得越多，产权失灵的可能性就越

---

① 哈罗德·德姆塞茨：《一个研究所有制的框架》，载罗纳德·H. 科斯等，《财产权利与制度变迁——产权学派与新制度学派译文集》，上海三联书店，1991 年，第 190 页。

② 张曙光：《产权关系与国家权力》，《经济学消息报》，1995 年 7 月 8 日。

大。如我国在经济体制改革之前在所有制上的“一大二公”的国有化举措就使产权在配置资源方面的作用不存在了。

二、我国转型时期产权失灵的主要表现形式

在我国市场化改革过程中，重视产权、弱化行政权（如政企分开）、以公有制为主多种所有制形式并存格局的形成、减少国家干预、住房商品化等，都可以看作我国产权化的过程。但是，我国产权作用的覆盖面远未达到市场经济国家所要求的程度，产权模糊的现象还大量存在。在我国经济转型时期，新旧体制的摩擦和矛盾引起的产权失灵现象仍然存在。

（一）公有制经济中的产权失灵

我国公有制经济中的经济组织形式的创新许多是在产权没有大的调整下进行的，导致产权失灵。我国国有企业这些年在组织形式上作出了很多改革（或调整），但是收效并不明显。其中的重要原因是，我们在产权及产权结构上没有作出大的改革，使经济组织形式变化的作用难以体现出来。又例如，我国的农村家庭承担责任制实际上接近西方国家的家庭农场，但是由于产权方面的原因，我国的改革与发展并没有使农村建立起农场制度。

以我国股市为例，国内外的理论和实践证明，没有产权约束的股市是风险最大的股市。股市的风险主要分为两种：一是微观的个人风险，二是宏观的系统风险。股市风险与产权是什么关系呢？从理论上讲，股权应该是产权中界定最明晰的产权，同时股市投资也是风险最大的投资之一。但是在我国的股市上的产权是双轨的，一方面是产权界定明晰的个人投资者（主要是大量的散户），他们要对自己的投资负完全的责任。另一方面是产权界定不明晰的国有股、庄家及银行资金等。这部分投资者（即代理人）在股市中是没有产权约束的，他们可以为所欲为，甚至可以不受风险、规则及规范的约束。亏了是公家的，赚了是个人的。任何股市最主要的约束是产权约束。在我国股市上，由于有一大块的产权约束失灵，所以中国的股市的运行往往与理论分析和技术分析“背道而驰”。这不是理论与技术分析错了，而是我国股市的“机体”与别国的股市有很大的差异。规范中国股市，建立产权约束是第一位的，而规则、规范、制度、监管是第二位的。从国外借鉴先进的股市监管规则和措施并不难，问题是再好的制度也要有相应的微观基础相配合。如果我们的微观基础有缺陷，那么再好的制度也会失灵。再以国有银行为例，哈佛大学经济学家施莱弗及其合作者利用 92 个国家在 1970—1995 年的银行与宏观经济的

数据研究发现:一个国家银行国有化的程度越深,该国金融与经济的发展速度就越慢;同时这种负相关关系在发展中国家体现得更加显著;更有趣的是,施莱弗及其合作者发现国有银行的负面作用主要体现在其对经济效率的影响,换言之,国有银行并没有起到优化分配社会资源的作用。在另外一项研究中,世界银行的经济学家莱文及其合作者进一步发现,国有银行程度深的国家往往有更高的存贷利差、相对较弱的私营金融机构和证券市场。他们的结论是,国有银行的存在减弱了金融体系中的竞争性。一个缺乏竞争性的金融体系自然约束了大众与中小企业的融资需求。①

(二)非公有制经济中的产权失灵

在经济组织形式选择受到制约的情况下,即使明晰的产权制度也难以发挥作用或者效率很低。个人拥有产权(或私有产权),但如果没有有效的经济组织形式配套,那么私有产权也不一定是有效的。以我国私有企业的发展来看,据统计,我国1999年民营企业所创造的产值占国民经济总产值的48%,国民经济增长的近1/3是由民营企业贡献的。私营企业具有明晰的产权,有效地解决了激励与约束问题,这是我国私营企业对国民经济增长贡献越来越大的重要原因。但是,我国私营经济的发展在我国目前的制度环境下还存在诸多的限制,大大地制约了私营企业产权作用的发挥。经过二十多年的改革开放,我国个人财产已经有了相当大的积累(如银行存款达到7万多亿元),但是这部分民间资本(产权是明晰的)的作用远没有发挥出来。

一是在经济组织形式的选择上还受到诸多限制。现在我国私营企业的发展要么选择“挂靠”的形式(假集体、假合资等),要么就是采用家族式的经营模式。据统计,我国75%的私营企业采用了家族式组织。一项关于私营企业未来发展战略与竞争力的研究报告指出,当前制约民企大发展的诸多障碍性因素中,家族化管理是一个重要方面。中西方私营企业在其发展的初期都与家庭及其财富积累和分配方式有关。中国发展不出私营大企业的原因,一是不能将专家管理制度化,二是遗产均分影响了财产集中(福山,2001)。遗产均分是中国的历史传统。在西方和日本都是长子继承制度,其他儿子被迫从事其他职业,或军事,或商业,或艺术,等等。与其他长子继承制的国家相比,中国的劳动力更多地留在了农村。

从产权的角度看,西方及日本的长子继承制度是对家庭产权共有性的一种否定。西方家庭内产权安排的特点有:第一,明晰性。长子继承制度使家庭产权明晰化。第二,个体性。长子继承制度也使家庭产权个体化。第三,财产增长的递增

① 宋敏:《政府在金融中的作用》,《21世纪经济报道》,2002年7月8日。

性。长子继承制度导致的家庭产权的明晰性和个体性为家庭财产的增长创造了前提条件。只要家庭中的长子不是一个“败家子”,那么家庭财产增长就是递增的。西方家庭产权安排的特点有利于产权范围的扩大,从而为企业产权的发展奠定了基础。西方家庭产权安排的特点使西方家族企业很容易转变成公司制等现代企业制度。长子的重要地位是为了解决家庭内产权界定不清的问题。长子继承制度似乎是不公平的,但是它是有效率的。它大大地减少了家庭财产的界定成本及家庭内因财产分割引起的利益矛盾。

我国家庭内的遗产均分制度在很大程度上是从财产上对家庭制度的一种维持和保护。中国家庭内产权安排的特点:第一,模糊性。遗产均分制度必然导致家庭财产的模糊性。这主要表现为,在均分制度下,某一项家庭财产是谁的并不确定。财产的不可分割性与均分制的结合很容易形成财产的“公共领域”(巴泽尔),从而导致家庭产权的模糊性。第二,公共性。遗产均分制度导致家庭财产的非竞争性、非排他性,从而使家庭财产在家庭成员内成为一种公共品。第三,财产增长的均等性。遗产均分制度使家庭财产的增长呈现出均等性甚至下降的态势,子女越多,这种下降的态势就越明显。

二是从融资形式来看,我国私营企业的发展至少在两大融资形式上受到限制:第一,银行对中小私营企业贷款的限制。近些年来我国四大国有银行贷款的对象主要是国有企业、三资企业等,而私营企业所占的比例相当低(大概只占5%)。第二,上市公司主要是国有企业,私营企业的上市也受到严格的限制。

三是对于民间投资还有诸多限制。这主要表现为对民间资本市场准入的限制,如80多个行业中,外资能进入的有60多个,而民营企业能进入的只有40多个。产权的转让是产权发挥作用的基本条件之一。但是,我国民营企业在投资领域上受到限制,必然会导致产权失灵。初始产权的界定可能是低效的,但是通过转让和交易,产权可能会变成高效的。如果我们能建立起一种有效的产权制度,使产权从低效人的手中转移到高效人的手中,那么整个社会的效率就会大大地提高。

四是产权保护制度方面的问题。有人算了一笔账:中国改革开放时期,中国民营企业的寿命是2.9年,以5年为核算基数,民营企业成活率仅为2%,即100家成活2家,以10年为核算基数,企业成活率不足1%。[①] 在美国,每个行业三分之二的企业存活不会超过6年。与美国相比,我国私营企业的寿命要短得多。对私营企业产权保护的不足是制约我国私有产权发挥作用的因素之一。现在中国引进外资有一个“维尔京渠道”。维尔京是太平洋的一个岛国,这个国家对个人财产和资本的保护比较重视,而且税收比较低。中国的许多资金流向了那里,然后又回过头来“曲线救国”。从深层次看,我国还有一个如何从法律制度上更好地保护个人财产

① 《楚天金报》,2002年4月5日。

的问题。近日,中国经济景气监测中心对国内700余位城市居民作了问卷调查,结果显示,93%的受访者赞同为此修宪。调查反映出居民对增加财富仍心有余悸,希望私有财产受到法律保护,这也是多数居民倾向将保护私有财产写入《宪法》的一个重要原因。对于私有财产可能被侵害的原因,30.3%的居民认为在于无法律保障,没有像对待公有财产那样在《宪法》中列明“公有财产神圣不可侵犯”。产权经济学的分析表明,只有当社会持续而稳定地承认和保护产权时,人们才会普遍地从事财富积累、谋划长期经济活动。产权得不到切实保障,处在经济活动中的人们就缺乏基本的安全感,这一点常常是经济秩序混乱的根源,也是产权失灵的重要原因。

三、从产权入手比从政府干预入手更有利于市场失灵问题的解决

市场经济是一种产权经济。市场经济运行机制是建立在以下几个前提基础上的:一是产权界定清楚;二是产权的有效转让;三是产权的法律保护。与此相适应的法规、制度就构成一国的产权制度。市场经济的建立,实质上是一个产权制度的建立过程。这是因为:(1)从历史来看,市场经济的产生和发展与新的产权制度有着内在联系。行政权与产权的分离,是市场经济建立的根本前提。与封建社会相比,资本主义经济快速发展的奥秘就在于产权代替了封建社会的一系列“特权”。产权的界定、转让、保护及其相应的制度充分调动了个人的积极性。(2)从市场经济的运行机制来看,产权制度是否健全,关系着“无形的手”能否充分发挥作用。产权界定不清楚,交换几乎不能发生,因为没有产权的所有者,就无交换的主体。产权不能转让,就只能用非市场的手段(如计划)配置资源。没有有效的产权保护,谁也不愿投资。市场经济之所以是人类社会目前最有效的资源配置方式,是因为它有一套健全的产权制度能使生产得到最佳配置。

产权失灵是市场失灵的重要原因。产权经济学认为,经济学的核心问题不是商品买卖,而是权利买卖。最简单的商品权利与商品本身不可分。而复杂的商品(如知识、思想)没有看得见摸得着的形式,支配和享用它们的权利就成为不是简单的物体买卖可以处理的事。所谓很多外部效果问题,都是由于人们议定契约的权利无法严格界定,而没有严格界定的这种权利,就不会有有关产品的市场,所以产生了外部效果。如清洁空气的所有权难以界定,自然就有污染问题中的外部效果。所以市场的失败是产权定义不明确的结果。

外部性、公共产品导致市场失灵的根源不在外部性与公共产品本身,而在于产权失灵。外部性的产生和不少公共产品的形成往往与产权界定不清有关。外部性中的正外部性与负外部性实际上都与产权有关。对于这些领域的问题如果不从产权问题入手,而仅仅从国家干预入手可能并不能从根本上解决问题。在新古典经

济学中,经济学家们假定一个人会完全承担他的行动所引起的成本或收益。而如果存在外部性问题,一个人的行动所引起的成本或收益就不完全由他自己承担;反过来,他也可能在不行动时,承担他人的行动引起的成本或收益。科斯在其著名论文《社会成本问题》中指出外部性问题具有相互性。在这种情况下,孰为一个人的成本或收益都很成问题了。如果一个工厂"有权"污染,污染所引起的成本是由被污染者的存在造成的,因而污染不是它的"个人成本";如果"无权"污染,就必须为污染付费,因而污染就是它的"个人成本"。但"有权"或"无权"尚未确定时,成本或收益就无从谈起。成本和收益的界定成了产权制度的结果。在科斯看来,许多负外部性的产生都与产权界定不清有关。有些制度经济学家根据科斯的这一观点,将产权制度的主要功能界定为引导人们实现将外部性较大地内在化的激励。建立排他性产权制度的过程也就是将外部性内在化的过程。也只有在排他性产权制度建立后,成本—收益之类的经济计算才有了真实的意义。20 世纪 50 年代末、60 年代初科斯产权思想的一个显著特征是将交易成本概念进一步拓展为社会成本范畴,而社会成本范畴研究的核心又在外部性问题;恰恰在外部性问题上,产权界区含混造成的混乱和对资源配置有效性的损害表现得最为充分。1958 年科斯在《联邦通讯委员会》一文中明确指出,只要产权不明确,类似的公灾是不可避免的;只有明确产权,才能消除或降低这种外部性所带来的危害。在明确产权的基础上,引入市场、价格机制,就能有效地确认相互影响的程序及其相互负担的责任。

由上述分析可知,在一些领域从产权入手比从政府干预入手更有利于市场失灵问题的解决。因为市场失灵的根本原因是产权失灵。从国内外的实践来看,以完善产权制度为切入口来解决外部性(包括环境问题)、公共产品等所引起的市场失灵问题的效果要比国家干预的效果更好。

主要参考文献

1. 约瑟夫·斯蒂格利茨:《经济学》(上),中国人民大学出版社,1997 年。
2. 道格拉斯·C.诺斯:《经济史中的结构与变迁》,上海三联书店,1991 年。
3. 卢现祥:《西方新制度经济学》,中国发展出版社,1996 年。
4. 弗朗西斯·福山:《信任》,海南出版社,2001 年。
5. 约拉姆·巴泽尔:《产权的经济分析》,上海三联书店,1997 年。
6. 罗纳德·H. 科斯等:《财产权利与制度变迁——产权学派与新制度学派译文集》,上海三联书店,1991 年。

原载《福建论坛:经济社会版》(福州),2002 年第 10 期;人大复印资料《社会主义经济理论与实践》2003 年第 2 期转载

西方产权理论与中国经济问题研究

在我国理论界,运用西方产权理论分析中国经济问题的文献和观点越来越多。这里面有两种倾向值得注意:一种是不考虑约束条件地把西方产权理论用于分析中国经济问题;另一种观点是认为西方的产权理论并不适合分析中国经济问题。前者没有注意到西方产权理论存在的前提条件或暗含的假定,这就导致西方产权理论用于分析现实问题的解释力大大下降。如西方产权理论暗含的假定:有效的经济体制和政治体制是产权发挥作用的前提;产权变化与组织形式是同步的;等等。而后一种观点没有注意到西方产权理论的方法论意义。本文的基本观点是,产权是效率的基础,产权有效运作必须要有相应的宏观条件(经济体制和政治体制)和微观条件(经济组织形式)及其科学的管理。

一、马克思所有制理论与西方产权理论的异同点:马克思所有制理论更多强调的是公平与分配问题,产权是目的;而西方产权理论更多强调的是效率与有效配置,产权是工具

近些年来,西方产权理论在中国的"盛行"与马克思所有制理论在中国的"冷落",这个现象本身就有许多值得我们探讨的问题。产权(或财产权)这个范畴并不仅仅是一个经济学概念,而且还是一个法学、政治学等都要涉及的概念。

从对产权的实质来看,西方产权理论与马克思所有制理论有相同的地方,如西方产权理论认为,产权不是指人与物之间的关系,而是指由物的存在及关系它们的使用所引起的人们之间相互认可的行为关系,这些与马克思所有制理论的观点基本上是一致的。又例如,马克思所有制理论和西方产权理论都强调所有制(或产权)在社会经济问题分析中的重要地位等。

但是马克思所有制理论与西方产权理论存在许多不同的地方:

第一,马克思主义经济学强调的是所有制作为最基本的制度对社会的性质及

其社会公平的影响;而产权经济学却强调产权的经济效率的功能,即产权的界定、转让以及不同产权结构的差异对资源配置的影响。西方产权理论的中心任务是表明产权的内容如何以特定的和可以预期的方式来影响资源的配置和使用。一般的财产关系制度的变迁必然会影响人们的行为方式,并通过对行为的这一效应,产权安排会影响资源的配置、产出的构成和收入分配等。阿尔钦认为,在本质上,经济学是对稀缺资源产权的研究,一个社会中的稀缺资源的配置就是对使用资源权利的安排。经济学的问题,或价格如何决定的问题,实质上是产权应如何界定与交换以及应采取怎样的形式的问题。

第二,马克思主义经济学强调社会生产力及其发展水平决定所有制的结构和演变,而产权经济学则强调交易费用、相对价格水平和人口因素对产权结构及其演变的影响。马克思的所有制理论从宏观的、动态的、历史的角度探讨了生产力及其发展水平与所有制之间的关系,揭示了所有制演变的一般规律。这种分析框架受到了新经济史学的代表人物诺斯的高度赞扬:“马克思的分析力量恰恰在于强调了结构变迁和社会生产潜力与产权结构间的矛盾”(1991)。而西方产权理论认为产权的形成受许多因素的影响,归纳起来主要有以下几点:(1)技术。一些技术的发明降低了实行所有权的费用。在人类社会,技术因素是制约产权制度演变的一个重要因素。(2)人口压力。历史上存在着两个重要的人口与资源比例的转折点,诺斯称之为第一次和第二次经济革命。在影响制度和产权的成本与收益的多种参数中,“那种最重要的参数的变化就是人口的增长,它可以导致制度的创新从而西方世界的起源提供一种说明”(诺斯,1991)。随着人口的增长,一些资源也逐步开始变得稀缺起来。人口与资源的矛盾必然促使人们建立排他性的产权。(3)资源的稀缺程度。资源的稀缺程度是人口变化的函数,某一资源稀缺程度的增长也必然伴随其价值的上升,从而对其产权的界定是划算的,即产权界定的收益大于产权界定的成本。(4)要素和产品相对价格的长期变动。某种要素价格的上升,会使这种要素的所有者相比其他要素而言能获得相对更多的利益。某种产品价格的上升,也会导致用来生产这种产品的要素的独占性(包括建立更明确的排他性产权)使用更具有吸引力。

第三,从对所有制形式的最优选择来看,西方产权理论认为私有产权是最有效的,如西方产权理论认为,私有产权之外的其他产权形式,减弱了资源使用与市场上体现的价值之间的一致性。西方产权理论是从以下几个方面论证私有产权的有效性的:(1)公共地的悲剧,即人们在公共产权的条件下追求自身收益最大化的结果是公共财产的低效使用甚至是无效使用。(2)共有产权的问题主要表现为共有财产导致了很大的外在性;共有财产排除了“使用财产就要付费”的体制,较高的谈判和监察成本使得“使用财产不得向他人付费”的体制无效。(3)外在性的内在化可以使资源有效使用并导致财产价值的上升。此外,西方产权理论还通过很多所谓的实证分析来证明私有产权的有效性。而马克思所有制理论则认为公有制是最有利于社会资源充分利用的。这种分析主要是建立在逻辑及宏观分析基础之上的。

第四，从方法论上看，西方产权理论的方法是新古典主义的。产权方法的一个重要特点是试图通过效用函数与单个决策者联系起来，以系统地阐述有经验意义的最优化问题，然后将特定的内容引入到函数中去。西方产权理论的一个重要贡献就是把产权引入经济分析之中，从而使经济学能更有效地分析经济中的利益关系，从而在一定程度上弥补了新古典经济学忽视对“生产关系”研究的不足。另一个关键思想是，不同的产权安排会导致不同的收益—报酬结构。西方产权理论把产权主要作为一种“工具”来分析的趋势是西方新古典经济学价值观和方法论的一种延伸。而马克思所有制理论是建立在辩证唯物主义和历史唯物主义基础之上的。

第五，在产权中，什么权利最重要呢？产权包括所有权、经营权、使用权、收益权、转让权等，一般认为所有权最重要。其实，在一个社会中，产权最重要的不是归谁所有，而是由谁在使用。1991 年诺贝尔经济学奖获得者科斯在发表演讲时讲到，这些权利（即产权）应该配置给那些最能有效利用该权利并有激励去这样做的人。为了发现（并维护）这样的权利分配，权利转移的费用要低。这又需要法律的清晰和转移的法律要求的简化。现代产权经济学的一个基本观点用通俗的话讲就是同样一笔财产的价值因人而异，一种物品或财产在 A 的手中可能一文不值，但在 B 的手中可能价值连城；一个企业在一个企业家的手中其企业价值会不断增长，但在一个不懂管理的人的手中可能会亏损甚至破产。为什么有的企业换个老板就起死回生呢？在现代企业制度中，为什么企业高级经理人员的工资越来越高？高级经理人员的行为直接关系着企业的价值，他们不好好干，企业的价值就会大大下降。

在西方产权理论看来，产权归谁所有不是什么重要问题，关键是谁来使用的问题。谁有能力，谁能使资源有效使用，谁能使生产要素得到最佳配置，谁就应该是产权的使用者。效率应该是产权转让的实质。初始产权的界定可能是低效的，但是通过转让和交易，产权可能会变成高效的。如果我们能建立起一种有效的产权制度，使产权从低效人的手中转移到高效人的手中，那么整个社会的效率就会大大地提高。马克思所有制理论强调的是生产资料归谁所有的问题，因为在马克思所有制理论看来，生产资料所有制决定着社会的性质，决定着社会的分配方式以及资源的配置方式。总的来看，马克思所有制理论与西方产权理论在对社会财产关系的分析层次上并不一样，它们之间具有较大的差异是必然的。西方产权理论作为一种分析工具，是可以用来分析我国经济中的问题的，但是我们不能用西方产权理论代替马克思所有制理论，因为在一些深层次问题的探讨上马克思所有制理论仍然具有强大的解释力。如马克思关于所有制与社会性质关系的分析、所有制与分配关系的研究、所有制与公平关系的研究等，都是西方产权理论无法比拟的。

二、从宏观的角度看，我国产权有效运作缺乏制度环境的支撑和成熟的市场经济体制前提；行政权“挤占”产权的现象还存在

在中国的经济体制和政治体制改革中，产权制度都将是其重要组成部分。按照西方产权理论的分析，产权制度是一个经济运行的根本基础，有什么样的产权制度就会有什么样的组织、技术和效率。但是有效的经济体制和政治体制又是产权改革发生效率和作用的前提。

第一，从宏观的角度来看，我国产权有效运作缺乏制度环境的支撑。西方产权理论的有效产权是建立在制度环境支撑基础之上的。制度环境是指一系列用来建立生产、交换与分配基础的政治、社会和法律基础规则。有利的制度环境能够给投资者带来稳定的预期，并降低交易成本。改革开放以来，我国的制度环境不断完善，但是要让产权改革的效率发挥出来，我国的制度环境还存在许多不足。这主要表现为我国的渐进式改革使我国制度环境的改变呈现出双重性、差异性、不稳定性等特点。与产权相关的制度环境问题主要表现为：第一，国有经济中大量“公共领域”的存在使相关的制度环境建立在对公有制经济支撑的基础之上。第二，双重性的制度环境使产权改革的转换成本上升。产权改革的转换成本是指从一种产权形式向另一种产权形式转变所引起的成本。如社会保障制度，在劳动力市场等不发达的情况下，新的产权选择包括转让都会受到制约。第三，所有权实施和保护的成本还比较高。这主要表现在对我国私有产权的保护问题上。目前，在我国宪法中还没有明确把“私有财产神圣不可侵犯”写进去。近日，中国经济景气监测中心对国内700余位城市居民作了问卷调查，结果显示，93%的受访者赞同为此修宪。调查反映出居民对增加财富仍心有余悸，希望私有财产受到法律保护，这也是多数居民倾向将保护私有财产写入《宪法》的一个重要原因。对于私有财产可能被侵害的原因，30.3%的居民认为在于无法律保障，没有像对待公有财产那样在《宪法》中列明“公有财产神圣不可侵犯”。

西方产权理论是建立在发达的市场经济体制基础之上的。用西方产权理论来分析中国经济问题必须考虑到我国当前市场化改革进程的特殊性。目前我国关于市场化程度的衡量的文献或多或少地带有新古典经济学的色彩。在用新古典经济学的观点分析我国市场化进展时，必须要搞清我国与西方国家的差异。我国的市场化进展与西方国家的市场化进展有三大不同点：一是从体制的层面来看，西方国家是从自然经济直接演变到商品经济（或市场经济），而我国当前的市场化进展除了传统的自然经济以外，当中还经历了一个高度集中的计划经济体制时期，这种情况决定了我国市场化进展的体制转换成本要比西方国家高。二是从制度层面看，

我国市场化进展还涉及市场经济与公有制结合的问题。这不仅是一个理论问题,而且还是一个实际操作的问题。西方国家的市场化进展实际上就是一个市场经济与私有制结合的问题。大量西方的经济学文献(从亚当·斯密开始)一直是在探讨这个问题。无论是从理论还是从实践来看,我们都不能简单地照搬西方的那一套。这也决定了我国市场化进展的复杂性与艰巨性。目前,我国市场化进展中的扭曲、变形实际上就是这种复杂性和艰巨性的一种表现。三是从经济市场与政治市场的关系来看,诺斯认为,有效的市场经济模型是不仅可以在短期内提高经济运行的效率,而且从长期来看,可以随着市场经济模式的演化,不断促进技术的创新和新的生产方式的应用,从而提高社会生产力的动态模型。这个模型的建立,首先需要一个交易成本较低的有效的经济市场;其次需要一个有效的政治市场来界定和执行市场经济的产权安排;最后需要经济市场与政治市场之间的协调(诺斯,1998)。当前由于政治体制改革的相对滞后,我国政治市场与经济市场之间还缺乏一种有效的互动关系。

第二,从政治体制改革来看,我国中央与地方的关系在不断地理顺,地方权力的增加与地方之间竞争压力的上升等都有利于我国产权制度的改革。但行政权的过大,以及"挤占"产权作用的现象还时有发生。

在人类社会发展历史上,有两种权利一直在交替,相互"争权夺利",那就是产权与行政权。产权一般根源于社会财富的生产与分配过程,也就是讲,它是产生于经济市场,而行政权本是由政府职能的存在而产生的一种权力,也就是讲,它是产生于政治市场。当一个社会的资源配置是由产权决定的时候,就会形成一种寻利的社会;当一个社会的资源配置是由行政权决定的时候,就会形成一种寻租的社会。但还有一种情况,即即使一个在产权规则决定资源配置的社会里,如果政府在经济中的活动范围过大,行政权往往大于产权,那么这种社会也容易形成寻租的社会。当一个社会产权失灵的时候,人们就会去追求租金的最大化而不是利润的最大化。当产权失灵的时候,其所留下来的权利真空就会被行政权填补。为什么我们政府转变职能这么难?当社会还有大量租金存在的时候,权利就会进来分割租金以便设租与寻租。为什么我们的一些企业家(尽管不是严格意义上的企业家)最初还是寻利的,但达到一定程度以后(被授予一定的官职)就去寻租呢?中国采取渐进式改革的最大风险就是过长的改革时间容易形成既得利益集团从而形成寻租社会。如果一个社会产权规则不能成为社会的基本规则,而行政权能够决定资源的配置,那么这种社会就很容易变成寻租社会。所谓寻租社会就是大家不是把精力用在生产财富、面对市场的活动之中,而是把很多精力用在非生产性活动、面对政府官员的活动之中。公共选择学派的代表人物布坎南说,寻租活动直接同政府在经济中的活动范围有关,同公营部分的相对规模有关。产权约束的软化是导致我国当前经济生活中一些腐败产生的根源之一。

三、从微观的角度看，产权与经济组织形式改革的不均衡使一些改革绩效体现不出来；总体来看，我国在公有制企业组织形式上作了很大的变换，但是在产权制度改革上相对滞后；我国私营经济有了较大的发展，但是经济组织形式的选择上受到了一定的制约

经济组织形式的变化与产权的同步是西方产权理论的基本假定之一；在实践中，产权制度的变迁与经济组织形式的创新是相互促进的。如果没有现代公司制度的创新，私有产权的局限性会暴露无遗。马克思实际上已经看到了这一点，马克思曾经讲过，股份制是对资本主义私有制的一种消极否定。但在我国的现实生活中，经济组织形式的选择和产权形式的选择都是有制约因素的。

一种情况是我国经济组织形式的创新许多是在产权没有大的调整下进行的，导致改革的变形。我国国有企业这些年在组织形式上作出了很多改革（或调整），但是收效并不明显。其中的重要原因是我们在产权及产权结构上没有作出大的改革，使经济组织形式变化的作用难以体现出来。又例如，我国农村家庭承担责任制实际上接近西方国家的家庭农场，但是由于产权方面的原因，我国的改革与发展并没有使农村建立起农场制度。一家一户的经营由于产权约束没有使我国建立起现代农场制度。

从深层次看，改革既是一个制度创新的过程，也是一个利益关系的调整过程。制度创新有两个层面：一是形式或技术层面，如股份制是世界通用的一种经济组织形式，在股份制的改造方面，在技术或操作程序上我们完全可以借鉴别国的经验。二是制度层面。股份制改造是一个利益关系的调整过程，由于各国在产权制度、法律制度及文化传统等方面的差异，企业股份制的建立是一个错综复杂的利益博弈过程。因此，股份制的利益或制度层面是无法借鉴别国经验的。由此就必然导致制度创新中技术层面与制度层面的摩擦和矛盾，改革变形也就难以避免了。我国的破产法和股份制之类的改革都是在产权制度改革还没有到位的情况下“仓促”上阵的，技术层面的超前和制度层面（主要是产权制度）的滞后，使这些改革的利益博弈缺乏规则和制约机制，于是一些人就可以通过改革形式的变化获得好处，形成一种既得利益集团。

国内外的理论和实践证明，没有产权约束的股市是风险最大的股市。股市的风险主要分为两种：一是微观的个人风险；二是宏观的系统风险。股市风险与产权是什么关系呢？从理论上讲，股权应该是界定最明晰的一种产权，同时股市投资也是风险最大的一种投资。但是在我国的股市上产权是双轨的，一方面是产权界定

明晰的个人投资者（主要是大量的散户），他们要对自己的投资负完全的责任。另一方面是产权界定不明晰的国有股、庄家及银行资金等，这部分投资者（即代理人）在股市上是没有产权约束的，他们可以为所欲为，甚至可以不受风险、规则及规范的约束。亏了是公家的，赚了是个人的。任何股市最主要的约束是产权约束。在我国股市上，由于有一大块的产权约束失灵，所以中国股市的运行往往与理论分析和技术分析"背道而驰"。这不是理论与技术分析错了，而是我国股市的"机体"与别国的股市有很大的差异。规范中国股市，建立产权约束是第一位的，而规则、规范、制度、监管是第二位的。从国外借鉴先进的股市监管规则和措施并不难，问题是再好的制度也要有相应的微观基础相配合。如果我们的微观基础有缺陷，那么再好的制度也会失灵。

二是我们在经济组织形式选择受到制约的情况下，即使明晰的产权制度也难以发挥作用或者效率很低。个人拥有产权（或私有产权）如果没有有效的经济组织形式配套，那么私有产权也不一定是有效的。以我国私营企业的发展来看，私营企业具有明晰的产权，但是在经济组织形式的选择上还受到诸多限制。现在我国私营企业的发展要么选择"挂靠"的形式（即假集体、假合资等），要么就是采用家族式的经营模式。据统计，我国75%的私营企业采用了家族式组织。从融资形式来看，我国私营企业的发展至少在两大融资形式上受到限制：一是银行。近些年来我国四大国有银行贷款的对象主要是国有企业、三资企业等，而私营企业所占的比例相当低（大概只占5%）。二是上市公司主要是国有企业，私营企业的上市也受到严格的限制。有人算了一笔账：中国改革开放时期，民营企业的寿命是2.9年，以5年为核算基数，民营企业成活率仅为2%，即100家成活2家，以10年为核算基数，企业成活率不足1%。在美国，每个行业三分之二的企业存活不会超过6年。与美国相比，我们的民营企业的寿命要短得多。经过改革开放，我国个人财产已经有了相当大的积累（如银行存款达到7万多亿元），但是这部分民间资本（产权是明晰的）一是缺乏适当的经济组织形式，二是对于民间投资还有诸多限制。法国历史年鉴学派的布劳代尔有两个发现：一是资本—产量比在任何时代都是差不多的，基本是3∶1。二是钱在历史上并不总是得到有效利用。目前我国是存大于贷，有钱不知道用于什么地方。

四、产权与管理的关系：任何有效的管理必须建立在有效的产权制度的基础上，更重要的是，产权可以解决管理中的责任问题

在20世纪80年代我国理论界围绕所有制改革和价格改革谁重要展开过讨论；90年代又围绕产权与管理、竞争谁重要的问题展开过讨论。这两次讨论尽管

存在差异，但是都没有离开产权问题。市场主要有两个问题，一是激励，二是约束。产权的两大功能，一是解决激励问题，二是当存在外部性时产权可使外部性内在化。管理也必须要解决激励与约束的问题。从这个意义上讲，产权与管理都重要。但是产权是更基础层次的一个范畴，西方的经济学和管理学都是建立在私有产权基础之上的，为什么这些年西方的经济学和管理学很难解释我们经济生活中的一些问题，不能不说缺乏产权层次的共性是一个主要的原因。有人对沪、深上市公司股本结构与企业效益的关系进行统计分析，结论是：国有股比重越高的上市公司，效益越差；法人股比重越大的公司，效益越好；个人股比重与企业效益基本无关。管理解决激励与约束的问题必须建立在有效的产权制度的基础上。产权制度有效了，不同的管理方式都有可能达到预期的目标；产权制度无效，再先进的管理方式也很难达到预期目标。我国国有企业改革这些年最重要的一个教训就是，改革开放以来我们尝试了不少国外的企业组织形式和管理方式（我们自己还创造了有中国特色的乡镇企业和股份合作制），但是我们在产权制度改革上总是不到位，最终大多数组织形式和管理方式，要么变形，要么就是形式主义。一些人总是说，为什么西方的企业管理得那么好，我们为什么不学一下别人，加强管理呢？要知道，别人企业的产权是明晰的。

我国西部一些草原的牛羊承载率是世界平均水平的三倍。为什么？难道是牧民积极性高？非也。是我们草原的产权模糊不清。当大家都可以不受限制地在草原上放牛放羊的时候，“公共地的悲剧”就会产生。由此可想到西部一些地方滥开滥采屡禁不止的原因。利益的驱动是我国市场化改革的一个原动力，但是，这种利益驱动由于没有一定的制约机制，会造成市场的无序和混乱。在制约机制中最重要的不是法律，也不是行政管理，而是产权。因为即使法律制度很健全、行政管理也不错，但是，如果我们的产权制度是不健全的，那么法律制度和行政管理也会变形。为什么过去一些商店在集体经济的情况下什么方式都采用了，但就是搞不活。为什么一包给某一个体户，他把这费那费都交了，但还是赚钱。这个体户不一定懂得什么现代管理，他搞得好就是因为产权是明晰的，亏了他得赔钱。这个道理很简单，但为什么我们一些行业、一些企业到现在都不能解决这个问题呢？

在一个社会里，为什么有些人负责，有些人不负责？有人讲，在一些不太成功的社会里，几乎无人对任何错误承担个人责任。一些集体组织总是犯错误，但却很少加以纠正。而在那些成功的社会里，责任似乎不成为问题，谁不负责谁就会被淘汰。我国农村改革为什么成功？我国农村的改革就叫家庭承包责任制。过去在集体耕作的时候，我们不知花了多少精力解决责任问题，但还是没有解决好。当我们改变一些产权制度安排，使农民意识到他是走向自己田地的时候，不需要我们监督，什么经营管理上的问题都解决了。这个道理很简单，拥有资产——包括技能或土地——的人们，如果采取行动后资产的生产率下降和价值减少，他们将自己承担由此带来的损失。没有个人所有者，就没有个人对所发生的事负责，甚至没有为双方共同利益而与他人进行合作的激励。

产权可以解决责任问题,谁也不会拿自己的财产打“水漂”,为什么我们的国有企业会产生那么多“败家子”,为什么拿公家的钱打“水漂”？原因很简单:这东西不是他的。不是他的凭什么让他负责任呢？信用在某种意义上讲也是一个责任感的问题,那些讲责任的人一般也就是讲信用的人。这些年来我国银行大量的不良资产大都与“公”字号企业有关。反而那些个人是讲信用的。当一个社会使个人负责的收益大于负责的成本的时候,这个社会肯定是一个负责任的社会。仅仅通过培养或监督来提高个人的责任心是不够的,为什么我们不能让更多的人拥有产权呢？一个社会如果大家都想得好处而又不愿意承担成本或代价,那么这个社会是不可能发展的。所以社会还有一个负激励,即如果你不好好干,将会承担什么后果,负什么责任。当我们离开了产权、离开了成本—收益来谈责任的时候,最终我们会形成这样一种结局:谁负责任谁吃亏。责任并不仅仅是一个良心问题,而且还是一个经济选择问题。

主要参考文献

1. 卢现祥:《西方新制度经济学》,中国发展出版社,1996 年。
2. 道格拉斯·C. 诺斯:《经济史中的结构与变迁》,上海三联书店,1991 年。
3. 詹姆斯·A.道等:《发展经济学的革命》,上海三联书店,2000 年。
4. 罗纳德·H. 科斯等:《财产权利与制度变迁——产权学派与新制度经济学派译文集》,上海三联书店,1991 年。

原载《贵州财经学院学报》,2003 年第 2 期;人大复印资料《理论经济学》2003 年第 5 期转载

我国要素市场发展中的交易成本与产权问题

在我国经济转型中,我国要素(土地、资金、劳动力等)市场的产权界定是模糊的,按照科斯的产权明晰是市场交易的前提的观点来看,我国是不存在真正意义上的要素市场的。

一、从市场体系来看,我国市场发育还很不平衡,要素市场的成长远远滞后于产品市场的成长

我国社会主义市场体制的建立过程也是一个市场体系不断完善的过程。在我国市场化改革的过程中,市场的成熟还很不平衡,其中要素市场的成长远远滞后于产品市场的成长,这主要表现为:

从市场化的程度来看,产品市场的成熟程度要高于要素市场的成熟程度。产品市场的成熟程度,包括农产品、工业品和服务产品的市场化;要素市场的成熟程度,包括资本、土地、劳动力的市场化;市场主体(企业)行为的市场化程度,包括国有企业、民营企业的市场化程度;政府对市场的适应程度,包括政府从微观经济领域的退出程度、宏观调控方式的间接化程度等;经济的对外开放程度,包括外贸依存度、资本依存度以及投资结构水平等。据初步测算,截止到 1999 年我国产品市场化程度达到 71.16%,要素市场化程度达到 41.58%,企业市场化程度达到 51%,政府对市场适应程度达到 40%,市场对外开放程度达到 23.3%。①

从产品市场与要素市场的政府管制来看,产品市场随着我国市场化改革目标的确定以及从卖方市场向买方市场的转变,除了少数产品以外,大多数产品已经放开。但是在要素市场上政府的管制还比较多。在要素市场上,政府的管制是多方

---

① 常修泽、高明华:《中国国民经济市场化的推进程度及发展思路》,《经济研究》,1998 年第 11 期。

面的,有的表现为国家的垄断经营,有的表现为规章制度方面的限制,有的表现为要素定价的限制,有的表现为地方政府"土政策"的限制等。

我国金融市场市场化程度低的主要表现为:一是我国的银行还主要是四大国有银行"一统天下",金融领域还是一个垄断的市场结构,缺乏竞争。哈佛大学经济学家施莱弗及其合作者利用92个国家在1970—1995年的银行与宏观经济的数据研究发现:一个国家银行国有化的程度越深,该国金融与经济的发展速度就越慢,同时这种负相关关系在发展中国家体现得更加显著;更有趣的是,施莱弗及其合作者发现国有银行的负面作用主要体现在其对经济效率的影响,换言之,国有银行并没有起到优化分配社会资源的作用。在另外一项研究中,世界银行的经济学家莱文及其合作者进一步发现,国有银行程度深的国家往往有更高的存贷利差,以及相对较弱的私营金融机构和证券市场。他们的结论是,国有银行的存在减弱了金融体系中的竞争性。一个缺乏竞争性的金融体系自然约束了大众与中小企业的融资需求。[①] 二是我国的银行还没有对民间资本放开,对民间资本进入资本市场还存在诸多限制。三是金融和资本市场管制过多,导致大量的租金及寻租行为。据香港学者刘俏、白重恩和宋敏研究,他们估算出中国上市公司的壳价值达8000亿元之巨。壳价值的形成有两个前提:第一,公司上市是一个严格管制的市场,上市资格极其稀缺;第二,上市公司的大股东利用其壳资源的占据,把财富从中小股东手中转移到他们自己的腰包里,这就是所谓的"隧道行为"(tunneling behavior)。[②]

我国土地市场的市场化程度低主要表现为:第一,我国土地还主要是由国家所有和控制的一个要素,土地交易、转让的市场调节比重很低。如国土资源部的一项分析表明,由于目前国有土地资产机制不完善,通过市场配置比例不高、划拨土地大量非法入市和随意减免地价挤占国有土地收益等原因,我国每年国有土地收益流失近100亿元。我国目前国有土地资产总量在25万亿元左右,约是其他国有资产的3倍。第二,大量农村土地的市场远没有建立起来,大大地制约了我国二元经济结构的转换。我国的家庭联产承包责任制作为一种制度创新已经进入了"制度平台",它解决了中国农民的温饱问题,但是解决不了中国农民的致富问题。要想一劳永逸地解决中国农村、农业、农民问题,必须改革我国农村的土地产权制度和土地政策。现在我国按人(或户)的家庭联产承包责任制,只能解决农民的温饱问题,大家饿不死,但是也难以富起来;农民想进城,但是又"舍"不得家里的承包地;家庭联产承包责任制"固化"了现有农村的格局,既不利于我国农村发展规模经济,不利于我国农业制度的创新(如家庭农场等),也不利于推进我国城市化进程。因此,改革我国农村的土地制度是解决我国农村、农业及农民问题的治本之策。第三,城市房地产市场由于土地产权制度的不健全等方面的原因,其发展也大大地受

---

① 宋敏:《政府在金融中的作用》,《21世纪经济报道》,2002年7月8日。

② 刘俏:《经济学中的政府》,《21世纪经济报道》,2002年4月29日。

到了影响。

我国劳动力市场这些年有了比较大的进步，但是劳动力的流动仍受到诸多的限制。据统计，美国每年跨州搬家的人口占总人口的15%，劳动力迁徙是很常见的。美国的每个家庭或居民都可以权衡这个地方的税负重不重、公共产品提供得怎么样。但在我国，繁琐的户籍制度增大了劳动力流动的成本。我国劳动力流动主要是农民进城打工，以及大学生的分配引起的劳动力流动。按照市场经济的一般规则，在劳动力市场上是不存在工种限制的，什么人可以做这类事情、什么人不可以做这类事情，是我国劳动力市场上一种特有的现象。如在我国一些行业（如电力、邮电、铁路等）是禁止农民工进入的，或者存在进入的障碍；从地区来看，一些地区为了解决城市下岗职工的再就业问题，在不少行业（过去有的是城市职工不愿进入的行业）强行清退农民工。这种工种上的行业和地区的限制从表面看保护了城市职工的利益，但是从深层次来看，是不利于这些行业和地区发展的。这些有进入障碍的行业和地区由于人为的规定是不能优选到最好、成本最低的劳动力的，从而使这些行业、地区的成本提高、竞争力下降。同时，这些人为的进入障碍使非公有制企业的劳动力成本大大地降低，从而也大大地降低了非公有制企业的成本，提高了其竞争力。此外，这种工种上的行业和地区的限制为非公有制企业过度使用其劳动力（这种过度使用就不可避免地侵犯职工的权益）提供了条件。我国劳动力市场上的歧视、人为的分割以及对于人员流动的限制，是导致我国劳动力市场市场化程度低的重要原因。

二、我国要素市场化程度滞后于产品市场化程度的根源在于交易成本高昂和缺乏有效的产权制度

根据张五常的分析，交易成本是衡量和明确交易单位特征和实施契约的成本。人们从事经济交换活动时，最关心的是商品和服务是否能够交易以及确定要交换的是什么。只有明确界定交易对象的成本状况，我们才能明确协议和契约的性质并有效率地进行交换。如果交换的商品和服务只具有某种单一的特征，那么上述问题将很容易解决。但是，几乎每一件商品或服务的特征都是多样性的，而且在某种意义上它们都是有价值的，换言之，我们交换的不仅仅是商品和服务，而且是某种具有不同特征和价值的东西。如果我们对这些价值的衡量是低成本的，那么所进行的交易也是低成本的。衡量这些特征的方式和一般财产权利的界定是相同的。如果财产权利的界定是模糊的，我们不可能明确我们要交换的是什么。事实上，现实中需要明确界定的不仅仅是商品和服务的特征，而且包括企业、贸易联盟和政府内部以科层交换为特征的委托—代理关系。根据界定的范围和程度，我们

可以找到衡量双方的行为是否与契约相符的方法。[①]

巴泽尔把交易成本定义为与转让、获取和保护产权有关的成本。[②] 一般地说,交易费用是个人交换他们对于经济资产的所有权和确立他们的排他性权利的费用。马修斯(1986)提供了这样一个定义:交易费用包括事前准备合同和事后监督及强制合同执行的费用,与生产费用不同,它是履行一个合同的费用。交易费用与经济理论中的其他费用一样是一种机会成本,它也可分为可变成本与不变成本两部分。交易成本就是那些发生在个体之间交换经济资产所有权的权利、并且执行这些排他性权利过程中的费用。

总体来看,我国要素市场产权的缺失或产权界定不清加大了交易成本,而过高的交易成本必然制约要素市场的发展。换言之,要素市场的产权不健全和过高的交易成本是一个问题的两个方面。

第一,要素市场所交易的产品或东西要比产品市场上所交易的产品其衡量和明确交易单位的特征复杂得多,与此同时,我国相应的衡量和为要素市场服务的中介机构的发展严重滞后,无疑增大了要素市场交易的成本。改革开放以来,我国经济迅速发展,市场中介组织也随之保持快速增长。据对 24 个省市的调查,1980 年以前,市场中介组织总数为 0.77 万户,1985 年为 2.6 万户,1990 年为 4.3 万户,1995 年达到近 7 万户,1998 年仅代理和咨询服务机构即达 13.58 万家。江苏 1990 年有中介咨询服务机构不足 2000 家,而 1993 年达到 6000 家,增幅达到 200%,1994 年以来以每年新增 2000 家的速度发展。与我国区域经济发展的不平衡相对应,市场中介组织的发展在地域分布上也不平衡:一是大中城市多,小城镇和农村少。1998 年,湖北省共有市场中介组织 2469 户,其中武汉、荆沙、襄樊三市达 1370 户,占全省的 55.5%。二是东部地区多,中西部地区少。上海市有市场中介组织 8431 户,江苏有 1 万多户,湖南有 849 户,贵州只有 187 户。从市场中介组织的所有制形式看,包括全民、集体、私营和混合所有四种形式,其中全民所有制单位占多数。在全国 6400 家会计师事务所、审计事务所中,合伙制只有 8 家,其他均为全民所有制单位。这表明在市场中介关系中,公有制单位仍然居于主导地位,同时不同经济成分之间的联合趋向也十分明显。我国中介组织发展的滞后、不平衡及浓厚的官方色彩,是不利于我国要素市场发展的。

第二,要素市场对产权的要求要比商品市场对产权的要求高得多。这些年来我国产品市场的市场化程度有了较大的提高,但要素市场却相对滞后。为什么?这里面一个重要的制约因素就是产权问题。产品市场的形成对产权的要求低得多,而要素市场的形成对产权的要求高得多。产品市场只是简单的买卖关系,而要

---

① 罗纳德·H. 科斯、道格拉斯·C. 诺斯等:《制度、契约与组织——从新制度经济学角度的透视》,经济科学出版社,2003 年,第 50—59 页。

② 约拉姆·巴泽尔:《产权的经济分析》,上海三联书店,1997 年,第 3 页。

素市场则涉及产权转让、合约交易等。由于产权的改革不到位，我国要素市场的交易和运行不是以正常的交易成本体现出来，而是以租耗的形式体现出来。在我国要素市场上，由于产权不明晰，或者产权纠纷，一些交易无法通过市场来完成，或者在这些领域市场无法形成。

以北京房地产市场为例。如果将北京市居民随着收入的提高而稳步增加的住宅需求视为一种水平需求，需求扩容的潜力就是二手房市场能量的释放。北京市已有超过90%的家庭拥有比较稳定的居所，但是，其户型、功能并不完善。北京市的住房成套率不到60%，在城区还有24%的家庭住在20世纪50年代之前建成的老房子里。因此，居民对现住房的满意率不到20%，约50%的居民希望在几年内换购住房，已购公房中约70%的希望通过换购住房改善居住条件和居住环境。可实际上，北京二手房市场份额微乎其微，每年所占比例不超过4%，原因在于二手房市场产权关系繁杂、中介机构不成熟、税费负担比较重。据2002年的调查统计，北京市户均住房资产超过30万元，占家庭总资产的66%，如果上述问题取得突破性进展，激活二手房市场，住宅梯级消费真正形成，住房一、二、三级市场联动所释放的需求潜力将相当显著。①

我国当前市场经济发展中的深层次约束就是产权约束。这些年来，我国在房地产、金融及企业改制中的“空手道”比较多，其重要原因就是我国在这些领域还没有形成一个有效的产权制度。我国市场化进展中的问题最终往往以产权约束表现出来。产权制度是一个经济运行的基础，有什么样的产权制度就会有什么样的组织、技术和效率。这是现代产权经济学的一个基本观点。市场经济在某种意义上讲是一种产权经济，没有有效产权制度的市场经济是不可想象的。

先看一下我国股市发展与产权的关系。中国的股市是在产权制度变换时期，在产权关系没有理顺的情况下进行的，大量的国有股、庄家及银行资金都是在产权并不明晰的情况下进入股市的，在此情况下，各种资金的运作者的责、权、利并没有明确，什么风险、规则、规范都是没有约束力的，这就会形成“击鼓传花”的股市，就会形成再分配和圈钱的股市，与我们设想的建立现代企业制度、转变经济经营机制，形成长期投资及有效的资本市场的目标相去甚远。

再看一下土地市场的发展与产权的关系。土地是稀缺资源，如何用好土地对于一国经济发展至关重要。目前我国土地使用中的低效及国有土地转让中收益的流失等产生的根源在于我国土地产权制度的不健全。国有制土地下的行政划拨是我国土地交易的主要特点。这些年来我国土地交易量在不断上升，但是这种交易量的上升并不是通过市场交易，而更多的是行政划拨。据报道，东北某市在1997年至2000年期间，行政划拨供地占城市建设供地总量的77%，2000年这个特大城

① 胡睿宪：《评北京房地产市场调控的争议》，《经济学消息报》，2003年7月25日。

市批租土地收回的出让金仅为人民币 7000 万元，在国家财政收入流失的背后，几乎可以肯定地说，会掩盖为数不少的寻租行为。国有土地下的行政划拨必然导致寻租和财政收入的流失。

据《中华工商时报》报道：由于土地市场管理中存在种种不规范，根据土地交易量估算，我国每年国有土地收益流失至少在 100 亿元以上。据国土资源部统计，2002 年上半年，全国累计收取土地出让金达 6000 亿元。地方政府大量“经营土地”，土地交易额大幅上升。一些市、县、区的土地出让金收入已经占到财政收入的 35%左右，有的甚至高达 60%。值得重视的是，不少地方政府为获取土地收益，热衷于“低进高出”，追求“以地生财”。突出表现在一方面用计划经济的办法低价拿地，另一方面用市场经济的办法高价供地。用土地牟取暴利，已经成为一些单位和个人“寻租”的手段。土地市场开发与管理的不规范，也导致农民受损。与一些地方政府获得高额土地出让金形成鲜明对比，同期的征地补偿费却极少，一些地方截留、挪用征地补偿费现象严重，农民的损失得不到合理补偿。据调查，前几年，地方政府土地出让金收入每年平均在 450 亿元以上，而同期征地补偿费只有 91.7 亿元。此外，为了更多地引进外资，一些地方不断地压低土地的价格，用廉价土地资源来换取外资，造成稀缺的土地资源的浪费。现在全国掀起了一个“圈地运动”，国内企业在圈，外资企业也在圈，而地价非常低廉，10 万元一亩，有的给外商的地皮只要 5 万元 1 亩，甚至无偿提供土地，而土地的成本至少也在 15 万元以上，其差额由政府补贴。而在土地上的投资则少得可怜，据网络提供的资料，苏州工业园区和新区的投资平均水平大致是 36 万美元/亩，而新加坡等地平均为 100 万美元/亩。每亩土地的产出率也很低，昆山 45 万亩土地，国内生产总值为 220 亿元，每平方公里产出 0.733 亿元 GDP，经济密度很低，资源的利用效率也低。

第三，要素市场对契约、法律制度的要求更高。要素市场的发展除了要以有效的产权制度为基础以外，还需要相应的契约、法律制度为支撑。2001 年，弗里德曼在接受采访时谈到 20 世纪 90 年代诸多实行私有化的国家的经验教训时，就特别强调最大的教训就是未能意识到实行法治是私有化的基础前提。他承认：“10 年前，我对实行私有化的国家的建议只有三个词，那就是——私有化、私有化、私有化；但结果证明我错了，因为缺乏法治环境的私有化根本就意义不大。”法制化与产权制度不断完善的进程是同步的。

诺斯在分析西方历史时发现，罗马法是确立在要素和产品市场的排他性个人产权基础上的。雅典的产权结构是以法律为基础的，而罗马人的贡献是精心设计出一套完整的民法体系，它强化了高度发达的交换经济中的契约关系。在公元最初两个世纪里，在整个地中海地区交换经济都在发展。商法的制定是罗马社会在经济上的一大成就。同样重要的是财产法，它们解决了在帝国早期曾是劳动力的主要来源的奴隶所有权问题。①

国家作为第三种当事人,能通过建立非人格化的立法和执法机构来降低交易费用。既然法律的发展是一种公共产品,它就能随之带来具有重要意义的规模经济。既然交换的基本规则已经确立,那么,只要存在法律机构,谈判和行使的费用会不断减少。这也就是市场经济是一种法制经济的意义所在了。

三、以产权改革为切入点,以创新制度环境为基础,加快我国要素市场的发展

第一,从对要素市场的管制转变到以产权制度改革为基础上来。我国要素市场的市场化程度之所以低,主要与政府对要素市场管制过多有关,与要素市场国家控制的资源多有关(如土地市场、金融市场等)。公有产权会产生租耗已被理论和实践所证明。深化我国要素市场的关键或切入点是产权改革。我们只有理顺要素市场的产权关系,其交易成本才会降下来。这些年来我国要素市场总的规模在增加,但是这并不表明我国要素市场的市场化程度在增加。这是因为我国要素市场中的许多交易是建立在行政划拨、行政审批和行政干预基础之上的。计划经济是行政权干预的经济,而市场经济是以产权为基础的市场调节资源配置的经济。我国要素市场的市场化程度低的根源是政府干预、管制过多,而产权在资源配置中没有起到核心作用。所以以产权改革为切入点,减少政府管制,引入竞争是加快我国要素市场发展的基本举措。

第二,为要素市场的运作提供有效的制度环境。制度环境是保证要素市场有效运行的软环境。这里的制度环境是指有利于要素市场发展的规章条例、政府职能的转变等。考夫曼、克拉伊和洛瓦顿(2000)综合了 175 个国家共 15 类专家调查和商业人士或普通公民问卷所得到的数据,建立了衡量制度质量的六个指标。这项研究发现,在一国之内各个指标指标之间高度相关,但不同国家在制度质量上又都具有很强的离散特征。贝克、匡特和马可西莫维奇(2001)用世界银行世界商业环境调查(该调查收集了很多国家企业家对影响他们业务的制度质量的意见)的数据也进行了研究,发现各国在制度质量方面有很大的差别,而且有证据表明商业增长缓慢的国家同时也被认为是制度缺失的国家。②

制度及制度环境还是影响资本使用效率的重要因素。哈伯格的研究结果及其他相关证据表明,低收入国家的经济政策和制度缺陷有时阻碍了资本在这些国家

---

① 道格拉斯・C. 诺斯:《经济史中的结构与变迁》,上海三联书店,1991 年,第 123 页。

② S.詹科夫等:《新比较经济学的新视角》,载吴敬琏主编,《比较》(第 4 辑),中信出版社,2003 年。

获取与其稀缺程度相称的回报,有时还阻碍了外国投资者和厂商的进入,或造成资本外逃,或使其对外举债风险极高。无论是阻碍资本获取与稀缺程度相称的生产率,还是阻碍国家间边际资本产出均等化的投资和贷款,都使该国不能实现其潜力。这些分析表明,有效的制度环境是要素市场发展必不可少的条件。

第三,大力发展和完善中介组织,并为要素市场的发展创造有利的法律环境。中介组织的缺失是影响我国要素市场发展的一个重要因素。社会中介组织也有的被称为第三部门。第三部门是指除了政府部门、以营利为目的的企业之外的组织,包括志愿团体、社会组织或民间协会等。根据加利福尼亚大学 NPO(非政府组织)研究中心提供的数字显示,1997 年美国有 160 万个非营利机构,这些非营利机构的财产总额达到 2 万亿美元,年收入为 1 万亿美元,占国民收入总额的 11%左右,其中约 30%的款项属于政府择优资助的拨款。

第三部门在市场经济国家相当发达,它的价值是多方面的。其中一方面是,它弥补了政府在公共品供给方面的不足。政府在提供公共品方面受财力、机制等方面的制约,不可能及时、普遍地满足人们的多样需求,在这种情况下,第三部门以其快速、多样性满足了人们的需求。在美国,第三部门运作的一部分经费就来自于政府的拨款。政府这样做是一举两得,既减轻了政府"管得过多、疲于奔波"的压力,又调动了人民自己管理自己事务的积极性(第三部门的大部分经费还来自社会的捐赠等)。可以讲,第三部门是政府与民众合作解决公民社会经济问题的产物。

美国著名经济学家熊彼特说过,市场经济是一种损益经济。在市场经济条件下,有人成功,有人失败;有企业兴旺发达,也有企业破产。美国经济学家奈特说,市场经济的实质不是风险,而是不确定性。市场经济在给人类社会带来很大好处的同时,也带来了不少问题。这些问题的解决仅仅有企业和政府是不够的,尤其是政府不可能事无巨细地解决市场中所有的问题。第三部门以其非营利的身份大大地缓解了社会矛盾,这些组织来自于民间,又有信息优势,是最能有效解决民间问题的。从这个意义上讲,第三部门是社会的稳定剂。

在市场经济条件下,追求盈利、追求收益最大化是不可避免的一种现象,在这种情况下,大量非营利组织的存在无疑是对"向钱看"社会倾向的一种"矫正"。还是以美国为例,众所周知,美国是一个很强调个人主义的国家,但是美国人又热心于公益。这在很大程度上得益于美国第三部门的发达。第三部门组织作为一个载体,它极大地淡化了人们之间的金钱关系,以非营利组织的方式把人性中相互帮助的一面充分地体现出来。有一位学者说,美国人甚至把净化社会和陶冶心灵的崇高使命也交给了第三部门。第三部门的大部分运作费用来自于民间,在这种捐赠的背后是那些成功者对遇到问题的人们的一种帮助。

在我国市场化改革中,第三部门的缺失是一个比较突出的问题。人与人之间的关系淡化,甚至见死不救的现象时有发生;许多事情政府想管,但又"鞭长莫及"。一方面政府要从许多领域退出(转变政府职能),另一方面,企业的社会化改革也要把许多事情交给社会或市场去办,这就为第三部门提供了相当大的发展空间。第三部门专业化、职能化及网络广泛的特点会大大地降低整个社会的交易成本,并且可以在人与人之间起一种沟通桥梁作用。所以在我国市场化过程中,发展和培育第三部门具有重大的意义。我们要把转变政府职能与第三部门的发展结合起来。也就是讲,在转变政府职能的过程中,要大力发展和培育第三部门。

主要参考文献

1. 卢现祥:《论我国市场化的"质"——我国市场化进程的制度经济学分析》,《财贸经济》,2001年第10期。
2. 道格拉斯·C. 诺斯:《经济史中的结构与变迁》,上海三联书店,1991年。
3. 罗纳德·H. 科斯、道格拉斯·C. 诺斯等:《制度、契约与组织——从新制度经济学角度的透视》,经济科学出版社,2003年。

原载《贵州财经学院学报》, 2004年第1期

·创新与制度激励·

论创新与制度的适应性效率

创新不足成为制约我国经济转型升级的重要因素。我们主要是从制度适应性效率探讨我国创新不足的根源,为此,本文首先探讨制度的适应性效率及其影响因素,接着分析创新不足实质上是制度适应性效率低,最后分析制度适应性效率对创新的影响。

一、制度的适应性效率及其影响因素

新制度经济学提出了适应性效率的问题。在诺斯(1990)看来,适应性效率的本质特征是允许个体决策试验,促进分散决策。

主流经济学强调配置效率,但不重视适应性效率的研究。配置效率主要来源于市场竞争,而适应性效率主要来自制度结构及其对经济条件变化的反应能力,是刚性还是有弹性,是适应还是阻碍。适应性效率建立在有效的制度结构上,这种制度结构面对不确定性时能灵活地尝试各种选择,能有效地处理不断出现的新问题、新挑战。这种制度结构建立在鼓励和允许进行实验的信念结构基础上。[①] 转型国家涉及大量的适应性效率问题。适应性效率不仅是经济增长的关键因素,而且有利于经济体制的演化。然而适应性效率只能被观察到,却不知道是如何创造出来的,即只能通过长期观察看到过程演化的结果。从制度、组织层面考察资源配置的效率更全面、更有解释力。西方主流经济学是在同一制度或组织框架下分析价格、市场作用如何有效配置资源,这对于一个成熟的市场经济体制是可以的,但对于转型国家或发展中国家,这种方法就没有意义了。

适应性效率是经济长期增长的关键。我们看一个体制是否有适应性效率的关

① 道格拉斯·C. 诺斯:《理解经济变迁过程》,中国人民大学出版社,2008 年,第 138 页。

键特征是其能否实现长期持续增长。西欧和美国的体制具备了适应效率,即使出现了各种冲击、危机、战争等,这些有适应性效率的国家能通过改变制度结构实现长期增长。而一些发展中国家则缺乏这种适应性效率,表现为停滞和增长交替出现,难以实现持续的稳定增长。在欧美国家的制度结构中,无论是非正式规则还是正式规则都嵌入了这种适应性。这一制度结构提供了一系列引导原理,制约着经济社会的发展方式和形成适应性效率的方式。①

适应性效率是建立在多源性、异质性和适应性理性基础上的。有人把创新总是从西方开始归结为西方国家能做到多元性、异质性、断裂性。欧洲的多种地理环境、多民族、多文化的组合使其拥有多元性、异质性和断裂性的特征。创造性的一个更为基础的来源是一般意义上制度多样性的演化,其中新教就是与文化复兴相联系的整个思想多样性的一个例子。在历史上,西欧的政治分裂扮演为不同的信念和制度创造出多样性和竞争性的制度环境,同时对支撑现代经济增长的非人格化交换的增长也非常重要。与适应性效率相关的适应性理性的实质是有限理性,强调并非无所不知地最大化他们的既定目标,而是根据经验调整其目标,使之更可行。适应性效率建立在西方经济学个人主义方法论基础上,其本质特征是允许个体决策试验,促进分散决策。

适应性效率主要来自制度及制度对外部条件变化的调适能力。适应性效率是内生于体制或制度内对外在条件的变化的一种制度跟进或适应。这种适应包括要放弃原有的规则或做法,而根据新的变化情况做出调整。同样面对外部条件的变化,为什么有的体制能做出调整或适应,而有的体制不能做出调整或适应?是认知问题还是意识形态问题?是能力缺失还是利益集团的阻碍?适应性效率形成的条件是政治体制和经济体制能够在面临普遍的不确定性时为不断的试错创造条件,消除已无法解决新问题的制度性调整。②

(1) 适应性效率主要取决于是计划经济体制还是市场经济体制

美国面对 2008 年金融危机的对策是更多地由市场主导,这比那些由政府主导的国家效果要好得多。由市场主导的经济适应能力更强,能更快地从经济危机中复苏。比如,美国在 2008 年危机后在市场主导下出现了智能手机、平板电脑、互联网经济及页岩气等产业的大力发展;另一方面,一些传统的产能过剩的领域(包括房地产)也得到了调整。美国危机后的经济结构调整和产业升级主要是由市场决定的。这种适应性效率源自其高效的市场经济体制。反观我国,政府也非常努力,调结构一直是政府工作的重点,但为什么效果不尽如意?这主要是我们的体制适应性效率比较低。我国现在还处于前期刺激政策的消化期。我们要反思体制和制度的适应性效率问题。我国也开采页岩气,为什么没有像美国那样发生页岩气革

---

① 道格拉斯·C. 诺斯:《理解经济变迁的过程》,《经济社会体制比较》,2004 年第 1 期。

② 道格拉斯·C. 诺斯:《理解经济变迁过程》,中国人民大学出版社,2008 年,第 152 页。

命？这主要是因为美国在石油、天然气领域大大小小的公司有8000多家，分工细、竞争激烈，而我国“三桶油”垄断导致石油体制的适应性效率非常低。我国这种低效由于缺乏“参照系”，我们还不能准确地判断其低效的程度。

（2）集权还是分权影响适应性效率

在经济上，完全的集权或完全的分权适应性效率都低，关键是把握好这两者的度，既要集中，又要适度分散。如联邦制的适应性效率就好于集权的国家。英国市场维护型联邦制为北部工业革命的成功提供了政治基础。美国市场维护型联邦制为共同市场提供了基础，首先培育了区域分工，进而是国际分工，构成了美国财富迅猛增长的基石。联邦制既有利于分工、全国统一市场的形成，又有利于提高适应性效率，集中解决了统一市场、规模经济，而分散则有利于竞争、分散风险，并促进创新。琼斯认为“分权”和“集权”对于世界主要文明的影响是不一样的，他认为“分权”才使欧洲相对于世界其他主要文明而言，既取得了不为专制力量所遏制、压抑的个人自由，导致了一系列优势的积累，又在一定程度上获得了中央集权的大经济体才会有的规模经济。①

为什么适应性效率主要是来自分散，而不是集中？市场经济是一种不确定性经济，分散的决策更有利于面对不确定性和风险。在一大国中，尤其要处理好中央与地方的关系。这个关系处理不好，市场经济体制的潜力难以发挥出来。现在有三种体制：一是联邦制，其精髓在于它提供了可行的政治分权体制。联邦制因此极大地降低了经济寻租的可能性和广泛性，因此减少了再分配联盟的形成。二是没有采取联邦制，但实现了地方分权。三是集权体制。联邦制不一定适合中国，但在建立和完善社会主义市场经济体制的过程中，我们一定要发挥地方的积极性和主动性，投资和产业发展要按市场需求来进行，要按产业发展规律形成自己的区域分工，要打破地方保护主义，形成全国统一的市场。

（3）风险是集中承担还是分散承担也影响适应性效率

集中带来风险的累积，而不利于平时风险的释放，并且形成一个不负责任的体制。为什么我国这些年地方债不断膨胀？是因为他们总是认为中央最终会埋单的，所以不借白不借，谁不会借钱谁就会吃亏。为了分散风险，美国禁止财政资金的纵向转移。这是有道理的。风险分散的体制可以大大地提高适应性效率，并且可以大大地降低整个经济体制的系统风险。风险集中对体制适应性效率的影响还表现在，为了控制风险不得不降低改革的速度。社会主义的政府就比资本主义政府能够负担更多赔钱的、出于政治需要的无效率项目。民主社会主义经济比市场经济效率更低的原因，并不是社会主义的民主程序会导致比资本主义更坏的政府目标，而是社会主义的政府比资本主义的政府更有能力支付无效率的配置。② 软

① 埃里克·琼斯：《欧洲奇迹：欧亚史中的环境、经济和地缘政治》，华夏出版社，2015年，第236页。

② 安德烈·施莱弗：《掠夺之手——政府病及其治疗》，中信出版社，2004年，第121页。

预算约束、有能力支付无效率的配置、过多的国有产权和政府控制过多的资源、权力能不限制地转移支付这些累加在一起会导致系统性风险。从2008年到现在,我国经济中的风险平时没有释放,不断地累积,“坏”的连累“好”的,大家一起下行。

二、创新不足实质上是制度适应性效率低

现在中国创新中的最大问题是要解释“创新悖论”:中国拥有强大的国家创新意志,超越欧洲的科技经费投入,拥有世界第一的论文数量,拥有世界第一的科技人员,拥有世界第一的博士群体,拥有世界上最庞大的官方智库体系,但为什么没有引领世界的科技发明和人文贡献?创新一直成为中国最短板呢?我国每年专利总量排在世界前列,但反映专利质量的三方专利我国占比太低;我国2015年还没有企业进入世界创新百强。从创新的种类来看,有原始创新、集成创新和引进消化吸收再创新,我国在原始创新和集成创新不够,而偏重于引进,消化吸收再创新也不够。创新还可分为一般性创新和破坏性创新。我国现在主要的问题是破坏性创新不足。

创新不仅包括技术创新,还包括行业、产品、原料、经济制度等方面的创新,也就是我们通常讲的创新驱动发展经济。比如说,从20世纪到21世纪,全世界在行业、技术、产品原料、技术模式、经济制度6个方面的前50项创新,美国占了60%以上,而连续比较近20年世界上最具有创新的前50名公司,美国一直占60%—70%。现代社会并不缺乏发明和专利,而是缺乏把这些战略资源整合在一起的体制和机制。我们并不缺少知识和发明,而是缺乏把这些分散的知识和发明转化为行业、技术、产品原料、技术模式等方面的能力。这种转化能力关键取决于制度安排、组织构架及制度的适应性效率。

对我国创新不足界定为这样几个方面:①发明不等于创新,我国发明转化为创新不够。②我国具备了创新的潜力,但是这种创新能力还没有转化为现实的生产力。③我国在宏观层面非常重视创新,并提出了创新驱动的战略,但是在微观基础创新不够。④我国自上而下的创新不少,但绩效比较差,而自下而上的创新不足。根据德国Innovationsindikators发布的指数,中国在主要经济体中排名第21位。如科斯所说,“与英国18世纪、美国19世纪的工业革命相比,中国工业革命在技术创新上稍逊一筹。中国自主创新的困难在哪里?”

创新不足成为困扰我国经济社会发展的重要因素。这些年来我国在创新上有所进步,但与其他国家相比,与我们的创新潜力相比,确实还有比较大的差距。在国际创新领域,无论是从国家层面还是从企业层面,无论是从科技研发投入的强度看还是从研发人员年平均经费来看,我国与欧美国家,甚至比以色列、韩国,都有较

大的差距。但主要的差距还是体制机制层面的。如果不改革我国现行的科技体制、教育体制及经济制度,那么仍然难以改变我国是技术引进国和模仿国的事实。我国在经过技术引进与模仿的阶段之后,创新竞争非常重要。在德国和美国,人们已经普遍认为模仿竞争会妨碍创新竞争,并且可能会降低企业的国际竞争力。模仿竞争在我国已经形成路径依赖,我国必须通过制度安排使我国由模仿竞争转向创新竞争。

供给侧改革的实质就是要建立创新驱动发展的经济。供给侧改革要建立在创新驱动发展的基础上,而创新驱动发展的内在动力来自制度安排和组织构架变革这一基础。我国现行的制度安排和组织构架不利于促进经济创新驱动发展,在一些方面甚至阻碍了创新驱动发展。因此,改革和创新制度安排和组织构架是构建我国创新驱动发展机制的关键。

我国体制的适应性效率低主要表现在三个方面:

一是制度适应性效率低大大地降低了总量投入的效果。现在对我国 4 万亿刺激方案的评价主要是就其对经济的影响而言,但我们应该从体制、制度层面去思考。2008 年金融危机以后,中美刺激方案的规模是差不多的,为什么结果不一样?这说明美国的成熟市场经济体制要比我国的适应性效率高得多。中国的 4 万亿刺激方案中,90%以上的钱是地方政府和国企来花。而在国有经济占比几乎可以忽略的美国,奥巴马总统 2009 年推出的 8 千亿美元的刺激方案中,政府花的钱不到 10%,剩下的 90%多都是给个人、家庭,还有一些私营企业。除了使用者的结构不一样,我国的投资主要是用于基础设施(包括房地产)及传统产能的增加,而美国主要是用于民生及新的产业发展,如智能手机、平板电脑、互联网经济、页岩气等。面对 2008 年危机,我国偏重于集中性决策,其适应性效率较低,而美国偏重于分散决策,其适应性效率比较高。同样的刺激措施,由于体制机制及制度结构不一样,它们的结果也不一样。我国产能过剩、产业没有升级、经济结构没有优化根源于我国适应性效率低。

二是制度适应性效率低不利于经济结构的调整。结构调整中的僵化实质上是制度适应性效率低的表现。在我国面临经济下行、新常态的情况下,产业结构、城乡结构、总需求结构及国民收入分配结构都面临调整的问题,这种调整需要制度的适应性效率,面对这些变化我们的制度能不能适应及做出调整就非常重要。中国经济结构问题实际上是一个利益调整和制度调整的问题。这与欧美国家经济结构调整是不一样的,从市场经济体制层面看,他们的体制适应性效率较高,他们的制度结构与经济结构是不断相互调整的。我们的经济结构与制度结构是不相适应的,总的来讲,我们的制度结构面对外部条件的变化不能做出有效的反应,制度结构变化的滞后会拖累经济结构的调整。如果我们还不从制度、体制层面去应对,还是就这种结构的数量问题去调整,在体制不变的情况下,即使我们现在调整好了,后面还会产生结构问题。

三是制度适应性效率低不能对创新的变化做出反应,甚至不利于创造性破坏的产生。我国达到中等收入水平后,经济活动更加复杂,尤其在经济结构变化及创新领域更加明显,这就对体制的适应性提出了更高的要求。我们并不是缺乏创新的资源,而是缺乏一种有效的制度把这些资源转化为创新。为什么我们创新能力与经济发展不相配?为什么我们会产生创新悖论?面对一些新的创新(如共享经济、专车、互联网金融等),我们的制度还不能做出反应,有时是限制这些创新产生的反应。如诺斯所言,“全球经济”并不是同一水平的竞技场。发达国家在制度/组织框架方面有着重大优势,这一制度/组织框架能够攫取整合分散知识所固有的潜在生产率,而分散知识是在一个专业化的世界中有效率地生产所必需的。我国理论界把我国经济效率的下降视为配置效率的低下,这是开错了药方。我国这些年的经济下行、结构失衡、创新不足实际上主要是制度适应性效率的低下。

三、制度适应性效率对创新的影响

制度及制度结构对创新的影响主要体现在三个方面:一是制度结构是否有利于产生创新;二是制度结构能否保护创新;三是制度结构能否适应创新。从这三个方面我们可以粗略地观察制度及制度结构是否有利于创新,并可以在一定程度上判断制度的适应性效率。

(一)制度结构是否有利于产生创新

怎么样的制度结构有利于创新?如前所述,适应性效率的本质特征是允许个体决策试验,促进分散决策。为此,美国有利于创新的制度结构特征是,建立了一个以私营部门创新为主的框架;经济上的不干预,即法不禁市场即可为;有利于资本积累及鼓励创新的税收制度、风险分散的制度以及有利于创新的教育制度。为什么美国和德国在19世纪与20世纪前后交替在技术创新上超过了英国和法国?这是因为美国和德国的教育更适应产业发展的需要。制度结构中关键的又是以下三点:

(1)建立了一个以私营部门为主的创新体系

不同的制度结构对创新的影响是不一样的。创新潜力在任何国家都是存在的,问题是能否用有效的制度结构使创新潜力转化为现实的生产力。英国较早地建立了以私营部门为主的创新体系。为什么英国工业化比法国更早?一是英国率先采用专利法,而法国则是政府奖励科技制度,前者比后者更有优越性,更有利于创新。二是英国的自由企业制度和普通法制度有利于创新。其实,英国有一半的新技术在英国是靠保护私人企业剩余索取权的普通法来保护。三是从产权角度看，私营部门比公有部门更能激发创造力和远见、推动知识和创新增长。[①] 从权利角度看，选择生产组织方式的权利、获得资源的权利以及使用它们的权利的三个重要因素决定了自由创新者的数量 。

从科技资源配置来讲，我国的制度结构及经济体系主要是建立在公共和政府配置基础上的，从产业、研究机构到大学，我们都是以公为主。这是从计划经济体制时期开始就形成的，这也是我国创新悖论产生的重要根源。这种体制的适应性效率比较低。建立一个以私营部门为主的创新体系并不是要私有化，而是要让更多的研发和风险投资来自民间，来自企业，而不是主要来自政府。在罗森伯格和伯泽尔看来，要使技术变革有效而持久，政府必须使创新者拥有充足的机会和决策权，同时，政府必须放弃它们对创新进程的直接支配权，并使之分散。以低交易成本对专业知识进行整合，要求的不仅仅是有效的价格体系。制度和组织可以克服外部性、信息不对称和搭便车带来的问题，从而弥补价格体系的不足。现代社会日益分散的知识需要一个复杂的制度和组织结构来整合和应用这些知识。[②] 传统的举国体制不能有效整合这些分散的知识。当某些资源的公有产权存在时，对获取较多的技术和知识很少有刺激。相反，对所有者有利的排他性产权能够直接刺激获取更多的知识和新技术。[③] 因此，私营部门和公有部门的激励机制是不一样的。我国创新悖论主要源于此。前三十多年的改革开放，中国改革之所以取得巨大成就，是在基本放弃计划经济，也就是政府的干预大幅度减少，使得民营经济大发展从而是国有经济比重不断下降的背景下取得的。因此，民营经济大发展不仅过去是，现在是，将来也一定是效率驱动和创新驱动的主要要素。

（2）降低风险

适应性效率的重点在于分散决定，降低风险。创新是不确定的，研发投入及创新过程都面临着许多风险。十个创新中有一两个成功就不错了。因此，如何安抚创新中的失败者仍是建立有利于创新制度体系的关键。为了解决创新中的风险问题，在 19 世纪，西方国家建立有限责任制度，从而降低参与者承受探索未知世界的不确定性，还有在企业失败时对债权人和所有人的保护，以及保护经理人免受股东诉讼的制度等。[④]

我国在科技资源的配置中集中度太高，政府主导的项目太多，从而大大增加了风险。为什么全球范围的国有企业鲜有成功的创新？这与国有企业体制有关，如任正非说华为研发 20 年浪费 1 千亿，没有这 1 千亿的学费就不可能有今天的华

---

① 埃德蒙·费尔普斯：《大繁荣》，中信出版社，2013 年，第 189 页。

② 道格拉斯·C. 诺斯：《理解经济变迁过程》，中国人民大学出版社，2008 年，第 88 页。

③ 道格拉斯·C. 诺斯：《经济史中的结构与变迁》，上海三联书店，1991 年，第 98 页。

④ 埃德蒙·费尔普斯：《大繁荣》，中信出版社，2013 年，第 211 页。

为,而国有企业就很难为这种研发交学费了。

(3) 组织构架是否有利于创新

从组织构架来看,自主创新的经济组织主要是两种形式,一种是自上而下的创新,另一种是自下而上的创新。我国的研发及创新主要是建立在自上而下的基础上的。长期以来,我国在创新上采用了自上而下的创新方式,这是我国创新潜力远未发挥出来的主要原因,也是我国创新悖论产生的原因之一。从适应性效率来看,自上而下的经济组织方式远远低于自下而上的创新方式。为什么自上而下的创新的适应性效率低?

一是我国的科技人员不是把眼光盯着市场和社会需求,而是盯着政府和官员。这是我国创新不足或创新适应不了社会需求的源头。国外研究表明,一国创新的动力大多数来源于市场需求。政府和官员不可能先知先觉地知道社会需求,总体来讲,他们确定的研究领域或方向的成功率比不上企业按市场确定的成功率。此外,只要政府官员控制着资源的分配和科技成果的评价,那么可能会导致科技资源的低效使用,甚至寻租。

二是与自上而下的经济组织方式相适应,我国与创新密切相关的三大领域也形成了自上而下的纵向体系,这三大领域是高等教育、研究系统及产业系统。我国这种三大纵向系统受苏联体制影响比较大,实际上形成了"三张皮",创新的适应性效率较低。我们与美国比较一下,从总量上看,美国没有独立的研究系统,其科技人员在企业和大学,尤其以企业为主,所以美国较早就形成了企业为主体、市场为导向、产学研结合的创新体系,并且这种体制是建立在自下而上的基础上的,其研发投入、创新导向及激励机制主要来自市场。而我国三大系统是自上而下的,各自不相往来,是彼此独立的三张皮,这三大领域的研发投入及导向主要由政府决定,科技人员主要在教育、研究系统,而产业领域的科技人员不足,科技资源配置分散,并容易出现重复研发投入,科技转化成本高,科技产出率低,转化的激励机制弱,适应性效率低。

三是研发投入占 GDP 比重的提高主要由两大因素决定,即政府决定的因素和市场(企业)决定的因素,在我国前者高于后者。政府有钱了可以增加投入,但实践证明由市场需求决定的研发投入更有效率。政府自上而下的投入可以使专利的数量增加,但不一定能提高专利的质量。尽管我国是一个专利数量大国,但能反映专利质量的三方专利占比却比较低。我国专利转化率之所以低,一个重要原因是这些项目都是政府资助的。这可以解释我国为什么存在创新悖论。在 1978 年以前,美国基础科研的经费大部分都是由政府出的,做的研究结果产权归政府所有。然而经 1978 年的《拜杜法案》改革后,即使是政府出钱,所有产权也归学校。这种变化使来自美国大学申请的专利实现了爆发式的增长。值得指出的是,与美国政府的研发投资主要投入到基础研究和大学不同,我国政府的研发投入中不少投资于一些应用和商业性的研究领域,这些领域本应由市场决定,我国政府也过多的介入。

为什么我国会形成这种自上而下的经济组织方式？这主要有两个原因，一是受苏联体制的影响。如苏联在科学研究上的投入比美国多，但因为他们是中央计划体制，所以取得的进展很小。在那里，实验室中所有最聪明的人都在钻中央计划体制的空子，而只有第二层的人在从事实际研究。二是经济组织方式上的路径依赖。商人在中国的地位向来不确定，且宋朝伟大的发明并非市场诱因的结果，而是通过政府赞助、甚至命令而产生。这些发明很少被商业化。宋朝之后的明朝和清朝，政府的掌控更进一步加强。[①] 自上而下的方式是少数人的脑袋指挥多数人的脑袋。为什么中国人口占世界的20%，但科技贡献却占不到相应的比例？这其中的一个主要原因就是长期以来我国是一种自上而下的创新方式。从以自上而下的创新方式为主转变为自下而上的创新方式为主可以大大地提高适应性效率。

（二）我国的制度结构能否保护创新

历史表明，重大的技术进步一般都发生在能够较好地保护私有产权的国家。实现产权保护需要建立促进交易的法律制度和限制政府官员权力的政治制度。[②] 这两种制度是相互联系相互制约的。诺斯论证过，以蒸汽技术为标志的工业革命之所以首先在英国爆发，并非因为英国有着当时世界上最先进的技术，而是因为有着最先进的私人产权保护制度。

从促进知识产权交易的法律制度来看，不同的法律体系对创新的保护是有差异的。法律体系的适应性效率也不一样。不同法律体系保护投资者和法律执行质量是不一样的，为什么以英国判例法为起源的法律体系国家在投资和创新的保护上要比以法国成文法为起源的国家和以德国、北欧各国法律体系为起源的国家表现都要好？这是因为英国判例法为起源的法律体系没有那些更高的程序形式主义特征，对经济活动的干预少，适合创新的产生并能保护创新。从知识产权保护的范围及适应性来看，美国在生物技术和计算机行业提供的知识产权保护强过欧洲和日本。日本、欧洲不保护的领域，美国都保护。由此可知，世界领先的软件公司、互联网经济、共享经济为什么大都出现在美国的根源所在了。法律在决定市场的运行和范围方面发挥了根本作用。科斯说，在市场上交易的不是物质产品，而是权利束，执行特定行为的权利。交易什么，交易多少，依赖于个体和组织所拥有的权利和义务，而这是由法律制度确立的。法律制度将对经济体制的运行产生深刻的影响，并且可能在某些方面可以说是控制了它。如近十年网络的出现，使得音乐的传

---

① 德隆·阿西莫格鲁、詹姆斯·A. 罗宾逊：《国家为什么失败》，湖南科学技术出版社，2015 年，第132 页。

② 赫尔普曼：《经济增长的秘密》，中国人民大学出版社，2007 年，第 121 页。

播越来越简单，音乐版权无法得到保护。欧美国家音乐版权保护好，网络与音乐发展相互促进。而我国由于音乐版权保护不够，可以说，各种网络途径的音乐传播，给音乐人造成了很大伤害，导致大家都复制而没有人创作了。所以，新技术的产生，如果缺乏相应的制度支撑，不但不能促进经济的发展，有时甚至起反作用。好的技术必须与好的制度相适应才能得到有效的使用与扩散。

从限制政府官员权力的政治制度来看，为什么对官员权力的限制更有利于保护产权和创新？这些年来我国不断加强对知识产权的保护，但是，我国对知识产权的保护还存在许多的不足：

一是一些政府对侵权行为不作为，缺乏有效保护体制。这可能出于追求 GDP 或者地方保护主义。以最近的一项研究估计中国 99%的娱乐软件和 93 % 的企业应用软件是盗版的。这种侵权有利的后果是非常严重的。整个中国的盗版行业摧毁了一个一年有一万亿产值的文化创意产业。产权制度中非常重要的一项是专利制度，它可以防止盗版与山寨侵蚀创新投资的回报。刘强东强调了保护知识产权的重要性："中国再不把保护知识产权放到首位的话，那么经济永远不可能好起来的"，在其看来，知识产权保护不力已经让中国品牌陷入了恶性循环。"现在网上有 30 万个卖家在卖一模一样的鞋，价格不断降低，其中一部分卖家开始卖假货，因为假鞋利润更高，卖正品行货的人，一看卖假货赚钱多，在利益驱使下，更多的卖家开始卖假货"。知识产权保护不够，是我国企业创新不足最主要的原因。当一国侵权收益大于其成本时，山寨、复制就非常有利了。我国现行法律在对知识产权案件的审判中，所有举证责任，都放在知识产权所有者一方，变相地对侵权一方提供了支持。

二是产权制度防范的另一对象是公权力，诺斯引英国近代史为例，说明议会在阻止了国王政府以没收财产、征税等方式侵犯私人产权后，民间才出现储蓄和投资的高潮，企业才对创新技术发生兴趣，工业革命方在英国蓬勃展开，与其说工业革命是技术革命，不如说是一场制度革命。诺斯的逻辑今天依然成立，当前一些地方政府为保护既得利益，采用行政和法律的手段禁止打车软件，致使前期开发投资无法回收，打击了企业的创新积极性，损害了经济增长的长期潜力。

三是政府主导科技资源的配置，如我国政府资金课题太多，并且这些课题的分配大多由政府有关部门控制和分配。这就导致申请专利是目的而不是过程的一个阶段了，若课题经费主要是来自个人或民间，那么申报专利只是保护自己利益的一种手段，但在课题是政府资金的情况下，研究者只需要申报专利结项就可以了，他没有动力和压力去把专利转化为产品。

四是地方政府为了追求科技的 GDP，人为干预了科技活动，使许多科技活动违背了科技发展规律，反而不利于创新。例如一些地方政府奖励企业申报专利的政策导致企业为了专利而专利。我国专利总量超过美国和日本，但是在真正体现专利质量的三方专利上要远远低于美国和日本。2003 年，三方专利的国别分布是这样的:美国,占世界三方专利总数的 34.4%,日本占 25.7%,欧盟占 30.3%,世界其余国家占 7.7%(中国占 0.3%)。我国在国际上发表的论文数量第一,这其中许多也是行政刺激的结果,而不是真正的源自学术本身。政府的职责是为科技活动创新提供有效的制度环境,而不是有什么科技活动目标。创新是不确定的,未来是不确定的,政府在科技活动中的过多举措不仅不利于科技创新的发展,反而有可能做出一些违背科技发展的事情,从而阻碍科技创新的发展。在推动创新方面,中国的金融体系成了最大的短板。过去三十多年,金融大多为政府主导的产业服务,但政府主导的绝大多数产业在创新领域不怎么成功。互联网企业在当初兴起的时候,因其巨大的风险和烧钱效应,国有资本严禁进入,国有银行也是不允许给互联网公司融资的,这样的结果反而逼得很多互联网企业到海外融资。如果不是寻求海外融资,在中国现有的金融体系和资本市场下,阿里巴巴可能很难成为全球最大的电子商务公司。

(三)我国的制度结构能否适应创新

经过三十多年的经济发展,中国现在不仅面对成熟的技术引进和生产的问题,而且面对不确定性的创新与产业升级,自主创新越来越重要,某种程度上,如果中国模式不能处理好新经济、“互联网+”对传统商业模式的冲击,那么我们又将错过一次非常好的发展时机。制度结构的适应性效率越来越重要。

制度能否对外部变化做出反应?一些新的经济形态的出现需要新的制度/组织相适应。如同前面法律对创新的保护一样,法律对创新的适应也同样重要。那些引入了司法解释的法律体制,诸如英国普通法,其适应性效率更高。比如,面对大西洋贸易,有的国家(如英国)产生了工业革命,而有的国家(如西班牙)则没有产生革命。研究表明,当时西班牙产生工业革命的经济条件和技术条件并不比英国差,但是由于制度的适应性差,大西洋贸易并没有像英国那样促进工业革命的暴发。关键是英国的制度限制了统治者的权力,为商人、企业主的发展留下了空间,而在西班牙权力并没有关进制度的笼子里,所以大西洋贸易带来的好处被权贵所攫取。

当今互联网经济、共享经济等发展非常快,只有那些具有适应性效率体制的国家能把潜在的共享经济转变成现实的共享经济。任何新的经济形态的出现都需要相应的制度变革来适应。交易成本最小化是共享经济的实质。以往这些共享经济之所以没有产生,是因为技术条件的限制使交易成本太高,难以产生共享。互联网的产生,使共享经济交易成本最小化成为可能,但是没有相应的制度安排和制度创新,这些潜在的共享经济也难以转变成现实的共享经济。共享经济的本质,在于降低交易成本,使原来不可交易的资源进入可交易的范围。有些资源,虽然有供给也有需求,但是由于相互寻找、讨价还价、订立合同的成本太高,所以无法进入市场交易,只能闲置,而互联网、移动互联网的出现减小了交易费用,使得这些资源变为“可交易的”,从而产生庞大的共享经济规模。互联网、移动互联网使交易费用降低只是为共享经济的形成创造了可能性,而制度安排和组织结构的适应才能把这种可能性转化为现实。这可以解释为什么共享经济能在欧美国家得到了较快的发展。

面对专车这个新事物,中美反应的差异是我们比较两国体制适应性效率的一个案例。

一是从反应的主体来看,我国是中央交通部门制定一个要在全国实施的专车法律条例,并宣布专车合法,而美国是由各州来制定法律,2013 年 9 月 19 日,加州交通监管机构——公共事业委员会颁布了监管网络约车服务的第一部法案,标志着官方监管机构正式承认了网络约车服务的合法性。据《华尔街日报》的报道,2014 年美国有 17 个城市与 4 个州通过法律承认网络约车服务合法。到 2015 年 8 月,颁布相关条例将网络约车合法化的城市与州合计达到 54 个。制度的适应性效率就是根源于分散决策及自下而上的创新。美国在制度应对外部事物变化和不确定性时,能够让多个主体(州)来创新制度或变革制度,这有几个好处。一是避免了统一决策错误带来的巨大损失;二是分散决策可以降低风险,并能有效地整合分散的知识;三是分散决策还可以形成制度多样性的竞争,从而在竞争中形成好的制度。

二是对专车的界定及企业组织方式的形成是有差异的,加州公共事业委员会为 Uber、Lyft、Sidecar 等提供网络约车服务的公司专门创设了“交通网络公司”(Transportation Network Companies, 简称 TNC)这一新概念,使之成为一种新型服务类别。加州公共事业委员会给“交通网络公司”的定义为:在加州境内,通过互联网应用或平台连接乘客和私家车主,提供交通服务的法人公司、合伙企业、个体或其他形式的企业组织。而我国交通部对网络预约出租汽车经营服务定义为,是指以互联网技术为依托构建服务平台,接入符合条件的车辆和驾驶员,通过整合供需信息,提供非巡游的预约出租汽车服务的经营活动。我国是不允许私家车接入的,“接入符合条件的车辆和驾驶员”这一条就把我们的管制思维体现出来了,这为管制留下了空间。共享经济的实质就是人人参与,我们的管制思维就是不相信个人。

三是在出租车和专车的关系上来看,加州公共事业委员会明确规定,TNC 不适用出租车行业严苛的准入标准,也无需像传统出租车运营公司一样承担高昂的成本。要运营网络约车服务,TNC 只需要向交通监管部门购买一种特用于“交通网络公司”的运营牌照。目前,这种牌照的价格根据经营范围的种类、地域等需要花费 1000 至 10000 美元不等。在加州,这一牌照的价格为 1000 美元,许可有效期 3 年,到期后可续期,费用为 100 美元。此外,加入各个 TNC 提供网络约车服务的司机,其车辆不需要特别办理由私家车转为商业运营车辆的手续,即车辆不需要转变性质,这也大大节省了准入成本。我国在这些相应的规定上要比美国复杂,营运成本也高得多,美国是通过法律的适应要创造出一个新的经济形态,而我国的相应立法是还想把专车变成出租车。

四是在价格方面,加州尚未出台法定的 TNC 费率表,TNC 可以自行定价,充分竞争。但是,TNC 必须按照规定向加州公共事业委员会提交明确的运营数据报告,报告中需包括本公司专车司机运行的小时数、里程数、收费标准以及司机定期接受 TNC 培训的证明。但我们还想把传统的出租车定价那一套用在专车上。这说明,面对专车这个破坏性创新,我国的制度适应性效率要低于美国的适应性效率。

五是在处理传统出租车与专车的关系上,从理论上讲,同为商业模式,专车是一种更先进的商业模式,专车将会成为一种占主导地位的商业模式。中美在处理这两者关系上都面临着传统出租车行业背后的利益集团问题。问题在于,适应性效率高的体制就可以打破利益集团的阻碍。我国交通运输部草拟的《网络预约出租汽车经营服务管理暂行办法(征求意见稿)》出台后,人们把其影响网络预约出租车发展的内容主要集中在四个方面:对网络预约租车信息服务平台的强制性地域分割;将平台和驾驶员之间的法律关系界定为劳动关系;不当的数量管制;低估了平台的信息审核能力。这些问题体现了三个方面的问题,一是政府的管制思维;二是对共享经济本身运作规律认知不够,我们专车的定价就采用传统方法对应,而美国对专车的定价方式不是照搬传统定价方式,而是收集信息,等找出定价规律了再出台规则;三是这个办法受到了利益集团的影响,在国外,Uber 等应用虽然也遭到很大阻力,但在透明的法治与公开的利益博弈中,以公民与市场的基本权利为依托,这个过程在缓慢但却坚定地推进,而在中国,这一切更加艰难,除了既得利益、旧的管理体制和制度的原因,更深层次的是思想观念层面的束缚。面对共享经济、互联网经济,如果我们不能制度创新,不真正按有利于创新的要求去设计相关制度,那么我们会与这些新经济形态擦肩而过。

本文与罗小芳合写,写于 2015 年 12 月

我国研发投入的导向机制:从政府到市场

中共十八届三中全会提出健全技术创新市场导向机制,发挥市场对技术研发方向、路线选择、要素价格、各类创新要素配置的导向作用。打破行政主导和部门分割,建立主要由市场决定技术创新项目和经费分配、评价成果的机制。本文将对作为技术创新中重要组成部分的研发投入如何从政府导向转移到市场导向进行探讨,在对政府导向和市场导向比较的基础上提出我国研发投入如何从政府为主转向市场为主。

一、研发投入制度决定着研发的绩效

研究开发(R&D)在国家创新体系中占有重要地位。按照经济合作与发展组织(OECD)的定义:"R&D 是在一个系统的基础上的创造性工作,其目的在于丰富有关人类文化和社会的知识库,并利用这一知识进行新的发明。"一个国家研发投入的力度,是经费和人员投入的总和。如费尔普斯所说,这些年来,中国在研发投入的速度和规模方面超过了美国,但是在研发投入的产出和效果方面与美国相比还有相当大的差距,这不是钱的问题,对于中国来讲,重要的是如何有效地分配和使用这些资金的问题。研发经费投入强度(简称研发强度)是指一国或地区年度研发总支出与其当年国内生产总值(GDP)之比。研发力度与研发强度是不一样的,研发力度大不等于研发强度就大,研发强度能在一定程度上衡量一国自主创新的能力。

研发投入的绩效取决于一国吸收知识的能力。一个国家国内吸收知识的能力越高,技术创新也会发展得更快。而科学技术知识的吸收转化又需要高水平学术机构的参与,受过高等教育劳动力的投入,企业部门和研究机构之间的合理分工,以及对知识产权的保护。只有在具备了这些条件的前提之下,研发投入才能更加有效和更多地转化为技术生产力。根据专利质量的一个衡量标准(其他国家引用一国专利的情况)来看,日本、韩国专利的全球生产力已经达到美国专利(公认的行业领导者)生产力的70%—80%。

研发投入的绩效取决于研发投入的运行机制及相关的制度安排。在投入已定的条件下,研发投入的资源配置绩效涉及三个层面:一是研发投入在企业、大学、国有及民营研究机构之间的配置;二是研发投入在基础研究、应用研究、试验发展之间的配置;三是研发投入的经费和人员如何有效发挥作用,即研发资源如何有效配置的问题。这三个层面从表面看是一个研发投入的资金分配问题,在一些人看来,只要规划好这些比例问题就可以提高技术创新能力。现实中,许多国家或地区并不能有效地解决这些研发资源的配置问题,其深层次涉及研发投入的导向(是市场还是政府)、研发投入的运行机制及相关的制度安排。研发投入绩效取决于研发制度:

第一,从历史来看,创新不仅仅是投钱。苏联的研发经费占GDP的比重可能还高于欧美,但苏联从来都不是一个创新型大国,这与制度非常有关系。创新也不仅仅是人的因素的问题。中国的人口远超过英国和美国,为什么在19世纪或者更早时期没有多少创新成果?爱尔兰经济学家理查德·坎蒂隆在1755年的研究中指出,在18世纪的中国城市里有着数量众多的企业家,但严重缺乏开展自主创新所需要的经济制度和经济文化。[①] 在西方,技术进步很少是自上而下的,通常也不需要得到权威部门的许可。但是,在中国,技术进步经常是由政府发起的,这在唐宋时期的官僚体制中表现得尤为突出。[②] 自主创新建立在经济活力的基础上。经济活力是创新背后的深层动力与制度的综合体:创新的动力、必要的能力、对新事物的宽容度以及有关的支持制度。现代经济的特性是为商业创意的构思、开发和推广提供回报,包括物质回报和精神体验,从而鼓励人们对资源的利用进行创新探索。

第二,从国与国之间的比较来看,为什么不同国家会存在技术差距?经济合作与发展组织(OECD)在研究“技术差距”时指出,美国科学家和工程师与优秀的欧洲人知道的东西差不多。差距主要源于管理、组织和经验。技术这个东西部分存于书本和头脑,部分存于实践和组织。技术进步的关键在于,一个社会能否把它转变为一个稳定的和近乎自我维持的不断扩张的机制。现在只有欧美国家建立起了这种技术进步机制。这种机制表现为社会产生的革新所获得的收益使发明和开发的成本相形见绌,从而产生了技术外溢。[③] 只有在有效的制度基础上,技术潜力才能转化为技术优势。在人类历史上,并不是所有国家都能建立起技术创新与制度创新的有效互动机制。在近代,英国之所以超过法国等竞争者,就在于制度创新和

---

① 埃德蒙·费尔普斯:《大繁荣》,中信出版社,2013年,第17页。

② 乔尔·莫基尔:《雅典娜的礼物:知识经济的历史起源》,科学出版社,2011年,第227页。

③ 乔尔·莫基尔:《富裕的杠杆:技术革新与经济进步》,华夏出版社,2008年,第170页 。

组织创新,就在于首创了专利法等知识产权制度来保护知识的所有权,使创新的私人收益率接近社会收益率,从而形成了有利于创新的激励机制。技术创新需要一系列诱导机制,这些诱导力量则来自于制度创新,从而形成了技术创新与制度创新的互动机制。社会制度和行为之间的互动是非常重要的。

第三,从总量看,我国研发力度上去了,但研发强度还不够。自主创新中研发投入及其绩效能在一定程度上反映一国自主创新的能力。2012 年,中国全社会研发经费支出达到 10298.4 亿元,超过日本,位居世界第二,全社会研发经费占 GDP 的比重由 2002 年的 1.07%上升到 2012 年的 1.98%。发达国家为 3%左右,世界 500 强企业为 5%—10%。从人均研发经费支出看,目前我国为 140 美元,而日本为 1000 美元,我国仅为日本的 14%。从研发投入的比较来看,我国与欧美国家的差距还是比较大的。2011 年,美国研发投入占全球的 29.6%,欧洲占 24.6%,日本占 11.2%,三者合计接近全球的 2/3。在英国贸工部发布的 2005 年“全球企业研发排行榜”上,在全球 1000 家企业当中,美、日、德三国上榜企业研发投入占全球 1000 家企业总投入的 71.9%;上榜的中国大陆企业仅有 4 家,研发费用都未达到 2200 万英镑;前 15 家研发投入额最多的企业日本占 3 家,研发费用都在 25 亿英镑以上。在西方主要工业国,公司用于研发的费用往往占利润的 3%以上,苹果公司甚至达到 8%—10%,而中国的公司平均值是 1%。2011 年在中国,企业平均研发投入超过 3%的城市只有深圳。我国企业研发投入占销售收入不足 1%,远低于发达国家 2.5%—4%的水平;大中型企业建立研发中心的仅为 27.6%,其中不少还是部门“指定”而挂牌的。特别是我国商业模式创新更是凤毛麟角。[①]

第四,从研发投入的效果来看,数量上去了,但质量尚需提高。我国科技人力资源数量居全球之首,科学论文数量跃居世界第二位;发明专利申请首次超过美国,跃居世界第一。我国在一些领域也处于世界前列,如在影响未来研发走向的 10 大关键性领域中,我国有 8 项进入研发领先国家前五位,其中,在农业和食品生产、信息与通信等 4 个领域进入前三位。现在的问题是,从宏观层面来看,中国的科技进步贡献率只有 40%左右,远低于西方发达国家普遍 70%以上的水平。根据《国家中长期科学和技术发展规划纲要(2006—2020 年)》,2020 年中国的科技进步贡献率才能达到 60%。从微观主体来看,博斯公司针对全球最大的 2000 家上市企业进行的《2013 年全球创新 1000 强》研究显示,有 75 家中国企业上榜,但博斯公司全球合伙人范贺文(Steven Veldhoen)指出,加大研发投入并不能提升创新表现,创新资金的利用方式远比其金额多少更为重要。可以说,创新不足是制约我国经济长期增长的最大瓶颈,中国在少数科技领域已达到国际领先水平并不能掩盖我们在整体上仍属于技术引进国和模仿国的事实。中国有自主创新的潜力,但这

---

① 王宝安:《我国经济现行版已难以为继》,《求是》,2014 年第 1 期 。

种潜力远远没有发挥出来。创新竞争非常重要。在德国和美国,人们已经普遍认为模仿竞争会妨碍创新竞争,并且可能会降低企业的国际竞争力。我国不仅研发投入不够,更重要的是研发投入的低效。低效又转过来制约着研发投入的增长。因此,通过制度安排提高研发的绩效非常重要。

二、两种研发投入导向机制的比较

为什么中国自主创新的潜力远远没有发挥出来？科斯提出"与英国18世纪、美国19世纪的工业革命相比,中国工业革命在技术创新上稍逊一筹。中国自主创新的困难在哪里？"回答科斯之问,这不是研发投入的问题,也不是人的问题,而是我国技术创新的制度体制及研发投入的机制出现了问题。在此我们主要探讨研发投入的导向机制问题。研发投入的决定机制实质上涉及两大基本问题:一是研发投入占GDP比重的增长是由谁决定的,是根源于政府主导的增长还是根源于市场需求的增长。从表面看,这好像是研发投入的钱的增长问题,但实质上涉及一国研发投入增长的动力机制问题。二是研发投入运行机制问题,也就是建立主要由政府决定或由市场决定技术创新项目和经费分配、评价成果的机制问题。

从研发的机制来看,我国研发投入的形成机制、实现机制主要由行政主导和部门分割。发达国家和新兴工业化国家的研发来源结构模式虽然存在一定差异性,但就其共性而言,一般经历了政府主导型、政府与企业双主导型、企业主导型等几个发展阶段,最终形成企业投入占2/3左右、政府投入占1/3左右的研发来源结构。从科技政策来看,我国偏重于提高科技研发能力,在提高科技吸收能力、促进技术的扩散等方面存在较大欠缺。政府过多主导研发投资导致研发产品交易受到限制。

从研发投入来看,我国还是一个政府主导型的结构。一是从研发人员的分布来看,据统计,我国科技人员有3800多万人,研发人员有320多万人,均为全球第一。不过企业研发人员过少,且缺乏科研投入积极性。我国研发人员并不少,但主要在科研机构,而不在企业。创新是经济升级的动力,而创新必须依赖市场主体。二是从研发投入的结构来看,对我国大多数企业而言,用于新产品开发的资金少(24%),用于基础研究的资金更少(低于10%)。在新产品开发中,也主要是注重短期项目,缺乏对长期性、有市场前瞻性的项目进行研究。在企业技术创新方面,目前申请专利的多为实用型或外观设计方面的技术,那些更有技术含量的创新不多,比较偏重于短期经济效益。

这些年我国研发投入占GDP比重的提高中政府决定的因素明显高于市场(企业)决定的因素。在此我们重点探讨的一个问题是科技经费从什么地方来。研发投入是从政府来还是从企业、市场、民间来在一定程度上决定着研发投入的效率及回收。资金从什么地方来在一定程度上决定着资金的使用效率。如中国大约70%的研究与开发来自政府,而在美国、日本和德国则是由工业界负责70%以上的研发支出(联合国,2012)。工业界会更重视从市场的需求去开发新技术和新产品,因而更具有商业实用价值,而我国这种研发融资体制不利于实用技术的发展。近年来,在几乎所有的OECD国家,企业资助的研究与开发的比例比政府还高;目前,企业提供了研究与开发投入的大约60%,参与了全部研究工作的67%。[①] 大多数拉美国家采取的自主研发模式与高收入发达国家有明显的区别,其中30%左右的研发来自于政府,30%来自于专门研究机构和高等院校,剩余的40%才来自企业,不足总投入的一半;而在发达国家,企业参与的研发投入占总投入的比例大多超过60%。

即使我国科技研发的70%来自政府,但从结构来看,也有不合理的地方,以我国国家的研究机构运作为例,这些机构的运作经费30%来自财政拨款,而70%是来自一些部委(据说有10个部委)的"竞争性课题"。这种行政主导和部门分割的研发投入体制大大地降低了我国研发投入的效率。一方面,这种多头的科技资源供给体制很难集中资源进行原始创新、集成创新,并且这些部委的课题由于专业、技术、信息、利益等方面的原因难以反映科技发展和社会经济发展的需要,并且会导致重复投入。另一方面,这些研究机构及科技人员要花很多时间和精力去争取这些竞争性课题,科研机构难以有效地整合资源,资金低效使用,考核成本高。更重要的是,在这种科技资源分配体制下,科技人员难以"静"下心来从事科技研究,这种体制很容易导致科技数量的增长、课题导向的增长,而不是自主创新能力的提高。[②] 更有甚者,在这种体制下,一部分研发投入成为设租和寻租的对象,我国的科技人员不是把眼光盯着市场和社会需求,而是盯着政府和官员。

据估算,美国大约70%的研究和开发支出是由私人行业进行的,这种支出大多是被纳入企业的日常活动。[③] 现在美国大多数的研发活动是通过商业企业实施的,由此可见常规创新起着非常重要并且可能越来越重要的作用。从专利结构来看,即使早在1953年,美国批准授予的专利中大约60%来自商业企业,剩下的大约40%则由独立的发明者获得。在源自商业企业的专利中,大约2/3是由企业的研发人员创造出来的,余下的1/3则是由在工业生产一线工作的管理人员、工程师和科学家们完成的。[④] 公司研发在研发领域已经占了很大比例,而且已经将研发变成一种制度化行为。在欧美国家,研发人员的主力、研发经费的主要来源及主要专

① 经济合作与发展组织:《以知识为基础的经济》,机械工业出版社,1997年,第8页。

② 卢现祥:《自主创新的春天还差体制这把火》,《湖北日报》,2013年5月7日。

③ 鲍莫尔:《资本主义的增长奇迹》,中信出版社,2004年,第5页。

④ 同上书,第37页。

利都来自企业、来自市场。

综上所述,我们可以看出研发投入两种机制的差别主要体现在以下几个方面:

第一,政府主导的研发投入机制可以把发明搞上去,但无法搞出创新。而市场导向机制既有利于发明也有利于创新。市场导向机制的独特之处在于创新而非发明。历史与现实中的许多事例已经证明了这一点。从现实来看,许多国家也有许多的发明,然而,它们都缺乏创新机制,缺乏把发明转化为商品、产业的机制,更不用说将这种机制固定下来成为一种常规。从历史来看,中世纪的中国和古罗马也曾有过大量的发明,但是,由于缺乏一种系统化的创新机制,这些发明中的绝大多数都没有得到应用。市场机制通过经济利益上的激励来获得它的效率,并满足消费者的愿望,即通过给那些效率更高、产品最适合消费者需要的企业提供更高的回报。即使对于中国,尽管诞生了令人惊讶的丰富发明,但是从发明的应用和传播的意义上看,只有很少的创新,大多数的发明都没有投入到生产性用途,并且常常很快就消失并被彻底遗忘了。[①] 市场需求可能来自私营公司、政府或普通消费者。但缺乏市场需求时,无论发明多么好,都不能转化为创新。一方面,创新包括承认需求,或者用经济学术语更准确地说——承认新产品或新工艺的潜在市场。另一方面,创新包括技术知识。试制和设计、试生产和销售正是技术可能性与市场相结合的过程。创新不等同于发明。从发明到创新仍有一段漫长的路要走,获得一个专利后,将创新引进市场所得到的利润能否抵消将发明转化为创新所用的努力和成本无法确定。因此,人们已经试图将所有权的范围从发明扩展到创新,欧洲委员会已经签订了研究创新专利体系是否可行的项目。[②]

第二,自主创新中的研发投入的市场导向比政府导向更有效率。日本著名经济学家小宫隆太郎教授认为,影响创新及其成败的三个关键是:创新主体、创新激励、创新资源条件。什么样的激励机制最有效?草根创新(而非科技成果)是从19世纪30年代到20世纪60年代美国创新的主要源泉。市场机制最有利于草根创新。在历史上,激发创造力和远见、推动知识和创新增长的体制只能在私营部门爆发,而非公共部门。[③] 现代经济体之所以能取得这样的成就,是因为它们的体制结构能够很好地推动和实现大众参与的创新。大众创新自下而上渗透至整个国家。正是整个创新过程的存在,而非仅仅是它的发明部分,将资本主义的增长机制与其他所有经济安排形式最直接地区别开来。[④] 就像鲍莫尔所讲的那样:“回顾历史我们会发现很重要的一点。人力资本虽然很重要,但它并不足以保证创新总是能带

---

① 鲍莫尔:《资本主义的增长奇迹》,中信出版社,2004年,第70页。

② 柏林科学技术研究院:《文化VS技术创新——德美日创新经济的文化比较与策略建议》,知识产权出版社,2006年,第321页。

③ 埃德蒙·费尔普斯:《大繁荣》,中信出版社,2013年,第41页 。

④ 鲍莫尔:《资本主义的增长奇迹》,中信出版社,2004年,第59页。

来经济增长。这需要一套有力的激励机制,就像自由市场提供的机制,它保证了发明及其转化的产品从创新阶段就直接服务于生产并带来产量的增加。"企业占用创新收益的方式分为三大类,即专利制度、保密和与首创开发相关的各种优势。组织是保障创新收益实现的保障。正是组织上的差异,尤其是造就创新和从创新中获益的能力上的差异,而不是对具体技术控制上的差异才是形成企业间持久、不易模仿差异的源泉。如果没有能引导和支持研发,并使企业从这些投资中获利的新组织形式的发展,我们就不可能获得技术进步。[①] 在知识产权保护严格的美国,研发投资的私人回报率是物质资本投资回报率的两倍多。研发的私人回报率的高低取决于专利保护的时间长度、商标保护的范围、司法系统的效力、企业运营监管制度等。[②] 有效的制度能使研发的私人收益接近社会收益。美国的制度结构建立了一个特别有利于私营部门创新的框架。经济上的非干涉原则、有利于资本积累的税收制度,以及对社会需求充分敏感的私立精英教育制度,共同创造了既提供机会又吸引着私有产业承担创新责任的氛围。创新是由个人发动的,这个人必须感受到做新事情的机会,愿意面对将新事物引入社会体系所带来的风险,以及具有将其完成的能力。三个重要因素决定了自由创新者的数量、选择生产组织方式的权利、获得资源的权利以及使用它们的权利。[③]

第三,从面对不确定性和风险承担来看,市场主导的研发机制比政府主导的研发机制更有利于减少不确定性和分散风险。由于不确定性,技术变化使中央当局不可能制订出有效的计划,也难以在技术易变的领域里对研发的资源进行有效的配置。[④] 从历史上看,有过几次政府支持促进了基础科学发展的事例,但政府对产业研发的帮助还没有过一次良好的历史记录。在美国及其他国家,庞大的用于民用产业的研发都是由企业提供资金的。[⑤] 应该将技术发展新领域的搜寻过程交给企业和市场,这是一个基本信念。这是因为,分散性搜寻可以使技术失败造成的损失最小化,并且还可以使这些损失分摊到许多不同的经济实体。政府不应该在经济发展中扮演"最终的风险承担者"的角色。什么都由政府来埋单的市场经济并不是真正意义上的市场经济。

第四,美国和苏联研发投入决定机制的差异给我们带来许多的启示。美国的研发是向下、向企业、向市场,而苏联则是向上、向政府。美国研发决定机制的特点表现为:一是研发投入的市场导向和生产型,即企业为主体、市场为导向和产学研相结合。在基础研究、应用研究、试验发展的资源配置中,美国的研发资源,无论人

---

① 理查德·R. 纳尔森:《经济增长的源泉》,中国经济出版社,2001 年,第 135 页。

② E. 赫尔普曼:《经济增长的秘密》,中国人民大学出版社,2003 年,第 40 页。

③ 斯韦托扎尔·平乔维奇:《产权经济学——一种关于比较体制的理论》,经济科学出版社,1999 年,第 93 页。

④ 理查德·R. 纳尔森:《经济增长的源泉》,中国经济出版社,2001 年,第 64 页。

⑤ 同上书,第 93 页。

员还是经费都向生产部门倾斜，就三类研究来说，则是向下游倾斜。美国比较注重科技成果的商品化和产业化，使科技和经济结合得更密切，结合得好，研发的投入就能产出更好的经济效益。这可能是20世纪90年代美国经济走强的最重要原因。而苏联的研发资源由政府配置，科技和经济形成两张皮，各个环节之间也是脱节的，这种脱节造成资源的极大浪费和闲置。二是美国研发资源（人员或经费）分布的大头都在企业，企业里不仅进行开发研究、应用研究，还进行基础研究。竞争机制被引入研发投入领域。企业里不仅出效益，出世界名牌产品，还出诺贝尔奖得主。正是这种创新体系，不仅为经济带来活力，也给科技带来了发展后劲。而苏联的研发体制从研发的投入到成果归属都实行单一的国有化，在这种体制下个人的创造力、主动性都得不到充分发挥，因此苏联研发投入虽多，其实效率很低。三是美国创新体系中有风险资本的广泛介入，形成科技与金融结合的新格局。国家创新体系是否强健有力，是否能对经济发展起强有力的推动作用，还决定于许多非科技因素，例如体制因素、政策因素等。美国研发投入中的市场导向与发挥政府作用结合得比较好。同样面对军备竞赛和冷战，苏联研发的军事化色彩很浓，军事研发开支甚至占到75%，但苏联最大的问题是把军备竞赛与民用分割开了，也是两张皮，军备竞赛上的研发投入不能有效地用于商业和民用，不能有效转化为市场价值。而美国在一些领域中军用与民用是相互促进的。此外，苏联的研发体制是封闭式的，与国际交往受到种种限制，这也不利于技术创新，而开放的体系更有利于创新。值得指出的是，并非所有的自由企业都是在技术上具有创造力的，也不是所有的计划经济在技术上就停滞不前。长期而言，相比于计划经济，一个具有自由市场、自组织的社会更有可能取得技术上的进步。①

三、我国的研发投入要从政府为主转向市场为主

我国的研发投入存在哪些问题？其主要表现为：重视研发投入增加，不重视研发投入的绩效；重视发明，不重视创新；强调政府在投入中的作用，不重视市场的力量；研发投入中的人力错配（主要在研究机构而不在企业）与经费错配（主要来自于政府而不是企业）；政府为主的投资对于需要集中优势的行业和一些战略性行业投资有效率，但是在许多行业政府的投资会带来一些问题，因此我们必须从观念和认知上明确政府对研发投入的过多干预会带来的问题：

一是无法识别投资于什么、投资给谁、谁来承担的问题。这是由市场和社会需

① 乔尔·莫基尔：《雅典娜的礼物：知识经济的历史起源》，科学出版社，2011年，第228页。

求决定的问题，由于信息不对称和认识的有限理性，我们不可能搞清楚投资什么、投资多少。这种投资的方向、数量和结构只有通过市场和社会需求来“试错”地决定。投资主体越多元化，信息越充分，竞争越激烈，那么就越有利于科技投资的决定及其结构的优化。正如考夫曼指出过的，在一个通过正向反馈而发生自我持续和自行增强的非线性动态世界里，“计划总是赶不上变化”。

二是政府的投资和对创新过多的介入有可能扭曲创新激励机制。如我国为了建设文化强国，各级政府出台一系列奖励政策鼓励二维动画片和三维动画片在地方电视台和中央电视台播出，电视台的级别越高奖励就越多。各动画片制作者或公司为了获得奖励不断地提高动漫年产量，这样政府用了很多钱，动漫年产量也上去了。在这种激励导向下，我国目前的动漫年产量超过日本成了世界第一，但质量和影响却并不高，根本就没有观众愿意看。这是因为我们的创新激励机制是扭曲的，这导致动漫的生产者不是面向消费者、面向市场，而是面向财政补贴、面向政府。这种数量型扩大并不仅限于动漫产业，在其他许多产业也存在类似情况，我们甚至对于一些竞争性行业也有许多补贴。实际上，市场导向下的创新和政府干预下的创新绩效是不同的。如政府干预度低的国家，1 单位人力资本投入对应 0.56 单位的创新产出；政府干预度高的国家，1 单位人力资本投入仅转化为 0.28 单位的创新产出。“在中国，政府的作用独一无二，没有替代物。在欧洲，恰恰由于技术变革本质上属于私人性质，发生在一个分权化、政治充满竞争的背景下，才使得技术变革在很长时间内持续下去。”①

三是科技投资监管的问题。与市场主导的研发投入机制相比，政府主导的研发投入在监管上会存在以下问题：(1)我国这些年科技投资投入水平上去了，但主要是限于硬件投资，而对发明、创意、创新的激励不够。我国的许多项目经费规定只能用于硬件投资，而对于软件投入明显不足。研发人员创造的价值得不到真正的体现。(2)在研发投入方面，同样的研发投入金额，纵向课题（政府主导的）比横向课题（市场主导的）更重要。这是政府主导的研发高于市场主导的研发思维的体现。(3)在研发资金分配上，政府主导的研发投入体制大大地分散了科技投入的时间和精力，科技人员要用很多的时间来申报一些所谓的项目，有的要跑关系，甚至寻租。(4)在研发绩效的管理上，我国大多数科技投资不用接受市场的检验，政府的验收也只是“粗线条”的。投资的低效甚至无用的成果也没有惩罚措施。(5)由政府税收集中起来的财力然后通过种种渠道分配下去的科技资源漏损大，真正用于科技创新本身的资源大打折扣。如前所述，2012 年，我国在全社会研究与试验发展经费投入上已成为仅次于美国的世界第二大研发投入国。我国研发投入的漏损严重，科研资金用于项目本身的仅占 40%左右，大量科研经费流失在项目

---

① 乔尔·莫基尔：《富裕的杠杆：技术革新与经济进步》，华夏出版社，2008 年，第 265 页。

之外。[①]

四是政府科技投入形成了挤占效应。目前我国企业、个人、民间资本投资于创新的明显不足，这是因为：(1)存在挤占效应，政府投资多，企业、个人、民间投资就会少。(2)知识产权保护不到位，创新不利，模仿者有利，创新动力不足。(3)科技投资的风险大，并且存在较大的不确定性，我国还缺乏使科技投资的私人收益率等于社会收益率的体制和机制。这样，作为理性的企业、个人、民间投资者就没有动力投资于科技创新领域。同样的研发投入规模，是政府投入为主，还是市场投入为主，其结果是大不一样的。我国自主创新国家体系的重构必须从研发投入机制的改革入手。这些年我国研发投入不断增加，用于教育、科技方面的投资也连年增长，但是创新能力并没有同步提高。这其中的重要原因是，我国现有的研发投入机制不利于创新，来自于政府的研发投入往往是软预算约束，投入与产出没有人去真正关心，这就必然导致投资的低效率。我国政府在科技、教育领域控制的资源太多，其投资效果呈递减态势。

政府过多的干预不利于产业组织的创新。从产业结构升级和解决就业来看，也需要提高自主创新能力。结构性问题一直是困扰我国经济发展的大问题，如产业结构不合理、产品附加值不高、缺乏核心技术、企业技术创新能力不高、产能过剩等。这些问题产生的深层次根源就在于我国产业发展和技术创新缺乏市场导向。以钢铁行业为例，2012 年，中国钢铁工业协会所属的 80 多家重点大型钢铁企业的利润只有 15.8 亿元，同比下降 98%，销售利润率只有 0.04%，亏损面为 23%。而实际上这一年中国钢铁全行业规模以上企业实现利润 2024 亿元，比 80 多家大型钢铁企业多出 2000 亿元。为什么大型国有钢铁企业得到如此少的利润？这是因为在政府钢铁产业政策引导下大企业主要进行板带材生产，而在市场主导下的中小企业主要从事传统长材、建筑用材生产。由此可以看出，市场更有利于决定产业结构优化的方向及产业结构升级。

从上面的分析可以看出，我国要提高研发投入的绩效，必须从体制和机制上做文章，必须深化我国科技体制改革，我国的研发投入必须从政府为主转向市场为主。

第一，要打破研发投入上的行政主导和部门分割，建立主要由市场决定技术创新项目和经费分配、评价成果的机制。我国科技体制的一个重要特点就是研发投入上的行政主导和部门分割。这既有认识上的原因，我们长期以来，认为政府主导研发可以克服市场失灵，因为创新具有特殊性；也有体制上的原因，我国的科技体制受苏联的影响，并形成了路径依赖。通过社会化、市场化的中介组织承担研发的融资与分配，要通过资本市场来筹集研发费用，要通过深化改革健全技术创新市场

① 刘军民：《科研经费乱与治》，《上海经济评论》，2013 年 10 月 22 日。

导向机制。过去我国政府决定创新项目及分配经费是一个较普遍的现象，尤其是创新成果的评价在我国也由政府主导，我国最高的奖项不是来自于协会、社会及民间，而是来自政府主导的评价。在我国现行的科研评价体系中，只认有国徽（即盖政府公章）的奖项。党的十八届三中全会提出评价成果也要由市场决定。这会涉及一些部门的利益，掌握成果的评价权也包含着利益。这些年来，由政府主导的技术创新评价水平并不限于技术和学术本身，而是来自于政府的等级，政府级别越高，评价成果的“技术含量”也越高，同样的一项成果，由不同级别组织评出来的“使用价值”也不一样。研发投入是一个复杂的经济活动。这与一般的投资有较大的差别。研发投入多少、投向哪个领域、研发投入总量占 GDP 的比重的变化是有规律的，问题是研发投入的结构及机制如何。实践证明，只有市场机制才能有效地确定研发投入的方向、数量及结构。鲍莫尔曾在他的《自由市场创新机制》中阐述了使市场导向成为经济发展动力的条件，这主要包括：产权和执行机制、高科技企业之间以技术创新为手段的竞争、技术创新活动的制度化、促进企业家创新的激励机制以及技术交易和贸易规则等。

第二，遵循研发投入的规律，形成政府与市场的合理分工。研发投入是有规律的：一是政府要重点加大支持基础性、战略性、前沿性研究和重大关键共性技术攻关，其他科技创新活动在研发方向、资源配置、经费使用、项目评审、成果评价和应用等各个环节要由市场来决定，充分激发各类主体参与创新活动的积极性，建立以企业为主体、产学研用协同创新的机制，带动全社会增加研发投入，让科技创新在市场的“沃土”中不断结出累累硕果[①]。政府要大力减少和纠正用行政手段包揽、直接介入或干预科技创新活动的做法，把主要精力放在完善创新激励政策、营造公平公正的竞争环境上来，要完善和创新有利于科技发展的制度体系，发挥好“推手”作用。二是政府推手如何发挥？美国实施阿波罗计划的并不是一个一体化的大型承包商，而是由国家航空航天局协调的一系列独立的企业。[②] 所以我国技术创新不仅要实施国家科技重大专项、突破重大技术瓶颈，而且要加快新技术、新产品、新工艺的研发应用，加强技术集成和商业模式创新。三是国家要有明确的科技发展目标和战略定位。如《科学与国家利益》为美国科学政策确立了五个主要目标：(1)保持在所有科学知识前沿的领先地位；(2)增进基础研究与国家目标之间的联系；(3)鼓励合作伙伴关系，以推动对基础科学和工程学的投资以及有效地利用物力资源、人力资源和财力资源；(4)培养 21 世纪最优秀的科学家和工程师；(5)提高全体美国人的科学和技术素养。这些对于我国政府制定相应的科学政策及如何有效地发挥政府在促进自主创新中的作用是有启发意义的。在《美国创新

① 引自李克强于 2014 年 1 月 10 日在国家科学技术奖励大会上的讲话。

② 奥利弗·E. 威廉姆森：《市场与层级制——分析与反托拉斯含义》，上海财经大学出版社，2011 年，第 222 页。

战略》里,非常清晰地把创新分成了三个层次:最底层是政府加大对美国创新基础,比如教育、研发等方面的投入;中间一层是让现有大企业之间通过竞争,不断地创新;最高的一个层次就是全社会加速在生物、纳米这些面向未来的大项目上的突破。四是不是用于研发的资金投入量,而是政府研发政策对创新风险的影响最为重要。如果政府研发政策通过促进更长远战略形成、降低资本成本或减少企业对特定技术开发必须进行的投入量,有效地解决了降低技术创新风险的难题,那么政府的政策似乎就是极其成功的。[①] 站在实业家和企业的立场上,为创新行为提供一个适当的框架比直接干预行业的创新过程更为有效。美国采用的方法是让市场在没有政府干预的情况下运行,除非有明显的证据表明存在着干扰竞争的市场失灵现象。

第三,要建立有利于研发投入绩效提高的配套环境,其中教育和培训体系非常重要。教育和培训体系对于自主创新非常重要,它们为企业提供大量具备所需知识和能力的人。为什么美国和德国在 19 世纪与 20 世纪交替前后在技术创新上超过了英国和法国？一个重要的原因就是美国和德国的大学体系比英国和法国的大学体系更多地在教育上对产业需求做出了反应。美国经济在高等教育上的投资要远远超过英国,这种高等教育为经济组织的技术进步提高了潜在的基础。我国这些年的教育投入不断增加,但是"现行教育制度不是推动公民社会设计的,不允许有独立思考的人存在,教育体制本身的缺陷决定了中国不能培养出有创造性的人,生产出来的都是标准化零件"(章立凡)。这种观点不一定完全正确,但提出的问题是值得我们思考的。我们都知道应试教育不利于培养创新型人才,但是为什么我们又改变不了这种应试教育的体制呢？构建产学研相结合的创新体系必须建立在创新的教育体制基础上。可以讲,富于创新的教育体制是自主创新的微观基础。我国现行教育体制行政化特征明显。教育机构招多少学生、设置什么样的专业、开设什么课程等,均由教育主管部门审批。因此教育绩效低下,花费大量资源培育出来的人才偏离需求,而企业却招不到符合专业技能要求的人才。实践证明,体制改革的滞后不仅造成了教育资源的错配与浪费,而且使得创新驱动发展战略缺乏人才的支撑(王宝安)。我国这些年科技投入、教育投入增长也很强势,但是体制机制问题还是没有理顺。理顺我国创新体制的关键就是研发投入要从政府主导转变成市场主导。

原载《社会科学战线》,2005 年第 2 期

---

① 柏林科学技术研究院:《文化 VS 技术创新——德美日创新经济的文化比较与策略建议》,知识产权出版社,2006 年,第 306 页。

中国自主创新的困难在哪里？
——对科斯“中国之问”的探讨

科斯曾向博鳌亚洲论坛提出：“与英国18世纪、美国19世纪的工业革命相比，中国工业革命在技术创新上稍逊一筹。中国自主创新的困难在哪里？”本文试图从两个方面探讨这个科斯中国之问：一是从创新的制度环境与创新主体行为的关系来看，我国创新的制度环境还不利于创新主体创新内在动力的形成；二是从技术创新与组织创新的关系来看，我国组织创新不利于技术创新潜力的发挥。解决中国自主创新就要从制度环境和组织创新入手。与创新的新古典主义理论不同，新制度经济学将制度纳入创新体系并作为内生变量。从创新层面讲，制度的主要功能是对一个社会的科学基础进行组织，并影响一国创新的动力机制。

一、自主创新困难之一：制度环境不利于创新潜力的发挥

有利于创新的制度环境是指创新者能从创新中得到较高的收益，并且创新的过程能得到持续的保护。影响经济主体创新的因素很多，但最为重要的是制度环境。这里的制度环境主要是指一国法制的健全性、司法的独立公正性、对于私有财产包括知识产权的保障、政治架构的稳定、市场竞争的充分与公平、自由企业制度、金融体系的效率、合理的税负、政府的廉洁与透明度等。制度对创新的影响是多方面的，这主要表现在两个方面：一是制度影响一国改进和开发新技术的动力，并影响一国为了获取新机遇重组生产和重新分配的动力；二是制度影响一国积累物质和人力资本的动力。简单地讲，制度环境影响创新实际上就是制度构建创新的激励机制。我国自主创新的困难就是创新的激励机制没有搞对。如果在一个经济体里，人们没有创新的动力和激励，或无法获得创新的条件，这种想象域也就根本不

存在。这套体制运转的动力来自于财务回报和非财务回报的组合。[①] 现代经济的基础就是创新体制的有效运转。

(一)制度影响一国改进和开发新技术的动力,并影响一国为了获取新机遇重组生产和重新分配的动力

创新能以多种形态出现,包括:已有产品的增值改进;技术应用于新的市场;利用新技术服务于一个已存在的市场,并且其过程并不是完全线性的。创新需要使不同行为者(包括企业、实验室、科学机构与消费者)之间进行交流,并且在科学研究、工程实施、产品开发、生产制造和市场销售之间进行反馈。在美国取得快速技术进步并经受了市场检验的所有领域,都有多元竞争主体来开发新技术。这个多元竞争主体主要是企业。在1911年出版的《经济发展理论》一书中,熊彼特把"企业"看成是关键的创新主体。在熊彼特的理论中,配备了研究与开发实验室的现代企业成为核心的创新主体。在技术创新重要的产业,企业在研发中需要一系列核心能力。这些能力受到以下因素的规定和约束:研发部门中的人员所具有的能力、经验和知识,现有团队的性质和形成新团队的程序,决策过程的特征,研发与生产及营销之间的联系等。研发能力可能是所定义的企业动态能力中最重要的能力。[②] 对于创新主体来讲,好的创新制度环境是其创新的前提条件。一是创新面临着很大的不确定性和风险。有利于创新的制度环境可以减少不确定性和降低风险。二是创新的收益能否内在化。即创新的收益是否被侵占,以及创新者能否实现利益最大化。

从人类历史来看,导致技术创新的原因主要有两个:一是市场规模,二是有效的产权(诺斯)。在产业革命中,技术知识与组织知识相互促进,先进的组织形式和产权结构有利于技术创新,技术变化得到大规模市场和更完善的产权制度的支持。除了技术本身之外,科技成果的转化需要相应的制度创新来支持,产权制度创新、商业模式创新的重要性不亚于技术创新,风险投资与研究开发投入的作用同等重要。在钱德勒看来,美国工业中的规模经济更多的是制度创新的产物,而不是技术变迁的结果。[③] 制度在技术变迁的形成和扩散中起着重要的作用,而且它们是技术努力与生产率增长方向发生偏差的重要原因。[④] 知识产权有两大功能:一是安全功能。如果资产的所有权不可靠,以至于它们可能被别人或当局没收或窃取,

① 埃德蒙·费尔普斯:《大繁荣》,中信出版社,2013年,第31页。

② 理查德·R. 纳尔森:《经济增长的源泉》,中国经济出版社,2001年,第129页。

③ 罗纳德·H. 科斯等:《财产权利与制度变迁——产权学派与新制度学派译文集》,上海三联书店,1991年,第332页。

④ 同上书,第328页。

那么任何类型的经济进步都不可能发生。二是激励功能。知识产权要有足够的激励,从而促使创新者投入新技术中。在其他条件相同的情况下,一个国家对知识产权的保护越强,跨国公司就越有可能在那里投资。对知识型产业,如软件、制药、资讯和生物科技尤其如此,因为在这些行业中被盗版和仿造的风险也最高。[①]

对创新者收益的保护和实现是自主创新制度环境要解决的核心问题。企业占用创新收益的方式划分为三大类,即专利制度、保密和与首创开发相关的各种优势。我们往往把对创新者收益的保护与专利制度等同起来,这是不够的。19世纪出现在各国的现代资本主义拥有这些旨在鼓励和促进创新的新制度,例如设计专利和版权保护体系,还拥有其他旨在鼓励参与者承受探索未来不确定性的制度,例如有限责任制度、在企业失败时对债权人和所有人的保护,以及保护经理人免受股东诉讼的制度等。[②] 从深层次看,自主创新的制度环境就是一个使创新收益内在化的制度体系。按照Mokyr(1990)的记载,为什么英国工业化比法国更早?这是因为英国的专利法比法国的政府奖励科技制度更具有优越性,更有利于创新。在他看来,英国的制度优势并不仅仅限于专利制度,还在于其自由企业制度。有半数的新技术在英国不是靠专利法保护,而是靠保护私人企业剩余权的普通法来保护。所谓自由企业制度就是私人企业自动注册,不需政府批准。自由企业制度可以使创新收益内在化。自由企业制度使创新收益的直接定价转为间接定价,从而大大地降低了实现创新收益的交易成本。因而新技术、新的管理方法可以变成大规模商业化生产。

知识产权保护的价值已经得到许多实证分析的支持。美国通过有效的制度体系释放出在经济中创新的潜力。例如,美国在生物技术和计算机行业提供的知识产权保护强过欧洲和日本。在软件专利保护方面,日本只涉及单程序产品,欧洲只涉及"有提供技术贡献的"软件创新,而美国的软件专利保护涉及单程序和多程序产品。由此可知,世界领先的软件公司为什么大都出现在美国了。此外,美国系统的知识产权保护体系和有效的资本市场,给创新者带来诱人的回报,从而促进大量的研发投资和风险投资。在2000年,研发投资和风险投资分别占美国国内生产总值的2.7%和1%(胡祖六)。美国还创立了有效保护知识产权的制度环境。谷歌公司收购了美国一个高中生发明的一个小的网上APP应用,3000万美元。实际上这个公司如果只花300万美元,很容易就能仿照出高中生做的APP,但是他们花了3000万美元把它买断。这是因为在美国严格的知识产权保护的制度环境下,山寨和侵犯别人知识产权的代价是很高的。对于自主创新来讲,知识产权的保护就非常重要。

对于创新者来讲,我国主要有两个方面的原因不利于企业进行技术创新。一

---

① 曼斯菲尔德:《外国直接投资和知识产权保护》,《经济和统计评论》,1996年。

② 埃德蒙·费尔普斯:《大繁荣》,中信出版社,2013年,第211页。

是我国弱的知识产权制度不利于创新。这种弱的知识产权保护制度主要体现在以下方面:(1)知识产权的法律规范及正式制度不完善;(2)对现有的知识产权制度的实施还不完全,尤其受观念等方面的影响,对侵权行为打击力度不够。比如,最近的一项研究估计,中国99%的娱乐软件和93%的企业应用软件是盗版的。我国弱的知识产权保护的形成既有历史原因,也有制度方面的原因。意义重大的技术进步一般都发生在能够较好地保护私有产权的国家。实现对产权的保护需要建立以下两种制度:促进交易的法律制度,以及限制行政官员权利的政治制度。[①]我国弱的知识产权保护与地方保护主义等都有关系。弱的知识产权保护只会导致山寨有利、创新不利的格局。十八大提出:“完善科技创新评价标准、激励机制、转化机制。实施知识产权战略,加强知识产权保护”。在世界上,与创新有关的财产权利直到19世纪前夕才受到法律的保护。专利权、版权和商标权的发展旨在保护知识财产。英国在1623年成为首个大量发布专利权的国家。这些制度安排在我国都已经存在,但问题是这些制度得不到有效的实施。

二是创新过程中高的交易成本使自主创新是一件不划算的事情。好的组织形式、制度构架会大大地降低自主创新的交易成本。从大的方面看,我国长期存在的科技发展与产业创新“两张皮”的构建体制大大地增加了自主创新的交易成本。从微观层面看,我国自由企业制度还不完善,仅仅强调知识产权保护是不够的。如前所述,自由企业制度可以使创新内在化,并且降低了直接定价的成本。技术和创新作为企业的重要生产要素,无论是从产权制度还是从治理机制来看,创新还没有作为一个内生要素根源于企业治理结构之中,企业缺乏创新的激励机制。总的来讲,我国在产权制度、商业模式创新、风险投资及研发投入上存在诸多不足,这些是制约我国自主创新的重要原因。

(二)我国转型时期有利于自主创新的制度体系还没有完全形成,企业家的主要精力还没有用在创新上,自主创新的困难也由此产生

创新的真正实现或应用需要有足够意愿和能力的企业家完成必要的工作:筹集资本,组织新兴企业,开发潜在的新产品(熊彼特)。构建自主创新的制度环境是一个系统工程。发明与其背后的好奇心和创造性并不是什么新东西,而激发、鼓励和支持人们大规模参与发明的那些社会变革和制度创新才是历史上的新事物,才是经济起飞的深层次原因。[②]

自主创新体制是由复杂的系统构成的。这其中最重要的是社会在技术上的创造才能。一个社会要想在技术上具有创造才能,必须满足三个条件:第一,社会必

① E. 赫尔普曼:《经济增长的秘密》,中国人民大学出版社,2007年,第121页。

② 埃德蒙·费尔普斯:《大繁荣》,中信出版社,2013年,第15页。

须存在一支具有创造才能、足智多谋的创新者队伍,这些创新者出于自己进步的需要,既愿意又能够向周围的实体环境发起挑战。第二,经济制度和社会制度必须鼓励潜在的创新者,为他们构造恰当的激励结构。第三,创新要求社会具有多样性和宽容。[①] 这其中最重要的是经济制度和社会制度必须鼓励潜在的创新者。

从人的因素来看,自主创新的国家表现为:勇于争先的企业家大量出现,最终在数量上超过传统商人;越来越多的人参与工艺和产品的改进并进行新的构思,越来越多的参与者的工作体验发生急剧变化。[②] 我国不缺企业家,但现行的制度环境又难以把企业家引导到技术创新上来;我国不缺人,但是我们缺乏制度环境把这些人引导到参与工艺和产品的改进并进行新的构思上来。中粮集团董事长宁高宁指出:"中国文化中充满了做买卖的文化,搞企业就是搞买卖,买卖是一买一卖,充满了很强的贸易炒卖心理,没有长远的产业心态,没有技术创新,没有产品至上的心态。"这说明我国还是处于传统的商人社会,还没有进入现代经济社会。

制度导向决定着人们的选择。"制度的负向反馈"的削弱机制则更为复杂。在所有社会中,有志创业者面临两种抉择:一是发掘政治机会,在社会整体收益不增加的情况下,谋求个人收入份额的增加而致富;二是通过开辟技术的或者商业的机会,使社会获益并使自己致富。工业启蒙以多种方式促成了政治形态的变化,寻租和机会主义行为不再盛行,而生产性活动变得更具吸引力。[③] 从这个层面看,我国转型时期有利于自主创新的制度体系还没有完全形成,企业家的主要精力还没有用在创新上,自主创新的困难也由此产生。

首先,我们来看为什么现行的制度环境难以把企业家引导到技术创新上来?企业家有三类:第一类企业家能够识别出消费者自己都不明白的需求,他们创造产业,如比尔·盖茨、乔布斯;第二类企业家能够更好地满足已有的需求,他们可以以很低的成本进行大规模制造;第三类企业家是按订单生产,即按人家的设计生产。为什么我国难以产生比尔·盖茨这样的创新式企业家人物?企业家有三种资源:一是破坏性的;二是非生产性的;三是生产性的,即创新型。在鲍莫尔看来,企业家才能的配置是理解企业家活动对经济繁荣贡献的关键。他认为一个制度及组织方式将会影响企业家才能在生产性活动和非生产性活动之间投入的比例,不同的制度环境决定了不同企业家活动类型的报酬前景,因此,企业家所处的制度环境可能会影响企业家对经济繁荣做出的贡献大小。制度结构决定了企业家从事生产性的市场活动与非生产性的政治和法律活动(例如,游说和法律诉讼)的相对报酬;好的制度鼓励生产性的企业家活动,进而能够保持较高的经济增长率。此外,有利于创新的经济条件是否具备也会影响企业家的创新。撒切尔夫人很久之前说过,欧

---

① 乔尔·莫基尔:《富裕的杠杆:技术革新与经济进步》,华夏出版社,2008年,第13页。
② 埃德蒙·费尔普斯:《大繁荣》,中信出版社,2013年,第16页。
③ 乔尔·莫基尔:《雅典娜的礼物:知识经济的历史起源》,科学出版社,2011年,第82—83页。

洲的高科技水平落后于美国，不是因为欧洲的科技水平低下，而是因为欧洲的风险投资和资本市场落后。

我国现行的制度环境不利于企业家从事生产性的创新型活动。在政府对资源控制、对经济管制和干预较严重的情况下，企业家们不可能把精力用在创新上。在此情况下，非生产性及寻租是有利的。换言之，在此情况下，获得这些管制租金比创新更划算。实证分析表明，我国企业家的政治化倾向和行政化倾向较严重，这也是企业家寻租的一种表现。在我国转型时期，法制仍不完善，随意的行政干预和官员腐败滥用权力，使得企业家的外部经营环境不可预测、充满风险。从深层次看，政治因素决定了主动性和独创性是否被引导到生产性目的。政治操纵最多是一场零和游戏，而技术变革是一场正和游戏。决定哪场游戏吸引最优秀的选手是一个政治范畴。腐败和唯利是图导致了政府所提供的公共品效率的降低，把活力和天才从更具有生产性的目的转移开去。①

其次，我们再看一下为什么中国人不愿意从事与创新有关的实业活动。萨缪尔森说，美国人的主要行当就是经商创业。从我国大学生就业意愿来看，在我国76%的大学生毕业后想当公务员，而在欧美国家这个比例很低。从历史发展阶段来看，很早以前，英国和美国也曾处于我们现在类似的阶段，在18世纪，这两个国家试图寻找更多的投资和贸易机会，进展甚微，但此后它们取得了前所未有的进步，商业经济被改造为现代经济，即由创新者而非贸易商作为领头人的经济。我国现在也处在这个转换的关口中。中国的人口远超过英国和美国，为什么在19世纪或者更早时期没有多少创新成果？爱尔兰经济学家理查德·坎蒂隆在1755年的研究中指出，在18世纪的中国，城市里有着数量众多的企业家，但严重缺乏开展自主创新所需要的经济制度和经济文化。② 自主创新建立在经济活力的基础上。经济活力是创新背后的深层动力与制度的综合体：创新的动力、必要的能力、对新事物的宽容度以及有关的支持制度。现代经济的特性是给商业创意的构思、开发和推广提供回报，包括物质回报和精神体验，从而鼓励人们对资源的利用进行创新探索。③

二、自主创新困难之二：组织创新的不足制约发明转化为创新

中共十八大提出要坚持走中国特色自主创新道路，以全球视野谋划和推动创

① 乔尔·莫基尔：《富裕的杠杆：技术革新与经济进步》，华夏出版社，2008年，第202页。

② 埃德蒙·费尔普斯：《大繁荣》，中信出版社，2013年，第17页。

③ 同上书，第101页。

新,提高原始创新、集成创新和引进消化吸收再创新能力,更加注重协同创新。促进创新资源高效配置和综合集成,把全社会智慧和力量凝聚到创新发展上来。这些问题涉及自主创新的治理层面问题,其核心就是技术创新中的组织创新问题。根据中国科学院的报告,国家创新体系是由与知识创新和技术创新相关的机构和组织构成的网络系统。这些组织和机构主要包括企业、科研机构和高等院校,同时也包括政府有关部门、教育培训机构和中介机构,以及相应的社会支撑机构等。

(一)组织创新与技术创新同等重要,组织创新的不足制约技术创新

自主创新是一个系统工程。这不仅涉及技术创新,而且涉及制度创新和组织创新。从理论上讲,正如拉坦所言:"对于技术创新与制度创新之间相互关系的明确理解一直是那些对发展的历史和制度方面感兴趣的经济学家和其他社会科学家所感到困惑的。"[①]从阿兰·斯密德的观点来看,技术变迁与制度变迁具有同样的功效,但是各自又有相对的独立性。技术创新是一个复杂的系统,而技术创新和制度创新是它的两个不可或缺的组成部分,双方共同构成互相联系、互相推进的有机整体,唯有它们整合在一起,才形成推动经济增长的现实力量。

组织创新与技术创新是相互联系、相互制约的。所谓的"绝对创新"既表现在组织方面,也表现在技术方面。"组织创新"主要是为了降低交易成本,"技术创新"主要是为了降低生产成本。技术进步是竞争者控制利益过程的函数,受到满足谁的利益的制度的影响。[②] 为了使铁路新技术有效地发挥作用,需要发展远远超出传统的、自我管理的企业所拥有的组织能力。[③] 如前所述,企业占用创新收益的方式划分为三大类,即专利制度、保密和与首创开发相关的各种优势。组织是创新收益实现的保障。正是组织上的差异,尤其是造就创新和从创新中获益的能力上的差异,而不是对具体技术控制上的差异才是形成企业间持久、不易模仿差异的源泉。如果没有能引导和支持研发,并使企业从这些投资中获利的新组织形式的发展,我们就不可能获得技术进步。[④] 为什么会产生西欧和北美的起飞国家在19世纪的生产率和工资水平迅速而持续地攀升?如果说存在某种终极的"发明",那就是这种经济组织形态的出现,它依赖内部蕴含的创造性和直觉来不断尝试创新。[⑤]

在钱德勒看来,组织创新是"技术"进步的组成部分。新技术仅仅提供了生产率的潜力,实现新技术的潜在经济效益是一个组织性问题,而技术创新所带来的可

---

① 拉坦:《诱致性制度变迁理论》,载罗纳德·H. 科斯等,《财产权利与制度变迁——产权学派与新制度学派译文集》,上海三联书店,1991年,第329页。

② 阿兰·斯密德:《制度与行为经济学》,中国人民大学出版社,2004年,第288页。

③ 理查德·R. 纳尔森:《经济增长的源泉》,中国经济出版社,2001年,第133页。

④ 同上书,第135页。

⑤ 埃德蒙·费尔普斯:《大繁荣》,中信出版社,2013年,第16页。

能的经济效益只有通过组织创新才能被实现。阿罗认为:“可以确定的是,在人类的创新中,利用组织来实现其目标是人类最伟大也是最早期的成就。”[①]正如钱德勒指出的那样,现代企业往往出现在那些已经经历了优先技术改造的部门,而新的组织形式可以使这些新技术能力得到更有效的利用。比起任何其他国家,美国拥有多得多的在技术管理上先进的新公司组织,其出现的时间要比别国早得多。在组织形式治理上,美国强调多层次的创新体系。在《美国国家创新战略》(2009)里,非常清晰地把创新分成了三个层次:最底层是政府加大对美国创新基础,比如教育、研发等方面的投入;中间一层是让现有大企业之间通过竞争,不断地创新;最高的一个层次就是全社会加速在生物、纳米这些面向未来的大项目上的突破。施蒂格勒说,在历史发展过程中,经济组织的效率可能和技术变迁同等重要。[②]

不同国家之间的技术差距在很大程度上就是由组织创新差异造成的。经济合作与发展组织(OECD)在研究“技术差距”时指出,美国科学家和工程师与优秀的欧洲人知道的东西并不多,差距主要源于管理、组织和经验。技术这个东西部分存于书本和头脑,部分存于实践和组织。大多数社会或多或少都经历了技术进步,但是除了西方社会之外,没有一个社会能够把它转变为一个稳定的和近乎自我维持的不断扩张的机制。在技术上具有创造力的社会表现为,社会产生的革新所获得的收益使发明和开发的成本相形见绌,从而产生了免费午餐。[③] 只有在有效的制度基础上,技术潜力才能转化为技术优势。在人类历史上,并不是所有国家都能建立起技术创新与制度创新的有效互动机制。在近代,英国之所以超过法国等竞争者,就在于制度创新和组织创新,就在于首创了专利法等知识产权制度来保护知识的所有权,使创新的私人收益率接近社会收益率,从而形成了有利于创新的激励机制。技术创新需要一系列诱导机制,这些诱导力量则来自于制度创新,从而形成了技术创新与制度创新的互动机制。

组织创新不足已经成为制约我国技术创新的重要因素。在国际知名机构汤森路透发布的“2012 年度全球创新力百强企业(机构)”榜单中,竟没有一家中国企业或科研机构能够入选。目前中国国家综合创新能力在世界排名第 21 位,与科研经费投入和科技资源大国的地位远远不相称。没有创新组织的形成,也就很难形成组织与组织之间的竞争以及相应的创新产业的集群。经济组织的低效率难以使发明转变为创新。我国自主创新的困难也根源于组织创新能力的缺乏。由于组织创新能力的缺乏使我国许多发明及创意难以转化为商业、产品及产业。

我国组织创新能力的缺乏形成的原因是多方面的,其中经济转型中的利益格

① 奥利弗·E. 威廉姆森:《市场与层级制——分析与反托拉斯含义》,上海财经大学出版社,2011 年,第 223 页。

② 约翰·N. 德勒巴克等:《新制度经济学前沿》,经济科学出版社,2003 年,第 15 页。

③ 乔尔·莫基尔:《富裕的杠杆:技术革新与经济进步》,华夏出版社,2008 年,第 170 页 。

局及其既得利益集团的阻碍不利于组织创新。诺斯认为达到中等收入水平的国家如果缺乏抵御利益集团对经济负面作用的制度体系就容易产生不利于创新的现象。一段时间的经济高速增长之后,一定会在国内形成一些分利集团,它们在过去的经济发展中获得了雄厚的政治和经济资源,越来越专注于既有财富的分配而不再是新财富的创造,其主要表现就是日益丧失了技术革新的动力,而是致力于通过游说或直接操纵权力部门来提高新进入者门槛,以获得垄断性收益,并阻碍熊彼特所说的"创造性破坏",从而成为经济进一步增长的阻力。普雷斯科特等学者就认为,穷国和富国全要素生产率差异存在的原因在于,贫穷国家通过引入某些障碍措施来阻止现有可用技术的有效利用。而设置类似障碍的初衷便是保护当前生产环境下的行业参与者的既得利益,使其免受来自外界竞争的影响。如果贫穷国家能取消类似的保护,那么其全要素生产率将会快速增长,而整个世界将会变得更加富有。[①] 奥尔森(2007)也从制度的角度分析了经济增长受到阻碍的根源。他在《国家的兴衰:经济增长、滞胀和社会僵化》一书中指出,特殊利益集团使得资本积累和技术变革这两大经济增长的引擎发生了减速。他认为由于利益集团的存在导致了经济社会资本积累和技术创新的较少,对经济发展造成了僵化和有害的影响。

从跨越中等收入陷阱来看,技术创新和制度创新是成功跨越的重要保障。"中等收入陷阱"主要表现为商品生产国在面对不断攀升的工资成本时却始终挣扎在大规模和低成本的生产性竞争中,它们不能提升价值链和开拓以知识创新为主的新市场。换言之,缺乏自主创新能力与陷入中等收入陷阱是一个问题的两个方面。从经济层面来看,中等收入陷阱的症状是,当由低成本适龄劳动力构成的人口红利与由资本匮乏构成的收益率红利逐渐消失之后,以及当本国科技水平显著低于国际平均水平的"追赶效应"耗竭之后,由于本国的政治、经济、社会体制不鼓励个人与企业的创新,以及在教育与科技研发方面乏善可陈,导致该国失去了经济持续增长的引擎 。实证研究表明,制度和原创性技术进步是中等收入国家可持续增长的关键要素,发展中国家要想规避"中等收入陷阱",必须改善政府治理,鼓励创新。就我国来讲,如果科技进步对经济增长的贡献率从目前50%左右的水平上每年提高1.5个百分点,那么2013年由创新形成的增量GDP规模就将达近一万亿元左右,经济增长速度也将提高1.8个百分点。由以上分析可以看出,我国在实施创新驱动发展战略时,除了重视技术创新外,还要注重组织创新及制度创新。

(二)我国现行的自上而下的组织形式不利于自主创新

创新不等同于发明。从发明到创新还需要"惊人的一跳",还需要建立在商业

---

① 威廉·拉佐尼克:《车间的竞争优势》,中国人民大学出版社,2007年,第346页。

模式的转换上,即获得一个专利后,将创新引进市场所得到的利润能否抵消将发明转化为创新所有的努力和成本。创新是不同参与者和机构的共同体大量互动作用的结果,把这些看成一个整体就称作国家创新体系。从本质上看,创新体系是由存在于企业、政府和学术界的关于科技发展方面的相互关系与交流所构成的。在这个系统中,相互之间的互动作用直接影响着企业的创新成效和整个经济体系。这里,创新系统的"知识分配力"是极为重要的,也就是创新系统能保证创新者随时可以接触到相关的知识存量。[①]

自主创新的经济组织主要是两种形式,一种是自上而下的创新,另一种是自下而上的创新。"这种自上而下的方式还没有成功过,而且难度肯定会更大,因为它抛弃了焕发经济活力所需的最重要的资源:两个脑袋比一个脑袋好使,100 万个有创造力的头脑肯定强于 50 万个或者 25 万个。"[②]这两种组织形式的一个重要差别就在于,投资的来源以及创新的动力来自何处。罗森伯格和伯泽尔指出,要使技术变革有效而持久,当局必须放弃它们对革新进程的直接支配权,并使之分散。这就为技术进步的发生创造了一个重要条件:成功的创新者要有富足的机会和决策权。[③] 在西方,技术进步很少是自上而下的,通常也不需要得到权威部门的许可。但是,在中国,技术进步经常是由政府发起的,这在唐宋时期的官僚体制中表现得尤为突出。[④]

从自主创新的组织形式来看,我国最大的问题是长期以来形成的自上而下的组织体系。这种组织形式与市场配置资源的机制是不相融合的。对于我国来讲,如何从自上而下的创新转变成自下而上的创新是组织治理层面的重大变革。建立以企业为主体、市场为导向、产学研相结合的创新体系就是一个重要的制度安排和组织治理构建问题。这些年我国在技术创新的投入上不断增加,但是我国自上而下的组织形式并不利于全社会技术创新潜力的发挥。这导致研发投入的绩效难以提高,并使发明难以转化为创新,技术创新的潜力难以发挥出来。

第一,我国自上而下的组织形式是计划经济时期的产物。我国自主创新的组织形式还主要是自上而下的创新,项目的立项、经费的来源、成果的评价主要是由政府来主导的。从组织层面看,我国除了组织创新不足制约技术创新外,还存在自上而下的组织形式不利于技术创新。如中国大约 70%的研究与开发是来自政府,而在美国、日本和德国则是由工业界负责 70%以上的研发支出(联合国,2012)。工业界会更重视从市场的需求去开发新技术和新产品,因而更具有商业实用价值,而我国这种研发融资体制不利于实用技术的发展。即使我国科技研发的 70%来自

① 经济合作与发展组织:《以知识为基础的经济》,机械工业出版社,1997 年,第 8 页。

② 埃德蒙·费尔普斯:《大繁荣》,中信出版社,2013 年,第 XVI 页。

③ 乔尔·莫基尔:《富裕的杠杆:技术革新与经济进步》,华夏出版社,2008 年,第 196 页。

④ 乔尔·莫基尔:《雅典娜的礼物:知识经济的历史起源》,科学出版社,2011 年,第 227 页。

政府,但从结构上来看,也有不合理的地方。以我国国家的研究机构运作为例,这些机构的运作经费30%来自财政拨款,而70%是来自一些部委的“竞争性课题”。这种行政主导和部门分割的研发投入体制大大地降低了我国研发投入的效率。中央计划经济的确取得了一些重大的技术成就,它的技术落后主要源于糟糕的激励机制和组织结构,而非经济体内部技术能力匮乏。值得指出的是,并非所有的自由企业都是在技术上具有创造力的,也不是所有的计划经济在技术上就停滞不前。长期而言,相比于计划经济,一个具有自由市场、自组织的社会更有可能取得技术上的进步。①

第二,我国自上而下的组织形式使科技创新与产业发展成为“两张皮”,不利于发明转化为创新。这些年来我国科技经费投入在不断增长,科技产出的数量也在不断增长,但是综合创新能力却不高,自主创新的质量不高。我国现行由政府主导的科技体制可以把技术创新的数量搞上去,但是质量难以搞上去。为什么?一是科技体制上的原因,我国重视技术数量的增长,但是科技创新与产业两张皮的问题还没有从根本上解决,这种体制下把创新转化为实业、产品及产业的交易成本比较高。二是我国企业缺乏技术创新、产品创新的制度环境和内在动力,自主创新的风险高,山寨更有利。在政府主导下,企业不是面向市场和需求搞创新,而是面向政府寻求所谓科技资源。美国80%的工程师和科学家在企业,而我国只有20%多的工程师和科学家在企业。为什么我国大多数科技人员不在企业?这与我国自上而下的组织形式是有关的。三是科技体制改革滞后。科技与我国经济社会发展的需要“两张皮”。现行科技体制行政化特征明显。科技机构为何研究、研究什么、怎么研究,很难根据市场需求作出自主的调整与决策。因此科技市场发育不全,科技成果的转化缺乏有效载体、桥梁和纽带(王宝安)。比如,中国工程院马克俭院士研发的“装配整体式空间钢网格盒式结构新体系”,应用于钢结构建筑上,可以节省15%—25%的材料成本,但目前钢结构企业推广和应用意愿不强。

第三,自上而下的组织形式不利于协同创新。这些年我国的专利数量、在国际刊物上发表论文的数量都增长很快,但是其增长的质量需要提高,更重要的是许多科技发明难以形成协同效应,重复投资和重复研究的现象相当突出,科技产出低效。这其中的原因:一是我们缺乏一种创新的协同机制,大家各自为政,部门分割、地方保护、产学研各搞各的,市场失灵,没有办法把各种科技资源和人财物有机地结合起来。相对其他产业来讲,我国的科技体制改革是比较滞后的,我国的许多科技部门不是当作产业、企业、实业来经营的,而是行政事业单位。我们还主要是用行政手段来配置科技资源。创新的协同机制是在市场竞争中形成的,而不是靠行政的“拉郎配”形成的。二是缺乏企业家来集合协同创新。我们不缺乏科技的创

① 乔尔·莫基尔:《雅典娜的礼物:知识经济的历史起源》,科学出版社,2011年,第228页。

新人员,但我们缺乏集创新者与企业家一体的人才,即爱迪生、比尔·盖茨、乔布斯这类创新型企业家。近些年我国政府开始重视协同创新,这是完全正确的科技发展战略,但是协同机制如何形成?是以政府为主导,还是以市场为主导?这是值得我们探讨的问题。政府主导的协同创新可能会流于形式,而不是实质性的协同创新。国内外的实践已证明,有效的科技协同机制来自于市场,是企业、大学及民间资本在市场竞争中根据社会需求和契约原则而形成的。三是我国产业组织的创新能力不够。创新过程可以被简单地分为三个阶段:发明、开发和最终供应。大企业在创新的早期阶段存在的障碍是严重的,因此,引进新产品的有效过程是,早期的研发和市场检测由行业中的独立发明者和小企业来实施,研发成功后,或许可以通过许可、并购等方式,再由多部门的大企业开展后续的营销。[①] 美国实施阿波罗计划的并不是一个一体化的大型承包商,而是由国家航空航天局协调的一系列独立的企业。[②] 所以,我国技术创新不仅要实施国家科技重大专项、突破重大技术瓶颈,而且要加快新技术、新产品、新工艺的研发应用,加强技术集成和商业模式创新。

第四,自上而下的组织形式不利于产学研的结合。教育和培训体系对于自主创新非常重要,它们为企业提供大量具备所需知识和能力的人。为什么美国和德国在 19 世纪与 20 世纪交替前后在技术创新上超过了英国和法国?一个重要的原因就是美国和德国的大学体系比英国和法国的大学体系更多地在教育上对产业需求做出了反应。美国经济在高等教育上的投资要远远超过英国,这种高等教育为经济组织的技术进步提高了潜在的基础。从教育层面看,我国自主创新的困难并不在于我国教育投入不足,而是我国教育制度也是建立在自上而下的基础之上的。我国现行的教育体系还不能对产业需求反应。我国这些年的教育投入不断增加,但是“现行教育制度不是推动公民社会设计的,不允许有独立思考的人存在,教育体制本身的缺陷决定了中国不能培养出有创造性的人,生产出来的都是标准化零件”(章立凡)。这种观点不一定完全正确,但提出的问题是值得我们思考的。我们都知道应试教育不利于培养创新型人才,但是为什么我们又改变不了这种应试教育的体制呢?构建产学研相结合的创新体系必须建立在创新的教育体制基础上。可以讲,富于创新的教育体制是自主创新的微观基础。我国现行教育体制行政化特征明显。教育机构招多少学生、设置什么样的专业、开设什么课程等,均由教育主管部门审批,因此教育绩效低下,花费大量资源培育出来的人才偏离需求,而企业却招不到符合专业技能要求的人才。实践证明,体制改革的滞后不仅造成

① 奥利弗·E. 威廉姆森:《市场与层级制——分析与反托拉斯含义》,上海财经大学出版社,2011年,第 239 页。

② 同上书,第 222 页。

了教育资源的错配与浪费,而且使得创新驱动发展战略缺乏人才的支撑。①

三、结论与思考

"为什么我们的学校总是培养不出杰出人才?"这就是著名的"钱学森之问"。科斯的中国之问则是"中国自主创新的困难在哪里?"这两个"之问"有许多相似之处,最主要的相似之处就在于我们现行的体制机制不利于培养杰出人才和自主创新。我们可以从许多层面去探讨科斯之问,本文主要是从体制机制及制度层面作出了初步的探讨。

一是从创新的制度环境与创新主体行为的关系来看,我国创新的制度环境还不利于创新主体创新内在动力的形成。这些年来,我国在不断加强创新的制度环境建设,尤其与知识产权相关的法律在不断出台。但问题是:(1)我们对这些正式规则的实施力度还不够,对知识产权的保护远没有对实体财产保护得那么严格。(2)与此相关的非正式规则、文化等方面的变化是缓慢的,软实力的建设是一种"看不见的事情"。比如说对于美国创新的潜力,统计学和统计体系缺少相应的衡量指标,其潜力或能力并未得到足够反映。为什么会出现这种情况? 这是因为美国独特的创新机制、创新文化和创新生态,使其仍将维持世界新技术研发中心的地位。(3)除了知识产权制度外,我国的自由企业制度发展不够,知识产权制度与自由企业制度是实现创新收益内在化的制度保障,这两者是互补关系。(4)缺乏知识产权保护的法治环境与发明创新人对自己权益保护的努力不够,共同弱化了我国创新的制度环境。就像巴泽尔所讲的资产权利的有效性不仅取决于法律保护,而且取决于"所有者"个人保护权利的努力,以及他人企图攫取权利所付出的努力。

二是从技术创新与组织创新的关系来看,我国并不是缺乏发明,近些年我国申请的专利数量已经超过美国、日本,成为世界第一。从发明到创新转换的关键是组织创新。我国组织创新存在两大问题:第一,从总体上看,我国组织创新滞后不利于自主创新。我国组织创新还不利于技术创新潜力的发挥。一提到创新,我们往往强调的是狭义的技术创新,而忽视了组织创新及相应的制度创新。第二,我国的组织形式主要是一种自上而下的形式。这种形式是计划经济和计划经济思维的产物。创新,准确的说法应该是熊彼特意义上的创新。按照熊彼特的定义,创新一词是指把一种从来没有过的关于生产要素的"新组合"引入生产体系,其内容包括引进新的产品、引进新的技术、开辟新的市场、控制原材料新的供应来源、实现工业的

① 王宝安:《我国经济现行版已难以为继》,《求是》,2014年第1期。

新组织。显然熊彼特讲的创新,是在生产领域中由于引进新概念、新产品、新技术而带来的变化,最终实现新的市场价值。熊彼特所说的创新就是技术创新与组织创新的有机统一。我们中国的许多创新之所以没有形成“气候”,并不仅仅是技术层面的问题,更主要的是组织、制度层面的事。从组织、机制及制度层面构建自主创新的制度体系是解决中国自主创新困难的根本出路。

原载《广东社会科学》,2014 年第 6 期;人大复印资料《创新政策与管理》2015 年第 3 期转载

美国高校产学研合作的制度创新、特色及其对我国的启示

党的十八大提出了要建立以企业为主体、市场为导向、产学研结合的创新体系。这其中产学研合作在技术创新体系中发挥着极为重要的作用。本文从高校角度对美国产学研合作制度创新及其特点进行深入系统的分析,从而为我国产学研合作的发展提供参考建议。本文分为三个部分:一是美国高校产学研合作的制度创新;二是美国高校产学研合作模式及其特色;三是美国高校产学研合作对我国的启示。我国产学研合作的绩效远没有发挥出来,其原因在于我国产学研合作的制度缺失或制度问题。

一、美国高校产学研合作的制度创新

美国产学研合作成功的根本原因在于其产学研合作的制度设计。据估计,20世纪70%以上的创新、发明都是由美国人或者美国的科学技术创造的。这与美国的科技体制、企业制度及大学制度的完善是密切相关的。美国高校的产学研有效合作也是其中的重要原因。研究表明,美国的大学系统比大多数其他国家的大学系统更能给技术进步提供有效的激励和帮助。①所以,研究美国产学研合作的成功必须要研究美国的大学制度。为什么美国的大学在产学研的合作中能更好地发挥作用? 这其中的重要原因就是美国高校产学研合作的制度创新为美国大学参与产学研合作提供了激励。

美国产学研合作的制度创新表现为三个方面:

第一,不同时期产学研合作的立法为产学研合作建立法律制度基础。美国较早时就注重产学研合作的正式制度创新。1862年《莫里尔法案》的通过反映和支

① 理查德·R. 尼尔森:《国家(地区)创新体系比较分析》,知识产权出版社,2012年,第13页。

持了美国人关于大学研究和教学应具有的作用的观点。1862年颁布的《莫里尔法案》为州立大学从事农业和机械技术相关研究的教育提供了必要的经费。对于农业研究的进一步支持来源于1887年颁布的《赫奇法案》以及1906年颁布的《亚当斯法案》。这些法律制度的内容主要包括以下几个方面:一是高校发展的产业导向性。与当时美国经济社会发展相适应,该法案的目的在于对农业和机械技术提供法律支持。大学应该为农业提供技术支持。美国公共支持的高等教育的广泛系统的建立,事实上大部分是在19世纪作为向农业部门的研究和其他服务进行投资的一种方式被规定的。这种支持后来演变成对各种产业的支持。二是高校的管辖权。法律还规定了美国的一些大学由州管辖。这些州立大学的长期繁荣和成功将取决于它们是否满足本地区的需求。因而,这些州立大学的领导有义务去满足地方产业以及地方立法所确定的优先项目的需要。[①] 美国的大学制度也为产学研的合作建立了基础。美国产学研合作的立法解决了大学与产业两张皮的问题,并建立了产学研合作的良性互动机制,美国的大学由州管辖并得到政府的支持,政府有动力促使大学为产业和地方经济提供人力和技术支持。三是注重提高产学研合作的绩效。纳尔逊引述了美国的诺贝尔奖获奖情况和在促进经济增长与生产力提高方面的失败之间所存在的差距,认为在国家的研发投入与经济回报之间"存在着严重的不平衡"[②]为了提高不断减少的研发支出以及加快创新以推动经济增长,国会寻求国家、地方政府和私人产业界将大学和联邦实验室作为资源加以利用的方式。《斯蒂文森-怀德勒法案》为联邦实验室勾勒出技术转移的新任务,努力将针对代理人的激励与代理人的职权结合起来。《拜杜法案》通过允许小企业和非营利组织,如大学对于受联邦资助的发明获得相对宽松的授权,来刺激产生更为商业化的成果。

第二,根据经济社会产业发展的需要,不断创新产学研合作模式的经济制度和内在激励机制。构建产学研的内在激励机制是产学研合作的关键。当今世界,产学研合作模式是多样的,美国产学研合作模式的运行机制在制度设计上的特点表现为:一是研发投入的市场导向和生产型。即企业为主体、市场为导向和产学研相结合。在产学研的结合上美国不断强调重心下移。在基础研究、应用研究、试验发展的资源配置中,美国的研发资源,无论人员还是经费都向生产部门倾斜,就三类研究来说,则是向下游倾斜。美国比较注重科技成果的商品化和产业化,使科技和经济结合得更密切,结合得更好,研发的投入就能产出更好的经济效益。这可能是20世纪90年代美国经济走强的最重要原因。二是美国研发资源(人员或经费)分布的大头都在企业,企业里不仅进行开发研究、应用研究,还进行基础研究。竞争机制被引入到研发投入领域。企业里不仅出效益,出技术创新,还出诺贝尔奖得

---

① 纳尔森:《经济增长的源泉》,中国经济出版社,2001年,第221页。

② 大卫·古斯顿:《在政治与科学之间:确保科学研究的诚信与产出率》,科学出版社,2011年,第144页。

主。正是这种创新体系,不仅为经济带来活力,也给科技带来了发展后劲。三是美国注重产学研结合的融资体系创新,在美国早期的产学研合作中,政府主要是靠军费赞助来促进产学研的结合。20 世纪 70 年代初,风险资本成为硅谷创新者的主要经济来源。风险资本的广泛介入,形成了科技与金融结合的新格局。

第三,美国产学研合作从科学家的社会契约到新的合作保障的制度范式的转变。在美国早期,科学家的社会契约能够在没有任何帮助的情况下,"以有效、民主和自我纠错的模式"调节其共同体的行为。同时也认为产学研的合作能够自我实现。也就是讲,政府相信美国的研究人员在实现科学的研究中能够自律,能够做到把研究成果转化为产品和产业。但是大量的实践和研究表明,这种建立在契约和自律基础上的机制并不能保证科学研究的诚信和产出率。构建技术转移及产学研究合作的制度体系非常重要。美国新的制度范式将受资助机构的责任加以形式化,使监督这些职责的履行情况以及必要时开展调查工作的机构合法化。新的制度范式将技术转移的新机制合法化,帮助研究人员和研究机构制定研究规划,建立合作研究的伙伴关系,在识别新发现上开展合作,为开发可商业化的创新提供激励等。[①] 通过制度创新可确保科学研究的诚信与产出率。

20 世纪尤其是 80、90 年代以来,美国更重视产学研合作机制的制度建设,尤其注重技术转移方面的立法,从而更好地促进了产学研的合作。美国联邦政府积极推动修订法律制度,目的在于促进技术转移并最终增强企业技术创新能力,成功地实现了科学技术从大学、联邦实验室和非营利机构向产业界的流动(见表 1)。[②]

表 1　20 世纪 80、90 年代以来美国促进创新的法案

时间	中文名称	英文名称
1980 年	《技术创新法案》	*Technology Innovation Act*
1980 年	《大学与小企业专利法案》	*University and Small Business Patent Act*
1981 年	《经济复兴减税法案》	*Economic Recovery Tax Act*
1982 年	《小企业创新发展法案》	*Small Business Innovation Development Act*
1984 年	《国家合作研究法案》	*National Cooperative Research Act*
1986 年	《联邦技术转移法案》	*Federal Technology Transfer Act*
1988 年	《综合贸易与竞争力法案》	*Omnibus Trade and Competitiveness Act*
1989 年	《国家竞争力技术转移法案》	*National Competitiveness Technology Transfer Act*

① 大卫·古斯顿:《在政治与科学之间:确保科学研究的诚信与产出率》,科学出版社,2011 年,第 144 页。

② 赵可:《研究型大学与国家创新体系:美国模式的形成与变迁》,清华大学博士学位论文,2007 年,第 79 页。

续表

时间	中文名称	英文名称
1991 年	《美国技术卓越法案》	*American Technology Preeminence Act*
1992 年	《小企业技术转移法案》	*Small Business Technology Transfer Act*
1993 年	《国家合作研究和生产法案》	*National Cooperative Research and Production Act*
1995 年	《国家技术转让促进法案》	*National Technology Transfer and Advancement Act*
2000 年	《技术转让商业化法案》	*Technology Transfer Commercialization Act*
2000 年	《小企业研发加强法案》	*Small Business Research and Development Enhancement Act*

资料来源:赵可,《研究型大学与国家创新体系:美国模式的形成与变迁》,清华大学博士学位论文,2007年,第 79 页。

二、美国高校产学研合作模式及其特色

日本学者汤浅光朝以一个国家中产生的重大科学成就超过全世界科学成就的25%以上作为世界科学活动中心的标准,由此他发现,近代世界科学中心先后经历了意大利(1540—1610 年)、英国(1660—1730 年)、法国(1770—1830 年)、德国(1830—1920 年)和美国(1920 年至今)这五个中心的转移。前面四个国家保持世界科学中心的时间大都在 60—90 年间,而美国则已经超过了这个时限,某一国家在短时间内超过美国的可能性不大,其中深层次原因就在于美国的科技体制和科技制度的竞争力超过了其他国家。其中,独具特色的美国高校产学研合作模式为:

第一,产业需求为导向。为什么美国和德国在 19 世纪与 20 世纪交替前后在技术创新上超过了英国和法国?一个重要的原因就是美国和德国的大学体系比英国和法国的大学体系更多地在教育上对产业需求做出了反应。美国经济在高等教育上的投资要远远超过英国,这种高等教育为经济组织带来的技术进步提高了潜在的基础水平。这种以产业需求为导向不仅体现在为产业培养人才上,而且还表现在美国大学的专业设置和学科建设与产业发展的需要紧密联系在一起。当今美国大学的研究就其性质来说,主要是实用导向的,即着重于解决实际问题。这些问题涉及医疗保健、农业、国防以及民用产业技术的各个领域。以机构体制为基础的大学的直接目标是去帮助某一个产业或者其他客户提高技术水平。

“在伊利诺伊州,几乎每一种工业部门和政府部门,都在伊利诺伊大学厄巴

纳一香槟分校拥有它们各自的系。”(Levine,1986)20世纪上半叶,美国大学最主要的成就之一就是实现了新兴工程学和应用科学学科的制度化。这样,在20世纪初的几年中,一些学科领域如化学工程、电气工程、航空工程等在美国大学中正式确立。这些新兴的学科和专业组织,反映并加强了美国大学和各种产业之间新出现的密切联系。[①] 当初美国这种产学研合作的方式还受到欧洲一些人的质疑和嘲笑,认为美国人这样不是在办高等教育而是在办职业教育。现在看来,美国创新发展的成功就是建立在这种产学研合作基础上的。

第二,地方化。为什么美国大学注重产学研合作?这与美国大学的地方化特色紧密联系在一起。美国大多数大学是从当地特定的需要出发来确定自己的使命、风格以及目标的。这一体制的直接后果就是这些学校的资金以及生源严重地依赖于当地社区的风俗和需要[②],尤其是有比较优势的资源。与欧洲高等教育系统的情况相比,州政府资助的政策意味着美国公立大学的课程和研究更会根据商业机遇进行适时调整。特别是在新兴的工程子领域,或更小范围内,在矿业和冶金学中,州大学系统经常是一旦地方政府的需求变得明朗就马上能引进新的计划。[③]早期美国大学的一项基本任务就是为当地经济发展有重大价值的大范围行业提供专业技术人员。这在许多情况下,是与当地产业问题相关的培训活动和研究工作量一起进行的。阿克隆大学不仅为当地的橡胶工业提供了训练有素的人员,而且更因在橡胶加工方面所进行的研究工作而闻名。[④]大学研究项目是为了满足当地产业需要而创立,产业需要什么就研究什么,而不是我研究什么产业就做什么,并且把这些研究与培训结合起来,这种产学研合作并不是一种短期行为,而是实现了制度化。

在地方化特色方面,美国大学在产学研合作中最为成功的是斯坦福大学对硅谷形成的贡献。在斯坦福大学同当地企业之间的合作机制的建构上,特曼教授发挥了极为重要的作用。他坚信:“如果西部的工业家们要有效地维护自己明显的、长期的利益,他们就必须与西部的大学尽可能地合作,并给予经济上和其他方面的援助。”硅谷的产学研合作机制创新表现在:首先,斯坦福大学建立了斯坦福大学研究所,这个研究所实际上成为学校与企业联合的平台,主要从事和国防相关的研究并帮助发展西海岸的公司。其次,斯坦福大学通过“荣誉合作项目”向当地的公司开放课堂,促进了大学与企业的合作,并为公司培养了大量的技术人才。最后,斯坦福大学工业园区是美国最早的此类园区之一,最初这个园区只是作为学校解决

---

① 纳尔森:《经济增长的源泉》,中国经济出版社,2001年,第223页。

② 同上书,第220页。

③ 理查德·R. 尼尔森:《国家(地区)创新体系比较分析》,知识产权出版社,2012年,第38页。

④ 纳尔森:《经济增长的源泉》,中国经济出版社,2001年,第222页。

资金困难的一种方式,但也加强了学校同当地电子公司之间的合作。[①]

美国高校产学研的合作除了地方化特色外,它们更注重与企业的合作。一个典型的例子是,斯坦福大学和麻省理工学院都鼓励以商业为导向的研究,并在第二次世界大战后都赢得了联邦科研合同,但这两所大学的合作战略是有差异的。麻省理工学院的领导把精力集中于和政府机构建立联系,并从成熟的电子生产厂商那里取得财政支持;相反,斯坦福大学的领导者与政府的联系少,便积极地推动新科技企业的形成,积极地与地方工业讨论合作。[②] 从实践的结果来看,斯坦福大学与企业的直接合作更成功,取得的效果更好。

第三,产学研相互促进的合作机制的内生性。这里的内生性是根源于高校和企业、产业各自的内在需求。美国大学的专业、学科与产业是互动的,你中有我,我中有你。高校与企业之间在创新上形成了相容性的激励机制,这种激励机制来自于自利和互惠。从观念上讲,欧洲贵族非常蔑视商业活动,而在美国,大学被视为通往商业和个人的成功之路,大学研究和教学更明显地集中在这些目标上。[③] 在美国,只要知识创新的实用价值被确认,它们就可能很快进入大学课程中,在政府资助的大学中尤为如此。美国产学研合作的联动机制不是由政府主导的,而是由市场主导的。

产学研合作机制的创新关键是商业模式的创新。大学和产业研究之间联系更加紧密的最重要的动机,源于美国大学在基础研究中所占份额日益增长的事实。1953 年,产业占据了 58%的产学联合基础研究预算;而 1978 年,大学则占据了产学联合基础研究预算的 76%。减少研发成本以监控更大范围内的科学研究发生的领域并加速科学研究商业化的压力,驱使很多美国公司尝试发展与包括美国和海外的研究型大学在内的外部机构的关系,以补足和强化其内部研发活动上的收益。美国国家创新中的一个最普遍的制度创新,反映在公司发展外部研究和发展专门技术资源的努力上。这些努力导致了包括美国和海外公司以及美国大学之间在研发领域合作的显著拓展。这种产学研的合作是公司对以下因素的回应:产品开发不断增加的成本和风险,在高技术产业竞争中所需要的日益宽泛的科学和技术知识基础,某些产业中更快的产品生产周期以及来自于海外公司更加严峻的竞争压力。[④] 从企业和产业来讲,它们有一种对技术创新的强大的内在需求,因而有与大学、研究机构合作的内在激励机制;从大学来讲,它们的经费来源及学生的就业与地方经济和产业的发展紧密联系在一起,所以也有技术创新的强大动力,美国的产

---

① 安纳利 · 萨克森宁:《地区优势:硅谷和 128 公路地区的文化与竞争》,上海远东出版社,1999 年,第 26 页。

② 同上书,第 12 页。

③ 纳尔森:《经济增长的源泉》,中国经济出版社,2001 年,第 220 页。

④ 理查德 · R. 尼尔森:《国家(地区)创新体系比较分析》,知识产权出版社,2012 年,第 63 页。

学研合作机制是内生的。

表 2　大学—产业界技术转移方式

性质	具体类别
人员流动	教师咨询活动;毕业生流动
知识流动	产学论文合署;专利引文
技术联络	产业联络项目;技术援助项目;科研联盟
孵化器	科技园
专利延伸	专利许可办公室;专利授权;依托专利的新创公司
科研实体	产业资助科研项目;产学合作研究中心

资料来源:赵可,《研究型大学与国家创新体系:美国模式的形成与变迁》,清华大学博士学位论文,2007年,第 91 页。

美国大学产学研合作的制度创新还表现在,20 世纪 80 年代以来美国大学的研究中心发展迅速,是最普遍的适应于产学合作的组织结构。研究中心通常位于学术院系结构之外,其工作主要集中于科学研究,同时也有人才培养的职责,学生是开展科研活动的重要参与者。中心模式是大学传统的"组织化科研单位"的进一步发展,将科学研究、人才培养和技术转移的目标结合在一起,是科研活动的新的组织方式。①

三、美国高校产学研合作对我国的启示

美国高校产学研合作的经验对我国至少有两大启示:

(一)我国高校科研和人才培养应该强调产业需求导向,并与地方经济发展紧密联系起来

我国也办了许多行业性质的大学,如财经类、地质类、农业类等,从形式上看,这也是以产业需求为导向的。但是与美国不同的是,美国许多这种产业导向的是根源于地方经济及产业发展的需要,而我国是纵向的,以中央主管部门主导的行业性高校。尽管现在大多数行业高校划归教育部管理了,但是这种纵向管理的性质

① 赵可:《研究型大学与国家创新体系:美国模式的形成与变迁》,清华大学博士学位论文,2007 年,第 122 页。

没有变。我国自上而下的组织形式使科技创新与产业发展成为两张皮,不利于发明转化为创新。这些年来我国科技经费的投入在不断增长,科技产出的数量也在不断增长,但是综合创新能力却不高,自主创新的质量不高。其中重要的原因就是我国科技体制没有实质性的改革与变化,不利于自主创新能力的提高。

科技创新与产业两张皮的问题是我国产学研合作中存在的最突出问题,这种体制下把创新转化为实业、产品及产业的交易成本比较高。这些年我国的专利、在国际刊物上发表论文的数量都增长很快,但是增长的质量需要提高,这些专利(发明)转化为产品创新、产业创新的比例不高,这与我国高校缺乏产业导向和地方化特色有关。大家都在国家(部委)体制导向上,高高在上,不能接地气,重复投资和重复研究的现象相当突出,科技产出低效。我们缺乏一种创新的协同机制,大家各自为政,部门分割、地方保护、产学研各搞各的,市场失灵,没有办法把各种科技资源和人财物有机地结合起来。

从产学研合作层面看,我国现行教育制度还具有计划经济的痕迹。我国现行的高等教育体系既不能有效对产业需求作出反应,也没有地方化特色,而是竞争式地争夺国家发展资源,争取项目,并且把获取的项目(不是已经完成的)作为争取其他资源的依据。谁的级别高,谁给的经费的含金量就高些。我国这些年的教育投入不断增加,但是我们的投入机制和方式是有问题的,我们只注重钱的投入,而忽视了产学研合作的制度创新和机制创新。构建产学研相结合的创新体系必须建立在创新的教育体制基础上。可以讲,富于创新的教育体制是自主创新的微观基础。

在我国的高等教育理念中,只有属于教育部主管的高校才是国家队,而地方高校则似乎低一等。没有地方化特色的高校发展缺乏自己的风格、特色。我国高等教育由于要面向“国家”(实际上是教育主管部门),所以导致高等教育的学科、专业的同构化。为什么美国的法律规定大学由州来管?这是因为由联邦(国家)来管会导致许多问题:一是国家由于信息不对称,不可能管得好那么多大学,并且也不利于大学的多样化与特色化发展,主管部门的管理水平将决定大学的发展水平;二是由州来管既可促进产业的发展,也可以为地方经济发展提供人才和技术支持;三是由州来管可以建立紧密型的产学研合作机制。为什么美国的高校产学研合作的绩效高?由州来管大学就会把大学与地方经济发展联系在一起,使它们成为利益共同体。大学要发展好,首先地方经济发展要好、产业发展要好。这种产学研结合模式不仅有利于地方经济和大学的协同发展,而且有利于大学生的就业。因为大学的发展与地方发展紧密结合在一起,大学的专业设置及人才培养模式是为当地定制的,所以这些大学生就业也就更有利。

(二)在高校产学研的结合中,要正确处理好市场与政府的关系

构建处理好市场与政府关系的制度,让市场在产学研的合作中起决定性作用和更好地发挥政府作用。在产学研的合作中既要市场,也要政府。让政府在产学研合作中发挥"恰到好处"的作用是产学研合作的关键。美国找到了这两者的平衡点,让市场在产学研的合作中起决定性作用和更好地发挥政府作用。即使在军事领域美国也注重发挥市场的决定性作用。如美国实施阿波罗计划的并不是一个一体化的大型承包商,而是由国家航空航天局协调的一系列独立的企业。[①] 在这里市场起决定性作用,政府只是发挥协调作用。美国在第二次世界大战后,政府加大了对大学研发的投入,但是政府并不干预大学的教学与研究,仅仅是增加投入和完善相关法律而已。波拉尼观察到,贸易、交换与市场存在于许多文化和场所中,但是直到政府将其带入现实经济中,这种自由市场经济才得到真正存在。同样,过去几百年来许多地方都发生过有组织的探究活动,但直到政府采取协调与资助行动,渴望并几近实现自主性的大规模科学事业才可能存在。[②]

从我国现行高校产学研合作的情况来看,最大问题是政府的作用太突出,政府对产学研的干预和控制太多,不利于产学研合作模式潜力的发挥,导致高校、企业不是盯着市场和彼此的合作,而是盯着政府和利益。反思我国体制存在的问题有:

第一,我国产学研的结合必须首先去行政化。我们要实现由政府主导的产学研结合向市场主导的产学研结合转变。我国的许多科技部门不是被当作产业、企业、实业来经营的,而是大量的行政事业单位。我们还主要是用行政手段来配置科技资源。我国产学研的行政化表现为:一是在政府主导下,企业不是面向市场和需求搞创新,而是面向政府寻求所谓科技资源。美国80%的工程师和科学家在企业,而我国只有20%多的工程师和科学家在企业。为什么我国大多数科技人员不在企业?这与我国自上而下的组织形式是有关的。我们不缺乏科技的创新人员,但我们缺乏集创新者与企业家一体的人才,即爱迪生、比尔·盖茨、乔布斯这类创新型企业家。二是中国大约70%的研究与开发是来自政府,而在美国、日本和德国则是由工业界负责70%以上的支出。这种研发投入机制导致中国的基础研究资金和大部分应用性科研经费全由国家出。更重要的是,这种研发体制必然导致中国教育科研机构的行政化,使学术研究经费的决策远远地背离专业价值判断。结果,学术科研经费的配置与各机构的研究能力和研究经费的需求基本脱钩,往往可能是关

---

① 奥利弗·E. 威廉姆森:《市场与层级制——分析与反托拉斯含义》,上海财经大学出版社,2011年,第222页。

② 大卫·古斯顿:《在政治与科学之间:确保科学研究的诚信与产出率》,科学出版社,2011年,第192—193页。

系而非学术价值与能力决定资金的配置。这必然导致科研资源配置的低效(陈志武)。三是研究机构的行政化。如依靠国家拨款旱涝保收的科研院所等军工事业单位虽然技术攻关能力不俗,但效率低下、人员冗余也是不争的事实。军工产融合的主要困难包括军工企业参与市场竞争力不强、民企难以拿到军品资质和订单、科研院所改制进度缓慢等,其中科研院所改制进度缓慢是最大的问题。目前军工科研单位以事业单位的方式运行,享受国家拨款,没有盈利压力,还可享受优惠政策和各类保障措施。这使得科研单位的运行效率饱受诟病,同时军品科研项目也难以实现民用,导致军品和民品项目发展不均衡。在这种科技体制行政化的情况下,科技机构为何研究、研究什么、怎么研究,很难根据市场需求作出决策。因此科技市场发育不全,科技成果的转化缺乏有效载体、桥梁和纽带(王宝安)。四是我国现行教育体制行政化特征明显。我国教育机构招生计划和课程等,均由教育主管部门审批。大学的自主权没有充分发挥出来,因此教育绩效低下,大学培养的人才与社会需求往往是脱节的。这其中的重要原因是我国现行体制把教育与产业及地方经济发展割裂开来了。[①]

第二,要让我国产学研合作机制建立在内生性基础上。一方面,产学研合作机制建立的关键是企业对技术有内在需求,在我国现行知识产权保护体系下,企业创新动力不足,从而会影响它们对技术的需求。我国企业缺乏技术创新、产品创新的制度环境和内在动力,自主创新的风险高,山寨更有利。另一方面,我国高校没有转化的内在动力。目前武汉地区仅有 27 所高校提出过专利申请。现有的研发成果中近 60%未能及时转化,转化过程中又存在处置程序复杂、收益分配缺乏有效激励等问题。企业和高校目标取向不一致,企业创新的目的是获取利润,而高校的目的是发表论文和获取项目经费。我国高校在创新上更多的是政府导向,而不是市场导向。高校只管投入,而对产出重视不够。在 2013 年科研经费排名前十的高校中,清华大学的科研经费达 39.31 亿元,当年拥有的科研成果包括专著 56 部,学术论文 10443 篇,技术转让获得的实际收入 5.548 亿元。值得注意的是,北京航空航天大学科研经费达 22.19 亿元,排名高校科研经费第五,其科研成果却是前十所高校中最少的,专著仅 1 部,学术论文 4034 篇,技术转让获得的实际收入仅有 10 万元。

第三,深化科技体制改革,建立和完善产学研合作的法律制度。到目前为止,中国的科技创新体系还是沿袭了苏联的体制,只是进行了一些修修补补的改革。我们要借鉴美国的经验,要实现产学研合作从科学家的社会契约到新的合作保障的制度范式的转变。为了健全技术创新市场导向机制,一是要完善专利等知识产权体系,改革司法体系以实现司法独立审判,为知识产权保护奠定基础;二是发挥

① 王宝安:《我国经济现行版已难以为继》,《求是》,2014 年第 1 期。

市场对技术研发方向、路线选择、要素价格、各类创新要素配置的导向作用,减少政府在科研资助和科研过程中的作用,让科研机构、大学在市场中实现合作。

但是,我国相应的产学研的合作制度改革还没有跟上,这主要表现在:一是尽管我国30多年来出台了一系列促进产学研合作的政策,仅1990至2010年间,由中央政府出台的此类政策就达169项,但我国尚没有针对产学研合作方面的专门立法,缺乏规范产学研三方行为的相关法律法规,产学研合作中对政府的定位政策模糊,等等。如前所述,美国产学研合作的过程就是一个不断立法的过程。我国过去这种用政策代替立法的过程为行政干预创造了条件。二是一些原有的规定不利于产学研合作。如,教育部和财政部在2012年联合发布了《教育部直属高等院校国有资产管理暂行办法》,其中,针对货币性资产以外的其他资产(包括无形资产)处置事项规定:“一次性处置单位价值或批量价值在500万元以上(含500万元)至800万元以下的,由高校审核后报教育部审批,教育部审批后报财政部备案;一次性处置单位价值或批量价值在800万元以上(含800万元)的,由高校审核后报教育部审核,教育部审核后报财政部审批。”类似不合理的规定在我国还不少,这些制度规定都不利于创新的形成。根据美国产学研合作的经验和教训,我们应进一步加强企业和高校在产学研合作中的主体意识,从制度层面建立产学研合作的激励机制,即高校与企业有获取合作绩效的内在动力机制,尤其要从立法层面构建产学研合作的制度基础。

原载《福建论坛》,2015年第5期;人大复印资料《社会科学总论》2015年第3期转载

为什么中国缺乏数目字管理?

——基于制度分析的视角

中共十八届三中全会决定提出加快建立国家统一的经济核算制度,编制全国和地方资产负债表,建立全社会房产、信用等基础数据统一平台,推进部门信息共享。从表面看,这是一个信息基础建立工作的问题,但从实质上看,这也是一个体制机制问题。这些年来,我们一直在推进这个工作,但为什么困难重重?从早期的住建部全国住房信息联网缓慢,到现在全国不动产登记制度出台的艰难过程,我们可以略见一斑。本文将从制度角度反思我国为什么缺乏数目字管理。历史学家提出的这个问题还没有引起经济学界的足够重视。缺乏数目字管理并不仅仅是历史学关注的问题,其实这也是一个经济问题。缺乏数目字管理并不仅仅存在于中国历史上,也存在于现实生活中。我国市场化改革、制度创新及政策制定中的一个突出问题,就是缺乏数目字管理。

一、数目字管理的形成及制度价值

历史学家黄仁宇提出的"数目字管理"(mathematically management),是指将整个社会资源整合进一个数字化的记录系统,或者说是社会资源自由流动和交换在统计上的反映。这种数字化记录系统对于市场经济发展非常重要,它是市场经济存在的前提条件和重要基础。在黄仁宇看来,实现数目字管理需要三个条件:技术手段的发展,信贷关系的发展,以及从事数目字管理的专业人员队伍。

黄仁宇所说的"数目字管理"并非仅限于数字的统计和量化管理,而且包括管理与制度安排,这些制度安排涉及国家财政、商业管理、产权的界定与保护等。换言之,数目字管理是技术和制度的统一。数目字管理的目的是降低整个社会运行的交易成本。

数目字管理的特征主要包括以下几个方面:(1)国民经济中相关数据的全面

性和真实性。(2)数字化记录系统的透明性和公开性。(3)完善的数字化记录系统的机构与制度。如美国宪法对财政支出及公款收支都有严格的规定,还规定应经常公布一切公款收支的定期报告和账目。(4)整个社会对数字化记录系统的运用及绩效。中国历史上也搞了一些数字记录系统,但运用不够。如从1708年开始,清朝政府花了10年时间组织传教士们绘制中国地图,即《皇舆全览图》,这个成果被清政府作为机密没有对外公开使用,没有发挥应有的作用,而那些传教士们却充分利用这个成果,并在此基础上发表了更多的研究成果。数目字管理的好处我们没有得到。

数目字管理是现代经济体系的组成部分。数目字管理表现为度量衡的统一、土地的商品化、税收的货币化以及人际关系的法律化等。这里我们还可以把数目字管理划分为两个阶段,即初级的数目字管理和高级的数目字管理。度量衡的统一只是初级的数目字管理,而土地的商品化、税收的货币化以及人际关系的法律化等则是高级的数目字管理。现代经济是建立在高级的数目字管理基础上的。数目字管理与经济制度是互为支撑的关系。黄仁宇在《资本主义与二十一世纪》中说:"虽然这一系统也可以通过立法和程序在纸面上产生,但它要与社会体系相符合,不能完全闭门造车。"任何经济制度必须有与其相适应的操作工具和管理技术的支撑。现代经济制度必须建立在数目字管理的基础上。换言之,数目字管理是内生于现代经济制度之中的。现代经济制度之所以在整体上高于传统经济制度,一个重要原因就是不断完善的数目字管理使社会潜力更好地发挥、资源更好地配置。

资本主义也是建立在数目字管理基础之上的。就像威廉姆森所说的,资本主义就是为了节省交易成本,而要节省交易成本必须进行数目字管理,把不可计量的变成可以计量的,把模糊的变成清晰的,把质的问题变成量的问题。资本主义的组织过程也是建立在数目字管理不断完善的基础上。英国是较早建立数目字管理的资本主义国家。在黄仁宇看来,资本主义是实现数目字管理的典范。资本主义、现代化与数目字管理三者之间有内在的联系,资本主义的实质在于技术的应用,而数目字管理则是技术应用的支撑体系。现代化社会的分工、合作、创新也就是建立在数目字管理基础上的。

数目字管理并不仅仅是资本主义社会独有的,它是现代社会共有的特征。数目字管理的制度价值是指数目字管理对于一国制度构成及制度运行的意义及影响。数目字管理并不仅仅是一国数字化的记录系统,而且是一国制度构成和运行的基础。我们所说的制度是经济运行的质的规定,而数目字管理则是经济运行的量的规定。这两者的结合及统一构成社会经济的制度系统。欧美国家市场经济及现代商业社会就是建立在数目字管理的基础上的。宏观经济学的发展及计量经济学在社会科学(不仅仅是经济学)的广泛使用使数目字管理体系更加完善。因此,数目字管理并不仅仅是一个管理问题,而实质上是一个制度问题。

第一,从宏观层面看,宏观管理及决策的科学、规则及制度的制定都要建立在数据的基础上;数据的全面性及真实性将决定一国宏观经济政策的制定及管理水平;统计学、计量经济学及宏观经济学的发展为现代市场经济的宏观运行分析提供了技术上的支撑。市场经济的本质不是风险而是不确定性,而数目字管理可以大大地减少市场经济的不确定性。数目字管理还可以减少市场失灵和政府失灵。数目字管理水平越高,宏观调控水平也会越高。黄仁宇把数目字管理上升到国家兴衰的层面来看,为什么明朝灭亡?就是因为缺乏数目字管理,没有数目字管理就会出现"税收不能合理化",最终也不可能有比较准确细致的"国家预算"。在这种情况下,很难有正常的货币发行和货币稳定。

数目字管理实际上反映了统治者对其领土内所生产和交易的物品之经济价值进行测量的能力。历史上,国家首先采取的行动之一就是使度量衡标准化。货币是将可税物品的相对价值标准化的一种机制。统治者的度量能力影响着他能够向哪种财产征税以及在哪里征税。在古代,大多数的税赋均是对生产进行课税。对统治者而言,对土地或收入课税将更有利,但他没有测量土地价值或收入多少的工具。统治者越有能力测量其政体内产生的实际财富、收入和财产,他就越有能力从国民中汲取税收。[①] 数目字管理可以大大地提高一国对经济测量的能力,这不仅丰富了政府决策的技术手段,而且可以减少政府在经济调控中对经济的负面影响。

第二,从微观层面看,数目字管理有利于产权与契约社会的建立,有利于企业和个人追求自身利益的最大化。明晰的产权制度是数目字管理的前提条件,而实现数目字管理又是有效产权与契约制度实施的重要保障。数目字管理与市场经济是一种互动关系。只有在数目字管理的基础上理性人才能实现利益最大化。对于企业来讲,社会数目字管理的水平越高,企业获取信息的成本越小。数目字管理还会为企业的决策提供依据。微观经济学中的生产什么、生产多少、为谁生产的问题都与数目字管理有关。市场机制能有效配置资源是建立在数目字管理基础上的。

第三,从社会治理层面看,数目字管理有利于降低社会运行的交易成本。数目字管理与社会交易规模是相互联系、相互制约的。在农业经济时代,主要是自给自足,用于交易的量并不大,这个时候数目字管理并不重要。但进入工业经济时代以后,商品经济越来越发达,交易的规模也越来越大。数目字管理还与诺斯所讲的为交易服务部门的增加密切相关。越来越多的部门为交易服务是数目字管理的必然结果。数目字管理越发达的国家,经济中总量的交易费用也越大。诺斯等人发现,为交易服务及经济运行记录所耗用的资源占整个国民生产总值的比重从 1870 年的四分之一上升到 1970 年的一半以上。经济规模的扩大必然导致数目字管理水平的提高,而数目字管理水平的提高又利于经济规模的扩大。数目字管理可以大大地降低社会经济运行的交易成本,这既体现在微观层面,也体现在宏观层面。

---

① 道格拉斯·C. 诺斯等:《交易费用政治学》,中国人民大学出版社,2011 年,第 147 页。

第四,从对权力的制约来看,数目字管理有利于减少腐败。权力缺乏制约也体现在缺乏数目字管理上。在这种情况下,寻租的空间也就越大。权力的扩大或权力不受制约与缺乏数目字管理是一个问题的两个方面。不受制约的权力必然导致腐败,而缺乏数目字管理必然加剧腐败。数据的不全面或不透明会为腐败留下活动的空间。为什么在我国官员财产公开如此困难?为什么存在各种各样的灰色收入?为什么除了税以外还有各种各样的收费?为什么除了财政外,还有"亚财政"?导致这些现象的原因是多方面的,但与缺乏数目字管理是密切相关的。这并不是技术问题,而是利益问题。在没有数目字管理的条件下,有利于官员实现自身利益最大化。一些官员不愿意把数字说清楚,数字越模糊,官员的权力就越大;数字越不透明,官员操作的空间就越大。实施数目字管理必须先要把权力关进制度的笼子里。

以我国现在的房产数据为例,个人拥有多少套住房及相关的房产数据从技术上讲是能够统计出来的。但此前官方从未公布过这方面数据,其实有部门也想把全国的房产信息联网,但遇到一些地方政府官员的抵制。为什么一些政府不愿意公开住宅数据?这是因为官员及与官员有联系的人不愿意公开这方面的信息。在我国,非正式收入、灰色收入甚至腐败收入与这些房产是密切相关的。权力不受制约的社会很难建立真实的数字记录系统。

二、中国缺乏数目字管理的制度分析

在黄仁宇看来,近代中国之所以落后,根本原因就在于缺乏数目字管理。与近代相比,我国在数目字管理上达到了初级的数目字管理水平,我国现在在数目字管理方面还是存在一些问题的,主要表现为:统计数据的完整性与真实性不够;上报数据与实际数据有差异;部门和地方数据的具有封闭性;个人数据的完整性与真实性缺失;不动产数据、收入数据及财富数据不完整等。为什么中国缺乏数目字管理?或者说为什么我们没有建立起数目字管理制度?从数目字管理本身来看,我国在数目字管理的技术层面要好于制度层面。即使已经形成的数目字管理也没有被有效地运行。黄仁宇将明清的中国作为"不能在数目字上管理"的典型,从制度变迁存在路径依赖的角度来看,我国现在数目字管理还不发达与这种历史因素是有关的。我们这里从对比欧美国家建立数目字管理的过程,来分析为什么我国没有建立起有效的数目字管理制度。

1. 数目字技术

在农业社会,由于受技术或成本的影响,一个国家数目字管理的落后或不健全是必然的。那么,是不是技术进步了数目字管理就会自然而然产生呢?不是的,即使实施数目字管理的技术条件成熟了,但由于权力或利益集团的因素也难以把相关的技术应用于数目字管理。例如,住房信息系统在现代信息技术条件下并不难实现,而为什么这个系统的建立很困难呢?这就不能仅仅从技术层面去分析了。

从历史上看,我国在数目字的技术层面上是存在缺失的,这种缺失不利于我国实施数目字管理。东西方的差异主要表现在:一是我国诸子百家属于人文伦理,而古希腊文明提供了科学探索的工具。东西方人存在"思维差异":如东方人关注环境,而西方人关注物体;西方人喜欢归类,而东方人更强调各类关系;西方人比东方人更喜欢用逻辑规律来理解事件;东方人在遇到对抗时喜欢中庸之道,而西方人更喜欢坚持自己认为正确的观点。① 这种思维方式的差异会在一定程度上影响数目字管理。二是中国古代没有发展出系统的数学思想,因而缺乏科技研发的有效工具。在历史上,我们许多生产和生活活动(如中医、烹调等)重感觉而轻视精确计量的现象比较普遍。缺乏有效的数学工具是不利于数目字管理的。从认知能力的形成来看,东西方是存在差异的,这种差异会影响实施数目字管理,不承认这些是不对的,我们也没有必要回避这些,但这些绝不是主要原因。从我国社会科学的发展来看,与西方国家相比也有较大的不同点,我们重视定性的分析,而忽视定量的分析,这些都是不利于我国数目字管理的。

实现数目字管理是现代商业社会的内在需要。实施数目字管理除了前述技术层面的因素外,从制度层面看,这种需要可能被三个因素所抵制,这些因素的合力会阻碍数目字管理的出现。一是权力体系,并不是所有的权力体系都有利于数目字管理;二是利益集团因素,一些特殊的利益集团形成后他们会与权力结盟,抑制数目字管理的出现;三是制度的性质,如掠夺型制度就不利于数目字管理,而私有财产制度的建立和完善过程就是数目字管理建立的过程。

2. 权力体系

中国缺乏数目字管理主要不是技术问题,而是制度问题。在权力缺乏制约的情况下,官员不愿意把数字搞清楚,即使把数字搞清楚了,也不愿意把真实的数字公开。在历史与现实中,官员可以控制数目字的形成与公开,这是中国缺乏数目字管理的症结所在。为什么官员不愿意把数字搞清楚并公开呢?这得从权力体系入手。这里把权力体系主要分为两种:(1)不受制约的权力体系,这很难形成数目字管理;(2)受制约的权力体系,这种体系容易形成数目字管理。我国历史上的大多数时期都属于前者。作为寻租理论之父,图洛克通过对旧中国的长期观察后得出结论说:"在中国,那些想要在社会上出人头地的人,几乎所有的才能和精力都花在了获得或者维持权力的惠顾上。生活虽是不确定的,但是对赢者而言获利颇丰。物质上进步缓慢也是这个体制(寻租体制)的特征。"②

① 理查德·尼斯贝特:《思维版图》,中信出版社,2010年,第57页。

② 戈登·图洛克:《特权与寻租经济学》,上海人民出版社,2008年,第91页。

不受制约的权力体系也会形成数目字管理,但这些数目字管理往往是虚假的。数目字管理有两种模式:一种是自上而下的数目字管理。在自上而下的管理体系下,中央给地方层层分解任务指标,纯靠政治压力来完成目标,经常会形成上有政策、下有对策的博弈格局。我国历史上正是这种数目字管理体系,这样一种社会被黄仁宇称为"金字塔倒砌"的社会。这种社会也很难实行数目字管理。另一种是自下而上的数目字管理。西方国家在进入资本主义社会后,权力制约体系形成,它们的数目字管理是自下而上的,社会资源的流动记录系统与地方官员的政绩是脱钩的,这种体制能够保证地方汇集到中央的数据是真实的。这样中央政府的宏观管理与地方的活力就不会产生矛盾。在理论层面,西方学者运用各种统计数据来研究问题的科学性会提高,并更有利于提高数目字管理的水平。从这个层面来看,权力受制约与数目字管理是一个问题的两个方面。实施数目字管理权力必然受到制约,而受到制约的权力系统必然是建立在数目字管理基础上的。因此,这两者是互为因果关系的。

加尔布雷斯充分认识到不受制约的权力的负面影响,这不仅因为制度均衡对于社会而言非常重要,而且因为权力会导致腐败,他认为相互之间具有制衡力的不同社会机制十分重要。他认为美国社会就是依靠推行多种制度的运行,来约束和平衡某一种制度可能会带来的统治和支配地位,从而取得成功。权力不受制约产生于制度结构中完全缺乏制衡力量,而这一问题显然与民主的缺失有关,而民主实践这一问题与一个多元化社会中权力制衡的存在和运行密切相关。①

3. 既得利益集团

垄断利益集团、特权利益集团、租金利益集团等是不愿意进行数目字管理的。经济活动的数目字管理越缺失就越有利于他们收益的最大化。为什么我国不动产登记条例"难产"? 在我国这种部门立法的情况下,数目字的管理就容易与利益挂钩,从而使数目字管理受到不少既得利益者阻挠。既得利益集团对数目字管理的影响主要表现为:

一是阻碍数目字管理制度的出台。在奥尔森看来,如果一个社会允许某些特殊利益集团具有强权地位,那么他们会拼命剥夺整个社会的利益,但如果有不同的利益集团形成相对均衡的态势,则会对社会产生正面影响。越是实现数目字管理的社会,越是有利于不同的利益集团形成相对均衡的态势。利益集团想要政府根据他们的利益重新分配财富。既得利益集团是不愿意进行数目字管理的,因为数目字管理与他们追求非生产性利润最大化的目标是相冲突的。因此,利益集团会阻碍数目字管理制度的出台。在缺乏抵御利益集团对经济负面作用的制度体系(诺斯)的国家里,更容易出现这种现象。

---

① 阿马蒂亚·森:《正义的理念》,中国人民大学出版社,2012年,第73页。

二是阻碍数目字管理的实施。利益集团对数目字管理的实施的阻碍并不主要是以公开的形式反对，而更多的是以隐藏的形式存在。以不动产登记为例，到底有多少利益集团阻碍不动产登记制度的建立？从政府层面来讲，原来多个部门分管的不动产登记要统一起来，面临着集体行动的困境。2013 年 11 月 20 日，国务院提出“整合不动产登记职责，建立不动产统一登记制度”。在当今信息时代，这种不动产统一登记制度建立的关键并不是技术问题，而是利益问题。不动产统一登记至少涉及三个部门的权力、收费及相关部门人员的工作安排。当有些部门划归的利益比原来少时，他们就会抵制这个工作的开展。从深层次看，这些年来，尤其是改革开放以来，我国不动产的产生和积累在前，而不动产统一登记制度在后，这都会引起抵触情绪。因此，我国在建立不动产统一登记制度的初期，不宜出台一些对不动产收税或收费的举措。

4. 产权明晰的财产制度

产权明晰的财产制度是建立数目字管理的制度基础，也是建立数目字管理的最根本原因。产权明晰的财产制度对数目字管理提出了内在要求。产权越明晰的社会，数目字管理也会越好。在黄仁宇看来，只有有效率的私人财产权才能达到一个能公平而自由交换的程度，也只有在这种条件下才能实施数目字管理。在英国，大约从 14 世纪开始不动产登记。英国各郡基本把自 14 世纪以来的遗嘱材料完整保留至今，这类登记不仅是数目字管理，而且成为学者们研究当时经济社会发展的客观依据。生产要素及财产的界定和保护是资源有效配置的前提条件，也是市场经济有效运行的条件。数目字管理要解决信息不完全、信息不对称带来的问题。西方主流经济学在研究经济问题时尽管没有提到数目字管理，但就像私有产权一样，是他们分析问题的既定条件。

黄仁宇痛感中国传统社会的产权缺失和国家组织的无效率，但是他没有发现这两者之间的关系，其实产权的缺失正是国家组织无效率的根源所在。国家组织的无效率是因国家管制和统筹支配的东西太多，这是建立在对私有产权保护不够的基础上的，对私有产权的保护不力就为政府的掠夺创造了条件。这既导致私有产权制度的不健全，又导致社会管理的低效。从历史上看，王安石变法就是“维持由上端统筹支配而不在下端固定私人财产权”。也就是讲，统治者一直注重自上而下的统筹支配资源。这样，统治者就不注重产权的界定和保护，而明确界定和保护私人财产权是建立数目字管理的基础。只有那些强调界定和保护私人财产权的社会才能产生对数目字管理的内在需求。产权界定不清、交易费用太高和缺乏数目字管理三者之间会形成恶性循环，而这三者中产权界定不清是最主要的。

从深层次看，缺乏数目字管理与掠夺型制度有着内在的联系。所谓掠夺型制度，实质上是有利于追求统治者收益的最大化。掠夺型制度表现为再分配比重大、管制、寻租及腐败等。缺乏数目字管理的社会很容易为掠夺型制度的构建创造条件。亚财政、灰色收入等就是掠夺型制度的表现。所谓亚财政就是在正式财政之外还有一个非正式财政,灰色收入就是在正式收入外还有一个非正式收入,这些都是缺乏数目字管理的体现。从前面的分析可以看出,在“权力不受制约—既得利益集团—掠夺型制度”的格局下必然导致缺乏数目字管理。

三、国家治理能力和治理体系现代化必须建立在数目字管理的基础上

实施数目字管理是国家治理能力和治理体系现代化的内在要求。如前所述,数目字管理是现代社会的基本构件。宏观层面的管理和微观层面的效率都是建立在数目字管理基础上的。使市场在资源配置中起决定性作用和更好地发挥政府的作用是我国经济体制改革的方向。如何更好地发挥政府的作用?我认为,政府应该把重点首先放在建立数目字管理上,数目字管理更有利于提高市场在资源配置中的效率。国家治理能力和治理体系现代化的前提就是数目字管理。十八届三中全会《决定》提出加快建立国家统一的经济核算制度实际上就是要建立数目字管理。资源配置无论采取什么样的方式,都需要数目字管理,如前所述,数目字管理并不是一个简单的数据和技术问题,它涉及观念、政策、制度、体制等诸多因素。建立数目字管理是一个系统工程,在此我们只从政府层面提出以下三个建议:

1. 把数目字管理与官员的政绩脱钩

为什么我们的一些数据不真实?为什么我们的一些数据不透明?为什么我们的数目字管理建立不起来?这与我们把一些数据与官员的政绩挂钩有关。如GDP数据的真实性问题就是源于我们把GDP与官员的政绩挂钩。当官员追求的GDP目标达不到时,他们就会运用权力对数字注水。这会大大降低数目字管理的公信力。把数目字管理与官员政绩脱钩的意义在于,减少权力对数目字管理的干扰和影响。同时,要把数目字管理与反腐败脱钩。我们赋予一些数据或登记(如不动产)太多的功能,反而不利于数目字管理体系的建立。例如,不动产登记就是一种数目字管理,但是有人总想赋予它太多的功能,如用来反腐败,甚至想用它来降低房价,这种观点是不对的。数目字管理作为一种制度,它应该是中性的,它是社会信息有效利用的平台。每项制度都有其特有的功能,我们不能把一项制度的功能泛化,万能的制度是不存在的。我们赋予一项制度新功能可能会使它原有的功能丧失。影响数目字管理的因素越小,就越有利于数目字管理制度的建立。数目字管理更多是一种工具,是国家治理的一种手段,应该中性化。

在把数目字管理与官员的政绩脱钩的同时,要建立官员实施数目字管理的可信承诺。可信承诺的问题,即对国家大规模干预经济的限制实际上是否有效。建立对市场的可信承诺,包括建立数目字管理,这便是政治制度的作用。恰当的政治

制度是国家对自己的权力作出可靠约束的主要方式。这些约束对市场的成功绝对是非常关键的。[①]建立数目字管理的可信承诺就是建立一种能够改变对政治官员激励机制的政治制度，使得他们能把客观的数目字管理变成自己的利益。

2. 把完善数目字管理与依法治国结合起来

亚当·斯密认为，现代国家的治理需要三个条件：(1)和平和稳定；(2)宽松税收；(3)有一个还算好的司法行政部门。土地的确权、房地产信息联网、不动产登记、财政收支的公开等，都是数目字管理的组成部分。经济管理水平和社会治理水平的提高需要完善我国数目字管理。客观地讲，我国与欧美国家在数目字管理上还有相当大的距离。这种距离表现为：一是观念上的，如黄仁宇指出，中国之所以难以走向现代化，是因为以仪礼代替行政，以道德代替法律。道德建设是重要的，但它必须与法治结合起来。中国法治道路的最大障碍是，从上到下我们整个社会在关键的问题上还没有达成共识，即法治的核心是用法律去管理国家或社会的事务还是用法治限制政府(统治者)的权力？法治国家的建立应该主要是后者。用哈耶克在1945年出版的《通往奴役之路》中的话来说："撇开所有的细节不论，法治的意思就是指政府在一切行动中都受到事前规定并宣布的规则约束——这种规则使得一切个人均有可能十分确定地预见到在某一情况中会怎样运用其强制权力，并根据这个预期来规划自己的事务。"[②]

二是权力必须受到制约。先把权力的含金量控制、减少，再对权力制约，并把权力关进制度的笼子里。不把含金量控制、减少，对权力制约的阻力就会很大，我们现在的反腐败就是在做这个工作。权力制衡系统涉及三个问题：一是每一层级的权力是什么；二是这些权力来自于什么地方、受谁的监督；三是权力之间是否是相互制约的。如科斯所说，如果政治体制是透明的，权力由法律来约束，并且任何权力的滥用都可以追溯责任，那么腐败就不会威胁到秩序和稳定。中国必须让其政治权力服从于法治。当权力服从于法治时，我们的数目字管理也就可以建立起来。法治社会就是建立在数目字管理基础上的。这两者是一种互相促进的关系。韦伯说资本主义的经济体系，必须是一种"能供计算的法律系统"。现代经济，仅仅有法律系统是不够的，还需要数目字管理。这两者的有机结合也是国家治理能力和治理体系现代化的内在要求。如诺斯所说，鼓励高效率和创造性行为的明晰的财产权，用较低的成本执行这些法律的司法体系，作为这种正式规则之补充的内化于人心的行为规范，构成了高效率的支柱。而明晰的产权和有效的司法体系，都是政治结构的产物。

3. 把数目字管理与财税体制改革结合起来

实施数目字管理主要涉及两大方面：一是私人领域，这涉及私有产权的界定和

---

① 道格拉斯·C. 诺斯等：《交易费用政治学》，中国人民大学出版社，2011年，第100页。

② 哈耶克：《通往奴役之路》，中国社会科学出版社，1997年，第73页。

保护问题;二是公共领域,主要是财税体制。这两个领域的边界清楚是实施数目字管理的前提条件。经济学大师熊彼特说,理解国家行为的钥匙是财政。财税体制是数目字管理的核心部分,而在财税体制中《预算法》又非常重要。为什么我国《预算法》不能建立约束各级政府收支膨胀的体系?这有三个方面的原因,一是我国还没有在宪法层面上规定政府的每笔开支都要有法律依据或经过人民代表大会通过;二是我国《预算法》还没有独立的机构来修订或制定,而以财政部为主的相关部门来参与的程序是不利于《预算法》修订的;三是在我国权力还没有受到制约的情况下要修订好《预算法》也是比较困难的,这主要表现为权力会使预算约束软化。我们还没有建立起把权力关进制度笼子的体系,权力总想追求最大的预算权,所以预算很难硬起来。财税体制的改革要与完善的数目字管理结合起来,这两者是一种互动的关系。

财税制度的刚性程度可以反映一国数目字管理的水平。但是我国不少预算和财务制度是软的。如我国《预算法》并未约束各级政府的支出极限,却为各级政府的非税收入提供了渠道。在我国公共财政支出中,其他支出所占比重太高;在非税收入构成中,其他收入所占比重也比较高。这也是缺乏数目字管理的表现,没有数目字管理,财政收支不可能做到精准。所以,我们必须把数目字管理与财税体制改革结合起来。

原载《江汉论坛》,2015 年第 7 期;《高等学校文科学术文摘》2015 年第 5 期转载

·中国经济问题的制度分析·

为什么中国会出现制度"软化"?
——基于新制度经济学的视角

制度很重要已经成为共识。中国许多经济社会问题根源于制度也被许多人认识到,但还有一个现象,就是在中国一些社会经济领域不是没有制度,而是制度并没有实施,制度是软的。这些年来我国建立的与市场经济相关的法规、规则并不少,但是不执行、制度形同虚设的现象比较严重。我国存在着有令不行、有禁不止的现象。这种现象也就是诺贝尔经济学奖获得者缪尔达尔所说的"软政权"现象。"软政权"的含义是即使制定了法律和制度,它们也不被遵守,不易实施。在"软政权"中,制度、法律、规范、指令、条例等都是一种软约束,都可以讨价还价,即可以执行也可以不执行,有好处时可以执行,没有好处时可以不执行,有关系时可以执行,没有关系时可以不执行。在市场经济国家,法律是最高权威。但是,在我国转型时期,领导批示比红头文件有效,红头文件又比法律有效。这并不表明我们的领导想签字,而是因为我国不少法律、制度没有领导批示就难以实施。近些年我国社会经济中制度软化的现象较为普遍,这已经严重地制约了我国市场化改革的进程,因此,从新制度经济学角度探讨我国制度软化现象具有重大的现实意义。

为什么我国会出现制度软化现象? 本文从中国的权力与规则的边界、利益集团、强势政府及认知科学四个方面分析了中国制度软化的根源。

一、权力与规则的边界不清晰形成制度软化

任何国家都有不同的权力与规则的关系,但权力与规则之间存在着冲突。在法治国家,权力必须在规则框架内运作,而在法治不健全的国家,权力与规则的边界不清晰,从而形成制度软化。我们一些政府官员总想凌驾于制度之上,中国人善于搞通融、搞关系,大家都希望制度对自己没有约束力,或者能绕开制度,制度只对别人有效。有的官员甚至把规则作为管理别人的一种手段,而规则对自己无效。

在描述一个国家的制度，比如所有权模式、管制结构和法律机制的时候，经济学家们以往常常关注制度发展的促进作用（例如，North and Thomas，1973）。但是人们发现很多制度的结果恰恰是阻碍了增长，而不是促进了增长（North，1990），不少国家选择的制度并不是有效率的。例如，管制机构阻碍了产业进入，法院在解决纠纷时武断甚至缺乏诚实，政治家们利用政府的财产来讨好自己的支持者而不是服务于公众。要弄清楚这些功能紊乱的制度是如何产生的，又如何长期存在的原因，我们就必须了解这些制度的设计者和执行者的政治目标以及他们手中的权力。

为什么中国在有正式规则的情况下潜规则盛行？潜规则盛行对中国制度建设有什么负面影响？为什么潜规则可以取代正式规则？潜规则更多地与特权、寻租等有关。社会经济中的更多好处可以通过潜规则转化为少数人的好处，潜规则是一种特权的体现，是在一定范围内对正式规则的替代。潜规则意味着正式规则的失灵或软化。

规则与权力具有内在的联系。所有规则的设立，归根到底都遵循一条根本的规则，那就是暴力最强者说了算。黄光国认为，权力的存在是中国社会潜规则运行的根本保证。他认为：权力是社会交往过程中，一方以社会道德的说服或群体的压力加诸另一方，使其改变态度、动机或行为而表现出顺从的力量。他引用国外心理学的研究结果论证，个人以权力影响他人的过程，基本上也是一种“社会交易”的过程，很多时候潜规则就是这样表现出来的。我国潜规则太多、太泛，而且影响太深。潜规则盛行实质上是权力与规则边界不清并且关系扭曲的必然结果。

对潜规则的认识一般包含以下几个方面：一是认为潜规则是人们私下认可的行为约束，是没有成文却有着实际约束力的制约。二是认为潜规则是背离了正义观念及其引申的正义制度的，对主流意识形态和正义制度有所违背的约束。三是认为潜规则可以使得行为主体在交易过程中降低交易成本，减少交易冲突，带来利益的最大化。因此有人将潜规则概括为“表面说一套、背后做一套，而且暗中还有不可告人的交易”。无论怎么概括，潜规则都是不同于社会主流意识所认可、统治阶级所主张的规则。

潜规则有两大特点：

一是潜规则是对正式规则的一种偏离。潜规则实际上是有权力的人对正式规则做出有利于自己的修正或背离。在一个权力受到限制，民主与法制健全的国家潜规则是难以存在的。有人认为权力的存在是中国社会潜规则运行的根本保证。但欧美国家也有权力存在，问题在于，他们的权力是受到限制的。在那里，无论权力多大，在规则（尤其在法律）面前人人都是平等的。而在中国，权力与规则是可以较量的，有人可以凌驾于规则之上，可以修改甚至背离规则来从事各种交易，这就是潜规则由此产生的根源。

二是潜规则实际上是一种寻租的规则。寻租是这样一种活动：你试图从社会中得到一些特殊的好处，这种好处对你有利，但实际上会伤害他人。许多东方问题专家认为,尽管中国和印度过去都是非常发达的文明古国,但是造成中国和印度现在落后的根本原因是寻租的支配地位,他们人口中比较有进取心的人士和精英都把寻租作为经济活动的主要形式。寻租实际上是从经济上分析了潜规则产生的原因。寻租是对特权的一种寻找,这种特权是非生产性利润。而财产权是外在性的内在化,是一种生产性利润。有效的产权安排会导致寻利的竞争市场和社会环境。而无效的产权安排或产权失灵会导致寻租的社会。特权是对稀缺资源的一种分配,是在政治市场上进行的,产权是对稀缺资源产权的界定,是在经济市场上进行的。

权力与规则的关系取决于一国的体制。张五常把约束人们行为的规则分为三类:一是以规制来限制财产的使用;二是以"人"本身为界定权利的单位或以等级来分配权利;三是以资源或物质本身作为界定权利的单位。而资源或物质的衡量标准又是以市场价格机制为基础的。因为,在规则中,只有以市场价格决定竞争的胜负才会使经济上最少浪费或租值消散最小。在这三类规则中,第一类规则大大地限制了财产或资源的使用效率,第二类规则是不公平的,更重要的是第一、二类规则是无法客观衡量的,并且必然导致市场配置资源的扭曲。第一、二类规则盛行的情况实际上就是权力与规则边界不清的表现。用什么来分配权利,这是产权理论和寻租理论要共同探讨的问题,第一、二类规则是与寻租理论联系在一起的,是产生潜规则的根源。而第三类规则是与产权理论联系在一起的。从深层次看,中国社会中寻租现象的产生和持续存在与我国缺乏有效的产权制度是有内在联系的。

我国改革开放以来制定了不少正式规则制度,从形式看,这些制度在条文表述上与别的国家也不会差距太大,但是实施起来,我们这些正式制度在世界上的排名却落后别的国家许多(见表1)。造成这种现象的根源是什么呢?从表1的指标可以看出,只有权力与规则的边界清晰的情况下,正式制度指标的排名才能靠前。经济自由、商业环境、全球腐败及法治的好坏都取决于权力与规则的关系。即权力在规则的框架内运作时,权力与规则的边界是清晰的;当政府官员既是运动员又是裁判员时,权力与规则的边界是不清晰的。中国不是没有规则,而是规则与权力的边界不清晰。

表1 中国内地的各项正式制度指标在世界上的排名

正式制度指标 \ 国家/地区	中国内地		美国		日本		英国	
	排名	总数	排名	总数	排名	总数	排名	总数
经济自由度指数1(衡量各国经济自由度状况,美国传统基金会2008)	126	165	5	165	17	165	10	165
经济自由度指数2(衡量各国经济自由度状况,弗雷泽研究所2006)	89	142	10	142	31	142	5	142

续表

正式制度指标 \ 国家/地区	中国内地		美国		日本		英国	
	排名	总数	排名	总数	排名	总数	排名	总数
商业环境指数(衡量政府规制及其执行水平,世界银行 2007)	93	175	3	175	11	175	6	175
全球腐败指数(国家公共领域的腐败猖獗程度,透明国际 2004)	71	146	17	146	24	146	11	146
法治指数 1(衡量法治水平,考夫曼等 2008)	118	212	20	212	25	212	19	212
法治指数 2(衡量法治水平,世界经济论坛 2008)	69	134	23	134	25	134	18	134

资料来源:根据《2007 全球商业环境报告》《2008 经济自由度指数》(美国传统基金会)、《2006 经济自由度指数》(弗雷泽研究所)、《2004 全球腐败指数》《2008—2009 全球竞争力报告》整理。

权力与规则的边界不清晰除了导致潜规则盛行、制度软化外,还成为利益集团通过其强势把制度软化的条件。利益集团与权力的结合成为制度软化的重要根源。

二、利益集团通过其强势把制度软化

国外一些学者研究了利益集团对制度的影响。拉詹与津加莱斯认为,越来越多的研究者提出建立经济增长需要的制度基础是最重要的因素,但这是不够的。人们在初期得到的人力和物质资本禀赋的数量有差异,这种初始资源和机遇的差异决定了人们有不同的偏好,并结成了不同的政治利益集团。各种集团将通过投票来决定国家的政策和制度,从而影响未来的资源分配甚至未来的政治利益格局。所以,我们要关注制度的缺失与利益集团的缺失。这个问题可能比如何改变制度的问题更有指导意义。公共选择理论学者也论证说,许多制度都是由独裁者、强势利益集团和政治上的多数派创立的,他们建立这些制度的目的就是牺牲他人利益从而使自己获利(Shleifer and Vishny,1998)。诺斯(1994)说:“制度并不一定是,甚至经常不是按社会效率来设计的,相反,它们(至少正式规则)是为了服务于那些具有创造新规则谈判能力的利益集团而创造的。”经济政策(包括制度设计)的制定是一个动态博弈,其条件是不确定的和不断变化的,其规则在形成过程中至少有一部分由参与者制定。每个参与者都想竭力控制随后的博弈,以尽量获得有利于自己利益的结果。

在不发达国家和发达的民主经济里,政治过程常常在固化经济结构方面都有很大的影响力。在不发达国家里,已形成的既得利益集团可能握有统治权。而在发达的民主经济中,院外集团和谋求私利的强势集团可能把持政治过程和行政过程,抵制适应新条件的结构调整。利益集团在任何国家都是存在的,但是在不同的政治体制下,利益集团对制度的影响是不一样的,尤其是在缺乏民主与法治的情况下,利益集团可以使制度软化,一些利益集团可以凌驾在制度之上。利益集团博弈的力量不对等,这样规则的建立和实施就往往由强势利益集团说了算。

利益集团对制度的影响是多方面的。利益集团会导致制度的僵化。从实证研究来看,K. 乔伊(1983) 根据"可以用一个国家建国以来或者经历战争和革命之后所跨越的时间的长度来衡量利益集团的实力"的假说,构造了一个针对 18 个经济合作与发展组织成员国的"制度僵化"指标,论证了收入增长和制度僵化指标之间的负相关关系。奥尔森分析美国本土 48 个州所得出的结果类似于 K. 乔伊分析的结果,即州年龄对收入增长率保持着强烈的负效应。P. 默雷尔(1984) 通过更为严密地对英国和德国经济的考察,为这一假说提供了另一种验证。他比较了英国和德国年轻工业和传统工业的增长率,证明了英国是传统工业中制度僵化最严重的国家,而德国则由于利益集团结构被摧毁而迅速地恢复经济活力。

另外,利益集团会通过自己的强势阻止制度的实施。一是既得利益集团往往从舆论上打着国家利益的招牌,进行院外活动,影响政府制定对自己有利的产业政策或保护政策。我国的行政垄断实际上是少数人形成的利益集团以国家的利益为招牌来损害整个社会的利益。这些行政垄断的主管者往往把本行业的利益等同于国家的利益。二是对新的进入者设置障碍,即斯蒂格勒所说的一种管制需求,强调管制,以行政的手段分配资源等。三是在这种有利益集团影响的行业或部门往往形成以行政垄断为支撑的产权结构,其他经济主体很难进入这些行业,产业缺乏竞争,从而导致低效。四是制度的实施会影响一些人的利益,因此,利益集团会拼命阻挠这个制度的实施,一些有利于大多数人的利益而不利于利益集团的制度往往难以出台或实施。在具体行政过程中,凡是能巩固、谋取部门利益的,则积极"作为";凡是与部门利益相抵触,或难以谋取部门利益的,则消极"不作为"。这使得一些能维护、增进国家利益的重大决策(如《反垄断法》、燃油税、内外企统一税率、数字电视标准等)迟迟未达成共识而难以出台,而一些对国家利益有消极影响的重大决策(如教育产业化、医疗市场化、行业垄断、外企"超国民待遇"以及很大一部分出口退税等)迟迟难以取消或调整。

在缺乏有效的民主和法治制约下,一些利益集团会充分利用规则追求自身利益的最大化。我国正在从单一性社会向多样性社会转型。整个社会利益结构发生了分化与重组,原有的社会利益格局被打破,新的利益群体和利益阶层逐步形成,并分化组合成特定的"利益集团"。当前,利益集团问题成为人们关注的焦点之一,"利益集团曾受到官僚制组织的轻视,但是现在越来越被看做政策和管理过程中至关重要的环节"(思拉恩 · 埃格特森,1996)。许多正式规则的出台和实施都受到利益集团的影响。

在我国转型时期,利益集团对我国制度选择及实施的影响是一个客观现实。我国已进入利益博弈时代,针对最近几年利益群体对政策制定的影响明显增强,同时随着政府部门利益主体化,部门利益开始成为影响决策甚至立法的重要因素。我们如果考虑到利益集团对制度选择及制度的影响,转型时期的改革和制度建设就并不是像我们认为的那样简单。根据拉詹的分析,制度和教育的确是不发达状况持续的可能原因,但更深层的因素,是自我持续的利益集团的存在。"发展陷阱"的本质在于,不利于经济发展的初始条件(比如教育资源的初始分配)造就了其特定的支持者,这些支持者构成的利益集团又成功地使那些坏的政策得以延续,并继续产生新的支持者,从而自我复制。因此,要改变不发达状况,就"必须把注意力从坏的制度转向需要这些制度的人们",否则徒劳无功。在我国改革开放过程中,政策及制度的选择受到了利益集团的影响。

目前有利于我国的电信、铁路、邮电、银行等部门或行业的制度安排对全社会来说不一定就是好的制度安排。可以说,这些有利于既得利益集团的制度安排增加了整个社会的运行成本。这些行政垄断部门由于其垄断的地位而没有参照系,人们只知道这些领域的服务很差,但是很难发现这些领域的低效。因为他们可以把成本转嫁给社会。这也为该领域既得利益集团为自己的行为辩护提供了依据。我国的金融(银行、保险)、能源(电力、石油)、邮电(邮政、电信)、运输(铁路、民航)、基础建设等领域的国有垄断企业,长期依托行政垄断,拥有强大的博弈能力。为维护垄断地位、持续获得垄断利润,有些垄断企业在政界、学界、传媒界网罗代言人,影响甚至操纵话语权,为其垄断地位辩护,极力排斥行业竞争与其他经济主体的进入,抵制《反垄断法》等于己不利的法律政策的出台和实施,或以本行业的特殊情况(如国家安全、为政府赚钱等)为由要求从相关法律政策中得到豁免,维持垄断。这种强势利益集团导致我国制度的软化。此外,利益集团与权力的结合会导致强势政府。

三、强势政府形成制度软化

从政府角度来看,制度是硬约束还是软约束,很大程度上取决于政府的类型,即政府是强势政府还是强化市场型政府。政府如果权力过大并且没有受到制约,政府控制的资源多,政府的管制多就是一种强势政府。这种政府类型在经济发展初期有其积极作用,有利于经济较快发展,有利于集中资源打破经济发展的瓶颈,这也是人们经常讲的所谓"东亚模式"。所谓强化市场型政府(market-augmenting government)是奥尔森提出来的。一个政府如果有足够的权力去创造和保护个人的财产权利并且能够强制执行各种契约,与此同时,它还受到约束而无法剥夺或侵犯私人权利,那么这个政府便是一个"强化市场型政府"。这里包括四项内容:创造个人财产权、保护个人财产权、执行各种契约、政府的权力受到制约。这其中最难的就是政府权力能否受到制约。既要创造和保护私人财产权,又要使私人权利不受到侵犯,是强化市场型政府的基本内涵。强势政府的一个后果是制度软化。

巴泽尔从实施机制定义国家:国家是一种第三方实施的暴力机制,它在一定程度上比其他机制更有利于契约的实施。人们只有当暴力实施者滥用权力的倾向能被有效制约时,才会使这种实施机制(国家)出现。国家愿意实施的法律权力取决于对界定权力与调解纠纷的交易成本的比较。按照诺斯对制度的定义,制度有正式制度、非正式制度及其实施机制。非正式制度主要起源于民间及社会各主体之间的博弈,而正式制度的制定及其实施机制的运作则主要是由国家来完成的。国家都是一种第三方实施的暴力机制,但为什么有的国家是强化市场型政府,有的是强势政府? 这主要取决于三个因素:(1)政府控制的资源;(2)民主程度;(3)法治化程度。若政府控制的资源少、民主化程度高、法治化程度高,那么就是强化市场型政府,反之则是强势政府。我们这里重点探讨法治化问题。

按照诺斯的分析,国家作为第三种当事人,能通过建立非人格化的立法和执法机构来降低交易费用。既然法律的发展是一种公共产品,它就能随之带来具有重要意义的规模经济。既然交换的基本规则已经确立,那么,只要存在法律机构,谈判和行使的费用会不断减少。在一国制度体系中,法律制度(或法治国家)起着重要的作用。国家作为第三方实施机制的有效性和权威性主要源于其法律制度及其法律的威慑作用。如果法律没有权威或在一个非法治的环境里,那么各种机会主义行为和违约行为会大大地增加,从而增加经济活动的交易费用。在人类的经济活动中,尽管大量的交易及其纠纷是通过"私了"(交易双方甚至非国家的第三方仲裁者)解决的,但是如果没有法律作为后盾,一些"私了"就不会进行。因为在法律没有权威或执法成本很高的情况下,在交易中处于"不利"的一方就会选择违约。法治既可以有效地保护产权,同时又可以大大地降低契约的实施成本。制度的效率不在于其设计的制度效率,而在于实施的效率。

司法体系的独立性低就不利于制度的实施。司法体系的独立性是衡量一国法律体系质量高低的一个指标。据《世界经济论坛》发布的《全球竞争力报告 2009》显示,中国在 134 个国家中排名第 69 位,与经济大国的地位不相称,远远落后于美国、日本、德国、英国和法国在这一指标上的得分。如图 1 所示,美国、日本、德国、英国和法国的得分分别为 5.5、5.4、6.5、5.8 和 5.3 分,而中国的得分仅为 3.8 分(最高分为 7 分,最低分为 1 分,分数越高代表司法独立性越高)。在我国的商业纠纷解决中,司法不独立、政府介入司法的现象屡见不鲜,这就鼓励了企业运用法律以外的途径(找关系、寻靠山)去解决争论,这就把企业家的精力引导到结交官员、寻租等非生产性活动上,加剧了市场的不公平竞争,不利于产权的保护和合同执行。

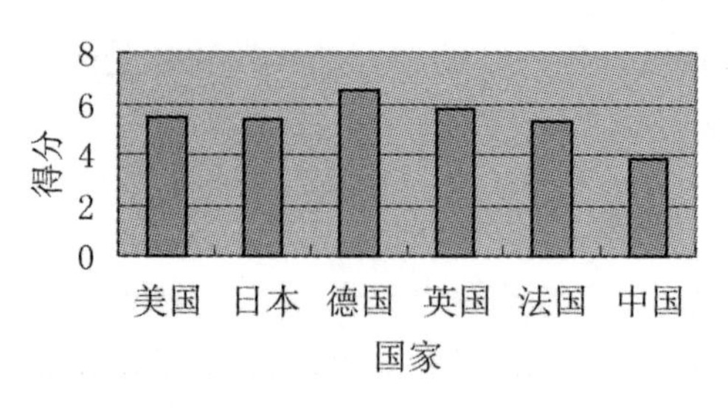

图1　2008—2009年六国司法独立性得分

强势政府还表现为法治化程度比较低。考夫曼等(2006)从37个不同来源的数据库中,选取了几百个指标进行综合分析,从而给出对各国治理状况包括对法治水平的评分。这个法治评分度量了一国司法体系的效率、法庭的公平程度、法庭的判决以及契约的执行程度、产权的被保护程度等方面。其原始评分范围为-2.5—2.5。在1996—2005年间,我国大部分年份的法治水平评分在-0.4左右。其中,我国2005年的法治水平评分在208个国家和地区中排名第124位,居于下游水平。只有80多个国家和地区的法治水平比中国差,这些国家主要集中在撒哈拉以南的非洲、拉丁美洲和南亚,而同为发展中国家的印度的评分为0.09,排名第93位。杜大伟和克莱伊(2000)研究了许多国家政治权力和法治对于经济增长的重要性。他们的研究结果是法治对于人均收入的影响明显高于政治参与度。健全的民主政治体系允许选民控制行政职责,从而帮助政府遏制腐败现象,提高公共管理的效率并且最终巩固本国的竞争力和发展前景。

不同法系对制度的实施效率也有差异。法律执行效率可细分为六大指标,分别为司法体系效率、法律规则、腐败、侵害风险、契约违法风险、会计标准,其中前五项指标分值各为0—10分,会计标准按比例赋值。LLSV以49个国家为样本国,分别考察了不同法律渊源对金融发展的作用效应,如表2所示。

表2　法律执行效率的国际比较

	普通法系	法国大陆法系	德国大陆法系	斯堪的纳维亚大陆法系	LLSV样本均值
司法体系效率	8.15	6.56	8.54	10	7.67
法律规则	6.46	6.05	8.68	10	6.85
腐败	7.06	5.84	8.03	10	6.9
侵害风险	7.94	7.46	9.45	9.66	8.05
契约违法风险	7.41	6.84	9.47	9.44	7.58
会计标准	69.62	51.17	62.67	74	60.93

资料来源:根据Laporta,Lopezde-Silanes,Shleifer and Vishny,"Law and Finance",*Journal of Political Economy*,2000,Vol.106,pp.1113—1115整理。

就法律执行质量而言,德国大陆法系的法律和斯堪的纳维亚大陆法系的法律执行效率最高,法律执行质量比法律条文对促进经济发展更为重要。因此,在法律条文比较完善且执行效率高的普通法系国家中,金融发展程度最高。我国属于大陆法系,其法律执行效率本身就低于其他法系。

强势政府为什么会导致制度软化?第一,所谓强势政府就是权力没有受到制衡的政府。制度软化更多的是正式规则的软化。在政府权力没有受到制约的情况下,就容易产生制度的软化。第二,强势政府与民主化程度不高和法治化程度不高是相联系的。民主与法治是实施正式规则的制度基础。正式规则并不是自然而然地实施的,没有民主的监督,许多正式规则的实施比例会大大地下降。因为许多正式规则的实施是需要成本的,法治化程度低也会大大地增加正式规则实施的成本。第三,在强势政府的情况下,一些政府部门甚至为了自己的利益不惜牺牲规则来追求自身利益的最大化。我国食品中的安全问题暴露出来的监管不力实际是一些部门以所谓实施费用不够为由以乱罚款取代了对规则的实施。这是制度软化的一个重要原因。

四、从认知科学看制度软化

东西方存在制度的差异这是一种客观现实。东西方制度的差异表现为,西方人强调正式规则、法律、契约及规则面前人人平等,而东方人则强调非正式规则、权威、关系等。这种制度上的差异很大程度上来自东西方人认知上的差异。诺斯认为,我们必须从认知科学领域、心理学领域再挖掘对制度的理解。在诺斯看来,只有整合政治学、经济学、社会学、历史学、人类学、认知科学,甚至包括社会心理学等众多学科,我们才能真正理解人的行为,理解制度以及制度的变迁。

认知科学为我们认识制度的起源、变迁及差异提供了一个新的视角。过去传承下来的规则、信念与规范构成都反映了人们共有的认知模式,它们体现在人们的偏好与自我认识中;它们构成了有关预期行为、规范行为和社会认同行为的共有信念。其次,文化信念与组织(社会结构)在导致特定的制度要素、形成制度路径,从而实现经济增长这一历史过程中发挥着极其重要的作用。涂尔干(1950)认识到了制度化信念的重要性,认为制度是“由集体规定的所有信念和行为”。但是,涂尔干(1950)并没有在集体可以形成什么信念上提出一些分析性的限定条件。信念是不能被直接观察到的。一种制度可以被界定由认知性、协调性、信息性和规范性社会要素构成,它们通过促成、引导和激励行为,共同产生了一个(社会)行为秩序。

在人类的制度体系中,在大多数情况下,这些强外在约束是人类集体思考和行动的结果。这样,在制度和组织强外在约束的形成和演进过程中,人类心理起着根本作用。对认知科学的最新研究可能有助于更好地理解这些外部结构的作用和渐进发展,个人认知与不同类型的社会结构(例如,不同类型的人际交流)相互作用会产生不同结果。个人认知的差异会影响制度、制度结构及制度的实施。人类社会的制度观是基本相同的,因此制度的约束都是有效的。经过对经济史长期的研究,诺斯发现,长期来看,影响社会繁荣与否的,表面上是这个社会的制度矩阵(institutional matrix),但更重要的其实是社会大众的"思维架构"(mental construct)。然而,如何影响社会大众的思维架构,诺斯却没有进一步阐明。这种"思维架构"的形成可以从认知科学的角度去分析。

国与国之间的制度差异不仅表现为正式规则的差异,而且更重要的还表现为非正式规则的差异。而非正式差异则需要从认知科学的角度去探讨。这些年我国从欧美国家引进了大量的市场经济规则或制度,但实施的效果不尽如人意。正式规则只有在与非正式规则的配合下才能有效地发挥作用。诺斯把非正式制度分成三类:(1)对正式制度的扩展、丰富和修改;(2)社会所认可的行为准则;(3)自我实施的行为标准。非正式制度人们有时称其为软制度,如果用一个较为准确的概念来界定软制度,则是指人们对其他人行为方式的稳定预期,这种预期来源于社会共同知识,传统文化可以说是软制度的主要来源。软制度又可分为两类:一是作为外力的社会群体对个人施加的约束,二是个人自我实施的约束。

正式约束与非正式约束的不一致是客观存在的。非正式约束由于内在于传统和历史积淀,其可移植性较差。一种非正式规则尤其是意识形态能否被移植,其本身的性质规定了它不仅取决于所移植国家的技术变迁状况,而且更重要的取决于后者的文化遗产对移植对象的相容程度。如果两者具有相容性,那么,正如 W. 拉坦所说,制度创新的引入,不管是通过扩散过程,还是通过社会、经济与政治程序所进行的制度转化,它们都会进一步降低制度变迁的成本。正式约束只有在社会认可,即与非正式约束相容的情况下,才能发挥作用。进行制度变迁的国家总想尽快通过改变正式规则实现新旧体制的转轨,但这种正式规则的改变在一定时期内,可能与持续的非正式约束并不相容,即出现了"紧张"。这种紧张程度取决于改变了的正式规则与持续的非正式约束的偏离程度。1993 年诺斯在获得诺贝尔经济学奖发表演讲时指出,离开了非正式规则,即使"将成功的西方市场经济制度的正式政治经济规则搬到第三世界和东欧,也不再是取得良好的经济实绩的充分条件。私有化并不是解决经济实绩低下的灵丹妙药"。因此,国外再好的正式规则,若远远偏离了土生土长的非正式规则,也是"好看不中用"。这需要我们从东西方认知的差异中去找原因。

制度及其实施与人类行为及认知是密切联系在一起的。在欧洲海外殖民地,他们把欧洲的制度也移植过去了,为什么他们对美国、加拿大、澳大利亚、新西兰的制度移植是成功的?这是因为,他们除了对这些地方大量移植制度以外还大量移民。而他们对亚洲和非洲一些国家的殖民是不成功的,他们也把欧洲的制度移植过去,但是所在国的居民与欧洲这些制度是有冲突的,这种冲突许多就来自于认知上的差异。

西方人讲制度的一般性,认为规则对所有人都是有效的,而东方人则强调特殊性,强调具体情况具体分析。中国人更偏向于非正式制度或潜规则,而西方人则更偏向于正式规则。19世纪德国社会科学家费迪南·托尼从文化比较中把社会分为礼俗社会与法理社会。礼俗社会是建立在各种关系基础上的,并且有赖于团结统一和相互协作这样的观念,这种社会是以相互支持、经常面对面交往、共同的经验为基础的。法理社会是建立在相互关系的基础上的,绝大多数是一个实现某种目的的手段。它常常关系到商品和劳动的交换,常常建立在讨价还价和契约的基础之上。这种社会体制允许个人收益和竞争优势的存在。按照费迪南·托尼的分析,我国还是一种礼俗社会,这种礼俗社会既容易产生潜规则,又容易导致正式规则软化。

从文化层面看,中国人强调集体主义,无论西方的理论模式有多少差异,但其基本公设都是假定中国人的社会行为取向是集体主义的。而西方文化则强调个人主义。这也是我国从欧美国家引进的正式制度与我国非正式约束产生冲突的重要原因。集体主义的观念有利于建立非正式约束,而不利于正式约束的建立;个人主义的观念有利于正式约束的建立,而不利于非正式约束的建立。若这种分析成立,中国人的制度观"天生"就与西方的正式约束存在着冲突与矛盾。为什么在西方国家实施得有效的制度而到中国来就失效了?这其中认知的差异是一个重要原因。

格雷夫对于这个问题从历史角度作了较深入的分析。在马格里布人之间,集体主义观念导致了集体主义社会的产生,使这种社会具有经济上自我实施的集体惩罚、横向代理关系的社会交流网络。在集体主义社会中,非正式的集体的经济惩罚是可信的,因此能够诱使人们放弃不当行为。由于集体主义社会存在一个信息传播网络,所以集体惩罚的自我实施机制是可行的。在一个集体主义社会中,这种协调很可能是建立在非正式机制之上的,例如习俗和口头惯例。从格雷夫的分析可以看出,集体主义文化重视非正式约束,正式约束容易失效。

而在热那亚人之间,个人主义观念导致了个人主义社会的产生。在这种社会中,由于缺乏经济上自我实施的集体惩罚,非正式的经济执法的水平较低。此外,整合的社会结构与低水平的信息交流阻碍了社会、道德机制的作用发挥。为了支持集体行动、促进信息交流,个人主义社会需要发展出正式的法律及政治执行组织。换言之,个人主义的文化观使人们产生了对正式约束的强烈需求。

按照格雷夫的分析,个人主义观念有利于产生正式规则及法治。而集体主义则更偏重于非正式规则。令人惊奇的是,马格里布人的制度与当代欠发达国家的制度十分相似,而热那亚人的制度与西方发达国家的制度十分相似,这说明个人主义可能在长期内更有效率。我国文化中的集体主义与现行主流意识形态也是一致的。这也是中国在建立和完善社会主义市场经济体制中一个值得探讨的深层次问题。

五、结论与思考

我国并不是缺乏制度创新和制度创新的能力,而是缺乏一种实施制度的环境和条件,更重要的是人们在观念上不是遵守制度而是利用制度或绕开制度。制度软化是我国制度建设和制度创新中的一个突出问题。我们从四个方面分析了我国制度软化的原因,如权力与规则的边界不清晰导致正式规则失灵而潜规则盛行;在缺乏民主与法治的情况下,利益集团可以使制度软化;强势政府(主要是指政府的权力没有受到制约)导致制度软化;从认知科学角度,我们从西方国家引进的大量正式规则与具有东方式的认知观是相互冲突的,从而导致制度的软化。

制度软化实际上是制度质量低下的表现。制度质量低的国家容易出现制度结构疲软等现象。制度结构疲软的国家往往无法成功地平息因为损失和利益分配不均而引发的冲突,因此政府当局会尽可能推迟用政策措施解决这些危机的过程,结果导致经济增长放缓。制度很重要,是因为制度能协调社会经济关系,降低社会经济活动中的交易成本,但并不是所有的制度都具有这种功能。历史与现实中有一些制度是不利于社会经济发展的,因此越来越多的学者开始探讨制度的质量(如菲利普·拉兰、达龙·阿西莫格鲁)以及决定制度质量的因素。影响经济绩效的不仅取决于一国的制度数量,更取决于制度质量。制度质量是制度的好坏及程度的总称。有利于经济发展及人的全面发展且相对公平的制度就是好制度,反之,就是坏制度。发展中国家并不是缺乏制度,而是缺乏高质量的制度及其对制度实施的机制。发展中国家存在大量低效、无效甚至阻碍经济发展的制度。人们发现拉丁美洲的制度质量存在明显不足,执法不严、腐败、司法体系效率不高而且缺乏独立性等问题成为拉美各国的制度“特色”(菲利普·拉兰)。

在中国建立与市场经济相适应的制度(尤其是正式约束)并不难,难在制度的实施。中国人的权利观(等级的权力观,而不是西方人的权力相互制约观)、人情观(而不是契约观)往往使一些制度软化,甚至形同虚设。中国人在实施制度(包括政策)时还喜欢讲灵活性、例外(实质上是特权)等。能否在制度面前人人平等是我们的制度能否有效实施的基本条件。在我国实施有效的制度,如果政府官员的权力没有受到制约,并且他们手中的权力很大,那么制度的选择、制度的实施就会大打折扣。所以,无论从哪个方面来分析,中国人的制度观中都深深烙上了权力的烙印。这是中国经济体制和政治体制改革中必须要解决的一个深层次问题。为了使制度硬起来,除了上述问题外,我们还应该注意制度的可行性、可操作性及运行的成本;应该尽量减少制度实施中的弹性;保障制度的权威性和严肃性;提高违约成本;任何人不能凌驾在制度之上。规则的权威性是一个国家市场经济制度建立的基本标志。

主要参考文献

1. 吴思:《血酬定律:中国历史中的生存游戏》,中国工人出版社,1998 年。
2. 黄光国:《面子:中国人的权利游戏》,中国人民大学出版社,2003 年。
3. 图洛克:《经济等级制、组织与生产的结构》,商务印书馆,2010 年。
4. 拉古拉迈·拉詹、路易吉·津加莱斯:《痼疾难消的贫困:政治制度、人力资本还是利益集团》,载吴敬琏主编,《比较》(第 25 辑),中信出版社,2006 年。
5. 道格拉斯·C. 诺斯:《国家经济角色的昨天、今天与明天》,载斯蒂格利茨,《政府为什么干预经济:政府在市场经济中的角色》,中国物资出版社,1998 年。
6. 阿维纳什·K. 迪克西特:《经济政策的制定:交易成本政治学的视角》,中国人民大学出版社,2004 年。
7. 马尔科姆·卢瑟福:《经济学中的的制度:老制度经济学和新制度经济学》,中国社会科学出版社,1999 年。
8. 道格拉斯·C. 诺斯:《经济史中的结构与变迁》,上海三联书店,1991 年。
9. 姜磊、黄川:《法治水平与服务业发展关系的实证检验》,《统计与决策》,2008 年第 23 期。
10. 青木昌彦、吴敬琏:《从威权到民主:可持续发展的政治经济学》,中信出版社,2008 年。
11. 道格拉斯·C. 诺斯于 2000 年在华盛顿大学召开的"规范与法律"的研讨会上的演讲:《不确定世界的法律与社会科学》。
12. 阿夫纳·格雷夫:《大裂变:中世纪贸易制度比较和西方的兴起》,中信出版社,2008 年。
13. 约翰·N. 德勒巴克等:《新制度经济学前沿》,经济科学出版社,2003 年。
14. 理查德·尼斯贝特:《思维版图》,中信出版社,2010 年。
15. 达龙·阿西莫格鲁等:《贫富逆转:现代世界贫富格局中地理和制度的作用》,载吴敬琏主编,《比较》(第 23 辑),中信出版社,2006 年。
16. 曼瑟尔·奥尔森:《集体行动的逻辑》,上海三联书店、上海人民出版社,1995 年。
17.《中央机构部门利益问题日益突出 损害社会公正》,中国新闻网,2006 年 10 月 11 日。
18.《中国各种利益集团迅速发展已影响政府决策》,中国新闻网,2006 年 10 月 11 日。
19. 思拉恩·埃格特森:《新制度经济学》,商务印书馆,1996 年。
20. 卢现祥:《论中国人的制度观》,《中南财经政法大学学报》,2011 年第 6 期。

原载《经济学动态》,2011 年第 9 期

转型期制度“四化”现象的政治经济学分析

一、引言

本文提出了转型时期或转型国家容易产生制度的利益化、寻租化、僵化及软化现象，这四者具有内在联系。它们从不同程度反映了转型国家制度变迁或制度安排的不完全。换言之，转型国家在制度转型过程中会出现制度低效或制度质量不高的现象，尤其采取渐进式改革的国家更容易出现这种制度“四化”的现象。

中国改革开放三十多年，在经济总量上已排名世界第二，但是随着中国经济发展与财富的增长，一些既得利益集团正在利用中国转轨时期经济制度的缺陷和政治体制改革的滞后，利用既有的资源优势，将其侵占或掠夺绝大多数人利益的行为逐渐制度化、合法化（易宪容，2006）。

世界银行报告指出，深化中国经济改革可能会招致三种人的反对：一是既得利益集团；二是可能会从改革中短期受损的群体；三是将今天中国的问题归结于过去的改革（而非改革尚未完成）的意见领袖。国内还有利益集团多元性的研究。有研究报告基于对广州市的调研列出过五大强势利益集团，认为这些强势利益集团的运作损害着弱势群体的利益。这些利益集团分别是垄断利益集团、特权利益集团、食利者利益集团、灰色收入利益集团，以及优势企业利益集团（广州市委政研室，2007）。其实这些现象都与制度的利益化、寻租化、僵化及软化密切相关。制度的利益化、寻租化、僵化及软化对一国发展的影响是多方面的，它们增大了一国经济运行的交易成本，导致创新不足、社会不稳定及社会经济发展乏力。

从改革与发展的过程来看，中国面临着落入四大陷阱的风险：一是中等收入陷阱。关于中等收入陷阱形成的原因有多种解释，本文赞同诺斯的观点。诺斯指出，拉美国家的经济增长都不大成功或者半途而废，原因就是它们普遍缺乏抵御利益集团对经济的负面作用的制度体系。换言之，陷入中等收入陷阱的国家会出现制度的利益化。二是图洛克精英寻租陷阱。图洛克认为,中国和印度都是人类文明古国,但这两个国家为什么富强不起来,其根源是制度把这两个国家的精英都引导到寻租上去了,即制度的寻租化。三是缪尔达尔软政权陷阱。即许多规则在这些国家形同虚设,不能实施或者说实施的成本太高,即制度软化。四是奥尔森制度僵化陷阱。制度缺乏弹性和灵活性,不利于创新和财富增长而有利于利益集团的再分配,市场不能有效地配置社会资源。我们必须深刻认识制度“四化”现象给中国经济社会发展带来的后果,尽量减少制度“四化”现象的出现,通过制度创新,努力跨越四大陷阱。

二、制度的利益化

奥尔森从经济学的视角系统分析了利益集团的形成及其内部运作,认为利益的变化是制度变迁的基础。由于小的利益集团能够克服“搭便车”行为,能以较低的成本形成集体行动,从而在社会利益分配中能处于有利的地位;而大的利益集团难以形成集体行动。这样会出现“少数人掠夺多数人”的现象。利益集团力量的不均等必然会影响制度及其变化。奥尔森这种观点的局限性在于以人数的多少来划分有利的利益集团和不利的利益集团,而忽视了利益集团与产业、政府以及本利益集团自身的优势(如谈判能力)等因素的关系。

利益集团之间的博弈对经济制度变迁有重要影响,并且制度的演进方向是由社会中处于强势地位的利益集团决定的(缪勒、诺斯)。这些强势利益集团在新规则和政策制定上处于有利地位。诺斯(1994)指出:“制度并不一定是,甚至经常不是按社会效率来设计的,相反,它们(至少正式规则)是为了服务于那些具有创造新规则谈判能力的利益集团而创造的。”[①]

利益集团既可以在既定的制度框架内专心生产,也可以通过改变规则来实现利益集团财富最大化,选择什么方式取决于改变权利结构的相对成本。当成本较低时,有影响的利益集团会影响制定一些使社会的生产能力只部分实现的经济制度。[②] 强势集团之所以能够决定制度演进的方向,前提是能够通过权利决策机构来影响制度的制定。人们为了自身利益的最大化,在制度规则制定与实施的过程中,会通过各种活动尽量使制度向有利于自己利益的方向倾斜。值得指出的是,并不是所有社会的利益集团都能直接影响制度的决定与选择,这与政治体制等因素

① 阿维纳什·K.迪克西特:《经济政策的制定:交易成本政治学的视角》,中国人民大学出版社,2004年,第17页。

② 思拉恩·埃格特森:《经济行为与制度》,商务印书馆,2004年,第242页。

有关。

不同政治体制下，利益集团对制度的影响是不一样的。如果一个社会允许某些特殊利益集团具有强权地位，那么他们会拼命剥夺整个社会的利益，但如果有不同的利益集团形成相对均衡的态势，则会对社会产生正面影响。在不发达国家里，已形成的既得利益集团可能握有统治权。而在发达的民主经济中，院外集团和一些利益集团也会影响政治过程和行政过程，抵制适应新条件的结构调整。[①]

在民主和政治体制成熟的国家，在有效权力制约体系下，利益集团对政策和制度的形成都会有影响，但不会形成特殊利益集团或既得利益集团，从而可以形成制度均衡。而在政治体制不成熟的国家，由于缺乏有效的权力制约体系，不同利益集团的博弈中会产生特殊利益集团或既得利益集团，少数利益集团成为强势的利益集团，他们直接或间接地影响政策和制度的制定。这些特殊的利益集团在追求自身利益最大化的过程中，往往是以牺牲其他利益集团的利益为代价的。

在我国转型时期，有几个因素不利于防止制度的利益化：第一，在我国权力部门及权力部门之间没有实质性分权、制约和制衡。所以权力与利益集团容易结合在一起。他们对财富的转移不是直接的分配，而是通过制度安排和政策等手段来进行，因此我们的一些制度安排含有租金。第二，中国诸多的法律法规由政府部委起草，与成熟国家法规由议会专门委员会起草大不相同。这个过程当中，政府部委会尽可能扩张自己的权益，并把自己的利益制度化。例如，计生委的人说计划生育制度决不能动摇，放松计划生育中国人口将爆炸，取消计划生育全国几十万的计生干部都要失业；全国住房网络信息系统的建立亦受到了地方政府有关信息安全理由的阻碍等。第三，集团行动主要表现为介于个人与国家之间的各种中介组织，如行会、产业工会、宗教、党派等。但在我国，现在一些主管部门（部委）往往成为本产业或行业的代理人，这是我国社会经济转型中一种独有的现象。从表面看，他们代表国家和整体利益，但是实际上（甚至表现在一些规则的制定），他们往往代表了本产业、本行业的利益，这是我国不同行业收入差距扩大的重要原因之一。这些行业如果采用国有体制，更加剧了利益集团对经济的负面影响。这些组织往往代表一个群体的利益，他们与国家之间的博弈关系对于一个国家的制度及体系的形成产生了重要的影响。行业之间的利益失衡成为我国社会经济发展中一个重要的制约因素。

制度利益化意味着某项制度对某利益集团是有利的，甚至是量身定做的。这种制度有利于该利益集团收益的最大化，但不利于社会利益的最大化。鲍姆加特纳和沃克在有关政治参与的一个调查中发现，美国有90%的公民卷入了集团。他们调查的这些人，每人平均参加4个团体。而且，很多利益集团以保护和增进企

---

① 思拉恩·埃格特森：《经济行为与制度》，商务印书馆，2004年，第19页。

业、专业、工人和地区经济地位的形式存在。企业寻求进口限制,国内工人寻求对非法移民的限制,城市和地方想获得直线加速器设备或者国防工厂,专业人员集团则想政府授予能力合格证书从而限制人数。所有这些集团的努力,都在创造稀缺性,以使受保护利益获得的价格上涨,并为那些能影响公共政策的人创造租金。

制度利益化的后果表现为:(1)损害社会效率,降低经济增长;限制竞争,阻碍技术进步。(2)扩大社会分歧,提高社会交易成本。利益集团想要政府根据他们的利益重新分配财富。通常情况下,中央集权的政府最容易达成此目标,因为成本可以分摊给大量的受损者,而且这些利益受损者无法通过"以脚投票"的方式来阻挠这些设计者的阴谋。[①] (3)制度利益化导致支持者构成的利益集团又成功地使那些坏的政策得以延续,并继续产生新的支持者,从而自我复制、自我强化。在不平等程度较高的地区,制度的演化有利于精英阶层,而不利于普通大众。[②] (4)从宏观的视角来看,在近代经济史中,利益集团的博弈及斗争使货币供给成倍增加,这既是现代世界主要的不稳定力量,也是通货膨胀的重要根源之一(诺斯,1981)。20世纪70年代以来,西方国家出现的经济"滞胀"现象主要就是由利益集团的分利行为造成的(奥尔森)。此外,利益集团相互博弈的结果通常是政府的规制和制度偏向于使组织良好的利益集团获益。例如,与消费者相比,生产者更容易从对立法过程及政策的影响中获利。

三、制度的寻租化

布坎南指出:"寻租活动的原因在于制度规则,而不在于寻租者个人。当制度从有秩序的自由市场转向直接政治分配的混乱状态时,寻租就作为一种主要的社会现象出现。"[③]换言之,当政府控制过多的资源分配时就容易产生寻租。

布坎南强调寻租的制度基础,寻租与制度密切相关。寻租是一种制度条件下的经济行为,那些追求自身利益最大化的行为造成的不是社会剩余而是社会浪费。图洛克把寻租看作通过政治过程获得特权的产物。在这种条件下,寻租是对他人利益的损害大于租金获得者收益的行为。托利森认为寻租是花费稀缺资源追求纯粹转移的行为,是一种零产出。

寻租模型是一种建立政治体系的利益集团模型,它界定了一种决策规则结构,

---

① 迈克尔·S. 格雷弗:《真正的联邦主义》,陕西人民出版社,2011年,第9页。

② 罗纳德·H. 科斯、道格拉斯·C. 诺斯等:《制度、契约与组织——从新制度经济学角度的透视》,经济科学出版社,2003年,第146—147页。

③ 布坎南:《寻租与寻利》,《经济社会体制比较》,1988年第6期。

然后分析这些决策规则的后果。寻租理论实质就是要探讨一个社会为什么花那么多资源用于非生产性活动。一个国家是否能够长期繁荣,就是要看其能否建立起有利于生产性活动的制度体系。寻租现象的存在及其程度与制度密切相关。一个社会是把资源(包括人力资本)用于生产性活动(寻利)还是非生产性活动(寻租),主要取决于一个国家的制度。换言之,好的制度激励人们去做蛋糕,而坏的制度则诱使人们去分蛋糕。若相对生产性投资,非生产性投资强势的话,表明再分配与切蛋糕是有利的,这不利于技术创新和实业的发展。非生产性投资有利,是掠夺之手有利。人类有两种不同的劳动方式:一种是生产或改造经济商品,另一种是占有他人所生产的物品(帕累托),这两种方式可以分别称为"生产与交换"和"掠夺与冲突"。

若在一个社会中生产性报酬大于非生产性报酬,那么人们就会选择生产性专业;反之,就会选择非生产性专业。企业家资源是用于生产性领域,还是非生产性领域取决于社会的游戏规则(制度)及其决定的酬劳的差异(鲍莫尔,2008)。而这种资源的不同配置对于一个社会的技术创新及其经济发展有着深刻的影响。制度影响着企业家的知识积累、信息收集及选择。寻租的制度对技术进步的阻碍并不是直接表现出来的,而是以迂回的方式表现出来的。非生产性报酬以隐蔽的形式存在,难以识别和计量,从而增加了治理的成本。一个社会的生产力发展和科技进步是快是慢,主要不是取决于该社会企业家资源的多少, 而是取决于该社会的制度设计将稀缺的企业家资源引向何处。

制度与寻租是一种互动关系。制度规则决定了一个社会是寻利还是寻租。反过来,一种寻租的社会也会强化现有的制度安排,当一个社会寻租比寻利更有利时,就会大大地降低一个国家的科技发展和自主创新能力。

什么样的制度有利于寻租?那就是各种资源的直接政治分配及其制度化。寻租现象在西欧也曾经存在过。中世纪后期以来,西欧社会及其经济和政治制度的深刻变迁逐渐对寻租现象产生了遏制作用,为近代科技的产生和发展创造了有利的条件。在诺斯看来,有效率的经济组织是建立一种有利于生产性活动的激励机制。有利于生产性活动的制度体系的建立是西欧完成这种转型的重要原因。而超稳定的中国经济政治制度及其路径依赖则为寻租社会提供了巩固的基础,人们依然被迫把精力和资源用在非生产活动和寻租活动上,而不是创造性活动上。不同的制度安排使得中国与西欧之间的差距扩大了。在图洛克看来,中国与印度是人类文明古国,为什么长期富强不起来?就是因为这两个国家的制度把社会的精英都引导到寻租上去了。

从历史上看, 图洛克(1980)以中国古代的科举考试作为寻租活动的典型案例来说明寻租活动对资源的浪费。他认为,科举考试就是一种非生产性的追求既得经济利益的活动,即寻租活动。我国古代科举考试主要是为朝廷选择官员服务,它把社会精英引导到政治上来,从而降低了人们的生产性努力。而近代欧洲的企业制度、大学制度及实验室制度则把人才吸引到生产性活动和创新性努力中来。18世纪的工业革命为什么发生在英国而不是法国的原因之一,是人才的不同配置(兰德斯,1969)。在近现代,为什么大部分非洲和拉丁美洲国家发展停滞?为什么欧洲经济增长缓慢?这或多或少与人才向寻租部门的配置有关。而寻租部门较小的新兴工业化国家却可获得成功。①

安德烈·施莱弗和罗伯特·维什尼的研究发现,基于高中生读大学的专业选择方向及人数,可以判断在一个国家是寻租有利,还是生产性活动有利。他们以1960年的GDP作为基数,在对91个国家的回归中,发现工程师对增长有显著的正效应,而律师对增长有不太显著的负效应。也就是讲,一国读工科专业的学生越多,GDP的增长就越多;反之,一国读法律专业的学生越多,经济增长率就会下降。对91个国家的统计资料的分析表明,经济增长速度与大学生工程专业人数的比例有正相关的关系,而与大学生法律专业人数的比例有反相关的关系。②

沿着安德烈·施莱弗和罗伯特·维什尼的这种思路,我们可以比较一下日本、韩国及中国。成功抵制寻租行为的国家就有利于经济的发展。以日本为例,每单位的律师数量和经济诉讼数量都很低,这一事实常常被认为是日本经济的优势所在,因为至少减少了一部分用于寻租的资源。为什么日本每单位的律师数量和经济诉讼数量都很低呢?主要有两个原因:(1)日本的国民性,即文化上对诉讼的厌恶。(2)制度原因。以反垄断诉讼为例,在美国,像三倍罚金的法律制度提供了太强的激励,使得企业喜欢以违反《反垄断法》的诉权对别的企业提起诉讼;而在日本,设计的制度不鼓励企业之间的诉讼,要诉讼必须先获得日本公平贸易委员会的批准,而获得批准又不容易。③ 在韩国,寻租行为是生产性的,企业家从政府干预中获取租金,但获取租金的唯一途径是他们必须要努力提高生产效率和国际竞争力,而这种行为与结果对整个经济绩效产生了正的外部性。④

在我国经济转型中,政府控制的资源太多,在社会经济生活中的权力太大,于是造成寻租现象较普遍。这种寻租信号会影响人们大学专业的选择。在我国,一些生产领域很重要(如地质、农业等),但其大学相关专业选择的人数远远低于经济、管理、法律专业。为什么我国经、管、法专业持续火热?因为选择经、管、法专业能给人们带来预期收入最大化。经、管、法这类专业本没有生产性与非生产性之区分,但在不同的体制和制度下,就会存在较大的差异。我国经、管、法专业的人数大大地超过其他专业,经、管、法是许多高考状元的首选,并且在许多大学是以较高的

---

① 安德烈·施莱弗罗伯特·维什尼:《掠夺之手——政府病及其治疗》,中信出版社,2004年,第51页。

② 卢现祥、李晓敏:《创新还是寻租:“公务员热”与大学生人才配置的制度分析》,《湖北经济学院学报》,2010年第3期。

③ 鲍莫尔:《企业家精神》,武汉大学出版社,2010年,第55页。

④ 戴维·瓦尔德纳:《国家构建与后发展》,吉林出版集团,2011年,第11页。

分数录取。选择经、管、法专业后的平均收入普遍高于其他专业的预期是人们选择这类专业的重要原因之一。经、管、法专业的持续偏热并不仅仅表明这些专业的紧俏,而是从一个侧面反映出我国非生产性比生产性活动更有利,甚至寻租更有利的现实。我国大学生毕业后都想当公务员,这又从一个侧面验证了图洛克精英寻租陷阱。

第三世界国家之所以贫穷,是因为由制度约束界定的对政治或经济活动的一系列回报并不鼓励生产性活动。[①] 奥尔逊用集体选择理论解释为什么不同社会的增长率不同。他的主要观点是:寻租过程(人们为自己的特殊利益进行疏通而组成集团)给社会带来了限制和约束,减慢了这个社会的增长率。把社会精英集中到非生产性活动中来,大大地降低了一国现在和未来的竞争实力。人才向寻租部门配置是非常有害的,寻租部门的扩张会吸收劳动力和其他资源,这就会减少生产性及财富的创造活动,一些欠发达国家庞大的政府官僚机构就证明了这点。社会资源总是稀缺的,寻租部门越多,用于生产性部门的资源就越少。[②]

在我国经济转型时期,一方面我们要防止"侵扰性渔利综合征",即渔利者是一个靠租金为生的人,这个租金并不是它自己真正创造的,而是由于特殊的环境或者机缘巧合的财运罢了。租金越多的社会的制度越差。当寻租的人达到一定规模时这个社会的发展就会停滞。这些年来,我国寻租和再分配的人不断增长,真正搞实业、创新及生产性活动的人在减少。另一方面我们要防止"中等收入陷阱"。世界银行认为,近年来,拉美和中东的许多国家深陷中等收入陷阱,作为商品生产国在面对不断攀升的工资成本时却始终挣扎在大规模和低成本的生产性竞争中,它们不能提升价值链和开拓以知识创新为主的新市场。寻租的最坏后果是把社会的精英吸引到非生产性活动(包括寻租)上来,使自主创新能力无法增强。依据世界银行的统计,在拉美和加勒比地区,有四分之三以上的国家都属于中等收入经济体,且"滞留"的平均时间高达37年,"中等收入陷阱"由此得名。拉美国家普遍推行"进口替代"发展模式。但是,这一模式在长期实施过程中逐渐形成了规模庞大、效率低下的国有部门和过度的国家保护主义等弊端。如前所述,这些租金并不是它自己真正创造的,而是由于特殊的环境或者机缘巧合的财运罢了,在中国只要进入了一个好企业,好岗位就有了。而这些与过多的寻租及制度的寻租化是密切相关的。

① 道格拉斯·C. 诺斯:《制度、制度变迁与经济绩效》,上海三联书店,2008年,第152页。

② 安德烈·施莱弗罗伯特·维什尼:《掠夺之手——政府病及其治疗》,中信出版社,2004年,第52页。

四、制度的僵化

制度的僵化与制度利益化和寻租化是有内在联系的。利益集团的分利行为致使市场垄断性增加,资源配置效率下降,公共产品供给不足,最终导致社会活力丧失和经济增长缓慢。奥尔森将这一过程称为"制度僵化"。制度僵化是指制度缺乏弹性和灵活性,政府对于公共问题缺乏快速回应能力,市场不能迅速有效地配置资源。

制度僵化既可表现为利益集团再分配导致的僵化,也可表现为人们固守既有观念导致的僵化。其实这两者是相互强化的。这里说的再分配与一般意义上讲的再分配是有差别的。这里的再分配与利益集团在经济与政治上追求利益最大化紧密联系在一起。利益集团一方面在经济市场上寻求垄断地位,谋取超额利润;另一方面在政治市场中游说政府,谋求社会资源的再分配,这样致使生产性活动下降、社会创造性萎缩、经济寄生性增强。①

为什么会产生制度僵化? 在西方国家,制度僵化本质上体现为民主与资本主义的矛盾。民主制度为利益集团的形成创造了条件,而利益集团形成之后又弱化了民主制度的经济绩效。利益集团通过利用自身的组织优势,将社会影响力转化为政治影响力。利益集团的分利活动导致社会资源从产生渠道退出,流向政治游说领域,创造性活动被分利性活动取代,不断增加的政府规制阻碍了市场竞争。但另外的事实表明,民主可以防止制度僵化。最典型的例子是瑞士,在 20 世纪 50 和 60 年代,瑞士的体制不仅硬化症指数高,而且有复杂的利益集团组织结构,但是,这期间瑞士的平均增长率却高于其他 17 个国家的平均水平。这如何解释呢? 这是因为,瑞士的政治结构不仅具有强烈的联邦主义性质,而且州级以上公民投票是直接民主。这种政治民主制度降低了再分配斗争在瑞士政治生活中的影响。② 民主制度是导致制度僵化,还是有利于防止制度僵化? 这个问题看来不能一概而论,制度僵化是一种复杂的现象。但是也有实证研究说明,在用奥尔森的分利集团理论解释经济增长时也有局限性。影响经济增长的因素很多,分利集团及其引起的制度僵化只是其中的一个。瑞士的案例指出了奥尔森研究的一项空白,就是一个国家的政治和经济体制将会引导利益集团的斗争,而这同样会使得经济增长率产

---

① 高春芽:《理性的人与非理性的社会:奥尔森集体行动理论研究》,中国社会科学出版社,2009 年,第 213 页。

② 刘洪等:《集体行动与经济绩效——曼瑟尔·奥尔森经济思想评述》,《当代经济研究》,2002 年第 2 期。

生差异。

分利集团通过再分配使一国制度僵化。分利集团极端强调再分配目标会导致其活动倾向大都在生产可能性边界上寻求有利于自己的分配活动,而不是把这一生产可能性边界向外移动。在生产可能性边界上,分利集团的再分配活动,即对进入的每一种限制和每一项规则都是把生产可能性边界向内移动,从而造成制度僵化并带来经济效率损失。从决策上来看,由于分利集团不同程度地倾向于民主决策过程,因而决策缓慢,对外界变化反应迟缓。其后果是降低了社会对环境作出反应的能力,从而降低了经济增长率。

政治机会主义也会导致制度僵化。现代民主国家中存在着有组织利益集团的多变联盟,并坚持社会福利政策,左派上台也好,右派上台也好,都要取悦于民众,这造成了大量机会主义性质的、往往非常短命的立法或规则。这些规则可能与有效的规则是相冲突的。这些规则只有利于既得利益集团。即使存在要求调整的呼声,既得利益集团仍会维护既有规则,反对调整。这种制度僵化不利于物质进步和人类的其他基本欲望。[①] 当集体行动的发起者们坚持歧视性的规则时,发生经济停滞和衰退的可能性会变得更高。[②]

从实证研究来看,学者们根据一国建国以来或者经历战争和革命之后所跨越的时间的长度来衡量利益集团的实力,并分析他们对"制度僵化"的影响,制度越僵化,收入增长就越缓慢。在一国内,实证分析也表明,州年龄对收入增长率保持着强烈的负效应。这种分析还得到了一些验证。P. 默雷尔(1984) 比较了英国和联邦德国年轻工业和传统工业的增长率,证明了英国是传统工业中制度僵化最严重的国家,而德国则由于利益集团结构被摧毁而迅速地恢复了经济活力。[③]

制度僵化造成的经济后果是,采用新技术迟缓并阻碍资源的优化配置;它造成的政治后果是,立法活动趋于复杂,政府规制范围扩大,大量社会资源被用于游说而非生产活动,政治分歧增加;它造成的社会后果是,社会不平等程度加剧,围绕再分配产生大量怨恨和冲突,甚至会导致社会失控。制度僵化会导致增长的放缓、向上流动的缺失、自主创新不足、适应性效率的缺失、再分配及非生产性等。为什么对于制度僵化这种现象,人们"视而不见,无能为力"? 奥尔森指出,这还是因为搭便车行为的存在。当国家、社会整体遭受损失时,群体、个人的利益也受损。从成本收益角度来看,若将由某一项政策或规则带来的损失分摊到个人身上,其数目就微不足道。这时候,个人的搭便车行为是理性的选择。这是制度僵化得以存在的深层次原因。

---

① 柯武刚、史漫飞:《制度经济学——社会秩序与公共政策》,商务印书馆,2000 年,第 481 页。

② 同上书,第 484 页。

③ 刘洪等:《集体行动与经济绩效——曼瑟尔·奥尔森经济思想评述》,《当代经济研究》,2002 年第 2 期。

在长期的制度实践中,人们只要在观念上认同现有制度安排,就会形成路径依赖,即便是低效率的僵化制度也能够获得合法性并长期存在。值得指出的是,转型国家的转型时期太长也容易导致制度僵化。新旧体制的摩擦经过利益集团的磨合也能达到"均衡"。一些从这种摩擦中获得好处的强势利益集团成为既得利益者,他们会通过种种方式来阻碍改革的进行。如前所述,寻租和再分配有利就会形成一种既得利益集团。它们会强化既有利益格局,阻止改革。我国改革开放有三十多年了,人们的改革观念有所疲软。尤其是2008年美国金融危机以后,由于我国加大了政府的作用,利益集团视其为再分配的有利时机,我国各个区域的不少资源被利益集团所控制并转化为一些人的收入。尽管政府高度重视技术创新及创新投入,但由于体制和制度的原因,许多这方面的科技投入及包括投入方式的规则也被利益集团所绑架,我国科技投入的低效正是科技制度僵化的结果。在这种僵化的体制下,科技人员不是把主要精力用在创新上,而是用在追求自身收益最大化的基础上,那么会大大地降低我国的创新力。

五、制度的软化

"软政权"的含义是即使制定了法律和制度,它们也得不到有效的实施或执行。在市场经济国家,法律是最高权威。在我国一些社会经济领域不是没有制度,而是制度并没有实施,制度是软的。这些年来我国建立的与市场经济相关的法规、规则并不少,但是不执行、制度形同虚设的现象比较严重。我国存在着有令不行、有禁不止的现象。在第三世界中,制度的实施是不确定的。这不仅因为法律条例本身存在的疑义(一种衡量成本),还因为代理人的行为也存在着许多不确定性。[①]那么,我们实施的是什么规则?可能是非正式规则,甚至是修改后的正式规则,或者是大家博弈后的潜规则。

权力与规则的边界不清晰形成制度软化。在法治国家,权力必须在规则框架内运作,而在缺乏法治的国家,权力与规则的边界不清晰,从而形成制度软化。我们一些人总想凌驾于制度之上,善于搞通融、搞关系,大家都希望制度对自己没有约束力,或者能绕开制度,制度只对别人有约束。有的官员甚至把规则作为管理别人的一种手段,而对自己无效。即权力在规则的框架内运作时,权力与规则的边界是清晰的;当政府官员既是运动员又是裁判员时,权力与规则的边界是不清晰的。中国不是没有规则,而是规则与权力的关系还没有理顺。

---

① 道格拉斯·C. 诺斯:《制度、制度变迁与经济绩效》,上海三联书店,2008年,第83页。

利益集团通过其强势把制度软化。在缺乏民主与法治的情况下，利益集团可以使制度软化，一些利益集团可以凌驾在制度之上。利益集团博弈的力量不对等，这样就由强势利益集团来决定规则的建立和实施。当制度的建立和实施对自己不利时，利益集团会通过自己的强势阻止制度的建立和实施。许多正式规则的出台和实施都受到利益集团的影响。目前有利于我国的电信、铁路、邮电、银行等部门或行业的制度安排对全社会来说不一定就是好的制度安排。但是强势的利益集团可以让这些制度建立和实施。可以说，这些有利于既得利益集团的制度安排增加了整个社会的运行成本。

强势政府形成制度软化。从政府角度来看，制度是硬约束还是软约束，很大程度上取决于政府的类型，即政府是强势政府还是强化市场型政府。政府权力过大并且没有受到制约，政府控制的资源多，政府的管制多，就是一种强势政府。这种政府类型在经济发展初期有其积极作用，但是在后期其弊端会越来越明显。强化市场型政府的核心就是政府的权力受到有效的制约。

强势政府为什么会导致制度软化？制度软化更多的是正式规则的软化。正式规则并不是自然而然地实施的，没有民主的监督，许多正式规则的实施比例会大大下降。在强势政府的情况下，一些政府部门甚至为了自己的利益不惜牺牲规则来追求自身利益的最大化。我国食品安全问题暴露出来的监管不力，实际是一些部门以所谓实施费用不够为由，以乱罚款取代了对规则的实施。这是制度软化的一个重要原因。

此外，东西方人对待制度的观念是有差异的。西方人讲制度的一般性，规则对所有人都是一样的，在制度面前人人平等；而东方人则强调特殊性，强调具体情况具体分析。中国人更偏向于非正式约束，而西方人则更偏向于正式规则。从观念上看，中国人强调集体主义，而西方人则强调个人主义。集体主义的观念有利于建立非正式约束，而不利于建立正式约束；个人主义的观念有利于正式约束的建立，而不利于非正式约束的建立。若这种分析成立，中国人的制度观“天生”就与西方的制度观存在着冲突与矛盾。为什么在西方国家实施得有效的制度而到中国来就失效了？这其中认知差异是一个重要原因。这些年来我们许多正式规则的制定借鉴了西方的规则，实施的软化是不是与东西方人的制度观差异有关呢？拉丁美洲国家和第三世界引进了欧美的制度（宪法与产权法等），但是其实施效果却与欧美国家完全不同。尽管规则还是那些规则，但是实施机制、实施方式以及行为规范，还包括行为人的主观模型，都是不同的。[①]

制度软化与制度质量低下有关。制度质量低的国家容易出现制度结构疲软等现象。这些国家往往无法成功地解决因为损失和利益分配不均而引发的冲突，因

① 道格拉斯·C. 诺斯：《制度、制度变迁与经济绩效》，上海三联书店，2008年，第139页。

此政府会尽可能推迟用政策措施解决这些危机,结果导致经济增长放缓。制度很重要,是因为制度能协调社会经济关系,降低社会经济活动中的交易成本,但是并不是所有的制度都具有这种的功能,历史与现实中有一些制度是不利于社会经济发展的,这与制度质量的低下有关。[①] 为什么拉丁美洲一些国家陷入中等收入陷阱?这与制度质量存在明显不足有关,如执法不严、腐败、司法体系效率不高而且缺乏独立性等,其实这就是制度软化的表现。

六、结论与思考

制度的利益化、寻租化、僵化及软化的结果的共性在于,不利于建立公正的社会经济环境,不利于生产性活动及其创新,经济增长放缓,再分配及强势利益集团处于有利地位。这"四化"具有内在联系,并且相互强化。对于转型国家来讲,应该尽量避免或减少这种制度"四化"对经济发展的影响。在中国,我们需要更多的顶层设计来减少我国制度中的"四化"现象。

制度的利益化、寻租化、僵化及软化是渐进式改革的一种伴随现象,或者说是渐进式改革不得不付出的一种代价。这些现象的产生是也政治改革和经济改革不协调的结果。政治体制改革的滞后是导致制度"四化"的重要原因。值得指出的是,西方国家也会出现类似的制度"四化"现象,但是在程度和根源上是有差别的。西方国家是在经济体制和政治体制成熟下的制度"四化",而我国是在经济体制和政治体制都不成熟下的制度"四化"。

从深层次上看,制度"四化"最核心的问题是制度的利益化问题。也就是讲,当一国的制度被利益集团绑架或操控的时候。利益集团不仅导致制度的利益化,而且使非生产性(寻租)、再分配(僵化)及制度的实施(软化)出现问题。更重要的是,这种现象和趋势如果得不到遏制的话,还将反过来影响我们的政治体制。那些非生产性的路径也以同样的方式得以驻存。初始的抑制生产性活动的制度的报酬递增特性,会创造出一种在现有的约束范围内进行竞争的组织和利益集团。他们将从自身利益出发来型塑政治体系。[②] 这种非生产性路径的强化将不利于我们的改革和发展,并有可能形成路径依赖。

如何治理制度中的"四化"?

第一,要建立抵御利益集团对经济的负面作用的制度体系。诺贝尔经济学奖

---

① 卢现祥:《为什么中国会出现制度"软化"——基于新制度经济学的视角》,《经济学动态》,2011 年第 9 期。

② 道格拉斯·C. 诺斯:《制度、制度变迁与经济绩效》,上海三联书店,2008 年,第 136 页。

得主斯蒂格利茨(2006)在北京也提醒国人:“中国要把利益集团对经济的影响限制在最低程度。”抵御利益集团对经济的负面作用的制度体系的完善不仅包括经济市场的制度体系,如产权、信用及契约制度,也包括政治市场的制度体系,如社会主义民主与法治、对权力体系的制约、从强势政府转变到强化市场型政府等。

第二,要从正式制度和非正式制度及实施机制入手。如日本的例子表明,为了找到将企业家活动调整到更具有生产性目的的措施,我们不必耐心等待缓慢的文化变迁。同样可行的方式是改变游戏规则,消除那些不合意的制度性影响,而增强那些能够在有利方向上发挥作用的制度性影响。[①] 奥尔森认为,在不存在周期性革命的情况下,利益集团会使社会陷入僵化,扼杀作为增长基础的生产力进步。我们可以建立一套非正式制度约束,它对于所有形式的僵化的垄断都是有力的约束。[②] 我们需要从正式制度、非正式制度及实施机制系统地治理制度的利益化、寻租化、僵化及软化现象,提高制度质量。

第三,要建立适应性效率发挥作用的条件。诺斯认为,适应性效率是经济增长的关键性因素,而配置性效率则不是。适应性效率是长期演化的结果,是一种核心竞争力。适应性效率来自于演化过程中促进经济长期增长的经济、政治、法律体制框架。这个体制框架具有一定的灵活性和弹性,能够适应各种条件的变化和经济体制的演化,从而带来经济的长期增长。[③] 从这个分析可以看出,我们要避免制度的僵化就需要有适应性效率。适应性效率发挥作用的条件就是政治体和经济体能够在面临普遍的不确定性时为不断的试错创造条件。[④] 为此,我们要加快社会主义政治体制改革,为中国经济社会可持续发展提供制度性保障。

原载《改革》,2013 年第 2 期;本文与罗小芳合写

---

① 鲍莫尔:《企业家精神》,武汉大学出版社,2010 年,第 55 页。

② 道格拉斯·C. 诺斯:《理解经济变迁过程》,中国人民大学出版社,2008 年,第 152 页。

③ 卢现祥、朱巧玲:《论发展中国家的制度移植及其绩效问题》,《福建论坛(人文社会科学版)》,2004 年第 5 期。

④ 道格拉斯·C. 诺斯:《理解经济变迁过程》,中国人民大学出版社,2008 年,第 152 页。

中国的改革红利如何生成?
——基于利益集团和制度分析的视角

一、引言

我国经济社会转型已经进入了关键时期,这是因为我国已经进入了中等收入国家的行列。同时我国的经济体制改革,尤其是政治体制改革尚未完成。一方面,我们要让改革红利生成,要继续推进我国的改革;另一方面,我们要防止陷入中等收入陷阱。可以讲,改革红利的释放与防止陷入中等收入陷阱是一个问题的两个方面。对于一个正在进行体制改革和制度创新的国家来讲,都存在着改革的红利。所谓改革的红利,就是体制改革和制度创新给我们带来的好处或收益。

我国的改革红利主要来自两个方面:一是废除或消除一些不利于经济社会发展的规章制度,如减少行政审批、改革户籍制度等,这会大大地减少经济运行的成本。二是建立和完善相关的规章制度,如官员财产公开制度、信息公开制度等,这些改革会带来许多好处或收益,但这些改革会受到既得利益集团的阻碍。中国释放改革的红利,必须打破既得利益集团。换言之,既得利益集团阻碍了中国改革红利的生成。中国利益集团对经济社会影响的潜在性、隐蔽性往往容易被人们所忽视。作为转型国家和正在跨越中等收入陷阱的国家,世界银行报告指出,深化中国经济改革可能会招致三种人的反对,其中排在第一的就是既得利益集团。斯蒂格利茨也曾经说,中国要警惕利益集团。广州市委政研室的一份研究报告(2007)基于对广州市的调研列出过五大强势利益集团,认为这些强势利益集团的运作损害着弱势群体的利益。五大强势利益集团分别是“垄断利益集团”、“特权利益集团”、以谋取租金收入为主的“食利者利益集团”、以各种中间收费为来源的“灰色收入利益集团”,以及早期完成原始资本积累的“优势企业利益集团”。这些利益集团的界定不一定准确,但从不同方面反映了我国转型时期利益集团的多样性与复杂性。利益集团在任何国家都存在,但能否转变成既得利益集团、分利集团,却在于一国是否存在抵御利益集团对经济产生负面作用的制度体系。

改革红利的释放不仅有利于增加有形资产,更重要的是要增加无形资产。对于我们这个达到中等收入水平的国家而言,增加无形资产和提高制度质量非常重要。无形资产增加的过程是一个制度创新的过程。世界银行的分析表明,在整个国家的财富体系中,清晰的产权、廉洁高效的政府和法律制度占国家无形资产的57%,教育占36%。而在整个国家的财富体系中,有形资产(如房地产、现代化的生产流水线和基础设施等)只占很小的一部分,大约为17%。有形资产与无形资产是相互联系、相互促进的关系,有形资产只有在强大的国家管理水平和有效的产权制度基础之上,才能产生更大的价值。因为公正的法律机制、人力资本价值和保证经济行为的“制度质量机制”都是无形资产创造出来的。无形资产能带来更高的劳动生产率,这才是国家和民众最大的财富。因此,我国改革红利的释放主要是增加无形资产,而这些无形资产又主要来自于制度创新与制度积累。

中国改革红利生成与跨越中等收入陷阱的关键就是构建抵御利益集团对经济产生负面作用的制度体系。这种理论来源于诺斯对拉美国家的经济增长都不大成功或者半途而废的分析。达到中等收入水平的国家面临着如何通过制度创新来跨越中等收入陷阱的问题,而制度创新的关键就在于构建抵御利益集团对经济产生负面作用的制度体系。

为什么历史与现实中许多国家或地区实际上“选择”了低效的制度?为此,诺斯与主流经济学家产生了较大的分歧。一个社会是否存在“低收入陷阱”或“中等收入陷阱”的问题?根据世界银行2010年8月制定的最新标准,目前世界上的213个经济体中,低收入国家和地区有40个,中等收入国家和地区高达104个,而高收入国家和地区有69个。基于生存竞争和市场法则,主流经济学否认长期停滞于“低收入陷阱”和“中等收入陷阱”的可能性。在他们看来,经济的竞争会促进经济增长和收入水平提高。但是,诺斯引证了大量经济史的例子来说明确实存在“停滞经济”。这与世界银行提出的“中等收入陷阱”的分析不谋而合。与主流经济学家不同,诺斯认为,政治、文化和意识形态这类“非经济因素”在决定一个社会的经济是否会陷入陷阱时起了决定作用。换言之,制度因素起着决定性作用。本文将从利益集团与制度关系的角度来探讨改革红利生成的问题。以下安排为:第二部分是转型期利益集团对经济负面作用的表现及后果;第三部分是构建抵御利益集团对经济负面作用的制度体系;第四部分是释放改革红利的制度空间。

二、转型期利益集团对经济负面作用的表现及后果

利益集团在任何国家都会存在，但是不同国家、不同经济政治体制下利益集团对经济社会的影响也是不一样的。这种影响既有积极的也有消极的，既有正面的也有负面的，既有影响大的也有影响小的。利益集团的积极作用主要有三类：一是某些类型的利益集团能够增强其成员的民主能力；二是利益集团有助于积累社会资本；三是利益集团有助于政府更好地履行其不同的职能（杰弗里·M. 贝瑞等，2012）。

利益集团不仅对经济有负面作用，而且对于社会、政治等都有负面作用。从制度层面看，这主要表现在，在利益集团的干扰下，我们许多好的制度（如官员财产公开制度）出台不了，而许多坏的制度又废除不了。如我国现行的户籍制度改革，机关事业单位人员与企业职工养老金“双轨制”并轨，全国住房信息联网，以及官员财产公开制度等，推行的难点主要根源于利益集团的阻碍。当缺乏一套抵御利益集团对经济负面作用的制度体系时，许多改革难以推进，或者改革阻力重重。利益集团对经济的负面作用主要表现为再分配、行政性垄断、贫富分化与腐败、掠夺与冲突、寻租等，这些负面影响制约着经济效率的提高和技术创新能力的提高。我们很难把利益集团对经济产生负面作用的结果量化，有学者通过对 2010 年数据的搜集和处理，估计仅在银行、石油、电信、铁路和食盐等五个垄断行业中，行政性垄断带来的社会福利损失就高达 19104 亿元（盛洪，2010）。

（一）既得利益集团对一国经济社会的负面影响

一是在缺乏抵御利益集团对经济产生负面作用的制度体系的条件下，扭曲的政策乃至错误的举措会频频出台，对利益集团有利的政策或举措对于社会来讲就是不利的政策或举措。例如，与消费者相比，生产者更容易从对立法过程及政策制定的影响中获利。利益集团相互博弈的结果通常是政府的规制和制度偏向于使组织良好的利益集团获益。在近代经济史中，利益集团的博弈及斗争使货币供给成倍增加，这既是现代世界主要的不稳定力量，也是通货膨胀的重要根源之一（诺斯，1994）。20 世纪 70 年代以来西方国家出现的经济“滞胀”现象主要就是由利益集团的分利行为造成的（奥尔森，1999）。

二是从对制度变迁的影响来看，既得利益集团容易导致路径依赖。制度利益化导致支持者构成的利益集团又成功地使那些坏的政策得以延续，并继续产生新的支持者，从而自我复制、自我强化。在不平等程度较高的地区，制度的演化有利

于精英阶层,而不利于普通大众。这种制度和政策上的路径依赖使经济发展的政策调整难以面对变化的经济情况。如欧洲的福利制度导致了既有的利益集团,福利的刚性使欧洲一些国家解决债务问题步履维艰。

三是从分配层面来看,利益集团想要政府根据他们的利益重新分配财富。通常情况下,中央集权的政府最容易达成此目标,因为成本可以分摊给大量的受损者,而且这些利益受损者无法通过"以脚投票"的方式来阻挠这些设计者的阴谋(迈克尔·S. 格雷弗,2011)。帕累托指出,人类有两种劳动方式:一种是生产与交换;二是掠夺与冲突。在缺乏抵御利益集团对经济负面作用的制度体系的国家,强势的利益集团就会选择掠夺与冲突的方式追求自身利益的最大化。利益集团对分配的不利影响导致贫富分化和腐败的加剧。艾莱斯那(Alesina)和佩蒂(Pertti)1996年对71国所作的实证研究发现,过高的收入差距会造成一种充满不确定性的国内政治经济环境,从而影响投资者进行长期投资的计划,最终对经济增长产生抑制作用。

(二)既得利益集团不利于中等收入水平国家向高收入水平国家迈进,并有可能使其陷入"中等收入陷阱"

2006年,世界银行首次提出了"中等收入陷阱"这一概念,并且把这些国家陷入"中等收入陷阱"的原因主要归结为两个方面:一是这些国家自主创新能力不高,只能从事大规模和低成本的生产,它们不能提升价值链和开拓以知识创新为主的新市场。二是这些国家在长期发展过程中逐渐形成了规模庞大、效率低下的国有部门和过度的国家保护主义等弊端。

世界银行所分析的这两个原因是有内在联系的,为什么一些国家缺乏技术创新能力?这与规模庞大、效率低下的国有部门和过度的国家保护主义是密切相关的。近期的研究表明,创新能力与部门和国家层面既有的制度框架密切相关。没有几个后工业化国家拥有这样的制度框架,使其至少能够成功地利用借来的技术,更不用说创造新技术(戴维·瓦尔德纳,2011)。这种制度框架是什么样的?其主要包括健全的知识产权保护体系、有效的司法体系、健全的市场经济体制以及有利于创新的文化环境等。

我国已经进入了中等收入国家行列。结合世界银行关于中等收入陷阱原因的分析,有三点值得我们注意:

第一,我国政府主导的技术创新体系不利于中国自主创新能力的提高。尽管党的十八大提出了构建以企业为主体、市场为导向、产学研结合的技术创新体系,但我国离这种技术创新体系的构建还差得比较远。我国对其他行业的政府主导发展模式多有质疑,但对技术创新(包括科技领域)的政府主导模式则缺乏反思。从中国研发的质量来看,中国大约70%的研究与开发来自政府,而在美国、日本和德国则是由工业界负责70%以上的支出。假设工业界注重商业化,更可能开发具有商业实用价值的技术,而中国的危险是研究和开发带不来实用技术的发展(联合国,2002)。尤其是2008年美国金融危机以后,我国加大了政府的作用,利益集团把其变为再分配的有利时机,国家的不少资源被利益集团所控制并转化为一些人的收入。尽管政府高度重视技术创新及创新投入,但由于体制和制度的原因,许多这方面的科技投入及包括投入方式的规则也被利益集团所绑架,我国科技投入的低效正是科技制度僵化的结果。在这种僵化的体制下,科技人员不是把主要精力用在创新上,而是用在追求自身收益最大化上,这会大大地降低我国的创新力。在我国现行的科技体制下,科技人员不是把眼睛盯着市场、盯着社会,而是盯着政府,这大大地制约了我国自主创新能力的提高。在我国经济由低收入向中等收入迈进的过程中,政府主导的科技投资体制有其促进经济发展的作用,但是达到中等收入国家后这种体制的问题日益显示出来。政府干预度低的国家,1单位人力资本投入对应0.56单位的创新产出;政府干预度高的国家,1单位人力资本投入仅转化为0.28单位的创新产出。埃德蒙·费尔普斯(2013)指出,在历史上,激发创造力和远见、推动知识和创新增长的体制只能在私营部门爆发,而非公共部门。在理查德·R.纳尔森(2001)看来,虽然历史上有过几次政府支持促进了基础科学发展的事例,但政府对产业研发的帮助还没有过一次良好的历史记录。

第二,我国的经济结构不利于就业的增加。对于全球化影响的研究显示,富裕国家劳动者具有更高的技术和技能,在全球化调整中管理性岗位增加更快,而贫穷国家虽然不具备这种技能,却能增加非熟练就业岗位,而处于中间的国家则两类劳动力优势都不甚明显。达到中等收入水平后出现就业困难主要有两个方面的原因:一是技术创新能力跟不上,无法在全球的竞争中获取更多的就业岗位;二是制度方面的原因,如过高的国有经济比重及过度的国家保护主义,不仅导致经济的低效也导致就业的低效。如对于民营企业来说,平均增加6.7万元固定资产就可以增加一个就业岗位;而对于国有企业来说,需要增加35万元的固定资产才能增加一个就业机会。如果将国有企业的固定资产拿出20%(12500亿元)转移到民营企业,国有企业只减少359万个就业机会,而民营企业则可增加1864万个就业机会,总体可增加1505万个就业机会,几乎相当于国有企业的全部就业人数(陈宇峰等,2013)。但是由于既得利益集团的影响,我国要调整这种格局面临着很大的阻力。若提出加大国有企业的改革,那些既得利益者就会以国家利益、社会制度等阻止改革。

第三,我国现在已经处于经济增长减速阶段,不仅需要采取正确举措来面对经济增长减缓的问题,而且还需要政治、经济及社会体制的改革。在这种转型时期,能否采取正确的政策和有效的改革措施就极为重要了,而能否抵御利益集团对政策和改革的负面影响就是重中之重了。在转型时期,利益集团会从直接或间接的方面来左右我们的政策或改革举措的选择。当前对我国最关键的是投资问题。其实,任何国家在任何时期都存在投资的问题,我们现在面临的选择是继续在原有利益格局下由政府主导投资(尤其是地方政府),还是让市场发挥作用、让民间资本进入投资领域,这是两条不同的路径。在我国,从政府主导型投资到市场主导型投资的转变,是一个利益调整的过程。制度可能会持续存在,因为在不完全信息的世界中,改变既有规则的代价很高,而且过程耗时持久,对结果无法进行完全的预测。既有利益、沉没成本和制度刚性的结果就是投资决策通常是路径依赖的:投资某个产业的最初决策可能会将未来的投资也导向这个产业,即便这不是对资源最有效的利用(戴维·瓦尔德纳,2011)。

(三)我国从要素驱动向创新驱动的转变过程不仅是发展方式的转变过程,而且也是解决卡尔多集体困境的过程

从要素驱动向创新驱动的转变不仅取决于适应生产效率提高的组织创新能力,而且还取决于解决卡尔多集体困境的制度能力。2008—2009 年的《全球竞争力报告》把经济发展划分为三个阶段:第一是要素驱动阶段;第二是效率驱动阶段;第三是创新驱动阶段。这种按人均 GDP 来划分经济发展阶段是粗略的,这并不表明随着人均 GDP 的提高经济发展的阶段会自然而然地完成转变。白重恩研究显示,中国的全要素生产率在 2008 年之后大幅下降,至今未能提升,换句话说,中国经济身陷泥潭,既未享受到科技红利,也未享受到制度红利。从要素驱动向创新驱动转变,从表面看是一个技术进步问题,但实质上是一种组织方式与制度的变革。我们把这个转变仅仅理解为技术创新和科技投入是不够的,这还涉及谁来创新、谁来投入,以及投入—产出的结果由谁来评判的问题。

从深层次看,我国面临着从解决"格申龙集体困境"向解决"卡尔多集体困境"转变的问题。格申龙集体困境是指一种阻碍新工厂资本积累和投资的情况;而卡尔多集体困境是指阻碍既有工业企业经济绩效的提高,包括提高生产效率、降低成本和改进产品质量(戴维·瓦尔德纳,2011)的情况。在这里我们把经济发展定义为经济结构的变化或提高价值创造能力的过程。这里的发展是指:提高人均国民收入增长的新投资,建立部门间和产业间的相互关联,提高任何一个给定产业部门的生产效率,以及走向附加值较高的商品生产。发展的这四个构成因素的变化是以解决集体困境为基础的。当个人理性与集体理性发生分歧以至于个人的理性和最大化的行动只能导致集体的次优结果时,集体困境就出现了。这包括集体行动问题、协调问题和分配冲突(戴维·瓦尔德纳,2011)。从这些分析可以看出,我国转变经济发展方式面临的集体行动问题、协调问题和分配冲突表现为:收入差距过大;城乡经济发展的失衡、房地产的过度发展、银行业的垄断及实体经济发展的不足;产能过剩及技术创新能力不足难以走向附加值较高的商品生产等。

在转变经济发展方式的过程中,从集体行动及利益集团的角度来看,我国也面

临着两大问题,这两大问题都不利于我国转变经济发展方式:

第一,从微观层面看,适应生产效率提高的组织创新不足。生产效率广泛而持续的增长与生产组织的改变密切相关。购买新技术不会自动地转化为生产效率的提高;嵌入在资本设备中的新技术必须得到吸收和有效的利用。发展过程的每个构成要素都牵涉到特定的集体困境。如资本积累、生产效率的提高以及产品和过程的创新等本身就包含着集体困境。诺斯在《西方世界的兴起》里面指出,有效率的经济组织是西方世界兴起和经济增长的原因所在。这种有效率的组织能确定所有权体系,使私人收益等于社会收益。西方国家适应生产效率提高的组织创新能力较强。我们在这里值得探讨的是一些新兴经济体国家的转型及教训。戴维·瓦尔德纳在《国家构建与后发展》一书中分析了韩国的转型成功和叙利亚、土耳其的转型失败。这两类国家的起点差不多,但发展的结果出现了较大的差异。叙利亚和土耳其尽管转向了资本密集型产业,但这两个国家都未能持续地提高生产效率,工厂没有获得规模经济,这两个国家仍然是低附加值的生产国,利用借来的标准化技术生产商品,而且这些技术还没有被完全吸收。韩国的制度提供了集体困境的解决方案,而叙利亚和土耳其的制度则导致它们无法解决。两个面临相同集体困境,但拥有不同的制度能力来解决困境的国家,就会产生相异的经济后果(戴维·瓦尔德纳,2011)。早熟的凯恩斯主义国家中国家干预的形式加剧了很多集体困境。在叙利亚和土耳其,几乎所有的增长都只是新投资的结果,因为缺乏价值创造的组织创新,它们没有办法解决卡尔多集体困境。

反观中国的制造业,过去我们在低端市场血拼,加上有要素成本低的核心竞争力,包装一下就是引进消化吸收,但却缺乏创新的动力——在西方主要工业国,公司用于研发的费用往往占利润的3%以上,而中国公司的平均值是1%。为什么我国企业研发投入不足?这主要与制度环境有关。如在我国现行制度下企业可以把职工的报酬压得很低。中国制造业工人1小时的薪酬,大约相当于美国同行业工人1小时薪酬的3%;菲律宾制造业工人的薪酬差不多是美国制造业工人的6%;墨西哥约是美国制造业工人的12%。在此制度下,我们的企业研发和创新动力不足。同时,我国知识产权保护不到位,仿造、山寨更有利。

我国也面临解决卡尔多集体困境的问题。在转型期,国家的干预是不可避免的,并且会产生租金。为什么东亚的寻租行为符合发展要求,而在其他国家,如叙利亚和土耳其,寻租行为既对生产不利又对发展不利呢?在韩国和日本,政府对补贴的接收者施加了纪律。在交换补贴时,政府对私营公司施加了业绩标准,并有相应的奖惩措施。韩国和日本把政府管制中产生的租金通过制度安排用于创新方面,而叙利亚和土耳其则把管制中的租金用于建立和维持跨阶级联盟,甚至用于寻租方面。我国管制中产生的租金也并没有有效地运用于企业的创新活动中。

第二,从宏观层面看,由于我国经济体制和政治体制改革尚未到位,经济和政治关系还难以通过制度进行协调,公正而有效的秩序还难以形成,因此,社会协调成本和维稳成本比较高,这需要创造和维持跨阶级联盟。因为创造和维持跨阶级联盟与长期的产业转型和培养国际竞争力之间存在着尖锐的矛盾(戴维·瓦尔德纳,2011)。为了缓解这种尖锐的矛盾,必然会产生高水平的转移支付。而高水平的转移支付阻碍了政府获得解决卡尔多集体困境的制度能力。我们以教育与维稳成本的关系来看,拉詹与津加莱斯提出,如果像格莱泽等人所认为的那样,贫困是因为人力资本不足导致的,为什么糟糕的教育政策不能得到改变呢?为什么不能建立更有效的教育制度呢?为什么新加坡和韩国国民教育提高的经验没有得到普遍的推广呢?在他们看来,制度通常是最直接的原因,但更深层次的影响却来自政治利益集团。只改变制度形式,而不触动其背后的政治势力,是没有效果的,因为强大的政治势力总能找到相应的对策。2010 年,中国教育支出 2159.9 亿元,平均每人不到 200 元;以色列人均教育支出近 10000 元人民币,是中国的 50 倍。而中国每年维稳支出达到 7000 多亿元,是政府教育投入的 2.5 倍。为什么我国教育支出不能提高?这与我国维稳成本、构建和谐社会、维持秩序的支出上升有关。高水平的转移支付阻碍了政府获得解决卡尔多集体困境的制度能力。

三、构建抵御利益集团对经济负面作用的制度体系

解决利益集团问题是任何国家都存在的问题。《联邦党人文集》第 10 篇提出的一个基本问题是:在人民追求个人利益的权利和保护社会免受一个或多个利益主导的需要方面,能否形成一个可以令人接受的平衡?我们能否实现真正的多元主义,或者说,在一个自由而开放的社会中,利益集团权力的严重失衡是否是一种经常性的情况?利益集团世界在今天是否如多元主义者所希望的那样实现了平衡,或者被追求自身利益的狭隘集团所主导而牺牲了更大的社会利益(杰弗里·M. 贝瑞等,2012)。中国的改革红利能否生成并能否跨越中等收入陷阱,关键在于利益集团之间是否实现了利益平衡。利益集团在任何国家都是存在的,但能否形成既得利益集团甚至分利集团(联盟),取决于一国的体制和制度体系。有效而公平的制度能为多个利益集团形成公平竞争的平台,博弈的结果是形成一种利益均衡。而低效且缺乏公平的制度则可能为强势的利益集团形成既得利益集团甚至分利集团创造了条件。如果不能实现这种利益的平衡,主要原因就是缺乏抵御利益集团对经济负面作用的制度体系。公正而有效的制度才能实现利益集团之间的利益平衡。

从理论上讲,社会中的许多利益通过组织进行游说,都能在决策过程中得到表达。这些集团和政府之间发生的讨价还价,导致了经过妥协和协商一致而形成的政策。不同集团自由参与决策过程,由于不同利益自然而然的冲突,没有一个集团

会变得过于强大,政府则作为相互竞争的利益的综合者进行活动(杰弗里·M. 贝瑞等,2012)。这是一种利益集团无法影响经济及政策的理想状态。要实现这种理想状态就需要抵御利益集团对经济负面作用的制度体系。当意识形态不起作用时,利益集团在缺乏制度制约的条件下,会追求自身利益最大化。他们会影响政策与制度。抵御利益集团对经济负面作用的制度体系包括:民主制度、法治、政府权力受到制约、信息公开制度、制度的质量及实施机制、规则及政策制定程序的公正等。这种制度体系主要涉及三个方面:一是政府权力的制约及政府与利益集团的关系;二是规则及政策制定程序的公正性;三是制度质量及其实施机制。

(一)政府权力的制约及政府与利益集团的关系

政府权力受到制约是建立抵御利益集团对经济负面作用的制度体系的前提条件。换言之,政府权力没有受到制约就为既得利益集团及特权利益集团的形成创造了条件。政府权力的制约包括两个方面的含义:一是权力受到制约。这里的权力不仅是行政权力,而且包括官员支配资源的经济权力。经济体制改革的核心问题就是处理好政府与市场的关系,这个关系如何处理好的关键是看政府官员的权力是否受到制约,现在我国一些官员不仅行政权力大,而且能支配的经济资源权力也大。二是权力在阳光下运行。这包括信息公开、官员财产公开等制度设计。权力在阳光下运行不仅有利于建立权力的制衡系统,也有利于民众的监督。由此可以看出,把权力关进制度的笼子里既是中国政治体制改革的切入点,也是中国经济体制改革的切入点。把权力关进制度的笼子里的着力点是事先构筑规范官员行为的制度系统,是事先的防止腐败机制,即从源头反腐。把权力关进制度的笼子里就是要从制度上斩断一些官员的掠夺之手。可以说,在人类历史上,把权力关进制度的笼子里是最难的事,它涉及从宪法到各种法规的规定,还有民主与法治等。

制度分为正式制度、非正式制度及实施机制。在制约权力方面,我们不仅要在正式制度与非正式制度上构建制约权力的笼子,而且更重要的是要有制约权力的制度实施系统。这些年来,我国出台了许多制约权力的正式制度(如章程、规定等),但是与此相关的非正式制度(观念、文化等)还跟不上,“有令不行,有禁不止”“上有政策,下有对策”的现象时有发生。历史上官员的特权思想流毒还难以肃清。由于制约官员权力的非正式制度的缺失,导致我国一些制约官员权力的正式制度的实施大打折扣。要构建制约权力的笼子,必须进行深刻的制度变革。这是因为既得利益集团还会抵制把权力关进制度的笼子里。网上举报、网上反腐是制约权力和反对腐败的一种形式,但是仅有这些是不够的,更重要的是要有制约权力的制度系统。这个制度系统是内生的,是具有自我免疫功能的制度系统。在我国市场化改革过程中,由于渐进式改革的特点及政治体制改革的相对滞后,少数拥有权力的政府官员为了自己的利益,以权谋私、腐败,把权力用到了极致。

利益集团既可以在既定的制度框架内专心生产，也可以通过改变规则来实现利益集团财富的最大化，选择什么方式取决于改变权利结构的相对成本。当成本较低时，有影响的利益集团会影响制定一些使社会的生产能力只部分实现的经济制度（思拉恩·埃格特森，2004）。强势集团之所以能够决定制度演进的方向，其前提是能够通过权利决策机构来影响制度的制定。人们为了自身利益的最大化，在制度规则制定与实施的过程中，会通过各种活动尽量使制度向有利于自己利益的方向倾斜。值得指出的是，并不是所有社会的利益集团都能直接影响制度的决定与选择，这与政治体制等因素有关。

不同政治体制下，利益集团对制度的影响是不一样的。如果一个社会允许某些特殊利益集团具有强权地位，那么他们会拼命剥夺整个社会的利益；但如果有不同的利益集团形成相对均衡的态势，则会对社会产生正面影响。在不发达国家里，已形成的既得利益集团可能握有统治权。而在发达的民主经济中，院外集团和一些利益集团也会影响政治过程和行政过程，抵制适应新条件的结构调整（思拉恩·埃格特森，2004）。

在民主和政治体制成熟的国家，在有效权力制约体系下，利益集团对政策和制度的形成都会有影响，但不会形成特殊利益集团或既得利益集团，从而可以形成制度均衡。而在政治体制不成熟的国家，由于缺乏有效的权力制约体系，不同利益集团的博弈中会产生特殊利益集团或既得利益集团，少数利益集团成为强势的利益集团，他们直接或间接地影响政策和制度的制定。这些特殊的利益集团在追求自身利益最大化的过程中，往往是以牺牲其他利益集团的利益为代价的。利益集团通过利用自身的组织优势，将社会影响力转化为政治影响力。利益集团的分利活动导致社会资源从生产渠道退出，流向政治游说领域，创造性活动被分利性活动取代，不断增加的政府规制阻碍了市场竞争。

（二）规则及政策制定程序的公正性

奥尔森从经济学的视角系统分析了利益集团的形成及其内部运作，认为利益的变化是制度变迁的基础。利益集团力量的不均等必然会影响制度及其变化。利益集团之间的博弈对经济制度变迁有重要影响，并且制度的演进方向是由社会中处于强势地位的利益集团决定的（缪勒、诺斯）。这些强势利益集团在新规则和政策制定上处于有利地位。诺斯（1994，2004）指出："制度并不一定是，甚至经常不是按社会效率来设计的，相反，它们（至少正式规则）是为了服务于那些具有创造新规则谈判能力的利益集团而创造的。"

（三）制度质量及其实施机制

为什么拉丁美洲缺乏抵御利益集团对经济负面作用的制度体系？这并不是说拉丁美洲没有相应的制度体系，而主要是指拉丁美洲的制度质量存在明显不足，执法不严、腐败、司法体系效率不高，而且缺乏独立性等问题，成为拉美各国的制度"特色"（菲利普·拉兰）。低下的制度质量为既得利益集团、特权利益集团的形成创造了条件。

首先，制度质量是影响国与国之间收入差距的最主要因素。美洲防预委员会（2000）的估算结果显示，发达国家和拉美国家的收入差距中有60%是由制度质量造成的。拉丁美洲与东南亚的收入差距中有80%是由制度质量造成的。罗德里克等人评估了制度质量、地理条件和贸易对全球收入差距的影响，并得出结论：到目前为止，制度质量是影响国家间收入差距的最主要因素（青木昌彦，2008）。

其次，制度质量低容易导致掠夺制度。"掠夺型制度"（extractive institutions）是指该制度导致社会非生产性再分配、财富分配不公及非和谐式增长（达龙·阿西莫格鲁等，2006）。所谓掠夺型制度，就是少数人的利益通过制度的形式最大化，并有隐蔽性。在一些转型不成功的国家或者那些陷入中等收入陷阱的国家就出现了掠夺型制度。掠夺型制度对经济的长期发展不利，但为什么能产生和存在呢？这是因为制度是由政治上的强势集团决定的，选择私有财产制度不利于他们追求租金的最大化，而选择掠夺制度则更有利于追求他们的租金最大化。

最后，制度质量低的国家容易出现制度结构疲软等现象。制度结构疲软的国家一般不能有效地应对因为损失和利益分配不均而引发的冲突，因此政府会尽可能推迟用政策措施解决这些危机和问题，结果导致经济增长放缓。从深层次看，在奥尔森看来，经济增长持续地受到一种集体行动问题的严重威胁。一方面，组织希望得到经济效率、增长和普遍的繁荣，并让社会更有效率地符合其成员的利益，从而实现共享式增长。另一方面，组织也能通过财富的再分配来满足其成员的利益，即为其成员获取社会生产中较大的份额。然而，如果组织中的多数成员都选择对增长进行再分配，那么国民经济就会停滞（戴维·瓦尔德纳，2011）。在制度质量低和制度结构疲软的国家容易形成特殊利益集团和既得利益集团，他们更偏向于对增长进行再分配，这也是一些国家陷入中等收入陷阱的重要原因之一。

综上所述，建立权力的制约体系，并切断权力与利益集团的直接联系；建立公正的政策和制度制定的程序；提高制度质量并保障制度的有效实施，是构建抵御利益集团对经济负面作用的制度体系的三大条件。

四、释放改革红利的制度空间

我国释放改革红利的制度空间还很大，这主要表现在以下四个方面，这四个方面与前面分析的构建抵御利益集团对经济产生负面作用的制度体系有着内在联系。

1. 构建有限政府，处理好政府与市场的关系

政府与市场的边界界定在什么地方，根本取决于我们是无限政府还是有限政府，取决于对政府权力的制约及切断政府与利益集团的联系，要转变政府职能。无限政府就是强势政府，即什么都管，控制的资源多，管制多，干预多。有限政府有三个方面的含义：

（1）有限政府就是强化市场型的政府。强化市场型政府是美国经济学家奥尔森提出的一个概念。其内涵主要有两个方面：一是政府有足够的能力去保障财产权和合同的实施；二是政府的权力是受到制约的。在这两者中，限制政府的权力是最难的，也是我国处理好政府与市场关系的关键。

（2）有限政府建立在政府与市场边界清晰的基础上。当前我国政府与市场的边界不清晰主要表现在两个方面：一是越位，即很多不是由政府管的事政府也管了，政府不应该干预的事也干预了，政府不应该控制那么多资源；二是缺位，即一些应该由政府管的事政府没有管，或者没有积极性去管，如食品安全、公共卫生、社会秩序及法治建设等。稳定的政府与市场的边界就是政府没有越位与缺位。为什么会出现越位与缺位？从根本上来讲，就是政府的权力还没有受到有效制约，政府的掠夺之手没有受到牵制。

（3）有限政府要斩断政府与利益集团的直接联系。转变政府职能不是一个简单的机构改革、行政审批制度等改革的问题，它涉及政治体制及权力机制、利益机制等建构的问题。政府该退出的领域应该坚决退出，该让出的领域也要坚决让出，不要与民争利，精简机构，建立服务型政府，要把无限政府转变成有限政府。政府在与既得利益集团彻底切割的同时，亟待通过理性的决策与有效的执行力，争取经济转型框架的全面落实。总之，如十八大报告提出的经济体制改革的核心问题是处理好政府和市场的关系，必须更加尊重市场规律，更好地发挥政府的作用。

2. 构建发展型国家，实现从非直接统治型国家向直接统治型国家的转型

从深层次看，我国处理好政府与市场的关系、政府与社会的关系就是要完成从非直接统治型国家向直接统治型国家转型。在非直接统治型国家，国家精英通过与地方权贵的联盟进行统治；而在直接统治型国家，制度和机构取代了权贵并把国家、经济和社会联系在一起。随着从借助地方协调者间接统治转身直接统治，旧的

制度被重新定义,新制度建立了起来,而国家则扩大了对公共品的供给(戴维·瓦尔德纳,2011)。在我国改革开放过程中,由于政治体制改革的相对滞后,我国基本上采用了非直接统治型国家的模式,利用地方之间的竞争及地方政府官员对政绩的追求来实现经济发展。这种模式在从低收入国家向中等收入国家迈进过程中有其合理性,但在从中等收入向高收入国家的发展过程中,这种模式的问题会越来越多。从总的方面来看,这种模式难以解决卡尔多集体困境,不利于充分调动地方的积极性和发挥全国统一市场的作用。要从早熟的凯恩斯主义的国家干预转变到发展型国家。四种制度化安排界定了国家的发展型能力:国家社会关系、官僚制的性质、国家财政和国家经济干预模式(戴维·瓦尔德纳,2011)。如何正确处理好中央政府与地方政府的关系,是从非直接统治型国家向直接统治型国家转型的关键。目前我国地方政府把精力主要放在投资、经济增长上并直接干预经济的方式必须转变,地方政府要为经济发展和解决民生创造有利的制度条件和政策环境,而不是直接主导经济增长。

3. 完善市场经济体制,防止权贵的市场经济

我国市场化改革红利的潜力还很大。其前提是要防止权贵的市场经济,威廉·鲍莫尔、罗伯特·利坦等人把资本主义分为四种类型:国家主导型资本主义、寡头型资本主义、大企业型资本主义和企业家型资本主义。现实生活中很难把哪一个国家的体制归于上述某种纯粹的形态。在他们看来,比较理想的体制是一种企业家型经济体制和大企业型经济体制的混合体,因为这种经济体制最有利于技术进步,最有利于新技术的商业化。国家主导型、寡头型和大企业型经济体制的各种缺陷与问题主要体现在腐败和寻租极度猖獗、收入分配严重不公及企业家创新活动的动力受到限制等。所以市场经济体制改革不完善,就容易出现与目标体制改革的差距。从深层次看,市场化改革的最大阻碍并不是来自于技术层面,而是来自于利益和制度层面。我国要从干预过多的市场经济体制转移到法治化的市场经济体制上来。

我国要获取市场化改革的红利必须要建立抵御利益集团对经济负面作用的制度体系。被利益集团绑架的市场经济就是权贵的市场经济。如吴敬琏先生所说,我国体制改革出现了两种可能的发展方向:政府正确处理好政府与市场的关系,逐渐淡出对经济活动的干预,减少各种审批和管制,完善诸如市场监管和提供公共产品和服务等方面的职能,最终建立"法治的市场经济";或者不断强化政府对市场的控制和干预,不断扩大国有部门的垄断力量和国家保护主义,蜕变为政府全面控制经济社会发展的国家资本主义,甚至权贵市场经济的畸形体制。既得利益集团就是希望国家干预的市场经济出现。

4. 加快政治体制改革,建立和完善社会主义民主与法治的制度体系

阿西莫格鲁等人研究了自然实验(韩国和朝鲜的分裂以及欧洲人开拓殖民地的过程)并得出结论,他们认为经济制度和政治制度都对经济增长产生了重要的影

响。经济制度影响经济增长的原因在于,它们“制定了社会中经济参与者的激励机制”,而这有力地解释了国家间的经济增长差异;政治制度影响经济增长的原因在于它决定了经济制度的质量。

在美国总统麦迪逊看来,政治体制的一个根本问题就是利益集团往往要在经济市场和政治市场中活动,来改变市场经济的有效性。诺斯指出,这种由于利益集团的冲突而导致经济市场和政治市场效率低下的状况在200多年后的今天仍然存在。美国也采纳了这些建议,即防止国家和利益集团通过各种途径实现自己的目的(诺斯)。如何建立有效的抵御利益集团对经济负面影响的制度体系?如果不能达成关于所有社会集团都能从经济增长中获益的改革契约,关于控制权的斗争将愈演愈烈。能够和平、协调地解决这些不可避免的控制权斗争的政治制度设计,是经济长期增长的关键(布鲁斯·布恩诺·德·梅斯奎塔等,2007)。

我国转变经济发展方式的艰难与我国政治体制的改革相对滞后是有关的。与经济体制相比,政治体制更为错综复杂,任何变革都不会让所有人受益,总有一些人的利益受损。相对而言,经济体制改革损害的经济利益更容易找到替代品加以补偿;而政治体制变革所触犯的利益,则很难找到相应补偿方式。到底以什么样的方式来平衡各方的政治利益,这是需要通过政治体制改革来解决的问题。在吴敬琏先生看来,政治体制改革包含三方面的内容,这就是:建立法治、推进民主和实施宪政。它们三者是紧密联系,甚至是相互界定的,但在推进方式上,又可以是循序渐进、不同时期有所侧重的。从世界各国实施宪政民主的经验看,从法治入手是最容易取得成效的。总的来讲,有效的民主和法治制度体系可以限制政府的权力和利益集团对多数人利益的侵蚀,从而使经济增长的好处受惠于更多的人。

主要参考文献

1. 盛洪:《垄断国企与经济滞胀》,《金融时报》,2013年8月8日。
2. 道格拉斯·C. 诺斯:《经济史中的结构与变迁》,上海三联书店,1994年。
3. 曼瑟尔·奥尔森:《国家兴衰探源:经济增长、滞胀与社会僵化》,商务印书馆,1999年。
4. 杰弗里·M. 贝瑞、克莱德·威尔科克斯:《利益集团社会》,中国人民大学出版社,2012年。
5. 罗纳德·H. 科斯、道格拉斯·C. 诺斯等:《制度、契约与组织:从新制度经济学角度的透视》,经济科学出版社,2003年。
6. 迈克尔·S. 格雷弗:《真正的联邦主义》,陕西人民出版社,2011年。
7. 戴维·瓦尔德纳:《国家构建与后发展》,吉林出版集团,2011年。
8. 联合国开发计划署驻华代表处等:《绿色发展 必选之路》,中国财政经济出版社,2002年。
9. 埃德蒙·费尔普斯:《大繁荣》,中信出版社,2013年。
10. 理查德·R. 纳尔森:《经济增长的源泉》,中国经济出版社,2001年。
11. 陈宇峰等:《技术偏向与中国劳动收入份额的再考察》,《经济研究》,2013年第5期。
12. 戴维·瓦尔德纳:《国家构建与后发展》,吉林出版集团,2011年。
13. 杰弗里·M. 贝瑞、克莱德·威尔科克斯:《利益集团社会》,中国人民大学出版社,2012年。
14. 思拉恩·埃格特森:《经济行为与制度》,商务印书馆,2004年。

15. 阿维纳什 · K. 迪克西特:《经济政策的制定:交易成本政治学的视角》,中国人民大学出版社,2004 年。
16. 青木昌彦、吴敬琏:《从威权到民主:可持续发展的政治经济学》,中信出版社,2008 年。
17. 达龙 · 阿西莫格鲁等:《贫富逆转:现代世界贫富格局中地理和制度的作用》,载吴敬琏主编,《比较》(第23 辑),中信出版社,2006 年。
18. 布鲁斯 · 布恩诺 · 德 · 梅斯奎塔等:《繁荣的治理之道》,中国人民大学出版社,2007 年。

原载《南方经济》,2014 年第 1 期;本文与柯赞贤合写

中国能跨越“中等收入陷阱”吗？
——基于制度视角的分析

为什么世界工业化已经进行了250余年，近200个国家中只有少数是发达国家？为什么许多国家在中等收入阶段徘徊，迟迟不能进入高收入国家？中国进入中等收入国家之后也面临“中等收入陷阱”的问题。世界银行行长佐利克在北京举行的中国与世行合作30周年座谈会上再一次表示，目前摆在中国面前的新问题是“中等收入陷阱”，即从中等收入过渡到高收入，比从低收入过渡到中等收入更难。可以说，“十二五”期间，是中国跨越“中等收入陷阱”的关键时期。中国逼近“中等收入陷阱”了吗？“中等收入陷阱”的形成根源是什么？中国跨越“中等收入陷阱”的基本路径是什么？本文将基于制度视角探讨这三个问题。

一、中国逼近“中等收入陷阱”了吗

“中等收入陷阱”是2006年世界银行在其《东亚经济发展报告》中明确提出的一个概念。它指的是当一个国家的人均收入达到世界中等水平后，由于经济发展方式转变缓慢，导致增长动力不足，最终出现经济发展停滞的一种状态。换言之，一个国家突破人均GDP 1000美元的“贫困陷阱”后，很快会奔向1000美元至3000美元的“起飞阶段”。但当人均GDP达到或超过3000美元时，即人均收入达到世界中等水平后，快速发展中积聚的矛盾集中爆发，体制与机制的更新进入临界点。“中等收入陷阱”国家的特征是：经济增长回落或停滞，贫富分化，腐败多发，过度城市化造成畸形发展，社会公共服务短缺，就业难，社会动荡，金融体系脆弱，等等。这其中的许多特征相互之间具有内在联系，并相互强化。

所谓收入陷阱，是指在一个促进人均收入提高的因素发挥作用之后，由于这个因素具有某种程度的不可持续性，其他制约因素又会将其作用抵消，把人均收入拉回到原来的(生存) 水平上面(见图1)，从而达到一种均衡状态。

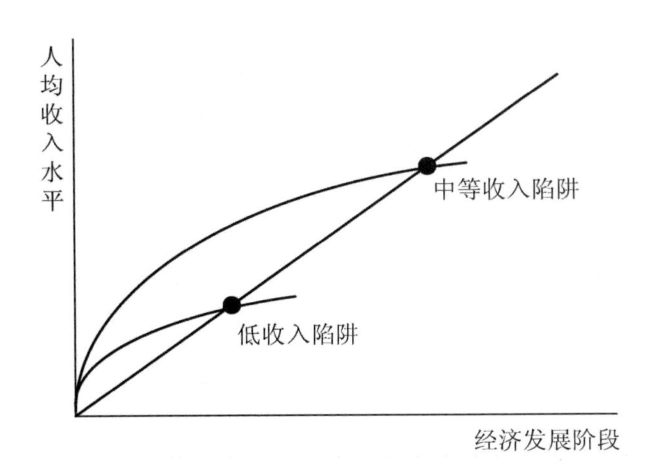

图 1　低收入陷阱与中等收入陷阱

资料来源:蔡昉,《中国经济如何跨越"低中等收入陷阱"》,《中国社会科学院研究生院学报》,2008 年第 1 期。

面对"中等收入陷阱"有三种情况:一是掉入"中等收入陷阱"而难以自拔的国家,如拉美一些国家在 20 世纪 70 年代进入中等收入国家行列,却因为没有处理好经济发展、贫富差距和对外经济关系等问题,而一直陷于低谷。巴西、阿根廷、墨西哥、智利等国在 20 世纪 70 年代均进入了中等收入国家行列,但到目前为止,这些国家仍然处在人均 GDP 3000—5000 美元的发展阶段,并且还看不到突破的动力和希望。2002 年,巴西人均 GDP 超过了 3000 美元,城市化率达到 82%,但贫困人口同时也占到国民人口总数的 34%。一方面国家许多方面已经实现现代化,另一方面广大人民群众不能共享发展的成果。这一两极分化现象严重影响了国家竞争力的提升和社会的稳定。"拉美陷阱"就是典型的"中等收入陷阱"。二是正在努力摆脱"中等收入陷阱"的国家,如马来西亚、泰国等东南亚国家。三是成功跨越"中等收入陷阱"的国家,如日本、韩国等新兴工业化国家分别在 20 世纪 60 年代和 70 年代成功跨越 "中等收入陷阱",迈进了高收入国家行列。

20 世纪 90 年代以后,许多发展中国家的发展表明,如果经济增长不是建立在良好的制度环境和政府善治的基础之上,有增长则没有发展,并且容易导致市场扭曲、环境被破坏、资源过度使用、产业结构不合理、投资过度及低效、腐败盛行、社会稳定的压力增大,人们的幸福感没有增加,广大民众特别是贫困人口参与市场活动及社会政治决策的能力与机会被剥夺。所以,必须全面探讨实现共享式增长的机制和途径。

中国是否陷入"中等收入陷阱"? 对此我们的判断是,中国有逼近"中等收入陷阱"的危险,我国当前经济增长势头尽管强劲但趋缓,并且中等收入陷阱的一些特征已不同程度地显现出来。我国逼近"中等收入陷阱"的危险表现为:

第一,经济增长放缓与自主创新能力不足并存。从粗放型增长向集约型增长的转变是一种必然趋势,但是自主创新能力不足严重地制约着我国经济发展方式的转变和产业的升级换代。我国90%的产品是贴牌生产。目前国内很多文化艺术作品创造力不够,90%的作品属于模仿和复制(柳斌杰,2011)。这些年我国在教育、科技方面投资也不少,但是这些投资与预期相比还差得比较远。这其中的重要原因是,我国教育、科技投入主要来自于政府。来自于政府的投资往往是软预算约束,并且其投资的成本与效率没有人去真正关心,这就必然导致投资的低效率。教育、科技投入在任何国家都是存在的,但在投资的数量和投资的方式上是有差别的。因此,我国科技投入体制的问题以及背后的制度因素是需要我们探讨的问题。

第二,贫富分化与腐败严重并存。调查显示,2010年,中国有1000万人民币流动资产的家庭有54万,占全国人口的比例只有0.1%。他们的总财富多达2.68万亿美元,超过当年全国GDP的44%,或者是全国财富存量的20%。同年,中国人均GDP虽然达到了4600美元,但是,全国60%的人的平均收入却达不到1200美元,还是处于贫困或温饱的状态。我国的行业收入差距及国企的垄断高收入都加剧了我国的收入差距和贫富分化。我国城乡之间的收入差距、地区之间的收入差距、行业之间的收入差距、不同企业所有制之间的收入差距都是利益失衡的表现。从表面看,这些是收入分配的问题,但实质上是分配中的利益机制及制度安排问题。更为严重的是,我国的贫富分化中"腐败"因素占有相当的比重。贫富分化与腐败往往互相强化。

第三,过度城市化造成畸形发展与社会公共服务短缺并存。为什么出现一方面过度城市化造成畸形发展,另一方面社会公共服务短缺的矛盾状态呢?这与政府主导的经济发展体制密切相关,与强势政府行为有关。我国的城市化是在房地产市场及土地市场缺乏有效利益制衡机制及制度安排下进行的。自1998年住房分配货币化以来,中国短时间内在最大范围内形成了一个世界上绝无仅有的"造城运动",各地水泥森林拔地而起。在暴利的驱使下,不仅导致了全国产业结构升级的逆选择,而且导致了社会资金与财富的逆流向,从而使得房地产业与其他行业之间的利益失衡越来越严重(易宪容,2006)。我国过度城市化现象也比较明显,城市的摩天大楼越来越多,城市的表面越来越豪华,城市的建筑寿命越来越短,这些都是过度城市化的表现。但是与快速的经济发展相比,我国的基础教育、医疗服务、社会秩序等公共服务供给不足。公共服务的短缺并不是差钱,而是缺乏一套形成有效公共服务的制度体系。

第四,就业困难、社会不稳定、金融体系脆弱与我国生产要素市场的不健全有关。生产要素市场改革的滞后加大了我国陷入"中等收入陷阱"的可能性。这主要体现在资本市场、土地市场及劳动力市场。随着工业化、城市化及市场化的推进,许多要素(土地、资产、自然资源等)不断变现、增值、升值,但这些好处在我国现行制度下其流向和结构出现了偏差,并没有惠及更多的人,而是大量地集中到少数利益集团手中。我国的要素市场是在缺乏市场"基因"下发展起来的,受利益集团的影响和行政驱动,弱化了市场经济配置资源的基本功能,而在一些方面成为少数利益集团的“寻租场”，这将成为我国社会主义市场经济体制建立的最大问题。我国金融体系的脆弱并不仅仅是指其技术和管理层面的，而且包括制度层面的。在现行体制下，利益集团会经常“绑架”国家。如近几年来，国家向国内金融机构注资达5万亿元之巨，由于银行经营有国家为之担保，银行当期利润与银行当期经营者的利益直接相关，于是银行借助国家信用无限扩张。一些房地产市场炒作者一人竟可借款几亿元，买一百多套房，从而用银行的钱把房价炒高，侵害与掠夺他人之利益（易宪容，2006）。还有我们的高铁建设中出现的问题也是少数利益集团从中得到了大量好处，而最终由政府出面。由纳税人买单。市场经济体系下的软预算约束比计划经济体系的软预算约束的后果还要可怕，损失更大。

二、“中等收入陷阱”的形成根源在于缺乏制约利益集团的制度体系

在世界银行看来，一国从低收入向中等收入迈进中起作用的一些因素，到了中等收入阶段就不够了；一些原有的机制也难以发挥作用了，或者说，原有的机制不适用变化了的条件，从而难以发挥作用。在“中等收入陷阱”中，过大的收入差距或贫富分化是最为突出的特征。如果收入分配恶化达到伤害经济激励和社会稳定的程度，就会阻碍经济增长，使人均收入水平不能继续提高。诺斯指出，拉美国家的经济增长都不大成功或者半途而废，原因就是它们普遍缺乏抵御利益集团对经济产生负面作用的制度体系。换言之，利益集团会左右一国经济发展和制度变迁。有利于利益集团的制度往往是低效的或无效的制度。利益集团在没有制度制约下会拖累一国的经济和社会转型。我们在前面分析中国面临中等收入陷阱危险时所探讨的问题在一定程度上验证了诺斯的命题。利益集团对经济负面作用的影响程度抵消了经济增长带来的好处，加大了社会经济运行的成本，从而出现人均收入水平不能继续提高。

我国缺乏抵御利益集团对经济产生负面作用的制度体系主要表现在三个方面：

（一）制度质量低

制度质量不高的根源是多方面的，但最主要的是特殊利益集团、强势利益集团、既得利益集团的干扰使制度的设计、实施及运行都受到了影响，从而导致制度失灵，进而增加了整个社会的交易成本。人们发现拉丁美洲的制度质量存在明显不足，执法不严、腐败、司法体系效率不高而且缺乏独立性等问题成为拉美各国的

制度"特色"(菲利普·拉兰)。在从低收入向中等收入迈进中,制度和体制是重要的因素,但在从中等收入迈进高等收入国家中,制度是一个不可或缺的关键性因素。

美洲防预委员会(2000)的估算结果显示,发达国家和拉美国家的收入差距中有60%是由制度质量造成的,拉丁美洲与东南亚的收入差距中有80%是制度质量造成的。罗德里克等人评估了制度质量、地理条件和贸易对全球收入差距的影响。为了检验研究成果的稳健性,他们使用了三个数据集(一个收集了64个国家的数据;一个收集了79个国家的数据;还有一个收集了137个国家的数据),并得出结论:到目前为止,制度质量是影响国家间收入差距的最主要因素。[①] 总之,制度质量越高的国家,收入增长也越快!从某种程度上讲,只有制度质量高的国家才能从中等收入进入高收入国家。

从宏观上讲,我国制度质量体系还不高,这就为特殊利益集团、强势利益集团甚至分利联盟的形成提供了土壤。少数人控制(垄断)资源或者借助于政府对资源控制的分配最容易形成利益集团,如我国这些年收入差距扩大及贫富分化。

研究表明,民主程度高的国家比集权国家的基尼系数要低得多。民主与法治化程度高的国家更有利于公共产品和公共服务的均等化。制度质量高还有利于社会的稳定。

利益集团在任何国家、任何体制下都会存在,高质量的制度体系能抵御利益集团对经济的负面影响,从而很难形成特殊利益集团、强势利益集团甚至分利联盟。反之,在制度体系质量不高的国家,容易形成特殊利益集团、强势利益集团甚至分利联盟。这些年来,我国经济总量不断增长,正式规则也在不断完善,但是与我国经济社会发展的要求相比,我国正式制度的质量的提高还显得相对滞后,这两者的矛盾将会严重地制约我国从中等收入国家向高收入国家迈进。

(二)制度的设计和实施受少数利益集团的影响

制度设计过程实际上是不同利益集团博弈的结果。制度设计常常更多地牵涉到利益派别间的谈判和讨价还价,牵涉到正规政府制度的功能发挥。而这也正是J. R. 康芒斯以及公共选择理论研究的主题。两者都假定,国家的起因部分来自自发过程运作的限制,部分来自群体改变收入分配增加自身利益的愿望。公共选择理论进一步详细地分析了投票规则、直接民主与代议制民主、政党、寻租、官僚行为等制度形式的实际后果。[②]个人既可以在既定的制度框架内专心于生产,也可以从

---

① 青木昌彦、吴敬琏:《从威权到民主:可持续发展的政治经济学》,中信出版社,2008年,第125页。

② 马尔科姆·卢瑟福:《经济学中的制度:老制度主义和新制度主义》,中国社会科学出版社,1999年,第110页。

规则制定者、立法者和政府机构中争取法律或规则的有利变动，以实现个人财富最大化，具体的途径取决于改变权利结构的相对成本。当成本较低时，有影响的利益集团会影响制定一些使社会的生产能力只部分实现的经济制度。为什么我们不能总是选择到最有益于社会财富最大化的制度安排？这与利益集团的存在及其对制度安排的影响是分不开的。奥尔森分析了利益集团对经济发展和制度变迁的影响，认为利益的变化是制度变迁的基础。如果一个社会允许某些特殊利益集团具有强权地位，那么他们会拼命剥夺整个社会的利益，但如果有不同的利益集团形成相对均衡的态势，则会对社会产生正面影响。①

国家在某种程度上讲是不同集团的集合体。统治者就是这些不同集团利益的"均衡者"。正如舒尔茨所指出的那样："处于统治地位的个人在政治上依赖于特定群体集团的支持，这些集团使政体生存下去。经济政策在这个意义上讲是维持政治支持的手段。"②制度安排（包括产权制度）的变迁经常在不同选民群体中重新分配财富、权力和收入。如果制度变迁中的受损者得不到补偿，他们将明确地反对这一变迁。一个强有力的集团也可能促进那些有利于这个集团收入再分配的新制度安排，尽管这种变迁将损害经济的增长。显然，包括产权在内的各种制度安排并不完全取决于效率（或经济）原则，它们还取决于不同利益集团的规模、地位以及与统治者的关系。在民主与法制健全的制度环境下，在经济上强势的利益集团一般不会转变为政治上的强势利益集团，或者会大大地受到限制。

拉丰和梯若尔也考察了政治的不确定性将使政府不会从长远的角度来制定政策，但他们认为，如果当权的政府总是偏向某一个特殊的利益集团，并且放任政府锁定这个对该利益集团有益的政策，则对社会可能是有害的，因此，制约与平衡是十分重要的。③ 利益集团与强势政府的结合不利于发展方式的转变和体制机制的创新。利益集团与政府的关系有多种组合。在民主和政治体制成熟的国家，在有效权力制约体系下，利益集团对政策和制度的形成都会有影响，但不会形成特殊利益集团或既得利益集团，从而可以形成制度均衡。而在政治体制不成熟的国家，由于缺乏有效的权力制约体系，不同利益集团的博弈中会产生特殊利益集团或既得利益集团，少数利益集团成为强势的利益集团，他们直接或间接地影响政策和制度的制定。这些特殊的利益集团在追求自身利益最大化的过程中，往往是以牺牲其他利益集团的利益为代价的。

在公民联合体下容易形成对利益集团的治理机制，而等级制及纵向的控制体

---

① 罗金生：《利益集团与制度变迁：渐进转轨中的中小商业银行》，中国金融出版社，2003 年，第 2 页。

② Schultz, Theodore W., *Distortions of Agricultural Incentives*, Bloomington: Indiana University Press, 1978: 10.

③ 阿维纳什·K.迪克西特：《经济政策的制定：交易成本政治学的视角》，中国人民大学出版社，2004 年，第 52—53 页。

系容易形成对少数人及集团有利的治理机制。例如,公共选择理论就认为国家所有权就是在任的政治家用来向庇护人分配职位和取得政治支持的一种手段。[①]此外,政府“既当裁判员又当运动员”容易被利益集团所绑架,从而使抵御利益集团对经济产生负面作用的制度体系难以建立起来。这是拉美国家的教训,也是我国跨越中等收入陷阱必须要解决的深层次问题。

利益集团对制度安排的影响是股强大的力量。这就有可能导致制度的非中性。中立的国家是很难的,没有偏向的国家是不存在的,不同利益集团之间的博弈及其不平衡将会影响国家目标及其行为。集团行动主要表现为介于个人与国家之间的各种中介组织,如行会、产业工会、宗教、党派等。在我国,现在一些主管部门(部委)往往成为本产业或行业的代理人,这是我国社会经济转型中一种独有的现象。从表面看,他们代表国家和整体利益,但是实际上(甚至表现在一些规则的制定),他们往往代表了本产业、本行业的利益,这是我国不同行业收入差距扩大的重要原因之一。这些行业如果容易采用国有体制,则更加剧了利益集团对经济的负面影响。这些组织往往代表一个群体的利益,他们与国家之间的博弈关系对于一个国家的制度及其体系的形成产生了重要的影响。行业之间利益失衡造成的行业垄断成为我国社会经济发展中一个重要制约因素。

我国利益集团对一些政策和制度的影响越来越明显。这主要表现在产业政策和再分配及社会保障领域。例如,目前国内的房地产市场,一方面是有效的规章制度由于受到既得利益集团激烈反对而无法推行。如 2003 年央行推出的 121 号文件,本来是对房地产市场金融规范的一个有效文件,却因为遭到强大的房地产商的反对,而被有利于房地产商的国务院 18 号文件所取代。另一方面,过时的、不适应变化了的市场环境的制度则由于有利于既得利益集团而无法调整与改革。如住房预售制度,本来是计划经济条件下的产物,是一个由消费者单边承担风险的制度,是一个严重掠夺消费者利益的制度,由于职能部门倾向于房地产商的利益而迟迟不进行改革(易宪容,2006)。还有我国公务员和事业单位的社会保障(退休及医疗保障)改革因为该集团的抵制和反对而无法进行。一些强势利益集团一方面享受着政府保护(体制内)的好处,另一方面又可以在市场体制中追求自身利益的最大化。社会的公平及公平分配被利益集团所侵蚀,不规范的利益集团的博弈及强势的再分配一方面导致收入差距的扩大,另一方面增加了社会的交易成本,使共享式增长难以实现,从而使收入增长缓慢。

(三)寻租与社会流动的僵化

我们判断一国是否缺乏抵御利益集团对经济负面影响的制度体系,其中一个

① S.詹科夫、R.拉·波塔等:《新比较经济学的新视角》,载吴敬琏主编,《比较》(第 4 辑),2002 年。

重要的现象就是寻租问题。寻租与既得利益集团的形成往往是一个问题的两个方面。缺乏抵御利益集团对经济负面影响的制度体系的一个直接后果就是寻租和腐败盛行。更重要的是,这种寻租有利的社会环境导致自主创新能力低下,从而导致社会经济的发展缓慢。

从历史上看,寻租是导致一国落后的重要原因之一。兰德斯认为,人才的不同配置是18世纪的工业革命为什么发生在英国,而不是法国的原因之一。在近现代,人才向寻租部门的配置正是大部分非洲和拉丁美洲国家发展停滞、欧洲经济增长缓慢的原因,而寻租部分较小的新兴工业化国家却可获得成功。[①]尽管中国和印度过去都是非常发达的文明古国,但是造成中国和印度非常贫困的根本原因是寻租的支配地位,它们的人口中比较有进取心的人士和社会精英都把寻租作为经济活动的主要形式。[②] 也就是讲,寻租成为少数利益集团追求自身利益最大化的一种手段。寻租不仅是一种非生产性活动,更重要的是,它会使一国经济长期处于停滞状态。研究中等收入陷阱形成的机理,寻租分析是一个有效的视角。

鲍莫尔从制度质量角度区分了企业家活动的类型和总水平,把传统上制度与经济增长、企业家才能与经济增长这两种看似不相关的理论结合了起来。好的制度有利于经济增长,是因为好的制度更多地促进了生产性的企业家活动,而生产性的企业家活动是经济增长的关键。戴龙·埃斯莫格卢(1995)和麦伦姆等(2003)分别构造的理论模型都表明:才能往往是相通的,相同的企业家才能既可以配置到生产性领域,也可以配置到非生产性领域,企业家才能配置的方向取决于社会制度支付给两种活动的相对报酬或激励结构。好的制度鼓励生产性的企业家活动和技术创新,进而能够保持较高的经济增长率。历史与现实证明,凡是有管制、政府控制资源过多的地方,就会导致寻租,甚至腐败。

以我国科技、教育资源的分配体制为例,我国政府在科技、教育领域控制的资源太多,这种分配方式从形式上看是重视教育、科技的,但实际上不利于科技、教育领域的发展和创新。中国在科技、教育上不差钱、不差人,差的是有效的科技、教育体制。政府控制过多的科技、教育资源(主要是指投入方面的),存在一个如何公平分配的问题,这种行政性分配在缺乏民主和法治的条件下是不可能做到公平的。一个更为严重的问题是,我们的科技人员、教育者不是把眼睛盯着市场和社会,而是盯着政府。一些科技、教育资源的分配实际上变成了设租和寻租的过程。激励机制的扭曲不利于我国科教的创新。因此,发展我国的科技、教育,关键是要把激励机制搞对。中国科协的一项调查显示:科研资金用于项目本身的仅占40%左右,大量科研经费流失在项目之外。以前中国科技投入不足,是制约科技创新的一大

① 安德烈·施莱弗、罗伯特·维什尼:《掠夺之手——政府病及其治疗》,中信出版社,2004年,第51页。

② 图洛克:《经济等级制、组织与生产的结构》,商务印书馆,2010年,第153页。

瓶颈。如今有钱了,但是有限的钱却没有花在刀刃上,成了部分科研人员的"圈钱"手段。我国近些年所谓的科技项目和工程越来越多(包括社会科学领域),投资的钱也越来越多。这种政府有关部门主导的所谓教育、科技体制是不利于中国的教育和科技发展的。现在我国教育、科技领域的领导和精英们是这种体制的受益者,所以科技、教育领域的行政化、官员化趋势越来越明显,要想分得更多的资源,就必须有一官半职,这种体制不是促进技术进步,而是强化了利益最大化。这种体制不是把教育者、科技者引导到创新上来,而是寻租上来。对这种高投入(相对以前)、低产出的教育、科技体制为什么人们能接受?这是因为在这些领域的强势集团是受益者,他们只要会搞关系、会公关,就可以获取较多的资源和利益。这种格局一旦形成路径依赖,改革的难度就会很大。

在我国转型时期,寻租的传统和现象还比较普遍,根据不同学者不同阶段的估计,中国租金总量占 GDP 的比重始终保持在 20%—30%,巨额租金的存在诱导着人们把大量宝贵的企业家才能用于寻租活动(吴敬琏,2008)。中国要跨越中等收入陷阱就必须通过制度创新和制度安排让企业家和社会精英把精力用在创新和生产性活动上,而不是寻租和非生产性活动上。

缺乏抵御利益集团对经济负面影响的制度体系的一个直接后果还表现为社会流动的僵化。在我国,既得利益集团不仅仅是在财富分配、资源控制等方面处于优势地位,而且还体现在社会流动方面。某一利益集团一旦处于有利地位,就可以固定下来。那些高收入、福利好、职业稳定的领域被一些特殊利益集团及子女所占有,其他群体很难进入,或者进入的门槛越来越高。清华大学社会流动(social mobility)课题组的研究发现,中国的社会流动在近 20 年来发生了不利于低收入阶层的变化。改革的前期即 1978—1990 年间,中国许多社会基层家庭的子女,能够走出其父母所在的低阶层的机会远高于 20 世纪 90 年代初之后。因为在这之前,中国的教育机会尤其是高等教育的资源,在社会里分布较广泛,家庭所承担的教育支出较少,主要由政府买单。这样,很多穷人的子弟可以通过高等教育,在社会里获得上升的途径。但是,90 年代初之后,中国的社会流动变得越来越困难。特别是到了 90 年代末及 21 世纪初,就更难发现大面积的、来自中国社会底层的青年人找到上升的机会。我国社会流动的僵化与制度性歧视(性别、城乡、地域等)有关,也与我国官本位、关系社会等有关。中国社科院一份名为《当代中国社会流动》[①]的研究报告表明,父辈具有社会资本的那些人比一般人更易于成为干部。在父亲受教育程度这个自变量固定的情况下,干部子女成为干部的机会是非干部子女的 2 倍多。寻租有利和社会向上流动有利于有权有势的人是缺乏抵御利益集团对经济负面影响的制度体系的典型表现,也是我们避免陷入中等收入陷阱要高度重视的

① 陆学艺:《当代中国社会流动》,社会科学文献出版社,2004 年。

问题。

由上所述可以看出，所谓中等收入陷阱，实质上是在缺乏对利益集团制约的制度体系情况下，社会的非生产性活动增加、创新能力不足、资源和分配不公导致的社会不稳定增加、社会流动僵化、政府用于维稳的成本上升，从而导致交易成本上升和人均收入提高缓慢。

三、中国跨越“中等收入陷阱”的基本路径在于制度创新

1. 推进社会主义政治体制改革，建立制约利益集团的制度体系

18 世纪末，美国总统麦迪逊在《美国联邦储备档案文集》中写道：“政治体制的一个根本问题就是利益集团往往要在经济市场和政治市场中活动，来改变市场经济的有效性。”诺斯指出，这种由于利益集团的冲突而导致经济市场和政治市场效率低下的状况在两百多年后的今天仍然存在。美国也采纳了这些建议，即防止国家和利益集团通过各种途径实现自己的目的（诺斯）。如何建立有效的抵御利益集团对经济产生负面影响的制度体系？如果不能达成关于所有社会集团都能从经济增长中获益的改革契约，关于控制权的斗争将愈演愈烈。能够和平、协调地解决这些不可避免的控制权斗争的政治制度设计，是经济长期增长的关键。[①]

我国在从低收入向中等收入迈进中，是在政治体制改革没有到位的条件下保持了高速增长的。从短期来看，保持高速增长是没有问题的，但是在从中等收入向高收入的迈进中，中国现有的政治体制还能支撑吗？经过三十多年的增长后，要跨越中等收入陷阱必须要解决政治体制与经济体制的不相适用性问题。这种不适用性应该是我们下一步改革应该重点关注的问题。

当前我国由于政治体制改革的相对滞后，政治市场与经济市场之间还缺乏一种有效的互动机制。我国法治化程度低，不仅不利于政治体制有效运行，而且大大地提高了社会经济活动中的交易成本。目前，我国社会经济发展中的一些深层次问题都需要法治化程度水平的提高，如第三产业的发展、反腐败、制约政府官员的行为等都需要法治作为支撑。

经济与政治的协调发展是可持续发展的基本提前之一。我国在可持续发展的探讨上往往忽视经济与政治的协调发展。经济增长的道德基础是让所有人都能受益，增长是在机会公平基础上的增长，只有这样我们才能让增长的成果惠及所有的人。经济增长不仅仅是大多数公民生活水平的提高，还意味着更多的机会、对多样

① 布鲁斯·布恩诺·德·梅斯奎塔等：《繁荣的治理之道》，中国人民大学出版社，2007 年，第 16 页。

性的容忍、社会流动性、坚持公平以及对民主的尊崇。在这些年中,迈向自由和民主最成功的国家,常常也是平均收入都上升了的国家。民主国家的基尼系数普遍低于集权国家的基尼系数。经济增长不仅对我们在物质文明上的改进有价值,也对影响我们的社会取向和政治体制有价值。经济增长使一个社会更加开放、宽容和民主,这样的社会也更能促进创业和创新,从而达到更大程度的经济繁荣。[①] 这表明,经济增长并不仅仅是社会财富和公民收入的增长,而是包含着社会政治方面的变化,这突出表现为经济增长后更有利于民主和自由。

国家如何有效地平衡不同利益集团的关系?第一,建立制约政府偏向某一些特殊利益集团的制度安排。让政府自身中立是很难的,必须建立制约政府偏向特殊利益集团的制度安排。如增加部门法规和产业政策制定的透明度,增加公共政策中公众的参与度的制度规定等。第二,通过制度安排约束社会中的"强势利益集团",扶助社会中的"弱势利益集团"。不同的利益集团对政府决策的影响是不一样的,如何让"弱势利益集团"在政府的决策中也有自己的"话语权"是国家能否协调不同利益集团利益关系的基本条件之一。

2. 改革强势政府,建立强化市场型政府

经过三十多年的改革开放,我国初步建立了社会主义市场经济体制框架,保持了高速的经济增长,这得益于政府的推动;同时也使我国产生了"诺斯悖论",即一国经济发展和繁荣离不开国家,但是衰退或落后也与国家有关。我国市场经济体制的建立主要是政府推动的,但我国社会经济中的诸多问题又与政府有关。我国形成了政府主导的市场经济体制,这表现为政府控制的资源多、政府的管制多、政府干预经济多。这种政府主导的市场经济不利于我国转变经济发展方式。在短期内,政府主导的市场经济可以克服体制的不足或制度的缺陷,但是从长期来看,政府主导的市场经济体制的问题会逐步显现出来,如过大的收入差距、贫富分化、维稳成本上升、寻租与腐败严重、政府投资过度等。更严重的是,这种格局一旦形成并产生路径依赖,将会大大地制约中国的改革与发展。所以,我们要实现从强势的政府向强化市场型政府的转变。那些成功从中等收入向高收入迈进的国家有一个共同的特点,就是完成了从强势的政府向强化市场型政府的转变。

所谓"强化市场型政府"是指一个政府如果有足够的权力去创造和保护个人的财产权利并且能够强制执行各种契约,与此同时,它还受到约束而无法剥夺或侵犯私人权利,那么这个政府便是一个"强化市场型政府"。[②] 减少政府对资源的控制,打破垄断、引入竞争、减少管制,尽可能地减少政府对经济的干预是国家能够有效协调不同利益集团利益关系的基本前提。利益集团的形成与国家和经济的关系

---

① 本杰明·M. 弗里德曼:《经济增长的道德意义》,中国人民大学出版社,2008 年,第 13 页。

② 曼瑟·奥尔森:《权力与繁荣》,上海世纪出版集团 ,2005 年,第 176 页。

是联系在一起的。一般而言,所谓"强势利益集团"往往是借助于国家力量(如行政特许权)形成的。有限政府会大大地缩小不同利益集团的差距,从而会减少利益矛盾。这是治本之策。此外,集体行动也有制约国家滥用其权力的作用。国家作为暴力实施者会滥用其权力,人们于是会创建一种集体行动机制,以限制产权保护者们的过度侵权行为。

3. 深化要素市场改革,让市场机制真正发挥作用

成熟的市场经济特征主要表现为四个方面:一是建立了完善的市场体系;二是有效的产权保护和契约实施;三是有发达的资本市场;四是民主与法治。这四者是相互联系、相互制约的。我国在三十多年的改革开放过程中,从不同程度涉及这四个方面的改革,但是在国家主导的情况下,这四个方面的制度变迁一般是自上而下,并且进展不平衡,有些方面还没有实质性的进展。

深化要素市场改革是市场机制发挥作用的基础。如果说,我国从低收入向中等收入国家的转变得益于商品市场的改革,那么我国从中等收入国家向高收入国家转变必须要深化要素市场的改革。我国的一些要素(如土地、资本等)还主要是由政府控制。如果说这种国家主导的经济体制在从低收入向中等收入国家的转变过程中有积极作用的话,那么在从中等收入国家向高收入国家转变的过程中其消极作用将会越来越大,甚至会成为我们转变的障碍。中等收入陷阱的一些表现实际上都与政府控制的资源多、政府的管制多和政府干预多有关。在政府还控制大量资源的情况下,我们很难建立强化市场型政府。

从深层次上讲,如果我们不从制度层面完善我国市场经济体制,不加快改革的进程,而让特殊利益集团、既得利益集团持续下去,那么原来设想中的社会主义市场经济很有可能演变为一种"权贵的市场经济",而权贵市场经济只能带来少数人的暴富,而不是我们期望的共同富裕。在一定意义上讲,跨越中等收入陷阱就是要建立共享式增长模式。共享式增长模式的形成涉及许多因素,如经济发展的水平和市场化程度;制度安排的决定因素,特别是有关资源及财富分配的制度安排上民众的参与度;公共政策的形成机制,是由政府决定还是民主决定;社会的价值观取向等,而其中共享式增长实现的机制和路径至关重要。有效的制度创新是我国跨越中等收入陷阱的前提。这其中,深化要素市场的改革尤为重要,有效的要素市场机制也是我们建立抵御利益集团对经济负面作用的制度体系的基础。

主要参考文献

1. 卢现祥、罗小芳:《完善投入机制促进科技创新》,《人民日报》,2011 年 2 月 22 日。
2. 巴罗:《经济增长的决定因素——多国经验研究》,中国人民大学出版社,2001 年。
3. 卢现祥:《成熟的市场经济体制再考察:由诺斯悖论引申》,《改革》,2010 年第 8 期。
4. 青木昌彦、吴敬琏:《从威权到民主:可持续发展的政治经济学》,中信出版社,2008 年。
5. 胡鞍钢:《"中等收入陷阱"逼近中国?》,《人民论坛》,2010 年第 7 期。

6. 蔡昉:《中国经济如何跨越“低中等收入陷阱”?》,《中国社会科学院研究生院学报》,2008 年第 1 期。
7. 威廉·鲍莫尔等:《好的资本主义,坏的资本主义》,中信出版社,2008 年。
8. 罗小芳、卢现祥:《制度质量:衡量与价值》,《国外社会科学》,2011 年第 2 期。
9. 易宪容:《财富的逆转是否会在中国出现》,搜狐财经,2006 年 5 月 8 日。

原载《社会科学战线》,2013 年第 7 期;本文与罗小芳合写

转型期我国市场化进程的多视角分析

市场化改革的过程是一个复杂的、多元的、边际的制度变迁过程。目前有从量的方面探讨我国市场化进程的[①],也有从质的方面探讨我国市场化进程的。[②] 本文继续从质的方面对我国转型期的市场化进程进行多视角的分析。

一、从产品市场与要素市场来看,我国要素市场的发展远远地滞后于产品市场的发展,其深层次原因是要素市场的产权及其制度安排不利于要素市场的发展

市场体系的完善是一国市场化进程的重要组成部分。在我国市场化改革的过程中,市场的发育还很不平衡,其中要素市场的成长远远滞后于产品市场的成长(见表1),并且我国要素市场发展滞后于产品市场发展的程度还比较大。为什么我国要素市场化程度比较低?这固然有要素市场发育的难度比产品市场发育的难度要大,前者比后者需要的制度环境更严格等方面的原因,但更主要的原因是我国要素市场的产权及其相关制度安排不利于要素市场的发展。

表1　1997—2002年我国产品市场化指数和要素市场化指数

	1997	1998	1999	2000	2001	2002
产品市场化指数	7.05	7.56	7.23	7.59	7.99	7.99
要素市场化指数	3.84	4.08	3.43	3.26	3.51	3.76

资料来源:樊纲、王小鲁,《中国市场化指数——各地区市场化相对进程报告》,经济科学出版社,2000、2001、2004年。

---

① 常修泽、高明华:《中国国民经济市场化的推进程度及发展思路》,《经济研究》,1998年第11期。樊纲、王小鲁:《中国市场化指数——各地区市场化相对进程报告》,经济科学出版社,2004年。

② 卢现祥:《论我国市场化的"质"——我国市场化进程的制度经济学思考》,《新华文摘》,2002年第2期。

从我国金融业的市场化来看,全国2000年的指数是4.07,2002年是4.29。金融市场市场化程度低的主要原因为:一是我国的银行还主要是四大国有银行"一统天下",金融领域还是一个垄断的市场结构,缺乏竞争。哈佛大学经济学家施莱弗及其合作者利用92个国家在1970—1995年的银行与宏观经济的数据研究发现:一个国家银行国有化的程度越深,该国家金融与经济的发展速度就越慢;同时这种负相关关系在发展中国家体现得更加显著。在另外一项研究中,世界银行的经济学家莱文及其合作者进一步发现,国有银行程度深的国家往往有更高的存贷利差、相对较弱的私营金融机构和证券市场。他们的结论是,国有银行的存在减弱了金融体系中的竞争性。一个缺乏竞争性的金融体系自然约束了大众与中小企业的融资需求。① 据分析,我国金融业的竞争程度2002年只有5.12。二是我国的银行还没有对民间资本放开,对民间资本进入资本市场还存在诸多限制。三是金融和资本市场管制过多,导致大量的租金及寻租行为。据刘俏、白重恩和宋敏研究,他们估算出中国上市公司的壳价值达8000亿元之巨。② 我国信贷资金分配的市场化程度2002年只有3.18。

我国土地市场的市场化程度低主要表现为:第一,我国的土地还主要是由国家所有和控制的一个要素,土地交易、转让的市场调节比重很低。如国土资源部的一项分析表明,由于目前国有土地资产机制不完善、通过市场配置比例不高、划拨土地大量非法入市和随意减免地价挤占国有土地收益等原因,我国每年国有土地收益流失近100亿元。我国目前国有土地资产总量在25万亿元左右,约是其他国有资产的3倍。第二,大量农村土地的市场远没有建立起来,大大地制约了我国二元经济结构的转换。我国的家庭联产承包责任制作为一种制度创新已经进入了"制度平台",它解决了中国农民的温饱问题,但是解决不了中国农民致富问题,要想从根本上解决中国"三农"问题,必须改革我国农村的土地产权制度和土地政策。现在我国按人(或户)的家庭联产承包责任制运行的结果是,大家饿不死,但是也难以富起来;农民想进城,但是又"舍"不得家里的承包地。家庭联产承包责任制"固化"了现有农村的格局,既不利于我国农村发展规模经济,不利于我国农业制度的创新(如家庭农场等),也不利于推进我国城市化进程。第三,城市房地产市场由于土地产权制度的不健全等方面的原因,其发展也大大地受到了影响。

我国劳动力市场这些年有了比较大的进步,但是劳动力的流动还受到诸多的限制。我们可以从劳动力流动性的情况看出,我国劳动力市场化的程度还比较低(见表2)。

① 宋敏:《政府在金融中的作用》,《21世纪经济报道》,2002年7月8日。

② 刘俏:《经济学中的政府》,《21世纪经济报道》,2002年4月29日。

表2 我国劳动力流动性

	1999年	2000年	2002年
全国	2.78	2.78	3.40
东部	4.17	4.40	5.26
中部	1.51	1.34	1.88
西部	2.23	2.21	2.63
东北		0.32	0.63

资料来源:樊纲、王小鲁,《中国市场化指数——各地区市场化相对进程报告》,经济科学出版社,2000、2001、2004年。

据统计,美国每年跨州搬家的人口占总人口的15%,劳动力迁徙是很常见的。美国的每个家庭或居民都可以权衡这个地方的税负重不重,公共产品提供得怎么样。但在我国,繁琐的户籍制度增大了劳动力流动的成本。我国劳动力流动主要是农民进城打工以及大学生的分配所引起的劳动力流动。按照市场经济的一般规则,劳动力市场上是不存在工种的限制的,但在我国一些行业(如电力、邮电、铁路等)是禁止农民工进入的,或者存在进入上的障碍;从地区上来看,一些地区为了解决本城市下岗职工的再就业问题,在不少行业(有的过去是城市职工不愿进入的行业)中强行清退农民工。这种工种、行业和地区上的限制从表面上看保护了城市职工的利益,但是从深层次上看,是不利于这些行业和地区的发展的。我国劳动力市场上的歧视、人为的分割以及对于人员流动的限制,是导致我国劳动力市场市场化程度低的重要原因。

从产品市场与要素市场的政府管制来看,产品市场随着我国市场化改革目标的确定以及从卖方市场向买方市场的转变,除了少数产品以外,大多数产品已经放开。但是在要素市场上政府的管制还比较多。在要素市场上,政府的管制是多方面的,有的表现为国家的垄断经营,有的表现为规章制度方面的限制,有的表现为要素定价的限制,有的表现为地方政府"土政策"的限制,等等。

我国要素市场的发展远远地滞后于商品市场的发展,其深层次原因是要素市场的产权及其制度安排不利于要素市场的发展。第一,我国要素市场的所有制结构还是一个以国家控制为主的所有制结构。理论和实践已经证明,至少有三项制度对人类进步和文明社会来讲是具有根本性的:保障产权、通过自愿的契约性协议自由转让产权、信守诺言。[①] 其实,这三项制度也是发展要素市场的基础制度。尽管改革开放以来,我国所有制结构已发生较大的变化,由于历史及体制等方面的原因,我国要素市场的所有制结构并不是清晰的,国家在要素市场的运作中还起着极

① 柯武刚、史漫飞:《制度经济学——社会秩序与公共政策》,商务印书馆,2000年,第58页。

为重要的作用。

第二,从各种要素市场的情况来看,我国金融领域还是一个垄断的市场结构,缺乏竞争,民间资本难以进入,这种所有制结构既不利于有效率的金融市场的形成,也不利于降低金融风险。土地市场的主要问题是土地产权的可转让性差和稳定性差。与商品市场相比,要素市场的复杂性对产权的要求要高得多。根据科斯的分析,产权明晰是市场交易的前提。产权对于投资及资源的有效利用极为重要。如农场中垂直一体化的服装生产方式与现代服装工业不同,在前一方式下,农场主养羊、纺毛并缝制衣服供家庭穿着;在后一种方式下,许多不同厂商投入大量沉淀资本以购买生产不同纺织品与染料的设备,以及进行布料测算、剪裁和缝制的机器。投资于现代纺织品工业的投资者对契约的可执行性和投资所购买的资产的产权之确定性更为敏感。

二、从下层市场组织与上层市场组织的发展来看,我国下层市场组织已经相当发达,但上层市场组织还是刚刚起步,其深层次原因是我国法治化程度比较低,还难以支撑上层市场组织的发展

法国历史年鉴学派的代表人物布罗代尔把市场分为上层和下层,在他看来,市场经济包含许多层次的市场组织。在市场经济的底层是纯粹的、面对面的即时买卖交易,一手交钱,一手交货,这种交易随处可见,属于市场经济的基本内容。但布罗代尔发现,商品经济市场交易还有上面的层次。上层的首要特点在于交易双方互相并不见面,中间成为一个专业的、独立的部门,商人分化出来了。奥尔森也有类似的分类,他把市场类型分为两种,在发展中国家,他认为看到更多的是现货交易,是依靠交易者的自我实施完成的,如在印度加尔各答街头的商品买卖,奥尔森把这种市场中的交易称为"自我实施型"的或在现场进行的交易;而在发达国家,典型的市场是资本市场、货币市场、保险市场、期货市场与外汇市场等复杂类型的市场,奥尔森认为这类市场中的交易属于"非自我实施型的互利性交易"(或者叫社会规划型市场)。这类交易不是现场进行的,而是依靠契约的实施来完成的,他把这类市场称为产权密集型或契约密集型市场。[①]

我国在下层市场组织的建设已经达到了一定的水平,不少方面已经达到发达国家的水平,但在上层组织上还是刚刚起步。从下层组织到上层组织的转变有一

① 曼瑟·奥尔森:《权力与繁荣》,上海世纪出版集团,2005年,第145页。

"体制的跨越性障碍",上层市场组织的构造也是我国发展市场经济的一个"坎"。在某种意义上讲,目前我国市场化改革正在从下层向上层转变,如我国的期货交易、股票交易、期权交易、合约交易等都可看作我国上层组织的发展。下层组织是一种直接约束,而上层组织是一种间接约束。上层组织建立所需要的条件比下层组织建立所需要的条件复杂得多,并不是所有的国家都能具备培育上层组织所需要的条件的。

我国上层市场组织发展缓慢的表现为:

第一,我国上层市场组织发展的规模较小,增长速度缓慢。目前,我国国债规模占 GDP 的 20%,公司债占 GDP 的 5%,与成熟市场经济差得很远。我国其他市场的上层组织,如期货市场、股票市场及保险市场的发展规模与我国 GDP 及经济总量的增长是不相适应的。

第二,我国上层市场组织从形式上看,似乎轰轰烈烈,但缺乏实质性的内容,与下层市场的发展是脱节的,对下层市场组织的发展缺乏推动作用。数据显示,上海证券交易所 A 股指数和 GDP 的增长之间要么没关系,要么负相关;在香港上市的中国公司的 H 股指数和中国的 GDP 增长之间显著正相关。同样都是中国公司,为什么会出现这样的差异呢?在市场经济中,价格是厂商和消费者做选择的重要依据,股票的价格反映的是企业的价值;只有价格信号能够准确反映商品的价值和产品需求的情况时,才能够进行有效的资源配置。我们资本市场上的价格信号是不准确的,因此导致大量的资源流进了效率低下的 A 股公司。[①]

第三,由于我国上层市场组织的发展基本上是政府主导型的,政府干预太多,寻租与腐败较为严重,如内部交易,中小投资者的利益受到损害;上层组织的发展信用度较低,不仅不能降低市场的风险,在很大程度上还加剧了市场的风险等。上层市场组织的形成是现代市场经济最具典型特征的制度安排,它的形成与一个国家的基本制度安排、思想文化价值观念、社会信任度及法治环境等因素密切相关。同时,由于上层交易活动一般局限在上层组织的核心层内,隐蔽性极强,因此,监督异常艰难,即使是在监督技术相当发达的西方国家,也难以防范上层组织交易带来的风险。

第四,我国下层市场组织与上层市场组织之间不是一种互动关系,这两个层次的市场还存在诸多矛盾。上层市场组织与下层市场组织的非协调发展是我国收入分配差距扩大的重要原因之一。上层市场组织的功能主要表现为,上层市场组织与下层市场组织是互补的关系,下层组织的大小决定着上层组织的规模及大小,但是,上层市场组织又具有相对的独立性,并且反过来可以影响下层市场组织的规模。市场经济是一种不确定性经济,市场经济中的不确定性可以通过上层市场组

---

① 许小年:《市场经济的制度基础》,《经济学消息报》,2005 年 12 月 16 日。

织来缓解,上层市场组织具有稳定性功能和再分配功能,也就是转移风险的功能。下层组织是一种现期交易,而上层组织是一种远期交易,上层市场组织还解决了人类社会经济活动中的时间难题和跨际交易问题,具有前瞻性功能。

为什么我国市场化进程中的上层市场组织的发展较缓慢?其根源是,法治化程度还比较低,过低的法治化程度还难以支撑我国上层市场组织的发展。

首先,上层市场组织是建立在法治化社会基础之上的。上层市场组织的建立与法治化社会的建立可以说是一个问题的两个方面。为什么上层市场组织的建立需要法治化社会来支撑?法治可衡量私有财产保护的程度,也只有在法治化社会里才能限制国家的权力;法治化社会也是限制国家对上层市场组织干扰的制度保障。为什么上层组织在发展中国家难以形成?上层组织的发展存在一个“诺斯悖论”,的问题,即没有国家不行,有国家又有麻烦。能否突破“诺斯悖论”是发展中国家发展上层市场组织的关键。过多的国家干预是发展中国家发展上层市场组织中普遍存在的问题。在上层市场组织发展过程中,那些上层组织的参与者往往会利用国家来谋取巨额利润。政府能不能既推进上层市场组织的发展,又能从巨大的“诱惑”中走出来,是发展上层市场组织的关键。但是,上层市场组织的一些特殊性又成为国家干预的理由。为什么发展中国家的上层市场组织难以有效运行?其主要原因是缺乏法治化社会的支撑。上层市场组织的存在往往产生极其严重的负面效应,像菲律宾等国家,上层市场组织与官府勾结,权钱交易,不但损害下层市场组织的利益,而且并没有带来社会生产规模的扩大、交易效率的提高,仅仅是转移了国民收入的分配,造成了严重的两极分化。上层市场组织的运作实际上是以权力(包括产权)的运作为基础的。奥尔森认为,这类市场是依靠契约的实施来完成的,他把这类市场称为产权密集型或契约密集型市场。没有法治化社会的支撑,这类市场是不可能存在的。

其次,上层市场组织的风险与不确定性要远远高于下层市场组织。有效的法律制度对于其他制度的实施提供了一种稳定的预期,在这种预期中,人们会预计到谁违约了,谁违规了,谁最终就会受到更严厉的处罚。许多制度的最终实施机制是在法律领域(如各种合同),但是更多的实施过程是在交易双方之间。许多合同的实施并没有经过法律,而是私了。从这个意义上讲,法律制度与所有的正式制度是一种互补关系。正式制度的有效性取决于法律制度的有效性。广大的发展中国家不是没有制度,而是缺乏进入法治化社会的机会。上层市场组织中的交易是建立在社会网络、信任、合同甚至虚拟数字基础之上的,没有法治化社会的制度环境,上层市场组织是不可能存在和发展的。有关数据表明,因法律服务的介入,市场交易出现纠纷的比率下降约70%,余下的30%因交易双方律师的斡旋再化解20%,剩余的10%才通过诉讼程序解决问题。[1]

大量的实证研究表明,法治与金融市场的发展关系密切。如Llsv(1998)研究显示,普通法国家的债权人权利往往比大陆法国家多。不仅如此,Llsv(1997)和莱文(1998)还发现,债权人权利与金融中介的发展水平正相关。Llsv(1998)发现大陆法国家的股东权利水平相对较低。Llsv(1997)和莱文(2003)还进一步发现与较低的股东权利水平相关的是较不发达的证券市场。不仅如此,Llsv(2003)还发现,那些强化信息披露的法律,以及通过严格责任促进私人执行的法律往往会促进市场的发展。此外,Llsv(2003)还指出,大陆法国家的归责往往较宽松,对信息披露的要求也较低,这就使得大陆法国家的法律和监管环境不能像普通法国家那样有效地促进私人契约的执行。[2]

三、从正式经济与非正式经济(非正式金融、地下经济等)来看,我国非正式经济还占相当大的比重,这些年主要表现为上层市场组织领域的非正式经济和垄断行业的租金呈上升态势,其深层次原因是政府管制太多

非正式经济是指在政府正式规则范围或法律制度之外的各类经济活动。一般来讲,在成熟的市场经济体制下,非正式经济存在(占GDP比重不高)且比较稳定,如美国、日本等。而在市场经济不成熟或不完善的国家,非正式经济占有相当大的比重,并且呈稳定或周期性变化的特点,如俄罗斯、中国等。可以说,非正式经济占一个国家的经济的比重可以反映一个国家的市场化程度。市场化程度越高、市场经济制度越完善的国家,其非正式经济的比重就越低。非正式经济的多少又主要与政府管制密切相关。

国内不少学者认为,中国地下经济占GDP的平均比重约为10%,1989—1993年期间规模最大,平均比重达20%以上,这与大多数学者的研究结果一致;从1994年开始,中国地下经济的规模呈下降趋势,这与法律体系进一步完善、新税制改革的进行(公平税负、简化税制、调整税率)等因素是密不可分的,部分地下经济在这一时期内得以"转正"。[3]

目前,我国经济学界忽略了一个问题,那就是我国非正式经济尽管在量上呈下

① 《21世纪经济报道》,2002年6月24日。

② 托尔斯腾·贝克罗斯·莱文:《法律制度与金融发展》,载吴敬琏主编,《比较》(第22辑),中信出版社,2006年,第114页。

③ 罗磊:《中国地下经济规模基本估计和实证分析》,《经济科学》,2005年第3期。

降态势,但这并不表明我国非正式经济产生的原因就不存在了。改革开放以来,我国非正式经济的内涵在不断变化。当前我国非正式经济的一个突出特点是,非正式经济有从下层市场组织向上层市场组织转移的趋势。如果说我国改革开放初期非正式经济主要是在公有制以外的非公有制经济以及物资短缺下的双轨制的话,那么随着我国所有制的改革及市场化改革的推进,这些在下层市场组织的非正式经济都名正言顺地转变成正式经济,但是我国上层市场组织中的大量交易则是以非正式经济形式表现出来的,如非正式金融、地下保单及管制下的垄断行业的租金等。

从非正式金融来看,它在我国社会融资系统中占有相当大的比重。

表3　农村非正式金融规模占农村信用社农村贷款的比例(%)

年份	1997	1998	1999	2000	2001
窄口径	34. 38	31. 20	29. 11	24. 42	22. 26
宽口径	42. 71	38. 52	36. 29	31. 56	29. 25

注：农村信用社各项贷款包括“农业贷款”“乡镇企业贷款”和“其他贷款”三项。此处的农村信用社农村贷款为前两项之和。本表数据摘自《中国金融年鉴》(2002)和《中国统计摘要》(2003),经作者计算而成。

按宽口径计算,2002年农村非正式金融规模约占农村信用社向农村领域所发放贷款的30%,约占全国各金融机构向农村领域所发放贷款的20%。由此可见,中国农村非正式金融已经形成相当大的规模,其为农村经济增长所做的贡献不容低估。①

我们再看看垄断行业的租金是如何产生的?在中国的垄断行业中,药品行业的发展是一个很好的案例。对于药企而言,只需更换包装规格,就可以获得价格大幅上升的利润空间。所以,药企的发展关键就在于如何获得新药注册的“批文”。据报道,一个批文的价格,低则数百万元,高则上千万元。同时,许多“新药”的期间费用占不含税成本的比例很重,销售费用远高于制造成本。如一种止痛药,制造成本为2.431元/盒,期间费用为5.268元/盒,如此高的费用是何用途不言而喻。这其中管制的租金就高得惊人了。这可以解释为什么我们有些部门总是强调“管理”了。同样是新药审批,2004年中国药监局受理了10009种新药申请,美国FDA仅受理了148种。这一数字差异,反映出两者对新药认定和新药审批权力的根本差异。而正是对新药审批权力的滥用,导致为民众谋求福利的行政降价力量败给了行政审批力量。奥尔森说,下层市场组织的交易解决生存问题,而上层市场则可以带来繁荣。但是,我国上层市场组织中权力运作没有更好地促进我国上下层市场的协调发展,而是成为少数人实现其利益最大化(甚至腐败)的手段。

① 郭沛:《中国农村非正规金融规模估算》,《中国农村观察》,2004年第2期。

从上面的分析可以看出,无论是我国20世纪80年代的非正式经济,还是90年代中后期的非正式经济,其形成的一个共同原因就是政府管制太多。理论界关于管制太多的后果的分析很多了。管制太多必然导致非正式经济的大量产生,而非正式经济又很大程度上是对政府管制太多结果的一种"修正"。经合组织发现,中国公布的支出数字仅反映出四分之三左右的政府支出,因为一些地方项目支出和债券融资不在官方预算数字之内。中国地方政府经常通过非正式收费弥补资金缺口。

政府干预太多表现为:寻租现象比较普遍,非正式经济(如非正式金融)比重较大,行政仲裁比较普遍,市场准入中配额及数量限制较多,行政性收费过多等。胡鞍钢从腐败的角度研究了我国非正式经济的问题,根据腐败的定义,即滥用公共权力以谋取私人利益,他将现阶段中国腐败的类型分为四种:寻租性腐败、地下经济腐败、税收流失行性腐败、公共投资与公共支出性腐败。并初步估计,在20世纪90年代后半期,仅以上四种腐败所造成的各类经济损失平均每年占GDP比重的13.2%—16.8%,其中各类税收流失额最大,依次是国有经济投资和财政支出流失、垄断行业租金、非法经济"黑色收入"。[①]

为什么我国政府对经济干预较多?除了理论界所分析的一些原因(如官员寻租、缺乏法治等)外,还要加上的就是我国政府在发展经济的过程中有"计划经济"的"情结",还有对市场经济的"恐惧症"。例如,现在要发公司债很困难,首先要发改委批准,但发改委既不是公司的股东也不是主管上级。发债的利率由中国人民银行管制,公司要在市场发债一定要有国有银行或者国家级基金担保。为什么要发改委审批?是要防止企业今天发债明天就倒闭了。为什么要由中央管制利率?因为担心发行人可能用高利率吸引投资者,然后违约。要求国有银行担保,更是从保护老百姓出发,发债企业违约了由国有银行兜底。但是,这样做就完全没有市场经济中权利的概念。在市场经济条件下,公司发债和投资者购买都是应有的权利。公司债管制的结果是,到现在为止我国还没有形成一个有效的公司债市场。

值得我们注意的是,我国市场化改革中的许多领域需要竞争,但是追求垄断租金已经成为我国市场化改革中少数利益集团最大化的选择。欧美国家在发展上层市场组织时也有追求垄断性租金的问题,但是对于国家的有效控制却是我们现在所不完全具备的。这是中国市场化改革中的一个深层次问题。我们在前面分析的要素市场缺乏有效的产权制度的支撑,上层市场发展缺乏法治化社会的支撑,以及我国市场化中的非正式经济的政府管制等问题,其实都与国家有关。

---

① 胡鞍钢:《挑战腐败》,浙江人民出版社,2001年,第68页。

四、我国市场化中的利益格局已多元化，强势利益集团与弱势利益集团的分界已初显出来，自我持续的利益集团已成为我国制度变迁的障碍

我国正在从单一性社会向多样性社会转型。社会经济转型过程中一个令人瞩目的现象是：整个社会利益结构发生了分化与重组，原有的社会利益格局被打破，新的利益群体和利益阶层逐步形成，并分化组合成特定的“利益集团”。当前，利益集团问题成为人们关注的焦点之一，“利益集团曾受到官僚制组织的轻视，但是现在越来越被看作政策和管理过程中至关重要的环节”（思拉恩·埃格特森，1996）。

在我国转型时期，利益集团对我国制度选择及其改革的影响是一个客观现实。中国进入利益博弈时代（孙立平，2006），最近几年利益群体对政策制定的影响明显增强，同时随着政府部门利益主体化，部门利益开始成为影响决策甚至立法的重要因素。但是利益集团是如何影响我国的制度选择、制度变迁的，其后果是什么？国外也有一些学者开始研究利益集团对制度的影响。拉詹与津加莱斯认为，越来越多的研究者提出建立经济增长需要的制度基础是最重要的因素，但这是不够的。他们认为，人们在初期得到的人力和物质资本禀赋的数量有差异，这种初始资源和机遇的差异决定了人们有不同的偏好，并结成了不同的政治利益集团。各种集团将通过投票来决定国家的政策和制度，从而影响未来的资源分配甚至政治利益格局（见图1）。[①] 所以，与其关注制度的缺失，不如关注需要良好制度的利益集团的缺失。这将使未来的讨论转移到要素禀赋与如下的问题上：我们怎样才能改变贫穷国家的要素禀赋，特别是克服占据统治地位的利益集团的阻力？这个问题可能比如何改变制度的问题更有指导意义。

我们如果考虑到利益集团对制度选择及制度建设的影响，转型时期的改革和制度建设并不像我们认为的那样简单。根据拉詹的分析，制度和教育的确是不发达状况持续的可能原因，但更深层的因素是自我持续的利益集团的存在。“发展陷阱”的本质在于，不利于经济发展的初始条件（比如教育资源的初始分配）造就了其特定的支持者，这些支持者构成的利益集团又成功地使那些坏的政策得以延续，并继续产生新的支持者，从而自我复制。因此，要改变不发达状况，就“必须把注意力从坏的制度，转向需要这些制度的人们”，否则徒劳无功。在我国的改革过程

---

① 拉古拉迈·拉詹、路易吉·津加莱斯：《痼疾难消的贫困：政治制度、人力资本还是利益集团》，载吴敬琏主编，《比较》（第25辑），中信出版社，2006年，第59页。

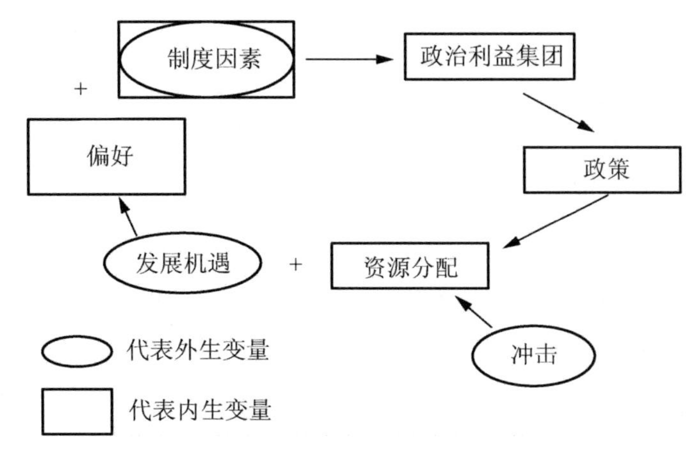

图1　集团—制度模型

中,政策、改革方案及制度的选择受到了利益集团的影响。中国渐进改革中形成的既得利益集团,具有阻碍改革进一步深化的动机和能力,而这无疑大大减缓了中国的改革进程(Sachs、胡永泰、杨小凯,2003)。具体表现为:

1.制度的非中性

我们可以从制度的普适性上把制度分为两类:一是中性制度,即对社会的每一个人而言有益或至少不受损的制度,如货币制度以及交通规则的确立等;二是非中性制度,即给社会的部分成员带来好处并以另一部分人受损失为代价的制度,如井田制、王莽的币制改革等。换句话说,在中性制度下,没有什么人的利益受损,却至少使一人获益,从而使整个社会福利水平提高。相应地,在非中性制度里,却有人受损,有人获利。

制度的非中性主要体现在以下几个方面:

第一,制度可能只为部门利益服务,而且还可能损害其他群体或社会整体。公共选择理论学者也论证说,许多制度都是由独裁者、强势利益集团和政治上的多数派创立的,他们建立这些制度的目的就是牺牲他人利益从而使自己获利(Shleifer and Vishny,1998)。我国的行政垄断实际上是少数人形成的利益集团以国家的利益为招牌来损害整个社会的利益。这些行政垄断的主管者往往把本行业的利益等同于国家的利益。这种所谓的观念和"理论"是我国打破行政垄断的重要阻碍之一。

第二,制度非中性表现为产权变化的再分配效应。一个群体为使产权发生有利于其成员的特殊变化,可能会投资于游说,投资于政治捐款。尽管这种产权安排给国民收入总水平带来负面影响,但仍然有可能发生。根据奥尔森(1971)的说法,一般认为,再分配的趋势是从"广义利益到狭义利益,从非集中产业到集中产业,从无组织者到有组织者",但到底"哪些群体能充分组织起来赢得再分配的利益",可能因时因地而异。[①] 公共的再分配政策大都被一种“供应者偏向”所左右,尤其是若环境已长期未受扰动,从而既得利益和政治联盟已有足够的时间变得固若金汤的话,更是如此。[②] 由于存在交易费用、搭便车和信息的非对称性,一些仅对特殊利益集团有利的产权制度的建立给整个社会的产出造成了重大损失。

2.制度变迁的进程受到影响

利益集团既可能有益于制度调整,也可能不利于制度调整,这取决于有影响力的寻租集团如何影响他们;而这种集团中会盛行部落保护心态。因此,与从事寻租活动的院外集团结盟的议员和官僚往往能巩固歧视性的外在规则,阻挡对外开放,妨碍支持竞争的规则不断演化。

在不发达国家和发达的民主经济里,政治过程常常在固化经济结构方面都有很大的影响力。在不发达国家里,已形成的既得利益集团可能握有统治权。而在发达的民主经济中,院外集团和谋求私利的权势集团可能把持政治过程和行政过程,抵制适应新条件的结构调整。[③]

既得利益集团如何阻止有效的制度变迁?一是这些既得利益集团往往从舆论上打着国家利益的招牌,进行院外活动,影响政府制定对自己有利的产业政策或保护政策;二是对新的进入者设置障碍,即斯蒂格勒所说的一种管制需求,强调管制,以行政的手段分配资源等;三是在这种有利益集团影响的行业或部门往往形成以行政垄断为支撑的产权结构,其他经济主体很难进入这些行业,产业缺乏竞争,从而导致低效。

3.制度选择的低效

如果引入利益集团因素,那么制度的效率就会受到影响。诺斯(1994)说:“制度并不一定是,甚至经常不是按社会效率来设计的,相反,它们(至少正规规则)是为了服务于那些具有创造新规则谈判能力的利益集团而创造的。”[④]经济政策(包括制度设计)的制定是一个动态博弈,其条件是不确定的和不断变化的,其规则在形成过程中至少有一部分由参与者制定。每个参与者都想竭力控制随后的博弈,以尽量获得有利于自己利益的结果。[⑤] 目前有利于我国的电信、铁路、邮电、银行等部门或行业的制度安排,对全社会来说就不一定是好的制度安排了。可以说,这些有利于既得利益集团的制度安排增加了整个社会的运行成本。这些行政垄断部门由于其垄断的地位而没有参照系,人们只知道这些领域的服务很差,但是很难发

① 马尔科姆·卢瑟福:《经济学中的制度——老制度主义和新制度主义》,中国社会科学出版社,1999年,第139—140页。

② 同上书,第392页。

③ 同上书,第19页。

④ 阿维纳什·K.迪克西特:《经济政策的制定:交易成本政治学的视角》,中国人民大学出版社,2004年,第17页。

⑤ 同上书,第21页。

现这些领域的低效。这也为该领域既得利益集团为自己的行为辩护提供了依据。

行政垄断的后果是多方面的，主要有：(1)行政垄断延缓了我国市场化改革的进程，不利于开放、统一的市场形成。(2)行政垄断不利于我国产业的发展和竞争力的提高。我国行政垄断行业尽管有丰厚的利润和诱人的待遇，但是，其竞争力是不高的。(3)行政垄断导致权力的设租与寻租，是我国腐败的重要根源之一。(4)与竞争性市场相比，行政垄断导致低效。行政垄断的低效使全国人民为之买单。他们可以把自己应该承担的亏损通过种种途径转移出去。例如，直属于民航总局的中国航空油料集团由政府职能部门授权，在国内一直保持垄断地位，也就是说，所有航空公司飞机的“主食”，仅有一家，别无分店。由于行政垄断，近五年来，我国的航空公司所使用的航油一直比国外航空公司贵大约1/3。2001年、2002年，国产航油的出厂价平均每吨高于国外800元之多；2004年，平均每吨航油的采购价高出国外205元。我国航空公司与国外航空公司相比，航油成本在运输成本中所占的比例高出了至少10个百分点。另外，同样是经政府行政授权，直接隶属于民航总局的中航材集团同中航油一样在国内保持着垄断地位。因为，中航材所售的航材价格高于国际水平，导致了国内航空公司航材成本高居不下，飞机大修、折旧、保险的费用高达总成本的23%。

打破行政垄断中既得利益的最好办法是把产业的发展、部门的发展与国家利益区别开来，我们大多数行政垄断都是建立在这个所谓的“理论”基础之上的。国家的经济安全和国家的利益不是建立在对一些所谓重要产业的行政保护基础之上，而是必须建立在竞争的基础之上。另外，如何让我们的行政部门从繁忙的行政事务中退出来，让行政权力受到法律的制约，真正做到政企分开，还有很多工作要做。真正解决这个问题的根本举措就是政治体制的改革和法治化社会的建立。当然，在《反垄断法》中确立反对行政垄断的内容是打破行政垄断的重要举措。

原载《财贸经济》，2006年10期；人大复印资料《国民经济管理》2007年第3期转载；本文与朱巧玲合写

论制度性激励体系、适应性效率与经济结构调整

一、从制度层面研究我国经济结构调整的意义

经济结构调整从表面上看是产业、技术及数量的协调问题,但深层次上还涉及制度问题。前者对于成熟的欧美国家来讲,是可以按新古典经济学的那一套去分析,而对于转型国家来讲,更要重视制度问题的研究。当前,把制度性因素(包括适应性效率)引入我国经济运行分析中非常重要。按科斯的说法,经济转型国家不仅要把价格搞对,还要把制度搞对。为什么这些年我们总是改革价格(包括经济改革),价格总是改不到位,关键是如果制度不搞对,价格也不可能搞对。这些年来,虽然我们也在不断地调价格,但价格机制(制度层面)并没有变,即从政府主导价格向市场决定价格转变。同样,这些年来,我国在调结构和促进创新方面投入和支持的力度也不小,但效果不理想,其深层次原因是,我国经济结构调整和创新的制度性激励体系还没有搞对,从而适应性效率较低,这就表现为经济失衡和创新不足。

我国经济结构的失衡,主要是制度的问题,是制度缺乏适应性效率来应对结构的变化和调整。结构调整的快慢实际上也是一个适应性效率的问题。在成熟的市场经济国家,他们的适应性效率较高,因此研究结构问题可以不考虑制度问题。如诺斯所说,"全球经济"并不是同一水平的竞技场。发达国家在制度/组织框架方面有着重大优势,这一制度/组织框架能够获取整合分散知识所固有的潜在生产率,而分散知识是在一个专业化的世界中有效率地生产所必需的。①

分析我国制度性适应性效率问题必须要考虑我国制度性激励体系不完善的特

① 道格拉斯·C. 诺斯:《理解经济变迁过程》,中国人民大学出版社,2008 年,第 147 页。

征。制度分析的关键就是考虑到制度性激励体系的不完善特征,并将其纳入分析框架。只有这样,制度分析才能对政治经济分析做出力所能及的重要贡献。[①] 制度性激励体系越完美,制度性适应性效率就越高。我国制度性激励体系的不完善会降低制度的适应性效率。本文第二部分将重点探讨这个问题。我国不少学者(如吴敬琏、贾康等)都强调供给侧结构性改革中制度供给的重要性。

本文的制度层面包括两个方面,一是制度性激励体系的不完善,这是诺斯提出的制度分析的关键,本文把制度性激励体系分为集中型制度性激励体系和分散型制度性激励体系。二是适应性效率,这主要是探讨制度结构对一国经济结构的影响及面对外部条件的变化能否做出调整。本文把这两者结合起来分析我国经济结构调整中的深层次问题。我国制度性激励体系的不完善降低了制度的适应性效率,而低的适应性效率不利于我国经济结构调整,因此改革和完善制度性激励体制体系应该成为我国供给侧结构性改革的重要组成部分。

二、我国制度性激励体系不完善降低适应性效率

诺斯提出了制度性激励体系与适应性效率的概念,但他并没有分析这两者的关系。本文强调这两者的关系分析,这两者的逻辑关系是:制度性激励体系不完善降低了其制度适应性效率,结合我国情况,可以从以下三个方面去分析:

1. 从制度性激励体系和适应性效率的关系来看,制度性激励体系决定适应性效率的高低

制度性激励体系是一个综合概念,从经济制度层面看,它涉及产权、政府行为、利益集团、资源配置方式、市场体制等。由这些方面来分类,制度性激励体系主要有两大类型:一是集中型制度性激励体系,二是分散型制度性激励体系。我国主要是一种集中型制度性激励体系,其主要特征为:①权力缺乏制约的政府部门,权力没有关进制度的笼子里成为我国处理政府与市场关系的难点。②缺乏抵御利益集团对经济负面作用的制度体系,利益集团对改革的阻碍成为我国改革中路径依赖的重要原因。③自上而下的资源配置方式,与欧美国家自下而上的资源配置方式不同,我国关键产业领域的投资决策权、科教资源的配置还主要是自上而下的资源配置方式,这种配置方式不利于创新和提高效率。④以国有企业为主的主导产业,尽管我国国企不是在所有产业都占主导地位,但在一些上游产业(比如能源、金融、电力电信、铁路等)却占绝对优势甚至垄断。为了国家经济的安全,我们必须改革

① 道格拉斯·C. 诺斯:《理解经济变迁过程》,中国人民大学出版社,2008 年,第 62 页。

上游产业这种行政垄断的格局，必须建立以公有制为主体、多种所有制经济共同发展的结构。一个行业完全被国有企业所控制不但不利于国家经济安全，而且有可能增加风险，因此必须在上游产业通过混合所有制改革，引入民间资本，实现公有制为主的多种所有制并存的格局。⑤缺乏要素市场的市场体系，我国土地市场、资金市场、劳动力市场受政府控制较多，市场化进程还比较缓慢，还不是真正意义上的市场。由这些决定了我国适应性效率较低的制度结构。这主要表现为我国经济决策的集中度还比较高，部门制定的规则和政策与地方经济发展的差异比较大，不利于发挥地方的积极性。从这些制度性激励体系的不完善中我们可以看出我国结构调整中的一些深层次问题。

适应性效率是相对主流经济学的配置效率而言的，它是量度制度效率的一个概念。适应性效率可以从三个维度去把握，一是从微观层面看，它是指允许个体决策试验，促进分散决策（诺斯，1990），也就是讲分散决策比集中决策更有利于提高适应性效率；二是从宏观层面看，适应性效率我们很难观察到，诺斯也只是以是否存在经济长期增长作为适应性效率判断的标准，那些没有适应性效率的国家就会在增长与停滞中循环，缺乏创新、优化结构及持久增长的能力，西欧和美国的体制具备了适应效率，即使出现了各种冲击、危机、战争等，这些有适应性效率的国家能通过改变制度结构实现长期增长；三是从制度层面看，适应性效率主要来自制度结构及其对经济条件变化的反应能力，而这种反应能力的大小又取决于制度性激励体系。从适应性效率角度来看，制度变迁可以分为自上而下的强制性制度变迁和自下而上的诱致性制度变迁，一般来讲，诱致性制度变迁比强制性制度变迁的适应性效率高。由此，我们可以得出一个基本判断，在不同时期，不同制度性激励体系的效果是不一样的，在经济发展的初始阶段，集中型制度性激励体系和分散型制度性激励体系的适应性效率对经济的影响并不明显，但随着经济发展水平的不断提高，集中型制度性激励体系的低适应性效率既影响经济增长，也影响经济结构的调整，尤其是低适应性效率对经济结构的不利影响更加明显。

2. 我国从集中型制度性激励体系转变到分散型制度性激励体系的滞后降低了我国适应性效率

对于制度经济学的最大挑战是，我们知道什么样的制度有利于经济发展，但还不太清楚怎样才能从一个不利于经济发展的传统制度过渡到一个有利于经济发展的好制度（诺斯，2002），我们可以把这称为“诺斯转型难题”。中国现在也面临着从集中型制度性激励体系转向分散型制度性激励体系的问题，根据诺斯（2004）的分析和我国转型中的情况，我国这种转型的滞后降低了适应性效率：

第一，转型中的路径依赖。这其中文化传统、信仰体系等是根本性的制约因素。从深层次看，现在制约中国转型的就是我们的文化传统、信仰体系与市场经济还存在诸多冲突。文化越悠久的国家其制度转型的难度就越大，非正式规则的路径依赖严重地制约着新的正式规则的建立和实施。集中力量办大事、举国体制的理念及行为方式导致我国从集中型制度性激励体系转向分散型制度性激励体系中的路径依赖。

第二,转型国家仍然面临着从人格化的交换向非人格化交换转变的困境,仍然面临着彻底、完全地重新构造我们社会的困境。从信念到制度设计以及经济运行我们都还在人格化交换的框架下进行,熟人、身份、关系、等级、特权等充斥在我国社会关系之中。以人格化交换的思维去建立制度必然与建立在非人格化交易基础上的市场经济运行发生矛盾。人格化的交换更适合集中型制度性激励体系,而分散型制度性激励体系是建立在非人格化交换基础上的。如从社会组织来看,随着从人格化交换到非人格化交换的转变,不断增长的机会使得社会组织的根本转换成为必要。这要求从建立在等级制、控制及身份基础上的强制社会向以自由、民主治理、法治、能力标准和流动性强的开放社会转变。① 经过三十多年的改革开放,我国不仅存在经济结构的转型,而且更重要的是需要社会组织方式的转型。要市场的归市场,社会的归社会,政府的归政府。这是实现创新、协调、绿色、开放、共享理念的内在需要。这也需要我们从过去的计划经济体制时期的强制社会向开放社会转变。开放社会的适应性效率要高于强制社会的适应性效率,并且更稳定。而开放、创新、共享、平等及分散的经济社会结构的重构正是从集中型制度性激励体系向分散型制度性激励体系转型的内在要求。

第三,政治体制改革的滞后也会影响结构演变和经济发展。从短期来看,我们可以用威权体制和政府对经济的控制来推动经济增长,这种效果有可能理想也可能不理想,但这种体制难以解决一些结构性问题;从长远看,稳定而又有适应性效率的制度结构更有利于经济的持续发展,这种制度结构包括法治、产权的保护及保证契约的实施。

根据《国家为什么失败》②的观点,我国改革初期是掠夺型(集中)政治制度加上带有包容性(分散)的经济制度,政治制度决定经济制度,三十多年改革开放之后,现在已经成为掠夺型政治制度加上掠夺型经济制度,尤其是2008年危机之后,政府对经济的干预不是减少了而是增加了,国有经济的扩张大大减少了民营经济的活动空间,市场决定资源配置的改革缓慢,政府这只手不愿意退出对经济的调控,政府一旦发现经济运行中的问题就马上加强调控使市场失去了自我调节的功能,我国保持经济增长和结构调整的能力不断下降,因此,不断集中的制度性激励体系降低了适应性效率。过去三十多年我们以政府为主导发展经济,以自上而下的资源配置为主,这对于赶超型经济来讲,有一定的合理性。但现在的问题是,当这个赶超阶段完成后,我国已经进入中等收入国家,需要进行结构调整和创新,这是自上而下的组织方式难以解决的问题。换言之,集中型制度性激励体系的效率

① 道格拉斯・C. 诺斯:《理解经济变迁过程》,中国人民大学出版社,2008年,第90页。

② 德隆・阿西莫格鲁、詹姆斯・A.罗宾逊:《国家为什么会失败》,湖南科学技术出版社,2015年。

在不断下降,因此,我们真正要让市场决定资源配置并逐步减少自上而下的组织方式,还权于市场和经济组织。

3. 我国集中型制度性激励体系突出表现为部委主导的自上而下的改革和资源配置方式

当前我国是各部委牵头制定规则,这种各部委牵头制定规则的机制与上述我国制度性激励体系不完善的特征相互强化,在我国达到中等收入水平阶段后,这种自上而下的方式已经不利于我国资源配置的优化和经济结构的调整,导致我国经济结构调整成效不明显。这种方式的局限性主要包括:

一是我们很难把部委的利益与国家的利益、民众的利益区别开来,改革往往是要打破利益格局,这种方式难以打破利益格局,部门利益往往等同于国家利益。现在许多中央部委政策的制定缺乏前瞻性和内在逻辑性,国家公共治理的政策不严肃(如最近股市熔断政策的出笼和叫停),一出现问题仍然按照惯性思维、惯性做法,一味地去干预市场。市场决定资源配置和企业的分散决策在这种体制下难以形成,从而大大地降低了适应性效率。

二是部委在制订改革方案时存在路径依赖。现在部委牵头的改革在形式上似乎在追求完整的改革方案,但在内容和实质上难有大的突破。历史上形成的自上而下的经济组织方式在这种改革方式下很难打破。从国企改革、教育体制改革、互联网金融及专车改革都可以发现这些问题。部委的改革与民众的期望是有差距的。这种差距不仅有认知上的,而且有利益冲突上的,中央改革的决心很大,但改革的蓝图很难通过这种路径实现。

三是这种方式缺乏多方利益博弈的机制,一般来讲,任何重大的改革都是利益博弈的过程,如专车发展,美国是分散(各州)面对,发挥各地的积极性,相互竞争,这就用多元化去面对风险和不确定性;而我国交通部一个规则"插到底"的做法不免会引起诸多矛盾或不适。换言之,美国建立分散型制度性激励体系更有利于新经济的发展,而我国建立集中型制度性激励体系则不利于新经济的发展。

四是这种自上而下的部委主导的改革与发展难以处理好集中与分散、中央与地方的关系。我国这种全国一盘棋的举国体制适用于粗放经济增长时期,而我国进入中等收入水平后,需要的是效率、创新及结构的调整等。这就对制度的适应性效率提出了更高的要求。美国这方面的经验值得我们注意,在其整个国家的法治体系中,美国既注重了对州立法机构设置限制,使其制定适用于特定地方事务或特定情形的立法行为为违法,也防止产业和行业的立法被利益集团所绑架。

上述分析表明,我国现有制度结构还无法适应培育破坏性创新和结构调整,最多只能刺激有限的科技进步。这也可从深层次解释我国创新不足或缺乏破坏性创新的原因。这种部委牵头制定规则的机制要适应全国的情况很难,上有政策下有对策就是其结果之一。这种机制的适应性效率低,它失去了多地制定规则并相互竞争的好处,不适合分散决策和诱致性制度变迁。可以讲,以部委为主来制定政策和制度的特点典型地体现了我国集中型制度性激励体系的特点。

从深层次来,“一个政体足够强大,能够制定并实施博弈的经济规则;同时也能够使各个集团利用政体,以牺牲全民福利为代价来追逐它们自身的狭隘利益。”①我国制度性激励体系不完善的主要根源在于“双缺”,一是政府权力缺乏有效制约,二是缺乏抵御利益集团对经济负面作用的制度体系,也就是我们前面分析的制度性激励体系不完善特征的前二条,这两条相互的作用加大了各自的负面效应,而后面的三条都是由这两条派生而出的。而“双缺”中关键是要把权力关进制度的笼子里,这是解决中国制度性激励体系不完善的关键。“双缺”是制约我国从集中型制度性激励体系转向分散型制度性激励体系的重要原因。

三、低适应性效率对我国经济结构调整的影响

随着我国经济的发展,产业结构及经济结构在不断变化,与此同时,经济规则及组织方式也要需要相应的变化,即制度的适应性效率要提高。从低适应性效率可以追溯到我国制度性激励体系的不完善。如果经济规则和组织方式不能随着产业结构及经济结构的变化而变化,那么会大大限制经济结构调整。我国制度结构的缺陷及利益集团的阻碍成为我国经济调整的重要制约因素。如何量化制度适应性效率是制度经济学的重要课题,本文从三个定性方面进行分析。低适应性效率的制度结构对我国经济结构失衡的影响主要表现在三个方面:一是制度结构的不合理导致经济结构的扭曲;二是制度的刚性导致经济结构调整的滞后;三是制度的僵化导致缺乏自我纠错机制。

1. 制度结构的不合理导致经济结构的扭曲

这里的制度结构是指制度框架,包括与产业发展相关的制度、政府管制、产权及组织方式等。经济结构的维度是多方面的,我们主要从产业、总需求及国民收入分配构成三个维度去分析。对我国经济结构的三个维度不能仅仅用教科书上的那些理论去分析,这三个维度的失衡主要根源于制度结构的失衡,下面我们从三个维度做一简要分析。

我国一、二、三产业的演化并不是遵循产业自身发展的规律,而是主要受制度结构的影响。我国一、二、三产业结构的演变并没有像欧美国家那样随着生产力进步、城市化、要素价格、区域分工及规模经济等因素的变化而出现变化,而主要受户籍制度、土地制度及社会保障制度、国家经济发展战略等因素的制约,这些制度在

---

① 道格拉斯·C. 诺斯:《理解经济变迁过程》,中国人民大学出版社,2008年,第85页。

欧美国家不存在(如户籍制度)或中性(社会保障制度在西方国家没有按城乡来划分)的,我们的制度往往是逆向调节,我国城乡制度结构的不合理,使我国城镇化的演变轨迹偏离了世界城镇化的一般演变轨迹。总的来讲就是我国这些制度不利于农民转变成市民,并与产业的发展规律和城镇化进程是不相适应的。

从“三驾马车”中的投资与出口来看,为什么我国过去三十年主要是靠投资与出口来拉动?一方面,我国政府汲取了过多的资源,劳动报酬占国民收入比重低,在消费不足的情况下,政府不得不用投资来拉动经济,保持一定的增长速度。另一方面,中国过度依赖出口的现象与中国政治和经济制度缺陷有关。由于管制、腐败、物流成本高、地方保护主义等方面的原因,在国内交易成本可能比一些其他国家要高,所以一些企业热衷于出口。由此可知,我国“三驾马车”失衡的背后是制度结构的失衡,现在国内理论界大多是从数量上讨论“三驾马车”的失衡。基于集中型制度性激励体系导致的适应性效率不断降低在我国经济生活中表现越来越明显,如这些年我国每年的资本形成额远远低于固定资产投资额,2014 年这个差额达到 26.6 万亿元。

从国民收入分配结构来看,我国 1993 年分税制后政府支配的财力明显上升,出现了重投资轻消费、政府税收和企业盈利占国民收入比重提高而劳动报酬占国民收入比重下降等现象。这种收入分配结构的改变影响我国的支出结构和产业结构。合理的收入分配结构是在市场决定资源配置和政府权力受到制约下形成的。我国经济结构的失衡与国民收入分配的不合理密切相关。我国收入分配的不合理主要表现在两个方面,一是国民收入分配和再分配中的不合理,二是我国收入分配差距过大,并且这两者是相互强化的。这种相互强化是建立在缺乏要素市场和缺乏现代财税制度基础上的。从深层次看,我国国民收入分配结构的失衡就是根源于政府权力缺乏制约和没有建立起现代预算管理体制。但是如果没有对于权力制衡的制度结构,要建立起现代预算管理制度就比较困难。我国现代预算管理体制改革的关键还是权力能否真正受到制约。如果权力不受到制约,我们就缺乏建立现代预算管理体制的基础。如据中国人民银行统计,截至 2015 年 9 月底,政府机关团体存款接近 21 万亿元。这些存款的产生与八项规定的实施及收紧控制是有关的。我国国民收入分配结构的失衡拖累了我国消费,消费不足使我国经济调整的动力不足。经济结构的调整必须在动态调整中平衡,提高居民收入占国民收入的比重,增加消费对市场的力量,从而推动企业去根据消费者的需要调整结构,因为对于我国这样一个大国来讲,没有稳定的内需是难以持续发展的。

我国产业结构的失衡与我国现行所有制结构有关。我国所有制结构(公有制与非公有制)在产业上的不合理布局已经成为结构调整的深层次阻碍。受利益集团和意识形态的影响,这种调整存在刚性。现在我国产业结构最大的问题是一些上游产业(如能源、金融等)被国有企业主导和控制,而绝大多数下游产业(如酒店、餐饮等服务业)是民营企业占主导地位,并且是充分竞争的市场结构。这种垂直结构不利于提高我国产业的竞争力。[①] 尤其是2008年金融危机之后，国进民退导致垂直结构越来越明显。面对2008年金融危机，中美刺激计划的规模是差不多的，为什么效果差异比较大呢？这应该从中美经济的制度结构中去找原因。客观地讲，美国那种以市场主导、私营企业为主并依法治理的分散型制度性激励体系的适应性效率比我国以政府主导、国有企业为主并由行政治理的集中型制度性激励体系的适应性效率要高。我国经济中这种二元所有制结构对市场结构和产业结构的影响是多方面的：

一是上游产业缺乏竞争会导致高成本和高价格。我国制造业成本快接近美国的制造业成本。这些年我国制造业的成本上升，其实主要不是生产成本上升，而是由于制度适应性效率低导致交易成本的上升。从我国成本上升的领域来看，如金融体制的不适应导致融资成本的上升，基础能源领域国企的垄断及政府对价格的控制导致能源成本的上升，政府对土地的控制导致土地成本的上升。这些领域如果存在竞争成本会大大地降低。

二是当前我国严重过剩的重化工业行业主要是国有企业。国有企业去产能的能力要低于民营企业去产能的能力，民营企业的适应性效率也高于国有企业。当前我国供给侧改革的关键就是要提高制度的适应性效率。经济结构的调整仅仅局限在经济运行层面是不够的，我们必须深入经济体制方面的改革。要减税，降低产业进入门槛，打破垄断，放松各种管制，减少政府干预，激发市场的活力，真正让市场在资源配置中起决定性作用。一方面，现在我们社会充裕的资金找不到出路，炒房地产等，把非实体经济的价格搞得很高，另一方面，我国金融、电信、能源、交通、教育、医疗卫生等诸多领域对民营企业开放程度低，存在诸多管制，一些被管制的领域还投资不足。为什么我们在产业和行业发展上还不能在政策、制度上做到非人格化交换呢？这种所有制上的歧视不仅不利于国有经济的发展，而且还是以降低整个经济发展为代价的。开放度低必然降低制度的适应性效率。现在每个部门都以加强管理为由的管制大大地降低了我国的制度适应性效率。

三是建立在这种所有制结构上的产业结构难以面对外部环境的冲击，适应性效率比较低。在经济环境和外部环境较好的时候，这种上游产业是国有经济而下游产业是民营经济的垂直结构还能维持下去，但是一旦外部环境发生变化，这种垂直结构过去所隐藏的矛盾都暴露出来。如经济景气时，在下游的民营企业产出多、出口多、生产率高的时候，通过这种垂直结构，上游的国有企业也就越赚钱。但是，随着劳动力的成本和其他成本的上涨，使得下游民企的生产成本越来越高，这些民企在国际上就没有什么竞争力了。如果上游国企不提高生产率不降低产品的价格，那么民企也难以承受了。我国这种所有制结构决定的产业结构和经济结构适

---

① 王勇：《论改革以来国有企业的浮沉逻辑和结构位置》，2015，http://dxw.ifeng.com/shilu/wangyong/1.shtml。

应性效率较低,对外部冲击难以做出调整和应对。

我国供给侧改革重要的是制度结构的改革和优化。要从人格化交换过渡到非人格化交换,我们这种以所有制性质来布局产业结构的做法是一种典型的人格化交换,同时也大大地降低了我国制度的适应性效率。社会主义需要公有制,要建立以公有制为主多种经济形式并存的经济制度,但是公有制(主要是国企)的布局及产权分布也要遵循经济规律,要有利于经济结构的优化及社会生产潜力的发挥,这也是我们建立公有制的本意。

从制度的另一个层面,即经济组织方式来看,我国主要是一个自上而下的配置资源方式,这种方式的优点是能集中资源搞一些大的项目,但也带来了一些问题,这些集中而不是分散的决策大大地减少了产业结构形成和演化中的适应性效率。我国这种自上而下的配置资源的方式容易形成全国性产业结构的同质化,而不利于形成区域性分工和比较优势。为什么我国有130家汽车组装厂,420家机器人生产厂家?这种分散不是一种市场竞争中的分散,而是一种行政性分散,是为了利益平衡各地一哄而上。这种平衡性分散难以形成国内分工合作的格局,也难以提高我国在国际市场上的竞争力。更重要的是,这种自上而下的配置资源方式不利于创新,不利于整合分散的知识,不利于适应性效率的提高。

2. 制度的刚性导致经济结构调整的滞后

所谓制度刚性是指制度对外部条件的变化不能做出适应性调整。我国的制度刚性主要表现为行业进入的限制、各种审批和管制等。这使资源的配置并不能由市场或价格来决定。从深层次看,从管制中实现本部门利益的最大化是中国管制独有的现象。斯蒂格勒有管制俘获理论,是管制者被被管制者俘获。斯蒂格勒是针对欧美国家而言的,而我国的管制是计划经济时期就留下的“遗产”,并形成了路径依赖。在我国部门主导相关立法的体制下更有了管制的制度基础,这也是我国简政放权、减少行政审批为什么艰难的原因所在。

我国一、二、三产业失衡实际上是制度刚性问题。我国第三产业占GDP比重低于世界平均比重。为什么我国第三产业发展缓慢?关键是有各种限制和准入。中国若放开服务业,每年将可以多创造出4000万个就业岗位。其实除了少量的涉及意识形态以外,更多地是部门利益和利益集团的阻碍。其他不利于我国第三产业发展的制度性因素还有,一是我国制度环境不利于第三产业的发展。没有制度环境的支撑第三产业是难以发展起来的。二是政府投资偏好在很大程度上决定着我国产业及其结构的发展。与市场决定的投资不一样,政府投资有其自身的特点,如2008年后我国大力投资基础设施与政府投资偏好是有关系的,这种投资在带来社会效益(解决就业等)的同时也会给决策者及相关利益者带来直接或间接的好处。这些领域的高腐败现象在一定程度上验证了这一点。三是政府管制太多,政府管制越多,制度就越缺乏适应性效率。但是为什么不能放松管制、降低门槛、取消对民营资本的限制?这是因为那些主导经济发展的官员是不愿意放弃对手中权力的掌控的。归根结底,我们只有把权力关进制度的笼子里才能从根本上解决问题。此外,制度的刚性实际上表明我国缺乏抵御利益集团对经济负面作用的制度体系,我国没有平衡各方利益的制度平台,在强势利益集团的抵制下我国形成了制度变迁的路径依赖,大家都知道这个制度要改,但就是改不动,即使改,有的也是在既有路径上的修修补补。

经济结构调整重要的组成部分是能不能适应新经济、新产业、新商业模式的发展。我们再看共享经济与制度适应性效率关系问题。现在共享经济在世界范围内发展非常快。作为一种新的商业模式和经济形态,共享经济既有经济运行层面的特点,也有制度层面的特点。共享经济只会产生在那些技术创新和制度创新都准备好了的国家。共享经济是技术创新与制度创新相结合的新商业模式。罗宾·蔡斯在《共享经济:重构未来商业新模式》中把共享经济定义为三要素,产能过剩(闲置资源)+共享平台+人人参与。这些平台型的互联网企业通过有效的技术手段将需求方和供给方进行最优匹配,达到双方收益的最大化,并将会影响或改变我们的生产方式和消费方式。一个值得我们关注的现象是,美国的共享经济在世界的发展又处于领先地位。美国 Uber 和 Airbnb 这两家成立不到 10 年的企业已经成为全球共享经济产业内的龙头,两家当前估值已经分别达到 510 亿美元和 255 亿美元。面对这种发展很快的共享经济,我们的制度能适应吗?我国制度适应性效率低可能成为制约我国共享经济发展的重要因素。以专车为例,专车是共享经济的一个组成部分,它是不同于传统出租车的一种新的商业模式,Uber 的估值达到 510 亿美元就预示着它美好的发展前景。面对专车这个新的商业模式,中美反应的差异反映了制度的适应性效率。美国是以分散的、灵活的、立法的治理方式来面对专车,而我国则是集中的、刚性的、行政的治理方式面对专车。美国的目的是要为专车这种新的商业模式提供宽松的制度环境,而我国一些部门则想把专车整成出租车,或者说基本上还是按传统的出租车模式来管理专车。由此可以看出面对新的商业模式、新的创新我们能不能适应,关键就要看制度的适应性效率。而制度的刚性则降低了适应性效率。

3. 制度的僵化导致缺乏自我纠错机制

经济结构的调整是一个动态过程,由于经济的不确定性及竞争等方面的原因,经济结构面临着不断地从失衡到均衡的调整过程,经济结构的调整也是一个试错与纠错的过程。我国经济体系缺乏一种自我纠错机制,如破产、重组机制等,从而不能消化过剩的产能,或者消化过剩产能缓慢。经济结构调整中的刚性、滞后性等与体制的僵化有关。我国缺乏自我纠错机制主要表现在这样几个方面:

一是国有企业的软预算约束,即使出现决策失误,或资不抵债,也可以通过许多途径生存下来,而私营企业若出现这些问题,一般都会破产或重组等。现在我国产能过剩及需要调整的行业主要是国有企业,传统安置职工的习惯等使调整的压力大。此外,这些国企与政府的关系又紧密,因此调整的难度就大。

二是我国在财政和金融上都是风险集中型的,这不利于化解风险,也不利于风险的分散,央企、银行、地方等出现投资过度、产能过剩、债务沉重等问题时,都可以求助于上级主管部门或政府,这样,那些“胆大”的主体,在这种体制下可以获得更多的资源,出现问题时也可以转嫁出去,这也是为什么我国会出现大量的无效率项目、无效率配置的原因之一。同时,金融、财政过于集中,会产生体制性道德风险、机会主义行为倾向及搭便车等现象,从而降低体制的适应性效率,这又会加剧结构性失衡。现在一些行业要削减产能需要中央财政拿出补贴,这是集中型制度性激励体系的不完善性的体现,这种不负责的体制也必须改革了。

三是我国政府对经济干预太深,自身涉及的经济领域太多,这就使市场的自我纠错机制难以建立起来。政府过多进入或干预行业使自己难以独立地制定规则和实施规则。比如,我国钢铁行业严重过剩,必须要清理一些僵尸企业,但这首先就遭遇到地方政府的反对,因为这些钢铁企业往往支撑一个地方 GDP 的增长。各地方政府陷入了囚徒困境,都希望别人减产自己不减产。

四是我国要素市场体系不完善。为什么美国的失业率从 2009 年一直在往下降,而欧盟国家的失业率并没有太大的改善,反而在一直往上升?这主要是劳工法造成的。美国的劳工法比法国、意大利、西班牙、希腊这些国家的劳工法要灵活得多。美国解雇员工比欧洲这些国家解雇员工容易得多。由此,美国在面对冲击危机及经济周期波动时能较快应对,从而大大地提高了制度适应性效率。除了劳动力市场调整的僵化外,我国资本市场的僵化也非常严重,由于政府和国有企业在资本市场占有主导甚至决定性地位,其任何调整都要动全身,这种风险的释放难度非常大。历史上我们也用行政手段释放过,但经济为此付出的代价是非常大的,尤其是资本市场不能真正市场化的代价太大了。所以这次经济下行会倒逼我国加快劳动力市场、土地市场、资本市场等要素市场化改革的步伐,从而为改革和完善我国制度性激励体系创造基础。

制度的僵化导致适应经济周期能力差。经济是有周期的,经济主体能否适应经济周期的变化也是检验制度适应性效率的重要方面。在我国,由于制度的原因,在经济处于上升阶段时,企业都“水涨船高”,没有什么问题,但是一旦经济处于下行阶段,制度的僵化及缺乏自我纠错机制的问题就暴露出来。现在我国僵尸企业的存在说明制度的适应性效率较低。这种“一损俱损、一荣俱荣”的增长模式在中国达到中等收入水平阶段后应该终结了。中国真的产能过剩吗?我国日益增加的中产阶层对产品的品种和质量要求越来越高,但是我国现行的增长模式及供给还是停留在粗放经济增长阶段,供给与需求的矛盾越来越严重。因此,为了真正解决我国经济结构调整中的问题,我们必须走出政府调整经济结构的传统套路,改革我国制度性激励体系,从集中型制度性激励体系转变到分散型制度性激励体系,提高适应性效率,从而建立基于市场的自我纠错机制。

四、结论

本文重点是探讨制度性激励体系、适应性效率和经济结构调整之间的关系。这种探讨对我国供给侧结构性改革具有较大的现实意义。

首先,我们提出我国集中型制度性激励体系降低了我国的适应性效率。制度性激励体系与适应性效率的关系是本文的立足点。诺斯等制度经济学家并没有直接分析制度性激励体系与适应性效率的关系。本文通过引入集中型制度性激励体系和分散型制度性激励体系就把制度性激励体系与适应性效率联系起来,分散型制度性激励体系与适应性效率有内在联系,分散可以把这两者联系起来。我们从制度性激励体系的类型、转型的滞后及突出特征三个方面分析了制度性激励体系的不完善如何降低我国适应性效率。

其次,低适应性效率不利于经济结构的调整。在分析了低适应性效率的原因以后,我们主要从三个方面分析了低适应性效率对经济结构调整的影响。一是制度结构的不合理导致经济结构的扭曲;二是制度的刚性导致经济结构调整的滞后;三是制度的僵化导致缺乏自我纠错机制。在目前缺乏对适应性效率定量分析的条件下,本文从这三个定性方面的分析无疑具有较大的理论价值和现实意义。因此,供给侧的改革必须结合制度创新来进行,从集中型制度性激励体系转变到分散型制度性激励体系入手,提高制度适应性效率,让市场真正决定资源配置和产业发展,从而实行经济结构的优化和产业的升级。

本文与罗小芳合写,写于 2015 年 11 月

对我国产能过剩的制度经济学思考

转型国家的产能过剩是一个复杂的经济问题。为此,可把我国的产能过剩区分为一般的产能过剩与特殊的产能过剩。我国发展市场经济不可避免地会产生一般产能过剩的现象,对此现象,市场机制本身有缓解的办法;而特殊的产能过剩是我国转型时期或改革中产生的独有现象。这两种过剩交织在一起增加了我国治理产能过剩的难度。本文主要从制度层面分析两种产能过剩的机理,并对两种产能过剩作了比较制度分析,最后提出治理我国产能过剩的对策和思考。

一、两种产能过剩的类型:一般的产能过剩与特殊的产能过剩

国内学者把产能过剩形成原因主要归结为市场因素与经济政治体制因素两个方面。本文在这些分析的基础上把产能过剩分为一般的产能过剩与特殊的产能过剩。我国作为市场化改革为主导的国家,会产生一般的产能过剩;而作为转型国家,在政府与市场边界还没有划清的情况下,又会产生特殊的产能过剩。前者是作为市场经济国家不可避免地会存在的现象,而后者在转型完成或深化改革后就可以避免。区分这两种过剩并不难,凡是政府干预过多的产业或领域,就容易出现这种特殊的产能过剩,如政府的产业政策、财政补贴、税收优惠、融资支持等。在理论和实践中,我们不加区分地谈论产能过剩不利于产能过剩的治理。

(一)一般的产能过剩是市场经济的普遍现象

就产能过剩来讲,可以从三个层面分析:一个是界定产能过剩,二是从运行机制层面分析产能过剩形成的机理,三是从制度层面分析产能过剩形成的深层次原因。

如何界定产能过剩?在美联储看来,如果产能明显低于79%—83%的区间,

则说明可能存在产能过剩，即开工不足。我国宏观调控部门根据有关指标大致将生产能力超出市场需求能力25%的行业界定为产能过剩行业。我国钢铁、光伏、船舶制造产能利用率只有60%左右。各国的产能利用率不同，年度间的利用率有波动，但从未接近90%的水平。这表明市场经济存在普遍、长期的大规模闲置产能。产能过剩是普遍现象还是独有现象？主流经济学家们对于资本主义经济中的产能过剩、存货增长或过度供给感到不满，将这些资源视为浪费。因此，在主流经济学的理想经济状态下是不存在产能过剩的。但科尔奈认为，过剩经济虽然存在有害的副作用，却是资本主义制度最大的优越性。这是不同于西方主流经济学的观点的。在西方主流经济学看来，市场出清才是市场运行最理想的状态。

为什么在市场经济条件下会出现产能过剩？从运行机制层面来看，一是垄断竞争。产能过剩的概念是由张伯伦于1933年提出来的。张伯伦从微观经济学的角度定义了产能过剩，他认为，垄断竞争导致平均成本线高于边际成本线，从而出现了持续的产能过剩现象。在垄断竞争下企业存在过剩产能，这是因为在确定产量水平的时候，垄断竞争企业的行为与完全竞争市场上的表现不同，为实现利润最大化的目标，它们不会充分利用自己的产能。二是需求的不确定性。在奈特看来，市场经济的本质不是风险而是不确定性。在较高的安全水平上满足客户需求，这是过剩经济的一个主要特征。在市场上较高的安全水平的确定是较困难的事情，这就必然导致产能过剩。三是创新。在市场经济中，有竞争必然会带来创新。在创新过程中，尽管老产能的比重会缓慢下降，新产能加上老产能却会超出总需求。这正是出现经常性的过度供给状态的主要机制之一。卖方之间的竞争与过剩现象之间有内在联系。由此看来，过剩既是竞争的原因，又是其结果。正是由于过剩的存在，让买方有所选择，竞争才成为可能，才会被激发，因为卖方都希望消除过剩，这也是竞争的动力。四是规模经济。从长期来看，在垄断竞争的条件下，大企业为了追求规模经济效应和在竞争中战胜对手，会不断扩大产能，工厂会也越来越大。从短期来看，大多数面临规模收益递增的企业由于受需求方面的约束，它们都很难把产能利用到最大限度。[1]

从制度层面看，在科尔奈看来，“只有资本主义经济体制才有能力产生和持续产生覆盖整个经济体的过剩经济现象，只有资本主义能产生和持续产生导致长期过剩经济的机制”[2]。因此，产能过剩对于资本主义来讲，并不是一种短期的或周期性现象，而是一种长期和持久存在的现象。产能过剩内生于资本主义制度本身，只要资本主义制度存在，产能过剩就会始终存在。扩张是资本主义的本性，在扩张最终受到环境制约的时候，就会出现收缩，这就是资本主义的周期波动倾向。一方

① 雅诺什·科尔奈：《社会主义和资本主义：关于短缺和过剩的市场理论研究》，载吴敬琏主编，《比较》（第57辑），中信出版社，2011年，第92页。

② 同上。

面,建立在资本主义私有制和市场导向基础上的企业家精神,会导致供给扩张驱动、垄断竞争及产能和存货的增长,从而导致产能过剩和存货过剩。另一方面,硬预算约束会抑制需求增长并导致价格黏性和工资黏性,从而导致产能过剩和劳动力过剩。

资本主义制度下产能过剩的原因主要来自于资本家追求自身利益最大化,来自于资本主义制度本身,这种利益格局同时又不利于需求的增长(可参考凯恩斯分析的有效需求不足)。在资本主义制度下,产能过剩主要是在微观层面上产生的,而并不是由政府的宏观调控政策(如财政和货币政策)造成的,当然这些政策也会影响供给水平。对于微观层面形成的产能过剩机制的分析,学术界主要有三种研究思路:一是从博弈论角度分析在面对潜在竞争对手的进入威胁时,企业做出的决策会导致产能过剩;二是从寡头共谋的角度探讨企业为追求自身利益最大化采取的投资策略和价格策略会导致产能过剩;三是由于未来市场的不确定性提升了"运营期权"的存在价值,企业会选择产能过剩的状态。① 资本主义的优越性在于,通过过剩经济的运转机制,这个制度可以驱动和维持快速的、不停顿的现代化、创新和技术进步。②

科尔奈的这些分析是相对社会主义计划经济体制时期普遍存在的"短缺经济"而言的。在经济发展过程中,我们不可能总是做到需求与供给相等。相比"短缺经济"而言,过剩经济更好一些。产业的发展是有规律的,只要是市场经济或资本主义经济就面临着产能过剩。科尔奈的这些分析与马克思关于资本主义相对生产过剩的分析在理论上基本是一致的,但存在两点差别:第一,马克思是从社会化大生产与资本主义生产资料私有制之间的矛盾来分析相对过剩的;而科尔奈则是从垄断竞争、需求的不确定性、创新与创造性破坏及规模经济等市场机制角度来研究生产过剩的。第二,马克思对资本主义相对生产过剩的分析是从问题、从制度缺陷来进行分析的,在马克思看来,资本主义制度自身是无法解决相对生产过剩问题的;而科尔奈把过剩经济、产能过剩、生产过剩看成是资本主义制度的优越性,看成是资本主义条件下创新不得不付出的代价。

(二)我国转型时期特殊的产能过剩现象

我国的产能过剩除了一般的产能过剩外,还有特殊的产能过剩。2012 年年

---

① 钟春平、潘黎:《"产能过剩"的误区——产能利用率及产能过剩的进展、争议及现实判断》,《经济学动态》,2014 年第 3 期。

② 雅诺什·科尔奈:《社会主义和资本主义:关于短缺和过剩的市场理论研究》,载吴敬琏主编,《比较》(第 57 辑),中信出版社,2011 年,第 92 页。

底,我国钢铁、水泥、电解铝、夹板玻璃、船舶产能利用率分别为72%、73.7%、71.9%、73.1和75%。[①]在中国24个重要工业行业中有19个行业出现不同程度的产能过剩。2012年,中国产能利用率为57.8%,远远低于1978年以来中国的产能利用率72%—74%的平均水平。

近些年我国产能过剩程度更加严重是两大原因造成的:一是我国市场化程度在不断提高;二是政府控制经济和资源的程度随着市场化改革的深入并没有减少,而由于2008年的金融危机反而增加了,这主要体现在"国进民退"以及地方政府更多地通过投资及产业发展(主要是房地产)来刺激经济增长。因此,我国现在要治理的,主要不是一般的产能过剩,这是由市场决定的;而是要治理特殊的产能过剩,这种产能过剩是我国转型时期的产物,是政府过度干预经济的结果,是政府与市场边界没有划清楚的产物。

我国特殊产能过剩形成的特点主要表现为,地方政府之间追求GDP及政绩的竞争,加上中央有关部门的产业发展规划及产业政策的引导,容易导致产能过剩。我们把这个概括为政府主导下的产能过剩。在此体制下,不仅出现了传统产业的产能过剩,也出现了新兴产业的产能过剩。我国的光伏产业和动漫产业过剩就是新兴产业的过剩。一般产能过剩根源于市场机制本身,根源于微观经济主体之间的竞争。而我国特殊的产能过剩根源于政府行为,根源于各级地方政府之间的相互竞争。

在产业发展中,我国政府的作用大于市场的作用。体制型重复建设已经成为我国经济中的"顽症"。产能过剩是表象,而体制型重复建设则是根本问题所在。各级政府主导的经济增长模式使某种产业或产品已经形成和即将形成的生产能力之和远超过市场需求,而经济主体仍继续扩大生产能力的投资行为。仅以2010年为例,中国生产了全球83%的空调、66%的化纤、58%的水泥、47%的彩电、47%的粗钢、46%的煤炭、42%的冰箱、35%的洗衣机。

我国特殊产能过剩形成的方式主要有以下几种类型:

一是,政府通过各种激励政策引导产业发展从而导致产能过剩。政府的投资和对创新过多的介入有可能扭曲创新的激励机制。以动漫产业为例,为了发展动漫产业,全国2/3以上省份都有专门的动漫产业扶持政策,包括播出补贴:一般二维动画片在地方电视台播出有较高的奖励,在中央电视台播出的奖励就更高了,三维动画奖励还要加倍。在这种产业政策下,各动漫公司制作动漫产品不是根据市场和消费者的需求,而是盯着政府的财政补贴。这导致我国目前动漫年产量超过日本成为世界第一,但质量和影响却并不高。这种数量型扩张并不仅限于动漫产业。这种产能扩张并没有什么创新和技术进步,而变成生产厂家为了奖励去不断

① 钟春平、潘黎:《"产能过剩"的误区——产能利用率及产能过剩的进展、争议及现实判断》,《经济学动态》,2014年第3期。

扩大生产和产能。一个值得我们思考的现象是,在转型期,国家的财政补贴是必要的,并且会产生租金。在财政补贴分配中会产生寻租行为。为什么东亚的寻租行为符合发展要求,而在其他国家,如叙利亚和土耳其,寻租行为既对生产不利又对发展不利呢?在韩国和日本,政府对补贴的接收者施加了纪律。在交换补贴时,政府对私营公司施加了业绩标准,并有相应的奖惩措施。韩国和日本把政府管制中产生的租金通过制度安排用于创新方面,而叙利亚和土耳其则把管制中的租金用于建立和维持跨阶级联盟甚至用于寻租方面。从我国动漫产业的财政补贴来看,我国管制中产生的租金也并没有有效地用于企业的创新活动,反而导致了产能过剩。我国大量的财政补贴并没有像韩国和日本那样对企业施加了业绩标准,补下去后几乎没有真正的考核。所以并不是所有的补贴都有利于创新。

二是,政府通过产业政策引导导致的产能过剩。以2012年我国钢铁行业为例,中国钢铁工业协会所属的80多家重点大型钢铁企业的利润只有15.8亿元,亏损面23%。当年中国钢铁全行业规模以上企业实现利润2024亿元,整整比80多家大型钢铁企业多出2000亿元。这一年利润的大头被那些中小企业获得。为什么会有这种格局?这与政府制定的不符合市场需求的产业政策有关。有关部门近年以钢材结构比例作为目标加大调控,然而,这次经济刺激反倒使得调控目标设计中被抑制和淘汰的普通建筑材料逆市走俏。大企业根据政府钢铁产业政策主要生产板带材,而中小企业根据市场需求主要生产传统长材、建筑用材。从整体看,传统的低端产能即长材、建筑用材销售稳定,这是由市场决定的;而所谓的高端板带材则出现了严重的产能过剩,这是政府产业政策作用的结果。由此可知,再高的技术含量,如果不能满足市场的需求,结果也是亏损。产业发展的硬道理是决定产业发展的是市场而不是政府。

三是,政府部门与企业的利益联合体导致的产能过剩。市场经济条件下的产能过剩很大程度上根源于市场本身,如垄断竞争、需求的不确定性、创新及规模经济等。我国许多产能过剩是在政府主导下利益驱动的产物,它与市场经济条件下的产能过剩在形成原因上是有区别的。我国煤炭产能过剩就是一个典型案例。据悉,2014年全国将淘汰煤矿1725处,淘汰落后产能11748万吨。同时,未来将关闭上千座的小煤矿。2002年,中国原煤产量仅为15亿吨;2011年,中国原煤产量达到35亿吨。随后政府已经意识到煤炭产能过剩的问题,但是依然没有有效压制煤炭产能的增长态势。这是因为:第一,煤老板通过与地方合作,以极其低廉的价格获取采矿权。更有甚者,直接分股份给地方,实现了双赢的局面。如此一来,一些地方政府实则暗中支持煤老板违规开采。据统计,中国约2/3的煤炭产能属于不规范的过度开采。第二,行政治理产能过剩是一个复杂的博弈过程。尽管国家关闭了很多小煤矿,但是淘汰的落后产能依然抵不过一个大企业的年度产能。中国煤炭产能为何压不下去?其中一个主要的原因在于大型煤企垄断大量的煤炭产能,前期淘汰的落后产能不足以抵上一个大型煤企。统计表明,神华集团、中煤集团、同煤集团等 8 家企业的原煤产量占全国总产量的比例达到 37%左右。一些地方对传统行业的依赖度非常大,这些企业出现经营问题时地方政府会出台各种政策来保护这些企业,市场对这些企业的调节作用被政府消解了。因此,地方政府与企业的“合谋”成为制约我国治理产能过剩的重要因素。

我国特殊产能过剩的形成是一种体制性现象。这种特殊性表现在:一方面,我国主管产业发展的部门(如发改委)出政策和进行审批,然后各地方就争取这些政策的好处,这些政策里面包含大量的租金(包括补贴、税收优惠、融资),地方政府获得了这些政策的支持和审批,就可以获得 GDP 的增长。这种产业增长不是来自市场本身,不是来自需求本身,因此产业的发展和社会需求往往是脱节的,产业发展的开始就可能意味着产能过剩。另一方面,我国的地方保护主义加剧了产能过剩。我国是中央集权下的地方之间的竞争,而不像美国那种联邦制下的地方之间的竞争。我国这种体制使产业发展“遍地开花”,很快就形成产能过剩。如联邦制有一个“原产地规则”(the rule of origin),它规定,在联邦某地合法生产的产品在联邦各地的销售都自动地具有合法性。所以美国是统一的市场,而我国的市场是分割的。地方各自为政,就当地发展来讲,是理性的,但从全国看,就不是理性的了。没有全国统一的市场或地方保护主义严重,是我国产能过剩的重要原因之一。各地都搞相似的产业,地方保护主义分割市场,产业发展缺乏竞争,也难以形成规模经济效应。一旦发现产能过剩,就开始治理。这种产能过剩表现为:(1)同质化。各地是在同一产业政策下发展的,没有什么差异化。(2)缺乏创新和技术进步。(3)由于部门所有、行业所有、地方所有及所有制上的差异,产业发展中缺乏重组、合并及竞争,产业发展缺乏自我优化机制。(4)由于软预算约束,治理产能过剩困难重重,治理成本高。我国的特殊产能过剩可以通过种种手段转移出去,当事人可以不负责任,这是特殊产能过剩最深层的原因。不负责的投资必然导致产能过剩。

二、两种产能过剩的比较

对一般产能过剩和特殊产能过剩的比较可以从三个层面来进行:一是产能过剩是如何形成的,即谁是主体;二是产能过剩对经济运行的影响,包括资源配置、创新及技术进步等;三是产能过剩的治理机制。

一是产能过剩的形成。同样是产能过剩,不同制度下,其形成的机理、原因及对产能过剩调整的方式是不一样的。我国产能过剩的最大特点是政府干预太深,许多产业的过剩都与地方政府的 GDP 追求与投资冲动有关。科尔奈当年用投资冲动、数量冲动及软预算约束分析传统社会主义计划经济中短缺经济的形成。当今的中国,也可以用科尔奈的这个框架去分析我们政府的行为。来自于政府的投资往往是软预算约束,并且其投资的成本与效率没有人去真正的关心,这就必然导致投资的低效率。更重要的是,只要是发展产业或搞项目,地方负债再多也不怕。产业发展是由市场和社会需求决定的,由于信息不对称和认识的有限理性,我们不可能搞清楚投资什么、投资多少。这种投资的方向、数量和结构只有通过市场和社会需求来"试错"地决定。投资主体越多元化,信息越充分,竞争越激烈,就越有利于投资的决定及其结构的优化。正如考夫曼指出过的,在一个通过正向反馈而发生自我持续和自行增强的非线性动态世界里,"计划总是赶不上变化"。在产业发展上最好的导向机制是市场而不是政府。

我国这次较大产能过剩现象出现的主要根源是政府主导投资体制加上美国2008年金融危机刺激的结果。为了防止危机的扩大,政府投资大量增加,国民大量保值或投机贷款消费。社会部分需求大幅增加,如钢铁、水泥、光伏、汽车等。社会出现严重的供不应求,并出现价格暴涨和生产利润暴涨。于是产能扩张投资大量进行,这些产能投资形成了第二次间接投资。全国到处都能看见大规模扩建或新建的钢厂、水泥厂、光伏生产基地、汽车基地。在面对危机的过程中,我们提前透支了国民的消费能力,政府债务的增加也透支了政府干预经济的能力,企业债务的增加透支了企业应对经济下滑的承受力,还制造了更多的产能过剩和过剩产品。在我国现行体制下,全社会都形成了软预算约束,在中国人的信念中,投资出了问题最终政府是要买单的,社会风险意识被弱化。在这种信念下,我们还难以建立起真正的市场经济。

二是产能过剩对经济运行的影响。一般的产能过剩与特殊的产能过剩迭加在一起加大了我国产能过剩的风险,治理不好有可能引发经济危机。当前我国产能过剩既有一般的产能过剩,又有特殊的产能过剩。经济危机往往是由产能过剩引起的。对我国经济发展负面作用最大的是特殊的产能过剩,这是因为特殊的产能过剩与一般产能过剩形成的机理是不一样的。我国有庞大的产能,但没有规模经济效应。根源于市场机制的一般产能过剩尽管也有闲置与浪费,但这是创新、技术进步以及促进竞争不得不付出的代价,特殊的产能过剩也付出了闲置与浪费的代价,但并没有获得这些好处。IMF认为是中国的高投资率引起了产能过剩并导致了资源错配,使得总体的投资回报率由20世纪90年代初的25%下降为如今的16%。如果这个问题不能很好地纠正,中国经济的年增长率将可能跌至4%左右。[①]我国特殊的产能过剩缺乏自身的优化机制,没有竞争,也不利于创新和技术进步。例如,政府干预度低的国家,1单位人力资本投入对应0.56单位的创新产出;政府干预度高的国家,1单位人力资本投入仅转化为0.28单位的创新产出。"在中国,政府的作用独一无二,没有替代物。在欧洲,恰恰由于技术变革本质上属于私人性

---

① 钟春平、潘黎:《"产能过剩"的误区——产能利用率及产能过剩的进展、争议及现实判断》,《经济学动态》,2014年第3期。

质，发生在一个分权化、政治充满竞争的背景下，才使得技术变革得以在很长时间内持续下去。”①政府主导下的产能过剩与一般产能过剩在对经济的影响方面是不一样的。政府主导下的产能扩张往往不是遵循经济规律和市场规律的结果。与市场主导下的产能扩张不同，政府主导下的产能扩张是平面的、自我封闭的。而市场主导下的产能扩张是有竞争的，企业之间相互竞争，存在破产、重组、调整等自我优化机制。总之，一般的产能过剩对经济的影响积极面大于消极面，而特殊的产能过剩对经济影响的消极面大于积极面。

三是产能过剩的治理机制。既然产能过剩是市场经济的必然结果，那么产能过剩的治理机制就非常重要了。一般的产能过剩是由市场来治理，这种自我治理机制比政府主导的产能治理机制效果更好。市场机制化解产能过剩的途径主要有：(1)价格下降调节；(2)扩大市场范围调节，如通过进口替代或出口增长扩大市场范围，一定程度能缓解产能过剩；(3)企业退出调节。我国特殊的产能过剩始于政府主导的投资和产业政策，一旦发现产能过剩政府又会出面治理。特殊的产能过剩缺乏自我的纠错机制。特殊的产能过剩自身化解难，政府治理产能过剩并不理想，或者治理的成本太高，或者治理过程遇到利益集团的抵制，从而导致资源的长期闲置与浪费。行业所有、部门所有、不同所有制之间的重组难一直是特殊产能过剩独有的现象。在治理产能过剩上，政府也没有优势，考虑到交易成本，政府往往选择最简单的治理方法，因此，政府治理产能过剩中又容易产生政府失灵现象。最典型的有：(1)单一地以生产规模为标准抑制产能，保留大规模的，淘汰小规模的。所以地方政府或企业开始就以大规模发展，这就更加剧了产能过剩，并且成为投资冲动的诱因。(2)简单地以高新技术为标准抑制产能，理论上是鼓励高新技术的发展并以此为标准治理产能过剩，那么地方或企业在形式上就搞出高新技术的，是高水平重复建设的诱因，这也可以解释为什么近些年我国高新技术产业也出现了产能过剩。(3)在治理产能过剩中，一般保国有大型企业，所以国有大型企业乘机扩张，进一步加剧重复建设，从而导致国进民退。在治理产能过剩中，公有制经济往往有政治上的优势，所以在治理产能过剩中，非公有制经济往往处于不利的地位。综上所述，只要产业决策或技术决策是在政治市场上做出的，在任何可定义的意义上，我们就没有理由相信这些决策是有效率的。②

2008 年金融危机之后，面对产能过剩，从不同产能过剩类型国家反应的差异我们可以看出产能过剩治理机制的差异。以美国为代表的一般产能过剩国家，危机之后，一是公司最快速地裁员、缩减开支瘦身，使这些公司的自我生存能力很快得到恢复；二是减少美国国民的债务，现在美国国民的债务状况已经是近 30 年的最好状态；三是淘汰过剩产能和消耗过剩产品，美国的过剩房屋已经消化得差不多

---

① 乔尔·莫基尔：《富裕的杠杆：技术革新与经济进步》，华夏出版社，2008 年，第 265 页。

② 乔尔·莫基尔：《雅典的礼物：知识经济的历史起源》，科学出版社，2011 年，第 239 页。

了。奥巴马上任前承诺的用建设投资解决就业问题至今也没有大规模实施。美国所谓的高铁建设已经提出好几年了,至今也没有任何动工的迹象。欧盟经济体因为其不灵活的《劳工法》使公司调整速度比美国公司的慢很多,但它们也被迫做了很多调整,几年之后也变得更加健康。从治理产能过剩的主体来看,中国完全由政府主导,美国更多的由市场主导,欧洲介于两者之间。欧盟经济体目前尚未完全从危机冲击中走出来,而美国的劳工法是主要经济体里面最自由的,政府对劳工市场的干预是最少的。金融危机后,美国失业率上升很多,但2009年至今慢慢复苏。相比之下,在中国等新兴经济体里,政府大刀阔斧的经济刺激举措不仅没有迫使企业瘦身,没有做必要的调整,反而是竞相变得更加臃肿,中国公司、俄罗斯公司、巴西公司都在政府强心针的刺激下很多行业都扩张,盲目投资。从中可以看出,面对金融危机,以政府为主导的特殊的产能过剩国家,不仅没有解决产能过剩问题,而且以投资扩张的方式加剧了产能过剩。

三、治理我国产能过剩的几点思考

第一,充分认识和区分一般产能过剩与特殊产能过剩的意义。对于一般的产能过剩要通过市场的办法解决;而对特殊的产能过剩需要通过改革的办法来解决,必须从体制和制度层面限制特殊的产能过剩。我国理论界对产能过剩有些区分,如由于市场经济的周期性波动造成的产能过剩和转轨时期体制与机制的缺陷造成的产能过剩。由于现实中没有区分这两种产能过剩,本应该由市场经济周期性造成的产能过剩我们没有让市场自身去解决,而往往是政府出面治理所有的产能过剩。如前所述,面对2008年的金融危机,由于我们对产能过剩的问题研究不够,把本应该由市场去调节或消除产能过剩的机会失去了。在探讨我国产能过剩及治理对策时,理论界笼统分析的较多,这不利于我国对产能过剩的真正治理。治理我国的产能过剩要双管齐下,面对一般产能过剩,企业可以制定采购与存货策略,使企业间物流更加顺畅;政府可以通过监管来确保企业之间的公平竞争。而对特殊的产能过剩必须深化改革,通过改革的办法来治理,现在行政办法的低效及治理产能过剩中的政府失灵证明我们必须通过改革来治理特殊的产能过剩。

第二,要在产业的发展上正确处理好政府与市场的关系。我们关于一般产能过剩与特殊产能过剩的划分实际上体现了如何处理好政府与市场的关系问题。解决我国产能过剩的根本举措在于减少或消除特殊的产能过剩。特殊的产能过剩是政府干预经济过多的结果,而政府干预过多又是一种体制和制度现象。因此,治理我国产能过剩的最好办法是搞清楚中国产能过剩的真实原因,在全社会形成一种共识,即对于产业的发展,市场起着决定性作用。首先,我们要为市场机制调节产能过剩创造更好的条件，这包括打破垄断，为民间投资提供更多的平台，更好地发挥价格调节作用和资本市场兼并重组功能，提高劳动力市场的灵活性等。当然，也要更好地发挥政府的作用，这主要表现在：(1)政府在产业发展上可以出台指导性计划。这样的计划可能有助于更好地实现需求预期和新增产能的协调，或许可以防止大企业的过度投资催生更多的闲置产能。(2)政府要大力减少和纠正用行政手段包揽、直接介入或干预产业发展的做法，把主要精力放在完善产业政策、营造公平公正的竞争环境上来，发挥好“推手”作用。那些竞争行业的产业发展完全可以交给市场去决定。政府可以在涉及国家战略层面的产业发展上经过充分论证出台产业政策，但这些产业政策的实施也要用市场的办法。政府在产业发展中可以起助推作用，如美国实施阿波罗计划的并不是一个一体化的大型承包商，而是由国家航空航天局协调的一系列独立的企业。[①] 我们一说发展重要的战略性产业就似乎政府或国有经济应该从头包到尾，这没有发挥民间资本的作用，也没有调动民间的创造力。

第三，要建立工业行业产能的统计监测和发布体系。美国、日本等国很早就建立了工业行业产能的统计监测和发布体系，它们将产能利用率作为产能监测的核心指标。例如，美联储每月收集代表制造、采掘、电力、燃气的 295 个行业的数据，计算出工业产能指数和产能利用率，每月 15 日前后公布上月的产能指数和产能利用率。这些数据对美国有关部门制定政策、企业投资决策非常重要。从技术层面讲，我国现在治理产能过剩的最大问题是缺乏产能过剩的统计监测和发布体系。企业或产业有不同的原因夸大或缩小产能过剩数据的动机。因此，建立第三方的产能过剩统计监测和发布体系对于我国治理产能过剩非常重要。在我国转型时期，治理产能过剩应该成为考核政府官员的重要指标。

第四，要创造制度环境使企业成为投资的主体，要把产业的发展交给市场决定。站在实业家和企业的立场上，为产业发展提供一个适当的框架比直接干预行业的创新过程更为有效。美国采用的方法是让市场在没有政府干预的情况下运行，除非有明显的证据表明存在干扰竞争的市场失灵现象。所以，我国的产业政策涉及观念、信念及理念的变革。我们自觉或不自觉地以计划经济的思维甚至计划的方式发展产业。当然，这当中也有利益方面的深层次原因。一些部门在管理产业发展中可以得到“设租”的好处。我们以产业发展中的研发投入为例，从面对不确定性和风险承担来看，市场主导的研发机制比政府主导的研发机制更有利于减少不确定性和分散风险。技术变化为什么会使中央很难，或者也许不可能制订出有效的计划？一个重要的因素无疑是不确定性，即在技术易变的领域里用于研发

---

① 奥利弗·E. 威廉姆森：《市场与层级制——分析与反托拉斯含义》，上海财经大学出版社，2011 年，第 222 页。

的资源应该配置到哪里去。[①] 虽然历史上有过几次政府支持促进了基础科学发展的事例,但政府对产业研发的帮助还没有过一次良好的历史记录。在美国及其他国家,庞大的用于民用产业的研发都是由希望从中获利的企业提供资金的。[②] 应该将技术发展新领域的搜寻过程交给企业和市场,这是一个基本信念,是发展市场经济的内在要求。这是因为,分散性搜寻可以使技术失败造成的损失最小化,并且可以使这些损失分摊到许多不同的经济实体。政府不希望在经济发展中扮演"最终的风险承担者"的角色。但是现实中,我们的政府还在承担"最终的风险承担者"的角色,在这种情况下,市场不可能在资源配置方面起决定性作用。

原载《福建论坛》,2014 年第 8 期;人大复印资料《国民经济管理》2014 年第 11 期转载

---

① 理查德·R. 纳尔森:《经济增长的源泉》,中国经济出版社,2001 年,第 64 页。

② 同上书,第 93 页。

我国收入差距调控的效果与机制的制度分析

一、问题的提出

增长的根源与增长的后果成为现代增长理论的两大主题。对于前者已经有了很多的探讨,如索罗、诺斯等人的分析。而对于后者,较早的发展经济学家已经注意到增长不等于发展。西方经济学界关于这个问题的研究,主要经历了两个阶段:一是关于收入分配与经济增长关系的研究。20世纪50—60年代经济增长理论的发展为研究收入分配和经济增长的关系提供了工具,以卡尔多(1955)为代表的新剑桥学派发展了第一个现代意义上的收入分配与经济增长理论的模型。而库兹涅茨所发表的《经济增长和收入不平等》(1955)一文可以看作这类研究的经典之作,其中提出的倒U形曲线成为收入分配和经济增长关系研究的焦点所在。探讨经济增长过程中的收入分配机制是理解两者关系的重要途径,对于这一问题的理解存在着新古典主义与结构主义的观点分歧。新古典主义相信市场力量能够促使收入分配差距趋于缩小,而结构主义则强调结构刚性与发展中国家的市场不完善阻碍了市场对收入分配的调节能力。二是关于收入分配、经济增长与制度关系问题的研究。近些年来,随着经济增长理论与经济发展理论的新进展以及新数据的出现,学术界对收入分配问题的研究兴趣又开始增加,关注的焦点主要集中在收入分配状况的决定因素和动态变化上。一些学者尝试着从微观上揭示经济发展与收入分配之间的内在联系。他们在增长与分配不平等之间加入一些中间变量,如人力资本投资、职业选择、技术选择、企业创新、政治市场行为、制度安排等变量,以便在微观层面上解释和分析发展中国家的经济增长为什么不能像发达国家那样改善收入分配状况、增长成果为大众所分享。

目前国内外关于我国收入差距及问题研究的文献很多。这些年来我国财政收入占国民收入的比重在不断地提高。2007年,中国GDP增长了10.6%,但政府财政收入却从3.9万亿元增加到5.13万亿元,增幅达31.4%,近3倍于GDP的年增长速度。而且,这5.13万亿元财政收入还仅仅是我们称之为“第一财政”的政府财政收入。如果把各地政府的收入——也就是所谓“第二财政”以及预算外收入算进来,肯定远大于这个数字。中央党校周天勇教授在《新京报》上发表的一篇文章估计,2007年中国各级政府全部财政收入实际高达9万亿元,占GDP总量的36%以上。另外,2007年财政部还发行了2万多亿元国债。因此,在2008年24.66万亿元的GDP总量中,有11万多亿元控制在政府手中,占GDP总量的44%—45%。这些数字实际说明,在近些年中国市场化改革进程中,政府控制社会的力量正在急剧增强,在某些方面甚至比过去计划经济时期还强大。从理论上讲,政府财政收入的提高可以通过再分配来缩小国民收入分配差距。但实际效果不尽如人意。从已有的数据来看,财政有钱后的问题,一是许多钱并没有投入到再分配上来,占的比重低;二是我国再分配由于体制和机制方面的原因,导致了再分配的失灵。本文第二节重点分析我国再分配失灵的表现及对我国再分配效果的评价,第三节分析我国再分配失灵的制度性根源,第四节提出库兹涅茨曲线的制度基础,即民主与收入差距缩小的关系。

二、再分配失灵

改革开放以来,中国在保持高速增长的同时,收入不平等程度也大幅度提高(Quah,2002)。根据世界银行发布的世界发展指数(WDI)显示,我国居民收入基尼系数已从1978年的0.31提高到了2003年的0.45。这与国内的学者对收入差距的测量结果基本上是一致的(陈宗胜,1997;李实等,1998;赵人伟等;1999;陈宗胜、周云波,2001)。收入差距扩大究其原因有经济因素、收入再分配因素、公共产品因素和制度因素(樊纲、王小鲁,2004)。

我们在这里主要考察的是收入再分配因素。我国国民收入再分配主要是通过政府的财政支出来实现的。首先政府把各个部门上缴的税金集中起来,形成国家预算收入,然后通过预算支出形式,用于经济建设、文教卫生、国防建设、福利设施、行政管理等各方面,来影响人们的资源禀赋从而具有再分配的效应。

再分配主要是指个人所得税、政府的福利计划、转移支付及社会保障制度等。我们这里界定的再分配失灵是指政府用于收入差距方面的公共支出的覆盖率、结构及受益面现状与预期目标的差距。

据统计,我国约占总人口15%的城市人口享用着2/3的卫生医疗保障服务,占总人口85%的农村人口使用不到1/3的卫生医疗保障服务。我国城市人均卫生事业费用38.3元,而农村只有9.9元,农村医疗投入只占总投入的16%左右。2000

年,世界卫生组织在对成员国卫生筹资与分配公平性的评估排序中,中国位居第188位,在191个成员中排倒数第4位。

我国还没有建立城乡居民最低生活保障。如2006年城市居民享受最低生活保障的有2124万人,农村1509人。全国共发放资金221亿元,平均每人城市80元、农村20元。这只是名义上的,实际上没有建立最低生活保障制度。根据最权威的国家卫生服务调查数据,2003年,64.5%的城乡居民没有任何医疗保障。根据第三次国家卫生服务调查结果,无任何医疗保障的城市居民比例随收入水平的降低而明显增加:1993年,最低收入组别中的城市居民约50%没有任何医疗保障;到1998年,这一比例攀升到72%;而到2003年年底,这一比例更高达76%。在20世纪60—70年代,我国农村地区建立了合作医疗制度,县和乡镇级医院逐步建立,乡村也有很多赤脚医生。这一时期,农村地区医院床位总数已与城市地区持平。但随着后来农村合作医疗体制的瓦解,农村医疗保障的覆盖面迅速缩小:从1980年的80%降为1998年的6.6%。

以上我们看到的只是再分配的粗略统计,它在一定程度上说明了我国的收入分配确实存在失灵,然而其还不具有充分说服力。本文试图从财政支出的利益归宿角度,从数据上更加清楚地认识我国政府在收入再分配中的作用。在国外早就有学者对支出的利益归宿进行了实证分析(Stigler,1970;Grand,1982),我国学者曹景林(2006)、刘穷志(2007)对此做了研究。其中,刘穷志(2007)利用省际面板数据对公共支出的利益归宿进行了估计,他发现:“文教科卫和社会救济近些年更多地惠及了贫困人口,贫困人口较多地得到了见效快的经济服务,但着眼于长远利益的经济服务较少。补贴主要给了富人,专项服务和资源更多地给了贫困人口。”而曹景林(2006)首先对社会人口进行阶层划分,然后将公共支出的不同项目划分到各个阶层,最后得出我国的公共支出存在“领导人法则”的结论。二者的分析都是从公共支出的角度出发的,分析的支出范围要广一些,其中包括政府在初次分配领域的支出,比如农林、水利、气象等部门的事业费,工业、交通、商业部门的事业费,这些大都是职工和干部的工资,本文在分析中不考虑政府在初次分配领域的支出。曹景林的分析还包括除财政支出之外的国有企业亏损补贴、预算外支出、出口退税,其超出了政府财政支出再分配的范围,为单独衡量财政支出的再分配效果,本文也对以上三项不予考虑。

公共支出的利益归宿是指公共支出在不同的利益集团、不同的阶层或者不同的收入水平的家庭的分布。本文采取的利益集团的划分是马克思的阶级或阶层划分,将利益集团划分为工人、农民、知识分子、干部、个体私营业主和其他。其中,工人指在企业或政府机关工作的一般职工;农民指乡村人口;知识分子指在文教、科研、卫生部门工作的具有较高学历的专业技术人员;干部指政府高级官员、国家银行及其他国有大事业单位负责人、国有大型企业或大型股份公司经理、大中型私有企业主,其数量大约占从业人员的1%(需要指出的是,在此干部定义的范围与《中国干部统计50年》中的定义范围有区别,本文既按从业人员1%的比例来计算历年干部人数);个体私营业主指城镇个体劳动者和私营企业主,其中私营企业主为私营企业投资者;其他包括非农业户口而没有收入的需要政府救济或补贴的人员,如下岗职工、残疾人、老人、儿童等。

而将公共支出在这些阶层之间分配的标准有五种:家庭收入边际效用、收入比例、财产比例、按人口平均、按家庭平均。在此基础上我们将纯公共产品如国防按人口平均分配到各个阶层,对有特定指向的支出我们直接归入特定利益阶层,如抚恤、救济,其他的见以下具体分析:

(1)支援农业生产支出按收入比重归入工人和干部。著名三农问题专家温铁军教授指出:"所谓历年财政用于农业的开支或支农资金,实际上主要是部门开支,农业各部门如水、电、供销、粮食、农业技术等相关部门,其实是部门在财政的盘子里分配的所谓支农资金""实际上是党委和党委领导的各个部门在分配财政资金,在养人,而没有真正用于支农;有些投入(由于要求基层配套资金)可能转化为乡村债务和农民负担"。(2)科技三项费用归入知识分子,文教、科学、卫生事业费不考虑,因为其事业费绝大部分为知识分子的工资。(3)农业基本建设支出、农村救济费、救灾支出和社会福利费中农村的部分归入农民,农民是农业基本建设的劳务提供者和公共设施或基础设施的受益者。(4)抚恤和社会福利救济费中扣除农民的部分归入其他所有。(5)国防费按人口比重归入各阶层。(6)行政管理费的15%归入干部,余下的按人口比重归入各个阶层。我们参考的是陈宗胜等(2002)假设的行政管理费向个人收入转移的比例。(7)价格补贴支出按人口比重归入工人、知识分子、干部、个体私营业主及其他。(8)地质勘探费、挖潜改造资金、增拨企业流动资金和国内基本建设中扣除农业基本建设支出部分是由干部支配的,很复杂。它们是对国有企业和社会公共设施的投资,对收入的分配产生影响。一方面,投资产生的收益除上缴国家的部分,余下的由剩余控制者和剩余索取者分享,即干部应得的奖金、提成等,这还应作为初次分配,我们在这里也不做考虑。另一方面,干部会利用自己的权利进行在职消费和通过资源转移获得好处(费方域,1996;张维迎,1998),由于制度的原因还会产生一些非法非正常收入(陈宗胜和周云波,2002)。我们同样参照陈宗胜等(2002)的假设,将干部在职消费和通过资源转移的好处也取以上支出的15%,再加上一些非法收入如现金受贿等,虽然其不直接来源于支出,但是正如曹景林(2006)所说"羊毛出在羊身上",这些会使真正用于投资的资金减少,我们假设其占支出的5%,这样在这一部分支出中,干部阶层获得了20%。而个体私营企业主通过行贿等方式取得了工程招标投标的关照,我们在此假设个体私营企业主在这一部分支出中也获得了相当于5%的份额。

本文计算采用的数据主要来自于历年《中国统计年鉴》和《新中国五十年统计资料汇编》,其中1989—2005年国家财政主要支出与各阶层人口以及按行业分职工工资数据来源于1990—2006年《中国统计年鉴》,而1978—1988年的数据则来自《新中国五十年统计资料汇编》。

表1显示各阶层在国家再分配的财政支出中所占份额,其中:农民阶层在1978年获得了超出一半的财政支出,为62.99%,列第一;以后逐年下降,最后一直下降到2005年的37.33%,但仍列第一。工人阶层在1978年是6.58%,列第四;之后逐年上升,到1981年达到最高点19.24%,列第二,之后又逐年下降,直到2005年的5.37%,位列最后一位。知识分子在1978年为15.14%,列第二,之后在1984年达到最高点,为15.55%,在以后各年各有升降,到2005年为11.55%,列第五。干部在1978年为9.46%,列第三,到2005年为13.97%,依然是第三位。其他在1978年为5.62%,列第五位,之后逐年上升,到2005年为19.81%,列第二位。

表1　各阶层在用于再分配的财政支出中所占比重

年份	农民	工人	知识分子	个体私营	干部	其他
1978	0.629863	0.065835	0.151354	0.002041	0.094644	0.056264
1979	0.553643	0.122922	0.135415	0.0065	0.07352	0.108
1980	0.501017	0.15202	0.134877	0.010715	0.065916	0.135455
1981	0.431618	0.192419	0.130904	0.016803	0.061637	0.166618
1982	0.42745	0.187838	0.131223	0.021031	0.06118	0.171278
1983	0.406488	0.183248	0.148859	0.021258	0.064435	0.175712
1984	0.385493	0.176649	0.155468	0.021675	0.073275	0.187441
1985	0.366991	0.185668	0.148117	0.029951	0.073808	0.195465
1986	0.376583	0.172313	0.147342	0.037099	0.076994	0.189668
1987	0.368993	0.187107	0.142278	0.051931	0.069607	0.180084
1988	0.359047	0.174262	0.136293	0.061222	0.069033	0.200143
1989	0.349265	0.174107	0.132955	0.069224	0.065978	0.208472
1990	0.367704	0.166312	0.128509	0.074366	0.06788	0.195229
1991	0.362093	0.145786	0.12242	0.079035	0.126559	0.164105
1992	0.384468	0.128901	0.131329	0.075344	0.125528	0.15443
1993	0.392158	0.118514	0.128575	0.076526	0.141225	0.143001
1994	0.41344	0.109663	0.115412	0.094577	0.131292	0.135617
1995	0.41518	0.108277	0.117837	0.099507	0.137136	0.122063
1996	0.40016	0.105478	0.114596	0.119342	0.133266	0.127158

续表

年份	农民	工人	知识分子	个体私营	干部	其他
1997	0.395586	0.104606	0.125406	0.092595	0.134867	0.146941
1998	0.394692	0.087856	0.112389	0.085432	0.142636	0.176996
1999	0.409054	0.069218	0.124003	0.08298	0.140136	0.17461
2000	0.371404	0.072167	0.113229	0.084095	0.136685	0.222419
2001	0.393562	0.058149	0.126128	0.083568	0.142847	0.195744
2002	0.406124	0.053309	0.117178	0.081354	0.148144	0.193891
2003	0.397465	0.051821	0.110706	0.103104	0.152079	0.184825
2004	0.397274	0.053241	0.111414	0.099537	0.14125	0.197284
2005	0.373272	0.05372	0.115527	0.119656	0.139704	0.198121

我们所得结果之所以与曹景林(2006)有很大差别,主要是我们没有考虑初次分配的工资、奖金等收入。而在初次分配方面,干部、知识分子所占比重要大很多。另外,我们也没有考虑不属于财政支出但对再分配有影响的出口退税、国有企业亏损补贴等,所以也会影响干部、私营企业主在支出中的份额。各阶层获得的财政支出的比重受阶层人数的影响,农民、其他在支出中所占比重较大,却是我国社会人口中最大的两个群体,尤其是其他部分从1978年以来所获的财政支出比重逐年增加,但是这一群体人口增加得更多,从1978年占总人口比重的7.35%增加到2005年的29.5%。单纯从总体所占份额来看还是容易产生误导,所以我们接下来计算了各阶层的人均受益额,也给出了平均水平进行对比。

表2显示,农民阶层1978年人均受益额为29.13元,列第四位;2005年为595.03元,位居最后一位。1978年为平均水平的0.76倍,2005年为平均水平的0.65倍,期间最低达到了0.47倍,但一直低于平均水平,年均增长率为12.26%,而平均水平年均增长率为12.71%。

工人阶层人均受益额1978年为30.26元,列第三位,为平均水平的0.79倍;2005年为741.92元,列第四位,为平均水平的0.81倍。年均增长率为14.57%,人均受益额相对于平均水平是先上升,在1981年达到最高的2.08倍,随后逐年下降,也是一直低于平均水平。

知识分子阶层人均受益额1978年为357.32元,列第二位;而2005年为6112.19元,依然列第二位。但人均受益额与平均水平的比却逐年下降,1978年为9.41倍,2005年为6.72倍,人均受益额一直高于平均水平,年均增长率为11.65%。

个体私营阶层1978年人均受益额为28.25元,列最后一位;2005年为2365.64元,列第三位。其人均受益额与平均水平的比是先逐年上升,到1989年达到最高为 3.85 倍,之后逐年下降,到 2005 年为 2.6 倍,年均增长率为 20.5%。

干部阶层人均受益额 1978 年为 861.43 元,2005 年为 21893.64 元,都列第一位。人均受益额与平均水平的比 1978 年为 22.68 倍,2005 年为 24 倍,年均增长率为 14.35%。

其他阶层人均受益额 1978 年为 29.04 元,列第五位;2005 年为 610.02 元,列第五位,年均增长率为 12.52%。人均受益额与平均水平的比 1978 年为 0.76 倍,2005 年为 0.67 倍,在 1981 年达到了最高的 2.07 倍,此后逐年下降。

表 2　各阶层人均受益额　　单位:元

年份	农民	工人	知识分子	个体私营	干部	其他	平均水平
1978	29.13227	30.25984	357.3189	28.24911	861.426	29.04001	37.96567
1979	35.06577	73.68436	431.2073	71.35931	901.0933	74.18727	51.54792
1980	32.43416	89.0299	421.2987	86.91422	801.4938	91.35291	52.1835
1981	26.99471	103.7969	387.8514	101.5606	703.7584	103.4003	49.8884
1982	28.86372	106.8233	405.6143	104.6446	731.8896	108.092	53.30409
1983	31.07143	116.6916	503.6413	114.2773	856.3226	118.5521	59.90998
1984	32.94247	120.9756	572.3122	118.4784	1043.777	123.8687	65.78853
1985	34.89914	136.0031	603.7603	173.595	1136.514	137.6864	72.55116
1986	39.07156	133.1105	649.0921	219.636	1263.964	137.3876	78.30756
1987	40.28085	151.4944	669.8571	286.7952	1203.872	159.9337	83.5222
1988	43.92378	151.0786	691.4722	333.8016	1280.166	159.2438	90.75202
1989	48.58368	173.1389	729.2867	395.2646	1379.493	182.4439	102.6436
1990	56.00492	179.2055	760.3169	418.9014	1343.47	189.3412	112.0851
1991	64.78674	179.7598	831.538	480.1894	2925.847	183.3928	130.7205
1992	74.33865	169.1473	951.6378	458.6009	3118.534	181.0053	140.2596
1993	86.75991	171.471	1349.453	436.1346	3991.31	188.2485	159.3127
1994	111.7801	198.4507	1305.439	495.2306	4508.786	220.9061	193.2853
1995	130.2968	228.0609	1512.092	565.3392	5434.439	221.8929	222.6941
1996	149.6165	264.4017	1692.482	731.8553	6148.721	243.9551	259.9302
1997	165.9641	296.6286	2000.355	579.1696	6821.687	281.4662	285.665
1998	192.1256	351.8114	2040.88	542.1633	8173.38	322.9098	324.4341
1999	250.5576	364.197	2803.069	635.322	9863.441	355.2715	399.4934

续表

年份	农民	工人	知识分子	个体私营	干部	其他	平均水平
2000	265.0061	460.8939	2931.91	887.5102	10936.94	450.7577	455.0877
2001	318.2712	436.7877	3645.809	1029.849	12586.22	402.1156	504.1416
2002	398.3671	490.7593	4049.002	1163.627	15418.39	443.5157	597.4687
2003	440.5923	534.196	4232.954	1623.733	17405.97	440.6687	659.226
2004	517.2747	629.2627	4913.791	1772.418	18515.11	519.6865	758.3197
2005	595.0256	741.9201	6112.193	2365.637	21893.64	610.0154	908.7843

从以上的数据分析中我们发现,在与政府再分配相关的财政支出中干部所获人均受益额一直处于第一位;知识分子一直处于第二位;个体私营大幅上升,由1978年的最后一位上升到2005年的第三位;工人阶层地位下降,由第三位变为第四位;农民地位下降,由第四位变为最后一位;其他阶层保持地位不变,依然是第五位。最后我们有一个重要发现,1978年第一位与最后一位人均受益额的比为30.49倍,而2005年为36.79倍,其在政府的收入再分配过程中被拉大了,可见用于调整收入不平等的政府财政支出本身就是不平等的,这直接导致了再分配的失灵,而这主要是体制和机制方面的原因。

对于我国再分配失灵的一种判断,还可以从国际比较的角度去分析,如在一些新兴工业化国家,尽管它们的公共支出水平只有GDP的20%左右,但它们的经济社会指标却表现出较高的水平。[①] 这些年来我国的公共支出及财政收入规模超过了新兴工业化国家,但是我们的一些经济社会指标(如医疗、社会保障等)却不尽如人意。

三、再分配失灵的根源:基于利益集团理论的一种解释

在工业化国家,许多所谓的再分配政策并没有使那些真正需要的人受益,而是使那些在政治上有影响的重要社会群体受益,或者是对同一家庭进行征税而后又给予补贴(税收搅拌)。再分配政策对收入分配的净影响通常是一个未知数,因而是不确定的。然而,经济为此付出的代价却是实实在在的。[②]

我国的再分配失灵与我国公共支出的决定机制有关。在我国,再分配给谁、如

① 维托·坦齐等:《20世纪的公共支出:全球视野》,商务印书馆,2005年,第133页。

② 同上书,第169页。

何再分配,一般是由行政权力决定的。更为深层次的原因是,我国行政权力受到的制约比较少,这就使再分配规则的确定、再分配方式的选择容易受到利益集团的影响。研究表明,在发展中国家,其再分配往往是加剧而不是遏制了公民间的不平等。按照利益集团理论的重要原则,即组织起来的集团往往比没有组织的集团能向官员们施加更大的压力,而小集团组织起来的可能性又比大集团大得多,在公民权利未被充分实现的情况下,部分强势的既得利益集团能够使政策更多地向他们倾斜,这样便发生政策扭曲,加剧本来已经由于经济的发展而产生的不平等。所以,目前中国日益严重的贫富分化,不仅有经济的原因,还有政治的原因。曼瑟·奥尔森提出了一个重要的理论前提,即没有一个国家,其全社会所有具有共同利益的人都能组成平等的集团。有了这个前提之后,奥尔森通过集体行动的逻辑演绎提出一个重要结论:穷人和失业者没有任何刺激手段可以帮助他们自己组织起来,反之,少数大企业或富豪建立自己的组织却易如反掌。巴德汉和乌德里(1999)认为,给定不同利益集团在资源动员及协作中的不同能力,制度安排往往是策略性分配冲突中占较高比例和较强能力集团去努力压制其他集团行为的结果,而不是社会中分散的努力对产权重组及履行承诺的结果。在一个再分配机制不健全的国家,再分配及其结果更容易受利益集团及强势群体的影响。

再分配是最容易受利益集团影响的领域。利益如何转变为政策和制度有两个方面的含义:一是政治家的利益如何转变的问题,二是利益集团的利益如何通过政治家转变为政策和制度的问题。其实这两者往往是交织在一起的。政治家也会追求自身利益的最大化,问题是政治家在不同政治体制下追求自身利益最大化的手段和方式是有区别的。奥尔森(1965)和贝克尔(1983)指出,民主政治会导致政治家追求非社会目标的一个原因是利益集团和游说会对政治选择产生影响。他们认为,游说活动之所以能影响政治决策,是因为政治家需要从他们的支持者手中获取选票和捐款。而利益集团便利用这一影响操纵再分配,从公众那里掠夺资源,有时还会以高昂的社会成本为代价。例如,在英国工党执政时期,工会的游说导致了对劳动市场的限制和大规模的社会再分配计划,成为撒切尔改革之前英国经济长期停滞的一个重要原因。缪勒、诺斯等学者就专门研究了利益集团之间的博弈对经济制度变迁的影响,认为制度的演进方向是由社会中处于强势地位的利益集团决定的。

用利益集团的逻辑来分析,如果没有一个竞争性政治市场和对利益集团的制约机制,那么一些利益集团就会成为制度选择的决定者,并且会影响制度的性质。中国改革开放以来,尽管在经济上取得了巨大的成就和经济的繁荣,但是随着中国经济发展与财富增长,国内民众利益越来越分化,不仅一个又一个的既得利益集团涌现,而且这些既得利益集团正在利用中国转轨经济时期的制度缺陷和政治体制改革的滞后,利用国内民众知识与信息的不足,利用大多数人话语权弱势与利益受损时的情绪化反应,利用其既有的各种资源上的优势,正在逐渐地将其侵占或掠夺绝大多数人利益的行为制度化、合法化(易宪容,2006)。诺贝尔经济学奖得主斯蒂格利茨(2006)在北京也提到:"中国要把利益集团对经济的影响限制在最低程度。"由于我国政治体制改革的滞后,我国政府增加的财力并没有一种机制保证让更多的人受益于再分配。在缺乏有效再分配机制的情况下,再分配不是均衡地向大多数人扩散,而是不均衡地向少数人集中,从而导致再分配的失灵。行政权力与利益集团的相互作用决定了我国再分配的机制及格局,同时也决定了我国再分配的结果。再分配的根本目标是缩小不同阶层的收入差距。在我国当前的体制下,再分配不仅没有缩小收入差距,反而在一些领域(如医疗、社会保障等)有加大差距的趋势,这背后的根源是值得我们进一步探讨的。

四、库兹涅茨曲线演变的制度基础:民主与收入分配差距的关系

库兹涅茨发现,工资差别与经济发展阶段之间存在一种规律性关系:在经济发展初期差量较大,在经济发达时期差量较小。库兹涅茨倒U形假说在西方发达国家的工业化过程中首先得到了验证。西方发达国家的工业化是一个包括思想、社会、政治等条件在内的各种条件成熟后的自然过程,而包括日本在内的东方后发展国家的工业化则始于对西方殖民势力东渐的回应,在制度、资源稀缺的条件下仅仅依赖市场机制是难以最终完成的。市场机制及增长的结果并不必然会惠及所有人。

民主是库兹涅茨倒U形假说可以得到验证的制度基础。库兹涅茨倒U形假说的成立既取决于工业化、城市化、要素市场的完善及产业结构的调整等,也取决于民主化及法治化进程中再分配机制的完善。民主之所以有利于缩小收入差距,主要有两个方面的原因:第一,民主有利于初次分配的公平性。如在民主体制下工会及集体谈判力量比较强大,这就有利于各种生产要素在分配中均衡。第二,民主可以减少再分配失灵。政府在有了钱以后,用于什么,如何分配,很大程度上取决于社会的需求及各个利益集团的相对力量。民主有利于再分配的均衡实施。更重要的是,民主有利于使再分配机制惠及更多的人。

穷人的社会政治参与度是影响制度安排的重要因素。穷人的社会政治参与度越高,就越容易形成有利于穷人收入增长的制度安排。许多制度,包括分配制度,都是在政治市场上形成的,分配制度实际上是利益集团之间在政治市场上博弈的结果。穷人的社会政治参与度是民主的函数。有人认为,在发展中国家"过早"地提倡政治权利、公民权利以及民主这样的"奢侈品"是不现实的。其实,这种观点是不正确的。经济发展过程也是民众政治参与度不断提高的过程。不利于甚至阻碍穷人政治参与度提高的社会环境是不少发展中国家经济社会发展缓慢的深层次

原因。发展中国家并不是缺乏增长的动力和潜力,而是缺乏一种有效保护私人财产和有效执行契约的机制,缺乏一种有效的分配增长成果的公平机制。而这些正是公民参与度低及缺乏民主和法治的产物。在一个社会中,公众的参与度越高,民主越充分,那么制度就越公正;反之,如果公众参与度低,或者就是一些精英们在那里“关门”搞制度设计,那么这种制度就难以做到公正。在奥尔森看来,有利于穷人的发展要求消除那些限制人们自由的主要因素,即贫困、暴政、经济机会的缺乏、系统化的社会剥夺、忽视公共设施、压迫性政权的不宽容、过度干预等。对于法律制度,我们先要看它是否反映了大多数人的利益。如果没有反映大多数人的利益,那么这种法律又是如何形成的?还有,法律形成的程序合法性何在?如果不能够保证法律形成程序上的合法性,那么制度规则的目标是否会成为为他人服务的工具?

从当今世界一些国家的情况来看,那些实行宪政民主政治的国家里的居民的财富和社会收入分配,一般比独裁专制国家要平均得多。譬如,按照前两年的一些研究,在20世纪90年代中期,英国的基尼系数大致为36%,法国为32.7%,德国为30%,澳大利亚为35.2%,日本为24.9%,意大利为27.3%,韩国为31.6%。印度这个发展中的低收入民主国家,这些年基尼系数一直维持在37%—38%,就连美国这个“资本主义的头号强国”,这些年的基尼系数也一直保持在41%以下。相比较而言,那些低收入的政治专制独裁国家,收入分配状况就非常不均,且有继续恶化趋势。譬如,低收入国家中的赞比亚、尼日利亚、马里、冈比亚、中非共和国,以及中下等收入国家中的危地马拉、洪都拉斯、萨尔瓦多、巴拉圭、秘鲁等国,其贫困人口比率比其他经济发展水平低于它们的中下等收入国家高得多。在上中等收入国家中,巴西、墨西哥、南非、巴拿马、智利、委内瑞拉等国的贫困人口比率,也比其他经济发展水平低于它们的上中等收入国家高得多。

另外值得注意的是,一些转型国家在实行民主化改革后,社会收入分配的状况得到了改善,基尼系数有所下降。如捷克、斯洛文尼亚、立陶宛等国,在20世纪90年代中期以后,它们的基尼系数都出现了下降,这也说明了民主政治改革有缩小收入分配差距的作用。2006年4月17日世界银行公布的关于俄罗斯经济状况的报告指出,俄罗斯的经济增长符合穷人利益的增长,主要表现为1999年至2006年俄罗斯的人均实际收入增长超过了经济总量的增加,各级政府将三分之一的财政支出用于教育、医疗、救济等社会领域,建立和维持了一套比较完善的社会福利体系。

从我国市场化改革的进程来看,我国已经在许多领域加快了社会主义民主政治的建设,但是我国财政体制改革的民主进程还比较缓慢。政府财政收入有了较大的增长,但是指导这些钱如何花的民主决策机制还没有建立起来。目前,中国税收法定的制度还未建立,所以政府如何花钱还不能有效地被纳税人直接选出来的代表切实审议,并且在最终投票批准之前,宏观决策者可以依靠手中的行政自由裁量权,用大量的钱去修高架、建机场、造码头、修建高速铁路,搞一些超大型项目等。

也正是在这种政府财政体制下,近几年来各级和各地政府的豪华办公大楼如雨后春笋般拔地而起。当然,这些年来,政府在支持“三农”、社会保障、医疗卫生、教育、文化、节能减排和廉租住房建设等方面也增加了一些支出,并全部减免了农业税。但是,相对于31.4%的财政收入年增速和政府财政支出中花在其他方面的钱来说,政府花在上述这些方面的钱并没有增加多少,有的在政府财政支出中的比例甚至还在减少(韦森,2008)。民生问题在很大程度上还是一个民主的问题。为什么我们的官员在有了钱以后还是偏向于建设财政,而不是公共财政、民生财政?其实在有了财政的民主决策机制以后就能有效地解决。我国再分配的失灵也与此有关。从财政体制的改革入手,可以大大地提高我国社会主义民主制度建设的进程。

从历史来看,英国在公共财政早期阶段里,1688年的光荣革命后议会控制了税收权,1717年控制了支出权,1861年实施监管公共账户的宪法权力,1866年《国库与审计部法》将账户现代化控制于议会。政府预算成为公共财政的基本制度框架,近代逐步扩展到世界其他国家,被世界各国采用。我国从2000年开始,向公共财政体制改革,如部分预算、国库集中支付制度、政府采购制度、政府收支分类改革制度逐步试点。但如何增加财政收支的透明度、增加财政收支决策的民主化程度以及增加财政收支的硬性约束等是完善我国再分配机制的前提条件。

五、结论与思考

近些年来我国财政收入有了较大的增长,但是增长后的财政收入如何调控我国日益扩大的收入差距,从而为建立社会主义和谐社会和促进社会稳定作出贡献,是当前亟须解决的一个问题。本文提出了我国再分配失灵的问题,并从这个角度对我国收入差距调控的效果和机制进行了制度分析。我国再分配失灵的根源在于行政权力及利益集团的相互影响,在行政权力没有受到约束的情况下,行政权力与利益集团的互动使我国再分配的规则、制度及实施不利于再分配目标的实现(如增长共享等)。

我国当前一方面要控制财政收入的过快增长,这既有利于国民收入分配格局的优化(藏富于民),又有利于社会总需求(特别是消费需求)的形成,同时也可减少不必要的“税收搅拌”。帕尔达(1997)指出,加拿大公共支出占GDP的比例可能降低几个百分点,而不会使任何人的境况变坏,事实上,对于同一个家庭,如果政府支出的削减伴随着税收的相应减少,从而避免了“财政搅拌”和相关浪费,许多家庭的日子会因此过得更好。①

另一方面也要完善再分配的机制,减少再分配的无效或低效,甚至是反向调控(加大收入差距)。克服再分配失灵的根本举措之一是改革和完善我国公共财政体制,建立一种有利于全社会(尤其是低收入群体)受益的再分配机制。这种再分配机制的建立需要与我国转变政府职能、强化公共财政及建立社会主义民主政治联系起来。

主要参考文献

1. Stigler, G. J., "Directors' Law of Public Income Redistribution", *Journal of Law and Economics*, 1970, 13: 1—10.
2. Le Grand, J., *The Strategy of Equality: Redistribution and the Social Service*, Allen and Unwin, 1982.
3. 曹景林:《中国政府在收入分配中的作用:1978—2001 年》,载蔡昉、万广华主编,《中国转轨时期收入差距与贫困》,社科文献出版社,2006 年。
4. 刘穷志:《公共支出归宿:中国政府公共服务落实到贫困人口手中了吗?》,《管理世界》,2007 年第 4 期。
5. 李实等:《中国居民收入分配再研究》,《经济研究》,1999 年第 4 期。
6. 陈宗胜、周云波:《非法非正常收入对居民收入差距的影响》,《经济研究》,2001 年第 4 期。
7、费方域:《控制内部人控制》,《经济研究》,1996 年第 6 期。
8. 张维迎:《控制权损失的不可补偿性与国有企业兼并中的产权障碍》,《经济研究》,1998 年第 8 期。
9. 桑贾伊、普拉丹:《公共支出分析的基本方法》,中国财政经济出版社,2000 年。
10. 易宪容:《权力运作与经济繁荣》,《国际经济评论》,2001 年第 3—4 期。
11. 阿马蒂亚・森:《以自由看待发展》,中国人民大学出版社,2002 年。
12. 曼瑟尔・奥尔森:《集体行动的逻辑》,上海三联书店,1995 年。
13. 罗伯特・J. 巴罗:《经济增长的决定因素:跨国经验研究》,中国人民大学出版社,2004 年。
14. 克里斯汀・J. 福布斯:《收入分配差距和经济增长关系的重新思考》,《美国经济评论》, 2000 年第 9 期。
15. 周文兴:《中国城镇居民收入分配与经济增长关系实证分析》,《财经科学》,2002 年第 1 期。
16. 莽景石:《经济增长、制度变迁与收入分配:日本百年工业化过程的经验考察》,《日本学刊》,2006 年第 4 期。

原载《湖北经济学院学报》,2008 年第 3 期;人大复印资料《社会主义经济理论与实践》2008 年第 9 期转载;本文与马凌远合写

① 维托・坦齐等:《20 世纪的公共支出:全球视野》,商务印书馆,2005 年,第 167 页。

论劳动契约中的四大关系

一、劳动契约是劳动关系还是雇佣关系

首先,劳动契约是劳动关系还是雇佣关系要看企业性质。在科斯看来,企业的本质特征是对价格机制的取代(科斯,1937),是允许某种权威来指导资源配置的特殊组织,而且劳动雇佣契约关系是企业的最重要特征(科斯,1937)。西蒙将雇佣合同视为一种交换:雇员将支配他们工作任务的权力让渡给了雇主,从而获得工资回报。在缔约过程中,双方在确定工作任务时面临着不可避免的不确定性,所以要达成完备的契约,就需要付出高昂的成本。在企业理论看来,雇佣关系被解释为:那些判断力较低的人将成为工人,因为当这些人(工人)要依赖自己的判断力经常地完成一些令其不快的工作时,他们就可能为了节约信息成本而同意在一定范围内接受雇主(企业家)的权威(卡森,1982)。劳动契约的本质特征就在于劳动能力的买卖不能同其所有者本人相分离,所以不完全劳动契约天然地与激励问题和风险问题相联系。劳动契约的本质属性将决定员工激励的性质和结构,而员工激励的性质和结构将影响公司治理的深化和公司绩效。雇佣契约,作为一种不完备的专用契约,有助于形成由“长期理性”支配的信任关系。这一关系的特征是,在管理过程中,双方必须就各自目标的折中方案进行谈判协商。从企业的性质来看,劳动契约是一种雇佣关系。

其次,劳动契约是劳动关系还是雇佣关系要看企业所有制的性质。产权性质是决定劳动契约性质的决定性因素。无论是资本雇佣劳动还是劳动雇佣资本,实质上都是一个谁的产权在企业中最重要的问题。在当今世界,资本雇佣劳动是一种普遍的现象,即使是人力资本也要折算在物质资本(如股权资本等)中。在我国公有制企业里,劳动契约是一种劳动关系,在这里,企业与劳动者是平等的,不存在剥削。而在非公有制企业里,劳动契约则是一种雇佣关系。按照马克思的分析,在

这里,资本家与劳动者是不平等的,并且存在着剥削。从产权的角度来看,公有制产权下劳动契约是一种劳动关系,而私有产权下的劳动契约则是一种雇佣关系。

最后,劳动契约是劳动关系还是雇佣关系还要看社会制度的性质。在不同的社会制度下,劳动契约的性质也是不一样的。如在资本主义制度与社会主义制度下,劳动契约就存在着本质上的差异。现代西方经济学中讲的雇佣关系与马克思讲的雇佣关系是有很大区别的。在西方一些经济学家看来,雇员与雇主是一种平等的等价交换关系。新古典主义的劳动契约具有以下特点:一是劳动契约的抽象性。即任何契约既是交易当事人卖者喊价的结果,又是交易的均衡点。这种契约已经抽象掉了古典契约中的伦理道德因素,变成了市场自然秩序的结果。二是契约的完全性。即有关劳动的条款在事前都能够明确地写出,在事后都能够完全地执行;如果发生纠纷,第三者能够强制执行;每一个劳动者和企业对其选择的条款和契约的结果具有完全信息,且存在着足够多的交易者,不存在契约垄断的情况,劳动契约签订和执行的成本为零,除了所有者兼经营者的企业家以外,其他所有投入要素的价格和产出的价格都是由市场决定的均衡价格。所以不存在个人实际贡献的测度问题,不存在"搭便车""偷懒"等问题,公司治理问题也就不重要了。在西方的主流经济学中,雇佣关系仅仅表示一组委托代理关系,委托人可以是资本家,也可以是经理,职业经理和普通职员则是代理人。由于信息不对称和道德风险的存在,委托人的任务就是设计一组供代理人选择的契约,同时满足委托人和代理人的要求。

马克思在论述相对剩余价值生产时曾明确指出:"较多的工人在同一时间、同一空间(同一劳动场所),为生产同一种产品,在同一资本家的指挥下劳动,这在历史上和逻辑上都是资本主义生产的起点。就生产方式本身来说,除了同一资本同时雇佣的工人较多以外,和行会手工业几乎没有什么区别。"通过以上论述可以看出,真正意义上的企业起源于资本主义的生产方式,其必要条件是资本对劳动的雇佣。同时,我们可以明确地看出,在资本主义企业中存在不同类型的两种劳动,即雇佣工人的一般的生产劳动和资本家对劳动过程的监督与管理,即所谓的企业家职能。林德布洛姆在《政治与市场:世界的政治—经济制度》一书中也曾经论述过资本雇佣劳动这个问题。他说:"历史已经决定了财富的分配是这样一种状况:当资本的潜在供应者和劳动的潜在供应者期待与对方在企业中结合时,资本的供应者拥有所需交换或讨价还价的权力。并且坚持把权威把握在自己手中而不是劳动者手上,不是依靠逻辑而是通过历史,资本的所有者成为企业的所有者。"这种分析与马克思的分析其实是一致的。所以,我们区别劳动契约是劳动关系还是契约关系,必须结合企业所有制的性质及社会制度的性质去思考。马克思所讲的雇佣关系与西方经济学家所讲的雇佣关系也是有本质区别的,前者包含剥削而后者不包含剥削。

二、劳动契约是平等的还是不平等的

对雇佣关系最大的争论主要集中在普通雇员有没有合法的契约权利上,也就是说,雇员是否享有平等契约的自由。阿尔钦、德姆塞茨、张五常等人把企业的雇佣关系看作一个自由的现货市场,其中雇主和雇员交易的是雇员的人力资产。由于交易双方都有契约自由,因此契约的签订过程中没有一方对另一方的强制。

也有学者认为,现代企业中,普通雇员的劳动合约在事实上是一个权利不对等的合同。亚当·斯密在关于员工工资确定的讨论中已经意识到了雇主与员工的契约关系的本质,即当事人之间的利益冲突,且他们之间的谈判能力不对等。尽管雇员有契约的自由,但并不能以此推断雇佣双方是完全平等的。契约的双方在交换领域是平等的,但在生产领域却存在权利不对等的现象。因为劳资契约是不完全合约,赋予雇主指挥雇员的权利,即生产领域中的命令和服从的关系。

为什么会产生劳动契约中的不平等现象?一是契约决定论。如麦金逊认为:雇佣合约中存在的权利不对等现象根源于雇主所购买的是工人的工作能力,它与工人的真实工作绩效之间有一定的偏离。雇主可以通过建立以命令服从关系为纽带的等级制度,有效地监督工人劳动,榨取更多的剩余价值。因此,雇佣合约实际上是雇主单方面选择的结果。二是产权决定论。如马克思认为,劳资双方即使在交换领域也不可能是平等的,因为工人没有生产资料,只能靠出卖自己的劳动力为生,而资本家雇佣工人劳动的目的是赚取更多的剩余价值。由于工人被剥夺了生产资料的所有权,只能将劳动力卖给资本家,这意味着在交换领域看似平等的交易,事实上也是不平等的。由此可见,现代企业中,普通雇员的劳动合约在事实上是一个权利不对等的合同。

从主体来看,若是单个雇员与拥有资本优势的雇主谈判,往往很难做到平等。是否存在强制?这要看三个方面:

第一,集体谈判及工会的力量。单个雇员与拥有资本优势的雇主谈判形成的合约很难做到平等,而用集体谈判及工会的力量与拥有资本优势的雇主谈判形成的合约则平等程度会大大地提高。绝大多数市场经济国家都采取劳资双方工资协商谈判的形式,但在具体操作上各不相同。而很多被承认市场经济地位的转轨国家与发展中国家采取政府、企业与员工三方协商的谈判机制。比如,俄罗斯成立了政府、企业和员工三方协调委员会,该委员会有权向地区级政府相关部门提出立法建议,讨论社会与劳动关系领域的地区性法律草案。自由结社和集体谈判的权利,应是劳工权益中最为基本和最为核心的权利。与其他劳工权益相比,这个权利是劳动者集体享有的权利,或称集体劳权。集体劳权的特点主要体现为,这些权利并不是由劳动者个人来行使的,而主要是由劳动者集体的组织——工会来行使的。劳动者运用这一权利与雇主形成力量平衡,即集体劳动关系的平衡与协调,是现代劳动关系的主要特点。

第二,人力资本的多少。马克思定位于工业经济时代或者说是工业经济起步阶段关于资本的分析,基本是正确的。但是,马克思的资本观是建立在三个时代条件之上的:一是以自然资源开发维系社会物质文明的进步;二是科学技术转化为物质生产力的周期较长;三是全社会的教育水平较低。随着知识经济时代的来临,对自然资源的开发与利用受到限制,企业的发展主要取决于对智力资源、知识资源的占有和配置。与此相适应,形成了以人为本的新资本观。企业在一定意义上讲就是物质资本(货币资本)和人力资本相结合的一种合约。拥有知识的人参与到资本运动中,其投入的是人力资本。货币资本与知识资本的结合,构成了资本内涵。马克思所讲的资本运动与知识经济时代的资本运动是不同的。工业时代的资本运动体现了资本剥削人的实质,在知识经济时代,拥有人力资本的企业家支配着货币资本的运动。货币资本如果不是在掌握知识的人手中,或者说不是让掌握知识的人来经营,不仅不会增值,而且还会贬值。拥有知识的人,其劳动的过程是人力资本投资的过程。当然这种人力资本投资需要与货币投资相结合,在资本运动中,货币资本不再占据统治地位、支配地位。由于教育的迅速发展,人获得知识资源比积累货币更方便快捷。在知识资本与货币资本相结合的资本运动中,知识资本是占有支配地位的。因此,货币资本的所有属性逐渐被淡化(文宗瑜,2001)。

第三,相关的制度及其效率。制度(包括法律)也是影响单个雇员与拥有资本优势的雇主谈判的重要因素。制度安排决定了雇员与雇主谈判的基本框架。不同的制度下雇员与雇主谈判的地位是不一样的,历史与现实中,关于劳动契约的制度是不断变化的,有时劳动契约制度是偏向企业的,有时劳动契约制度是偏向劳动者的。有效率的制度安排可以大大地弱化产权及社会制度的性质对劳动契约的影响。劳动契约制度分为正式制度与非正式制度。劳动契约的正式制度是由国家制定的,具有强制性;而劳动契约的非正式制度则是在各个企业内部形成的,这种劳动契约的非正式制度对于一个企业的竞争力更重要。

三、劳动契约是自由的还是政府干预的

劳动契约是自由的还是政府干预的,引起了世界一些机构的注意,如美国传统基金会《全球经济自由度指数》中将“工资与价格”作为一个测度因素,评价的主要内容是:政府是否干预商品和劳动力的价格;国家是否存在最低工资标准;政府在工资谈判中是否强加没有达成的工资协议给其他部门和工人等。美国传统基金会

对经济自由度评价指标的评分采取5分制,分别为1、2、3、4、5分,分数越高,自由度越低;分值越低,自由度越高。比如,工资和商品价格几乎完全由政府控制,得最高分5分。根据该机构《2003经济自由度指数》,中国的"工资和价格"因素得3分,与匈牙利、波兰、俄罗斯、印度、菲律宾、希腊等其余65个经济转型国家或发展中国家相当,在参与评估的全球156个国家或地区中处于中等水平。一般来讲,越是发达的市场经济国家,经济的自由度就越高。

劳动契约是劳资双方自由确定好还是有政府干预好?这也是劳动契约研究中有争议的一个问题。当今世界还没有一个国家实现劳动契约的完全自由化,或多或少都有政府的干预,只是干预的程度不同而已。如我国的劳动关系经历了三个阶段的变化:1976年到1986年,劳动关系的构成实际上是劳动者与国家之间的劳动行政关系,是行政化阶段,较少发生劳动争议;1986年到1996年,是向市场化过渡阶段,开始出现劳动争议案件;1996年到现在,劳动关系真正进入市场化,对劳动关系的调节和规范也转变为以法律手段为基础的市场自行调节。可以说,我国劳动契约的自由度在不断提高,这也是我国社会主义市场经济体制建立的必然结果。

为什么在劳动契约的形成过程中会有政府的干预?在市场经济中,我们即使建立了一整套有关公平竞争的法规和政策,也会有部分社会成员由于受其本身各类条件的限制,经常处于不利的竞争地位,他们不具备凭自身的能力去实现其权利的手段。存在主观弱势是不可避免的,我们可以通过合理的制度安排确保主观弱势者的境况得以改善,通过法律及制度所能提供给弱势群体的主要是发展机会、竞争能力和物质帮助。这样,在劳动者与用人单位之间进行劳动契约协商时,在国家确立的劳动基准范围内,最大限度地保障自己的利益。如果劳动者缺乏必要的技能和相当的条件,那么他们在与所谓强势主体的契约中就很难实现平等。政府调节劳资关系的主要目的是企图实现一种平等自愿、协商一致的劳动契约关系。

现在的问题是,政府干预的目的能达到吗?政府对劳动契约干预的后果是什么?张五常1983年发表的《公司的合约本质》是关于劳动合同的经济分析。在张五常看来,劳资双方是合伙人,一方出力,另一方出钱,是合伙关系。合伙当然不是仇家,不须敌对。当然,因为交易费用的存在,任何合约都可以有纠纷,但政府立法左右合约,有意或无意间增加了劳资双方的敌对,从而增加交易费用,对经济整体的杀伤力可以大得惊人。张五常的这种观点在一定程度上得到验证。比如,新《劳动合同法》施行之后,2008年第一季度,仅上海市劳动争议比上年同期增长了两倍,2008年5月1日《劳动争议调解仲裁法》实施以来,劳动争议更突增三倍,劳动仲裁机构不堪重负。为什么新《劳动合同法》实施后劳动争议会增加?这其中的道理并不难懂,因为在不同的条件、不同的企业中,劳资关系是多种多样的,当我们以一种法规来界定这些关系时就不可避免地引出新的矛盾。许多可以私了的问题在有了《劳动合同法》以后就不一定能够私了了;许多可以用非正式合约解决的问题也不得不用正式合约来解决了。

政府对劳动契约的过度干预会对宏观经济造成不利影响。对于发生于20世纪30年代的大萧条,张五常(2007)认为主要原因在于当时美国工会林立,福利主义大行其道,最低工资不低,重要的件工合约被判为非法,所有这些限制了劳动合约的选择。这种影响确实是客观存在的。劳动合约的自由选择可以大大提高劳动力市场的灵活性和适应性。

政府对劳动契约的过度干预还会引起许多不利于经济发展的问题。国外有学者作了不少这方面的研究。第一,政府对劳动契约过多的干预会降低生产率。卡巴雷罗等人(2004)发现,在法律规则较严重的国家,更好的工作保障与两个因素相关:对冲击的较慢调整,以及较低的生产率增长。第二,政府对劳动契约过多的干预会影响合约的期限。加坛勒和斯卡佩塔(2007)表明,雇佣管制导致临时雇用替代长期雇佣。第三,政府对劳动契约过多的干预会降低劳动力的流动性。哈尔蒂温格等人(2006)以及米科和帕格斯(2007)发现,法律对雇佣的保护降低了劳动力的流动性。第四,政府对劳动契约过多的干预不利于专业化生产能力的提高。卡纳特和梅内兹(2006)的研究表明,劳动市场管制较少的国家,在波动性较大的行业具有更高的专业化生产能力。第五,政府对劳动契约过多的干预会影响劳动力的配置。拉方丹和斯瓦达桑(2007)研究了一个遍及43个国家的跨国企业,他们发现对劳动力的保护会导致劳动力的错误配置、延期进入市场和经营更少的分店。①

四、政府是偏向于企业还是偏向于劳动者

政府在劳动契约的演变过程中,一般会经历三个阶段:第一个阶段是政府在劳动契约中偏向企业,第二个阶段是政府在劳动契约中偏向劳动者,第三个阶段是政府在劳动契约中是一个中立者。

无论是中国还是西方国家,立法体系都是劳动合约演变的外部强制力量。但是在与劳动相关的法律中,政府是有一定偏向的,这种偏向或多或少会在法律中体现出来。政府偏向的形成主要受以下几个因素的影响:(1)经济发展的水平或经济发展的阶段,一般来讲,在一国经济发展初期或经济起飞时期,政府是偏向于保护企业及投资者利益的。(2)要素的稀缺程度及劳动力市场发展状况。(3)国际因素。

首先,经济发展的水平及阶段是政府偏向形成的重要因素。西方国家和我国

---

① R. 拉・波塔、F. 洛佩兹・德-西拉内斯:《不同法律起源的经济后果》,载吴敬琏主编,《比较》(第36辑),中信出版社,2008年,第132页。

的实践都证明了这一点。西方国家政府以法律的形式强制履行劳动契约由来已久,很多限制性的条款都明文写进国家的法律之中,例如,英国的 1799 年和 1800 年《劳动组合法案》、1823 年《主仆法案》,都严格限制工人的权利,任何破坏合同关系的劳动者(包括请求解约逃跑或者怠工)都将受到严厉的刑事处罚,并给予雇主货币赔偿。从 1858 年到 1875 年,每年都会发生 10000 件左右的相关案件。到了 19 世纪,由于工人力量的壮大以及工人维权的斗争所取得的胜利,西方国家政府也认识到强制性的劳动给经济发展带来的损失,法律开始着力维护工人的人权,防止雇主以契约自由为借口侵害其权益。英国 1802 年制定了《学徒健康和道德法》,到 1930 年,强制劳动基本上被禁止,英美各国通过立法禁止签订长期的雇佣契约,并且逐步放弃了以经济赔偿和刑罚的方式强制履行雇佣契约的做法。雇佣契约被劳动合同所取代。①

西方国家的劳动合同制度的发展历程是一个从雇佣契约到劳动合同,从禁止解约到禁止强制履行雇佣契约的过程,这一切伴随着劳动力市场发展而完成,在劳动力市场发展完善的过程中,工人团体成员力量日渐强大,形成工会与雇主谈判的集体谈判协商制度,形成较为完备的劳动保障制度,可以说,这是劳动者、企业主、政府三方力量博弈的均衡结果。

相比之下,我国劳动合约的演变并不是市场选择的结果,它实质上是一个强制性制度变迁,是在政府主导下的制度演进过程。我国《劳动合同法》就是在这种背景下出台的。当前强资本、弱劳工是劳动力市场的基本格局,我国目前经济增长非常迅速,但是劳动者工资收入增长缓慢、劳动关系不稳定,这些成了阻碍经济进一步发展的障碍。另外,我国经济正陷入"内需不足——依赖出口——低价竞销——利润低下——劳动收入增长缓慢——内需不足"的恶性循环。打破这一恶性循环的关节点,在于加大《劳动合同法》保护劳动者的力度,提高劳动者收入。只有保护了劳动者的利益,才能增加社会目标与经济目标之间的相融度(王全兴,2008)。现在的问题是,我国劳动者收入增长缓慢是多种因素作用的结果,我们很难用一部《劳动合同法》来解决这个问题。从总体上讲,《劳动合同法》是有利于劳动者还是最终不利于劳动者,在我国是存在争议的。不少法学家认为《劳动合同法》的出台有利于我国经济增长和国民收入分配格局的改善,从而有利于经济发展。而不少经济学家则不看好我国《劳动合同法》,认为《劳动合同法》的出台在国内不利于劳资关系的改善和企业的经营活动,而在国际上我国《劳动合同法》增加了企业的用工成本,不利于企业竞争力的提高。

其次,劳动力市场的变化也会导致政府偏向的变化。在劳动力充裕的情况下,政府作出有利于企业发展的制度选择和政策选择,从而有利于增加就业机会。从

① 曹燕:《从"自由"到自由:劳动法的理念缘起与制度变迁》,《河北法学》,2007 年第 10 期。

劳动力市场发展来看，发展中国家有相当长时期是农村劳动力持续大规模向城市非农产业转移，同时劳动力成本相对低廉。但是，这种转移并非无限制的，当农村劳动力的供应与城市需求持平之际，即为“刘易斯拐点”。在经济增长率最快、就业弹性最高的情况下，2004 年我们已经遇到了劳动力供给和需求的平衡点；在最慢的情况下，即最慢的非农产业经济增长速度、最低的就业弹性，我们在 2009 年也会遇到供给与需求相交的这一点。将这一宏观分析进一步简化，农村劳动力供给与需求达至平衡，以及此后劳动力供给减少最直接的结果便是劳动力价格的上扬（蔡昉，2007）。这一劳动力价格的上涨，显然会带动相应的制度变迁。换言之，我国劳动力供求关系朝着更有利于劳动者的方面发展，我国《劳动合同法》就是在这种背景下产生的。现在的问题是，我国是否出现了刘易斯拐点？我国作为一个发展中国家，劳动力优势及低成本会不会因为《劳动合同法》的出台而改变？我国低劳动力成本时代结束了吗？所有这些都是有争议的，把这些有争议的观点作为解释某一项法律有效的理由是值得怀疑的。

为什么政府现在越来越偏向于保护劳动者权益？经济全球化下的劳工权益保护问题越来越受到国际社会的关注，先后出现了国际劳工标准、核心劳工标准、社会条款、企业社会责任守则以及 SA8000 社会责任标准等，它们对中国企业的影响也越来越大。从长远来看，劳工权益保护是经济全球化发展的必然趋势，更重要的是，不少劳工标准是发达国家对付发展中国家的一种贸易壁垒。这类贸易壁垒就像绿色贸易壁垒一样，我们很难作出简单的是非判断。劳工标准是指有关劳工保护的基本法律规则，它是对劳动者的劳动报酬（工资、收入等）、劳动条件（工作时间、安全保护等）、劳动福利（休息、医疗保健、教育、生活待遇等）及其他公民权利（如结社、言论等自由）所作的规范与要求。它是由国际劳工大会通过的国际劳工公约书和建议书，以及其他达成国际协议的具有完备系统的关于处理劳动关系和与之相关联的一些关系的原则、规则。目前，国际劳工组织已采纳了 181 项公约和 188 项建议书。国际劳工标准正常起作用的途径：一是国际劳工组织制定的公约，二是建议书。这些国际劳工标准、社会条款等对一个国家的劳动契约以及政府对劳动者权益的保护会产生重要的影响。

最后值得指出的是，在现代条件下，不应仅仅单纯强调保护劳动者，而应体现对劳动者和企业的一体保护。政府偏向于保护企业或劳动者都只是一种阶段性的权宜之策，理想的结果是达到一种最优契约。这种最优契约就是一种制度均衡。制度均衡是这样一种状态，即在行为者的谈判力量及构成经济交换总体的一系列合约谈判给定时，没有一个行为者会发现将资源用于再建立协约是有利可图的。要说明的是，这一状态并不意味着每个人对现有规则和合约都满意，只是由于改变合约参加者游戏的相对成本和收益使得改变不值得。现存的制度制约、确定和创立了均衡。[1]如何达到最优契约？这是任何国家都需要探讨的一个问题。我们认为更多的平等、自由是达到最优契约的必要条件。达到最优契约是一种理想状态，现实生活中很难做到。因此，在达到最优契约的过程中，政府及公权力的介入是必要的。

公权力介入劳动关系的主要目的就是实现对弱者的保护，以形式上的不平等实现实质上的平等。公权力干预的程度过大，就会使劳动契约丧失自由的实质，因此，政府的适度干预才能最大限度地体现契约自由，除适度保护劳动者外，对用人单位的合法权益也要给予相当的关注。在当今的信用时代，劳资双方的信用维护成为契约双方必须履行的义务。劳动者由于具有一定的流动性，其对用人单位所能达到的忠诚程度究竟如何，既难判断也难控制，这会给用人单位带来竞争的不利。所以，在这一层面上规制劳动者的责任，可以使当事人在缔结契约时无后顾之忧，使契约自由得以真正实现。从劳资冲突到劳资和谐是当今世界经济发展中的一种趋势。劳资合作更有利于一国经济的发展，如北欧的“团结工资政策”，20 世纪 50 年代这些国家的工会和雇主们共谋使同一行业的所有企业实行同样的工资。这种做法的动机不是什么道德观念，而是淘汰缺乏竞争力的企业的手段，而且被认为是当时保持国际竞争力所必需的。后来“团结工资”被延伸到企业之内，导致北欧国家不仅有财政分配之后的收入平等，而且有财政分配之前的收入平等。[2] 在劳动契约制度完善的过程中，政府过多的偏向是不可取的，更好的选择是有利于劳资双方和谐的政策和制度取向。

主要参考文献

1. 杨春生:《企业中的劳资合约及其演化》,《大众科技》,2006 年第 4 期。
2. 杨彬、黄海洋:《劳动契约自由的定位》,《辽宁工程技术大学学报(社会科学版)》, 2006 年第 1 期。
3. 曾学文、张国会、余洁雅:《工资率决定自由度:国际标准及我国的实际》,《国际经济合作》,2005 年第 2 期。
4. 文宗瑜:《人力资本产权的定价及其交易》,《中国工业经济》, 2001 年第 3 期。
5. 李文臣:《国际劳工权益保护及其对中国企业的影响》,《中国工业经济》, 2005 年第 4 期。
6. 罗纳德 · H. 科斯:《企业、市场与法律》,上海三联书店,1990 年。
7. 张五常:《经济解释——张五常经济论文选》,商务印书馆,2000 年。
8. 卢现祥:《西方新制度经济学》,中国发展出版社,2003 年。

原载《经济纵横》,2008 年第 10 期;本文与罗小芳合写

---

① 道格拉斯 · C. 诺斯:《制度、制度变迁与经济绩效》,上海三联书店, 1994 年,第 115 页。

② 约翰 · 罗默:《市场经济下取得平等前景的思考》,载吴敬琏主编,《比较》(第 25 辑),中信出版社,2006 年,第 150 页。

中国经济下行的“制度换挡”思考

一、引言

在我国经济发展过程中,短期的经济下行并不可怕,重要的是我们能否解决我国从中等收入到高收入的过程中面临的主要问题:①能不能跨过中等收入陷阱,这个陷阱是客观存在的,问题是“跨过去”还是“掉进去”的可能性都存在;②能不能实现经济结构优化,结构优化是跨过中等收入陷阱的基础,我国有经济增长的基础,但缺乏结构优化的机制;③能不能完成经济增长支撑点的转变,即从投资、要素投入到创新转变。根据世界银行的研究,那些陷入中等收入陷阱的国家主要有两个原因,一是这些国家逐渐形成了规模庞大、效率低下的国有经济和过度的国家保护主义等弊端;二是缺乏自主创新能力,无法完成增长动力机制的转变。其实,世界银行分析的这两个原因都与政府主导经济有关,这些国家的市场在资源配置中并没有起决定性作用。

从形式上看,跨过中等收入陷阱就是结构优化和动力机制的转变,但实质上是制度的变革。之前三十年我国经济的高增长主要是由政府主导的,现在的问题是能不能从政府主导到市场主导转变,这是最关键的。其实上述问题都是由此派生出来的。从表面看,从政府主导到市场主导只是一个主体的转换,但实质上涉及一系列的制度变革。

一是观念及信念的转变,是相信政府还是相信市场,人们一方面抱怨政府干预过多,但另一方面经济社会中一出现问题,人们又想到让政府出面干预,甚至要求政府干预。一个大规模问卷调查发现,中国民众存在政府偏好悖论。一方面,对行政部门做事的满意度降到超前的低点;另一方面却把什么希望都寄托在政府身上,什么东西都要政府管起来。这种矛盾观念是制约中国改革的深层次障碍。这种观念不转变,我国市场化改革的路就还很长。在诺斯看来,信念体系和制度框架有着密切联系。信念体系是内在表现,制度是这种内在表现的外在显示。因此,经济市场的结构反映了制定游戏规则的那些人的信念。① 所以,如果我们不能在市场化改革中形成全社会的共识,那么我国在市场与政府关系上就会摇摆不定。为什么我国改革这么难?在市场化改革上缺乏共识是一个重要原因。我们一方面强调市场在资源配置方面起决定作用,另一方面却在现实中或政策中明显地违反这种改革方向。在错误的政府观基础上不可能建立起真正的市场经济。

二是法治国家的建立,能不能把权力关进制度的笼子里。中国法治道路的最大障碍是:从上到下我们整个社会在这个关键的问题上还没有达成共识,即法治的核心是用法律去管理国家或社会的事务还是用法律和制度限制政府(统治者)的权力?其实,在我国现实生活中,不少人是从前者去理解法治国家的。没有用法律和制度限制政府(统治者)权力的共识,我们就不可能做到把权力关进制度的笼子里。在经济上,法治意味着法律对政府大规模干预经济的制约。为什么我国经济中政府对经济的干预屡禁不止?有的干预从前门清理又从后门进来。这与我国缺乏法治有关。

三是要建立抵御利益集团对经济负面作用的制度体系。中国改革现在不是没有方案,而是一旦要进行实质性改革就会遇到利益集团的抵御。我国不缺乏改革的顶层设计,但再好的改革方案也可能会遇到利益集团的抵制。我国除了缺乏制约政府权力的制度体系,也缺乏抵御利益集团对经济负面作用的制度体系。这两者交织在一起使我国许多改革步履维艰。可以讲,现在人们的政府偏好情结、政府权力没有受到制约及利益集团的抵制是中国从政府主导转向市场主导的最大阻碍。市场在资源配置中发挥决定性作用应该成为我国改革的共识,但从政府主导换到市场决定这个“挡”,阻力重重。经济要换挡成功,首先必须是制度换挡。经济下行,更增加了换挡的难度。经济下行也可能成为抵制制度换挡的理由。

本文余下从三个方面探讨经济下行制度换挡的问题:一是在投资和产业发展上,从政府主导到市场主导;二是在研发投入和创新上(包括创新的评价上),要由自上而下的创新为主转变为自下而上的创新为主;三是在中央与地方的关系上,要把地方政府之间的寻租竞争转变为地方政府之间的创新竞争,这种竞争既有科技、实业方面的竞争,但更重要的是地方治理体系和治理能力的竞争。这三个方面也是我国经济体制改革的核心问题,即如何处理好政府与市场的关系。

---

① 道格拉斯·C. 诺斯:《理解经济变迁过程》,中国人民大学出版社,2008年,第47页。

二、要实现真正的结构调整必须首先制度换挡，从政府主导到市场主导

我国理论界不少人现在就结构调整谈结构调整，而缺乏从深层次对我国结构调整难点的分析。在投资和产业发展上，不仅涉及产业结构的调整，而且涉及主体的转变。如果市场主体错位了，再怎么调整都难以解决结构失衡问题。长期以来（尤其是2008年后），我国投资和产业发展的主导是政府，而不是市场。在我国经济下行中，用投资和支持产业发展来保持经济增长的呼声一直很高。而民营企业和市场主体在预期不好的时候，投资就会很谨慎。于是，政府和国有企业就会成为稳增长的主体。但我们认为，在经济下行的过程中，正是在投资和产业发展实现“制度换挡”的好时机，即从政府主导到市场主导。这是因为我国的发展阶段及结构发生了重大的变化。

经济下行中最关键的是动力机制的转变。我们现在把从投资到创新视为动力机制的转换，这是不准确的。经济增长的动力机制转变应该是从政府主导到市场主导的转变，而从投资到创新只是这个机制转变的结果。面对2008年金融危机主要有三种对策模式，一是中国完全由政府主导，二是美国更多地由市场主导，三是欧洲介于两者之间的。实践证明，由市场主导的对策模式最有效。2008年金融危机后美国在智能手机、平板电脑、互联网经济、页岩气等产业的发展主要是由企业及市场发展起来的，而政府几乎不干预。经济增长的动力机制不是创新而是企业和市场，创新只是市场竞争的结果。所以我国经济增长动力机制的转变不是从要素投入到创新的转变，而是从政府主导到市场主导的转变。在投资和产业发展上，政府主导的结果往往是政府的手伸得太长，并且这只手往往会变成掠夺之手，市场这只看不见的手就难以发挥作用。从深层次看，政府主导投资和产业发展的结果是扭曲了经济增长的动力和激励机制。国内外的实践证明，允许人们通过市场自己做决定，是让社会有效利用资源最好的方法，当政府或一小群精英控制所有资源时，将无法创造出正确的诱因，人们的技术和才能也无法获得有效的配置。[①]

真正有效的诱因无法出现在中央计划经济中，这不是因为红利制度设计上的技术错误，而是达成榨取式增长的整个方法本来就存在问题。这种增长靠政府命令达成，虽然可以解决一些基本经济问题，但刺激长久持续的经济增长需要个人利用他们的才能和创意，而这在苏联式的经济制度中不可能办到。苏联的统治者必

① 德隆·阿西莫格鲁、詹姆斯·A. 罗宾逊：《国家为什么会失败》，湖南科学技术出版社，2015年，第151页。

须放弃榨取式经济制度才能办到,但这么做将危及他们的政治权力。①

政府能够发现应该发展什么产业,但是政府为了实现这些产业发展的方式和手段是有问题的,它替代了市场,使这个产业的市场难以形成,结构也难以调整。在投资方式和产业发展上,在低收入到中等收入阶段,我们可以自上而下地决定投资,有利于增长。但在我国转型过程中,产业发展中的政府投资和财政补贴,已经不利于产业的发展,并且扭曲了产业发展的激励机制。如我国的机器人、电动车等产业的发展因为政府补贴及各项优惠政策使市场价格、成本核算等失去了意义。为什么一些部门热衷于搞项目、搞补贴之类的干预,说穿了,就是为增加其权力的含金量,并通过一些途径把这些权力的收益内在化。资源配置由市场决定是我国改革的方向,但一些主管部门却不会放弃手中对资源配置的权力。现在一谈改革,政府控制资源的主线没有变,只是调整控制的方式,这是中国市场化改革最大的问题。形式上在改革,但实质上并没有改。经济一出现下滑和经济波动,一些人就提出干预和调控,此时权力不仅没有下放,反而会增加。我国偏向于基础设施建设、超前的基础设施建设、热衷于搞项目的现象是与体制性腐败有关的。只有上项目才有腐败的机会。政府主导投资和产业发展不仅不利于提高效率、提高技术和产业结构的均衡发展,而且会导致产业和投资发展中的腐败。政府这只手伸出来后,市场这只看不见的手就难以发挥作用。由政府主导的经济难以提高经济增长质量、难以提高综合要素产率、难以创新,也不利于调整经济结构,这是我国经济下行的原因所在。政府控制资源配置的效率递减非常显著了。从 2008 年到 2012 年,中国的 GDP 年平均增长率已迅速降至 6.9%,而全要素生产率(TFP)年增长率实际上已经是负值,为-0.8%(伍晓鹰)。

(1) 经济下行过程中政府稳增长与调整结构之间的矛盾

为了讨论的方便,我们从理论上把增长分为三种情况:斯密式增长(市场主导)、凯恩斯式增长(政府主导)、诺斯式增长(制度创新)。改革后相当长时间内我国采取的是斯密式增长,由于我国采取渐进式改革方式的原因,我国市场化改革及相关制度建设是一个长时间演化的过程。由于政治体制改革的相对滞后,我国从经济上深化市场化改革的空间越来越小。而 1997 年的亚洲金融危机和 2008 年的美国金融危机使我国斯密式增长被凯恩斯式增长所取代。经济结构主要有三个维度,按产业划分,即一、二、三产业;按支出划分,即投资、消费及出口三驾马车;按收入分配结构,即居民、企业和政府的收入在国民收入中所占的比重。其实,我国经济结构失衡的内在原因是一样的。中国经济结构的失衡始于 1993 年以后中国走上了一条重投资轻消费、重政府税收和企业盈利轻家庭和个人收入的道路。这种收入分配结构的改变既导致支出结构的失衡(政府投资占很高的比重),也导致产

① 德隆·阿西莫格鲁、詹姆斯·A. 罗宾逊:《国家为什么会失败》,湖南科学技术出版社,2015 年,第 154 页。

业结构的失衡(第二产业占主导),我国经济进入了凯恩斯式增长。我国要实现从凯恩斯式增长向斯密式增长和诺斯式增长转变。经济下行,政府为了稳增长就会增加投资,这种投资主要是用于基础设施方面,并且提高了利率和劳动力成本,政府的公共投资挤占了民间投资。而这些基础设施又与制造业相关,所以政府稳增长的压力与调整结构之间是冲突的,调结构的首要任务就是要去产能化。

我们现在面临的选择是:

一是继续在原有利益格局下由政府主导投资(尤其是地方政府),还是让市场发展作用让民间资本进入到投资领域,这是两条不同的路径。这是中国经济下行必须要解决的问题,在原有格局下稳增长我们短期可以做到,但是这不能解决结构、产业升级及创新的问题。我们宁要结构调整、产业升级及创新驱动,也不要短期的增长速度。但是既有利益、沉没成本和制度刚性的结果就是投资决策通常是路径依赖的:投资某个产业的最初决策可能会将未来的投资也导向这个产业,即便这不是对资源最有效的利用(戴维·瓦尔德纳,2011)。这个道理同样适合我国政府主导经济的格局。

二是强化政府在经济结构调整的职能还是弱化政府的调结构的职能。我们一方面过重的税收和收费让政府占有过多的资源,另一方面又通过投资和产业发展政策(财政补贴等)把这些资源分下去,并且是低效的配置。这或许是我国经济下行的一个重要原因。这种体制会带来双重损失。为什么我们不能一方面减少企业的税负,藏富于民,另一方面减少政府的投资和对产业发展的各种补贴?这种转变是从各种汲取式制度向广纳式制度的转变。从宏观上整体配置资源的成本要远远高于市场配置资源的成本。在政府主导的体制下,资源配置的自我纠错机制、风险分散机制等是不存在的,这是我国结构调整难以进行的根本原因所在。

(2) 产能过剩与政府调控局限性的矛盾

由于我国市场机制还难以发挥真正的调节作用,该破产的还不能破产,政府及国有企业为主的行业由于是软预算约束,一般不能按照产业发展规律和市场规律去运行。这表现为,一是我国要素市场的价格基本上还被政府所控制,在没有有效价格的调节下,经济结构如何优化?政府及国有企业的行业垄断与要素价格放开是冲突的。二是在市场结构的经济主体中,政府和国有企业占有主导地位,市场的调节功能会大打折扣。下行应该是经济结构调整的好时机,但我国这种体制机制难以适应调整的需要。政府的“作为”可能会延续这种调整时期,去产能化、去杠杆、去泡沫、去污染中的困境就说明了这一点,所以我国要实现真正的结构调整必须首先制度换挡。缺乏破产机制、缺乏重组机制、缺乏风险分散机制,这些在政府主导和国有经济占主导的行业是难以建立起来的。

(3) 经济结构调整中最重要的就是产业升级,而产业升级是建立在创新基础上的

创新能力的缺失不利于我国产业升级。后发优势国家的最大问题是,在实现经济增长过程中,开始发展经济时,与先进国家存在技术上的差距,因此引进消化

吸收再创新就成为技术进步的首选,如果在采用这种模式的过程中,不注重创新及知识产权的保护,有可能就形成一种路径依赖。这些年来,我国注重引进技术,但吸收再创新不够。导致这种结果的原因就是我国竞争的市场体系没有真正建立起来。政府这只手伸得太长,导致企业不是把主要精力用在创业、创新上,而是放在再分配、切蛋糕上。格林斯潘认为欧美国家的经济增长主要靠技术进步推动,在这种体制下不得不创新;而东亚等新兴市场国家经济的高速增长是建立在模仿、引入等基础上,这种增长达到一定发展阶段后若不转型就难以持续发展。我国达到中等收入水平后,后发优势越来越少了。这些年来我国对外技术依存度达到50%以上。在政府主导投资和产业发展的过程中,只有数量的竞争,而很少出现创新、技术及创新新产品的竞争。因为创新竞争主要是来自市场竞争,它是市场竞争的组成部分。后发优势在短期可能是优势,但是长期来看,若没有相应的改革,这种后发优势就会转变成劣势。

(4) 政府主导的增长方式可能有利于某类产业发展,但不利于产业结构的均衡发展和优化

政府主导的增长适应性效率比较低。其实,我国产业发展和结构主要与政府行为有关,与制度关系不大。我国制造业占世界25%,但是服务业低于世界平均水平。为什么会出现这种结构失衡?政府主导的增长和产业发展可能有利于制造业的发展,但不利于第三产业和服务业的发展。问题是政府主导经济增长可能不利于制度环境的完善。一是服务业对制度环境的要求比制造业对制度环境的要求要高。强势的政府是难以创造有利于经济发展的制度环境的。政府主导经济的情况下,官员是没有积极性去构建制度环境的。二是政府投资偏好能够看得见、摸得着的基础设施投资和制造业投资,这些投资一方面能立竿见影显示政绩,有利于决策者自身利益最大化,另一方面,这种投资在带来社会效益(解决就业等)的同时也会给决策者及相关利益者带来直接或间接的好处。三是政府管制太多,我国第三产业许多领域是有管制的,许多领域民间资本是不能进入的。所以我国产业结构的失衡与制度环境、政府偏好及政府管制过多是密切相关的。为什么我们天天喊要大力发展第三产业及服务业但是却不能放松管制、降低门槛、取消对民营资本的限制?这是因为那些主导经济发展的官员是不愿意放弃对手中权力的掌控的。

三、要真正解决我国的创新悖论,就必须由自上而下的创新为主转变为自下而上的创新为主

在我国达到中等收入水平后,创新不足已经成为制约我国经济发展的最大瓶颈。这是因为创新是经济增长的新动力;创新是产业升级、经济结构调整的需要;

创新是跨过中等收入陷阱的需要。中等收入陷阱是指鲜有中等收入的经济体能够成功地跻身高收入国家,这些国家往往陷入了经济增长的停滞期,既无法在工资方面与低收入国家竞争,又无法在尖端技术研制方面与富裕国家竞争。

我国存在创新悖论,一方面中国拥有强大的国家创新意志,拥有超越欧洲的科技经费投入,拥有世界第一的论文数量,拥有世界第一的博士群体,拥有世界第一的科技人员和研发人员,拥有世界上最庞大的官方智库体系,但另一方面我们没有引领世界的科技发明和人文贡献,创新一直成为中国的最短板。如何解释这种现象?当然原因是多方面的,其根本的原因还是在体制机制上。我们这里重点分析其中的创新组织形式。自主创新的经济组织主要是两种形式,一种是自上而下的创新,另一种是自下而上的创新。我国的研发及创新主要是建立在自上而下的基础上的。

为什么我国科技资源在历史上是自上而下的配置,到现在还是自上而下的配置?这根源是什么?为什么创新也要政府主导?①历史上形成的路径依赖。在西方,技术进步很少是自上而下的,通常也不需要得到权威部门的许可。创新主要是个人、企业和市场行为。但是,在中国,技术进步经常是由政府发起的,这在唐宋时期的官僚体制中表现得尤为突出。[①] 这种思维到现在还难以改变。②集中力量使用资源优势论。在创新上,过去主要是模仿,现在需要创新。是市场决定还是政府决定,是自上而下还是自下而上,必须进行观念、理念方面的变革。这里的创新涉及科技、教育及相关部门所涉及的创新。集中力量使用资源优势论一直是我国自上而下的配置资源的主要理由。但这个理由在我国已经不成立了,集中力量使用资源优势论实质上是计划经济的体现。让市场决定资源配置要比政府自上而下的配置有效率得多。③长期的自上而下的创新方式形成了既得利益集团,他们从控制和分配资源中得到了好处,这种好处既有直接的也有间接的、既有显性的也有隐性的。政府主导的资源配置系统必然形成相应的利益格局,而市场主导的资源配置系统也必然形成相应的利益格局,从前者到后者的转变实质上是利益格局的调整。④自上而下的方式容易形成设租与寻租的格局。这种设租与寻租的格局往往是互动的。分配的资源往往是稀缺的,若是市场竞争,这些稀缺资源就会通过价格机制转移到出价最高者手中,而行政分配就会形成设租与寻租的格局。

我们在此把创新的两种形式做一个比较研究。从总体上讲,我们认为,长期以来,我国在创新上采用了自上而下的创新方式,这是我国创新潜力远未发挥出来的主要原因,也是我国创新悖论产生的根本原因。

(1)两种创新方式与社会需求的关系

创新如果不能与社会需求联系起来,那么创新就缺乏内在的动力。自上而下

---

① 乔尔·莫基尔:《雅典娜的礼物:知识经济的历史起源》,科学出版社,2011年,第227页。

的创新往往脱离社会需求，而自下而上的创新根源于社会需求。来自英国的一项研究结果表明，源于市场需求的创新为48%，源于企业生产需求的为25%，源于技术推动的为27%，因此，市场需求拉动的创新（即前两项合计）占73%。对美国的一项研究结果也类似，源于市场需求的创新占47%，源于企业生产需要的占31%，源于技术推动的为22%，需求拉动的创新占78%。市场对技术创新的拉动作用由此可见一斑。

自上而下的方式主要是依据国家发展战略需要来创新，而自下而上的创新主要是依据市场及经济社会发展需要来创新。如从20世纪50年代到80年代，苏联的科技创新投入很多，当年的苏联科技全是国家主导、国家出资，偏重宇航、航天和军工，侧重工业等。相比之下，美国的研发是市场主导，以私人投资者为主，主要发展了家电、互联网、电脑、手机、民航、汽车等，还有工业制造技术。主体和导向不同，其结果也就不一样。

（2）从两种方式的创新源泉来看

费尔普斯指出，“这种自上而下的方式还没有成功过，而且难度肯定会更大，因为它抛弃了焕发经济活力所需的最重要的资源：两个脑袋比一个脑袋好使，100万个有创造力的头脑肯定强于50万个或者25万个。”[①]这两种组织形式的一个重要差别就在于投资的来源以及创新的动力来自何处。罗森伯格和伯泽尔指出，要使技术变革有效而持久，政府要把革新进程的直接支配权、决策权及机会交给创新者，并使之分散。[②] 自上而下的方式是少数人的脑袋指挥多数人的脑袋。为什么中国人口占世界的20%，但科技贡献却占不到相应的比例？这其中的一个主要原因就是长期以来我国是一种自上而下的创新方式，少数人指挥多数人，不利于草根创新，不利于发挥每个人的创造性。由于自上而下的创新的指挥棒引导着创新，这就使许多“自主”、“自发”的创新被压制。

哈耶克在其自下而上的草根理论中认为，现代经济在新产品和新工艺的开发过程中要求体制内的个人拥有发挥原创的自由，并充分发挥其由环境和知识塑造的个性。哈耶克开启了自主创新模型的大门，这是一种源于本土的、基于个人的各类观念的创新。

（3）两种方式的资源配置方式及效果也是不一样的

我国研发中的人、财、物配置都是自上而下的，如我国科技人员3800多万人，研发人员320多万人，均为全球第一。但企业研发人员过少，我国的科技人员大多数在两个地方，一是大学，二是研究机构。为什么政府在高技术领域的科研经费投入效果很差？为什么论文第一大国掌握不了“纸变钱”的游戏规则？在李凯看来，原因主要在两个方面。第一个方面就是科研与创新合二为一的政策，并对所资助

① 埃德蒙·费尔普斯：《大繁荣》，中信出版社，2013年，第XVI页。

② 乔尔·莫基尔：《富裕的杠杆：技术革新与经济进步》，华夏出版社，第196页。

的研究性项目提出不切实际的商业成功要求。要在2—3年内既要产出成功的科研成果又要实现成功的创新产品是不现实的。以发明即时贴闻名世界的3M公司的杰弗里·尼科尔森博士曾经对两者给出明确的定义:"科研是将金钱转换为知识的过程",而"创新则是将知识转换为金钱的过程"。第二个方面是对科研进行5年规划的方式,导致资助的研究方向与高科技领域的快速变化出现大量脱节,从而导致政府对科研投入高却效率不高。当政府经费管理机构确定科研与创新方向时,他们认为这些方向将会对中国经济有利。但是,因为没有产品开发与管理的经验,他们也不了解市场需求。同样,一些权威科学家建议设立某些方向,多数科学家自己也没有创业经历,也不了解市场需求。计划的决策大多是由技术驱动的,而那些大型成功企业的决策是由市场主导的。科研与创新混为一体的一个弊端是要求政府经费资助机构充当风险投资公司角色,但他们并没有遴选创业公司的经验。[①]

据估算,美国大约70%的研究和开发支出是由私人行业进行的,这种支出大多是被纳入企业的日常活动。[②] 现在美国大多数的研发活动是通过商业企业实施的,由此可见常规创新起着非常重要并且可能越重要的作用。资金从什么地方来在一定程度上决定着资金的使用效率。如中国大约70%的研究与开发是来自政府,而在美国、日本和德国则是由工业界负责70%以上的研发支出(联合国,2012)。工业界会更重视从市场的需求去开发新技术和新产品,因而更具有商业实用价值,而我国这种研发融资体制不利于实用技术的发展。

(4) 自下而上的研发投入更有利于转化为创新,而自上而下的方式可能更多地限于发明

我国专利转化率为什么低?我国每年有数万项科研成果,发表论文数量世界第一,可成果转化率却只有25%,形成最终产品的不到5%,科技进步贡献率不足三成。我国课题许多是自上而下的政府课题,申请专利和发表论文是结项的重要指标,课题承担者没有动力和激励去把这些发明转化为创新,转化为产品。而自下而上的创新方式,其课题和研究项目是来自企业、风险投资者等,他们对课题的研究并不仅仅限于专利和发表论文,更重要的是要把这些发明和创意转化为产品和实体投资。我国政府也非常注重科技成果的转化,即注重把纸转化为钱,但最终对结果的实施是软的,政府不可能像市场那样来硬的。

自上而下的创新一般是外生的,而自下而上是内生的。发明不等于创新,从时空来讲,自下而上的创新更有利于把发明转化为创新,而自上而下的创新方式把发明转化为创新更缓慢。例如,美国政府为减少自上而下的创新方式的局限性,不断地进行制度完善。在1978年以前,美国基础科研的经费大部分都是由政府出的,做的研究结果产权是归政府所有。然而经1978年的《拜杜法案》改革后,即使是政

① 原春琳:《创新:政府不应扮演风投的角色》,《中国青年报》,2015年1月5日。

② 鲍莫尔:《资本主义的增长奇迹》,中信出版社,2004年,第5页。

府出钱，所有产权也归学校。富于创新精神的科学家们立刻带着发明成果纷纷成立自己的公司。自1980年以来，来自美国大学申请的专利实现了爆发式的增长。

(5) 自上而下的创新方式由于信息不对称及行政配置资源，容易产生寻租甚至腐败

自上而下的创新方式除了搞许多政府项目和课题以外，还搞许多工程，这类工程还包括所谓人才工程。这类工程往往是政府设立的，其本意是想促进创新，但行政性干预和分配往往把这些工程变成了寻租的对象。如进入“火炬计划”的企业的主要目的往往不去考虑如何研发新产品而在于换取政策优惠、财政补贴、税收减免等。在权力寻租的灰色地带，腐化的思维意识已经阻碍了中国企业创新的步伐。更有甚者，在这种体制下，一部分研发投入成为设租和寻租的对象，我国的科技人员不是把眼光盯着市场和社会需求，而是盯着政府和官员。近些年我国减少和取消了许多的行政审批、评审，从而减少了资源的浪费和寻租。俄罗斯在科学研究上的投入比美国多，但因为他们是中央计划体制，所以取得的进展很小。在那里，实验室中所有最聪明的人都在钻中央计划体制的空子，而只有第二层的人在从事实际研究。我国科技经费只有40%用于科技本身，这些年我国研发投入占GDP比重的提高中政府决定的因素明显高于市场（企业）决定的因素。

如何建立这只创新者队伍？我国的人才制度是需要反思的。在人才制度上，我们形式上是重视人才，设置了各种人才工程制度（各部委都有），但实际上是为人才设置位置租金，你是什么样的人才，就可获得什么补贴和津贴、课题等。我们的科技精英不是把精力和时间用在科技本身，而是要创造一些条件先获得人才的位置，再去搞什么创新。我们要花很多时间和精力去选出很多人才，这个由政府主导的行政筛选的过程往往会变成寻租的过程。问题是，这种人才制度是低效的，并且这种含有雄厚租金的人才制度会腐蚀人才本身，一些进入这个含有制度租金的人才靠位置租金就过得很好了，他们也没有多大动力和精力就从事创新本身了。获得这些人才头衔的人还可以用这些头衔去获得另外的头衔，像滚雪球一样，中国的人才工程制度使可以进入这个制度里的人实现自身利益最大化，但不利于创新能力实现的最大化。我国不少人才制度或多或少是建立在寻租理念基础上的。我国现行不少人才制度都带有科举制的印迹，必须改革。

四、要真正处理好中央与地方的关系，就要把地方政府之间的寻租竞争转变为地方治理体系和治理能力的竞争

我国经济改革的目标是国家治理体系和治理能力的现代化，而对于地方政府来讲，就是地方治理体系和治理能力的现代化。但是在具体改革过程中，我国许多

改革并没有向这个目标前进，甚至偏离了这个改革目标。

1. 我国自上而下的资源配置导致的不是创新的竞争而是寻租的竞争

过去国内外不少学者认为，在中国经济体制和政治体制改革还没有到位的情况下，我们之所以能保持高增长，其根本原因就是地方政府之间的竞争。但是很少有学者去思考这种竞争的性质。我们认为，我国地方之间的竞争许多演变为寻租之间的竞争。在数量型增长时期，这种寻租竞争对经济的负面影响还比较小，但到质量型增长时期，这种寻租竞争对经济的负面影响越来越大。任何大国都面临中央与地方的关系问题。是中央自上而下管到底还是充分发挥地方的自主性？我国现行经济体制和政治体制使地方的经济潜力远没有发挥出来。这是完善社会主义市场经济体制必须要解决的问题。

美国在中央与地方的关系上，采用了联邦制。美国联邦制就是为了避免自上而下配置资源中的寻租行为。联邦制因此极大地降低了经济寻租的可能性和广泛性，从而减少了再分配联盟的形成。低层单位之间的竞争使得寻租不太可能成功。因为寻租型的管制只会是地方性的，它使得在该地之外的企业较被管制的企业更有竞争优势。[①]

与纵向的自上而下的资源配置相比，市场维持型联邦制在两个方面促进了工业革命时期的经济发展。首先，阻止了全国性政府控制经济活动的权力，从而避免了全国性政府回应既有经济利益游说而进行全国性控制——这种控制会阻碍许多新兴工业活动。其次，各地方之间的政治竞争意味着一些地方为了激励新兴经济活动、促进地方就业以及税收而愿意背负额外的负担。没有这种政治引导下的经济创新，工业革命将会受到极大的阻碍。[②] 我国国情与美国有较大的不同，但是在如何既调动地方积极性，又维持全国统一市场上应该是一样的。

一个基本事实是，我国中央政府控制了许多资源，于是我国地方政府及所属的企业共同向中央及部门“争夺”这种资源，在有明确分配规则的情况下，就是一种公开的分配，而在没有规则的情况下，这种分配资源的过程就会转化为寻租，同时也表现为地方政府与地方政府之间的寻租竞争，谁能从上级得到项目或优惠政策，谁就可以获得较大的租金。这与联邦下的地方政府之间的竞争是不一样的，这种差别表现为：联邦下的地方之间的竞争是在统一市场格局下争夺市场份额的竞争，而我国中央统一控制下的地方之间的竞争是在地方保护主义的前提下地方与地方之间对资源、优惠政策的竞争。前者的竞争很容易转化为创新、质量之间的竞争，而后者容易转化为寻租之间的竞争。为什么我国出现大量的产能过剩、创新能力不足、地方相互复制、产品雷同及地方保护主义？这都与我国自上而下的资源配置方式有关。

---

① 道格拉斯·C. 诺斯：《交易费用政治学》，中国人民大学出版社，2013 年，第 103—104 页。

② 同上书，第 105 页。

中国产业和经济发展的最大问题是我们在资源配置上还是自上而下的组织方式，这就导致经济主体不是把精力用在面对市场和创新上，而是面对政府和寻租上。现在我国地方政府之间的竞争彼此并不是在市场上的竞争，而是以中央部委的指标棒为竞争参照，结果不是产业、产品、技术的竞争，而主要是项目、关系及获取资源的竞争，总之，就是寻租的竞争。庞大的资源由少数官员采用这种方式配置不可能有好的结果。过去地方政府在粗放阶段去搞项目，现在当我国过渡到质量、创新上时，这种体制已经不利于创新了。我国高新技术产业发展中存在的问题就已经证明了这一点。

2. 我国地方政府寻租竞争的后果

（1）寻租竞争不利于全国统一市场的形成，产业难以形成规模经济，成本上升，我国当前成本的上升就是这种寻租竞争的结果

我国现在制造业成本已经接近美国的90%到95%。为什么我国产业分散而难以在全国建立市场型的产业链条？中央部委在确立产业发展战略后，地方政府都希望上这个产业，中央也很难抵制地方政府的需求。在中央与地方政府博弈后，就是大多数地方都发展这些产业了（如汽车总装厂130个、机器人制造厂420多家），从而形成行政型的产业链条，我国大多数产业都是这样的格局，而不同于欧美国家市场型的产业链条。这种行政型产业链条很难形成竞争格局，也不利于降低成本。以天然气为例，到2040年，美国非常规天然气将占总天然气产量的80%。为什么页岩气革命会发生在美国，而不是中国？一个重要原因是，美国石油行业、天然气行业分工非常细，大大小小的石油公司有8000多家，竞争激烈，而在中国只有3家。

（2）创造和维持跨地区均衡与长期的产业转型和培养国际竞争力之间存在着尖锐的矛盾

在我国现行中央与地方关系的格局下，中央产业政策、转移支付及相关政策上，都要兼顾到。在从低收入到中等收入的转变中，这种地方之间的寻租竞争能够带来粗放式增长，但在我国进入中等收入后，在高新技术领域仍然沿用这种方法却很难带来科技的进步和产业的发展。前三十年的增长让地方政府去搞这种寻租竞争在粗放阶段是可以的。为什么我国现在地方债难以控制？为什么我国产能过剩？这与这种地方之间的寻租竞争有关，中央庞大的转移支付成为地方政府争取的唐僧肉。凡是中央出台的政策、分配等都会成为地方政府关注的重点。在上边配置资源而不在下面保护财产权。中国在不同时期，政府也曾经想加大资金投入解决中国创新不足的问题，但是在集权体制下我们习惯于自上而下地配置资源（包括科技资源），由于自上而下的路径是低效的，所以政府加大投入也没有解决创新不足的问题。更重要的是，这种自上而下的投入不仅低效，而且是有利于寻租的。

从这些分析可以看出，我国转变经济发展方式所面临的集体行动问题、协调问题和分配冲突表现为：收入差距过大；城乡经济发展的失衡、房地产的过度发展、银

行业的垄断及实体经济发展的不足;产能过剩及技术创新能力不足难以走向附加值较高的商品生产等。由于我国经济体制和政治体制改革尚未到位,经济和政治关系还难以通过制度进行协调,公正而有效的秩序还难以形成,因此,社会协调成本和维稳成本比较高,这需要创造和维持跨阶级联盟和保持地区的协调发展。因为创造和维持跨阶级联盟与长期的产业转型和培养国际竞争力之间存在着尖锐的矛盾(戴维 · 瓦尔德纳,2011)。为了缓解这种尖锐的矛盾,必然会产生高水平的转移支付。而高水平的转移支付阻碍了政府获得解决卡尔多集体困境的制度能力。现在我国这种自上而下的资源配置导致地方政府为争夺资源竞争,为了满足各地方的诉求,中央部委也只能“撒胡椒面”,面面俱到,这种维持地方之间平衡的格局的结果是资源分散、重复建设、产能过剩、地方保护主义等,这种维持区域平衡的投入与产业转型和培养国际竞争力之间存在着尖锐的矛盾,从而导致经济发展的困境。尤其是这种寻租竞争的结果不会带来产业的升级和产业竞争力的提高,也不会带来创造性破坏的进步,中央转移支付及维持地方均衡发展的能力也会随之下降,最终会导致经济发展的停滞。

(3) 在中央自上而下的主导资源配置和发展政策取向时,地方政府会偏向于资源的再分配的竞争,这种寻租竞争成为阻碍中国转变经济发展方式的障碍

在奥尔森看来,经济增长持续地受到一种集体行动问题的严重威胁。一方面,组织希望通过经济效率、增长和普遍的繁荣而实现共享式增长。另一方面,组织也能通过财富的再分配来满足其成员的利益。然而,如果组织中的多数成员都选择对增长进行再分配,那么国民经济就会停滞(戴维 · 瓦尔德纳,2011)。在奥尔森看来,寻租过程给社会带来了限制和约束,减慢经济增长率。奥尔森认为由寻租造成的“累积性扭曲”降低了增长。这可以在一定程度上解释我国近些年的经济下行。在奥尔森模型中,造成无效率的因素是分利集团不断增长的力量使体系具有刚性①,即经济体制的创新能力缺乏。寻租色彩浓厚的经济体会设置各种限制,如产出进入壁垒和创业壁垒,这些壁垒会限制创新或未能促进自主创新。

政府干预过多,科技市场就不是创新场,而是寻租场。我国科技产业发展的教训,机器人产业、电动车产业等政府的补贴使地方政府及企业精力不是用在创新上,而是用在寻租上。从形式上看,是政府企图鼓励企业大力发展科技和创新,但最终变成了实质上的寻租行为。自上而下的配置资源是我国的传统,并且形成了路径依赖。改变自上而下的资源配置方式不仅仅是一个政策调整的问题,更是一种理念上的转变。如果理念不变,再怎么完善政策和改革,都难以找到正确的配置资源的方式。我们现在知道了政府与市场是什么关系,但我国政府自上而下的产业政策及资源配置决策方式及其问题还没有引起人们的足够重视。现在中央出什

① 道格拉斯 · C. 诺斯:《制度研究的三种方法》,载大卫 · 柯兰德编《新古典政治经济学——寻租和DUP 行动分析》,长春出版社,2005 年,第 27 页。

么政策地方就去争,而不是地方结合自己当地的情况去进行制度创新、体制创新、机制创新和政策创新。因此,从深层次看,我国转变发展方式最关键的是转变地方政府行为,就是要把地方政府之间的寻租竞争转变为地方政府之间创新的竞争,这种竞争既有科技、实业方面的竞争,但更重要的是地方治理体系和治理能力的竞争。因此,要从改革财税体制、司法体制及中央与地方关系的制度创新入手,从而实现国家治理体系和治理能力的现代化。

原载《经济纵横》,2015 年第 12 期;《新华文摘》2016 年第 7 期全文转载;本文与李小平合写

·寻租、腐败与制度约束·

论我国腐败中的“软政权”现象

一、“软政权”诠释与“软政权”的后果

缪尔达尔在研究南亚经济问题时,提出了“软政权”这个概念。在缪尔达尔看来,腐败从根本上讲不过是“软政权”的一个具体表现而已。从近些年来我国社会经济生活中的一些腐败来看,我国尽管还不是一个“软政权”,但是其中出现的“软政权”现象是值得我们注意的。

什么是软政权呢?在缪尔达尔看来,“软政权”这个词应理解为包括所有的各式各样的社会纪律,它们表现为:缺乏立法和具体法律的遵守与实施,各级公务人员普遍不遵从交给他们的规章与指令,并且常常和那些他们本应管束其行为的有权势的人们与集团串通一气。腐败也属软政权这个概念。这几种行为模式相互关联,其含义在于在因果循环中彼此放任或者甚至彼此诱发造成累积效应。“软政权”的根本含义是即使制定了法律,它们也不被遵守、不易实施。在“软政权”中,制度、法律、规范、指令、条例等都是一种软约束,都可以讨价还价,即可以执行也可以不执行:有好处时可以执行,没有好处时可以不执行;有关系时可以执行,没有关系时可以不执行。在这里通行的是“权钱交易”的原则。

“软政权”的一个突出特点是行政的随意性控制。这种随意性控制是产生腐败和设租—寻租现象的温床。行政的随意性控制与设租—寻租现象产生的关系主要表现为:第一,松弛和随意可以为那些掌握着经济、社会和政治大权的人所利用来谋取个人私利。一方面软政权提供的可大量利用的机会当然只供上等阶层任意享用;另一方面即使社会地位相当低下的人也常常找到这样的机会来谋些小利。这必然产生一种设租—寻租关系。第二,在软政权中,相互矛盾的控制的广泛存在意味着需要更多的控制,且随意性控制必须比其他方式下必要的控制占更大的部分。这种广泛的控制使经济主体不是把主要精力放在市场竞争上,而是放在与

官员的打交道上。缪尔达尔特别强调软政权中行政的随意性控制是很深刻的。第三，行使随意性控制的官员和政治家在这种控制的维护和进一步扩大中有着既得利益。由于控制没有和计划结合，运用控制的方针又偏于模糊，具体应用由此更变成行政判断的事，所以权力就更大了。特别是在一个"关系"起着极大作用的环境里，商界和官场的勾结成为一种自然的趋势，结果常常是腐败。腐败然后会从体制中得到既得利益（缪尔达尔，1970）。

为什么会产生"软政权"？在缪尔达尔看来，尽管程度各不相同，但所有的不发达国家都属"软政权"。并且他还把"软政权"作为不发达国家的一个重要特征。从根本上讲，软政权的主要原因是权力集中在上等阶层手中，他们能够提供平等的法律和政策措施，但是居于至高无上的地位又阻挠其实施（缪尔达尔，1970）。缪尔达尔把软政权的形成归结为发展中国家的特有政治机制。在缪尔达尔看来，软政权对私营企业个人化的、行政的、随意性的控制的普遍偏好与前殖民时代和殖民时代的独裁主义和家长主义的遗产相一致。

与"软政权"这个概念相对应的概念是"硬政权"。由"软政权"向"硬政权"的转变过程是一个减少寻租和腐败的过程。这个转变过程是一个产权强化、政权硬化、制度化、法律化及经济自由化的过程。两百年前西北欧国家的政权总的来说比今天的不发达国家要硬得多。但即使在现在腐败非常有限的西北欧国家，腐败和寻租在早期也很普遍，这个状况甚至多少持续到后来。在经济自由化期间产生了强大而硬化的政权。自由政权的特征之一是以高度的个人廉洁和效率为标志的政治和行政体制。

软政权与寻租和腐败是一种相互联系、相互促进的关系。一方面，软政权为寻租和腐败提供了一种大环境、一种条件；另一方面，在有着累积效应的因果循环中，寻租和腐败的盛行又是让这些国家保持软政权的巨大力量。寻租和腐败的蔓延反过来给了腐败的政治家和不诚实的官员及商人在保持并加强这类控制上以既得利益。不发达国家在不同程度上都表现出一种倾向，即想通过称为"直接"或"具体"控制的行政随意性控制来对私营企业进行指挥，而不是通过非随意性的控制如价格政策、关税和消费税及其他有普遍效应的政策措施来进行。

软政权这个概念有利于我们从深层次上认识发展中国家的寻租问题。奥斯特罗姆提出一个有力的事例证明，由少数人设计的用以最大化政治控制和寻租活动的政体，不可能为个人提供因要努力解决他们自己的经济问题及因要更大幅度地提高效率和增长所带来的个人机会而进行制度实验的要求（奥斯特罗姆等，1988）。软政权实质上是一个由少数人设计的用以最大化政治控制和寻租活动的政体。诺斯（1990）对为什么一些国家富裕而另一些国家贫困进行了分析，他的结论是："由于缺少进入有法律约束和其他制度化社会的机会，造成了现今发展中国家的经济长期停滞不前。"软政权的运作是一个包含着设租—寻租的过程。利用公共职责的身份来谋取个人利益的一个常见方法是威胁要从中作梗和拖延，即"抽租"。因此,腐败妨碍了各级决策和实施的过程(缪尔达尔,1970)。

软政权造成了市场机制的错误配置。如缪尔达尔所说,在不发达国家,一方面想把理性的利润动机和市场行为引入在发达国家行之有效的那部分生活(即工商业领域),这已证明是困难的;另一方面,要想把个人利益的动机从在发达国家被大量抑制下去的那部分生活(即公共责任和权力领域)中消除,这也已证明是同样困难的。用寻租理论来分析,就是在一个寻租社会里,人们并不是把精力、时间及财力用在增加社会财富的生产性活动中,而是把这些用在非生产性的寻租活动之中。

"软政权"的后果主要表现为:(1)使市场经济的"游戏规则"难以有效确立或发挥作用;(2)扭曲了社会收入分配和市场机制对资源的配置,人们不是把精力放在寻利上,而是用在寻租上;(3)软政权现象严重地制约了我国政企分开改革的进程;(4)软政权现象的存在是我国腐败现象产生的重要根源;(5)软政权现象降低了政府的权威,影响了经济和社会稳定的发展。

二、我国经济转型过程中"软政权"现象的表现形式

当前我国软政权现象的表现形式主要有:

1. 有令不行、有禁不止

在我国市场化改革过程中,由于相应的市场经济规则还很难在短期内建立起来,或者建立起来了还很不完善,在这种情况下,中央或有关主管部门颁布一些指令或规范是完全必要的。但是这些指令或规范实施起来相当困难。一些地方或部门对自己有利的就执行,不利的就不执行。如对一些乱收费、乱罚款现象尽管三番五令地禁止,但是在一些地方、一些部门这种现象却屡禁不止。按照我国现有的规定,按规章制度所获得的罚没收入,除按一定比例留给有关部门以外,其余应该全部上缴财政。但是,在我国现实生活中,除了上述正常罚款外,还有大量的"灰色罚款",即一些垄断部门或权力部门凭借手中的特权所进行的罚款,以及"黑色罚款",即一些没有任何根据的非法罚款,如私设路障收费等。1992年,全国预算外资金达3854.9亿元,相当于当年预算收入的97.7%;1995年,财税大检查统计,全国预算外资金有3843亿元,相当于当年财政预算收入的61.5%(《每日侨报》,1999年9月6日)。据统计,目前国内购车所收的各项附加费相当于车价的25%—30%,收取的执照费等四项费用为2500—5000元,汽车投入正常使用后收取的两税七费为2500—5000元,而上述三项费用在美国分别仅为4%、12美元、30—50美元。据《扬子晚报》报道,1998年以来的两年内,电信行业向全国用户违法收取资信话费21.7亿元,电力行业违法收取27.4亿元。这还仅仅是专项检查查实的数字(《楚天都市报》,2000年7月30日)。罚款的目的是什么?正常的罚款是有关部

门对违规者的一种处罚，但是我国现实生活中各种莫名其妙的"灰色罚款"以及"黑色罚款"并不是为了处罚违规者，而是为了"创收"。有的罚款已成为一些部门的"正常"收入来源。目前我国罚款问题主要表现在以下几个方面：(1)罚款现象过多过滥，且有泛化的趋势；(2)许多罚款已经背离了其基本目的，而成了一些部门或个人创收的一种手段；(3)罚款中的非规范操作已成为腐败的根源之一；(4)以创收为目的罚款不仅使规章制度失去了权威性，而且容易滋生人们对社会的不满情绪。

2. 上有政策、下有对策

这是一种典型的"软政权"现象。目前很多人用"上有政策、下有对策"来概述中央与地方的经济政策关系。笔者认为，我们应该用科学的、客观的态度来分析这种现象。在我国新旧体制转轨时期，"上有政策、下有对策"这种现象产生的背景是错综复杂的。在我国传统经济体制时期，中央可以用"强制一致性"原则（不同于外国公共选择学派的博弈一致性原则）来消除地方的越轨行为。但在我国分权让利的改革过程中，"强制一致性原则"越来越受到挑战，这主要表现为：第一，在分权让利的改革过程中，中央政府不可能做到"公平一致性"，这就必然削弱"强制一致性"原则。第二，在地方政府成为相对独立的经济主体（或中观经济主体）后，中央一方面用政绩来考核地方官员（如产值、速度等），这就必然迫使地方政府不断地追求本地利益最大化；另一方面，中央政府从宏观大局出发作出的宏观经济政策不可能与所有地方的利益相吻合（有时要牺牲一些地方的利益），这两者是矛盾的。在这种利益格局下，地方就会采取一些变通的措施来"修改"中央的政策。第三，"上有政策、下有对策"是在我国新旧体制转轨时期中央与地方关系尚未理顺情况下的一种过渡性现象。笔者认为，这既是一个利益博弈的过程，也是一个制度创新的过程。如中央政府会在讨价还价的过程中，不断地发现问题所在，不断地进行政策的修正以及完善制度，从而寻找到利益均衡解。例如，分税制在某种意义上讲，就是中央政府与地方政府经过财政大包干（讨价还价的利益博弈过程）后的一种税制创新。

3. 个人的指令高于红头文件，红头文件又高于法律

在市场经济国家，法律是最高权威。但是，在我国转型时期，领导批示比红头文件有效，红头文件又比法律有效。这并不表明我们的领导想签字，而是因为我国不少法律、制度没有领导批示就难以实施。我国缺乏有效的制度实施机制。制度不能有效实施的原因可能有以下几种情况：一是这种制度设计不合理或者实施的成本太高。二是制度的实施会影响一些人的利益，因此，一些人会拼命阻挠这个制度的实施，如一些人为了使自己那支笔有含金量就会阻挠《招标投标法》的实施。三是，也是最重要的原因，我们一些政府官员总想凌驾于制度之上，中国人善于搞通融、搞关系，大家都希望制度对自己没有约束力，人们不是把精力用在增加财富的生产活动中去，而是去寻租了。可以讲，这是我国建立市场经济有效制度的最大障碍。

4. 地方保护主义和地区、行业封锁

地方保护主义真能保护地方利益吗？从近期来看，地方保护主义、分割市场，似乎保护了自己的那一块市场，维护了本地企业的利益；但是从长期来看，对谁也不利，每个地方都失去了对自己有利的全国统一大市场。地方保护主义、分割市场的行为最终都会危及地方的利益。大家都搞地方保护主义的结果是：第一，谁都难以达到规模经济。我国现在65%的企业达不到规模经济。我国汽车厂家的数量是发达国家汽车厂家数量之和，但是我国所有汽车厂家生产的汽车数量之和只相当于发达国家一个大的汽车厂家的产量。地方保护主义使我国汽车厂家陷入不能追求规模生产效益的处境。第二，不利于我国布局合理的产业结构形成。在我国这样一个经济大国，最大的优势是有一个统一的大市场，在此基础上各地根据自己的比较优势形成布局合理的产业结构。但是近些年的地方保护主义使我国各地都形成了“大而全、小而全”的自我循环的产业结构。据经济学家分析，美国在19世纪初，三大地带就形成了各自具有比较经济优势的产业布局。北部为南部和西部提供服装和工业制品；南部为北部提供棉花；西部为北部和南部提供粮食和农产品、皮革。这样三个地区的经济相互依赖，互为支撑，成为美国经济持续增长的重要原因。第三，地方保护主义扩大了地区差距，反而不利于本地发展。在国际经济中，发达国家之间往往进行交叉投资，这是因为彼此之间具有同质性（即发展水平相当）。同样的道理，国内各地之间的差距过大并不利于本地经济的发展。在发达国家，地方政府不仅不分割市场，而且还帮助别地经济的发展。第四，地方保护主义只会保护本地的落后，加大市场的交易费用等。据说外资企业抱怨最多的一个问题是中国的市场分割和地方保护主义。地方保护主义的一个严重后果是使我国统一市场体系形成的法律和法规失去了权威性。

5. 利用行政审批制度从事行业寻租、集体寻租甚至个人寻租的活动

据统计，现行的行政审批制度中，中央和中央各部门的各种审批规定就有2500余项，至于各地方政府及其部门的审批项目，数量也不在此之下。这些审批规定，固然有一些是维护市场秩序、规范经济行为和实现政府管理职能所必需的，但如此大量繁复的审批，加上审批过程中存在的内容随意、程序不清、时限不明、多头审批、重复审批等问题，不仅加重了政府负担，为官僚作风和寻租腐败提供了土壤，更重要的是，严重影响了经济运行效率，压抑了企业等经济主体的创造性与活力。一位学者绕地球转了一圈后，曾颇有感触地说，开办一个企业，在美国只要两三个小时，在中国香港地区需要两三天，在深圳要两三个星期，在内地许多地方起码要两三个月。这即使不是我们落后的全部原因，至少也是极重要的原因（《中国改革》，2000年第10期）。

当前我国一些地方政府部门集体寻租的现象有蔓延之势，这不仅要求我们加大反腐败的力度，而且要搞清楚政府部门集体寻租的根源。集体寻租从“轻”的方面讲就是一些部门凭手中的权力创收；从“重”的方面讲就是“集体腐败”“法人犯

罪”。集体寻租的特点主要表现为:(1)集体寻租的性质难以界定,它往往处在合法与非法之间,它一般用小团体利益模糊了其非法的一面。(2)集体寻租实际上是一些部门把其手中的行政权力商品化、市场化。市场经济中只有产权可以进入市场交换,行政权力是绝对不允许进入市场的。(3)当前我国集体寻租主要表现为各种乱收费、乱摊派,尤其是一些部门明或暗地把一些本应该低价或免费供应的“公共品”也提价了。(4)集体寻租的数量是不确定的,它往往与该部门权力的大小、当事人创收的“胆量”、当地反腐败的力度等因素都有关。集体寻租的后果主要表现为:第一,集体寻租必然导致一个既得利益集团,这种既得利益集团将阻碍我国市场化改革的进行。第二,集体寻租是一种寻求“非生产性利润”的行为,即寻租活动本身并不创造任何财富,它只是国民收入的一种再分配。寻租不利于社会生产活动的进行。第三,凭权力创收的集体寻租行为是我国收入分配不公形成的重要原因之一。第四,集体寻租为一些腐败分子提供了大量活动的空间。

6. 设租与寻租之间的互动

凡是有政府管制的领域或地方都有产生寻租现象的可能。但是现在的问题是,实际经济生活中的政府管制领域要远远大于政府明文规定的管制领域。按照市场经济改革的需要,我国政府管制的领域应该不断缩小,但是实际上政府管制的范围有泛化的趋势。有些部门或地方在本不应该管制的地方或领域也设立管制(规章制度),这就是一种设租现象。有设租就必然有寻租。一些地方或部门为了自身利益的最大化,把一些本可由市场调节的经济活动也纳入自己的管制范围,从而可以收取各种管理费用。设租的特点主要表现为:(1)设租的性质难以界定,它往往处在合法与不合法之间,它一般用小团体利益模糊了其非法的一面。(2)设租实际上是一些部门把其手中的行政权力商品化、市场化。(3)我国的渐进式改革和优惠政策的“短缺”造成了事实上的“设租”。谁要想获得改革和优惠政策的好处就不得不采取非正常的手段(包括寻租)去获取。(4)设租会诱发寻租活动,有设租这个“供给”,就必然有寻租的“需求”。一旦设租与寻租形成了一种互动关系,那么要打破这种设租与寻租的“均衡”是相当困难的。目前我国反腐败中的“人为干扰”(或相互保护)就说明了这一点。

三、通过制度创新和有效的制度实施机制反腐败

近些年我国腐败呈上升的趋势,同时中央反腐败的力度也越来越大,高级官员中腐败分子也被纷纷“挖”出来了。情妇与腐败成为一些媒体讨论的话题,好像女人是“祸水”。其实,情妇不是腐败的根源。在美国总统克林顿与莱温斯基的性丑闻中没有发现克林顿为莱温斯基谋取什么经济上的好处,为什么成克杰之类的腐

败分子能为其情妇在那么短的时间内谋取那么多的好处呢？从成克杰的个案中我们可以发现，有权力的政府官员要想获得经济上的好处是“轻而易举”的。所以，我们必须从“源头”上找到腐败的根源，只有这样我们才能在反腐败的过程中对症下药，标本兼治。

当前我国腐败的特征主要表现在两个方面：第一个特征是近些年来我国腐败现象的增加与我国新旧体制转型时期的矛盾、摩擦密切相关。腐败是一种世界性现象，并不是中国独有的。现有世界上越来越多的国家、国际组织和专家发现，腐败主要与体制、制度有关，因此反腐败也必须从体制、制度入手。从经济学上来分析，我国的腐败现象有三个大的阶段和两个层次变化的特点。这三个阶段为：第一个阶段是在 20 世纪 80 年代的中后期我国的价格双轨制（主要是商品、生产资料及外汇等）形成的腐败，当时有人测算，这些东西的双轨价格的差价（或租金）就占当时国民收入的 40%左右，所以当时的官倒、私倒很严重。第二个阶段是 20 世纪 90 年代初期我国房地产及金融领域的无序成了腐败的一个重要经济根源。第三个阶段是近些年我国企业改制及产权改革由于制度建设的滞后所形成的腐败。两个层次变化的特点是指在 20 世纪 80 年代我国的腐败主要是在商品市场上，而在 90 年代以后我国的腐败主要是在生产要素市场上。今天，我国的腐败主要体现在要素市场上，如房地产、土地、资金等方面。这些领域市场化的程度还比较低，权力渗透的空间就大。市场化程度低就是缺乏有效的制度规则。

当前我国腐败的第二个特征是“软政权”现象比较突出。从“软政权”向“硬政权”的转变有一个初始条件的问题。这个初始条件就是首先要从大政府向小政府转变。大政府不一定造成“软政权”，但是大政府是“软政权”产生的一个条件。在发展中国家，在底层保持过分庞大的公务员队伍与那些人极低的工资不无关系，这反过来使他们更容易受贿。减少他们的数量应当伴随工资的大幅度提高，同时积极努力地清除腐败。西方国家“硬政权”的确立过程伴随着有法律约束支持的较高阶层的道德强化，再加上较低阶层的工资改革来实现。工资改革常常把受贿转变成合法的收入。在缪尔达尔看来，发达国家政治和行政上相对的高度廉洁是在一个政权活动降低到最低限度的时期达到的。当政权再次大规模干预经济时，它已经具备了一个只需保护和维持其高质量的政治和行政体制（缪尔达尔，1970）。

当前我国反腐败的治本之策应该是从两个方面入手：一是加大市场化改革的力度，二是让制度尤其是产权制度在经济交易中起基础性的作用。这些年来，我国确立了社会主义市场经济体制改革目标，但是我们的市场运行规则并没有相应建立起来。我国不少经济资源配置应该由谁说了算的问题并没有解决，在这种情况下成克杰之类的官员就可以把手伸进来，把自己的“权力”变成“权利”，寻求经济交易中的好处。如这些年来我国在工程项目上有了《招标投标法》，但是不少官员还是在招投标的过程中通过种种手段来影响招投标的过程和结果。又如这些年来我国所采取的政府采购制度大大地减少了腐败的空间，但还是存在“有形的手”

(政府官员)干预“无形的手”(市场)的现象。如何让已有的法律、制度真正在经济活动中发挥作用是我国亟须探讨的一个问题。市场经济在某种意义上讲是权利的交换,但是这种权利绝不是行政权,而应该是产权。为什么我们有些项目不能真正通过市场公开招投标,而非要一些官员来“一锤定音”呢?这说明我国一些制度在实施的过程和程序方面还存在大量漏洞,官员还可以设租,一些人并不是通过实力来竞争,而是通过寻租的办法来获取好处。为什么我们不能确立一个制度,任何官员在经济项目的分配上不能签字呢?政府官员可以签署文件,但不能在具体的项目上签字。如果我们不从制度上完善,我们可以枪毙成克杰,但是不能枪毙成克杰们。

通过制度遏制腐败是一项基本途径。我国这些年来在建立与社会主义市场经济相适应的法律、制度及规范方面已经取得了较大的进步,现在的问题是,怎么样让这些法律、制度真正发挥作用。我国不是缺乏制度创新的能力,而是缺乏把制度有效实施的环境和机制。我国制度创新的关键是建立有效的实施机制。制度学派的代表人物诺斯把制度界定为三个方面:正式约束、非正式约束及实施机制。这些年来我国建立与市场经济相关的法规、规则等不少,但是不执行、制度形同虚设的现象比较严重。我国存在着有令不行、有禁不止的现象。这种现象也就是诺贝尔经济学奖获得者缪尔达尔所说的“软政权”现象。为此,我们在注重制度创新的同时更要注意实施机制的建立。建立有效的实施机制应该考虑以下几点:制度应该注意可行性、可操作性及运行的成本;制度应该尽量减少实施人的可改变余地;保障制度的权威性和严肃性;提高违约成本;个人或领导不能凌驾在制度之上(任何人不能凌驾在法律之上)。规则的权威性是一个国家市场经济制度建立的基本标志。人治与法治国家的基本差别就在于规则的权威性。如果有人能凭权力修改规则甚至不执行规则,这肯定是一种人治。市场机制确实有提高效率的功能,但是市场经济又有许多局限性(如市场失灵),如果我们不能通过有效的制度改善市场结果,那么市场带来的将是无序。千规则、万规则,让规则“硬”起来是首要的规则。在中国建立与市场经济相适应的制度(尤其是正式约束)并不难,难在制度实施的程度。中国人的权利观(等级的权利观,而不是西方人的权利相互制约观)、人情观(而不是契约观)往往使一些制度软化甚至形同虚设。中国人在实施制度(包括政策)时还喜欢讲灵活性、弹性、例外(实质上是特权)等。能否在制度面前人人平等是我们的制度能否有效实施的基本条件。在我国经济体制转型时期,建立起高效、廉洁、有权威的硬政权至关重要。

主要参考文献

1. 陆丁:《寻租理论》,载汤敏、茅于轼主编《现代经济学前沿专题》(第二集),商务印书馆,1993年。
2. 世界银行:《1996年世界发展报告:从计划到市场》,中国财政经济出版社,1996年。
3. 汪翔、钱南:《公共选择理论导论》,上海人民出版社,1993年。
4. 缪尔达尔:《世界贫困的挑战》,北京经济学院出版社,1991年。

5. 道格拉斯・C. 诺斯:《经济史中的结构与变迁》,上海三联书店,1991 年。
6. 卢现祥:《寻租经济学导论》,中国财政经济出版社,2000 年。
7. V. 奥斯特罗姆等:《制度分析与发展的反思——问题与抉择》,商务印书馆,1996 年。

原载《经济与管理论丛》,2002 年第 1 期;人大复印资料《体制改革》2002 年第 6 期转载

我国转型时期腐败问题的制度经济学思考

腐败是一种世界性现象,并不是中国独有的。现在世界上越来越多的国家、国际组织和专家发现,腐败主要是与体制、制度有关,因此反腐败也必须从体制、制度入手。

一、我国三次大的经济转型与腐败

近些年来我国腐败现象的增加与新旧体制转型时期的矛盾、摩擦密切相关。改革开放以来,我国的腐败现象有三个大的阶段和两个层次变化的特点。

第一个阶段是在20世纪80年代中后期,我国价格双轨制(主要是商品、生产资料及外汇等的价格)时期形成的腐败。当时有人测算,这些东西的双轨价格的差价(或租金)占当时国民收入的40%左右,所以当时的官倒、私倒很严重。据胡和立估算,我国1987年的商品、资金及外汇的平价与市价的差价高达2000亿元以上,约占整个国民收入的20%。其中,1987年全部控制商品的价差估计在1300亿元以上,利差约为200亿元,汇差约为500亿元,全社会差价总计在2000亿元以上。

从1987年到1988年三大租金来源的变化可以看出,控制商品的价差总额变化不大,而利差总额和汇差总额呈上升态势,90年代以后,我国市场改革的步伐加快,但是由于制度改革的滞后以及渐进式改革的特殊性,我国租金规模并未呈大幅度下降,只是出现了一些微弱的变化。据万安培(1995)估算,1992年我国租金总额为6343.7亿元,占当年国民收入的32.3%。与1988年比较,1992年租金绝对额增加了2343.7亿元,占国民收入之比低了约7个多百分点。尽管这些估算不一定完全准确,但是这有利于我们认识到我国租金规模变化的特点和趋势。

可以粗略地判断,我国自实施双轨制改革后,租金规模占国民收入的比例大致为30%—40%。与其他国家相比,这个比例也是比较高的。为什么在我国转型时期，租金规模比较大呢？这有几个方面的原因：(1) 租金规模较大是转型期国家的一种普遍现象。当今的转型国家主要是指由计划经济或统制经济向市场经济转变的国家。从体制这个角度看，高度集中的计划经济或统制经济的寻租规模是比较小的，成熟市场经济的有效经济体制、政治体制及约束机制、监督机制都有利于遏制设租—寻租现象和租金规模的扩大，但在一个国家从一种体制转向另一种体制的初期，一般来讲，其寻租现象可能呈上升态势。从传统的计划经济转向市场经济的过程中，寻租这种现象尤其突出。(2) 渐进式改革是我国转型时期租金规模较大的一个重要原因。由于多方面的原因，我国选择了渐进式改革的路径。有人认为，印度在从统制经济转向市场经济的过程中，由于过于缓慢，从而给寻租活动留下了广泛的空间。印度就是一种渐进式改革。那么我国的租金规模与渐进式改革是一种什么关系呢？渐进式改革的方式一般是体制外改革与体制内改革并举，先试点后推广，先简单后容易，先局部后整体，先经济后政治等。这些改革方式或特点也为设租—寻租活动提供了空间。渐进式改革往往是政府主导型的改革。但是，政府主导型的改革也存在诸多不足，如当政府在一些领域既是改革的推动者也是改革的对象时，政府官员出于自身利益和既得利益的考虑可以绕开改革或延缓改革；尤其是政府是不少改革的发动者和设计者，当一些改革方案(尤其是那些包含有优惠政策的)并不能在全社会推广时，谁是这个方案的获得者和实施者就有可能变成一个设租—寻租的过程。

第二个阶段是 20 世纪 90 年代初期，我国房地产及金融领域一度出现无序，成了腐败的一个重要经济根源。在我国房地产发展的初期，由于土地市场的不健全及土地产权制度方面的原因，大量的土地采用了批租的形式，政府官员掌握了土地的批租权力，一些人通过走后门、找关系的方式批租土地。在房地产交易热的背后是大量的权钱交易和一些官员的腐败。同样的，我国金融领域由于货币市场和资本市场的不完善以及金融领域产权的混乱，也产生了大量的权钱交易。从租金规模来看，这些年来我国金融领域的租金规模可能是最大的。据测估，1992 年我国贷款利差就达到 1983 亿元(万安培，1995)。而据胡和立的测估，1992 年我国投入的贷款总额为 22000 亿元，而由于利率太低，资金需求强烈，私下回扣至少可达 10%，仅此一项就有 2200 亿元。另据《中国金融》1993 年第 10 期公布，1993 年年初银行各项贷款余额为 22608.12 亿元，按银行利率计算一年可收息 2563.8 亿元，按市场利率计算一年大约可收息 4883.3—6511.1 亿元，其差额为 2319.5—3947.3 亿元。还有人估算，1988—1995 年我国的贷款利差收入为 14728 亿元，平均每年 1841 亿元。此外，1992 年我国汇差总额为 1157.1 亿元(万安培，1995)，是仅次于我国贷款利差的第二大租金来源。1992 年我国企业股份制改造中存在的租金达到了 400 亿元。如果把上述金融领域里的租金加起来，那么就占了 1992 年我国租金价值总额(6343.7 亿元)的一半多。可以讲，金融领域是我国租金规模最大、寻租现象最严重的领域。

第三个阶段是近些年我国企业改制及产权改革由于制度建设的滞后所形成的腐败。近些年来,我国不少高官的腐败都与“原始股”及企业改制有关。

我国腐败有两个层次变化的特点,在20世纪80年代我国的腐败主要是在商品市场上,而在90年代以后我国的腐败主要是在生产要素市场上。今天,我国的腐败主要体现在要素市场上,如房地产、土地、资金等方面,这些领域市场化的程度还比较低,权力渗透的空间较大(市场化程度高,权力渗透的空间就小)。市场化程度低就是缺乏有效的制度规则。据初步测算,到1999年我国产品市场化程度达到71.16%,要素市场化程度达到41.58%,企业市场化程度达到51%,政府对市场的适应程度达到40%,市场对外开放程度达到23.3%。

二、制度与腐败

我们可以从两个制度层面来分析我国的腐败问题。

1. 产权与行政权

近些年来,我国腐败现象的增加与我国新旧体制转型时期的矛盾、摩擦密切相关。中国采取渐进式改革的最大风险就是过长的改革时间容易形成既得利益集团从而形成寻租社会。如果一个社会的产权规则不能成为社会的基本规则,而行政权能够决定资源的配置,那么该社会就很容易变成寻租社会。所谓寻租社会,就是大家不是把精力用在生产财富、面对市场的活动之中,而是把很多精力用在非生产性活动、面对政府官员的活动之中。公共选择学派的代表人物布坎南认为,寻租活动直接同政府在经济中的活动范围有关,同公营部分的相对规模有关。政府的特许、配额、许可证、批准、同意、特许权分配等,这些密切相关的每一个词都意味着政府造成的任意或人为的稀缺。在这些稀缺的背后就是大量的设租—寻租行为。一些政府官员工资并不高,管的事很多,也很累,但是为什么他们不愿意放弃手中的权力呢?据《中国经济时报》2000年7月27日报道,国家经贸委副主任张志刚接受记者采访时透露,目前制约企业发展的各种限制、干预还很多,最近国务院要求国家经贸委与有关部门一起清理政府部门对企业行政性审批权限,从初步统计的结果看,正在执行的行政性审批达1000多项。在这么多审批中我们以什么来保证官员的廉洁呢?

在人类社会发展历史上,有两种权力一直在交替,相互“争权夺利”,那就是产权与行政权。产权一般源于社会财富的生产与分配过程,它产生于经济市场;而行政权本是由于政府职能的存在而产生的一种权力,它产生于政治市场。当一个社会的资源配置是由产权决定的时候,就会形成一种寻利的社会;当一个社会的资源配置是由行政权决定的时候,就会形成一种寻租的社会。但还有一种情况,即即使一个在产权规则决定资源配置的社会里,如果政府在经济中的活动范围过大,行政权往往大于产权,那么这种社会也容易成为寻租的社会。当一个社会产权失灵的时候,人们就会去追求租金的最大化而不是利润的最大化。产权失灵所留下来的权力真空就会被行政权填补。为什么我们的政府转变职能这么难?当社会还有大量租金存在的时候,权力就会进来分割租金(设租与寻租)。

政府官员腐败与产权制度是一种什么关系,是一个值得关注的新课题。在我国转型时期,一些政府官员的腐败或多或少与我国的产权制度有关。

在西方寻租理论看来,政府应该慎重地介入产权问题。本森(1984)把寻租看作个人或团体对既有产权的一种重新分配方式。政府的作用在于定义或维护产权。人们可以通过正常的市场来处理产权,也可以通过政府来重新定义或分配产权。这种作用可以增进社会福利,例如明确界定财产归属,保护市场秩序;也可以损害社会福利,例如产生人为垄断,限制竞争。他主张政府在处理产权时采取保守慎重的态度。因为用行政手段改变产权,会诱使有关的个人和利益团体争相影响政府决策,从而造成社会资源的浪费;而且,某个利益团体追求一种产权的改变,会引发其他团体的形成和抗衡。由于社会对产权改变的要求越来越多,政府机构也相应地越来越膨胀,造成更多浪费。所以,只有当产权的改变仅仅涉及产权当事人的时候,产权的界定才较有效率,政府作为第三者的介入往往会耗费不必要的资源。

不同的产权安排对社会经济结构的影响是不一样的,同时,不同的产权安排也会对政府官员的行为产生重要的影响。诺斯曾经指出,私有产权能对政府行为形成一种制约,而过大的公共领域必然增加国家对经济的干预。有效的制度可以降低交易成本,但是,非私有产权制度下的租耗却是在侵蚀制度、违背规则的条件下产生的一种不必要的损耗。不同产权安排的运作成本是不一样的。公共产权节约了类似于私人产权的界定和执行成本,但是产生了更高的类似于"租耗"的其他形式的交易成本;私有产权较少地带来租耗,但相应的界定和执行成本也是比较高的。张五常(1996)认为,广义而言,人类社会已知的产权结构只有三种形式:第一种是私有产权;第二种发生在苏联,权力是通过等级制度来定义的;第三种可称为"印度综合征",其中,腐败权力已通过管制和许可制度制度化了。

为什么私有产权较少地带来租耗?私有产权可以排他性地使用、收益和转让。由于存在信息成本,任何一项权利都不是完全界定的。没有界定的权利于是把一部分有价值的资源留在了"公共领域"里。公共领域里全部资源的价值也叫做"租"。产权界定的演进过程有理论上的均衡状态(没有人愿意偏离这个状态):对每一个潜在的寻租者而言,寻租的边际成本等于该寻租者在其已经享有的权利下能够得到的租的边际增量(汪丁丁,1997)。德姆塞茨认为,当一种公共资源的经济价值上升时,公众倾向于把这种资源的产权界定得更加清楚。而张五常和巴泽尔分别指出,决定产权界定的不是资源的总价值(租),而是资源对特定个人(潜在寻租者)的价值减去攫取资源所需的成本(寻租成本),即资源的净价值(净租)。按照西方产权理论分析,租金一般都存在于公共领域,公共领域的产权私有化过程也是一个交易成本产生的过程。当某一公共领域的产权形成以后,寻租就失去了意义,因为公共产权私有化的过程也是一个租金内在化的过程。私有产权的产生和运作尽管带来了交易成本,但是它减少了公共领域由于缺乏产权约束而带来的租耗。我们可以把公共领域的产权界定过程看作一个寻租过程。从长远和动态的过程来看,公共领域的私有产权形成后,其交易和运作就主要是一个交易成本的问题了。但在非私有产权制度下,公共领域的租金分配过程主要是一个设租与寻租的博弈过程。这种租耗(或者称为制度运作费用)可能会远远高于私有产权制度下的交易成本。

在我国经济转型时期,国有资产由于产权界定不明晰,必然会成为有权力的官员追逐的对象。从这些年我国腐败现象的大量案例来看,腐败现象主要产生在两个领域:一是公共领域,如公共工程;二是公有产权领域,如国有企业中的"59岁"现象、"39岁"现象、在职消费、用公有资产谋取私利等。产权制度不健全是我国腐败的一个重要经济原因,具体表现为:一是国有企业产权改革的进展缓慢导致产权约束的失灵从而寻租。据《瞭望》2000年第33期报道,国有企业存在的腐败现象一直是人们关注的话题。据统计,1998年1月至1999年9月,全国纪检监察机关共查办国有企业违法违纪案件48295起,占立案总数的17%。无论是在数量上,还是在严重程度上,都呈上升势头。二是对非公有制产权的限制也会导致一部分官员的设租和寻租行为。当年印度就是因为政府官员权力大、管得多、管得细,许多私营企业发展缓慢甚至夭折。我国非公有制企业发展的制度环境也应该引起有关部门的高度重视。

产权与市场结合的时候就会形成寻利的社会,产权与政府及官员结合的时候就会形成寻租的社会。这些年来我们在改革计划经济的那一套做法上取得了不少的进展,但是政府官员控制、左右市场的能力还很强(与我们设想的建立宏观间接调控体系是不同的概念)。

2.软政权现象

缪尔达尔在研究南亚经济问题时,提出了软政权这个概念。在缪尔达尔看来,腐败从根本上讲不过是软政权的一个具体表现而已。从近些年来我国社会经济生活中的一些腐败案例来看,其中出现的"软政权"现象是值得我们注意的。软政权问题我们在前文中已作出了分析。

三、反腐败是瞄准政府官员还是瞄准制度体制

国内外关于腐败问题研究的文献表明,腐败更多地与体制、制度及政府行为有关。为了更有效地反腐败,我们必须首先搞清最容易导致腐败产生的经济领域和经济体制是什么,并探讨什么样的制度体制在控制腐败上更为有效。以制度遏制腐败是当今世界各国反腐败的一条成功经验。这里提出了一个理论与现实问题:我们当前的反腐败到底是瞄准政府官员还是瞄准制度体制?从理论上讲,以制度遏制腐败是反腐败的治本之策,但是,要建立有效遏制腐败的制度体制需要时间,于是,人们自觉或不自觉地把反腐败的重点放到了那些有腐败行为的官员身上。我们把这种现象称为发展中国家或转型国家反腐败的一种困境。

反腐败把重点瞄准官员有几个问题:一是腐败往往与制度、体制有关。把反腐败的重点放在瞄准官员上效果并不好。二是在信息不对称的条件下,识别腐败的成本呈上升态势。三是腐败与反腐败是一个不断博弈的过程,在这个博弈过程中,官员腐败的手段越来越多,方式也越来越隐蔽。因此,以制度遏制腐败是当前各国反腐败的一个基本选择。

我国越来越多的人开始认识到以制度遏制腐败的重要性,但是以制度遏制腐败必须建立有效的实施机制。建立有效实施机制应该考虑以下几点:制度应该注意可行性、可操作性及运行的成本;制度应该尽量减少实施人的可改变余地;保障制度的权威性和严肃性;提高违约成本;个人或领导不能凌驾在制度之上(任何人不能凌驾在法律之上)。规则的权威性是一个国家市场经济制度建立的基本标志。人治与法治国家的基本差别就在于规则的权威性。如果有人能凭权力修改规则甚至不执行规则,这肯定是一种人治。市场机制确实有提高效率的功能,但是市场经济又有许多局限性(如市场失灵),如果我们不能通过有效的制度改善市场结果,那么市场带来的将可能是无序。千规则,万规则,让规则“硬”起来是首要的规则。在中国建立与市场经济相适应的制度(尤其是正式约束)并不难,难在制度的有效实施。中国人的权利观(等级的权力观,而不是西方人的权力相互制约观)、人情观(而不是契约观)往往使一些制度软化甚至形同虚设,中国人在实施制度(包括政策)时还喜欢讲灵活性、弹性、例外(实质上是特权)等。能否在制度面前人人平等,是我们的制度能否有效实施的基本条件。

主要参考文献

1. 胡和立:《廉政三策》,《经济社会体制比较》,1989 年第 2 期。
2. 常修泽、高明华:《中国国民经济市场化的推进程度及发展思路》,《经济研究》,1998 年第 11 期。

3. 詹姆士·布坎南:《寻求租金和寻求利润》,《经济社会体制比较》,1998年第6期。
4. 万安培:《租金规模的动态考察》,《经济研究》,1995年第2期。
5. 缪尔达尔:《亚洲的戏剧》,北京经济学院出版社,1992年。
6.《经济社会体制比较》编辑部:《腐败:权力与金钱的交换》,中国经济出版社,1993年。
7. V. 奥斯特罗姆、D. 菲尼、H. 皮希特:《制度分析与发展的反思——问题与抉择》,商务印书馆,1996年。
8. 卢现祥:《西方新制度经济学》,中国发展出版社,1996年。
9. 卢现祥:《寻租经济学导论》,中国财政经济出版社,2000年。
10. 金伯利·A. 艾略特:《腐败与全球经济》,北京出版社,2000年。
11. 罗杰·弗朗茨:《效率:理论、论据和应用》,上海译文出版社,1993年。
12. 张五常:《关于新制度经济学》,载张志雄主编,《中国经济学的寻根和发展》,学林出版社,1996年。
13. Y. 巴泽尔:《产权的经济分析》,上海三联书店,1997年。
14. 道格拉斯·C. 诺斯:《经济史中的结构与变迁》,上海三联书店,1991年。

原载《湖北行政学院学报》,2002年创刊号;人大复印资料《社会主义经济理论与实践》2002年第7期转载

寻租阻碍中国自主创新
——基于制度视角的分析

从“李约瑟之谜”到“科斯之问”都表明一个事实,我国自主创新存在着困难,我国创新的潜力远没有发挥出来。或者说,我国实际的创新远远低于潜在的创新。作为一个人口大国,我国对世界的科技和创新发展的贡献是不对称的。这是一个需要中国学者去研究的大课题。学者们对中国创新不足的原因分析是多方面的。本文主要分析寻租及寻租行为对中国创新的影响,重点探讨寻租影响创新的传导机制,并分析产生这种现象的制度性和组织性根源。

一、寻租影响中国创新的文献述评

历史上以一个国家产生的重大科学成就超过全世界科学成就的25%以上作为世界科学活动中心的标准,近代世界科学中心先后经历了意大利(1540—1610年)、英国(1660—1730年)、法国(1770—1830年)、德国(1830—1920年)和美国(1920年至今)这五个中心的转移。这是日本学者汤浅光朝研究得出的结论。为什么近代科学只在西方兴起,而没有在中国、印度兴起?在科学革命前长达14个世纪的时期内,为什么中国文化能够比欧洲文化更有效地了解自然并能运用自然的知识造福人类?这两个问题就是著名的李约瑟之谜。对于李约瑟之谜有多种解释,李约瑟的解释是“封建官僚制度”。

在解释李约瑟之谜的各种观点中,有一个因素被忽视了,那就是寻租。寻租对中国自主创新的影响在国外学者的分析中多有零星的分析。从历史上看,寻租这种现象一直在我国存在。

1. 图洛克命题与科举制

在图洛克看来,中国与印度是人类文明古国,为什么长期富强不起来?就是因为这两个国家的制度把社会的精英都引导到寻租上来了。我们把这称为图洛克命题。图洛克是最初几个在经济体制框架内分析极权主义社会的寻租活动的研究者之一。极权体制就是一种寻租体制。把人们引导到寻租上的条件就是寻租比从事寻利(创新)或生产性活动更有利,换言之,在这种条件下创新或生产性活动是不利的。

作为寻租理论之父,图洛克通过对旧中国的长期观察后得出结论说:"在中国,那些想要在社会上出人头地的人,几乎所有的才能和精力都花在了获得或者维持权力的惠顾上。生活虽是不确定的,但是对赢者而言获利颇丰。物质上进步缓慢也是这个体制(寻租体制)的特征。"[①]官本位的历史是中国最沉重的包袱,官本位与寻租的关系以及这两者的结合对创新的影响确实有许多问题值得我们去研究。官本位与寻租是一对孪生兄弟,没有官本位,寻租不可能作为一种广泛的现象存在,若不存在寻租,官本位也就没有价值。

寻租不利于创新主要体现在人力资本的使用和浪费上。图洛克(1980)和鲍莫尔(1990)都把科举制界定为一种寻租制度。其特点为,一是科举制作为一种选拔人才的制度,其导向是为"上层建筑"选择人才,而不是为"经济基础"选择人才,它使中国潜在的企业家变成政治企业家,最终演化为追求非生产性的既得经济利益的活动。二是科举制作为选拔人才的制度其形式是公正的,但其考试内容导向是非生产性的(四书五经),而不是生产性的(数理化)。三是如图洛克所说,科举制使"几乎所有的才能和精力都花在了获得或者维持权力的惠顾上",它把社会的精英引导到从政上来,从而大大地降低了人们生产性的努力,并且使社会把过多的资源用于非生产性知识的投入和积累。

2. 工业革命、寻租与人才配置

历史上中国错过了工业革命,今天我们又到了这个转折点。"与英国18世纪、美国19世纪的工业革命相比,中国工业革命在技术创新上稍逊一筹。中国自主创新的困难在哪里?"这是科斯提出的问题,我称之为"科斯的中国之问"。如果我们在技术创新上达不到当年英国、美国的水平,我们又会错过工业革命。为什么英国最早发生了工业革命?这与英国的制度变迁有关,在工业革命之前,英国的寻租及腐败也非常严重。对权力的制约及相关的制度变迁使英国国家在工业革命之前遏制了寻租。就像诺斯所讲的那样,到18世纪西方国家建立了有效率的经济组织,建立了使私人收益等于社会收益并激励人们从事生产性努力的制度,这时寻租已经不划算了。寻租在西方国家被遏制正是制度创新、工业革命、市场经济等共同发展的原因。如兰德斯(1969)认为,人才的不同配置是18世纪的工业革命为什么发生在英格兰,而不是法国的原因之一。[②]图洛克(1984)还从寻租角度重新解读了工业革命,他认为,工业革命只是克伦威尔革命的副产品:革命胜利之后,国会执掌权

① 戈登·图洛克:《特权与寻租经济学》,上海人民出版社,2008年,第91页。

② 安德烈·施莱弗、罗伯特·维什尼:《掠夺之手——政府病及其治疗》,中信出版社,2004年,第51页。

力，国会中人员众多，寻租需要打通更多的关节，也要耗费更多的成本，因而寻租行为逐渐被放弃，大量有才干的人为了赚钱开始进行发明创造，工业革命就爆发了。没有制度变革也不会有工业革命。制度的创新可以大大地提高寻租成本，使寻租成为一种不划算的事情。

布鲁克斯、黑吉德拉在1988年设计了寻租竞争与科技竞争的动态比较模型，他们发现，中国古代制度背景下出现的是寻租竞争而不是科技竞争。这与图洛克和鲍莫尔等人的分析是一致的。

3. 中国是缺制度还是缺企业家

在中国的历史与现实中，我们的创新到底是缺乏制度还是缺乏企业家？其实潜在的企业家在任何国家任何时候都存在，问题是这个国家有没有好的制度，如有利于创新的包容性制度使这些潜在的企业家变成创新的企业家。爱尔兰经济学家理查德·坎蒂隆在1755年的研究中指出，在18世纪的中国城市里有着数量众多的企业家，但严重缺乏开展自主创新所需要的经济制度和经济文化。[①]

这种经济制度和经济文化是什么？这主要体现在两个方面：

一是由于中国长期没有建立有效的产权制度尤其是知识产权制度，创新者的收益得不到保障，谁也不愿意去创新，所以山寨文化和模仿（实质上是变相的私人寻租行为）就是理性选择了。由于体制的原因，到现在我国企业只注重引进消化吸收再创新方面，而原始创新和自主创新不足。有利于山寨的制度环境不可能有原始创新。

二是中国在不同时期，政府也曾经想加大资金投入解决中国创新不足的问题，但是在集权体制下我们习惯于自上而下地配置资源（包括科技资源），由于自上而下的路径是低效的，所以政府加大投入也没有解决创新不足的问题。我们不是缺乏企业家资源，而是缺乏把企业家资源转化为创新的制度体系。这种自上而下的创新方式不仅不利于创新，而且会把企业家引导到寻租上来。

4. 为什么我国总是自上而下

从制度层面看，历史上，王安石变法就是“在上面控制资源配置而不在下面确立产权”。中国历史上的创新组织方式一直强调自上而下，而忽视自下而上及市场、民间在创新中的作用。在中国历史上，并不是缺乏发明，而是由于制度和组织方式方面的原因，我们的发明没有转化成创新。在中世纪，中国整个经济中大量的发明居然明摆着没有成为经济增长和工业扩张的基础。即便在国家繁荣的时期，商业确实很繁华，但是，非农业产品的生产方面似乎没有发生剧变，它们没有从工匠的商铺进入到工厂。和罗马一样，尽管其技术性工艺的数量惊人，然而，这似乎从未在工业部门的意愿上形成任何相当的创新，以便运用这些知识。在中国，游戏

① 埃德蒙·费尔普斯：《大繁荣》，中信出版社，2013年，第17页。

规则同样不太有利于生产性企业家精神。[①]

为什么中国没有产生工业革命？为什么我们没有从工匠的商铺进入到工厂？从租金理论的角度来说，工业制成品的附加值高于原材料的原因在于制造业有较高的进入壁垒，例如较高的固定成本和熟练的技术工人等。如何通过制度为这个转变创造条件非常重要。重商主义就是在这种背景下产生的。其目的就是使制成品生产和出口的国家能够获得垄断利润。这表现在如下几个方面。第一，建立专利制度。专利制度的目的是为了鼓励新知识的创造并给予保护，该制度在一定时期内直接断绝了竞争者进入某一经济活动的通道，如特许经营权等。第二，对殖民地的争夺和控制。宗主国利用从殖民地进口的原材料加工并出口制成品是有利于财富增长的，所以，宗主国阻止殖民地及其他落后地区发展本土的制造业。第三，对技术工人的培养和争夺。最为常见的办法是限制国内技术工人的出国，同时招纳他国技术工人，如英国、俄国等。第四，建立贸易保护制度。该制度对于制造业的意义，最为典型的是李斯特等所极力主张的关税保护制度，这是出于保护幼稚工业的考虑。

在欧洲国家开始为企业和个人创造产业发展的制度环境时，中国还是习惯于自上而下配置资源。中国的官本位与寻租的相互强化是中国历史上难以实施好制度的重要原因，也是为什么我国的资源配置（包括技术创新）总是自上而下的原因。这表现为，一是商人在中国的地位向来不确定，且宋朝伟大的发明并非市场诱因的结果，而是通过政府赞助、甚至命令而产生。这些发明很少被商业化。宋朝之后的明朝和清朝，政府的掌控更进一步加强。所有这一切的基础仍然是不变的榨取式制度逻辑。和大多数控制榨取式制度的统治者一样，中国的专制君主反对改变、要求稳定，且基本上畏惧创造性破坏。[②] 二是创新的支配权的归属问题。创新的支配权是在政府还是在民间将会决定一国的创新潜力发挥的程度。创新者要成功就需要机会和决策权。在欧洲的封建社会，这种支配权是在政府的，但后来就下放到民间了，也就是由自上而下转变为自下而上。但是，在中国，技术进步经常是由政府发起的，并且得到政府的许可，这在唐宋时期的官僚体制中表现得尤为突出。如果当局放弃直接支配权，那么寻租就不复存在了。

巴拉兹："要想更进一步发展资本主义，中国主要缺的不是机械技术或科学态度，也不是充分的财富积累，而是广泛的私人企业家。这里没有个人自由和对私人企业的保护，没有保障除了国家权力之外的权利的法律基础，没有除了地产之外的其他投资方式，无法保证人们免受官员肆意征敛之患，以及免受国家的干预。但是，也许最大的抑制因素是国家官僚所具有的无与伦比的声望，它从一开始就摧残

---

① 威廉·鲍莫尔：《企业家精神》，武汉大学出版社，2010 年，第 50 页。

② 德隆·阿西莫格鲁、詹姆斯·A. 罗宾逊：《国家为什么会失败》，湖南科学技术出版社，2015 年，第 278 页。

了资产阶级使自己与众不同、意识到自身作为一个阶级存在,并且为争取在社会中具有自决地位而斗争的任何努力。因此,那些准备并且勇于承担风险的自由企业,在中国的经济史上从来就是十足的例外和另类。困扰中世纪中国工业增长的障碍之一是以下事实:人们在工业上找不到受尊重的财富,因此不得不沿着欠生产性的路径去追求财富。"[①]就像帕累托讲的,人类有两种劳动方式,一种是生产与交换,另一种是掠夺与冲突。中国在历史上就没有走出掠夺与冲突的阴影。

中国一直延续了自上而下的资源配置方式。在历史上我们是自上而下配置资源,新中国成立后,计划经济体制更强化了这种配置资源的方式。在产权分析和寻租理论的标题之下,经济计划者对经济的无知、短缺经济现象、软预算约束和经济职位的任命制被放在一起来解释苏联社会主义制度下的分配模式,在这个制度下,分配稀缺资源不是无知的模型所预测的那样是随机,而是根据统治精英的寻租活动。安德森和波特克提出把苏维埃制度解释成一个寻租社会。科斯的这些分析对于中国传统计划经济体制时期在一定程度上也是适用的。

更重要的是,这种自上而下的投入不仅低效,而且是有利于寻租的。俄罗斯在科学研究上的投入比美国多,但因为他们是中央计划体制,所以取得的进展很小。在那里,实验室中所有最聪明的人都在钻中央计划体制的空子,而只有第二层的人在从事实际研究。[②] 社会把过多的资源用在非生产性上,就会降低一国的创新能力。

二、寻租阻碍创新的传导机制

在大多数国家和在大多数时期,有才能的人总会选择寻租活动,而选择企业家活动则是相当罕见的例外情形。作为一种职业选择,寻租似乎拥有某些与生俱来的优势。[③] 为什么寻租会有优势?把这个问题解释清楚是我们理解寻租阻碍创新的关键所在。反过来讲,只有那些寻租不利的国家,自主创新才有可能。研究寻租不利于创新的传导机制,我们必须先研究两个问题:一是在同样的社会条件下,为什么寻租比创新更有利;二是寻租不利于创新的多重效应。

---

① 威廉·鲍莫尔:《企业家精神》,武汉大学出版社,2010 年,第 51 页。

② 戈登·图洛克:《特权与寻租经济学》,上海人民出版社,2008 年,第 55 页。

③ 安德烈·施莱弗、罗伯特·维什尼:《掠夺之手》,中信出版社,2004 年,第 63 页。

(一) 为什么寻租比创新更有利

一是奥尔森现象,在奥尔森看来,任何组织在原则上都可通过两条途径为其成员谋取福利,一是通过生产与交换使全社会的财富增加,从而使其成员按原有份额分配到更多的产品;二是在既有的总产量内为其成员争取更大的份额。一般经验表明,很少有组织选取前一条途径。[①] 前者叫做蛋糕,后者叫分蛋糕。若没有制度约束,大多数组织都会选择分蛋糕,我把这叫奥尔森现象。如果一个社会分蛋糕比做蛋糕有利且持续较普遍存在的话,那么这个社会就是一个寻租社会。欧洲国家在工业革命之前,也是寻租是有利的,只是后来的制度变革遏制了寻租。为什么寻租的回报比较高、甚至比寻利还要高? 也就是为什么非生产性报酬高于生产报酬? 一个社会不可能都是寻租,也有寻利和创新的。寻租,被定义为"任何占用资源的再分配活动",寻租降低了经济增长,因为寻租活动显示了提高回报的程度。其内在作用机制体现在两个方面,一是建立这样一套寻租体系可能需要固定成本,比如一套法律制度。这个世界上没有任何国家会说建立一套有利于寻租的制度体系,但是寻租已经渗透到这些国家的制度体系中却是客观现实。寻租体系形成后并产生路径依赖。二是寻租者"人多力量大"。如果只有很少的人行窃或抢劫,他们就会被抓获;但如果许多人这样做,每个人被抓获的可能性就小得多。[②] 一个值得注意的现象是,从事寻租的往往是社会的精英。从这个层面我们可以解释为什么寻租是高回报的。寻租收入高于寻利收入就会把精英引导到寻租上来。一个社会再分配大,寻租的可能性就大大地增加。寻租还存在一定的风险,更高的收益才能补偿人们去冒险。寻租的高收益示范效应会吸引更多的人来寻租。

二是图洛克悖论,与寻租带来的巨大收益相比,寻租者付出的成本要低得多。应该讲,这是寻租为什么存在、寻租不利于创新的重要根源。一般来讲,收益与成本是对应的,在竞争的条件下,一般利润率趋于平均化,而寻租的收益却远远大于成本。图洛克对图洛克悖论从六个方面进行了解释,其中重要的有三点:①寻租的成本可以转移,因此寻租的成本实际上是由选民或纳税人直接承担的。中央集权的政府更容易转移这个成本,因为利益受损者无法用脚投票。[③] ②寻租实质为那些特殊利益集团创造了公共产品,因此,这些特殊利益集团的成员就有可能搭便车,从而不用承担成本。③寻租是一种不道德的行为,结果许多人根本不愿意参与

---

① 奥尔森:《国家兴衰探源》,商务印书馆,1999 年,第 51 页。

② 安德烈·施莱弗、罗伯特·维什尼:《掠夺之手》,中信出版社,2004 年。

③ 迈克尔·S. 格雷弗:《真正的联邦主义》,陕西人民出版社,2011 年,第 9 页。

这一活动。[1]为什么寻租者付出的成本低？其深层次原因还在于制度上。因此，寻租者直接承担的成本低，但社会为此付出的成本却非常高。

三是为什么创新者更容易受到寻租行为的影响而处于不利地位？任何经济主体之间是相互影响的。寻租对于所有部门都会产生影响，但是对创新者的影响最大。这有以下几个主要原因："首先，创新者没有已建立的游说团体。其次，创新者通常信用受限而不能轻易获得现金以付索贿。再次，创新项目一般是长期的，这给了寻租者未来掠夺的充分机会。最后，创新项目一般是冒险的，这使他们特别容易受到寻租。"[2]从这些分析可以看出，寻租会从多方面阻碍创新。

四是私人寻租和公共寻租都不利于创新，而公共寻租的存在更不利于创新。[3]私人寻租采取偷窃、盗版、诉讼和其他种类的私人转移的形式，最近的一项研究估计中国99%的娱乐软件和93%的企业应用软件是盗版的。这可以解释为什么我国企业宁愿复制、山寨也不愿意研发创新。在极端的私人寻租有利的情况下创新就很难产生了。私有产权保护不严的国家就容易产生私人寻租。而公共寻租则包括从私人部门向国家的再分配，比如税收，以及从私人部门到政府官僚的再分配。因为这些政府官僚影响着私人部门的命运，后一种类型的公共寻租包括游说、腐败等形式。私人寻租和公共寻租对创新的影响是不一样的。私人寻租会对经济中的生产部门而不是创新部门造成冲击。相反，公共部门的寻租会更多地冲击创新者，而不是已有的生产者，因为创新者需要许多政府提供的服务，比如审批、许可证、进口配额等。客观地讲，这两种寻租现象在我国都存在。公共寻租（政府职员和官员的寻租行为）对创新领域来说尤为沉重的，而且是寻租降低增长的第二条途径："为创办一个新公司，创业者必须获得业务、建筑、水和动力许可、税收凭证，以及通常多达数十种的其他凭证。创业者对这些政府提供的物品的需求是强烈且非弹性的，因此他们就成为腐败的主要目标"。值得强调的是，私人寻租和公共寻租是相互强化的，尤其在公共寻租存在的情况下，私人寻租会更加严重。不能限制公共寻租就很难限制私人寻租。

综上所述，寻租对创新的影响主要表现为在资源（包括人力资源）已定的情况下，寻租会把资源，尤其是人力资源引导到寻租上来，从而减少了一个社会在创新、创业上的投入；寻租的回报高于寻利的回报扭曲了社会的激励机制，更不利于创新者；寻租的首当其冲的受损者是创新者，更不利于创新；公共寻租对创新的影响更大。

---

① 戈登·图洛克：《特权与寻租经济学》，上海人民出版社，2008年，第5—7页。

② 约翰·范·奥弗特瓦尔德：《芝加哥学派》，中国社会科学出版社，2010年，第118页。

③ 安德烈·施莱弗、罗伯特·维什尼：《掠夺之手》，中信出版社，2004年，第80页 。

(二)寻租不利于创新的多重效应

1. 错配效应

为了分析的简化,我们把经济部门分为两类,寻租部门和非寻租部门(生产性部门),一旦寻租部门扩张,生产性部门的劳动力、其他资源及生产性收入就会减少,创业和创新也相应减少。如何衡量寻租部门的扩张?这可以有多种方法,一是对一国租金总量占 GDP 的比重进行测量,二是人才向寻租部门流向的测量。本文主要是采用人才向寻租部门流向的思路来研究寻租是如何阻碍中国自主创新的。

寻租对创新的错配效应除了物质、资金等方面外,最严重的后果是人才的错误配置。这种错误配置会导致把社会精英吸引到寻租上来,从而减少了创新的人力资源的配置。并且这种错误配置还会产生自我强化,并形成路径依赖。人才向寻租部门配置的危害表现为三重挤占,第一重挤占是资源配置上的挤占,寻租部门会挤占生产部门的劳动力和其他资源,从而减少了生产性投入。一些欠发达国家庞大的政府官僚机构就说明了这种现象,如我国每百万美元 GDP 供养的财政人员远高于其他欧美国家。第二重挤占是再分配的挤占,寻租部门给生产部门所强加的税收减少了社会对生产性及创新活动的投入。寻租部门是一个再分配部门,它会挤占生产部门的资源。第三重挤占是人力资本上的挤占,从总体来看,若社会大多数有才能的人都成为寻租者,那么企业家的创新能力就会较低,由此创新率就较低;若寻租部门给这些精英的收入比生产部门高时,收入和增长就会低于潜在的水平。[①]

如果一个社会抑制了寻租,那么企业家或社会精英就会去从事生产性活动和创新。如果寻租存在并有利,那么企业家会在生产性与非生产性中选择,这就会产生替代效应。掠夺之手下的经济必然导致人才更多地向寻租部门配置。这种资源的错误配置将降低一国技术创新和自主创新能力,并且这种影响是潜在的、长远的。

值得强调的是,寻租最大的错配是对企业家的错配。企业家在生产性和非生产性活动上的配置,将对经济中的创新能力以及技术发明的扩散程度产生深远的影响。[②] 第一,对创新能力的影响。寻租有利的环境会使企业家或经济主体学习或积累与寻租有关的知识。第二,如前所述,在寻租回报更高的情况下,人们创新的积极性就会受到影响,创新的动力就不足。如这些年来我国房地产的暴利使经营实体经济不划算,从而影响了我国产业结构的升级。

---

① 安德烈·施莱弗、罗伯特·维什尼:《掠夺之手——政府病及其治疗》,中信出版社,2004 年,第 52 页。

② 威廉·鲍莫尔:《企业家精神》,武汉大学出版社,2010 年,第 47 页。

2. 传染效应

在一个寻租社会,寻租与寻利并不是绝然分开的,它们会相互影响、相互渗透。其中一个重要影响就是寻租的传染效应。寻租会对生产性领域产生不利影响。为了应对这种传染效应,一是那些非寻租的领域(企业或个人等)为了抵制寻租对其影响,而不得不花费成本或付出代价。寻租导致有价值的资源被误配到经济上的无效活动中,而且迫使受侵害的企业为了自卫,不得不把自己的活动也调整到非生产性方向上。[①] 二是在寻租有利的条件下,那些从事所谓生产性活动的人,也会自觉或不自觉地把寻租的方法用于本行业中来。因此,寻租在社会所占的比例可能不高,但其传染效应却非常大。如中国科技界的资源配置就在许多层面采用了寻租的方法,从表面上看,我们投入的资源越多,似乎创新就越多,但事实相反,在寻租的方法下,这种增加投入可能事与愿违。我国科技投入中很大一部分并没有用于科技本身,而是被科技领域的寻租行为所损耗。2012 年,我国全社会研究与试验发展经费投入已成为仅次于美国的世界第二大研发投入国。我国研发投入的漏损严重,科研资金用于项目本身的仅占 40%左右,大量科研经费流失在项目之外。[②]

在寻租有利的社会,人们投资和创业主要限于自己能有效保护的领域,否则就成为寻租的对象。这就会大大地限制人们创新、创业的范围和空间。奴隶制下的民族更多地致力于保护财富,而不是获取,而一个自由的民族则更多地致力于获取财富,而不是保护。[③] 某些类型的生产或多或少具有自我保护的性质,如粮食采集、手工艺品制造等劳动密集型的生产活动。但是许多其他类型的生产要求有价值昂贵的资产,如机器和工厂,它们无法被藏匿起来,因此就有被攫取或充公的可能。为了防止被掠走或被榨取,人们不愿意从事资本密集型生产。[④]

寻租有利的传染效应可以从两个方面来进行,一是高考后填报专业的选择在一定程度上能反映这个国家是寻利还是寻租。为什么这些年来我国经济学、法学、管理学等一直是热门专业,而工科、理科等不被重视? 国内外的数据都表明,这种专业偏好是与社会导向有关的。这种偏向会大大地减少一国流向生产领域和创新领域的人才。如图洛克所说,中国的官本位情结背后是以寻租有利支撑的。二是大学生毕业后的择业趋势。如果一个国家公务员热,那么表明寻租现象较严重。中国大学生把公务员作为择业首选的比例是最高的。自从 1994 年国家公务员录用考试制度正式实行以来,全国报考公务员的人数逐年激增。进入 21 世纪以来,我国的公务员报考人数呈逐年递增趋势,呈现出报考人数多、录取比例低、受社会

---

① 威廉·鲍莫尔:《企业家精神》,武汉大学出版社,2010 年,第 11 页。

② 刘军民:《科研经费乱与治》,《上海经济评论》,2013 年 10 月 22 日。

③ 安德烈·施莱弗、罗伯特·维什尼:《掠夺之手——政府病及其治疗》,中信出版社,2004 年,第 18 页。

④ 曼瑟·奥尔森:《权力与繁荣》,上海人民出版社,2005 年,第 144 页。

关注程度高等特点,已逐渐成为我国的“第一大考”①(卢现祥等,2009)。近些年来,由于反腐败力度的加大及公务员制度的改革,报考公务员的人数有所下降,但由于我国官本位加寻租相互强化的体制还没有从根本上改变,学而优则仕也难以从根本上改变。上述两个方面都可以看作是寻租阻碍创新的传染效应。这种传染效应是潜移默化的,寻租侵蚀创新机理。

3. 累积性扭曲效应

从长期来看,寻租对创新的影响还有累积性扭曲效应。寻租增加了社会的交易费用,减慢社会的增长率,不利于创业和就业的增长。管制导致寻租——寻租阻碍创新——创新不足又强化管制——导致进一步的寻租——寻租阻碍创新……寻租具有自我强化的功能。那些投资于寻租领域的固定成本也涉及收回(折旧)的问题。

累积性扭曲效应就是向社会发出信号,在寻租社会里,寻租是有利的,那么这会对人们的投资选择(尤其是人力资本投资的选择)、知识积累、职业选择等都产生影响。寻租的一个重要意义就是,它产生了比较统计预期。这些是指资产越值钱,个人就越乐意耗费更多的资源去获取它。总体而言,想得到资产的竞争者们会根据收获的价值来投入。当权利条款的说明不是足够详尽时,为竞争某资产,人们会大量浪费社会净资产,直至其变为零。用于寻租的资源越多,社会财富就会变得越少(诺斯)。

由寻租造成的“累积性扭曲”降低了增长。一是寻租过程(人们为自己特殊利益进行疏通而组成集团)给社会带来了限制和约束,寻租的非生产性活动的累积使生产性活动和创新越来越不划算,减慢这个社会的增长,甚至导致经济的停滞。二是经济体制的创新能力缺乏。在奥尔森模型中,造成无效率的因素是分利集团(寻租集团)不断增长的力量使体系具有了刚性。② 寻租色彩浓厚的经济体会设置各种限制,如产出进入壁垒和创业壁垒,这些壁垒会限制创新或未能促进自主创新。

寻租对生产部门的掠夺使激励机制更加扭曲,与前面的错配效应有联系,在一定时间内,当错配比例确定后,寻租对社会经济活动的影响还有一个挤占效应,因为寻租是非生产性活动,它本身是不创造财富的,所以它的存在还会对生产部门造成挤占效应,也就是要把资源和财富从生产部门转向非生产部门。这种挤占的途径是多方面的,除了强加的税收以外,还有各种收费。寻租有利还会导致社会价值观的扭曲。

---

① 卢现祥、梁玉:《寻租、人力资本投资与公务员热》,《改革》,2009 年第 11 期。本文对于近几年的国家公务员报考总体情况的描述均来自人民网教育频道的即时报道。

② 道格拉斯·C. 诺斯,《制度研究的三种方法》,载大卫·柯兰德编,《新古典政治经济学——寻租和 DUP 行动分析》,长春出版社,2005 年,第 27 页。

三、寻租阻碍创新的制度性根源

19 世纪美国和英国也存在一些寻租，但却没有广泛的影响。而且，19 世纪很多国家开始模仿英国的基本体制，结果寻租在世界范围内减少了。在图洛克看来，寻租减少的根本原因是政府的规模相对变小了。[①]更重要的是制度和组织的变化。图洛克(1984)还从寻租角度重新解读了工业革命，如前所述，国会制度不利于寻租，制度创新增加了寻租的成本。没有机会寻租，人们就转向创新。

寻租主要根源于汲取性制度。制度激励可能促进创新和积累发生，也可能导致寻租、腐败和偷窃。[②] 布坎南指出："寻租活动的原因在于制度规则，而不在于寻租者个人本身。当制度从有秩序的自由市场转向直接政治分配的混乱状态时，寻租就作为一种主要的社会现象出现"。[③] 寻租社会就是各种资源的直接政治分配及其制度化。

寻租到底是由什么性质的制度决定的？德隆·阿西莫格鲁与詹姆斯·罗宾森把人类社会所经历的政治和经济制度主要分为包容性制度(inclusive institutions)和汲取性制度(extractive institutions)。包容性制度类似于诺斯讲的权利开放秩序，而汲取性制度类似于诺斯讲的权利限制秩序。权利限制秩序利用设立租金和限制权利来维持秩序的稳定，而权利开放秩序利用竞争和权利开放来达成这个目标。包容性的经济制度助长经济活动、生产力成长和经济繁荣。安全的私有财产权是核心，因为只有拥有这种权利的人愿意投资和增进生产力。企业家若预期他的生产会被窃取、征收或因为课税而荡然无存，将失去工作的诱因，当然更不会有投资和创新的动机。但这种权利必须赋予社会中绝大多数人。

汲取性制度也称作榨取式制度，它也会有经济增长，但在本质上不同于包容性制度下的经济增长。最重要的是，汲取性制度无法长久持续，它受限于本身的特质，无法培育创造性破坏，最多只能刺激有限的科技进步。它们激发的成长因此无法持续长久，苏联经验为这种极限提供了鲜明的例证。[④] 寻租就是建立在汲取性制度基础上的。之所以说汲取，是因为这些制度的设计，从根本上是为了从社会一

---

① 图洛克：《特权和寻租的经济学》，上海人民出版社，2008 年，第 92 页。

② E·赫尔普曼：《经济增长的秘密》，中国人民大学出版社，2007 年，第 113 页。

③ 布坎南：《寻租与寻利》，《经济社会体制比较》，1988 年第 6 期。

④ 德隆·阿西莫格鲁、詹姆斯·A. 罗宾逊：《国家为什么会失败》，湖南科学技术出版社，2015 年，第 180 页。

部分人那里攫取收入和财富，让另一部分人受益。① 这种制度必然带来掠夺与冲突，寻租与腐败。

汲取性制度也需要经济增长，但是不同制度结构下的经济增长类型是不一样的，以创新为基础的增长与那种极端不均的政治权力分布是不相容的。汲取性经济制度下的经济增长的特点是，一是不能威胁到社会中那些政治上有权有势的群体的政治和经济利益；二是这种经济增长要有利于社会中现有的企业和精英；三是运用的是已有的创新，从而不会产生“创造性破坏”。四是汲取性制度能够通过资源的重新配置，把资源从一个部门配置到另一个部门。在投资拉动型经济中可以这样做，但对增长的影响是有限的，因为资源的重新配置只可能在之前的众多受到抑制的因素被释放出来的初期产生高速增长。随着更多的资源得到重新配置，投资拉动型增长的收益也将迅速降低。而一旦完成了追赶，必须转变成创新驱动的增长方式。创新需要一种经济、社会和政治自由的结合，其中最重要的一点，是这些创新源于经济、社会和政治的开放和自由。

我国在转型时期，存在一些汲取性制度的现象。在我国经济转型中，政府控制的资源太多，在社会经济生活中的权力太大，于是造成寻租现象较普遍。我国经济运行中最大的问题是，我们一方面过重的税收和收费让政府占有过多的资源，另一方面又通过投资和产业发展政策（财政补贴等）把这些资源分下去，并且是低效的配置。这两方面是相互强化的。这种体制不仅会带来政府收支过程中的双重损失，而且给各种寻租和榨取行为提供了机会。为什么我们不能一方面减少企业的税负，藏富于民，另一方面减少政府的投资和对产业发展的各种补贴？我国现在宏观上整体配置资源的成本要远远高于市场配置资源的成本，这其中就包括大量的寻租成本和再分配成本。

发明不等于创新。汲取性制度对创新的影响主要体现在对企业家的影响上。这种影响主要表现在三个方面：

一是汲取性制度扭曲了创新的激励机制。生产性报酬与非生产性报酬的差别是由制度决定的。企业家是创新还是从事非生产性活动，甚至去寻租，主要取决于制度决定的激励机制。② 在汲取性制度下，寻租就成为企业家理性的选择，这时候创新往往处于不利的地位。如果制度框架使盗版行为受益，那么盗版组织就会滋生蔓延；如果制度框架奖励生产性活动，那么企业组织就会纷纷诞生，从事生产性活动。③

二是汲取性制度不利于发挥企业家创新潜能。制度还决定企业家潜力的发挥及资源的运用方向。鲍莫尔（1990）把企业家活动区分为生产性活动、非生产性活

---

① 德隆·阿西莫格鲁、詹姆斯·A. 罗宾逊：《国家为什么会失败》，湖南科学技术出版社，2015 年，第 53 页。

② 陆丁：《寻租理论》，载《现代经济学前沿专题》（第二集），商务印书馆，1996 年，第 157 页。

③ 李·J. 阿尔斯通等：《制度变革的经验研究》，经济科学出版社，2003 年，第 420 页。

动和破坏性活动,并且强调企业家才能的配置是理解企业家活动对经济繁荣贡献的关键。在包容性制度下,企业家就会从事生产性活动和创新活动,而在汲取性制度下,企业家就会从事非生产性活动(如寻租)甚至破坏性活动(如假冒伪劣产品的生产)。这种非生产性活动和破坏性活动还有一个自我强化机制。鲍莫尔还从制度质量角度区分了企业家活动的类型和企业家活动的总水平,并把制度、企业家才能与经济增长有机结合起来。制度质量实际上是制度性质。高质量的制度就是包容性制度,它有利于企业家创新才能的发挥并提高了生产性活动水平,从而有利于经济增长,而低质量的制度就是汲取性制度,它有利于非生产性活动,并把企业家才能用到了寻租上,从而降低了经济增长。Acemoglu (1995)和 Mehlum 等(2003)分别构造出理论模型试图说明:才能往往是相通的,这种才能对社会经济发展是正能量还是负能量关键就取决于制度及其激励机制。

三是汲取性制度使创新企业家数量大大减少。制度决定企业家的多少。在一国创新中,企业家的多少非常重要,而企业家的多少是制度的函数。在汲取性制度下,企业家会发掘政治机会,通过政治关联和权钱交易,谋求个人收入最大化。在包容性制度下,企业家通过创新,在使自己收入增加的同时也使社会获益。工业革命以来,由于政治形态的变化,寻租和机会主义行为不再盛行,而生产性活动变得更具吸引力。[①] 安德烈·施莱弗和罗伯特·维什尼从市场规模、企业规模及合同三个方面分析了影响企业家是创新还是寻租问题(见表1)。我国企业家80%的时间用来与官员打交道。

表1　有利于寻租活动和有利于企业家活动的因素

	提高寻租活动吸引力的因素	提高企业家活动吸引力的因素
市场规模	大量资源被“官方”寻租部门占有,比如政府、军队等。产权界定不力,使得财富容易受“非官方”寻租者的掠夺。大量财富被掠夺,特别是相对于较小的产品市场而言	产品市场大。良好的通信和交通有利于贸易的发展
企业规模	寻租者(政府官员、军队等)拥有相当的权威和机动权,可以不受法律和习惯的约束收取大量的租金	容易进入和扩张,规模报酬递减不明显。容易利用资本市场
合同	保留大部分已收取的租金的能力。在组织中,可以清晰观察到能产生适当报酬的产量	清晰的产权、专利保护。没有寻租者来掠夺租金。可以开办企业,以收取才能的准租

资料来源:安德烈·施莱弗、罗伯特·维什尼,《掠夺之手——政府病及其治疗》,中信出版社,2004年,第63页。

① 乔尔·莫基尔:《雅典娜的礼物:知识经济的历史起源》,科学出版社,2011年,第82—83页。

四、寻租阻碍创新的组织性根源

在对中国寻租阻碍中国创新的研究中,我们还需要从组织形式方面去探讨。组织经济学中有关组织的主要问题就是创造约束非生产性寻租行为的治理结构。在有关组织的主流文献中,很少认识到制度形态具有抑制非生产性寻租行为的作用。①

(一)创新悖论与我国自上而下的创新组织方式的关系

我国存在创新悖论,一方面中国拥有强大的国家创新意志,拥有超越欧洲的科技经费投入,拥有世界第一的论文数量,拥有世界第一的博士群体,拥有世界第一的科技人员和研发人员,拥有世界上最庞大的官方智库体系,但另一方面我们没有引领世界的科技发明和人文贡献,创新一直成为中国的最短板。如何解释这种现象? 当然原因是多方面的,其根本的原因还是在体制机制上。我们这里重点分析其中的创新组织形式。

自主创新的经济组织主要是两种形式,一种是自上而下的创新,另一种是自下而上的创新。我国的研发及创新主要是建立在自上而下的基础上的。长期以来,我国在创新上采用了自上而下的创新方式,这是我国创新潜力远未发挥出来的主要原因,也是我国创新悖论产生的根本原因。我们的钱并没有少用,但在寻租盛行的情况下,这些钱使用的方向及效果都存在问题。自上而下的创新方式从形式上看是一个创新过程,但实质上在缺乏刚性制度约束下就会变为寻租过程。

一方面,费尔普斯指出,"这种自上而下的方式还没有成功过,而且难度肯定会更大,因为它抛弃了焕发经济活力所需的最重要的资源:两个脑袋比一个脑袋好使,100 万个有创造力的头脑肯定强于 50 万个或者 25 万个。"②这两种组织形式的一个重要差别就在于投资的来源以及创新的动力来自何处。在罗森伯格和伯泽尔看来,要使技术变革有效而持久,政府必须使创新者拥有富足的机会和决策权,同时,政府必须放弃它们对创新进程的直接支配权,并使之分散。③ 自上而下的方式是少数人的脑袋指挥多数人的脑袋。为什么中国人口占世界的 20%,但科技贡献

---

① 斯蒂文·G. 米德马:《科斯经济学——法与经济学和新制度经济学》,上海三联书店,2007 年,第 2 页。

② 埃德蒙·费尔普斯:《大繁荣》,中信出版社,2013 年,第 XVI 页。

③ 乔尔·莫基尔:《富裕的杠杆:技术革新与经济进步》,华夏出版社,2008 年,第 196 页。

却占不到相应的比例？这其中的一个主要原因就是长期以来我国是一种自上而下的创新方式，少数人指挥多少人，不利于草根创新，不利于发挥每个人的创造性。由于自上而下的创新的指挥棒引导着创新，这就使许多“自主”、“自发”的创新被压制。

另一方面，从分配科技资源角度来看，自上而下的创新方式必然带来大量的寻租现象，并且会阻碍创新。政府在资源配置方面一直发挥着极为重要的作用。其实这就是一个寻租的体制。这种寻租体制一直阻碍着中国的自主创新。欧洲国家通过制度创新、打破垄断、消除特权遏制了寻租，从而把社会的创新潜力充分发挥出来。

为了解释我国的创新悖论，我们以高等教育为例来说明，即与政府联系越紧密的大学，越不利于创新和提高竞争力。我国属于欧洲大陆的高等教育体系，高等教育归属于国家体制：卓越大学是政府指定的。政治系统与学术系统不分：大学属于政府附属机构。实行教育国家主义政策：大学应满足社会需求（专业教育）。代表性国家有意大利、瑞典、法国、德国、俄罗斯（欧洲大陆）。欧洲大陆的高等教育体系是一种自上而下的体制。英国—北美的高等教育体系是非政府型的：卓越大学是自由竞争的产物。政治系统与学术系统分离：普遍认同大学自治和学术自由。重视博雅教育：教育指向人的精神和灵魂，为学术而学术。代表性国家有英国、美国，以及澳大利亚、加拿大、新西兰等英联邦国家。英国—北美高等教育体系是一种自下而上的体制。两大高等教育体系的竞争中英国—北美体系取得全面的胜利：占世界百强大学近九成（上海交通大学排名）。欧洲大陆传统正在向英国—北美传统靠近：强调大学自主，大学法人化改革。英国—北美传统不仅有利于建立世界一流大学，而且有利于产学研结合。有利于一国创新经济的微观基础的构建。

加拿大学者许美德有一个观点，所谓欧洲大陆传统体系实际上源于中国古代的科举制。科举制就是学术系统和政治系统合二为一，也就是读书人一旦通过科举之后，立即可能做官。这种制度在 17 世纪传入欧洲，因此，中国接受这种模式轻车熟路。

为什么我国科技资源在历史上是自上而下的配置，到现在还是在自上而下配置？这根源是什么？为什么创新也要政府主导？①历史上形成的路径依赖。在历史上，中国技术进步经常是由政府发起和主导的，这在唐宋时期的官僚体制中表现得尤为突出。[①] 这种思维到现在还难以改变。②集中力量使用资源优势论。在创新上，过去主要是模仿，现在需要创新。是市场决定还是政府决定，是自上而下还是自下而上，必须进行观念、理念方面的变革。这里的创新涉及科技、教育及相关部门所涉及的创新。集中力量使用资源优势论一直是我国自上而下的配置资源的

① 乔尔·莫基尔：《雅典娜的礼物：知识经济的历史起源》，科学出版社，2011 年，第 227 页。

主要理由。但这个理由在我国已经不成立了,我国已经成为世界第二大经济体。让市场决定资源配置要比政府自上而下的配置有效得多。历史也证明了这一点,从总体上来讲,计划经济在取得技术进步上比不上市场经济体制,就在于其糟糕的激励机制和组织结构经济体内部技术能力难以发挥出来。[①] ③长期的自上而下的创新方式形成了既得利益集团,他们从控制和分配资源中得到了好处,这种好处既有直接的也有间接的、既有显性的也有隐性的。如前所述,政府主导的资源配置系统必然形成相应的利益格局,而市场主导的资源配置系统也必然形成相应的利益格局,从前者到后者的转变实质上是利益格局的调整。④自上而下的方式容易形成设租与寻租的格局。这种设租与寻租的格局往往是互动的。分配的资源往往是稀缺的,若存在市场竞争,这些稀缺资源就会通过价格机制转移到出价最高者手中,而行政分配就会形成设租与寻租的格局。官员喜欢设租,从中得好处,而那些有关系资源的群体愿意寻租,这种设租与寻租的共同体往往成为中国改革的障碍。现在由于我国改革还是各主管部门进行制度设计,他们是不愿意对自己既有利益革命的,所以一些改革从形式上变了,但自上而下的理念和逻辑并没有变,只是以新的形式体现出来。

(二)设租与寻租成为自上而下分配资源的一种方式

第一,我国地方政府及所属的企业共同向中央及部门寻租。这种形式也表现为地方政府与地方政府之间的寻租竞争,谁能从上级得到项目或优惠,谁就可以获得较大的租金。这与联邦下的地方政府之间的竞争是不一样的,这种差别表现为:联邦下的地方之间的竞争是在统一市场格局下争夺市场份额的竞争,而我国中央统一控制下的地方之间的竞争是在地方保护主义的前提下资源、优惠政策之间的竞争。前者的竞争很容易转化为创新、质量之间的竞争,而后者容易转化为寻租之间的竞争。为什么我国出现大量的产能过剩、创新能力不足、地方相互复制、产品雷同及地方保护主义?这都与我国自上而下的资源配置方式有关。

美国设立联邦制就是为了避免自上而下配置资源中的寻租行为。联邦制因此极大地降低了经济寻租的可能性和广泛性,从而减少了再分配联盟的形成。低层单位之间的竞争使得寻租不太可能成功。因为寻租型的管制只会是地方性的,它使得在该地之外的企业较被管制的企业更有竞争优势。[②]

与纵向的自上而下的资源配置相比,市场维持型联邦制在两个方面促进了工业革命时期的经济发展。首先,阻止了全国性政府控制经济活动的权力,从而避免了全国性政府回应既有经济利益游说而进行全国性控制——这种控制会成功地阻

① 乔尔·莫基尔:《雅典娜的礼物:知识经济的历史起源》,科学出版社,2011年,第228页。
② 道格拉斯·C. 诺斯:《交易费用政治学》,中国人民大学出版社,2013年,第103—104页。

碍许多新兴工业活动。其次,因此引发的各地方之间的政治竞争意味着一些地方为了激励新兴经济活动、促进地方就业以及税收而愿意背负额外的负担。没有这种政治引导下的经济创新,工业革命将会受到极大的阻碍。[①] 市场维护型联邦制在英国为北部工业革命的成功提供了政治基础,在美国为共同市场提供了基础,首先培育了区域分工,进而是国际分工,构成了美国财富迅猛增长的基石。

第二,自上而下分配科研资源中的寻租。同样的资源,是自上而下还是自下而上,配置的导向、方式和结果是不一样的。自上而下配置资源有两个结果,一是低效,二是寻租的竞争。自上而下必须建立在政府的权威及对资源控制的基础上,从目的上来讲,政府希望集中资源的控制和配置来发展技术,但是实际上变成了设租与寻租的过程。这些年来我国各行各业用于研发的资金并不少,并且主要是以自上而下的方式投入和配置的。实践证明效果并不理想,这种纵向投入的特点是:钱主要是来自财政,这个钱分出去了,使用的效果和结果并没有责任主体,低效使用是必然的。经济学的思维是天下没有免费的午餐,但我国科研经费主要是由政府来主导分配,分下去后成为免费的午餐了。其次,上级或课题发包方不可能识别谁最有能力研究这个问题,而市场的识别能力要高得多。在这种体制下获得课题比做出课题成果更重要。课题的多少成为衡量一个学者成就多少的标志,而课题研究及成果本身却并不是主要的了。自上而下的研发投入使研究者不得不围绕上级的意图进行研究,这种研究与研究者本身的兴趣、与社会的需求可能关系不大,在社会科学中尤其严重。一些所谓重大的招标课题其设置就有问题。为什么我国科技经费只有40%用于科技研究活动本身?其他漏损的部分就有一部分是租耗。我国从项目的立项、经费的来源、成果的评价主要是由政府来主导的。如何从政府及有关部门争取到资金和资源?没有寻租手段是很难在行政分配资源中获得资源的。这可以在一定程度上解释我国的创新悖论。

第三,中国自上而下发展产业中的寻租。前面分析的是我国科教领域的自上而下的配置问题,再看看产业方面的。凡是自上而下地配置资源且缺乏严格的规则就有可能导致寻租。在工业界,中国大约70%的研究与开发是来自政府,而在美国、日本和德国则是由工业界负责70%以上的研发支出(联合国,2012)。自下而上的投资就会去关注市场的需求并按经济规律去开发新技术和新产品,而自上而下的体制不利于实用技术的发展。中国产业和经济发展的最大问题是我们在资源配置上还是自上而下的组织方式,这就导致经济主体不是把精力用在面对市场和创新上,而是面对政府和寻租上了。现在我国地方政府之间的竞争并不是在市场上的竞争,而是以中央部委的指标棒为竞争参照,结果不是产业、产品、技术的竞争,而主要是项目、关系及获取资源的竞争,再说明白点,就是寻租的竞争。

---

① 道格拉斯·C.诺斯:《交易费用政治学》,中国人民大学出版社,2013年,第105页。

这些年来我国产业发展在数量上上去了,但在质量、技术、品牌及生产率方面与世界还有很大的差距。产业的技术进步缓慢,这其中的重要原因在于产业发展没有形成市场型的产业链条。为什么我国产业分散而难以在全国建立市场型的产业链条?中央部委在确立产业发展战略后,地方政府都希望上这个产业,中央也很难抵制地方政府的需求。在中央与地方政府博弈后,就是大多数地方都发展这些产业了(如全国汽车总装厂130个、机器人制造厂420多家),从而形成行政型的产业链条,而不同于欧美国家市场型的产业链条。这种行政型产业链条很难形成竞争格局,也不利于降低成本,并且市场的重新配置功能(如重组、兼并等)几乎不存在。大量的行政干预和财政补贴使成本收益核算失去了意义。按照目前的补贴方式,从中央政府到地方政府发放的补贴,实际上已经超过了一些企业的生产成本。比如在纯电动大巴领域,有的企业甚至可以从地方和国家的补贴政策中赚钱。以乘用车为例,仅中央政府就可最高补贴六万元,有的车型估计成本也就是五六万元。这意味着只要把车卖出去,即使车被扔掉,也能拿到国家的补贴,车企还是能够盈利。这必然导致企业之间的竞争不是市场上的创新竞争,而是争取政府优惠和寻租的竞争。

第四,从研发投入转化为创新的角度来看,自下而上的研发投入更有利于转化为创新,而自上而下的方式可能更多地限于发明,不利于创新。我国每年有数万项科研成果,发表论文数量世界第一,可成果转化率却只有25%,形成最终产品的不到5%,科技进步贡献率不足三成。我国课题许多是自上而下的政府课题,申请专利和发表论文是结项的重要指标,课题承担者没有动力和激励去把这些发明转化为创新,转化为产品。而自下而上的创新方式,其课题和研究项目是来自企业、风险投资者等,他们对课题的研究并不仅仅限于专利和发表论文,更重要的是要把这些发明和创意转化为产品和实体投资。自上而下的创新一般是外生的,而自下而上是内生的。发明不等于创新,从时空来讲,自下而上的创新更有利于把发明转化为创新,而自上而下的创新方式把发明转化为创新更缓慢。例如,美国政府为减少自上而下的创新方式的局限性,不断地进行制度完善。在1978年以前,美国基础科研的经费大部分都是由政府出的,做的研究结果产权是归政府所有,然而经1978年的《拜杜法案》改革后,即使是政府出钱,所有产权也归学校,这种变化使来自美国大学申请的专利实现了爆发式的增长。

自上而下的创新方式由于信息不对称及行政配置资源,容易产生寻租甚至腐败。自上而下的创新方式除了搞许多政府项目和课题以外,还搞许多工程,这类工程还包括所谓人才工程。这类工程往往是政府设立的,其本意是想促进创新,但行政性干预和分配往往把这些工程变成了寻租的对象。如"火炬计划"之类,现在高新技术企业搞到"火炬计划"这一类称号的目的不是为了更好地创新而是为了更好地通过这个称号获取政策优惠。这种计划成为寻租的对象。我国的科技人员不是把眼光盯着市场和社会需求,而是盯着政府和官员。只要政府官员控制着资源的分配和科技成本的评价,那么必然会导致寻租盛行。俄罗斯在科学研究上的投入比美国多,但因为他们是中央计划体制,所以取得的进展很小。在那里,实验室中所有最聪明的人都在钻中央计划体制的空子,而只有第二层的人在从事实际研究。这些年我国研发投入占GDP比重的提高中政府决定的因素明显高于市场(企业)决定的因素。尽管从表面来看,这个比重提高了是好事,但从深层次来看,若我们不从体制、机制上改革,一味增加投入并不一定能带来同样比例的创新,这也在一定程度上解释了我国的创新悖论。

五、从寻租有利向创新有利转变

遏制寻租、建立有利于创新的制度环境对于我国社会经济转型非常重要。由前面的分析可知,我国不少领域由于体制和制度的原因,出现了寻租有利的格局,这是我国自主创新缓慢或形式上有创新但实际上没有创新的原因所在。从寻租角度可以有效地解释我国的创新悖论。弗里德曼指出,如果贸易(包括创新)是主要的政治收入来源,那么其结果就会出现大国;若租金是主要的收入来源,则往往出现小国。工业革命及市场经济之所以首先产生于西欧国家是因为这些国家通过建立包容性政治制度遏制寻租,把经济社会的着力点转移到生产性活动上来,为近代科技的产生和发展创造了有利的条件。西方世界的兴起就是制度变迁促使人们进行生产性努力的结果(诺斯,1970)。

在我国达到中等收入水平后,创新不足已经成为制约我国经济发展的最大瓶颈。这是因为创新是经济增长的新动力;创新是产业升级、经济结构调整的需要;创新是跨过中等收入陷阱的需要。但十八大提出创新的市场主导模式总是难以变成现实,我们主观上想创新,也投入了大量的资源,可在一个寻租有利的体制下,创新的资源被寻租所耗散。

如何从寻租有利向创新有利转变,以下四点非常重要:

一是限制政府这只有形之手。其实,政府有“三只手”,当权力不受制约时,政府不愿意做无为之手,而是喜欢扶持之手甚至掠夺之手。因此,企业和个人就会处于寻租有利的竞争格局之中。如前所述,在图洛克看来,寻租减少的根本原因是政府的规模相对变小了。寻租总是与政府控制的资源、活动范围及权力是否受到制约密切相关。在理论上讲限制政府权力是容易的,但在中国这个政府一直发挥着极为重要的国家里要在实践中限制政府权力是非常困难的。保护个人权利限制政府权力是包容性制度的本质特征。只要个人的权利阻止了政府去攫取具有超常盈利能力的企业的回报,这些权利也使得政府拥有较少的资源,去接济那些损耗社会资源的企业。[①] 把权力关于制度笼子里是中国改革的核心,也是我们从根本上解决寻租阻碍中国创新的关键。

二是要让市场决定资源配置落到实处。市场机制最有利于创新。创新是技术创新与商业模式创新的统一。我们要从产权和权利角度把市场决定资源配置落到实处。从产权角度看,激发创造力和远见、推动知识和创新增长的体制只能在私营部门爆发,而非公共部门。[②] 从权利角度看,选择生产组织方式的权利、获得资源的权利以及使用它们的权利的三个重要因素决定了自由创新者的数量[③],正确处理好政府与市场的关系,科技资源的配置应该由政府主导变为市场主导。市场机制既是创新的机制,也是解决寻租有利的最好机制。可以讲,现在人们的政府偏好情结、政府权力没有受到制约及利益集团的抵制是中国从政府主导转向市场主导的最大阻碍。

三是要从自上而下的创新为主转化为自下而上的创新为主。创新需要政府制定政策,甚至需要直接的介入(如对基础创新的投资),但是,无论如何,创新的资源主要由企业和个人及市场来支配。我国创新中的最大问题就是政府控制了太多的创新资源,政府干预过多,科技市场就不是创新场了,而是寻租场。从形式上看,政府企图鼓励企业大力发展科技和创新,但最终变成了实质上的寻租行为。自上而下的配置资源是我国的传统,并且形成了路径依赖。从历史上看,王安石变法就是"维持由上端统筹支配而不在下端固定私人财产权"。改变自上而下的资源配置方式不仅仅是一个政策调整的问题,更是一种理念上的转变。如果理念不变,再什么完善政策和改革,都难以找到正确的配置资源的方式。我们现在知道了政府与市场是什么关系,但在我国政府自上而下的产业政策及资源配置决策方式及其问题还没有引起人们的足够重视。现在中央出什么政策地方就去争,而不是地方结合自己当地的情况去进行制度创新、体制创新、机制创新和政策创新。我国这种上端统筹支配的格局很容易变成地方政府之间的寻租竞争。

从自上而下的创新为主转为自下而上的创新为主不仅是一种创新方式的改变,更是创新动力机制的改变。创新的组织方式非常重要,组织的差异造就了创新和从创新中获益的能力上的差异。如果没有能引导和支持研发,并使企业能从这些投资中获利的新组织形式的发展,我们就不可能获得技术进步。[④] 从自上而下的创新为主转变为自下而上的创新为主,不仅有利于创新,而且能大大遏制我国的寻租现象。

---

① 曼瑟·奥尔森:《权力与繁荣》,上海人民出版社,2005 年,第 149 页。

② 埃德蒙·费尔普斯:《大繁荣》,中信出版社,2013 年,第 41 页。

③ 斯韦托扎尔·平乔维奇:《产权经济学——一种关于比较体制的理论》,经济科学出版社,1999 年,第 93 页。

④ 理查德·R. 纳尔森:《经济增长的源泉》,中国经济出版社,2001 年,第 135 页。

四是从制度层面让资源配置和人才流向创新而不是寻租。

把资源和人才配置到创新上来，这需要有一只创新者队伍，需要有制度为创新提供激励结构，还需要社会具有多样性和宽容性。[①] 美国创新能力强就是它建立了一套有利于创新的制度结构。一是要建立一套特别有利于私营部门创新的制度体系；二是经济上尽量减少干预，法不限制市场即可为；三是建立有利于创新和资本积累的财税制度；四是建立有利于创新和产业发展的教育制度。

最后，如何建立这只创新者队伍？我国的人才制度是需要反思的。在人才制度上，我们形式上是重视人才，设置了各种人才工程制度（各部委都有），但实际上是为人才设置位置租金，你是什么样的人才，就可获得什么补贴和津贴、课题等。我们的科技精英不是把精力和时间用在科技本身，而是要创造一些条件先获得人才的位置，再去搞创新。我们要花很多时间和精力去选出很多人才，这个由政府主导的行政筛选的过程往往会变成寻租的过程。问题是，这种人才制度是低效的，并且这种含有雄厚租金的人才制度会腐蚀人才本身，一些进入这个含有制度租金的人才靠位置租金就过得很好了，他们也没有多大动力和精力去从事创新本身了。获得这些人才头衔的人还可以用这些头衔去获得另外的头衔，像滚雪球一样，中国的人才工程制度使可以进入这个制度里的人实现自身利益最大化，但不利于创新能力实现的最大化。我国不少人才制度或多或少是建立在寻租理念基础上的，带有科举制的印迹，必须改革。

原载《学术界》，2016 年第 1 期

---

① 乔尔·莫基尔：《富裕的杠杆：技术革新与经济进步》，华夏出版社，2008 年，第 13 页。

企业家:寻利还是寻租?

什么决定一国企业家的多少? 什么决定企业家是寻利还是寻租? 企业家寻租对一国经济发展有什么影响? 这是本文要探讨的三个问题。其实,这三个问题是中国企业家们最值得思考的问题。

一、历史的反思:为什么我国企业家少?

什么决定一国企业家的多少? 关键是体制和制度。威廉·鲍莫尔等人(2008)在《好的资本主义,坏的资本主义》一书中把资本主义分为四种类型:国家主导型资本主义、寡头型资本主义、大企业型资本主义和企业家型资本主义。现实生活中很难把哪一个国家的体制归于上述某种纯粹的形态。在他们看来,最能够实现经济长期增长的是一种企业家型经济体制和大企业型经济体制的混合体,因为这种经济体制最有利于技术进步,最有利于新技术的商业化。吴敬琏认为,鲍莫尔等人所指出的国家主导型、寡头型和大企业型经济体制的各种缺陷与问题在当前的中国也得到了相当充分的体现,比如腐败和寻租极度猖獗、收入分配严重不公及本土企业家创新活动的动力受到限制等。①

反思历史,我国社会精英并不少,但是社会精英当企业家的不多。为什么会出现这种现象? 第一,企业家的多少取决于制度决定的生产性报酬与非生产性报酬的差别。鲍莫尔(1990)曾比较过中国的科举制度、欧洲中世纪的骑士制度和政教制度,以及现代各类发达国家与不发达国家。他认为所谓企业家资源,即具有开拓精神、富有创造力的精英人才及其才能,在社会发展的各个阶段及经济发展水平不同的各个国家中都是存在的,但这种资源又是有限的(或稀缺的)。问题是不同制

---

① 威廉·鲍莫尔等:《好的资本主义,坏的资本主义》,中信出版社,2008 年,第 VIII—IX 页。

度为企业家资源的发挥提供的机会不同。如果社会制度为企业家资源的非生产性应用（如科举考试）甚至破坏性应用（如骑士争斗）提供了比生产性应用（如科研、工商经营等）更高的报酬，那么企业家资源就会被引离生产性用途，社会经济发展将因此而停滞甚至倒退。所以，一个社会的生产力发展和科技进步是快还是慢，主要不是取决于该社会企业家资源的多少，而是取决于该社会的制度设计将稀缺的企业家资源引向何处。

第二，寻利还是寻租也是制度变迁的产物。历史上，西欧社会寻租和腐败现象也较普遍，但中世纪后期以来，西欧社会及其经济和政治制度的深刻变迁逐渐对寻租现象产生了遏制作用，为近代科技的产生和发展创造了有利的条件；西方世界的兴起就是制度变迁促使人们进行生产性努力的结果（诺斯，1970）。而超稳定的中国经济政治制度则为寻租社会提供了稳固的基础，人们被迫把精力和资源用在非生产活动和寻租活动上而不是创造性活动上。制度在不同方向上的发展使得中国与西欧之间的差距扩大了。为什么中国人勤劳而不富有？这与我们社会经济中过多的寻租活动耗费了我们的财富有关。在寻租盛行的条件下，创新及经济发展是会受到严重制约的。

第三，社会对人才的评价机制及利益导向也是中国历史上企业家不多的原因。图洛克（1980）以中国古代的科举考试作为寻租活动的典型案例来说明寻租活动对资源的浪费，认为科举考试就是一种非生产性的追求既得经济利益的活动，即寻租活动。中国的科举制度是一种寻租性机制，它使中国潜在的企业家变成政治企业家，并且形成了一种自我循环的增长机制：潜在的企业家参加科举考试——考试成功后就可以获得包含租金的官职——官员的寻租和腐败引起社会贫富分化——社会动乱和改朝换代——新的科举考试。鲍莫尔（1990）也分析了科举考试制度的寻租性及对中国社会经济长期发展的不利影响。我国古代科举考试主要是为朝廷选择官员服务，它把社会的精英引导到从政上来，从而大大地降低了人们生产性的努力，并且使社会把过多的资源用于非生产性知识的投入和积累。而近代欧洲的大学制度、企业制度及实验室制度则把人才吸引到创新性活动和生产性努力中来。

二、我国转型时期的企业家：寻利还是寻租？

根据不同学者不同阶段的估计，中国租金总量占 GDP 的比重始终保持在20%—30%，巨额租金的存在诱导着人们把大量宝贵的企业家才能用于寻租活动（吴敬琏，2008）。总的来说，在我国新旧体制转型时期，由于政府干预经济太多，我国的企业家要把许多精力用于寻租及相关的信息和知识积累，在生产经营活动中，又要把许多时间和精力用于寻租方面。

我们看一个制度是鼓励人们去寻利,还是鼓励人们去寻租,可从以下四个方面去看:(1)办一个企业是相对容易的,没有那种费钱费时的官僚审核制度。人们办实业比较容易。这就需要有良好的金融制度、灵活的劳动力市场等。(2)有效的产权制度和合同制度。换言之,人们创造的财富能得到有效的保护,同时,人们从事经济活动所签订的合同能得到有效的实施。(3)政府的制度一定不能支持那些旨在瓜分而不是做大经济蛋糕的行为。也就是讲,制度要能保证做大经济蛋糕比瓜分经济蛋糕更有利,则这是一个寻利的社会;反之,则是一个寻租的社会。(4)政府制度必须保证获胜的企业家和大型成熟企业继续有持续不断地创新和发展的动力,否则,经济就会陷入停滞。而这需要竞争和贸易的开放性。[①]

所谓寻利就是人们把自己的时间和精力用在生产性活动、创新活动及其追求利润的活动中去。企业家们是寻利还是寻租,并不是由企业家的主观愿望决定的,更多地是由制度及制度环境决定的。好的制度,会鼓励企业家去寻利,而坏的制度则迫使企业家们去寻租。在我国新旧体制转轨时期,无论是从宏观层面来看,还是从微观层面来看,我国企业家都把过多的时间和精力用在了寻租上。从企业开业成本(见表1)和企业经营环境(见表2)来看,我们的企业家需要花费许多时间去与政府有关部门"打交道"。

表1　企业开业成本

国家/地区	企业开业所要办理的手续数(个)		企业办理开业手续所需时间(天)		企业登记注册费占人均GNI比重(%)
年份	2003	2008	2003	2008	2003
中国	13	14	48	40	17.8
美国	6	6	6	6	0.7
加拿大	2	1	3	5	0.6
日本	11	8	31	23	10.7
英国	6	6	13	13	1
法国	8	5	41	7	1.3
德国	9	9	45	18	5.9
西班牙	10	10	114	47	16.8
澳大利亚	2	2	2	2	2
新西兰	2	1	12	1	0.2

① 威廉·鲍莫尔等:《好的资本主义坏的资本主义》,中信出版社,2008年,第6—7页。

续表

国家/地区	企业开业所要办理的手续数(个)		企业办理开业手续所需时间(天)		企业登记注册费占人均 GNI 比重(%)
年份	2003	2008	2003	2008	2003
中国香港	5	5	11	11	2.4
俄罗斯	13	8	43	29	12
巴西	17	18	152	152	13.1
印度	11	13	89	30	53.4
韩国	10	10	17	17	18.4

资料来源:世界银行,《全球营商环境报告》,2004、2009 年。

表 2　企业经营环境排名

国家/地区	中国	新加坡	新西兰	美国	中国香港	丹麦	英国	爱尔兰	加拿大	澳大利亚	挪威	冰岛	日本
企业经营环境排名	83	1	2	3	4	5	6	7	8	9	10	11	12

资料来源:世界银行,《全球营商环境报告》,2004、2009 年。

开办企业的手续包括:为获得许可证和执照,完成所有的登记、证明和开业通知书所进行的往来手续。中国的手续数量在 2008 年为 14 项,超过了除巴西以外的发达国家与新兴发展中国家。其中加拿大、新西兰的手续数量只有 1 项,大部分发达国家的手续数量不到中国的一半。开办企业所需时间是为开办一家企业办理法律手续所需天数。与 2003 年相比,2008 年中国该项指标下降 8 天,说明近年我国行政效率有所提升。但仍高达 40 天的总天数超过了除西班牙和巴西外表中的所有国家,且大部分国家所需天数不到中国的一半。

企业经营环境指数排名是所有经济体按其企业经营环境的便利程度排名,1 为最佳。该指数是一国在开办企业、申请许可、雇用工人、注册财产、获得信贷、保护投资者、缴纳税款、跨境贸易、合同执行和企业破产这 10 类指标中百分位数排名的平均值。这一排名高说明该国的政策法规环境有利于企业经营。而我国的这一排名只有 83 位。企业经营环境指数在一定程度上反映了一国的制度质量。

第一,制度与寻租是一种互动关系。布坎南指出:“寻租活动的原因在于制度规则,而不在寻租者个人本身。当制度从有秩序的自由市场转向直接政治分配的混乱状态时,寻租就作为一种主要的社会现象出现。”[1]制度规则决定了一个社会是寻利还是寻租。反过来,一种寻租的社会也会强化现有的制度安排,当一个社会

① 布坎南:《寻租与寻利》,《经济社会体制比较》,1988 年第 6 期。

寻租比寻利更有利时，就会大大地降低一个国家的科技发展和自主创新能力。什么样的制度有利于寻租？是各种资源的直接政治分配及其制度化。在我国经济转型中，政府控制的资源太多，在社会经济生活中的权力太大，于是造成寻租现象较普遍。我国的企业经营环境指数较低表明，企业家不得不花费许多时间和精力用于寻租。

第二，生产性报酬与非生产性报酬的差别。人力资本投资的方向和结构还取决于生产性报酬与非生产性报酬的差别。如果在一个社会中生产性报酬大于非生产性报酬，那么人们就会选择生产性专业。反之，就会选择非生产性专业。鲍莫尔（2008）提出三条规则：（1）各时代、各个国家决定企业家资源各种用途酬劳的游戏规则不一样；（2）各个国家中企业家资源应用的方向因游戏规则的不同而改变；（3）企业家资源在生产性领域和非生产性领域的应用配置，对于一个社会的技术创新及其商业化有着深刻的影响。[①] 在不同制度下，企业家的知识积累、信息收集及选择不一样。换言之，一个社会可以形成寻利的游戏规则，也可以形成寻租的游戏规则。人类历史上并不是所有制度都促进生产力发展和技术进步。寻租的制度就是阻碍技术进步的游戏规则，并且这种阻碍技术进步的游戏规则是以迂回的方式表现出来的。非生产性报酬往往以隐蔽的形式存在，难以识别和计量，从而增加了治理的成本。

霍尔（Joshua C. Hall）和索贝尔（Russell S. Sobel）（2008）以及索贝尔（2008）使用美国48个州2002—2007年的数据得出了类似结论，以人均风险资本投资、人均专利数量、独资企业增长率、所有新注册企业的增长率和所有新注册的大型企业（雇员在500以上）的增长率代表生产性企业家活动的水平，以各州首府的政治和游说组织数量代表非生产性企业家活动的指标，以弗雷泽研究所发布的经济自由度数据代表各州的制度质量，实证研究表明：制度质量与生产性企业家活动正相关，与非生产性企业家活动负相关。从而首次从经验上证实了鲍莫尔的理论：制度结构决定了企业家从事生产性的市场活动与非生产性的政治和法律活动（例如，游说和法律诉讼）的相对报酬；好的制度鼓励生产性的企业家活动，进而能够保持较高的经济增长率。

鲍莫尔（1990）把企业家活动区分为生产性活动、非生产性活动和破坏性活动，并且强调企业家才能的配置是理解企业家活动对经济繁荣贡献的关键。他认为，一个社会的制度及组织方式将会影响企业家才能在生产性活动和非生产性活动之间投入的比例，不同的制度环境决定了不同企业家活动类型的报酬前景，因此，企业家所处的制度环境可能会影响企业家对经济繁荣做出的贡献大小。鲍莫尔还从制度质量角度区分了企业家活动的类型和企业家活动的总水平，把传统上制度与

---

① 陆丁：《寻租理论》，载汤敏、茅于轼主编，《现代经济学前沿专题》（第二集），商务印书馆，1996年，第157页。

经济增长、企业家才能与经济增长这两种看似不相关的理论结合了起来。好的制度有利于经济增长,是因为好的制度更多地促进了生产性的企业家活动,而生产性的企业家活动是经济增长的关键。阿西莫格鲁(1995)和梅勒姆等(2003)分别构造出理论模型试图说明:才能往往是相通的,相同的企业家才能既可以配置到生产性领域也可以配置到非生产性领域,企业家才能配置的方向取决于社会制度支付给两种活动的相对报酬或激励结构。

三、企业家寻租的后果及治理

一个社会是把资源(包括人力资本)用于生产性活动(寻利)还是用于非生产性活动(寻租)主要取决于一个国家的制度。换言之,好的制度激励人们去做蛋糕,而坏的制度则诱使人们去分蛋糕。寻租不仅影响一国的经济活动,而且影响一国的政治和社会活动。我们这里主要探讨企业家寻租对经济发展的影响,主要表现在两个方面:

第一,把企业家引导到非生产性活动中来,从而大大地降低了一国科技创新的能力。

人的精力和时间总是有限的,过多的时间和精力用于寻租,那么用于寻利的时间和精力就大大地减少。布鲁克斯、黑吉德拉 1988 年设计了寻租竞争与科技竞争的动态比较模型,分析了寻租对社会进步的阻碍作用;也从动态的角度揭示了在中国古代的制度背景下出现的寻租竞争取代科技竞争的恶果。他们认为,社会生产水平随着时间不断发展,当发展到一定阶段,就会产生一种竞争,这种竞争耗费了一定量的社会资源。如果发生的是科技竞争,那么虽然是从较低的生产水平出发,但是由于科学技术的进步,生产可能性曲线可以大大地向外伸展;然而如果发生的是寻租竞争,由于寻租只是把社会资源白白消耗于非生产性领域,对生产力发展不能起到推动作用,整个社会的进步都将停滞。

企业家是进行生产性配置还是非生产性配置,对创新能力和技术扩散有着重要的影响。当企业家的供应发生变化时,企业家活动对社会的生产性贡献也很不一样,因为他们在创新和非生产性活动方面配置不同。这种配置在很大程度上受到这些活动相对收益的影响。社会对企业家生产性活动的报酬是引导企业家沿着生产性方向努力的重要因素。否则,社会对企业家非生产性活动的报酬引导会导致企业家的非生产性努力。这意味着,企业家报酬政策比企业家供应更能影响企业家的配置。在古罗马、早期中国、中世纪及文艺复兴时的欧洲,社会发展与企业家生产性努力正相关,与给予企业家的报酬(地位)正相关,可以证实这种假说。

表 3 概括了影响人才配置的各种因素。在我国,提高寻租活动吸引力的因素

还大量存在,如产权界定不清的现象还大量存在,政府控制的资源太多和管制较多,一些政府部门在配置资源的过程中有意或无意地采取了"设租—寻租"方式等,这些会诱使企业家们把一些精力和时间用在寻租上,不利于企业家们面向市场搞创新活动。

表3　有利于寻租活动和有利于企业家活动的因素

	提高寻租活动吸引力的因素	提高企业家活动吸引力的因素
市场规模	大量资源被"官方"寻租部门占有,比如政府、军队等。产权界定不力,使得财富容易受"非官方"寻租者的掠夺。大量财富被掠夺,特别是相对于较小的产品市场而言。	产品市场大。 良好的通信和交通有利于贸易的发展。
企业规模	寻租者(政府官员、军队等)拥有相当的权威和机动权,可以不受法律和习惯的约束收取大量的租金。	容易进入和扩张,规模报酬递减不明显。 容易利用资本市场。
合同	保留大部分已收取的租金的能力。在组织中,可以清晰观察到能产生适当报酬的产量。	清晰的产权、专利保护。 没有寻租者来掠夺租金。 可以开办企业,以收取才能的准租。

资料来源:安德烈·施莱弗、罗伯特·维什尼,《掠夺之手——政府病及其治疗》,中信出版社,2004年,第63页。

第二,把社会精英集中到非生产性活动中来,大大地降低了一国的竞争实力。

最有才能的人选择什么样的职业会对资源配置产生很大的影响。当有才能的人成为企业家时,他们会改进自己所从事的行业的技术,带来生产效率和收入的提高。相反,当有才能的人成为寻租者时,他们的个人报酬大部分来源于对他人财富的再分配,或者说是一种掠夺,而不是来源于财富的创造,结果大大地降低了一国的竞争实力。兰德斯(1969)认为,人才的不同配置是18世纪的工业革命为什么发生在英格兰,而不是法国的原因之一。在近现代,人才向寻租部门的配置也许正是大部分非洲和拉丁美洲国家发展停滞、欧洲经济增长缓慢的原因,而寻租部门较小的新兴工业化国家却可获得成功。[①]寻租理论可以解释为什么有的国家经济发展停滞。

我们判断一个国家或地区寻租是否严重,可以从两个方面来进行:一是高考后填报专业的选择在一定程度上能反映这个国家是寻利还是寻租。若很多人选择工

① 安德烈·施莱弗、罗伯特·维什尼:《掠夺之手——政府病及其治疗》,中信出版社,2004年,第51页。

科、理科等专业,那么这个社会是偏向于寻利的;若很多人选择经济学、管理学和法学等学科,那么这个社会是偏向于寻租的。安德烈·施莱弗和罗伯特·维什尼以1960年的GDP作为基数,在对全体国家的回归中,发现工程师对增长有显著的正效应,而律师对增长有不太显著的负效应,即寻租降低经济增长,而企业家活动和创新则提高了增长。如果新入学的学生中选择工程专业的人多10%,将使工程专业的入学人数提高大约1倍,那么会导致每年的经济增长率提高0.5%。如果选择法律专业的人多10%,也将使法律专业的入学人数提高大约1倍,那么每年的经济增长将会下降0.3%。[①] 有人根据91个国家的统计资料,发现经济增长速度与大学生工程专业人数的比例有正相关的关系,而与大学生法律专业人数的比例有反相关的关系。改革开放后的一段时间内,我国高中生高考后选择工科和理科的较多。那时流行"学好数理化,走遍天下都不怕"的口号。但20世纪90年代后,我国大学经、管、法专业呈高速增长态势,在我国历年高考"状元"的专业选择中,选择经济、管理的人是最多的。现在在我国高等教育中几乎每所大学都在开办经、管、法专业。二是大学生毕业后的择业趋势。如果一个国家出现公务员热,那么表明寻租现象较严重。自从1994年国家公务员录用考试制度正式实行以来,全国报考公务员的人数逐年增加。进入21世纪以来,我国的公务员报考呈现出报考人数多、录取比例低、受社会关注程度高等特点,已逐渐成为我国的"第一大考"。[②] 虽然竞争激烈,但公务员报考人数依然呈现逐年递增趋势。如2006年国家和中央机关公务员的招考,全国总报考人数接近100万人,除海关职位之外,通过审核的考生近40万人,平均录取率接近1∶50,一些热门职位的录取率甚至超过了1∶1000。2007年国家公务员报考人数达53万多人,报考与录取的比例达到了近50∶1。2009年中央国家机关公务员考试报名,报考人数达97万余人,大幅超过2008年的报考人数,各职位平均竞争比例为73∶1,最热门职位的竞争率首次超过4000∶1。公务员热背后的根源在于公务员的真实收入(正式收入加上非正式收入)远远超过了正式收入(卢现祥等,2009)。

企业家寻租最严重的后果是人才的错误配置。这种人力资本的错误配置一旦形成路径依赖,将会大大地制约一国的科技发展和自主创新能力的提高。在中国,为什么很难产生爱迪生和比尔·盖茨式的人物?这与我国的体制和制度有关。人们都会在一定的体制和制度下做出理性的选择,是做出生产性知识的积累还是做出非生产性知识的积累,关键取决于制度决定的生产性报酬与非生产性报酬的差别。如果非生产性报酬在一国处于优势地位的话,那么就会大大地制约这个国家的科技进步和自主创新,并且很难产生爱迪生和比尔·盖茨式的人物。奥尔森认

---

① 安德烈·施莱弗、罗伯特·维什尼:《掠夺之手——政府病及其治疗》,中信出版社,2004年,第68—69页。

② 本文对于近几年的国家公务员报考总体情况的描述均来自人民网教育频道的即时报道。

为,由寻租造成的"累积性扭曲"降低了增长率。为什么有些国家或地区能保持长期的增长与繁荣？其根本原因就是这些国家创立了一种制度能保障企业家的生产性才能得以充分发挥。

发展中国家并不缺乏企业家,而是缺乏把社会精英变成生产性企业家的制度保障。企业家是一种稀缺性资源,能否充分发挥企业家的生产性才能和创新才能对一国经济发展至关重要。随着我国市场化改革的深入,有利于企业家生成的制度环境将不断改进和完善。治理企业家寻租的关键就是减少政府对资源的控制、对经济的管制和干预。因为寻租总是与政府过多的管制和干预有关。我国企业家的政治化倾向和行政化倾向较严重,这也是企业家寻租的一种表现。有了政治资源,寻租更加容易。所以,治理我国企业家寻租现象要从制度、体制层面入手,我们要创立企业家的市场经济,而不是政府主导的市场经济。

主要参考文献

1. 卢现祥、梁玉:《寻租、人力资本投资与"公务员热"诱因》,《改革》,2009 年第 11 期。
2. 卢现祥:《寻租经济学导论》,中国财政经济出版社,2000 年。
3. 安德烈·施莱弗、罗伯特·维什尼:《掠夺之手——政府病及其治疗》,中信出版社,2004 年。
4. 布坎南:《寻租与寻利》,《经济社会体制比较》,1988 年第 6 期。

原载《企业管理》,2010 年第 10 期;本文与易杏花合写

腐败与国际直接投资关系研究综述

腐败不仅是各国国家体制和政府治理的首要议题，也是经济理论研究的焦点之一。从20世纪60年代开始，关于腐败对经济影响的研究开始大量涌现，并且形成腐败的"润滑效应说"和"摩擦效应说"：Leff(1964,1966)、Huntington(1968)以及Braguinsky(1996)认为，腐败不一定会制约经济发展，因为在某些情形下，腐败润滑了制度并且使之趋向帕累托最优(Rashid,1981)。Myrdal(1968)则认为腐败是低效率的根源，它诱使政府机构人为地设置各种阻碍，从而使得经济增长陷入泥沼。Shliefer and Vishny(1993)①、Mauro(1995)②、Rodrik(1996)③以及Kaufmann(1996)④等也支持"摩擦效应说"，认为腐败会降低增长率、恶化产权制度和扰乱经济秩序。从20世纪90年代开始，此类研究出现一个新的焦点：从腐败等制度因素的角度解释国际资本流动，其中，关于转型国家和中东及北非国家的腐败与国际直接投资之间的关系，更是引起不少学者的关注与研究。截至目前，相关研究围绕着四个方面进行：腐败对国际资本流动类型的影响；东道国腐败对FDI总量的影响；东道国腐败对FDI构成的影响；东道国和投资国腐败程度差异对FDI的影响。本文在回顾腐败界定的基础上，针对上述四个方面，对已有的研究成果进行梳理和总结，以期对后续相关研究提供一定的帮助。

---

① Shliefer, A., and R. W. Vishny, "Corruption", *Quarterly Journal of Economics*, 1993, 108(3):599-617.

② Mauro, P., "Corruption and Growth", *Quarterly Journal of Economics*, 1995, 110(3):681-712.

③ Rodrik, D., and A. Velasco, "Short-term Capital Flows", in Pleskovic, B., and J. E. Stiglitz, Annual World Bank Conference on Development Economics 1999, World Bank, 2000.

④ Kaufmann, D., and S. Wei, "Does 'Grease Money of Bribery' Speed up the Wheels of Commerce?", NBER Working Papers, 1999, No. 7093.

一、腐败及其度量

腐败的定义有很多,但从经济学的角度来看,比较普遍地将其界定为政府官员滥用政府权力以谋求私人利益的行为。[1] 腐败的产生源于公众和政府官员之间缺乏监督的委托—代理关系,所以,在管理机构拥有过多的权力、法律及其执行程序都缺乏透明度的国家,腐败盛行。[2]

腐败行为之所以会发生是因为某公务员掌握了某种被私人部门看重的东西,该公务员有决定如何分配这些东西的处置权。腐败发生频率和其主要类型将随政府的规模、结构和类型以及腐败发生的领域而变化。克利特格德把"腐败的基本要素"总结为下面的公式:

腐败=垄断+处置权-责任

从腐败来源的证据来说,衡量国家间官僚的处置权是很困难的,但是潜在垄断的量化指标——政府的大小、工业政策的重要性、贸易限制和其他国家对经济的干预——对于许多国家来说是可以得到的。公务员的责任,这一决定腐败将被如何惩罚的因素,更加难以客观衡量。但是,责任部分是由公共官员所处的政治结构中派生出来的,而且许多国家相对的政治公开性的量化指标也可以得到。

由于腐败的非法性以及非公开性,其衡量比较困难,很多时候都只能凭借问卷调查、专家评估等主观性判断。目前有几种比较常见的腐败衡量指标。

(1)透明国际,或译作清廉国际、澄清国际(Transparency International,TI)提出的腐败评价指数(Corruption Perception Index,CPI)。这是目前使用最广泛的一个腐败衡量指标。TI 是一个旨在全球范围内反腐败的非官方国际组织,从 1995 年开始,每年都公布 CPI,平均三年更新一次。CPI 建立在 15 种不同的民意测验和 9 个独立机构的调查之上,这 9 个机构收集并测量国内外商业界和评估家对腐败的评价,然后进行加权平均,在此基础上将腐败分为 1—10 个等级。2002 年,在世界上 200 多个主权独立国家中有 102 个进入澄清国际的 CPI 评价体系。尽管 CPI 体系中各种指标都有一定的主观性和不准确性,但长期来看它们还比较稳定,所以 CPI 具有一定的可信度,同时这些指标与腐败的其他测量方法也是高度相关的。[3]

---

① Shliefer, A., and R. W. Vishny, "Corruption", *Quarterly Journal of Economics*, 1993, 108(3):599-617.

② Tanzi, V., "Corruption around the World: Causes, Consequences, Scope, and Cures", in Abed, G. T., and S. Gupta, *Governance, Corruption, and Economic Performance*, International Monetary Fund, 2002.

③ Lambsdorff, J. G., "Corruption in Empirical Research-A Review", Transparency International Working Paper, 1999.

(2)国际国家风险指南(International Country Risk Guide,ICRG)腐败指数。由一家提供国际投资风险评估服务的公司 Political Risk Services 提出,从 1982 年开始使用,每年公布一次。ICRG 腐败指数主要依靠专家的评估,描述政府官员在涉及进出口许可、交易控制、税收、政策保护或贷款方面时收受贿赂的程度。ICRG 指数基于对其变量的界定,将腐败分为 0—6 个等级,但实际上,当一个国家排名最低和最高时,一般得分为 1 和 5,所以,ICRG 指数实际上只有 1—5 个等级。

(3)全球竞争力报告(Global Competitiveness Report,GCR)腐败指数。1996 年,哈佛国际发展学会(HIID)与众多企业组成一个大学联盟协定——世界经济论坛(World Economic Forum,WEF),并发起了一项针对东道国竞争力评价的调查,来自 58 个国家的 2381 家企业评价了与进出口许可、商业许可、交易控制、税收、政策保护或贷款等方面相关的腐败程度,并以此将腐败评定为 1—7 个等级。

(4)世界发展报告(World Development Report,WDR)腐败指数。世界银行 1997 年的《世界发展报告》中公布了 1996 年的一个企业调查报告,被调查的企业被问及关于腐败水平的大量问题(与 GCR 调查的问题相同),并以此将腐败评定为 1—7 个等级。WDR 调查涉及 70 个以上的国家,对象多侧重于中小企业。

(5)商业国际(Business International,BI)腐败指数。BI 在 1980—1983 年间进行了一项关于各国风险评估的调查报告,腐败就是其中一项。通过被调查者对商业活动中涉及腐败或有问题的支付程度的评价,BI 腐败指数将腐败评定为 1—10 个等级,等级越低代表腐败程度越高。TI 指数与 BI 指数高度相关,相关系数为 0.89。

此外,Kaufmann(1999)①、Wei(2000)②、谢平和陆磊(2003)③在建立腐败衡量指数方面都有各自的创新。

二、腐败对国际资本流动类型的影响

过去 15 年内频繁爆发的大规模货币危机不仅对全球经济造成巨大冲击,同时也引发了人们对危机根源的进一步探索。Frenkel and Rose(1996)④、Rodlet and Sa-

① Kaufmann, D., and S. Wei, "Does 'Grease Money of Bribery' Speed up the Wheels of Commerce?", NBER Working Papers, 1999, No. 7093.

② Wei, S., "How Taxing is Corruption on International Investors?", *Review of Economics and Statistics*, 2000, 82(1):1-11.

③ 谢平、陆磊:《中国金融腐败指数:方法论与设计》,《金融研究》,2003 年第 8 期。

④ Frankel, J. A., and A. K. Rose, "Currency Crashes in Emerging Markets: An Empirical Treatment", *Journal of International Economics*, 1996, 41(3-4):351-366.

chs(1998)、Rodrik and Velasco(1999)、Wei and Shleifer(2000)[①]等的研究表明,国际资本流动的类型与货币危机之间存在着一定关系。由于国际直接投资、证券投资和银行贷款具有不同的风险特征,一般而言,FDI 占总资本流入比例越高的国家,货币危机爆发的可能性越小;相反,证券投资、银行债务占总资本流入比例较高的国家很有可能出现货币危机。然而,国际资本采取何种方式进入东道国,从某种程度上取决于东道国的制度风险,其中,最典型的就是腐败。

由于直接投资的沉没成本较大,具有长期性和难以变动性,故直接投资者更易成为东道国官员索贿的对象;同时,国际借贷资本比 FDI 的流动性更强,东道国政府为了吸引前者,往往为私人借款作担保,但很少为 FDI 提供类似的保证,所以银行比直接投资者更乐意与腐败国家交易。于是,腐败程度越高的国家,其吸纳的证券投资和银行贷款与 FDI 的比例都较高,爆发货币危机的可能性也越大。Wei and Andrei Shleifer(2000)假设只存在 FDI 和银行贷款两种国际资本流入类型,在此基础上,建立了一个关于 FDI 和银行贷款的两阶段模型,认为腐败存在的情形下,k 国政府在第二阶段的支出:

$$G(k,2)=T(k,2)-R[B(k)]B(k)-[R^*+\theta D(k)+\rho(k)D(k)]D(k)$$

其中,R^* 是无风险债券的总收益,$\rho(k)$ 表示 k 国的腐败程度,$D(k)$ 和 $B(k)$ 分别是第一阶段 k 国吸纳的银行贷款和直接投资,$R[B(k)]B(k)$ 和 $[R^*+\theta D(k)+\rho(k)D(k)]D(k)$ 则分别表示它们的总收益。$G(k,2)$ 对 $D(k)$ 的 $B(k)$ 一阶求导为零时,实现政府支出的最大化,于是得到:

$$B(k)/D(k)=[\theta+\rho(k)]/\theta$$

其中,θ 是一个正的参数,$\rho(k)$ 说明腐败程度越高,银行贷款与 FDI 的比例越高。为了验证这一结果,他们考察了 13 个发达国家和 30 个发展中国家及转型国家的双向 FDI 和银行贷款的数据,发现腐败程度较低的国家,如新加坡、新西兰,它们的银行贷款与 FDI 的比例以及证券投资资本与 FDI 的比例都较低;相反,腐败程度高的国家,如阿根廷和泰国,它们的这两个比例相应较高。

从微观层面看,国际资本流动的类型可以看作跨国公司进入东道国的模式。其中产权关系较为松散的就是私人债务(包括国际商业银行的借款、债券和其他私人债务),产权关系较为紧密的就是非债务流动(包括 FDI 和普通股投资)。在信息对称和完全合约的情形下,由于直接投资存在着较大的沉没成本,跨国公司在进入时,比较倾向于债务模式。在不对称信息和不完全合约的情形下,这个决策取决于直接投资的合同执行后跨国公司能获得收益与沉没成本之间的对比关系,收益越大而沉没成本越低时,进入模式就倾向于直接投资,相反选择债务模式更有利。东道国存在的腐败可以看作跨国公司直接投资需要付出的额外成本,会直接影响

① Wei, S., and A. Shleifer, "Local Corruption and Global Capital Flows", *Bookings Papers on Economic Activity*, 2000, 2:303-354.

到跨国公司投资收益与成本的对比，进而影响其进入模式。Straub(2005)建立了跨国公司与东道国之间的讨价还价模型，分析了不完全信息和不完全合约下东道国腐败程度对跨国公司进入模式的影响。他们认为腐败的存在使跨国公司更倾向于采取债务而非直接投资方式，但随着腐败程度的加深，这种替代关系的边际效应会减弱直至消失。① Smarzynska and Wei(2000)使用东欧和苏联企业的数据，也证实了腐败使企业更倾向于以较松散的产权控制形式(如许可、出售等)进入东道国。② Wei and Wu(2001)的研究也表明腐败降低了国际资本流动构成中 FDI 的比例，使东道国更加依赖银行贷款，提高该国爆发货币甚至金融危机的可能性。

三、腐败对国际直接投资流入总量的影响

腐败是东道国制度风险的一种，腐败程度越高，外国投资者面临的不确定性越大；同时，腐败也可看作为对投资征收的税收，腐败程度越高，外国投资者承担的投资成本越高。故此，投资者往往选择腐败程度较低的国家，换句话说，东道国的腐败阻碍了 FDI 的流入。较早研究腐败与 FDI 关系的文献有 Busse et al. (1996)，他们观察 FDI 和当地媒体对腐败的曝光情况，发现当媒体报道的腐败越严重时，东道国吸引的 FDI 越少，然而这个研究结果并不能得到有力的证据。Wei and Shleifer (2000)建立了一个固定效果回归模型，分析 1994—1996 年间 14 个投资国对 53 个东道国的 FDI 数据：

$$\mathrm{FDI}(k,j)=\sum_i\alpha(i)D(i)+\beta_1\mathrm{tax}(j)+\beta_2\mathrm{corruption}(j)+X(j)\sigma+Z(k,j)\gamma+e(k,j)$$

其中，$\mathrm{FDI}(k,j)$是 k 国在 j 国的直接投资总量，控制变量除了税收 $\mathrm{tax}(j)$ 和采用 GCR/WDR 腐败指数衡量的腐败水平 $\mathrm{corruption}(j)$ 外，还包括东道国对 FDI 的激励和约束政策等。通过回归分析发现，在 5% 的置信水平上，税收和腐败水平对 FDI 总量的影响都很显著。税收的标准离散增加 1 个单位，会导致流入的 FDI 减少 19.7%；相比较而言，腐败对 FDI 流入的负效应更强：腐败的标准离散增加 1 个单位，导致流入的 FDI 减少 28.3%。尤其是新加坡流向俄罗斯的 FDI，俄罗斯腐败程度上升一个单位会导致其减少 65%，这相当于提高企业所得税 32%。Habib and Zurawicki(2002)用 TI 的 CPI 衡量腐败水平，通过 OLS 类似分析了 1996—1998 年间 89 个国家的 FDI 数据，控制变量包括人口、GDP 增长率、人均 GDP、失业、贸易

① Straub, S., "Opportunism, Corruption and the Multinational Firm's Mode of Entry", ESE Discussion Papers, University of Edinburgh January, 2005.

② Smarzynska, B. K. , and Shang-Jin Wei, "Corruption and Composition of Foreign Direct Investment: Firm-Level Evidence", NBER Working Paper, 2000, No. 7969.

占 GDP 的比例、科技、文化差异、经济联系以及 CPI,当置信区间为 15%时,腐败对 FDI 有着显著的负相关效应。[①] Teksöz(2005)则分别采用 OLS 和 2SLS 分析了腐败与 FDI 之间的关系,OLS 回归结果表明,在 1%置信区间上,腐败对 FDI 有着显著的负影响,其参数估计约为 0.44,意味着腐败状态恶化一个级别,会导致 FDI/GDP 降低 44%;2SLS 的结果表明,腐败对 FDI 的负效应更强烈,在 5%的置信区间上,腐败的参数估计高达 1.20 以上。此外,Wei(2000)、Lambsdorff and Cornelius(2000)、Lambsdoff(2002)等分别采用不同的分析方法针对不同的样本进行了分析,得出的结论都比较相似,即腐败对 FDI 流入总量有着负影响。[②]

然而,当东道国存在既定的制度缺陷时,腐败有助于外国直接投资者有效地避开管制和抵消法律体制的缺陷而进入该国市场,从这个角度来说,腐败与 FDI 流入之间又存在着一定的正相关关系。与此同时,如果一国政府在进出口许可权的分配上存在腐败,这种腐败可能形成 FDI 对贸易的替代,即跨国公司为了绕开进出口壁垒,宁愿选择以直接投资的方式进入东道国。从实证研究的角度来看,支持腐败促进 FDI 流入的研究很少。其中,Back and Maker(1986)、Lien(1986)分别建立了竞价模型分析企业行贿的问题,发现最有效率的企业行贿最多。Lui(1985)采用序列模型,分析的结果表明腐败产生有效率的结果,因为最倾向于行贿的企业正是等待机会成本最高的,所以行贿对企业的迅速决策具有一定的时间价值,意即腐败提高了配置效率。[③] Feksöz(2005)参考 2003—2004 年世界经济论坛公布的《全球竞争力报告》中对 7741 个国际商务总裁关于腐败的调查,将腐败分解为包括进出口许可、公用设施使用、税收等在内的 7 个组成部分,通过回归分析发现在 5%的置信区间内,进出口许可方面的腐败对 FDI 的流入有着显著的正效应,而其余 6 个方面的腐败有着相反的影响。

还有一部分研究认为不能确定腐败与 FDI 之间存在显著相关关系。Wheeler and Mody(1992)、Henisz(2000)分别使用美国企业对外投资的数据,并未发现 FDI 和东道国风险因素(包括腐败)之间的显著相关性。[④] Hines(1995)虽然发现腐败阻碍了 1977—1982 年间美国对外直接投资的增长,但他认为这主要是因为 1977 年美国《反腐败法》的颁布,而不能因此证明东道国腐败水平和流入的 FDI 总量之间

---

① Habib, M., and L. Zurawicki, "Corruption and Foreign Direct Investment", *Journal of International Business Studies*, 2002, 33(2):291-307.

② Lambsdorff, J. G., "Corruption in Empirical Research-A Review", Transparency International Working Paper, 1999.

③ Lui, F. T., "An Equilibrium Queuing Model of Bribery", *Journal of Political Economy*, 1985, 93(4):760-781.

④ Henisz, W. J., "The Institutional Environment For Multinational Investment", *Journal of Law, Economics, and Organization*, 2000, 16(2):334-364.

存在负相关关系。[1] Okeahalam and Bah(1998)研究了非洲撒哈拉地区的数据,没有得出结论性结果。Alesina and Weder(1999)通过分析跨行业数据,尝试建立了各种模型,但仍然无法得出腐败变量对 FDI 显著的参数估计。Caetano and Caleiro(2005)运用模糊聚类分析,研究了 97 个国家的 FDI 流入与腐败之间的关系,发现在腐败水平较高的国家,腐败与 FDI 之间存在负相关关系;但是对于腐败水平较低的国家,腐败对 FDI 的影响并不明显。总之,大部分相关文献支持腐败对 FDI 有负效应的观点,但总体上来说,这种关系尚不能定论。

四、东道国腐败对 FDI 进入方式的影响

跨国公司以 FDI 方式进入东道国时,其资本、技术、管理经验等资源的组合方式有多种,最常见的就是独资和合资。基于企业层面,从交易成本、OLI、组织能力、资源整合等方面分析 FDI 进入方式的研究很多,但将腐败作为影响 FDI 进入方式因素的研究非常少,从 FDI 理论研究的角度来看,这是一个值得深入和继续的议题。目前为止,这方面研究最具代表性的就是 Smarzynska and Wei(2000)。他们通过分析独资和合资两种情形下跨国公司的收益与成本对比,得出当 $t>\frac{(V_{JV}-V_{WO})+\theta q}{\gamma+\phi q}$ 时,跨国公司会选择独资,否则会选择合资。

其中,t 是外国跨国公司的技术复杂程度,V_{JV} 和 V_{WO} 分别表示合资和独资方式的收益,q 代表东道国腐败水平,θ、γ 和 φ 都是正常数。[2] 由此可以看出,t 一定时,东道国腐败程度越高,外国投资者越倾向于建立合资企业。为了验证这一结论,Smarzynska and Wei 进行了产权模式对腐败的回归分析,结果表明在 10%的置信区间内,腐败的系数比较显著且为负数,表明腐败的存在使外国投资者更倾向于与当地合伙人建立合资企业。例如,阿塞拜疆的腐败系数为 4.6(=7-WDR 原来的腐败指数),匈牙利的腐败系数为 2.6(=7-WDR 原来的腐败指数),外国投资者在阿塞拜疆建立独资企业的可能性(约 30%)比在匈牙利的可能性(44%)减少了 14%。采用 TI 的腐败指数,分析的结果完全一致:腐败使建立独资企业的倾向减小。Hines(1995)也曾以美国跨国公司为例进行了相关分析,认为与其他国家的跨国公司不同,美国跨国公司一般避免在腐败的国家建立合资企业。Hines 认为导致这一

① Hines, J. , "Forbidden Payment: Foreign Bribery and American Business After 1977", NBER Working Paper, 1995, No. 5266.

② Smarzynska, B. K. , and Shang-Jin Wei, "Corruption and Composition of Foreign Direct Investment: Firm-Level Evidence", NBER Working Paper, 2000, No. 7969.

现象的原因在于1977年的《对外腐败法》,该法认为如果美国跨国公司职员或合伙人涉及行贿,该公司的执行人有罪并应受到处罚。但是Smarzynska and Wei(2000)在其回归分析中,特别分析了美国跨国公司的情况,得出了与Hines不同的结论,即在腐败的国家,美国公司比其他国家公司更倾向于独资。

五、东道国和投资国腐败程度差异对FDI的影响

对外直接投资者进入新市场时,为了避免不确定性,往往优先选择比较熟悉的投资环境,故东道国与投资国的所谓"精神距离"越小,越容易吸引FDI。"精神距离"包括文化差异、管理体制差异、地理距离以及经济水平差异等。东道国和投资国腐败水平的差异正是管理体制差异的一个方面,这种差异越大,越会限制FDI进入东道国。从资源禀赋的角度看,制度差异是比较优势的来源之一,东道国和投资国腐败水平相差越大,外国直接投资者优势越小,因为它在进入时难以适应与母国不同的投资环境,必须花费更多的成本去应付不确定性和学习应对腐败问题;相反,两国腐败水平相当时,这种"精神距离"较小,有利于FDI增长。Aizenman and Spiegel(2002)使用代理理论证实了这种观点。在他们的分析框架下,当投资国制度比东道国制度更健全时,外国投资者在合同的事前和事后控制方面的成本非常高,由此会减少投资。这说明投资国和东道国的制度距离对FDI有负效应。Habib and Zurawicki(2002)通过对89个国家FDI数据的probit估计分析,发现投资国和东道国腐败指数CPI的绝对差异对FDI有显著负效应,即在10%的置信区间内,CPI绝对差异的系数为-0.09。Bénassy-Quéré、Coupet and Mayer(2005)建立了一个重力模型,分析了包括东道国和投资国的GDP、人均GDP、制度距离等在内的因素对双向FDI的影响,当采用2001年52个国家(其中45个是新兴市场国家或转型国家)作为分析样本时,东道国与投资国在政府效率、税收体制、研发支持等13个方面的制度差异与双向FDI之间存在正的显著相关性,这表明制度差异促进双向FDI。[①] 这个结论令人惊讶,但Bénassy-Quéré,Coupet and Mayer(2005)将此归因于样本的选取。在更换样本空间后,他们使用纵列数据重新进行回归分析,结果表明制度差距对双向FDI有着显著负效应,意即东道国和投资国之间制度越接近,双向FDI越频繁。此外,Levchenko(2004)从行业角度出发,一些行业相对于其他行业而言是制度密集型的,所以会导致更多的贸易流动,此行业中的跨国公司会竭力运用这种比较优势以吸引更多的FDI。关于制度距离对双向FDI的分析结论存在差

---

① Bénassy-Quéré, A., M. Coupet, and T. Mayer, "Institutional Determinants of Foreign Direct Investment", CEPII Working Paper, 2005(5):8-30.

异,原因在于衡量制度质量的变量选取上存在争议。一方面有关制度数据的收集往往通过专家评估、观察报告等形式,所以并不准确;另一方面不同学者在分解制度变量时,并未采用同一标准,所以只能描述制度特征的某些方面。

六、结语

腐败与 FDI 关系研究是制度与经济增长关系研究的一个新兴分支,也是近年来新制度经济学和国际投资理论研究的前沿问题,无论在工具的选择和分析的纬度上,都值得进一步深入。目前,相关研究大多针对腐败对 FDI 影响的分析,且实证研究的结果一般支持腐败对 FDI 流入的负效应。该结论对于引资国尤其是发展中国家和转型国家的政策含义很明显:完善产权制度,提高制度运行的透明度,尽量缩小与发达国家在制度完善方面的差距,对于吸引 FDI 至关重要。新近的相关研究中出现一个新的方向——反向探讨 FDI 对腐败的影响,代表性的文献是 Larrain and Tavares(2004)。他们运用 1970—1974 年间跨国 FDI 数据,分析了 FDI 对腐败的影响,认为 FDI/GDP 腐败水平之间存在显著负相关关系。该文献为此类研究提供了新的方向和思路,值得深入探讨。

奥斯特罗姆(1988)提出了一个有力的事例证明,由少数人设计的用以最大化政治控制和寻租活动的政体,不可能为个人提供因为要努力解决他们自己的经济问题以及更大地提高效率和增长所带来的个人机会而进行制度实验的要求。诺斯(1990)对为什么一些国家富裕而另一些国家贫困进行了分析,他的结论是:“由于缺少进入有法律约束和其他制度化社会的机会,因此现今发展中国家的经济长期停滞不前。”对腐败与国际直接投资关系的研究可以使我们更好地认识发展中国家制度与经济增长关系研究中的深层次问题。腐败对国际直接投资的影响及分析思路也可以用于腐败对国内经济发展的影响。[①]

原载《贵州财经学院学报》,2007 年第 6 期;人大复印资料《世界经济导刊》2008 年第 2 期转载;本文与徐静合写

① 此类研究中,Eaton and Gersovitz(1984)、Doyle and Van Wijnbergen(1994)、Thomas and Worrall(1994)和 Bond and Samuelson(1989)分别研究了政府征用风险、税收优惠、政府诚信与 FDI 类型和数量之间的关系;Albuquerque(2003)和 Schniztzer(2002)则探讨了合同被迫中止的可能性以及主权风险对国际资本流动构成的影响;Bénassy-Quérér, Coupet 和 Mayer(2005)研究了东道国制度因素以及东道国、投资国制度距离对 FDI 的影响。

·低碳经济与制度安排·

交换价值优于一切的市场逻辑能解决气候变化的问题吗?

一、市场能解决气候变化问题吗

在过去的30年中,以气候变暖为主要特征,全球范围内的大气平衡正在受到破坏,这会对人类生活产生全面和长期的重大影响。研究表明,这是工业化等外力导致了气候在短期内的非正常的剧烈变化。根据夫罗姆和基林(From and Keeling,1986)的研究,从工业革命之前到现在的这段时期中,大气中的二氧化碳浓度从280ppm上升到了360ppm。康威等(Conway et al.,1988)发现,从1958年到1988年二氧化碳浓度以每年1.3ppm的速度上升,如果目前的趋势一直保持下去,到2100年,二氧化碳浓度将达到540—790ppm,与工业革命之前的280ppm相比上升了90—250个百分点。根据迪金森(Dickinson,1986)的计算,大气中的二氧化碳浓度将会达到工业革命前的两倍,因此均衡温度的上升将会达到2.5°C—4.5°C。大气中二氧化碳浓度的增加主要由两个方面引起:一是人类活动尤其是化石燃料的燃烧,二是热带雨林的减少,据估计后者起到的作用大约是前者的三分之一。[①] 因此,转变经济增长方式,实现从高碳经济到低碳经济的转变,已经成为世界各国所需要审慎面对的时代课题。

气候变化已令全球GDP损失翻倍,每年损失约合1.2万亿美元。至2030年,全球气温急升及碳污染会令全球GDP损失从1.6%增至3.2%。人类也会遭受前所未有的伤害。如果各国着手解决气候变化的问题,将为全球带来庞大经济利益。尽管贫穷国家面临的经济冲击最严重,但大型发达国家亦不能独善其身。全球暖化正在导致气候的转变,世界各国经济将受到冲击,其中当属中国蒙受的打击最

① 谢怀筑:《气候变化的经济学:一个文献综述》,《山东大学学报(哲学社会科学版)》,2010年第2期。

大,可能在20年内经济损失超过1.2万亿美元。碳排放密集的经济体及其引发的气候变化,导致世界每年约500万人死亡,其中90%与空气污染有关。①

如何解决气候变化问题成为人类社会共同面临的难题。而气候变化及二氧化碳排放问题又是环境保护中最难的问题。解决这个问题主要有两大途径:一是技术层面的,如通过技术节能减排、发展低碳技术等;二是制度和政策层面的,这还涉及是在市场层面还是国家层面解决低碳发展的问题。更重要的是人类社会需要在技术与制度互动的过程中发展低碳经济,以应对气候变化问题。这其中,制度层面更重要。我们在此要提出的是,有利于资源配置的市场能否解决气候变化的问题?市场在解决气候变化问题上面临两大挑战:

(1)面对气候变化,发展低碳经济是人类历史上第一次基于政治和政策的、有意识做出的伟大转变,并且要构建基于全球合作文化、把全球生态体系考虑在内的全球低碳经济体系。

人类文明历史上仅有两次大转变可与今天我们所面对的全球低碳经济转型相比:由狩猎—采集到定居农业社会的革命性转变和工业革命的伟大转变。与前两次大转变相比,发展低碳经济有其独特之处,这种独特之处容易被人所忽视。

第一,向工业社会的转型是进化的结果,对此无预先的蓝图;而面对气候变化,发展低碳经济是在时间的压力下有计划进行的,以便达到向气候友好与资源有效利用的社会转变。气候变化及高碳发展对人类的生存挑战是多方面的:一是温室气体的排放总量是有极限的;二是温室气体的总量限制及减缓是有时间限制的;三是作为总量限制及时间限制的气候变化问题要求全球共同行动,而这种共同的行动的困境还难以解决。发展低碳经济将是人类历史上第一次基于政治和政策的、有意识做出的伟大转变。为了完成这个转变,仅仅市场导向是不够的,这需要政治、社会乃至文化都为这个伟大的转变提供支撑。

第二,工业革命从少数国家开始,且经历一个多世纪才成为一个全球化的现象;而这次发展低碳经济的大转向必须在全球范围内进行,并且必须在短时间内完成。这需要规模空前的合作。这种大规模的合作面临着集体行动的困境,每个国家的"理性"不等于全球的"理性"(类似于个人理性不等于集体理性)。这个过程的博弈时间不能过长,抓紧时间面对气候变化是人类不得不作出的选择。

第三,与以往两次大转变不同,发展低碳经济必须将社会重构为一个全球体系,无论选择什么样的发展道路,都必须把全球生态体系考虑在内,必须培养一种空前的全球合作文化。② 这种合作文化如何形成是一个更深层次的问题。

第四,气候变化及低碳发展涉及经济学和伦理之间的联系(在代内和代与代之间存在着重大而潜在的政策取舍),以及与他人和环境相关的权责观念,这是一个

① 人道主义机构DARA:《气候脆弱性监测报告》,《环球时报》,2012年10月19日。

② 迪克·梅思纳:《低碳转向的特点与危机》,《中国社会科学报》,2013年5月31日。

更复杂的问题,考虑到温室气体排放和其影响之间时空的长期脱节,有关公平公正的问题就显得非常重要。这种公平原则不仅涉及国与国之间减排的公平问题,而且也涉及一国内减排的公平问题。面对气候变化及发展低碳经济必须要确立生态正义观,这是人类面对气候变化及发展低碳经济进行国际合作、政策制定和制度安排的前提。

(2)减少温室气体排放及发展低碳经济是人类社会到目前为止面临的最大市场失灵。一是从温室气体排放及发展低碳经济涉及的市场范围来讲,无论是从涉及的主体(世界各国、地区、企业、个人)来讲,还是从涉及的空间来讲,都是最大的。二是从温室气体排放及发展低碳经济所涉及的时间来讲,这不仅涉及当代人,还涉及子孙后代。三是发展低碳经济不仅涉及世界各国的协同行动,而且还涉及国内制度和国际制度。所以,减少温室气体排放和发展低碳经济是最大的市场失灵。

从理论上来讲,J. H. 戴尔斯提出的污染交易的新自由主义的方法是为回应环保主义者质疑工业资本主义所带来的压力而产生的。在戴尔斯看来,通过将排放转变为可销售的商品,就有可能把排放当做另一种创造财富的市场组成部分。在新自由主义经济学思想的影响下,现代人的市场理想主义是如此强大,它提出,纠正类似污染的“市场失灵”的最有效途径就是把这些限制也变成可供销售的商品,让碳排放权的交易也市场化。从效率层面来看,气候变化的补偿的经济分析假定所有损失都是可以通过货币价值来补偿的,这种分析是有问题的。从现有文献来看,在运用市场经济面对气候变化和低碳发展方面,在一定程度上夸大了市场的作用。在新自由主义经济学看来,交换价值优于一切的逻辑在处理气候变化的问题上也是有效的。

在工业化过程中,为了提高经济效率,人们没有考虑碳排放量的问题,因此现行的价格机制没有考虑碳排放的成本,包括社会成本。戴利(Hermann Daly)认为古典经济学的计算方法不适用于生态学。斯特恩在论及生态经济学的传统时指出市场在应对气候方面完全失灵,因为市场无法获取可用的生态学信息,甚至竟敢对之视而不见。① 大自然提供给人类存在于地壳中的原生态的、可氧化的含碳物质。能源所有者的经济决策将大自然的供给改变为市场供给,市场供给则通过价格机制寻找它的需求,通过化学作用,这些供给变成二氧化碳,污染了大气。人类将大自然的供给变为市场供给,并将市场供给在原则上与价格挂钩。市场失灵源自这样的事实,即人们和公司不必为他们的排放所造成的破坏付费,私人成本与社会成本不一致。我们现在的化石燃料价格中没有包括对环境破坏的成本,这就会给出错误的信号,从而导致市场失灵。

---

① 魏伯乐、查理·哈格罗夫斯等:《五倍级》,格致出版社、上海人民出版社,2010年。

从深层次来看,面对气候变化最困难的并不是技术层面的问题,而是国与国之间的集体行动如何形成的问题。建立在现代自由主义基础上的政治制度不能很好地将保护环境的善行转化为集体行动,而且在使它超越国家的边界并扩展到其他物种时更加困难重重,所以他们就以市场的办法来回避政治上集体行动的困境。以《京都议定书》为例,我们可以看到新自由主义经济学的交换价值优于一切的逻辑是如何用来解决全球性气候变化及低碳发展的。新自由主义力图将国际气候谈判偷换为碳汇交易和排放许可交易程序的努力消解了《京都议定书》的巨大潜力。《京都议定书》是正式的国际法律和条约水准最高的条约,但该条约的进程已经被新自由主义发明的碳市场彻底破坏了。实践证明,《京都议定书》的数量法日渐无效和无效率,未来几年会有越来越多的对全球变暖问题的密集磋商。而对碳排放征收国际环境税,是协调政策和延缓气候变化的有力工具。① 值得指出的是,在 1997 年《京都协定书》生效后,二氧化碳排放量却出现明显的加速。《京都议定书》在解决二氧化碳排放问题上的不成功,充分说明了资本主义制度的惯性,它不会轻易改变自己的发展模式,而这种发展模式从长远的角度看对环境将产生灾难性的影响。②

在碳排放权交易和碳税作为低碳发展的工具中,为什么更多地选择了碳排放权交易?对美国的实证分析表明,无论是私营商业,还是环保组织都更倾向于免费发放配额的交易政策。③ 这是因为大家都可以从碳交易制度的设计中得到好处。所以在制度设计过程中,最优制度设计与利益冲突了,那么最优制度就会被能满足大家利益追求的次优制度所替代。从国际来看,排放交易制度的突出优点在于发达国家可以通过国际碳市场购买海外减排配额,替代国内减排。为了应对气候变化,国与国之间需要进行大规模财政转移支付,而直接的转移在政治上不可行。但在新自由主义经济学看来,通过市场交易,让微观主体在国际碳市场上进行交易就可以实现这一目标。这也是新自由主义经济学的交换价值优于一切的逻辑的体现。

市场机制在解决气候变化及低碳发展的问题上面临着"绿色悖论"。假定各国政府都一致同意以固定的速度提高从价税,当能源所有者估计税收将要提高时,气温上升以及公众不断提高的与二氧化碳排放有关的问题意识,又会如何反应呢?正如辛恩(1982)所指出的,在这种情况下,能源所有者将提高他们当前的销售,以避免今后的税务负担。气候变化因此会加快,这就是所谓的"绿色悖论"现象。绿色悖论意味着,可开采能源的所有者的供给反应将遵循一条不同于普通供给者的反应的逻辑。④ 对绿色政策的恐惧使绿色政策日益从紧,不仅没有抵制住化石燃料的消费,反而加大了化石燃料的供给。自 1973 年以来,尽管世界经济增长相当

---

① 曹荣湘:《全球大变暖:气候经济、政治与伦理》,社会科学文献出版社,2010 年。
② 约翰·贝拉米·福斯特:《生态危机与资本主义》,上海译文出版社,2006 年。
③ 谢来辉:《碳交易还是碳税?理论与政策》,《金融评论》,2011 年第 6 期。
④ 曹荣湘:《全球大变暖:气候经济、政治与伦理》,社会科学文献出版社,2010 年。

缓慢,世界的能源消费却以每年2%的速度增长。按照这一速度,世界能源消费从现在起到2050年将会增长130%。“绿色悖论”现象表明,与其他环境问题相比,市场机制在面对气候变化及发展低碳经济上局限性更加明显。这说明,在利用市场经济发展低碳经济的过程中,若不考虑约束条件,市场经济不仅不能减少人类经济活动对气候变化的影响,反而会加剧人类经济活动对气候变化的影响。

“绿色悖论”的实质是与化石燃料生产和消费有关集团的利益与环境保护之间的矛盾。国际能源机构的研究显示,如果要将全球气温的上升幅度控制在2摄氏度以内的安全值,温室气体排放量就不能超过5650亿吨。从世界范围来看,目前能源和矿业公司宣布的化石燃料已知储量大约相当于2.8万亿吨。换言之,如果我们想保护地球的生态环境,就只能燃烧20%的化石燃料。对于能源和矿业公司来说,这80%的储量就会成为永远无法带来经济效益的搁置资产。因此,一些能源公司用各种办法试图说服公众和政策制定者,根本不存在气候变化问题,尽管这显然背离了科学和常识。他们试图引导人们相信,如果全世界行动起来共同遏制气候变化,就会对经济发展造成负面影响。[①]

二、市场在解决气候变化问题上的局限性

面对环境和生态问题,市场经济存在着相当大的局限性。庇古(1929)认为,自由市场经济不可能总是有效运行,因此,政府要为推进经济福利的目的而行使干预。在政府干预中,庇古对自然资源的耗竭和主张后代对自然财富有权利等问题也非常重视。他说,个体完全是根据他们的非理性偏好在当代、较近的后代和遥远的后代之间进行资源分配。无论如何,人们还是主要倾向于当代。为什么会这样?在庇古看来,我们的认知是有局限性的。市场力量常常无助于环境的保护。政府既是未来人也是当代人的受托人,与市场力量相比,政府可以依据法律监督和行动,以保护可耗竭资源储备免受过早或者不顾一切的开采。为了有效使用资源和保护环境,庇古提供了三条政策措施:国家补贴、国家税收、立法。市场在解决气候变化问题上的局限性表现在以下几个方面:

(1)市场不能解决生态价值及其实现的问题。许多生态或人的特性方面的损失是不能归结为货币价值的,其中包括特定场所和社区的附属物,以及对和平、宁静、美丽或生物多样性的偏好。[②] 例如,人类从生命系统中得到的许多服务,如绿

① 毛莉:《保护生态环境是对未来发展的投资——访罗马俱乐部前秘书长马丁·李斯》,《中国社会科学报》,2013年12月30日。

② 迈克尔·S. 诺斯科特:《气候伦理》,社会科学文献出版社,2010年。

色植物生产的氧,却找不到任何以价值计算的替代物。1991—1993 年间的试验表明了这一点,当时,在亚利桑那州参加耗资 2 亿美元进行生物圈 2 号(一个入选的封闭的生态系统)试验的科学家们发现:生物圈 2 号不能够保持生活在其中的 8 个人的生命支持所需的氧的水平,而生物圈 1 号(地球)却每天都在为 60 亿人免费执行这项工作。①

环境经济学的理论假设是,如果人们赋予自然界以经济价值,并更加充分地将生态环境因素纳入市场经济的体系中,将生态资产转化为可以销售的商品,这样生态环境就可以得到更好的保护。这种假设是有局限性的。因为生态环境的价值是多方面的,是整体性的,所以生态环境不能完全地纳入市场经济的循环之中。生态环境所具有的内在价值不能简化为市场价值,也不能简单地采用成本和效益分析。② 在传统经济学中,如果一种商品如贵金属被使用至灭绝的地步,那么通过市场规律而运行的人类创造力将会找到有效的替代品。因为这类商品价格上涨,替代品的研究将成为潜在的高回报工作。价格机制并不是万能的,像碳汇、气候稳定、氧气、土壤、阳光和水对人类生活至关重要,到现在为止没有任何技术上的替代品足够代替它们。化石燃料的价格越高,避免消耗更多燃料并且转而使用替代能源如太阳能、核能等的内在激励就越大。③

(2)市场不能解决生态公平问题。从公平的层面来看,市场经济难以有效解决碳排放中的公平问题。气候变化问题本质上是公平问题。气候问题主要是由于发达国家不合理地占用有限的生态空间造成的。世界每 1000 美元的 GDP 平均会造成大约 0.5 吨的二氧化碳排放。从时间上来讲,以欧美为代表的发达经济国家已走过了碳排放增加阶段,进入下降阶段;而以中国为代表的新兴经济体正处于经济发展过程中,这必然带来碳排放的增加。但温室气体积累所导致的全球变暖效应使得碳排放约束非常强烈,这一约束同样施加于新兴市场经济体,对其经济发展产生了制约。这使得新兴市场经济体承受着发展的不公平。

当今世界,已经形成了贫与富的生态环境。在气候变化的情况下,发展中国家面临的问题更加严峻。气候变化引起的灾难受损最大的是发展中国家和穷人。气候变化造成的损害中多达 80%将由发展中国家承担。④ 这是因为:它们大多位于低纬度地区,气候变化会使穷国的气候变得更暖,生存条件更加不利;发展中国家大多处于工业化过程的初期,穷国在发展工业化和提振经济方面,不可能走高端的尖端科技道路,对于高耗能的资源消耗产业依赖度高;发展中国家的生计大多还依

① 霍根、拉维斯:《自然资本论:关于下一次工业革命》,上海科学普及出版社,2000 年,第 6 页。

② 解保军、李建军:《福斯特对资本主义的生态批判》,《南京林业大学学报(人文社会科学版)》,2008 年第 3 期。

③ 曹荣湘:《全球大变暖:气候经济、政治与伦理》,社会科学文献出版社,2010 年,第 196 页。

④ 国际复兴开发银行、世界银行:《变化中的国家财富:对可持续发展能力的测量》,新华出版社,2013 年,第 83 页。

赖于自然环境,农业占了国民生计的较大比重,环境变化将加大这些国家农业的脆弱性;而大多数富国对低碳农业不感兴趣,缺少相关规划与支持;发展中国家缺乏发展低碳经济的技术。[①] 值得指出的是,乌恩鲁(2006)认为,和通信技术不同,能源技术不大可能具有实现技术“蛙跳式”(leapfrog)超越的特性。发达国家一方面要求世界各国采取积极的减排措施,另一方面又不愿意向穷国输出技术与资金支持,这对于广大的发展中国家而言是不公平的。所以,发展中国家很难超越现有能源技术而直接进入低碳技术,经济增长和发展低碳经济的矛盾不可避免。由此看来,以公平为基础的分配原则(如以人均排放量和历史排放量为中心的分配原则)应该为公平地发展低碳经济奠定基础。

在一个资源有限和大自然吸收污染物的能力也有限的世界里,只有少数国家能够成功实现可持续发展战略,而且只能在较短的时间内。所有国家做到这一点是不可能的,第三世界国家甚至很难实现比如西班牙已经达到的通常不可持续的发展水平。因为,它至多是一种零和游戏,更多的是一种负和关系。真正的外援和平等的交换也许有助于促进可持续性,特别是在第三世界国家,只是世界生产总量必须因此降低。但是,受世界市场内部动力的驱动,世界生产总量正在不断地增长。世界市场上的平等交换意味着重新分配繁荣,它也将重新分配不可持续性,而不是全球性地降低不可持续性。[②]

市场经济在发展低碳经济中不仅面临着国与国之间(尤其是发展中国家与发达国家之间)的社会公正问题,而且在国内也面临着社会公正问题。如减排对发展中国家的影响更大,气候变化对发展中国家的负面影响更大,碳和燃料价格的高企对穷人的冲击要大于对富人的冲击。英国 2008 年的平均燃料费账单比往年上升了 40%,其影响对生活在穷困线以下的 65 岁以上者尤其严重——英国的这类人大概有 200 万。[③] 由美国国会的预算办公室估计,15%以内的电价上涨,相当于家庭收入在底部的 20%家庭总花费的 3.3%,也就是 680 美元,同时还不考虑可能伴随的减产和失业的影响。然而对于富裕家庭,这项政策对他们的影响仅占他们收入的 1.7%。我们在制度安排(包括国际制度与国内制度)和政策导向中一定要把公正引入到减缓气候变化和发展低碳经济的过程中,尤其在国际制度安排中,若缺乏公正性,那么任何契约、制度都将是无效的。人类有能力解决减排问题,也有很大的发展低碳经济的潜力,现在的关键是建立在公正基础上的国内减排制度和国际减排制度的缺失。

(3)市场不能解决线性经济体制带来的问题。工业文明是建立在线性经济体

---

① 尼古拉斯·斯特恩:《地球安全愿景:治理气候变化,创造繁荣进步新时代》,社会科学文献出版社,2011 年,第 12 页。

② 萨卡:《生态社会主义还是生态资本主义》,山东大学出版社,2008 年,第 192 页。

③ 安东尼·吉登斯:《气候变化的政治》,社会科学文献出版社,2009 年,第 98 页。

制基础上的。线性经济体制是一时安排,这只是将土壤中的物资转化为产品,同时依照消费来分配它们,将残留的物资排放到垃圾堆、海洋和空气中。这种经济活动不可能无限地持续下去。这个过程将对后代构成严重打击。[①] 在线性经济体制中,价值的创造被描述为一种提取、生产和交换的线性结果:原材料是从自然界中获取的;工人利用技术将这种原材料变成产品,产品被出售以创造利润;生产过程产生的废料,被送往其他某些地方作某种方式的处理。在这种做法中的"某些地方"并不是经济学关心的问题,只要有足够的钱,就可以买到足够的资源。[②] 现代制造经济耗尽了生物物理世界的耐用性和人类住所的稳定性。气候变化的出现所揭露的一个极大悖论是,现代制造经济使人类摆脱体力劳动的历史任务,但产生了新的奴役形式,即部分人对其他人和非人类物种的奴役,并最终在一个全球变暖的世界中奴役着全部人性。[③]

市场加剧了线性经济体制的负面效果。从生产力层面来看,蒸汽动力将人类生产力从传统的土地、动物、人类劳动的限制中释放出来,并且使经济空前增长,从而使工业革命进入了辉煌时期。然而,地球上碳循环物质上的限制显示了其与现代政治经济设想的根本冲突。如果地球上的60亿人都以工业革命时期的生活方式生活,那么地球这个生命支撑系统不久就会崩溃。[④] 换言之,市场经济和工业文明没有考虑地球上碳循环物质上的限制。在财富积累和浪费的现代经济中,这种将生命形式转变成纯粹的物质欲望达到了新的深度。在美国,每天被工业"新陈代谢"所利用的材料,平均相当于每个美国人体重的20倍,即每年利用的材料平均要比每个美国人的体重多100万磅。全球的物质流量每年约5000亿吨,大部分被浪费掉了。对生物规律和生态系统的再生方法的经济主义的忽视,产生于现代社会特有的把经济目标置于道德和精神目标之上的追求。从奴役地球及其数十亿生物以积累财富而言,这种错位的追求付出了非常大的代价。不仅穷人和其他物种受损,富人也同样因其错误的追求而在理智、道德和精神上受苦。

工业文明与自然系统的再生或再循环模式完全不一致。积累财富的工业经济是一种浪费型经济,因为它的程序和规则是还原论的。在工业化过程中,企业和民众忽视体现真正繁荣的人类与生物群落的复杂关系网。所谓还原论就是没有考虑自然的能源循环。例如,建筑取暖、制冷和照明的能耗制造了人类二氧化碳排放总量的40%。许多现代住宅是"供居住的机器",并且无须考虑当地的可用材料或者能源循环,住宅结构很少考虑自然采光或者通风,而是用电力光源和机器制冷、取

---

① E. 库拉:《环境经济学思想史》,上海人民出版社,2007年,第178页。

② 霍根、拉维斯:《自然资本论:关于下一次工业革命》,上海科学普及出版社,2000年,第7页。

③ 迈克尔·S. 诺斯科特:《气候伦理》,社会科学文献出版社,2010年,第213页。

④ Ehrich, P., and A. Ehrich, *Extinction: The Causes and Consequences of the Disappearance of Species*, Random House, 1981: 79.

暖以保持它们适合居住。因此,对居住空间与自然光源和能源循环之间关系的重新考虑是新型可持续、低能耗住宅的核心。① 工业消费主义是工业文明的一种形式,与自然系统的再生或再循环模式完全不一致。当崇尚一次性使用的社会从地下开采贵金属以及化石,再将它们埋于地底的洞中或是释放到大气中,这与地球系统相冲突,危及地球系统的活力。

线性经济体制对生态和环境的破坏是累积性的,并且呈不断增长的态势。1970 年至 1990 年,工业生产连续年平均 3%的增长率,这意味着整个世界的工业产值每 25 年翻一番,每个世纪大约增长 16 倍,每两个世纪增长 250 倍,每 3 个世纪增长 4000 倍等。而且,目前这种生产方式倾向于增加材料和能源的投入,并且向环境倾倒更多的废料。所以,在现行体制下保持世界工业产出的成倍增长而又不发生整体的生态灾难是不可能的。事实上我们已经超越了某些严峻的生态极限。② 从深层次看,现代人类是唯一经常从地球索取养分比他们回报更多的物种,这也是工业经济正冲击着地球系统的极限的原因,其破坏性的浪费文化从海底到达了大气层(见表 1)。

表 1 地球边界和人类活动的安全空间

地球系统	参数	建议值	实际值	工业化前
气候变化	大气碳含量二氧化碳浓度(ppm)	350	387	280
	辐射强度变化(wpm)	1	1.5	0
生物多样性流失	每百万中的年灭绝率	10	>100	0.1—1
氮循环	循环利用率(百万吨/年)	35	121	0
磷循环	流入海洋的量(百万吨/年)	11	8.5—9.5	-1
平流层臭氧消耗	臭氧量(多布森单位)	276	283	290
海洋酸化	全球海面霰石平均饱和度	2.75	2.90	3.44
全球淡水消耗	淡水消耗量(立方千米/年)	4000	2600	415

① 迈克尔·S. 诺斯科特:《气候伦理》,社会科学文献出版社,2010 年,第 277 页。

② Morse, C. , "Environment, Economics and Socialism", *Monthly Review*, 1979, 30:12-15.

续表

地球系统	参数	建议值	实际值	工业化前
发展农业造成的土地使用变化	全球土地转化为农田的百分比	15	11.7	低
空气污染	整体大气颗粒物浓度(区域值)	待定		
化学污染	污染物、塑料、重金属、核废料的排放量对全球环境生态系统地球系统的影响	待定		

资料来源:Rockstrom J,et al.,“Planetary Boundaries:Exploring the Safe Operating Space for Humanity”,*Ecology and Society*,2009,32:14。

(4)市场与稳态经济是有矛盾的。稳态经济有两个特点,一是有限需求,二是非增长,它强调生态对财富最大化的约束。社会经济中的生产和消费的物质流必须最小化,而不是最大化,并且物质流要与理想的人口数量和生活标准相适应。稳态经济的核心概念是财富,不是目前所认为的收入和消费,并且,财富不能增长。由于某些原因,稳态经济下的重要问题仍然是分配而不是生产。① 为了人类社会的可持续发展,为了有效应对气候变化,我们不能发展所谓线性经济,而必须发展稳态经济。从线性经济转变到稳态经济,涉及两大问题:一是制度的转型。三种改革被认为是建立稳态经济的必要条件:①限制最低收入、最高收入和财富形式的不平等;②为限制人口而建立一种可交易的出生限额制度;③根据生态和道德原则限制流通总量,同时允许市场在合格的企业和个人中分配这一有限总量,建立由政府拍卖排放限额的制度。② 而这些制度的创立会受到新自由主义经济学的抵制,在新自由主义的价值观中,任何限制、管制都是低效的。这些制度的建立在一些人看来是“乌托邦”,但是它又是人类可持续发展必须面对的问题。二是路径依赖。工业化国家主要与能源相关的温室气体——二氧化碳基本上来源于交通、电力、工业和商业建筑部门。这些部门通过复杂的化石燃料能源提取、燃烧、最后使用等技术满足社会对动力、热量、照明和住所的需要。我们的经济锁定在碳密集的化石燃料能源系统,是由技术和制度共同演进的过程中路径依赖的报酬递增所引起的。

① 赫尔曼·E. 戴利等:《珍惜地球:经济学、生态学、伦理学》,商务印书馆,2001年,第43页。

② 同上书,第279页。

基于市场的工业文明的无限扩张能力与人类活动的安全空间的矛盾已经越来越明显。这主要表现为三个方面:一是生态足迹。世界自然基金会(WWF)研究表明,地球生态能力从20世纪70年代就已经出现透支,到2008年地球生态足迹超过地球生物供给能力已高达50%。二是地球边界。瑞典学者罗克斯特仑等人的研究[①]表明,人类经济增长面临着10种地球边界,其中气候变化、生物多样性流失、磷和氮产生三种边界已经透支或超越(见表1)。因此,在接近地球自然资本边界的空的地球状态下,经济增长的物质规模应该控制,从追求物质资本的扩展转向追求人类福利的发展。[②] 人类的经济增长是有极限的。三是气候变化及碳排放总量。据估计,在1999年,作为一个大家庭的全球经济正在耗费相当于1.2个地球,而这已经严重超过了地球的生态承受能力。

三、创立适应气候变化的制度,构建市场的生态功能

卡尔·波兰尼指出,市场经济是人类历史上的一种道德结构,它使人类社会服从于对匿名和自主交换的道德偏好,而非基于彼此熟悉的关系和体现正义的等量给予与接受的交换。市场建构能把交换关系从人类或生态群落中抽离出来。因此,交换和制造活动虽然有可能呈现出一片健康和繁荣的景象,但事实上,人类和物种群落正不断被交换往来和制造活动所破坏。[③] 由此可以看出,市场是缺乏生态功能的,因此,认识市场在解决气候变化问题上的局限性,有利于我们创立适应气候变化的制度,构建市场的生态功能。

1997年,美国2500名经济学家,包括9位诺贝尔经济学奖得主共同发表了一项声明,指出最有效的减缓气候变化的方法是通过基于市场的政策。他们认为,如果没有控制措施,温室气体继续排放将导致世界随着气候系统的变化经历根本性的变革。

首先,构建市场的生态功能要从资源系统与社会制度互动关系入手。奥斯特罗姆SES分析框架是一个复杂的、多层级的框架结构,它有助于我们诊断每个更深层次的变量所对应的特殊的问题类型。SES是研究社会—生态系统的一个一般性框架,这里涉及的是社会—生态系统中最高层级的变量单位,包括资源系统、属于资源系统的资源单位、资源系统中的使用者以及治理系统。而这些变量属性又是嵌套于更大的社会、经济、政治和生态背景中的,这些微观、中观乃至宏观的情境变

① 罗克斯特仑:《人类的安全操作空间》,《自然》,2009年第5期,第78—88页。

② 诸大建:《从"里约+20"看绿色经济新理念和新趋势》,《中国人口、资源与环境》,2012年第9期,第1—7页。

③ 迈克尔·S. 诺斯科特:《气候伦理》,社会科学文献出版社,2010年,第176页。

量之间同样也会发生相互作用(见图1)。

根据奥斯特罗姆的SES分析框架,构建市场生态功能主要包括以下要素:资源使用者互动沟通的平台,有法定的对资源的所有权或其他使用权,开放性的公共舆论空间,市场机制,政策的稳定性等。这种包含着生态功能的市场会对行动者的行为产生不同的激励,进而出现不同的结果和绩效。

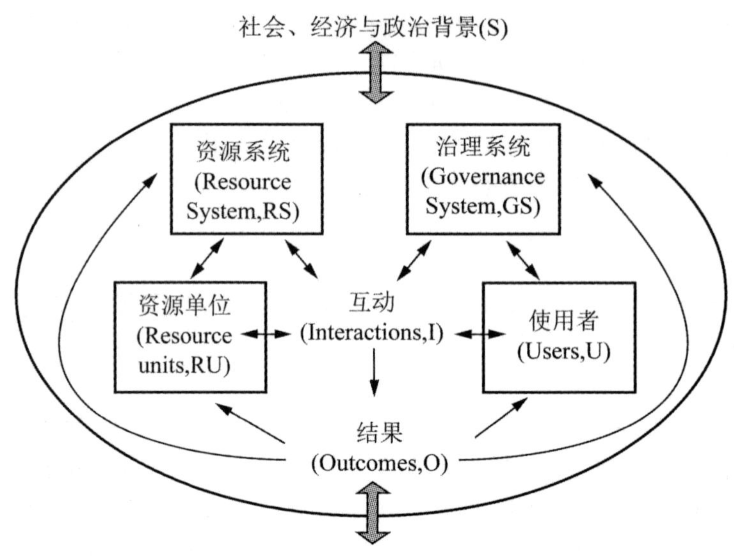

图1　多层级的社会—生态系统分析框架

资料来源:Ostrom(2009),"A General Framework for Analyzing Sustainability of Social-Ecological Systems",*Science*,2009,325:5939。

斯特恩从社会层面对于环境恶化的原因和后果进行了分析,并强调通过社会运动应对生态恶化问题,如表2所示。可见,应对气候变化是一个涉及经济、社会、政治多方面的问题,如何构建对环境保护以及温室气体减排行动起到积极作用的社会制度才是最为关键的,正如张岂之所谈到的:"生态和谐社会的建设,需要摒弃官僚化和绝对市场体制,这就需要实现生态理性的社会化参与,这样才能保证生态理性知识和环境哲学认识顺利地转化为社会改革和建构的行动力量。"

其次,构建市场的生态功能要注重政治敛合和经济敛合。吉登斯提出了低碳发展中的政治敛合和经济敛合问题。在他看来,政治敛合是与减缓气候变化有关的政策和其他领域的公共政策积极重叠并且彼此相互制约的,经济敛合是低碳技术、生活方式、商业运作方式与经济竞争性的重叠。① 发展低碳经济的制度安排和

① 安东尼·吉登斯:《气候变化的政治》,社会科学文献出版社,2009年,第79页。

表 2　人类—环境互相影响表格

环境恶化的起源		环境恶化的影响		对生态恶化的应对
社会起因	驱动力	对自然环境的影响	对人类社会的影响	通过人类行为的反馈 政府行为、市场变革、社会运动移民、冲突
社会制度 文化信念 个体人格特性	人口水准 技术实践 消费和自然资源	生物多样性损失 全球气候变化 大气、水、土壤污染	生存空间受制约 废弃物储藏泛滥 供给损耗 生态体系功能损失 自然资源耗竭	

资料来源：库拉，《环境经济思想史》，上海人民出版社，2007 年，第 3 页。

政策工具既涉及政治敛合，也涉及经济敛合。其实，从政治领域来看，我们在原有的公共政策中要加上与减缓气候变化有关的政策，这既有一个如何加入的问题，也有一个两者如何结合的问题，这是低碳经济发展中的政治敛合。从经济领域看，我们要把低碳技术、商业运作方式、生活方式与原有的经济运行方式结合起来也存在大量的冲突和矛盾。

再次，构建市场的生态功能要注重制度创新和技术创新的结合。对于市场的重大失灵，恰当的回应不是抛弃市场，而是通过税收、其他形式的价格修正或者管制等措施来直接调整市场。现在的问题是如何调整市场，如何运用市场机制来发展低碳经济。我们的任务是建立一个足以保证能源部门的市场运作以最小的扭曲进行的框架，以便市场能够起到鼓励效率和为能源商品找到合适的价格的作用。[①] 在多数发达国家的市场经济中，消费者会迫使生产者满足其需求，而生产者为了具有竞争力也愿意这样做，政府则会从全局考虑迫使社会提高运转效率。但是市场竞争的结果是，若能源价格偏低，消费者提高能效的压力一直很小，生产者也没有动力进行能效技术方面的研发，而政府也缺乏全局性的能源考虑。现在最难的问题是，如何干预市场以使“污染者付费”原则制度化，并由此确保市场运作有利于气候变化政策，而不是有害于它。[②] 使“污染者付费”原则制度化的设想已经得到越来越多人的认同，但是这里还存在两个问题：一是选择什么样的方式，是用碳税还是碳交易制度，经济学家们又争论不休。二是“污染者付费”原则只解决了污染成本由个体污染者承担的问题，但是这种观点否认了问题的系统性和相关性：涉及整个工业体系，最终还是市场自身扩张的问题。在这种体制内进行生态改革也像其他改革一样是有局限性的，因为改革一旦触及体制和制度的本质，就会被利益集

① 安东尼・吉登斯：《气候变化的政治》，社会科学文献出版社，2009 年，第 49 页。

② 同上书，第 104 页。

团所扼杀。[1]

市场经济是人类配置资源的一种有效方式,但在资本主义制度下,市场的作用具有二重性。一方面,它为工业化的发展创立了体制基础,为技术的发展和经济的发展起着极为重要的作用。但另一方面,在资本主义制度下,市场经济也放大了工业文明发展中的负效用。不少经济学家主张用市场机制来解决气候变化和低碳发展的问题,这种建议本身没有什么问题,但是,我们要充分认识到在资本主义制度下,市场经济在解决温室气体排放这个最大市场失灵中的局限性,如短期利益与长期利益、跨代问题、经济系统与生态系统的关系、国别经济与世界经济的关系等。市场在解决短期的局部的经济、区域性环境等方面确实有它的优势和长处,但是在面对全球气候变化及低碳发展上却存在难以逾越的深层次阻碍。由于制度的缺失,当今市场经济与经济全球化的相互强化不是减轻了对生态和环境的破坏,而是加剧了。因此,为市场经济嵌入环境制度,并让市场在低碳发展的目标上运行,人类社会才能真正走上可持续发展的道路。

构建市场生态功能的关键是要把市场机制与低碳制度安排相结合,要把提高能效技术、节约能源技术、可再生能源技术与温室气体减排技术的开发和应用相结合,促进整个社会经济朝向高能效、低能耗和低排放的模式转型。[2] 因此,构建市场的生态功能要把制度创新与技术创新结合起来。低碳经济是一种正在兴起的发展模式。近些年来,中国在把制度安排与政策工具应用于发展低碳经济方面作出了不少努力,但还有很大的改进空间。将国家低碳发展的路径提升到制度层面,不仅会带来较好的实施效果,也有利于在国际上肯定与巩固"中国模式的低碳经济发展路径",提升我国在国际相关事务中的影响力,而不是仅作为国际体制与框架的被动接受者。制度和政策工具的创新也是低碳经济的重要组成部分。

最后值得指出的是,构建市场的生态功能还要注意三大问题:一是针对风险和不确定性的经济学,发展低碳经济就是为了应对气候变化及其对人类经济社会的影响,经济学要研究的一个问题是如何完成从高碳发展向低碳发展的转变,包括时间、路径、成本及制度安排和激励机制等;二是经济学和伦理之间的联系(在代内和代与代之间存在着重大而潜在的政策取舍),以及与他人和环境相关的权责观念,这是一个更复杂的问题,考虑到温室气体排放和其影响之间时空的长期脱节,有关公平公正的问题就显得非常重要。这种公平原则不仅涉及国与国之间的减排的公平问题,而且也涉及一国内减排的公平问题。气候变化问题至少引起了三个主要的道德问题:影响评估、权衡代际平等及责任与成本分配(世界银行,2010)。三是国际制度安排和国际经济政策的作用。跨国的低碳发展的制度安排是一个全新的课题。此外,潜在的巨大影响意味着,就大部分的分析而言,我们必须对各种给世

① 约翰·贝拉米·福斯特:《生态危机与资本主义》,上海译文出版社,2006年,第23—24页。

② 王凯伟等:《低碳经济发展的研究现状与趋势展望》,《经济学动态》,2012年第9期,第87—90页。

界带来截然不同的发展道路的战略进行比较。① 低碳经济研究不仅是一个跨学科的研究，它还是一种跨时空的研究，即低碳经济涉及全球（空间）和跨代（时间）的问题，这更增加了我们有效决策的难度。

原载《中南财经政法大学学报》,2014 年第 2 期;人大复印资料《生态环境与保护》2014 年第 6 期转载

① 曹荣湘:《全球大变暖:气候经济、政治与伦理》,社会科学文献出版社,2010 年,第 74 页。

论资本主义生产方式与气候变化

一、工业文明的无限扩张能力与人类活动的安全空间的矛盾

虽然早期的学者都没有预想到科学技术的发展会对生物圈造成如此大规模的伤害,但是,19 世纪和 20 世纪早期的社会主义者对资本主义与环境之间的矛盾关系则有着更加清醒的认识(福斯特)。从人类历史来看,技术进步及生产力的发展没有相应的制度基础,其作用都是有限的。资本主义生产方式是工业文明的制度基础。环境问题的首要原因是一个生态上不可持续的经济体系,即资本主义的存在。在新自由主义经济学看来,在资本主义范围内是可以解决生态危机问题的。但是面对气候变化及低碳发展的问题,新自由主义经济学能解决资本主义生产方式下资本的无限扩张的能力与全球碳排放总量限制之间的矛盾吗?

马克思的生态观是建立在资本主义生产方式基础上来观察生态问题的,并且是通过人与自然之间的矛盾来揭示人与人之间的矛盾。在马克思看来,只要资本主义生产目的不变,那么解决生态问题就是一种空想。导致目前全球生态危机的主要历史根源就是“资本与自然之间的致命冲突”。但是,人也是自然的一部分,所以,对自然的剥夺也是一部分人对另外一部分人的剥夺;环境恶化也是人类关系的恶化。自工业革命以来,人类的发展模式同自然是相疏离的,人类也没有考虑自然生态的承受力,因而造成了严重的生态危机。为解决这一危机,我们不仅应当大力创新环保技术,更应当改变或改善我们看待世界的方式和视角,转变生产方式和生活方式,回归到合乎生态的世界观念与实践方式上来(小约翰·柯布)。

从理论上讲,新自由主义者主张解除管制与合作控制的全球经济政策,这种趋势在日益加快。商品和服务的贸易与消费在成倍增加,其数量估计比整个人类文明史消耗的还要多。碳的排放也随之上升了 10 倍。英国跨国公司的温室气体排

表1　地球边界和人类活动的安全空间

地球系统	参数	建议值	实际值	工业化前
气候变化	大气碳含量二氧化碳浓度(ppm)	350	387	280
	辐射强度变化(wpm)	1	1.5	0
生物多样性流失	每百万中的年灭绝率	10	>100	0.1-1
氮循环	循环利用率(百万吨/年)	35	121	0
磷循环	流入海洋的量(百万吨/年)	11	8.5-9.5	-1
平流层臭氧消耗	臭氧量(多布森单位)	276	283	290
海洋酸化	全球海面霰石平均饱和度	2.75	2.90	3.44
全球淡水消耗	淡水消耗量(立方千米/年)	4,000	2,600	415
发展农业造成的土地使用变化	全球土地转化为农田的百分比	15	11.7	低
空气污染	整体大气颗粒物浓度(区域值)	待定		
化学污染	污染物,塑料,重金属,核废料的排放	待定		
	量对全球环境生态系统地球系统的影响			

资料来源:Rockstrom J,et al.,“Planetary Boundaries:Exploring the Safe Operating Space for Humanity”,*Ecology and Society*,2009,32:14。

放量远远超过其国内所有的排放量,但英国及其他国家对气候变化的分析倾向于关注国内消费者和家庭的碳足迹。通过将传统的地域性生态资源和社会权利转化为市场、官僚政治和企业这种的离心社会结构,像病毒一样在地球上肆虐的全球市场经济已经造成了更加野蛮、更大程度上的毁坏。受新自由主义意识形态的影响,在过去这些年里,人类经济已经经历了重大的革命性变化,这就是,一个日益放松管制的金融体制和全新的全球贸易安排的世界的形成。全球变暖与现代帝国主义以及新自由主义的全球资本主义之间具有内在联系。

从空间来看,工业文明打破了空间对生产和消费的限制,在资本主义生产方式下,它们把对当地社区和生态系统的控制和权力集中到了财富和能量聚集的地方。从生产方式和生活方式来看,工业资本主义生产方式产生的无节制的温室气体起源于世俗理性、科技力量和货币积累的推动,以及对社区、正义和生态的忽视。货币供应的增长驱动着银行、消费者和企业在远远超过其所在地区或国家的地理范围内利用生态足迹。例如,英国的生态足迹是英伦三岛的3倍大,如果把所有英国企业的海外业务包括在内,这个生态足迹将增加6倍。工业世界未能避免经济引起的气候变化表明,当人类社会服从于一种官僚政治或经济方面的自发过程时,它们剥夺了公民的自由。未来的人类不仅有被这些制度支配的危险,如果不加以遏制的话,还将受这些自发的制度所导致的极端气候影响的支配。世界银行在以"发展和气候变化"为题发布的《2010 世界发展报告》中指出,国际贸易和气候变化两个体系之间的相互作用对于发展中国家而言具有特别重大的意义。现实社会中,不同国家的环境政策不同,对环境危害的控制程度也存在差异,资本逐利性的存在会使贸易和生产要素向环境保护相对薄弱的国家转移。结果是这些国家在获得经济利益的同时也成为"污染产业天堂"。这种结果是资本主义制度的必然产物。

内生于资本主义制度的快速经济增长,已经进入全球范围内生态系统不可持续的发展轨道上,这表现为能源与材料的过高消耗,致使资源供给和碳排放都受到严重制约,加之资本主义生产方式和生活方式所造成的社会、经济和生态浪费使形势更趋恶化。只要资本主义制度仍然未受触动,资本主义的行动法则就将继续起作用。如对利润的追求和资本积累不可能使增长停下来,对资本主义来说,经济增长对缓和内部的社会矛盾是必不可少的。

二、建立在资本主义非生理性的和虚假需要基础上的高碳"技术—制度综合体"是导致人类气候变化的重要制度根源

资本家为了追求利润最大化创造了非生理性的和虚假需要,并且在资本主义制度作用下形成了高碳"技术——制度综合体",这是导致人类气候变化的重要制度根源。

(1)资本主义制度创造了非生理性的和虚假需要。工业文明在把消费者从生产者中分开后,资本主义掩盖了物质财富中可能存在的生态资源,资本家为了追求利益最大化,不会重视生态资源及其保护。换言之,资本主义制度在经济上有优势,但由于其自身制度的局限性不可能建立可持续发展的制度。这主要表现为,资本主义经济系统与自然资源和生命系统,以及作为人力资本基础的社会和文化系统是不协调的。资本主义制度也掩盖了富人为维持现有的消费水平将穷人从他们

所拥有的消费水平和将穷人从他们所拥有的土地自然财富中排挤出去的程度。如,由于持续的旱情或洪灾,南半球许多国家被迫离开家园的人数不断增加,全球变暖意味着这种排斥的激烈化。资本主义制度在运行过程中偏重于重视效率,而容易忽视公平,包括对生态正义的忽视。从这里可以看出,罗尔斯的正义论在理论上优于经济功利主义的地方是它不允许某些人的损失能够通过某些人的得利而进行总量上的平衡。

资本主义制度为了利润的最大化不仅不重视环境的保护,而且还创造了非生理性的和虚假需要。工业文明发展起来后,人类不再是以满足生理性需要为目的,还产生了多种多样的非生理性的和虚假需要。为什么会产生非生理性的和虚假需要?这到底是由工业文明造成的还是资本主义制度造成的?这种所谓工业文明的成就,使人类生活离自然越来越远,人类对自然的征服和超越也正在受到自然的"报复"。这就是"异化"问题。马克思在《1844 年经济学哲学手稿》中,曾深入揭示了这种"异化"的社会根源,指出了人类对自然的盲目破坏是与资本主义的剥削制度相联系的。例如货币原来是人们作为商品交换的手段,后来在资本主义制度下成为了货币本身(成为财富积累的手段)。在《资本论》中,马克思曾指出,这种转换主要是由于生产资料的资本主义私有制而强化起来的。马克思正确地发现非生理性的和虚假需要恶性膨胀起来,是与生产资料的资本主义私有制有着内在联系的。而非生理性的和虚假需要则正是高碳经济的重要根源。为了把这种非生理性的和虚假需要最大化,他们还采取了经济全球化的形式。最重要的是现实的全球化是国际垄断资本占主导地位,绝大多数跨国公司都是国际垄断资本主义的实现形式。

非生理性的和虚假需要根源于资本主义生产目的。在马克思看来,资本主义生产目的是双重的,一是直接追求财富,二是间接追求人类需求,第一个目的即追求财富实现自身利益最大化完全超越和消解了第二个目的即追求人类需求。结果是资本主义把创造越来越多的利润作为目的本身,而且产品的样式和其最终的实用性已完全没有关系。在资本主义社会中,商品的使用价值越来越从属于它们的交换价值。如果说还考虑什么使用价值的话,那么这种使用价值就是满足人的"虚浮的消费",甚至是对人类和地球完全有害的消费。

非生理性的和虚假需要根源于资本积累。如熊彼特所说,资本主义必然走向"创造性毁灭",在这个过程中,资本主义创造了许多物质文明,也推动了技术进步,但同时也创造了非生理性的和虚假需要。解决气候变化及低碳发展的问题必须限制非生理性的和虚假需要,而这与资本主义的资本积累规律是相冲突的。用卡尔·波兰尼的话来讲,消费是嵌入在社会中的。就全球而言,在科尔曼看来,我们奢侈消费的生活方式给世界带来了种种压力,所以我们必须建立一个向环境负责的社会。乔根森指出,环境问题不是环境本身的问题,而是社会问题,它与城市化水平、国民收入分配的不平等程度等密切相关,与人均消费水平对资源环境承载能力的影响直接相关。

非生理性的和虚假需要是全球变暖的重要原因。由市场的自由化和不断增长而产生的这些生态和社会成本的空间位移,意味着地球系统的全球性崩溃。毫无限制的经济制度使温室气体以很快的速度增长,从而使地球气候负担过重了。现代工业社会中,每人每天大约使用600000千焦,这至少是原始社会人均使用量的100倍。我们知道,人类基本生存所需要的食物能量是一个常量,只要10000千焦。这两者之间的差额一部分是用于非生理性的和虚假需要,一部分被用于空间的加热和制冷、生产和运输等。这种空间感(经济的全球化)和地方政治的缺乏,与否认工业消费方式对人类和生态造成影响后果的文化模式有关,其中否认全球变暖是最主要的原因。资本所强加的消费水平,正是生态危机也是气候变化紊乱的直接导火索。由二氧化碳所导致的气候变化正是由于资本通过工业化扩张而产生的。如保罗·维里奥所说,现代社会对效率和速度的迷恋与事故和自然灾害的高发率密切相关。人们忽视了这种不断加快的流动速度所造成的生态和道德上的影响。

生态危机预示着资本主义生产方式连续性的终结,也预示着文明本身的终结。对自然的威胁,不论大小都源于资本的癌变性入侵。“资本不只是一种经济剥削的工具,而且是死亡天使,通过基于交换原则的行动,它对生态系统进行着无休止的肢解。”[①]从深层次看,资本主义制度与生态环境及人的发展存在内在矛盾。现代自由资本主义为了自己的成功运作,需要一个以几何级数扩大的市场,增长的物理极限注定了资本主义的灭亡:“即使是对现代资本主义的最苛刻批评,也没有质疑其继续以几何级数无限增长的能力。”[②]因此,资本的统治时期是人类历史上迄今为止最具破坏性的阶段。这是因为资本主义的逻辑就是纯粹数量上的扩张和价值的最大化,并且由于伴随着这种价值实现的是不考虑生态系统的内在规律而对大自然进行无节制的开发。

(2)在资本主义制度基础上形成的高碳“技术—制度综合体”是我们面对气候变化、低碳发展的最大阻碍。从生产力层面看,瓦特、福特等人是现代工厂生产系统出现机械化分工的关键性人物。然而,要是政府没有建立法律系统和社会结构维持现代市场经济的发展,也没有在全球范围内积累自然资源以满足工业资本主义的要求,那么这些发展创造就不可能产生这样深远的革命性影响。工业资本主义对能源的饥渴式的积累制度导致对大气碳吸收的不足,而当地经济则依赖当地能源循环中丰富的能源,它们很少把这些能源耗费殆尽。从18世纪西方工业革命到1950年,在人类燃烧化石燃料释放的二氧化碳总量中,发达国家的排放占95%。从1950年到2000年的50年中,发达国家的排放量仍占总排放量的77%。目前占

① 曹荣湘:《全球大变暖:气候经济、政治与伦理》,社会科学文献出版社,2010年,第441页。

② 同上书,第437页。

世界人口约22%的发达国家仍消耗着全球70%以上的能源，排放50%以上的温室气体。多数发达国家人均温室气体排放量远远高于世界平均水平。因此，资本主义生产方式中不顾环境追求利润最大化的内在冲动和缺乏生态约束的资本主义生产方式才是人类在发展低碳经济中要反思的深层次原因。

对于经济活动而言，技术资本主义的自发程序中收益超过成本意味着它利大于弊。但是，对于人类面对的环境而言，自发的技术资本主义现在对地球的危害是非常严重的，如果能源需求的增长在21世纪内维持目前的水平，地球上的大多数有机生命将无法生存。现在的问题是，如何判断工业文明下不断增长的全球经济和地球系统碳总量限制之间的冲突形成的深层次根源是什么，在这里，技术进步及生产力发展是重要的原因，但更重要的是制度层面的原因，因为历史上不断地有技术进步和生产力发展，只有资本主义才导致工业文明的形成与人为的生态危机。资本主义制度在可持续发展方面是一种失灵的制度。可以说，资本主义制度把技术潜力、生产潜力及消费潜力都推到了极致，并且在利用资源方面形成了有效的“技术—制度综合体”。但这种综合体正在破坏人类和地球的长期前景。

从深层次看，工业文明在资本主义制度的作用下，形成了高碳的“技术—制度综合体”，而要打破这种综合体，低碳技术很重要，但低碳技术投资不足。一方面是研发投资的回报率很高，多种测量方法显示低碳研发投资的回报率在20%—50%，远远高于资本投资的回报率。但另一方面，由于受风险、高碳的“技术—制度综合体”、市场及成本等因素的制约，能源相关的研发和应用的投资不足。从绝对数字来看，全球政府能源研发和应用预算自20世纪80年代早期开始下降，1980年到2007年几乎下降了一半。能源预算在政府研发预算中的比例也大幅度下降，从1985年的11%降到2007年的4%以下。目前无论是与预计的需求相比，还是与创新行业的投资相比，全球每年用于能源研发的公共和私人资金都相当有限。可再生能源方面的专利仍然只占全部专利的0.4%。花在研发上的周转资金比例在不同的产业中差别甚大。在英国的大型医药企业中，就2007年来看，其研发强度是15%。一项对电力生产企业的调查发现，平均强度只有0.2%。为什么能源利用的研究投资不足？这是高碳的“技术—制度综合体”运行的必然结果，其深层次原因如克拉斯纳指出的：“制度可能会持续存在，因为在不完全信息的世界中，改变既有规则的代价是很高的而且耗时持久，变化的结果就无法得到完全的预测。”既有利益、沉没成本和制度刚性的结果就是投资决策通常是路径依赖的；投资某个产业的最初决策可能会将未来的投资也导向这个产业，即使这不是对投资资源最有效的利用。

根据乌恩鲁的分析，碳锁定是指自工业革命以来，对化石能源系统高度依赖的技术成为经济运行的基础，政治、经济、社会与其结成一个“技术—制度综合体”，并且技术与商业化相互促进，结果形成了技术锁定和路径依赖，阻碍替代技术（零碳或低碳技术）的发展。碳锁定的载体就是“技术—制度综合体”。碳锁定的特征可以概括为:第一,碳锁定本质在于技术和制度之间的系统性的相互作用,从而形成“技术—制度综合体”。第二,从时间来看,碳锁定并不是一种永久的状态,而只是一种持续的状况,对其他可选择技术造成系统性的市场、政策及制度形成障碍。第三,从碳锁定的组织层面来看,政府、企业、各类组织都是参与者。并且他们之间是相互强化的共生关系。政府在淘汰高碳的补贴项目时的困难可以看成是碳锁定的表现特征。政府每年补贴化石燃料行业的支出大约为2000亿美元。第四,碳锁定也延伸到社会组织和习俗,延伸到非正式制度。在工业化国家,居民已经完全适应了他们的汽车交通系统的生活,虽然这带来了环境和社会的外部性,人们却抵制进行根本革新(乌恩鲁,2000)。社会规范、基础设施和相对价格都不鼓励个人选择耗费资源较少的生活方式。由于个人已经锁定了高能耗的消费,要提高能源价格使之反映出环境影响就可能得不到政治上的支持。这种锁定一旦形成,就需要很长的时间才能改变(世界银行,2003)。

在乌恩鲁看来,“技术—制度综合体”是指巨大的技术系统,如发电、电力传输和最后的使用,这个系统是一个复合的技术体系,包含在具有强大的公共和私人组织条件化的社会环境下。经历了技术基础设施以及一系列创造、扩散和使用技术的组织、机构之间的包含正反馈机制路径依赖和共生演化的过程,“技术—制度综合体”得以形成。一旦锁定,“技术—制度综合体”就难以打破,能够长期排斥其他技术,即使其他技术比“技术—制度复合体”具有明显的优势。乌恩鲁所说的“技术—制度综合体”是一种高碳的“技术—制度综合体”。由于这种高碳的“技术—制度综合体”的优势及惯性,即使我们有比其技术更有优势的经济形态也在短期内难以取代它。换言之,发展低碳经济实质上就是要从高碳的“技术—制度综合体”转变成低碳的“技术—制度综合体”。

在过去工业文明200年中,我们已经耗费了数万亿美元,用来建设复杂的能源配送系统。此标准化系统是以碳为基础的,与其相配套的还有许多外围设备。这一系统是成功的,因为它能使煤炭、石油和天然气发挥出最大的效用。这是任何新兴能源都难以做到的,更别提取代了。另外,人们通常不会为了某种新事物去主动改变现状,除非受到某些外界力量的推动,如法规、危机、制度变迁等。从现实来看,低碳技术现在还处在零散状态,还没有变成经济社会的主导技术,还没有形成低碳的技术系统。所以,在发展低碳经济的过程中,低碳技术的主导化及系统化是至关重要的。

碳锁定是人类自工业化以来多重因素作用的结果,资本主义制度强化了碳锁定。乌恩鲁所说的“技术—制度综合体”中的制度就是资本主义制度,尽管乌恩鲁没有明确地指出这一点。碳锁定的提出有一个理论上的认识过程。“技术—制度综合体”的思想在乌恩鲁之前就有学者提出来了。艾伦·史奈伯格(Allan Schnaiberg)指出:“环境问题不是单纯由人口因素或技术因素造成的,人口增长和技术开发不会自主地影响环境状况,更关键的是这些因素背后的社会文化与制度、社会结构与过程、社会动力与机制。”①

三、在现有制度框架下，资本主义国家很难解决资本主义生产方式下资本的无限扩张的能力与全球碳排放总量限制之间的矛盾

在资本主义制度下，能解决资本的无限扩张的能力与生态系统的内在规律产生的严重冲突吗？资本主义国家面对气候变化也采取了一些措施，这些措施有效吗？这些措施能解决工业文明基础上形成的碳锁定及根源于资本主义制度的非生理性的和虚假需要吗？

首先，资本主义制度能做到“非物质化”吗？“非物质化”的实质是减少“每单位货币 GDP 增长对环境的影响”。有人认为资本主义经济已经与那种“高能源投入、高废料产出”的经济模式逐步“脱钩”，并且 GDP 增长对环境的影响在下降。这个观点正确吗？福斯特根据《各国的重量：工业经济体的物质排放》一书所提供的数据指出，尽管资本主义世界 GDP 与“物质外流的比率”有所下降，但人均排放废料却大大增加。(1)资本主义国家能源材料的投入，包括耗费量和排入环境的废料产出，都在持续增加。除了个别国家之外，二氧化碳的排放量都在增加。技术和新型管理模式带来的能源材料投入的减少已被经济增长的规模抵消了。(2)从质的方面来看，工业国家年资源投入的一半到四分之三就作为废物排入环境；美国从 1975 年到 1996 年向外排放有毒或有潜在危险的废物量增长达 30%。(3)在不触动资本主义的前提下能将资本主义经济“非物质化”，即把资本主义经济变为低碳经济吗？资本主义世界“非物质化”没有实现的事实，已证明依靠资本主义自身是实现不了“非物质化”的。福斯特指出：“资本主义作为一种制度需要专心致志、永无休止地积累，不可能与资本和能源密集型经济相分离，因而必须不断加大原材料与能源的生产量，随之也会出现产能过剩、劳动力富余和经济生态浪费。”

其次，从技术层面看，资本主义有条件、有能力解决气候变化及低碳发展的问题，但是在资本主义制度内又无法解决这个问题。这是一种悖论。从纯技术的观点来看，解决气候变化危机主要有两个方面的思路：一是从生产与消费入手，即立即让经济增长放缓，综合缩减世界物质消费，从而使温室气体的排放降低到合理的水平。二是世界各国协同行动，最大化地使用所有低碳技术，世界经济规模即使小一些，仍然有生产能力满足全世界人口的基本生活需要，从而实现稳态经济。

---

① 洪大用：《环境社会学与环境友好型社会建设》，《中国人民大学学报》，2007 年第 1 期。

如前所述，在资本主义制度下是不可能做到这一点的。那么通过技术创新能否解决气候变化与低碳发展的问题呢？归纳起来，存在以下几个问题：

（1）杰文斯悖论。考虑到市场起作用的因素，任何能源强度的下降都会导致能源生产更便宜，因为短期能源需求相对于供给来说会下降。但是，更便宜的能源生产会刺激人们最终消费更多的能源。因此，降低能源强度实际上往往导致更迅速的资本积累（经济增长），它很少导致能源消费量的绝对下降。这就是所谓的杰文斯悖论。在杰文斯看来，那种认为燃料的经济利用等同于减少消费的观点是错误的。这是因为提高自然资源的利用效率只能增加而不是减少对这种资源的需求，同时效率的改进会导致生产规模的扩大。福斯特认为："到目前为止，'杰文斯悖论'仍然适用。那就是，由于技术本身（在现行生产方式的条件下）无助于我们摆脱环境的两难境况，并且这种境况随着经济规模的扩大而日趋严重。"历史与现实都有事例证明杰文斯悖论。如蒸汽机的每一次成功改进都进一步加速了煤炭的消费；美国汽车行业的技术改进并未遏制对汽油的需要；冷冻技术的改进导致人们生产出更多更大的冷冻设备等。

（2）即使去碳化的技术是存在的，但资本主义制度固有的对技术普及的阻碍将使得这些技术的运用必然被延迟，如对知识产权的保护。还有在追求利润的资本主义制度下，去碳化的过程是不可能快于能长久发挥作用的固定资产的折旧速度的。"科学技术并不是生态危机的核心问题，核心问题在于资本主义的生产方式与自然之间的逻辑关系。"福斯特指出，在资本主义条件下，即使是成熟的环保技术（太阳能技术）也不一定会被广泛采用。因为"在资本主义制度下，需要促进开发的是那些为资本带来巨大利润的能源，而不是那些对人类和地球最有益处的能源"。又例如现代化的公共交通系统与私人汽车建立的交通系统相比能够大大降低二氧化碳的排放。但是，资本积累的驱动促使发达的资本主义国家走上了最大限度依赖汽车的道路，因为这更有利于资本主义生产目的的实现。

（3）从一定意义上讲，在资本主义制度下，技术进步不仅没有解决环境问题，反而加剧了生态危机。工业文明产生的技术进步解决了一个又一个问题，并把人类统一在一种文明之中。然而，相对于所有已经解决了的问题而言，更多更严重的问题产生了。技术的现代主义形式，尤其是应用于农业的技术，已经与经济权利的集中联系在一起，把许多人排除在外，使他们穷困潦倒，而就是这种东西破坏了地方的和全球的生态系统（阿伦·盖尔，2010）。在马克思看来，资本主义社会的本质从一开始就建立在城市与农村、人类与地球之间的物质交换裂痕的基础上，目前裂痕的深度已超出他的想象。维布伦认为，资本主义条件下的整个工业体系弥漫着不计后果的滥用人类与自然资源的现象，追求金钱的目标支配着理性生产。所以，能解决问题的不是技术，而是社会经济制度本身。有了技术，但没有面对环境及气候变化的制度，这些技术也不能得到有效利用。

从实践来看，市场化及其技术性手段并不能解决城市扩张、土壤侵蚀、生物多样性流失、核废料的最终处置和全球气候变化等环境难题。在马丁·耶内克看来，在目前的制度框架下，环境效率的局部改善会带来“N 形曲线困境”的现象，即环境效率带来的局部改善往往会被随后的增长过程所抵消。因此，我们必须考虑以下三点：一是要加大环保技术革新的力度，从渐进的技术革新转向激进的技术革新，例如，从环境友好的生产与产品转向无环境消耗的技术与产品。二是实现结构性的变革，创建新型的供需结构，进而带来生产方式和生活方式的改变，这个过程也会遇到既得利益者的顽强抗拒，从深层次看，面临着资本主义制度的制约。三是要真正挖掘环境治理与保护的技术潜能，则投资于社会制度建设是必需的。这严厉批判了新自由主义经济学依靠技术创新即可解决企业环境问题的思想。

再次，自然资本的提出能解决资本主义制度导致的生态危机吗？一些主张在资本主义制度内解决生态危机的人认为整个自然界及其各组成部分本质上都是“自然资本”。在他们看来，环境危机与其说是市场的失灵，不如说是会计系统的失灵，因为会计系统不承认资本已经包含所有存在的事物。真正的资本主义将考虑到自然资本并以此来拯救环境。这种企图其实是为资本主义能解决生态危机辩护。如有学者所说的“将自然资本化”就是“将生物物理环境（自然）、非工业化经济和人类社会领域（人类）作为资本库，并将这些库存整理成可在市场上买卖的财产”。自然资本有多少？据估计，从自然资本储备中直接流入社会的生物服务，每年至少价值 36 万亿美元，这一数字接近全世界的年生产总值（约 39 万亿美元）。1995 年世界银行的财富指数表明，人力资本的总值要比反映在全球决算表上的所有财政和加工资本大两倍。解决办法是扩大资本领域，把自然也作为理性的商品交换体系的一部分。把自然和地球描绘成资本，其目的主要是掩盖为了实现商品交换而对自然极尽掠夺的现实。那时将不存在实际上的自然资本的净积累，而只有随华尔街的行情变化，不断将自然化成金钱或抽象的交换。如福斯特所说，资本主义的主要特征是，它是一个自我扩张的价值体系，经济剩余价值的积累由于根植于掠夺性的开发和竞争法则赋予的力量，必然要在越来越大的规模上进行。这一特征经常为自然资本化的市场乌托邦观念所忽视。加拿大学者威廉·莱斯分别于 1972 年和 1976 年发表了著作《自然的控制》和《满足的极限》，指出生态危机的根源在于资本主义制度基于“控制自然”观念的科学技术和社会异化的消费观念，要解决生态危机就必须建立“易于生存的社会”。这些学者已经深刻地认识到资本主义制度面对气候变化、环境问题所无法克服的内在矛盾，并且也是对新自由主义经济学生态观的批判。

最后，资本主义制度能够在生态危机中突破自我的约束吗？福斯特对资本主义经济的生态批判是从三个层面进行的：(1) 从资本主义制度本身来看，资本主义商品经济的绝对权利，按照其本质不会接受自身以外的任何阻碍。从开放经济的角度看，资本主义制度只会一味地追求扩大它的影响范围，而不会顾及对生物圈的负面影响。从市场经济的层面来看，当今出现生态危机，根源并不是出在大部分的环境资源尚未纳入市场经济,而是因为越来越多的自然资源被简化为“单纯的金钱关系”,在新自由主义经济学的生态观下,资本主义不可能按照生态原则和生态正义来对待自然。把环境资源纳入市场经济所带来的生态效应不仅是短期的,而且也是表面的,终究是不可持续的。(2) 资本主义制度由于内在局限性,其制度与生态稳定和土地伦理存在着诸多矛盾。(3) 一种制度如果分割地球,导致贫与富的生态环境, 那它同样是不可接受的。在生态危机的条件下,资本主义制度很难突破自我的约束。艾伦·史奈伯格在对资本主义生产体系的分析中指出,资本家在自由市场中为追逐利润尽量以低廉的价格攫取资源,其技术改进只关注于生产效率而不顾及对社会和环境的影响;当企业具有垄断势力后能够对政府的政策进行干预;在资本主义生产体系中,社会民众的消费文化和行为模式被资本家所操控。

资本主义制度的内在冲动及新自由主义经济学生态观和理念对资本主义制度的强化使之很难解决资本主义生产方式与全球碳排放总量限制之间的矛盾。《斯特恩报告》认为,过去的经验表明,工业国家平均削减碳排放一旦多于 1%,就会对经济增长造成严重的负面影响。这样一来,大气中的碳目标就不由维持全球环境、保护物种、确保人类文明可持续所必需的东西来决定,而由保持资本主义经济本身充满活力需要什么所决定。在面对气候变化和发展低碳经济的过程中,排放强度、能源强度和经济增长之间很难在资本主义制度下做到协调发展。如果目标是把大气中的二氧化碳浓度稳定在 445ppm,那么全球二氧化碳的排放量要降低 89%。而要实现这个目标,意味着世界经济从 2010 年后必须紧缩 2/3 至 3/4。所有的方案表明,无论如何也不可能使稳定气候的目标与全球资本主义经济的不断扩张相容。旅美中国学者李民骐则逐条考察了目前已知的各种减缓技术,认为减排就意味着世界经济放慢发展速度,而资本主义经济体制本身又决定了它不可能无增长(更不必说紧缩)地运行,所以,他的结论是除了坚持生产资料公共所有和民主计划的社会主义外,没有别的办法能保护支撑文明的生态状况。

从制度层面看,新自由主义经济学毫无异议地接受了资本主义的现状,并因此只根据利用自然界能获得多少的短期利润来确定自然界的价值。新自由主义经济学在为资本主义制度的辩护过程中,基本上忽视了资本主义制度对环境的影响。它对无止境的 GDP 增长的迷恋,以及在认识经济的生态基础时的错误百出,已经导致根本就无力认清全球环境恶化的事实。与新自由主义经济学不重视生态相比,马克思非常强调社会—生态关系的重要性。他指出,人依赖于自然界,自然界提供了让生命成为可能的物质和能量。在资本家关注交换价值和短期收益时,马克思强调说,地球是一切物质财富的最终源泉,有必要为“人类的世世代代”维护好它。许多经济学家都以所谓资源的稀缺性替代了物理因素和生物因素施加在经济体系之上的约束,而且他们未能认识到经济体系是完全地、不可逆转地嵌入环境当中的,除此没有别的选择。

从深层次看,围绕着气候变化的争议方式可以看成是马克思所描述的“商品拜物教”的特例。马克思的“商品拜物教”指的是,在资本主义条件下,人们倾向于把人们之间的社会关系看作物与物的关系。今天我们面对气候变化又出现了类似现象,面对气候变化这种自然现象,人们从温室气体排放、气温升高、发展低碳技术之类的纯科学角度进行的研究比较多,而从社会关系的转型、制度变迁及人类行为转变角度的探讨远远不够。气候变化被当作一种需要现存社会秩序框架内解决的技术问题加以分析,而不是被当作由资本主义发展内涵的人的关系的特定模式导致的。分析生态危机可以运用马克思的分析方法,马克思通过区分产生使用价值的劳动过程和产生交换价值的价格形成过程,始终强调这样的方式,在这一方式中生产同时具有自然的和社会的方面。

资本主义制度的内在冲动及新自由主义经济学生态观和理念对资本主义制度的强化使之很难解决资本主义生产方式与全球碳排放总量限制之间的矛盾。这表现为两种力量的“对冲”:一是张力,即建立在资本主义生产方式和工业文明基础上的碳依赖;根源于资本主义制度的非生理性的和虚假需要。二是收缩力,即在资本主义制度范围内的“非物质化”、低碳技术创新自然资本化及制度的调整,这些收缩力会在不同程度上缓解矛盾。但是,内在于资本主义制度的张力会不断超过这种收缩力,因此,在相当长的时间内,资本主义生产方式导致的碳排放增长与全球碳排放总量限制之间的矛盾是不能从根本上消除的。这两股力量的矛盾所引发的面对气候变化及采取的对策能否真正解决问题是一个值得深入研究的课题。

原载《经济纵横》,2014 年第 6 期;本文与李小平、罗小芳合写

环境治理中的三大制度经济学学派:理论与实践

每次大的环境治理变革都有相应的理论支撑。20 世纪 50—70 年代,发达国家的环境政策在环境干预主义学派的影响下,以命令与控制为主。其政策工具有:政府设置市场准入与退出规则;实施产品标准与产品禁令;设定技术规范与技术标准,以及排放绩效标准;制定生产工艺与其他强制性准则。20 世纪 70—80 年代,发达国家的环境政策在基于所有权的市场环境主义影响下,以开拓市场调控机制为主。其政策工具有:污染税(费)、交易许可证、环境补贴、押金—退款制度、鼓励金制度、生产者责任延伸制等。[①] 20 世纪 90 年代至今,发达国家的环境政策处于强化环境自约束管理阶段,以强化自愿协商机制为主。其政策工具有:信息披露制度、自愿协议、环境标志与环境管理体系、技术条约、环境网络等。与上述三个阶段相应,本文对环境治理中的三大制度经济学学派(环境干预主义学派、基于所有权的市场环境主义学派及自主治理学派)的理论、实践进行分析与总结,这对于我们搞好环境保护、发展低碳经济、实行可持续发展战略具有重要的参考价值。

一、环境干预主义学派及实践

环境干预主义学派较系统的理论和观点可以从庇古开始。这个学派的代表人物主要有加尔布雷思、米山、鲍莫尔和奥茨等,他们都认为市场是有缺陷的;基于环境的外部性,政府干预是必要的;在干预的方式上,他们(除了庇古)大多主张通过法律的手段来保护环境。

庇古认为,自由市场经济不可能总是有效运行,因此,政府要为推进经济福利而进行干预。在政府干预中,他对自然资源的耗竭和后代对自然财富的权利等问

① 范阳东:《企业环境管理自组织机制培育的理论与实证研究》,暨南大学博士学位论文,2010 年。

题也非常重视。他说,个体完全是根据他们的非理性偏好在当代、较近的后代和遥远的后代之间进行资源分配。无论如何,人们还是主要倾向于当代。为什么会这样?根据庇古的观点,我们的远瞻官能是有缺陷的。市场力量常常无助于以自然资源为基础的资本的创造或者保护。庇古认为,从性质上看,政府既是未来人又是当代人的受托人,如果必要的话,需要依据法律监督和行动,以保护可耗竭资源储备免受过早或者不顾一切的开采。为了有效使用资源和保护环境,庇古提供了三条政策措施:国家补贴、国家税收和立法。

在加尔布雷思看来,市场机制也不是配置稀缺资源的有效手段,因此,为了实现真正的繁荣和其他公共目标,政府发挥重要的干预作用是非常必要的。同时,他指责新古典经济学家对外部性的重要性重视不够,既然增长是现代资本主义体系的主要目标,那么对环境的破坏完全是预料之中的。"财富愈多,肮脏愈重。"在资本主义经济中,许多环境保护措施不如增长本身那么重要。为此,加尔布雷思提出了如何面对增长的问题。在他看来,控制失去控制的增长难以做到,像新古典经济学提出的解决外部性和市场失灵的处方也难以实施。因此,要让经济继续增长,但是要用立法的手段具体规定增长的范围。设置这些限定是政府的主要任务。立法的范围包括禁止某些商品的生产、禁止消费、废除有害的技术等。立法应当详细列出释放到空气与水中的废物的类别和标准。他提出的环境战略没有排除增长,只是要求增长必须符合公共利益和社会福利的增加。

加尔布雷思的一些观点与庇古的观点一致。如两人都主张通过立法来保护环境。可是,与庇古不同的是,加尔布雷思不赞成税收手段。在他看来,由于税收本质上是以市场为根据的。因此,他建议依靠适合生产者和消费者的一套明确的法规,采取直接控制的办法保护环境。他不主张用市场和经济手段来解决环境治理的问题。

与加尔布雷思一样,米山也认为,几乎一切环境问题的出现,都是由于受到鼓励的无节制的商业态度和不受控制的增长而导致的。并且在他看来,对环境的破坏已经变得如此严重,以至于希望通过扩大所有权将外部性效果内部化的做法也没有什么效果了。在米山看来,预防性的立法方式远比财政手段更为必要。例如,环境权应该被制度化。他认为,庇古的策略,诸如税收和补贴,不可能成为有效手段,因为它们在实际中并没有什么效果。庇古提出的唯一有意义的策略,是通过立法为当代人和后代人保护好环境。

鲍莫尔和奥茨提出了"适度状态"的概念。他们注意到,随着环境外部性的不断增长和有效公共服务的逐渐减少,生活质量已经受到影响。他们的观点与加尔布雷思的观点有一定的相似之处,都对公共贫困背景下的私人财富增加表达了忧虑。与加尔布雷思偏好于直接控制不同的是,他们提出了征收附加税的方案。因为他们相信,对保护环境来说,这将是一个有效而实际的干预程序。他们从外部性分析中得出这样的结论:真正的社会最适状态的目标是难以实现的。这主要有两个原因,一是信息问题,二是环境标准设计中存在着主观任意性问题。这种分析揭示了环境干预主义学派及其“命令—控制”型政策工具的局限性。

环境干预主义成为“命令—控制”型政策工具的理论基础。“命令—控制”型政策工具是政府作为公民的代理人选择法律或行政的方法制定环境质量标准,通过法规或禁令来限制危害环境的活动,对违反者进行法律制裁。[①] 其最核心的部分是环境标准。环境标准一般包括周边环境标准、排放标准以及技术标准三个类型。周边环境标准就是在法律上限定某一地理范围内的最高排污水平,排放标准则是由政府设定企业排污量的上限,这两个标准都是针对排污的最终结果的硬性规定,通常被称为绩效标准。还有一些是要求污染者采用规定的生产工艺、技术或措施,这类属于技术标准。[②] 绩效标准根据绩效指标设定一个上限或下限,允许污染者自由选择其最佳方式来达标,而技术标准则要求污染者必须采用政府规定的某项技术,安装使用某种设备等。各国主要通过排放限额、能效/排放标准、供电配额等方式对二氧化碳排放或能源利用水平进行直接控制。例如,欧盟对能源、钢铁、水泥、造纸等产业实施二氧化碳排放限制,对超限企业罚款。美国、欧盟对供电商实行了可再生能源发电配额制。世界各国还出台了对设备、交通工具、建筑物的能效/排放标准等。“命令—控制”型政策已形成了一个庞大的政策体系(即存量)。即使在美国,在 40 种(与环境保护有关的)联邦管制法典中,就有超过 14310 页的环境管制内容。

在早期,西方国家对提倡环境保护和企业履行环境责任给社会带来的影响认识不足,因此政府态度模棱两可。虽然也出台了一些地方性的环境保护法规,但大多是指导性规定,对企业的约束力和威慑力不强,没有引起企业对环境问题的足够重视,企业环境意识薄弱,工业企业污染行为加剧。

20 世纪 60 年代,公众对工业发展导致的环境污染日益不满,对洁净空气的需求日益增加,这直接导致了 70 年代开始的政府环境管制。70 年代的环境管制多以行政命令干预为主,被称为传统的“命令—控制”型环境管制。企业普遍对这个时期的环境管制感到悲观,态度消极,环境管理意愿很低。例如,美国的钢铁工业在 1974—1995 年间经历了一场衰退,生产下降了 58%,钢铁企业直接将这场衰退的主要原因归咎于环境管制。企业之所以采取不合作态度,消极抵抗环境管制,从现有文献看原因可以归纳为以下三点:

(1)企业认为政府环境管制有失公平,针对不同群体采取不同政策。由于这个时期的环境管制是为满足公众需要而进行的,带有很强的政治色彩,所以政府管

① 丹尼尔·史普博:《管制与市场》,上海三联书店,1999 年,第 56 页。

② 托马斯·思德纳给出了适用技术标准的基本条件:技术与生态信息是复杂的;关键知识只有在权威的中央层面才能得到;企业对价格信号反应迟钝;技术的标准化具有很多优点;可行的竞争技术数量不多;对排污监控很难,对技术监控很容易。

制一开始就将企业置于对立面。例如,对于河流污染的来源,尽管工厂排污占 6%,杀虫剂和化肥对农田的损害占河流污染的 40%,但是政府依然会命令工厂使用昂贵的净化设备控制污染,而对农民却不采取任何管制措施。

(2)企业认为政府环境管制增加生产成本,且不能提供任何生产性收益或收益外化,是企业的一种负担。约什(Joshi)通过对美国 1979—1988 年 55 家钢铁企业的数据分析,具体测算出:企业环境治理成本每增加 1 美元,企业边际总成本增加 10—11 美元,从而大大地增加了企业的负担。

(3)一些企业担心不同地区或不同国家间的环境管制程度的差异,会导致企业间竞争优势的不同,尤其是严格环境管制下的企业与弱环境管制下的企业相比将失去更多竞争力。此外,标准的设定降低了污染者实施减排的灵活性,一旦污染者达到了标准,就没有动力通过技术创新来提高减排效率。比如,技术标准明显限制了污染者开发或采用更高效率技术的动力,而排放标准虽然没有限制污染者减排的方式,但污染者也担心提高减排效率后政府会设定更加严格的排放标准,因此要么停滞于原有的减排技术,要么将原本用于研发减排技术的资金用于采取措施来影响政府的政策。

"命令—控制"型管制的理论与现实存在较大的差距。阿夫萨(Afsah)等人提出了一个理论与现实的困惑,即所谓的"哈里顿悖论"。基于这一困惑,他们的解释是:一是最优环境管制模型的信息和零交易成本的基本假设在现实中并不存在,影响了"命令—控制"型政策的执行。在大多数环境标准政策中,政府一般对排放同类污染物的企业设置统一的标准,只有当各企业的边际减排成本相等时,设置统一的标准才是成本最低的,但事实上,各企业的边际减排成本不可能相等,因此设置统一的标准无法达到最有效率的减排。政府要按照等边际原则对不同企业设定不同的标准,就必须收集可靠的各企业边际治理成本的信息,然而各企业在生产方法、技术等方面都不相同,并且也存在企业向政府提供虚假信息的问题,因此搜集可靠信息的成本也是相当巨大的。二是政府不是对企业施加环境压力的唯一主体,当地社区和市场组织也扮演了环境监管的重要角色。总的来讲,政府对企业环境行为的直接监管一直面临着三个挑战:由于信息不对称带来的交易成本过高;企业的环境成本与收益不确定;监管方成为被监管方的"俘虏"。以我国为例,地方政府与企业之间往往形成了"同谋"和"零和"关系。究其原因,我国环境政策以行政直控的管制政策为主,具有强烈的行政管理色彩,使得政府和企业的博弈长期锁定在非合作状态。

二、基于所有权的市场环境主义学派及实践

基于所有权的自由市场环境主义，是将自由市场和环境保护这两个看似矛盾的观念有机地结合起来，形成一种独具特色的以市场途径来保护和改善环境的新思路。自由市场与环境保护结合的关键在于所有权。

基于所有权的市场环境主义学派主要有两大理论支柱。一是 20 世纪 20 年代英国经济学家庇古在其著作《福利经济学》中提出，可以通过对那些有负外部性的活动征税来使外部行为内部化，故用于矫正负外部性行为的排污税又称为“庇古税”。排污税政策意味着污染者必须为使用环境对其所排放的污染物的转移、稀释和化学分解等作用支付费用，这一政策赋予了污染者较大的权利，可自由选择减少排污量的最佳方式，寻找成本最低的排污削减方法。二是科斯在《社会成本问题》(1960)一文中提出，在产权得以清晰界定、交易成本为零的条件下，交易双方可以通过谈判的方法来实现资源的有效配置，并使外部行为内在化，这为排污权交易市场的建立提供了基础。排污权交易制度就是在满足环境要求的前提下，设立合法的污染物排放权利(污染物排放总量)并分配给排污企业，允许这种权利像商品一样在各排污企业间进行买卖，以此控制污染物排放的总量，排放权交易的最终结果是使排污总量在各企业之间按照等边际原则分配，并且与排污税政策一样都对企业产生较强的激励，促使企业不断寻求削减排污成本的方法。通过价格变化达到减排的目的，是最简单、最直接、最高效的途径。

根据科斯的分析，如果产权制度被严格制度化并获得法律力量的保障，那么，对污染等问题施行干预就没有必要，而是应该将所有交易中涉及的问题交给参与方自己去解决。自由市场环境主义的核心是一种完善界定的自然资源产权制度，强调市场过程能够决定资源的最优使用量，政府严格执法对保障产权具有重要意义。只有产权得到有效界定、执行并转让，才能使稀缺的资源得到有效配置。若产权不清或得不到有力保障，缺乏资源保护的责任意识和利益刺激，就会出现过度开发资源的现象。如果污染者与被污染者之间的产权缺乏很好的界定，双方的契约选择就可能受到限制。

自由市场环境主义的制度意义在于依靠参与竞赛的所有者之间自愿交换产权，促进合作与利益的最大化。换言之，自由市场环境主义提供了另一种选择，将环保意识引导到一个各方皆赢的解决方案里，它既能促进经济的增长，又可以提高环境质量。科斯的产权方法存在的前提是，如果牵涉外部效应的个体数量较少，有利害关系的各方就会有效地达成一个协定的支付表。

建立在市场环境主义学派基础上的实践，是基于市场型政策工具的。市场型

政策工具是通过以市场为基础的政策向市场主体提供符合社会效率的激励，引导市场主体产生消除污染的行为，本质上体现了污染者付费原则。具体可以分为利用市场型和创建市场型两类工具。利用市场型工具是通过改变市场主体的成本和收益形成减排激励，例如环境税费、补贴政策和押金—退款制度。[①] 创建市场型工具则是通过构建产权交易市场来形成激励，例如排污权交易制度就是构建环境产权交易机制。

从历史上看，运用自由市场环境主义去解决土地、水、海洋、垃圾污染以及从酸雨到全球气候变化的一系列空气污染问题，具有明显的优点。美国西部土地权和水权制度的演进，具体说明了通过建立产权解决资源匮乏的方式。例如，对有限的水资源，自由市场环境主义认为水的市场制度必须界定明确的水权，而且水权可以执行并能够转让。界定清晰并严格执行的水权，可以减少不确定性，确保水权的所有者获得水的各种效益。水权能够自由转让，用水者必然会仔细评估水的全部成本，包括其他用途的价值。如果一种用途的价值高于另外一种，所有者就可以出售或出租自己的水权，重新配置水资源。[②] 20 世纪 20 年代，美国环境保护局引入了以市场为基础的保护计划，目的就是在不降低环境质量的情况下推进经济增长。

从现实来看，从 20 世纪 80 年代开始，基于市场的环境政策工具开始被广泛运用，并得到了大多数企业的支持，企业开始由消极抵抗向服从管制转变。对于企业环境行为的这种改变，一些学者认为是企业经济成本和收益相比较的结果；另一些学者则强调利益相关者、政治影响和社会因素在企业环境行为方面的重要性。事实上，正是相对价格的改变促使行为主体推动制度变迁。例如，就杜邦公司的所有美国工厂的碳氢化合物排放来说，“命令—控制”型管制和公司采用最低成本方法所花费的支出相差 22 倍。不断出现的潜在利益推动着企业环境行为的改变，企业态度的变化塑造了制度创新的方向，而创新的制度安排又反过来影响着企业环境行为。在国际上，按照《京都议定书》，目前有两种交易体系：一种是基于配额的碳交易，另一种是基于项目的碳交易。

与传统的“命令—控制”型管制相比，基于市场的政策工具是指这样一些管制条例：它们鼓励通过市场信号来作出行为决策，而不是制定明确的污染控制水平来规范企业的行为。这些政策工具包括可交易的许可制度和排污收费制度等，也就是我们通常说的“借助市场的力量”，因为如果对它们进行很好的设计并加以实施，将促成厂商和个人在追求自身利益的同时实现污染控制目标。这也就是把亚当·斯密所说的“看不见的手”引入到发展低碳经济中来，把节能减排变成企业的

① 押金—退款制度主要用于回收对环境有害的废弃物，当消费者购买这种物品时需支付税金，将使用后的废弃物送到指定地点会获得政府的补贴。

② 庄贵阳：《自由市场环境主义：一种独具特色的环境管理新思路》，《世界经济与政治》，1998 年第 1 期。

自觉行为。而传统的"命令—控制"型管制实现目标的手段不灵活。一般来说,"命令—控制"型管制倾向于迫使每个厂商承担同样份额的污染控制负担,而不考虑它们的成本差异。这种"一刀切"式的管制提高了污染控制的成本。

基于市场的政策工具的好处在于:首先,基于市场的制度安排和政策工具能以最低的社会成本实现所期望的水平的污染削减。此时,污染削减成本最低的厂商受到激励,进行最大数量的污染削减,而不是限于行政控制的目标,不像统一排放标准那样使厂商的污染水平均等。市场导向型的政策工具力求使各个厂商削减污染的边际成本相等,从而实现收益的最大化。其次,从信息方面来讲,"命令—控制"型管制在理论上也可以实现成本最小化的目标,但这需要每年对污染源制定不同的标准,投入的人力物力也比较大,因此,政策实施者必须掌握每个厂商所面临的执行成本的详细信息。若再考虑到信息不对称,实施的成本太高,在现实中几乎难以达到预期目标。最后,从技术方面看,"命令—控制"型管制还阻碍节能减排技术的发展,这类政策几乎不存在促使企业超越其控制目标的经济激励,并且技术标准和绩效标准都不利于企业采用新技术。与"命令—控制"型管制相比,市场导向的政策工具能提供强烈的刺激,让企业采用更为经济和成熟的污染控制技术,企业能从发现和采用低成本的污染控制方法中得益。

基于所有权的市场环境主义学派及其实践面临以下三大问题:

(1)对科斯解决外部性中产权界定及协议的达成存在许多质疑。①如果涉及的参与者数目较大,通过谈判缔结协议可能就无法实现,因为协调的管理成本太高。②即使某地界的污染者少,可是受到排放影响的企业可能多得足以使直接协议难以推行。所以,经济主体要建立确定的、清晰的谈判策略是极为困难的。③对于科斯关于参与者何方拥有产权与效果并无关系的问题分析,是有争议的。如果这样的权利被有钱有势者掌握在手,其结果与掌握在普通公民之手很可能是不同的。④如果外部影响超越了国界(如酸雨是一个不受国界限制的污染实例),那么运用科斯的产权方法让始作俑者和受害者两方缔结合约几乎是不可能的。界定环境的产权几乎是不可能的,因为环境"产权"很难找到边界。

(2)科斯过分强调了产权的明晰,而忽视了多元的产权制度在环境保护方面的作用。丹尼尔·H. 科尔指出,既然污染和财产权之间的关联最终取决于在某个特定的时间和地点起支配作用的经济、制度、技术及生态状况,那么,在这个次优的世界,对于环境保护而言,就不可能有一个普适的、在任何情况下总是最优的财产权体制。在科尔看来,自由市场环境保护主义者必须证明私人所有的资源必然比公共所有和管理的资源受到更好的保护。至少,他们必须证明私有化的收益总是超过其成本,包括交易成本。通过对各种财产权体制在环境保护中的作用和局限性的分析,科尔抽象出了在何种情形下适用何种产权体制的一般理论:"最优的财产权体制是在特定的情况下,能够以最低总成本达到外生设置的社会目标的体制。"[①]"总成本是排除成本和协调成本的总和。排除成本是指对财产所有人而言,为了限制(其他人)进入并使用其资源而设立边界并执行的成本;协调成本是指与解决集体行动困境相关的成本。"[②]在现实生活中找到最优的环境治理方法是徒劳的,我们只能达到愿意支付的成本所决定的环境保护水平。

(3)科斯产权方法在环境治理方面的局限性有些来自技术层面。对此,一些学者提出了解决方法。如工业企业产生的污染可以用色素或同位素痕量监测器监控其排放和漂流物,若污染损及产权拥有者,那么产权拥有者可以要求赔偿。还有,汽车尾气是空气污染的主要源头,解决办法之一是将作为交通污染主要来源的高速公路干道私有化。这可以使得公路的拥有人承担起防止污染的义务,然后寻求措施补偿这种义务。现实中很难按科斯定理去保护环境,部分原因是实施起来交易成本太高,另一原因是决策者的无能或不愿意保障一切参与者的财产权。但是一个有效的产权体系会大大降低实施环境治理的成本。在一个产权界定清晰并得到有效保护的国家,环境治理的行为及效率也会大大地增加和提高。

三、自主治理学派及实践

2009 年诺贝尔经济学奖获得者埃莉诺・奥斯特罗姆在《公共事务的治理之道:集体行动制度的演进》一书中提出了一个新思路,即强调人们在一定条件下能够为了集体利益而自发组织起来采取集体行动,并由此开发了自主组织和治理公共事物的集体行动制度理论,即自主组织理论。奥斯特罗姆认为传统理论过分强调了政府作为外部治理者的作用,我们应该更加关注资源使用者自组织的治理模式。她首次系统地提出资源使用者自我组织、自主治理理论,而且通过理论推演和实地经验证明了自主治理能够很有效地使资源使用者持续地使用资源,这为治理公共资源(环境)提供了第三条道路。奥斯特罗姆相信,传统的政府治理模式无法解决资源退化问题,甚至有些政府的政策加速了资源系统的恶化,相反,资源使用者自主治理能解决这个问题。因此,为保障自然资源的可持续利用和发展,公共政策制定应该从政府、社群和资源使用者的相互补充与合作中去寻找自身的定位,确定政策边界和制度创新。[③]

---

① 丹尼尔・H.科尔:《污染与财产权:环境保护的所有权制度比较研究》,北京大学出版社,2009 年,第 17 页。

② 同上书,第 131 页。

③ 柴盈、曾云敏:《奥斯特罗姆对经济理论与方法论的贡献》,《经济学动态》,2009 年第 12 期。

自主组织理论认为,任何集体行动都需要解决三个问题。第一个问题是制度供给问题,即由谁来设计自治组织的制度,或者说什么人有足够的动力和动机建立组织。第二个问题是可信承诺问题。奥斯特罗姆认为,在复杂的和不确定的环境下,个人通常会采取权变策略,即根据全部现实条件采取灵活变化的行动方案。第三个问题,即相互监督问题。奥斯特罗姆在分析世界各地案例的基础上,归纳出了实现自主治理的八项具体原则。自主治理理论与最新人类行为理论密切相关,主要特点表现在行为导向和动态调整两个方面。行为导向具体表现为,该战略力图通过采取鼓励、支持、推动、示范等多种措施改变公众的行为和态度,使其形成有利于环境保护的偏好、行为规范和习惯。动态调整则具体表现为,推进可持续发展的政策、措施随人类行为、态度和偏好的变化而进行调整。具体措施除包括经济激励,即税收、收费、罚款等措施外,还包括三类重要的其他措施:第一类是提高个人行动可能性的措施;第二类是提高公众参与的措施;第三类是示范,如政府带头等。这些措施有助于新的行为模式的形成。

奥斯特罗姆、蒂伯特和瓦伦还将多中心秩序的思想运用于对大城市地区治理模式的研究,把大城市地区构想成多中心政治体制①,存在多个决策中心来治理公共事务(或环境治理)或提供公共产品。在多中心治理下,个人或社团既有机会选择不同的公共服务(或环境治理)生产者和提供者②,也可以在不同规模和层次上组织生产不同类型的公共服务,而不同的公共服务生产者和提供者既通过合作满足个人或社团的需求,同时也构成了公共服务的竞争或准竞争机制。多中心治理并不单一地依赖政府管理或市场机制的手段,而是综合使用两种手段来提供公共服务,既发挥政府的集中性、公共性,又可以利用市场的高效率。一方面,这并不意味着政府从公共治理中退出以及相关责任的转移,而是减弱政府的多重任务性,使政府从以前的公共服务的唯一提供者向中介者、服务者转变,政府管理方式也从直接管理向间接管理转变。另一方面,多中心治理强调公民的积极介入,个人或社团参与公共服务的协作生产将有助于公共产品和服务质量的提高。

外部性理论假定企业是不负责任的环境行为主体,但理论研究和实践表明,企业在变化了的人文环境下可以成为负责任的环境主体。作为一个经济主体,企业在社会活动中不是被动的。企业对环境的变化常常能够迅速甚至预先作出反应。③ 朗格维格(Langeweg)认为,来自环境治理与保护的技术潜力非常大,但如果要真正挖掘这种潜能,则必须投资于社会制度建设。这严厉批判了依靠技术创新即可解决企业环境问题的思想。海因茨(Heinz)、彼得(Peter)和沃尔纳(Wallner)

---

① 他们使用的“政治”一词与“政府”同义,将政府的事务界定为生产或提供各种公益物品和服务。

② 他们区分了生产者和提供者,生产是通过物理过程使公共品或服务成为存在物,提供是消费者得到产品的过程。

③ 李新家:《企业环境的变化趋势及其对企业行为的影响》,《学术研究》,2000 年第 5 期。

认为，企业的环保动力系统不能从外部去构建，而应由企业系统依靠自主治理创新和自我发展，这样才能真正内生于企业，即时处理和预防企业在发展过程中所面临的诸多环境问题。[①] 企业对环境政策的执行与响应是有选择性的。这种选择本身与企业自身的价值追求契合。塞格松（Segerson）和米塞利（Miceli）用模型验证了交易游戏准则，结论是一个企业自愿参与公共组织的污染治理项目，能为企业排除更为严格的立法威胁。这种参与将使得企业在法律允许的情况下取得最大程度的污染水平降低，同时比强制性参与付出的成本更低。另外，政策到达后被执行或者响应的程度不仅与企业规模、结构有很大的关系，而且与行业差异有一定的联系。马克斯韦尔（Maxwell）等人以及塞格松和米塞利通过博弈论分析指出，强制性规则的威胁导致企业自愿参与环境活动，以便使企业走在更为严格的规则前面。阿罗拉（Arora）和卡森（Cason）考察了企业展示给消费者绿色印象的欲望。瓦尚（Vachon）和克拉森（Klassen）认为："通过与其供应商和消费者的相互作用，制造企业能更有效地解决它们所面临的环境挑战。"

发达国家的环境政策处于强化环境自约束管理的阶段，以强化自愿协商机制为主。其政策工具有：信息披露制度、自愿协议、环境标志与环境管理体系、技术条约、环境网络，以及其他沟通类手段等。环境政策及其工具能否对企业的污染行为产生约束，对其环境治理与保护行为产生激励，涉及政策实施的有效性，一直是政府当局与学者们关注的焦点。如果缺乏必要的措施，排污者从自身利益出发将不会完全诚实地向管理部门提供信息，也不可能完全按照其要求执行政策，因此需要研究政策制定和实施中的策略行为。[②] 自愿环境行为是一种创新型的环境管理模式，将企业的被动环境行为转变为主动环境管理。这种环境管理模式建立在政府和企业相互信任的基础上，从而缓和了政府与企业间的紧张关系。尽管一些学者对自愿环境管制存在疑虑，但大多数学者依然认为自愿环境项目在促进企业环境行为改善方面是非常有效的。学者们将企业自愿参与环境项目的原因归结为以下几种：(1) 比起传统环境管制，自愿环境项目允许企业采用创新型的污染控制技术，更具有成本优势；(2) 消费者环保意识逐渐增强，企业自愿参与环境管理，可以提高企业的环境声誉，获得诸如价格红利和产品销量等差异性优势；(3) 企业管理人员的环境意识和价值观发生改变；(4) 掩饰不良环境行为，逃避日益严格的环境管制或惩罚。

经济合作与发展组织根据参与者的参与程度和协商的内容，把自愿协议大致分为经磋商达成协议型和公众自愿参与型两类。此外还有一种是单方面承诺的自愿协议，指的是由工业部门或企业单方面对社会作出的减排或提高能效的承诺。博尔基（Borkey）和莱韦克（Lévèque）对自愿协议进行了分类，包括单边承诺、公共

---

① 范阳东：《企业环境管理自组织机制培育的理论与实证研究》，暨南大学博士学位论文，2010 年。

② 同上。

自愿计划和谈判协议。[1] 单边协议是在没有任何直接的政府干预下发生的,是企业或行业单方采取的自主行动。企业自己设立环境改善计划,设置目标、责任、执行和监督程序,并将其传达给利益相关者。公共自愿计划是由政府有关部门设定具体的环境绩效标准和加入条件(例如对企业的资格审查、规定须遵守的标准、监督审计和效果评估),由企业自由选择是否参与,政府通过提供一些激励措施,如补贴、技术支持、宣传或颁发环境标志等来鼓励企业参与和更好地执行项目。谈判协议是由政府与工业企业经过协商谈判签订的,旨在通过协议的实施达到节能减排和环境保护的目的。与另外两种方式不同的是,谈判协商性协议的内容不是由工业企业或者政府机构单方面制定,而是经过双方反复磋商达成的,体现了双方协商后的共同意志。自愿性行为的具体措施包括生态产品认证、绿色制造联盟、生态工业园、环境会计、环境审计、行业协会协议、供应商选择以及针对具体企业的污染限制或降低能源消耗的计划等。

卡玛(Kharma)区分了三种单边自愿环境行为类型:一是企业自己努力建立环境行为代码,改善环境绩效;二是企业努力遵守由贸易联盟指定的代码和准则;三是企业努力实现认证组织提供的环境绩效标准,如ISO14000系列标准等。斯彭斯(Spence)、达斯古普塔(Dasgupta)、奎莱尔(Kwerel)、麦基特里克(McKitrick)等人分别研究了环境收费中企业隐瞒污染控制技术水平时的收费政策设计方法。

自愿协议性政策工具建立在企业和政府相互信任的基础上。管制者并不会惩罚企业的每一次违规,而是给予企业一定的管制豁免。企业通过自我控制环境行为和迅速报告及纠正违规来服从管制,主动减少环境保护中的机会主义行为,因此降低了政府执行环境管制的监管成本。企业也具有更大的灵活性,可以根据自身的情况进行减少污染物排放的规划,采取更加适合自身情况的技术,激励了技术创新。政府的公共采购是促进自愿协议方式推进的一个动力。绿色公共采购(greening public purchasing)能够带动企业绿色供应链管理,对企业的自愿协议行为影响很大。公共采购集中在行政服务、卫生、教育、科研、国防和环境等行业。自愿协议下的节能减排是企业与政府的双赢战略。政府在协议中提供了减免税、税收返还等经济激励措施,使得企业能够将节能这一公共目标与自身的经济目标相结合,对企业来说具有很大的吸引力。同时,采取这种非强制性的措施也能降低政府的管理成本。

---

① 肖建华:《生态环境政策工具的治道变革》,知识产权出版社,2010年,第175页。

四、三大学派的比较及启示

三大制度经济学学派在环境治理的分析上具有共同点:都强调制度在环境治理中的作用和重要性,都从外部性出发。不过,对于外部性,环境干预主义强调了国家干预。在其看来,政府对于环境外部性的一切方面有统一融贯的知识,能够将外部性内在化;而市场环境主义主张从产权入手,使外部性内在化;自主治理则从制度供给、可信承诺及相互监督等入手使外部性内在化。三大制度经济学学派在环境治理上也有不同点,如对政府的看法截然相反。在庇古看来,政府能平衡未来人与当代人的利益,并能依据法律监督和行动,以保卫本国可耗竭资源储备免受过早或者不顾一切的开采。用国家干预办法来调整市场的缺陷,是出于认为政府本质上是有效的并且有能力找到解决问题的办法这一主观想象。而市场环境主义者认为,政府机构官员的动机通常受到自身利益的影响,忽略其社会成本和效益。自主治理的代表人物奥斯特罗姆认为,传统的政府治理模式无法解决资源退化问题,甚至有些政府的政策加速了资源系统的崩溃。相反,资源使用者自主治理能解决这个问题。因此,为保障自然资源的可持续利用和发展,公共政策制定应该从政府、社群和资源使用者的相互补充与合作中去寻找自身的定位,确定政策边界和制度创新。其实,环境污染和资源破坏不仅来源于市场失灵所形成的外部不经济性,政府的决策失误也是一个重要原因。

环境治理不仅要创立技术支持系统,还要创立制度和政策工具支持系统,这两者是一种互动促进的关系。仅仅从技术、投资的角度进行环境治理是不够的,在环境治理的过程中,除了技术创新及投资以外,还需要从制度层面入手。制度的作用表现为:有效地激励企业和个人把节能减排的技术和投资用于环境治理。当前许多节能减排的技术不能用于生产和消费活动,不是技术方面的原因,而是缺乏有效的激励机制。而有效的制度使环境治理的成本大大地降低。从制度层面讲,环境治理经历了三个阶段,其实质都是制度变迁的过程。一是传统的“命令—控制”型管制,主要是从行政、命令及相关的政策入手,政府是主体。二是基于市场手段的环境治理,主要有基于市场的政策工具,主体是企业,它是相对传统的“命令—控制”模式而言的,其最为显著的特征是具有低成本、高效率的特点和技术革新及扩散的持续激励。国外基于市场的政策工具已被用来处理许多环境问题,包括濒危物种的保护、区域性烟尘问题、温室效应和全球气候变化等。三是自愿环境行为,从某种程度上讲,它是在前两个阶段的基础上环境治理理念的一种升华,是全社会的行动,把强制的环境治理变成自愿的环境治理。

从三大制度经济学学派的环境治理理论和实践来看,每个学派的思想在政策和实践中都得到了体现，只是体现的程度不同而已。从实施环境治理的手段及绩效来看，环境干预主义学派更多的是从法律层面进行的，而市场环境主义者从产权入手，自主治理学派则是从协议入手。从一些实证分析来看，基于市场的政策工具和自愿环境治理比“命令—控制”型更有效，成本更低。但这三种环境治理手段并不是相互排斥的，而是相互补充的。应根据不同情况、不同条件，分别采取不同的机制。即使是发达国家，运用市场治理环境也面临许多困难。在我国这样一个市场经济还不发达的国家，运用市场力量治理环境会面临更多的困难。但是，我们在治理环境的过程中要注意发挥市场的力量，要逐步引入市场机制，能用市场方法的就不用行政方法。在环境治理的过程中，我们要引入排污收费制度、交易许可制度等，并使经济主体能得到治理环境的好处。在条件成熟的地方可以减少传统的“命令—控制”型政策，引入基于市场的政策工具。要加大培训的力度，增加适合基于市场的政策工具的人力资本投入。

环境治理中三大制度经济学学派的演变反映了人类在环境治理认知上不断完善的过程。从强调行政管制到市场机制及自愿协议的转变是一种必然趋势。从企业消极应对环境政策到企业积极主动地采取保护环境的行动，不仅是一种理论研究方向的转变，而且还涉及政策的转变。尤其是，从环境规制对企业造成负面影响的认识转变为环境规制与企业技术创新和提升竞争力并不矛盾的认识，是企业领域的一场重大变革。它从生产源头来预防污染，把环境保护从生产末端提前到生产源头，从污染治理转变为污染预防。美国在1990年通过的《污染预防法》中提出，工业界应当从生产源头来预防污染。在这种新的环境政策引导下，企业开始将环境因素纳入生产中，污染预防费用被纳入成本核算和资产平衡表中。自此，美国开始推行一系列自愿性伙伴合作计划。还有，环境治理不仅成为企业发展战略的组成部分，也日益成为国家发展战略的重要组成部分，如欧盟的多标准共存和协调、美国自愿性环境管理中的跨国公司利益导向、日本贸易立国下的“环境竞争力崇拜”、荷兰的“共担责任”环境管理模式等。

主要参考文献

1. Dean, T. J. , and R. L. Brown, “Pollution Regulation as a Barrier to New Firm Entry: Initial Evidence and Implications for Future Research”, *Academy of Management Journal*, 1995, 38(1).

2. Joshi, S. , R. Krishnan and L. Lave, “Estimating the Hidden Costs of Environmental Regulation”, *The Accounting Review*, 2001, 2.

3. Nehrt, C. , “Maintainability of First Mover Advantages When Environmental Regulations Differ between Countries”, *The Academy of Management Review*, 1998, 4.

4. Isik, M. , “Environmental Regulation and the Spatial Structure of the U. S. Dairy Sector”, *American Journal of Agricultural Economics*, 2004, 4.

5. Raymond, S. , “Self-Selection Bias in the Evaluation of Voluntary Energy Conservation Programs”, *Review of Economics and Statistics*, 1988, 70.

6. Malm, E., "An Actions-Based Estimate of the Free Rider Fraction in Electric Utility DSM Programs", *The Energy Journal*, 1996, 17(3).
7. Rivera, J., "Regulatory and Stakeholders Influences on Corporate Environmental Behavior in Costa Rica", Working Paper, The Center for Latin American Issues, The George Washington University, 2004.
8. Arora, S., and T. Cason, "Why do Firms Volunteer to Exceed Environmental Regulations?: Understanding Participation in EPA's 33/50 Program", *Land Economics*, 1996, 72.
9. Khanna, M., "Non-Mandatory Approaches to Environmental Protection", *Journal of Economic Surveys*, 2001, 15(3).
10. Andrews, R., "Environmental Regulation and Business Self-Regulation", *Policy Sciences*, 1998, 31.
11. Winter, S., and P. May, "Motivation for Compliance with Environmental Regulations", *Journal of Policy Analysis and Management*, 2001, 20.
12. King, A., and M. Lenox, "Industry Self-Regulation without Sanctions: The Chemical Industry Responsible Care Program", *Academy of Management Journal*, 2000, 43.
13. E. 库拉:《环境经济学思想史》,上海人民出版社,2007 年。
14. 保罗 · R. 伯特尼、罗伯特 · N. 史蒂文斯:《环境保护的公共政策》,上海三联书店、上海人民出版社,2004 年。
15. 卢现祥、朱巧玲:《新制度经济学》,北京大学出版社,2007 年。

原载《国外社会科学》,2011 年第 6 期;人大复印资料《理论经济学》2012 年第 2 期转载;本文与罗小芳合写

论发展低碳经济中的市场失灵[①]

市场失灵(market failure)是在一些特殊条件下,自由市场不产生最优福利,因此与经济学家构建的完全市场经济的抽象模型相比,是失灵的。本文试图用市场失灵的理论描述低碳经济,并分析发展低碳经济中市场失灵的特殊性,并提出相应的制度安排和政策建议。

一、作为世界最大外部性的低碳经济

外部性的概念最早是由马歇尔提出的。马歇尔的学生、经济学家庇古认为,如果出现生产者的边际私人净产值与边际社会净产值不同,则存在生产的外部性。如果边际私人净产值小于边际社会净产值,则存在“外部经济”,即有正的外部性;如果边际私人净产值大于边际社会净产值,则存在“外部不经济”,即有负的外部性。外部性不仅在生产领域存在,在消费领域也存在。外部性是市场失灵的一种表现,外部性会导致资源配置的低效率。

从经济学角度看,气候变暖源于跨国外部性效应的影响,此时一个国家的行为使其他国家获利或受损,且无法通过市场来进行弥补(Sandler and Hartley, 2001)。气候变化问题的外部性不同于传统外部性问题,即前者是一个更大范围的外部性问题,影响到周边国家甚至全球的环境状况。关键是这种外部性发生在主权国家之间,如在一国内通行的“谁污染、谁治理”规则在国与国之间实施起来十分困难。

在工业化过程中,对化石燃料越来越多的消耗导致空气中温室气体的浓度急剧增加,并造成了温室效应和气候变暖问题。与此同时,大气环境容量由充裕变得稀缺,当前人类活动所造成的二氧化碳的排放实质上是对大气环境容量的消耗。

---

① 本文受国家社会科学基金重点项目《发展低碳经济的制度安排和政策工具研究》(编号:10AJL007)资助。

由于对大气环境容量产权的界定、分配和保护的交易成本十分高昂,因此大气环境容量一直作为自由获取资源(open-access resource)而存在,此时,私人对大气环境容量的消耗将难以计入私人生产或消费活动成本,从而形成温室气体排放的环境成本(外部成本),私人生产或消费活动的成本与环境成本之和形成社会成本。如图1[①]所示,私人的生产或消费活动如果不考虑温室气体排放造成的环境成本(MEC),则以边际私人成本曲线(MPC)为依据,将有效率的活动量(排放量)定为Q;如果考虑环境成本,则应以边际社会成本曲线(MSC)为依据,将有效率的活动量定为Q^*。($Q-Q^*$)是超过大气环境正常承受能力并产生气候变化危机的私人生产或消费活动量,这部分活动量所产生的利益可以明确地界定为私有产权,而产生的环境成本将由社会共同承担。

当存在外部成本时,自由市场难以界定环境成本的归属,因此市场机制无法实现大气环境容量有效率的使用,即温室气体有效率的排放,而温室气体排放过程又是不可逆的,随着浓度的不断增加,其所造成的气候变化危害不可避免,此时,温室气体的减排行动就变得十分重要。[②] 但值得注意的是,温室气体排放所产生的外部性与其他污染物相比还体现了几点特殊性:第一,气候变化问题是全球性温室气体排放造成的,并且在影响上也是全球性的,但其中也存在不公平性,发达国家对现有的温室气体积累水平的责任更大,而气候变化却对发展中国家的冲击更大;第二,温室气体一旦排放到大气中,将会存在很长时间,这种积累难以清除,其影响是长期且持续的,并且还受到流量—存量进程的支配。第三,在科学链条的大部分环节上,其影响还存在诸多的不确定性。第四,其潜在影响是巨大的且不可逆的。[③]

新制度经济学是从外部性入手讨论产权的。而外部性实际上是成本或收益的承担问题。在产权明晰的条件下,不存在外部性问题。当产权不明晰导致外部性时可通过产权明晰使外部性内在化。还有一种复杂的情况,即产权无法界定或判定成本很高时,通过产权使外部性内在化就行不通了。科斯在《社会成本问题》一文中指出外部性问题具有相互性。这种相互性使产权界定非常困难。像温室气体排放就属于这类问题。若一个工厂"有权"污染,污染所引起的成本是由被污染者的存在造成的,因而污染不是它的"个人成本";如果"无权"污染,就必须为污染付费,因而污染就是它的"个人成本"。但"有权"或"无权"尚未确定时,成本或收益就无从谈起。我们向大气的排放及其权利的界定就是一个十分复杂的问题。

低碳经济制度安排的基本功能在于使外部性内在化。人们的认知水平在一定

① 巴里·菲尔德、玛莎·菲尔德:《环境经济学》,中国财政经济出版社,2006年,第57页。

② 肯尼斯·阿罗(2007)认为虽然气候变化的未来成本尚不确定,但减排政策比保持现有政策要好,减排的收益贴现值大于成本贴现值。

③ 尼古拉斯·斯特恩:《地球安全愿景:治理气候变化,创造繁荣进步新时代》,社会科学文献出版社,2011年,第12页。

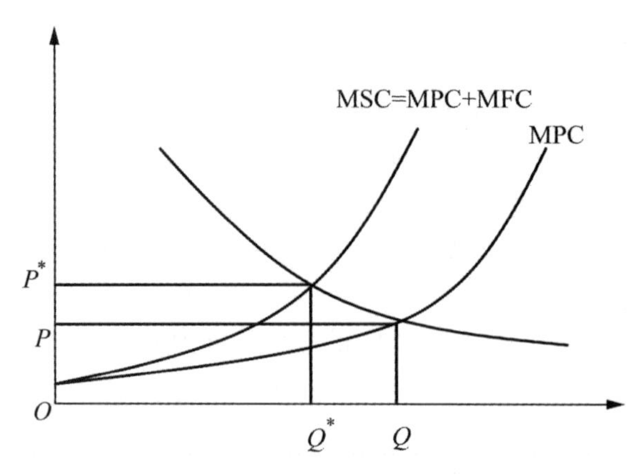

图1　环境成本与私人排放

程度上影响着制度变迁。传统经济学将消费和生产视为大好事，而对最终会导致消费和生产两种活动不可持续的环境耗损与环境质量恶化则少有考虑。经济学在计算成本时只让企业或个人考虑与自身相关的成本（私人成本）而不考虑社会成本；只考虑经济成本而不考虑自然成本或环境成本；只考虑当期或显现成本而不考虑远期或潜在成本。环境问题是人类认识有限理性的结果。人们往往把环境保护与经济发展对立起来，把环境保护与降低成本、科技创新对立起来。波特假说及实践表明，严格的环境规制有利于降低成本和技术创新。但是认知上的转变是一个比较缓慢的过程。若每个经济主体都认识到发展低碳经济的好处，并付之于行动，那么人类社会的福利会大大地改善。但人的认知是有限的。

大气环境容量作为一种公有资源①（common resources）具有天然的产权模糊性，因为它是以没有实体形态的大气为载体的，大气的广阔性导致了其容量资源的总量是难以确定的，而大气的流动性以及边界的模糊性导致其在形体上难以分割，对其产权进行界定的成本十分高昂。由于产权边界的模糊性，第一，使得大气容量资源的消费具有非排他性，任何人对容量资源的消费不能自动地排斥其他人对其进行消费。第二，任何人在使用大气容量资源时所产生的成本无须完全由自身承担。确切地说，在大气环境可承受范围内，对人类生存和健康尚未造成危害，成本由环境的净化系统承担；如果超出了环境可承受范围，并对人类生存和健康形成危害，成本则由受害人群共同承担。另外，对大气容量资源的消费不会产生任何机会成本，生产者对容量资源的使用并不会损失对其他资源的消费机会，因此，在经济利益最大化的原则下，生产者竞相使用大气容量资源的同时也对社会造成了负外部性。第三，任何人减少对容量资源的使用、削减污染物的排放，或者通过大气治理来增加容量资源，由于产权的模糊性而无法获得相应的收益，任何对大气容量资

① 公共品具有非竞争性和非排他性，而公有资源具有竞争性和非排他性。

源形成增量的行为都会对社会形成正外部性,因此,即使面临容量资源的有限性约束,使用者减少污染物排放以增加容量资源供给还是存在动力不足的问题。对于人类社会来讲,资源不足可以通过发展科技来弥补。但是对于具有全球外部性的温室效应我们还难以通过某项技术发明来解决,它必须通过转变人类的生产方式和生活方式来解决。而在几种主要温室气体中,又以人类排放的二氧化碳的惰性最强、存量最大,因此最难治理 。如果人类社会能够有效地发展低碳经济,减少碳的排放,有效地阻止气温的上升,从而避免气候变化给人类生产、生活带来的巨大损失,那么就会产生最大的正外部性;反之,如果我们还是照旧发展高碳经济,那么就会产生最大的负外部性。

结合以上的分析,一方面对其消费所造成的成本无法明确地由使用者独立承担,另一方面对大气治理所创造的新容量资源也无法明确地归属治理成本的承担者,因此,在自由市场中,大气容量资源的供给和需求始终难以达到均衡。

如何解决发展低碳经济中的外部性问题?这里有多条途径可供选择:第一,征收碳税;第二,以分配到的或拍卖到的排放权交易为基础进行碳交易;第三,借助管制和标准化的隐性定价,可以给包含额外成本但旨在减排的行为或技术施加持续的约束。这三条途径有不同的优势和劣势,都有可能被我们利用(斯特恩)。科学家已经告诉我们未来大气能承受多少二氧化碳排放总量,现在的问题是世界如何达成共识,并采取相应的集体行动和合作来达到我们的目标。有些国家开始征收碳税(如欧洲一些国家),有些国家和地区开始碳排放的交易,这些都有利于把碳排放的外部性内在化。但是人类社会采取的行动还不足以达到我们的目标。还有的采取一些环境保护的举措也可以达到发展低碳经济的目的,如美国的燃油效率标准越来越严格,每加仑最低行驶里程的联邦标准近年来已经延长了几次。

在节能减排模式的探索中,政府与市场分权治理的解决思路得到了普遍认可。人们一致的结论是,气候问题具有典型的外部性特征,市场机制在应对外部性问题方面往往失灵,行政性环境管制也因为信息不对称问题效率低下,因此政府主导下的市场化政策工具由于兼顾市场与效率原则成效较显著(Montgomery,1972)。

斯蒂格里茨认为,进行社会准则的教育也是解决外部性问题的一种办法。他认为由于人们的行为是互相影响的,所以人们要时时刻刻用社会准则来要求自己。现实生活中,生态环境问题有时市场管不了,政府也管不了,即存在市场失灵和政府失灵的问题,最后要靠公众的“觉悟”来解决问题。要使公众具有环境保护觉悟,并形成某种环境管理的手段,需要另一种制度安排,这就是新制度经济学中所指的非正式规则,即“意识形态”。就环境问题而言,就是环境意识、环境观念、环境道德、环境习俗、环境习惯,最后发展到环境自愿行动等。新人类行为的主要特点表现在行为导向和动态调整两个方面。行为导向具体表现为,该战略力图通过采取鼓励、支持、推动、示范等多种措施改变公众的行为和态度,使其形成有利于环境保护的偏好、行为规范和习惯。动态调整则具体表现为,推进可持续发展的政策以及措施随人类行为、态度和偏好的变化而进行调整。

二、作为公共品的低碳经济

对于人类社会来讲,发展低碳经济也是一个解决公共品的问题。这涉及以下四个问题:(1)低碳经济是一个全球性公共品;(2)全球性公共品的最优量及特征;(3)低碳经济是一种经济公共品;(4)解决全球公共品问题的难点。

一般认为,全球性公共品是一般公共品在时空上的拓展。从空间角度讲,全球公共品的受益者广泛,突破了国家和区域的界限。从时间角度讲,全球公共品的提供不仅使得当代人受益,也会使未来数代人从中获益。全球性公共品的提供远比一国内的公共品的提供要复杂。它的收益与代价是全球性的,政策制定则侧重于国内层次,这就会出现信息不对称,妨碍了产品的有效提供。考尔和古尔文(2006)认为国际领域的公共品融资比国内公共品更加复杂,需要建立系统化的操作体系。在生产结构上,则需要一种协调机制来把握全球性公共品管理的整体结构。大气是一个公共品,大气是“地球上人人有份的最大公地”(Demsetz, 1967)。在这种情况下,如何有效提供公共品就成为问题。相关物品和服务的市场情况并不能反映对大气的不同消费和投资的后果。气候变化与一般的公共品还有许多不同的地方。一是人为导致的气候变化就是一个外部性物品,除了政策影响以外,不受任何机构或者市场影响。二是气候变化还具有持久性、不确定性以及巨大的破坏性等特点,这使得气候变化还完全不同于很多通常研究的外部性物品(斯特恩, 2007)。

全球公共品的影响所及不止一个国家、城镇或者家庭,而是遍及全世界。全球公共品与国内公共品的不同之处在于,有效解决这些问题的经济和政治机制极其薄弱。由于很难区分和履行对环境(如大气质量)的所有权及使用权,所以不存在市场,而价格并不能体现污染物的有害影响,结果导致大量的二氧化碳排放和大气污染。一种资源(如热带雨林)的某些用途能够出售,其他用途(如对流域的保护)却不能。不可出售的用途经常被忽视,因而导致使用过度。

就经济效率而言,全球性公共品的供给需要确定一个最优量。通过林达尔均衡可知,如果各国政府愿意真实地显示自己从全球性公共品消费中得到的边际效用以及自觉地按其所得承担公共品的成本,那么全球性公共品的提供将达到最优。由于包括消费者在内的各国政府都倾向于不显示其正式的偏好,或者即使愿意采取合作的态度,对于偏好的测定存在技术上的困难,在全球性公共品的供给中通常会出现“搭便车”和囚徒困境。现在的问题是,我们知道了提供这个公共品的总量,如何在全球不同国家去分解这个总量。

从成本和收益的角度来看,低碳经济是一种经济公共品,许多国家的大量经济主体都参与到了与经济公共品有关的活动当中。经济公共品有:渔业、污染、大部分社会风险、气候变化等。就经济公共品而言,一般情况下很难确定并达成有效的政策协议,因为它们包含了成本和收益的衡量与平衡,而成本和收益都不容易衡量,并且二者都包含复杂的分配问题。另一类是焦点公共品。涉及焦点公共品的政策的好处是显而易见的,并且能够获得一致的同意,此类政策包括消除艾滋病、天花、金融危机、核灾难、核爆炸以及贸易壁垒等。比较便利的方法是把经济公共品重新确定为焦点公共品,因为这样做就可以大大简化分析、简化政策。[①]

在解决低碳经济这个公共品问题的过程中,存在两大难题:(1)找到"适度联邦主义"的度。即有必要将决策定位在某个政治层面上,该层面能够使溢出效应内部化。(2)威斯特伐利亚困境。根据1648年的《威斯特伐利亚和约》及其相应的国际法,未经主权国的同意,义务不能被强加于该主权国身上。因此,对于全球公共品,我们必须采取完全不同于国内公共品的解决方法(诺德豪斯),要进行国际制度创新。

对于气候变化的问题,存在着"双重公共品"的困境。一方面,自然资源的开发利用与二氧化碳气体的排放是人类生产活动的公共领域;另一方面,全球性的节能减排行动所创造出的正外部性,又成为所有国家共享的公共领域。减排行为本身成为了公共品,这使得各国的行动策略将有所不同,对于那些对环境变化负有次要责任的国家和那些贫穷弱小的国家而言,无论其他国家如何选择行动策略,采用消极的坐享其成的策略总是有利的,这是一种智猪博弈的反映。面对这个困境,吉登斯和斯特恩等人强调伦理的规劝力量,有些小国的正面行动则更加强了他们的信心。像全球变暖这样的公共品,其重要特征之一就是各国参与减轻气候损失行动的动机完全不同。这种不同反映出各国对于气候损失、收入水平、政治结构、环境态度以及国家规模的不同认识。比如,俄罗斯也许认为一定范围内的全球变暖会使其受益,而印度则认为会使其遭受巨大损失。

如何根据温室气体这个全球公共品的特点,形成有效的供给机制?这包括制度安排和机制设计。

首先,解决全球这一公共品供给困境的根本解决之道,在于如何使保护环境和节能减排的行为给各国带来更多的益处,现在的问题主要集中在积极行动的激励不够,低碳经济发展的内生化动力不足。激励的一个方面在于行动必须是同时发生的,才能得到有利的结果,这就使得制度安排对于全球性减排行动的支持绝非是可有可无的,对于坐享其成的消极态度,即使其公共品的属性难以消除,也应当加强其正面的吸引力量,惩罚的手段绝非必须但也成为一项不容忽视的内容。对于

① 威廉·诺德豪斯:《京都之后的生活:全球变暖政策的另一种选择》,《经济社会体制比较》,2009年第6期。

温室气体减排来说,对应的可行措施为对每一单位的碳排放征税和对某一许可制度所发放的排放限额进行交易。要把市场的作用和政府的作用结合起来。英国于2003 年 2 月开始对进入伦敦中心城区的汽车收取每天 14 美元的过路费,市中心交通量锐减 1/3,一些公交路线的往返次数跌了差不多一半,伦敦市区的二氧化碳排放量减少了 20%,粉尘和氮氧化物的排放量也大幅下降。要把环境保护与发展低碳经济结合起来。其实,环境保护与发展低碳经济有许多共同之处。要求全世界各国加强环境保护可能没有问题,环境保护引起了每个国家的重视,而环境保护的许多措施也是发展低碳经济所需要的。

其次,解决低碳经济这个全球公共品的关键在于有关主权国家建立可信承诺,签署国际环境协议,并通过国际合作机制来发展低碳经济。国际环境合作提供的“物品”即温室气体的减排和全球环境质量的改进,正是一种类似于国防的纯公共品(pure public good)。现在《联合国气候变化框架公约》还只是意向协议,还没有得到广泛的认同,导致这种现象的原因是环境目标与公平目标的矛盾。减少排放及发展低碳经济的重要性已被越来越多的国家认识到,确立这个环境目标是没有问题的,但现在面临的是如何减少排放、按什么标准来减少排放、减少排放的成本如何承担等问题,这些问题又与公平减排联系在一起。值得指出的是,对于类似于通过减排来抑制全球变暖这样的附加公共品,实现高水平的参与十分重要。最后的试验表明,将主要的国家或集团包含进来,是走向实现完全参与目标的重要途径。①

最后,根据公共品的性质,创新全球供给物品的供给机制。全球范围的温室气体减排行动和气候变化适应活动都体现了公共品性质,巴雷特归纳了为应对全球气候变化而必须提供的五种不同的公共品:第一,进行全球性的温室气体排放量削减行动,例如通过能源保护和使用效率提升、燃料替代和可再生能源的推广以及对化石燃料燃烧产生的温室气体进行碳捕获等;第二,对全新的能源和相关技术进行基础性研究投入,发现和总结温室气体减排的科学知识和方法并将其推广;第三,通过植树造林、防止森林砍伐以及用铁给海洋施肥等,从大气中直接去除二氧化碳;第四,通过减少照射地球的太阳辐射量,来抵消大气中温室气体浓度上升的影响;第五,在国家、区域或地方层面上为适应气候变化而提供公共品,如海洋防护、堤坝和大型灌溉工程等。②

---

① 威廉·诺德豪斯:《均衡问题:全球变暖的政策选择》,社会科学文献出版社,2011 年,第 117 页。

② 斯科特·巴雷特:《关于建立新的气候变化条约体系的建议》,载曹荣湘,《全球大变暖:气候经济、政治与伦理》,社会科学文献出版社,2010 年,第 60—61 页。

三、发展低碳经济中的搭便车问题

在发展低碳经济的过程中，搭便车问题是无处不在的，从普通公民权利领域到国际舞台都有它的身影。那些在降低自身温室气体排放方面作为不大或毫无作为的国家，也在搭那些已经更加积极的国家的便车。[①] 气候本身属于典型的全球公共品（global public goods，GPG），于是如何提供这类物品同时阻止搭便车行为就成为亟待解决的问题。减少温室气体的排放并不是免费的，有时甚至代价高昂。建立治理发展低碳经济中的搭便车的行为非常重要，因为这些搭便车行为不仅损坏了减排国际合作的有效性和稳定性，而且还阻碍国际社会解决气候问题的努力。

在温室气体减排行动和气候变化适应活动中，对于公共品的提供，无论是在全球范围的国家之间，在国家内部的地方政府之间，还是在同一区域内的企业或公众之间，都不可避免地存在搭便车问题。地方政府、企业和公众所采取的减排行动能有效地作用于那些容易产生私有利益的领域，而对处于公共领域的减排利益则鲜有作为，即使大家都意识到了应对气候变化的重要性。企业在生产过程中对能源利用效率的提升、公众个体在家庭生活中的节能行为以及地方政府针对适应气候变化提供的地区性公共品，可以直接将行动产生的利益划归于私有领域，即基于自利原则的减排行为，但这一行动水平远未达到应对气候变化所需的减排均衡点，因为地方政府、企业和公众进一步的减排行为所产生的利益都会进入归属难以界定的全球公共领域，在此情况下，无论是公众还是企业都存在搭便车的动机，从而造成集体行动的困境。如图2所示，MC表示减排行动的边际成本曲线，D_1表示为应对气候变化对减碳行动的社会需求曲线，D_2表示基于自利原则的减碳行动需求曲线，MC与D_1、D_2分别交于$A(P_1,Q_1)$和$B(P_2,Q_2)$两点，A点是应对气候变化的减碳均衡点，B点则是基于自利原则的减碳均衡点。Q_1是应对气候变化所应采取的减碳行动量，Q_2是能够界定为私有利益的减碳行动量，而(Q_1-Q_2)则是基于公共利益的减碳行动量。显然，对于公共领域的(Q_1-Q_2)部分，公众或企业无法根据自己的努力程度来分配减排利益，造成此部分是减碳行动的“供给盲区”。

无论是马克思主义方法，还是新古典方法，都没有解答搭便车问题，而这个问题是解释团体行为的关键。[②] 关键的是，任何一个成功的意识形态必须克服搭便车问题，其基本目的在于促进一些群体不再按有关成本与收益的简单的、享乐主义

① 安东尼·吉登斯：《气候变化的政治》，社会科学文献出版社，2009年，第115页。

② 道格拉斯·C. 诺斯：《经济史中的结构与变迁》，上海三联书店，1991年，第69页。

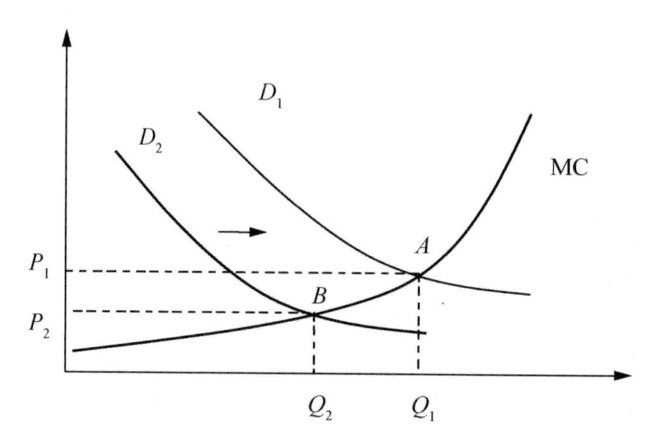

图 2　减碳行动的“供给盲区”图

的和个人的计算来行事。[①] 拉坦还考察了制度供给过程中的集体行为。拉坦指出,当制度在团体层次上予以供给时,会遇到严重的搭便车问题。即每个人都只想其他成员去做出组织的努力或承担维持组织的成本,而自己却坐享其成。因此,这种集体行动过程中的搭便车行为,会严重损害制度的供给能力。解决这一问题只有两种方式:一是强迫成员参与;二是提供超常规的经济利益激励。

经济学家对个人利益的思考源于个人效用的思想,经济学家称“人们拥有效用函数”,只是意味着人们在评价和界定他们自己的需要和偏好,并不代表他们必然是自私的或仁慈的。例如,一个人把他的全部财产义无反顾地捐助给慈善机构,或许只是在最大化他的私利,他与一毛不拔的守财奴并没有什么两样。因为只要他们的行动和他们的目标一致,经济学家就把他们都看成是理性的。然而,确定集体利益将涉及不止一人的偏好加总,从而引发了关于个人偏好能否或是应该加总等的许多问题。对于私利和集体利益相互冲突的可能性,是曼瑟尔·奥尔森的经典之作《集体行动的逻辑》(1965)的核心主题。他对自愿组织或联盟的存在是为了推进其成员的共同利益这样一个社会学家的传统假定提出了挑战。

在传统理论看来,个人可以通过组成集团和组织实现其“共同利益”。但奥尔森认为,从个人理性和自利的前提中推演不出人们会做出增进集体利益的行为。“除非一个集团中人数很少或者除非存在强制或其他某些特殊手段以使个人按照他们的共同利益行事,有理性的、寻求自我利益的个人不会采取行动以实现他们共同的和集团的利益。”[②]在奥尔森看来,人们在集体利益这一公共品的生产和消费上,会采取以下机会主义行为:在公共品的生产上尽量少投入,并将自己应付的成本外化,收益内化,尽量多地消费公共品。这种搭便车的倾向使得公共品的生产和

① 道格拉斯·C. 诺斯:《经济史中的结构与变迁》,上海三联书店,1991 年,第 59 页。
② 曼瑟尔·奥尔森:《集体行动的逻辑》,上海三联书店,1995 年,第 2 页。

消费都存在着较大的外部性。

早在1971年,奥尔森就使用了全球性公共品的概念来分析提高国际合作激励的问题。无论是由个人组成的社会公众,还是由企业形成的产业集团,在化解气候危机的目标上是一致的且是利益相容的,已开展减碳行动的成员则希望有更多的成员参与其中,但这一相容利益集团的规模显然是庞大的。奥尔森认为在一个大集团中,即使成员都是理性的和寻求自我利益的,且所有成员在实现了共同目标后都能获利,也不能保证各成员会共同采取行动以实现共同目标。[①] 显然,企业和公众的集体行动困境是温室气体减排治理中内生交易费用产生的主要根源。

在社会公众形成的减碳集团中,任何单个成员的减碳行动都不会对整体的减碳效果产生很大的影响,也不会对其他成员的减碳成本或利益产生很大影响。如果气候变化问题得以改善,各成员可以均等地获得利益,因此,公众的减碳动力是有限的,但公众又是气候恶化的直接受害者,此时,公众的集体减碳行动需要外部力量的引导和激励才能形成。由企业组成的减碳集团,其成员的数量虽然庞大但不同产业排放量的差异巨大,同一产业的不同企业也存在差异,因此各成员承担的减排量是不同的。[②] 较大减排份额的成员的行动对整体的减碳效果会产生较大影响,但这些成员却要与减排份额小的成员均等地分享利益;另外,企业较之公众其减碳动力更弱,因为企业不是自然人,它对于气候变化的受害性体验没有公众敏感和强烈。这些说明,企业减碳集团的形成首先需要大成员的加入和先行,而减排的强制命令、外部监督和激励机制是不可或缺的。

环境是一种公共产品,这就容易产生搭便车的现象,即不承担治理环境的成本,却享受治理环境的好处。如何使产品价格体现经济成本与社会成本的总和?这是要解决搭便车问题的一个根本问题。环境中的普遍并且容易搭便车现象大大地增加了发展低碳经济的转换成本。全球污染产生的搭便车难以治理的根源还有一个时空问题,如从空间来看,目前以酸雨、臭氧损耗和全球变暖等形式存在的全球污染,是人们主要的焦虑所在,也是无法通过产权等方法解决的搭便车问题。再从时间来看,排放及引起的污染问题有个跨际问题。有些二氧化碳是工业革命时期开始就有的,到底按人口平均减排还是按历史减排都有争议。每个企业、每个人、每个地区甚至每个国家的排放对于环境的影响都是微不足道的。人们很难直接感受到排放对环境有什么影响,所以搭便车就不可避免。

搭便车分为两种情况:就一国内来讲,在发展低碳经济的过程中,地区之间、企业之间、个人之间都存在搭便车的问题;就国际来讲,国与国之间也存在搭便车的

① 曼瑟尔·奥尔森:《集体行动的逻辑》,上海三联书店,2008年,第8—14页。

② 中科院2010年公布的42个行业二氧化碳排放量占总量的比例,排名前五位的是:电力、热力生产和供应业,占40.1%;石油加工、炼焦及核燃料加工业,占15.7%;黑色金属冶炼及压延加工业,占7.3%;非金属矿物制品业,占6.7%;化学原料及化学制品制造业,占6%。资料来源:中国气候变化信息网。

问题。就气候变化问题而言,国际合作的紧迫性更加明显,而经济学的理论与思想对于解决搭便车问题,具有重大的现实意义。只要大气仍被认为是免费的温室气体容纳桶,电力行业就将会继续修建那些最便宜的高排放电厂。如果电厂因为碳排放而必须为此支付费用,那么减排形势瞬间就会改变。为污染付费的思想是出现在早期新制度经济学研究中的经典内容,科斯认为在某些条件下,经济的外部性可以通过当事人的谈判而得到纠正,从而达到社会效益最大化。

对于节能减排和发展低碳经济的技术垄断,也将有效地减少完全的搭便车行为,这将导致自发减排行为的产生和自主创新的激励。德国、英国、瑞典等国,已经有能力将能源的使用效率提高到原先的四倍甚至更高的水平。如果这些国家能够率先担负起人类发展的共同责任,以有激励效果的价格实施技术转让——如果是无偿的,将会催生新的搭便车行为——这有利于落后国家减排工作的实际开展。当此类廉价的技术转让不足以促进后起国家更高水平的经济发展的时候,也将会使其开始寻找与研发提高能源利用率、保持本国资源潜力的新途径。

人类社会很难达成共识和有效的集体行动,在目前的情况下,我们还很难做到发展低碳经济是有利的,所以纯粹用经济手段还不现实。解决发展低碳经济中的搭便车问题除了经济手段、规制手段外,还应该从非正式规则及意识形态方面入手。在解决发展低碳经济中的搭便车问题上,意识形态至关重要。意识形态的经济功能主要表现为:它是一种节约信息费用的工具,能有效地克服搭便车,能减少强制执行法律和法院的费用以及实施其他制度的费用。较大的意识形态拥有量能减少消费虔诚的影子价格,使个人搭便车或违犯规则的可能性较小,能淡化机会主义行为。因此,任何政府都通过向意识形态教育投资来对个人意识形态资本积累进行补贴。①

四、发展低碳经济面临最大的市场失灵

为什么说温室气体排放及发展低碳经济是人类社会到目前为止面临的最大市场失灵?一是从它涉及的市场范围来讲,无论是涉及的主体(世界各国、地区、企业、个人),还是涉及的空间,都是最大的。二是从它涉及的时间来讲,不仅涉及当代人,还涉及子孙后代。三是从解决低碳经济这个市场失灵来讲,它不仅涉及世界各国的协同行动,而且还涉及国内制度和国际制度。

低碳经济中的市场失灵表现为:能源价格低,不利于鼓励节能;管制失灵,如采

① 卢现祥:《西方新制度经济学》,中国发展出版社,2003年,第39—40页。

用不计量、供暖,这不能鼓励用户调节温度;缺少机构支持,机构能力薄弱;激励措施缺失或错位,如发电、售电能盈利,而节能不能盈利;消费者的偏好是购买汽车通常考虑型号、速度和外观,而不是能效;高效产品的前期成本高,低收入者负担不起;融资有障碍,交易成本高;无法获取能效产品;公共意识薄弱,信息有限;等等。市场失灵导致私人在创新和推广低碳技术方面投资不足,这也是实现公共融资政策的基础。值得指出的是,发展低碳经济还存在效果反弹的问题:高能效设备降低了能源支出,用户往往会增加能源消费,抵消了一部分节能成果。长期的效果反弹在10%到30%之间。这些有的表现为市场失灵,更多表现为减排中的制度缺失。发展低碳经济中的市场失灵有各种各样的原因,而最重要的是缺乏有保障的财产所有权以及存在温室效应。

低碳经济中市场失灵的第一个特点是,缺乏有保障的财产所有权。许多市场失灵实质上是产权的失灵。决定石油开采速度以及地区变暖速度的,并非是巴罗佐或默克尔,而是像查韦斯、普京等统治者和他们的寡头企业。能源所有者对保护性的开采政策没有什么兴趣,因为他们必须不停地担心他们本人或亲信在他们开采更多的石油之前失去权利。[①] 俄罗斯经济对于石油的依赖性太大。据专家估计,按照俄罗斯目前的石油开采速度,大约17年就会把俄罗斯的石油采光,可谓竭泽而渔。美国虽然目前是世界上最大的石油进口国,但是美国拥有丰富的石油资源,却按兵不动,"留给子孙"!到了俄罗斯石油资源枯竭之时,美国便可待价而沽了。俄罗斯与美国的这种差异不仅是一种发展战略的差异,而且也是财产权制度的差异造成的。

在跨期帕累托最优条件下,减缓开采的同时减少投资,有可能在不降低当代人消费的前提下提高后代人的消费。化石燃料的帕累托最优减排路径是以缓慢消耗化石燃料为特征的。相比有保障的所有权,缺乏保障的所有权意味着市场将更快地开采化石燃料。虽然由于温室效应我们应该抑制能源的开采,但缺乏保障的产权加速了开采。不同的产权制度下化石燃料的开采速度是不一样的。持久的有保障的财产权制度与市场机制的结合有利于发展低碳经济。发展低碳经济的一些举措也有局限性。如我们采用碳税会引起新的反应。在这种情况下,能源所有者将提高它们当前的销售,以避免今后的税务负担。气候变化因此会加快,这就是所谓的"绿色悖论"现象(Sinn,2007b)。绿色悖论意味着开采能源的所有者的供给反应将遵循一条不同于普通供给者的反应的逻辑,这有着深远的意味。[②] 其实高碳能源,如煤、天然气等也存在这种缺乏保障的财产所有权效应。综观世界各国,关于能源的财产所有权制度多种多样,我们很难建立起有效的、有保障的财产所有权。应该讲,这是制度在解决市场失灵问题上的局限性。从深层次看,还有一个排放权

① 曹荣湘:《全球大变暖:气候经济、政治与伦理》,社会科学文献出版社,2010年,第194页。

② 同上书,第198页。

的问题,温室气体排放显然是人类历史上没有界定的最大公地。气候变暖实质上是一种"公地悲剧"。从产权及其制度入手,是解决发展低碳经济中市场失灵的基础。

低碳经济中市场失灵的第二个特点是,温室气体排放显然是一种外部性,因而也是一种市场失灵。温室气体排放的影响在四个基本方面有所不同:它的外部性是长期的,它是全球性的,它包含着重大的不确定性,它具有潜在的巨大规模。[①] 从这四个方面也可以看出,减少温室气体排放、发展低碳经济是人类历史上最大的市场失灵。温室气体也是一种经济公共品,温室气体排放显然是一种外部性。温室气体排放影响的这些特点决定了解决其市场失灵的难度。

从市场机制来看,工业化过程中为了提高经济效率,没有考虑碳排放量的问题,因此现行的价格机制没有考虑碳排放的成本,包括社会成本。戴利认为古典经济学的计算方法不适用于生态学。斯特恩在论及生态经济学的传统时指出,市场在应对气候变化方面完全失灵,因为市场无法获取可用的生态学信息,甚至竟敢对之视而不见。[②] 大自然提供给人类存在于地壳中的原生态的、可氧化的含碳物质。能源所有者的经济决策将大自然的供给改变为市场供给,市场供给则通过价格机制寻找它的需求,通过化学作用这些供给变成二氧化碳,污染了大气。

人类将大自然的供给改变为市场供给,并将市场供给在原则上与价格挂钩。这涉及市场失灵的无效率性,市场失灵源自这样的事实,即人们和公司不必为他们的排放所造成的破坏付费,私人成本与社会成本不一致。温室气体排放是一种市场失灵。现在化石燃料价格中没有包括对环境破坏的成本,这就会给出错误的信号,从而导致市场失灵。

针对上述低碳经济中市场失灵的特点,我们应该采取如下对策:

(1)通过制度创新建立有保障的财产权,从源头上减少对化石燃料的开采,公平地分配排放权。除了建立有保障的财产权以外,还要通过制度安排克服市场机制的不足。没有经过政策修正的市场会扭曲我们的决策,使我们的决策偏离环境商品和服务;如果能够小心修正市场失灵,所有世代的境况都会变得更好。这一论据很重要。面对环境问题,市场机制的局限性更加明显,市场解决的主要是个人或公司在存在期间的回报,而不是解决有关整个世界重大变化的集体决策。市场能够揭示个人在短时间内作出决策所需要的信息,但不能揭示社会在长时间内应当做什么。[③] 来自于经济利益的政治压力足够大,以至于破坏了迫使污染工业进行

---

① 尼古拉斯·斯特恩:《地球安全愿景:治理气候变化,创造繁荣进步新时代》,社会科学文献出版社,2011 年,第 14 页。

② 魏伯乐、查理·哈格罗夫斯等:《五倍级》,格致出版社、上海人民出版社,2010 年,第 265 页。

③ 尼古拉斯·斯特恩:《地球安全愿景:治理气候变化,创造繁荣进步新时代》,社会科学文献出版社,2011 年,第 109 页。

净化的立法。这样的净化大大地增加了生产的成本。因为私人经济仅计算当前的效率和生产力,并且仅涉及特定工厂的私人利润,它并没有把今天污染造成的长期社会成本考虑在内。市场这只“看不见的手”并不能生产未来社会的幸福。

(2)发展低碳经济面临着市场失灵,但我们并不能因此否定市场机制在发展低碳经济中的基础性作用,而是要通过制度创新来修正、调整市场,从而有利于低碳经济的建立和运行。碳市场是我们应对全球变暖和发展低碳经济的最大贡献者。市场经济既可以用来发展高碳经济,也可以用来发展低碳经济。对于市场的重大失灵,恰当的回应不是抛弃市场,而是通过税收、其他形式的价格修正或者管制等措施来直接调整市场。现在的问题是如何调整市场,如何运用市场机制来发展低碳经济。我们的任务是建立一个足以保证能源部门的市场运作以最小的扭曲进行的框架,以便市场能够起到鼓励效率和鼓励减排的作用。在多数发达国家的市场经济中,消费者会迫使生产者满足其需求,而生产者为了具有竞争力也愿意这样做,政府则会从全局考虑迫使社会提高运转效率。若能源价格偏低,消费者提高能效的压力一直很小,生产者也没有动力进行能效技术方面的研发,而政府也缺乏全局性的能源考虑。设法干预市场以使“污染者付费”原则制度化,并由此确保市场运作有利于减缓气候变化的政策,而不是有害于它。[①] 化石燃料的价格越高,避免消耗更多燃料并且转而使用替代能源如太阳能、核能等的内在激励就越大。

尽管发展低碳经济会面临最大的市场失灵,但低碳经济的持久机制还是要建立在市场和价格机制上。高碳的“技术—制度综合体”在形成过程中也得到了人为的干扰,这是以市场扭曲为代价的。如传统能源价格的管制、低价及补贴也是导致碳锁定的重要原因。由专家组成的中国环境与发展国际合作委员会在题为《将提高能源价格作为提高能源生产率的长期激励》的最终建议报告中指出:“中国应制定提高能源价格的长期战略,要持续渐进,根据上一年国家能源生产率提高的比例来提高能源价格。这种灵活的、长期公开发布的信号对于投资和消费行为有决定性的影响。”[②]1997 年,美国 2500 名经济学家,包括 9 位诺贝尔经济学奖得主,共同发表了一项声明,指出最有效的减缓气候变化的方法是通过基于市场的政策。他们认为,如果没有控制措施,温室气体继续排放将导致世界随着气候系统的变化经历根本性的变革。

值得指出的是,用制度安排和政策导向解决低碳经济中的市场失灵时,一是要注意发展低碳经济中的社会公正问题。如减排对发展中国家的影响更大,气候变化对发展中国家的负面影响更大,碳和燃料价格的高企对穷人的冲击要大于对富人的冲击。英国 2008 年的平均燃料费账单比往年上升了 40%,其影响对生活在穷

① 安东尼·吉登斯:《气候变化的政治》,社会科学文献出版社,2009 年,第 104 页。

② 魏伯乐、查理·哈格罗夫斯等:《五倍级》,格致出版社、上海人民出版社,2010 年,第 249 页。

困线以下的 65 岁以上者尤其严重——在英国这类人大概有 200 万。[①] 我们在制度安排(包括国际制度与国内制度)和政策导向中一定要把公正引入减缓气候变化和发展低碳经济的过程中,尤其在国际制度安排中,若缺乏公正性,则任何契约、制度都将是无效的。人类有能力解决减排问题,也有很大的发展低碳经济的潜力,现在的关键问题是建立在公正基础上的国内减排制度和国际减排制度的缺失。

二是要反思市场经济本身及存在的局限性。正如卡尔·波兰尼所说,市场经济是人类历史上的一种道德结构,它使人类社会服从于对匿名和自主交换的道德偏好,而非基于彼此熟悉的关系和体现正义的等量给予和接受的交换。市场建构能把交换关系从人类或生态群落中抽离出来。因此,交换和制造活动虽然有可能呈现出一片健康和繁荣的景象,但事实上,人类和物种群落正不断被交换往来和制造活动所破坏。[②] 市场经济是有效率的,但是为了发展低碳经济,为了人类社会的可持续发展,我们必须调整或改变市场经济配置资源的规则,要把减排、低碳、环保等因素通过规则、制度及政策嵌入市场的制度框架中。我们要基于发展低碳经济的内在要求重新设计市场经济的一些规则。

主要参考文献

1. Stern, N., *The Economic of Climate Change: The Stern Review*, Cambridge University Press, 2007.

2. Nordhaus, W. D., *Managing the Global Commons: The Economics of Climate Change*, MIT Press, 1994.

原载《当代财经》,2013 年第 1 期;本文与柯赞贤、张翼合写

① 安东尼·吉登斯:《气候变化的政治》,社会科学文献出版社,2009 年,第 98 页。

② 迈克尔·S. 诺斯科特:《气候伦理》,社会科学文献出版社,2010 年,第 176 页。

环境规制强度影响了中国工业行业的贸易比较优势吗?

一、导言

比较优势思想一直是国际贸易理论的核心。一国比较优势是如何动态演变的?其影响因素是什么?这些问题得到了理论界深入的研究。从李嘉图模型、赫克歇尔-俄林模型到近代的新贸易理论分别强调了劳动生产率、资源禀赋、收益递增和垄断竞争等因素对一国比较优势的决定性影响。近几十年来,随着全球对环境问题的重视和全球经济一体化程度的深化,环境规制对一国比较优势的影响引起了经济学者的充分关注。许多文献研究一国是否可以通过降低环境标准来提高其产业的比较优势(Levinson & Taylor, 2004; Ederington 等, 2005; Quiroga 等, 2009; Derek, 2009)。关于环境规制与产业比较优势的关系存在两种截然不同的观点。一种观点就是所谓的"污染天堂假说"(pollution haven hypothesis)。这种观点认为实施严格的环境规制将加重企业的生产成本等而不利于其国际竞争力的提升;由于发展中国家一般具有比发达国家低的人均收入和较低的环境规制水平,发展中国家在"污染类"产品生产上具有比较优势,发达国家在"干净类"产品生产上具有比较优势[①];在自由贸易情况下,发展中国家将成为污染类产业转移的天堂。另外一种观点是"波特假说"(Porter hypothesis)。Porter 和 Linde (1995)认为,环境规制与国际竞争力之间存在互补的而不是互相排斥的关系;按照"波特假说",一国实施严格的环境规制意味着新利润机会的出现,本国产业率先去发展与环境更兼容的创新、生产工艺等,从而导致其在环境友好型产品生产上具有比较优势。

如果"污染天堂假说"成立,作为一个人均收入较低的发展中贸易大国,中国应该拥有污染类产业的比较优势。表 1 中列出了按照 Busse(2004)分类的 16 种最污染产品的贸易比较优势变化情况。在 1992—2008 年期间,中国的这些污染产品

① Dasgupta 等(1995)发现一国的人均收入和环境规制成正相关关系。

的净出口指数并没有增加。在1992和2008年,各有7种产品的净出口为正,9种产品的净出口为负;按照1992—2008年期间各产品的净出口指数平均值来看,仍然有7种产品的净出口指数为正,9种产品的净出口指数为负。而从11种污染产品的RCA指数来看,只有685、686、687、689四种产品的RCA指数大于1,即这四种产品的出口竞争力高于世界平均出口竞争力水平;而且在1992和2008年期间,这四种产品的出口竞争力指数都呈下降趋势,尤其是685、686、687三种产品的RCA指数下降很多。因此,中国这些污染产业的贸易比较优势不仅没有增强反而有减弱的趋势。①

表1 最污染产业的比较优势变化

SITC编码	净出口指数(NEX)				RCA指数			
	1992年	2008年	均值	趋势斜率	1992年	2008年	均值	趋势斜率
051	-0.26	-0.24	-0.31	-0.020	—	—	—	—
052	0.64	0.28	0.52	-0.021	—	—	—	—
059	-0.24	-0.05	-0.23	0.002	—	—	—	—
066	0.44	0.52	0.42	0.002	—	—	—	—
067	-0.54	0.45	-0.30	0.049	—	—	—	—
251	-0.99	-0.98	-0.98	-0.001	0.01	0.02	0.02	0.00
562	-0.98	0.11	-0.63	0.064	0.09	0.61	0.50	0.04
641	-0.82	-0.03	-0.62	0.049	0.11	0.28	0.16	0.01
642	0.01	0.78	0.39	0.050	0.93	0.79	0.84	-0.02
681	-0.63	-0.26	-0.15	0.032	0.03	0.42	0.31	0.04
682	-0.78	-0.59	-0.63	0.007	0.30	0.41	0.45	0.01
683	-0.94	-0.88	-0.53	-0.032	0.04	0.10	0.25	-0.01
685	0.81	0.38	0.79	-0.017	2.34	0.46	2.84	-0.09
686	0.25	-0.65	0.19	-0.059	1.18	0.16	1.86	-0.12
687	0.86	-0.83	0.37	-0.088	5.13	0.06	3.88	-0.39
689	0.70	0.64	0.73	-0.013	2.46	2.67	3.28	-0.04

注:Busse(2004)根据Low(1992)的计算进行分类;贸易分类标准为SITC Rev.3;净出口指数为(出口-进口)/(出口+进口);RCA指数为某行业出口占国内总出口的比例与该行业世界出口占世界总出口的比例之比。

资料来源:联合国国际贸易统计年鉴各年。

① 彭水军等(2010)也发现中国并没有成为发达国家的污染产业天堂。

从中国与主要贸易伙伴国的环境规制强度的差异来看，在20世纪90年代，中国与美国、德国、日本、韩国、法国、加拿大等主要发达国家贸易伙伴的环境规制强度（通常以环境污染治理和控制经费占GDP比例来衡量）的差异确实比较大。[①]从图1和图2中可以看出，在1992年，中国的环境污染治理投资占GDP比重只有0.71%；而其他发达国家基本上（除澳大利亚外）都在1.2%以上。但是自20世纪90年代以来，中国越来越重视环境保护，其环境规制强度不断提高，环境污染治理投资占GDP比重呈显著上升趋势；而其他发达国家的环境规制强度基本上保持稳定状态或略为下降（除法国、日本有上升趋势）；到2003年，中国的环境规制强度指标为1.2%，达到加拿大的水平，高于澳大利亚和英国的水平，与美国、德国、日本、韩国等发达国家的水平也越来越接近；到2008年，中国环境规则强度已经上升到1.49%。再从2005年美国和中国各产业环境规制强度的水平来看，两国各行业污染治理费用与产值之比差距不大。[②]美国有些产业的该项指标要大于中国各产业的，比如皮革业、木材加工业、印刷业等；但是中国有些产业的该项指标要大于美国的，比如造纸业、石油加工业、化学工业、非金属矿制品业、黑色金属冶炼业等。因此，总体上来看，中国和美国各产业间环境规制强度的差异也不大。那么，环境规制强度是如何影响中国工业行业的贸易比较优势呢？

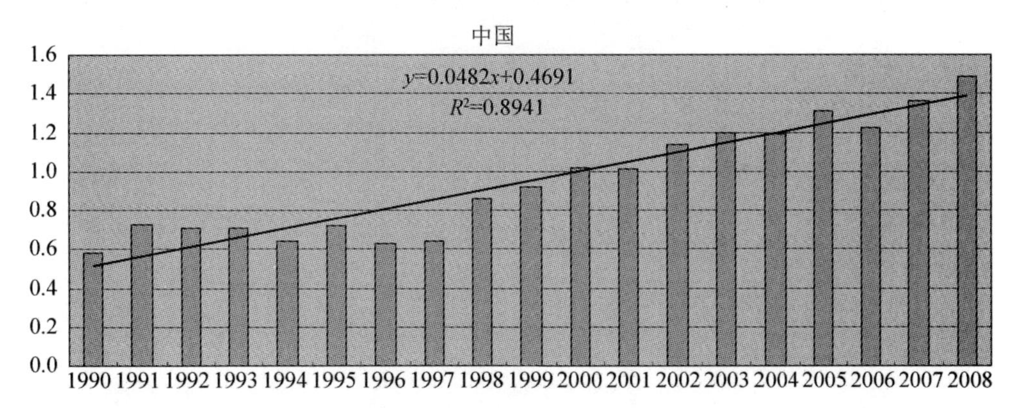

图1　中国环境污染治理投资占GDP比重

资料来源：2000—2008年数据来源于《中国环境统计年鉴2010》；1990年至1999年数据来源于历年的《全国环境统计公报》。

本文试图在已有研究基础上做以下的贡献：第一，本文运用三种指标衡量贸易比较优势，就环境规制强度等因素对中国30个工业行业1998—2008年贸易比较

---

① 感谢匿名审稿人的建议，本文在此增加了中国与主要贸易伙伴国环境规制强度的比较分析。为了统计口径的一致，我们根据OECD数据库的环境规制强度指标分析，其最新的数据到2004年度，部分年度的数据缺失。

② 美国公布了1999年和2005年各产业详细的环境污染治理和控制经费数据。

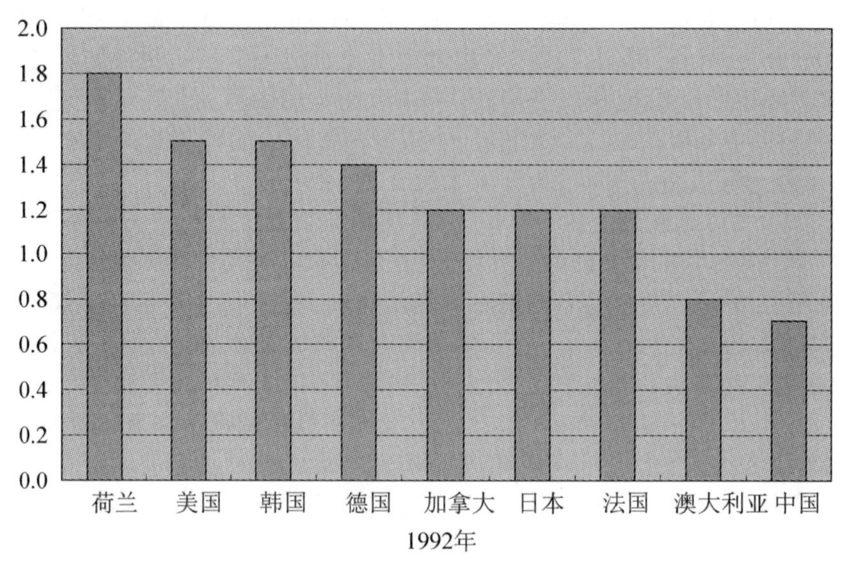

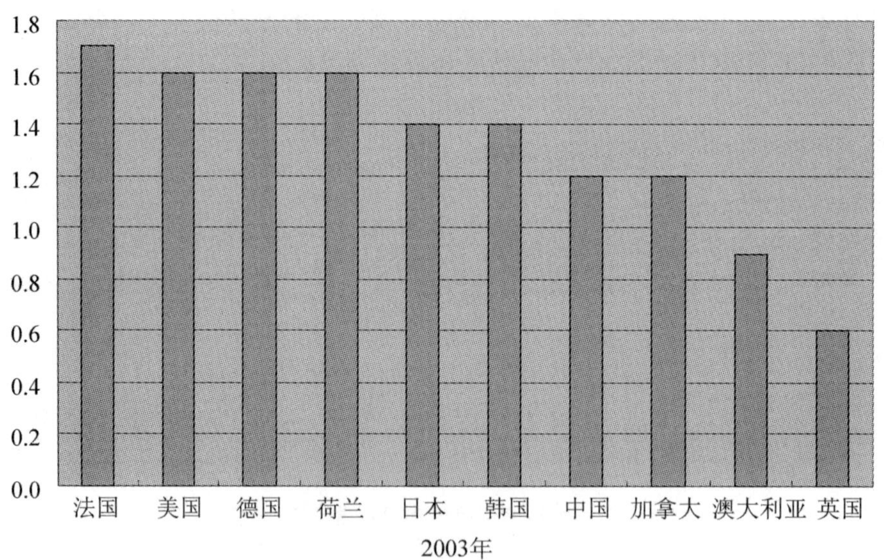

图 2　各国环境污染治理和控制经费(PAC)占 GDP 的比例

资料来源:中国数据来源同图 1,其他国家数据来源于 OECD 数据库。加拿大 1992 年的数据缺失,取 1994 年的数据。

优势的影响进行了实证分析。我们发现环境规制强度能提升工业行业的贸易比较优势,环境规制强度以及传统的要素禀赋使得中国工业行业的贸易比较优势集中于劳动密集型的干净类行业上;但是环境规制强度对产业贸易比较优势的提升有一个“度”的限制,当环境规制强度超过一定水平时,其对产业贸易比较优势反而有不利的影响趋势。第二,物质资本强度与贸易比较优势之间存在倒“U”形关系,即随着物质资本强度的增加,物质资本对工业行业贸易比较优势的影响会经历先提高后降低的趋势;而高的人力资本水平并不意味着产业的贸易比较优势越强,这可能和我国的主要贸易形式是加工贸易有关。本文结构安排如下:第一部分为导言;第二部分为文献综述;第三部分为实证分析;第四部分为结论。

表2　2005年美国和中国各产业污染治理费用与产值之比

美国产业及其代码(NAICS code)		PAC/发货价值	中国产业	废水和废气治理费用/增加值
311	食品业	0.294	食品加工业	0.453
312	饮料烟草加工业	0.225	饮料制造业	0.612
313	纺织业	0.537	烟草制品业	0.045
314	纺织产品业	0.095	纺织服装业	0.647
316	皮革业	0.852	皮革业	0.388
321	木材加工业	0.506	木材加工业	0.213
322	造纸业	1.103	造纸业	3.277
323	印刷业	0.246	印刷业	0.079
324	石油加工业	0.787	石油加工	1.712
325	化学工业	0.863	化学工业	1.407
326	塑料橡胶业	0.251	橡胶制品业	0.207
327	非金属矿业	0.609	非金属矿业	1.520
331	金属冶炼加工	1.135	黑金冶炼业	1.780
332	金属加工业	0.265	金属制品业	0.553
333	机械工业	0.104	机械工业	0.105
334	计算机	0.167	通信设备	0.142
335	电气机械制造	0.170	电气机械	0.195
336	交通运输装备业	0.192	交通运输	0.135
337	家具业	0.158	家具制造业	0.217

资料来源:美国数据来自US Census Bureau(2008),*Pollution Abatement Costs and Expenditures*:2005;中国数据来自于《中国环境年鉴》和《中国统计年鉴》各年。

二、文献综述

关于环境规制与产业比较优势关系的文献存在两类不同的结论。一类研究认为严格的环境规制会降低产业的比较优势。Low 和 Yeats（1992）就发现在其研究期间发展中国家的环境敏感性产业比发达国家获得了更大的比较优势；Robison（1988）发现由于美国比其他国家具有更严格的环境规制，环境规制改变了美国产业的比较优势，高污染治理成本的产业更趋于进口，低污染治理成本的产业更趋于出口。Lucas 等（1992）发现随着 OECD 等发达国家环境标准的提高，发展中国家的污染强度逐步增加了。Mani 和 Wheeler（1998）的实证结论发现严格的环境规制会降低其产业的国际竞争力，但是污染产业从发达国家向发展中国家转移是暂时性的。Levinson 和 Taylor（2001）、Ederington 和 Minier（2003）等发现如果考虑环境规制的内生性时，严格的环境规制能够降低其比较优势。Quiroga 等（2009）对 71 个国家样本进行实证分析的结果也支持“污染天堂假说”的结论。而另一类研究却没有发现环境规制会降低产业比较优势的显著证据（Tobey，1990；Xu & Song，2000）。Tobey（1990）构建了一个多要素、多产品的赫克歇尔-俄林模型（HOV），其采用 23 国的样本实证发现，环境规制变量的引入没有改变赫克歇尔-俄林模型所预测的模式。Grossman 和 Krueger（1991）对美国和墨西哥之间的贸易模式的实证分析也发现，墨西哥宽松的环境规制并没有显著促进其产业的比较优势。Cole 和 Elliott（2003）发现采用 HOV 分析时，其结论不支持环境规制影响贸易模式的假说；而当采用“新贸易”模型时，其结论支持环境规制影响贸易模式的假说。

按照 Raymond 等（2001）的分类，已有的相关实证文献主要采用三种分析方法：一种方法是所谓描述型的分析（Exploratory studies），即分析发达国家的污染类产业向发展中国家转移的这种贸易模式是否发生，这种方法假设发展中国家较低的环境规制标准是这种产业转移的原因。第二种方法就是所谓的里昂惕夫方法（The Leontief approach），该方法基于里昂惕夫的投入产出模型，将一国进出口中内涵的污染治理成本等估算出来并进行比较，这种方法暗含的假设就是污染治理将降低一国高污染治理成本产品（high-abatement-cost goods）的比较优势，而提升低污染治理成本产品（low-abatement-cost goods）的比较优势。第三种方法就是所谓的计量分析（econometric studies），这种方法主要基于赫克歇尔-俄林模型或者重力模型（gravity model）。赫克歇尔-俄林模型认为本国应该专业化生产并出口密集使用本国丰富要素的产品，进口密集使用本国稀缺要素的产品；环境规制剥夺了产业排污的权利，从而使得其缺失这种生产要素而降低其比较优势。重力模型常用于估算双边贸易流的模型，贸易流假设为出口国潜在供给、进口国潜在需求和两国间贸易摩擦等变量的函数,环境规制也作为一个变量加入该模型中。

现有相关文献绝大部分都以美国或 OECD 等发达国家为样本,而以发展中国家为样本相对较少。中国既是一个发展中大国,也是一个贸易大国,因此,中国为检验环境规制对比较优势的影响提供了很好的样本。国内学者对中国产业比较优势变动及其影响因素进行了一些分析。傅朝阳(2005)对 SITC 大类产业 1980—2000 年的比较优势变动进行了实证分析。盛丹等(2010)和包群等(2008)分别分析了劳动力流动和金融发展对中国工业产业比较优势的影响。代谦等(2009)分析了落后国家的二元技术进步是怎样由其比较优势决定的,并以中国近代产业为例进行了实证分析。林毅夫等(2003)认为竞争优势的建立离不开比较优势的发挥,发展中国家只有充分依靠和发挥自己的比较优势才能够建立自己的竞争优势,最大限度地促进自己的经济发展。但是国内关于环境规制对中国比较优势影响的文献相对较少。这类文献也可以分为两类:一类是关于环境规制对技术创新或生产率水平等影响的文献(张成等,2011;李强等,2010;解垩,2008)。另一类是关于环境规制和产业国际竞争力关系的文献。赵细康(2003)较早地对中国 17 个制造业 1991—1999 年的样本数据进行了实证分析,发现环境保护的高低并没有与中国产业国际竞争力的大小呈有规律性的变化;傅京燕(2006)运用世界各国的样本就环境规制对贸易比较优势的影响进行了分析;陆旸(2009)采用 95 个国家的样本数据,就各国环境规制强度是否影响了污染密集型产业的贸易比较优势进行了实证分析,该文发现一国通过降低环境规制水平以获得污染密集型商品的比较优势是不可取的;曾贤刚(2010)发现中国的环境规制与 FDI 之间不存在显著的因果关系,因此"污染天堂效应"在中国成立的证据不足。

在已有文献的基础上,本文主要分析环境规制强度以及传统的要素禀赋等如何影响中国工业行业的贸易比较优势?我们以中国工业行业的数据为样本,对环境规制强度等影响中国工业行业的贸易比较优势进行了实证分析,分析结果表明,环境规制强度提升了中国工业行业的贸易比较优势,传统的要素禀赋以及环境规制等因素促使中国工业行业的贸易比较优势没有如"污染天堂假说"所预测的那样:污染类产业具有显著的贸易比较优势,干净类产业不具有贸易比较优势。

三、环境规制强度影响中国工业行业贸易比较优势的实证分析

(一)实证模型

Cole 等(2005)的研究发现,1978—1994 期间,美国污染产业的贸易竞争力并没有降低,即美国并没有向外转移污染产业。他们发现美国的污染产业同时又是

资本密集型产业,要素密集度和环境规制对产业的比较优势有相互抵消的影响,这也是美国污染产业的贸易竞争力并没有降低的原因。美国和中国分别是发达国家和发展中国家的典型代表,本文借鉴 Cole 等(2005)的模型思路来检验环境规制强度、人力资本和物质资本等几个因素对中国工业贸易比较优势的影响,计量模型如下:

$$SPEC_{it} = \gamma_i + \tau_t + \beta_1 GZ_{it} + \beta_2 RL_{it} + \beta_3 ZB_{it} + \beta_4 GZ_{it}^2 + \beta_5 RL_{it}^2 + \beta_6 ZB_{it}^2 + \varepsilon_{it} \cdots (1)$$

其中,其中,i 表示行业,t 表示时间;$SPEC$ 指工业行业的贸易比较优势;GZ 指环境规制强度;RL 指人力资本变量;ZB 指物质资本强度;γ_i、τ_t、ε_{it} 分别表示不可观测的反映行业之间差异的行业效应、随时间而变化的时间效应、其他干扰项。

1. 比较优势($SPEC$)

为了全面分析中国工业行业贸易比较优势的影响因素,本文采用三种方法衡量产业的贸易比较优势。一种是 Balassa(1965)提出的显性比较优势指数(RCA)的计算公式,该指标衡量某类出口商品在一国出口中所占比重与该类产品出口占世界总出口的比重之比,具体计算公式如下:$RCA = (X_i / \sum_i X_i)_t / (X_{iw} / \sum_i X_{iw})_t$,其中 X_i 表示 i 类产品的出口额, X_{iw} 代表 i 类产品的世界总体出口额。如果 RCA 值小于 1,意味着该类产品在本国中的出口比重小于其在世界的出口比重,该产品具有显性比较劣势;同样地,若该指数大于 1,则表示该类产品具有显性比较优势。尽管显性比较优势指数被广泛应用于测算一国或地区的比较优势,但是由于该指数忽略了进口贸易在测算比较优势时的重要性,尤其是当经济规模较大时容易导致计算偏差,因此我们也采用同时考虑出口量和进口量的净出口指数(NEX)和 Michaely 指数来衡量比较优势。第二种是净出口指数(NEX),其计算公式为:$NEX_{it} = (EX_{it} - IM_{it}) / (EX_{it} + IM_{it})$,上式中 EX_{it}、IM_{it} 分别代表第 i 类产品 t 年的出口额和进口额。NEX 取值范围介于-1(表示该类产品只有进口没有出口)和+1(表示该类产品只有出口没有进口)之间。如果该指数大于 0,则表示该类产品具有比较优势,如果该指数小于 0,则表示该类产品不具有比较优势。第三种方法是 Michaely 指数(MIC),(Michaely,1962)其计算公式为:$MIC_{it} = (X_{it} / \sum_i X_{it}) - (M_{it} / \sum_i M_{it})$,其中,$X_{it}$ 和 M_{it} 分别表示 i 类产品 t 年的出口额和进口额。

2. 环境规制强度(GZ)

环境规制强度对产业比较优势的影响有两个方面:一方面,较高的环境规制强度要求产业更多地投资于污染治理等,这会增加产业的生产成本从而降低其比较优势;另一方面,由于较高环境规制强度导致的生产要素价格和成本的增加可以激发产业的技术创新,产业通过技术创新降低生产成本和污染排放,即所谓的波特假说效应。产业环境规制强度的衡量确实是一个比较困难的问题。不同于地区或国家的环境规制,工业行业的环境规制强度一方面依赖于所处国家或地区环境规制,但更依赖于产业实施环境规制的意愿程度以及产业与其相适应的程度等;处在环境规制标准相同的地区或国家,不同行业实施的环境规制强度可能是不一样的。因此,对行业环境规制强度的衡量更多地从各行业对环境保护的过程及结果中进行。环境规制强度的衡量有许多种方法,一种方法采用单位产出的"污染治理和控制支出"(pollution abatement and control expenditure,PACE);以欧美国家为样本的文献基本上采用该方法(Cole et al ,2005)。另一种方法采用单位产出的污染排放量来表示。这种方法的好处是能够具体衡量经济个体遵守环境规制的程度。国内研究一般采用该种方法衡量环境规制变量(赵细康,2003;傅京燕,2006)。此外,由于一国的收入水平与环境规制程度具有很强的相关性,也有一些文献采用人均收入水平作为环境规制强度的替代变量(陆旸,2009)。本文借鉴欧美等国文献通常的作法,采用工业行业废水和废气治理运行费用与增加值之比衡量环境规制变量;该指标值越大,表示工业行业实施环境规制的强度越大。①

3. 人力资本(*RL*)

人力资本是指劳动者的知识水平、个人能力和基本技能等。一般认为人力资本是经济增长的动力,一个企业的人力资本水平越高,意味着该企业的效率会越高,其竞争力可能越强。但是人力资本的估算却比较困难(朱平芳等,2007)。国内外文献一般采用相应的代理变量来表示人力资本,比如,比如 Cole 等(2005)用行业的工资水平与各行业的平均工资之比来表示人力资本;张杰等(2011)使用企业人均教育培训支出作为度量企业人力资本;朱平芳、李磊(2006)采用科技活动人员占职工总数的比重作为人力资本代理变量,我们采用朱平芳、李磊的做法,选择科技活动人员占从业人员比重表示人力资本变量。②

4. 物质资本强度(*ZB*)

我们采用人均物质资本存量表示物质资本禀赋。一个行业的人均物质资本存量相对较大就称为资本密集型,反之,则为劳动密集型。行业的人均物质资本存量越大表示该行业拥有更多、更先进的机器设备等,也意味着拥有更先进的技术水平,因此,物质资本强度可能和产业比较优势成正相关关系。Cole 等(2005)的研究发现物质资本强度与产业比较优势正相关。我们以不变价资本存量与职工人数的比值表示物质资本强度。

借鉴 Cole 等(2005)的模型思路,我们还在回归方程中增加了环境规制强度、人力资本和物质资本强度的平方项,以考虑这些变量对贸易比较优势的长期影

---

① 感谢匿名审稿人的建议,本文的初稿曾经采用过单位产出的污染排放量以及污染治理费用占总成本的比值等指标作为环境规制强度的替代变量。

② 感谢匿名审稿人的建议,本文的初稿曾经采用 Cole 等(2005)等的做法,用行业的工资水平与各行业的平均工资之比来表示人力资本,但是匿名审稿人认为中国存在很明显的制度工资特征,中国的行业工资并不能反映人力资本水平。

响。[①] 为了保证检验结论的稳健性,我们除了对计量模型采用不同的方法回归并进行比较,还考虑了计量模型的内生性问题,即计量模型中的一些自变量与因变量可能由于存在相互的因果关系而导致内生性问题,从而使得回归结果不可靠。例如:环境规制强度等变量会影响贸易比较优势等变量,反过来,贸易比较优势等变量也可能会影响环境规制强度等变量。Ederington 和 Minier (2003)等就发现存在环境规制的内生性问题。我们采用传统的做法以内生变量的滞后项或者其他变量的滞后项作为工具变量(连玉君等,2008)[②],并分别以 Cragg-Donald Wald F 统计值来检验工具变量是否为弱工具变量、Anderson canon LM 统计值来检验工具变量识别不足问题、Sargan 统计值来检验工具变量的过度识别问题。

(二)数据来源及其处理

我们采取陈勇、李小平(2006)的方法对中国工业行业的职工人数、资本存量、工业增加值等数据进行处理[③],这些数据来源于《中国统计年鉴》、《中国工业经济统计年鉴》等各年。各行业的进出口数据来源于联合国国际贸易统计年鉴各年。科技活动人员占从业人员的比重数据来自《中国科技统计年鉴》各年。各行业的废水和废气治理运行费用来源于《中国环境年鉴》各年;二氧化硫排放量的原始数据来源于《中国环境统计年鉴》各年[④];由于《中国统计年鉴》和《中国工业经济统计年鉴》等对中国工业行业的分类标准(CICC)和联合国对国际贸易的分类标准(SITC,第三版)不统一,我们要对这两类标准进行统一分类。我们参照盛斌

---

① 在实际回归中,我们加入平方项的原则是不影响环境规则强度、人力资本和物质资本回归系数的显著性,否则我们不考虑平方项。

② 工具变量的选取根据各检验值的大小来确定。

③ 具体计算见陈勇、李小平(2006)。本文增加了后续几年的数据。各行业 2004 年的增加值是根据该年的总产值以及 2003 年、2005 年的增加值占总产值的比重推算而来的;2008 年的增加值根据 2007 年度增加值与总产值比例及当年度的生产总值推算而来。

④ 由于缺失数据,我们假定煤炭采选业、石油开采业、黑金采选业、有金采选业、非金属矿采选业等五个行业的环境规制强度在 1998—2000 年各年度中相同。在 1998—2000 年各年度中,我们假定饮料制造业和烟草加工业等两个行业的环境规制强度和单位产出的 SO_2 排放量相同,机械制造业、交通设备制造业、电气机械制造业、电子制造业、仪器机械等行业的环境规制强度和单位产出的 SO_2 排放量相同;木材加工业、家具制造业 1998—2000 年的环境规制强度和单位产出的 SO_2 排放量指标和 2001 年相同;煤炭采选业、石油开采业、黑金采选业、有金采选业、非金属矿采选业等五个行业的单位产出的 SO_2 排放量指标在 1998—2000 年和 2001 年的指标相同。

(2002)、李小平、朱钟棣(2006)的分类,并选取30个工业行业作为样本[①],将这些行业的商品进出口额按照国际贸易的分类标准(SITC,第三版)重新集结。由于我国对工业行业数据的统计口径在1998年前后存在差异,因此我们对各行业的研究期间确定为1998—2008年。

表3中列出了各行业的比较优势变化情况。首先,从净出口指数(NEX)的均值来看,在所有30个行业中,有18个行业的净出口指数为正,这些行业产品的出口构成了中国贸易顺差的主要来源;这些行业按照净出口指数从大到小排列为:家具制造业、文体制造业、皮革制品业、医药制造业、烟草制造业、煤炭采选业、纺织服装业、饮料制造业、金属制品业、橡胶制品业、木材加工业、电子制造业、非金属制品业、食品加工业、塑料制品业、印刷业、非金属矿采选业、交通设备制造业等;其他12个行业的净出口指数为负,意味着从平均值来看,这些行业产品的出口要小于进口。其次,各行业的以MIC指数衡量的比较优势状况和以净出口指数衡量的结果基本一致,18个净出口指数为正的行业中只有1个行业(交通设备制造业)的MIC指数为负,其他17个行业的净出口指数和MIC指数都为正。最后,从显性比较优势RCA指数来看,文体制造业、纺织服装业、电子制造业、家具制造业、煤炭采选业、非金属矿采选业、仪器制造业、金属制品业、木材加工业和电器机械制造业等11个行业具有显著的比较优势,而其他19个行业具有比较劣势。在这11个具有显性比较优势的行业中还有仪器制造业和电器机械制造业的净出口指数和MIC指数为负,而医药制造业等9个不具有显性比较优势的行业的MIC指数和净出口指数为正。这表明MIC指数、净出口指数和显性比较优势指数还是有一定的差异。

我们从图3至图6可以看到,按照单位产出的SO_2排放的指标排序,中国工业出口的比较优势产业还集中在干净类产品上。[②] 最污染的前6个行业中只有一个行业(H22)的净出口指数为正,其他5个行业的净出口指数为负;所有6个行业的显性比较优势指数(RCA)都小于1,表示这些污染类行业和世界出口水平相比起来缺乏比较优势。而最干净的前6个行业中有5个行业的净出口指数为正,只有一个行业(H28)的净出口指数为负;其中,有4个行业的显性比较优势(RCA)大于1,说明这些行业具有显性比较优势。从图7至图10可以看到,中国工业出口的比较优势产业还集中在劳动密集型产品上。人均资本存量最小的前6个劳动密集型产业的RCA指数都大于1,其中5个行业的NEX指数都为正,表明这些劳动密集

---

① 我们将电力蒸气热水生产供应业、煤气生产和供应业、自来水生产和供应业三个政府垄断性行业去掉;由于木材及竹材采运业缺少相关年度数据,我们也去掉了该行业;为了行业标准和贸易数据的统一,我们将食品制造业和食品加工业合并为食品制造和加工业、纺织业和服装及其他纤维制品业合并为纺织、服装业;普通机械制造业和专用设备制造业合并为机械制造业。

② 按照废水排放达标率和单位产出的固体废物排放量等其他污染排放指标排序,行业排序的结果基本相似。

表 3　各行业的贸易比较优势变化

行业	NEX				MIC				RCA			
	1998	2008	均值	趋势斜率	1998	2008	均值	趋势斜率	1998	2008	均值	趋势斜率
H1	0.880	0.168	0.635	−0.083	0.006	0.000	0.005	−0.001	1.638	0.550	1.662	−0.178
H2	−0.365	−0.955	−0.810	−0.042	−0.018	−0.128	−0.065	−0.009	0.256	0.020	0.084	−0.018
H3	−0.991	−0.997	−0.827	−0.033	−0.014	−0.064	−0.025	−0.005	0.013	0.008	0.460	−0.084
H4	−0.792	−0.912	−0.844	−0.003	−0.006	−0.019	−0.011	−0.001	0.097	0.115	0.159	0.010
H5	0.592	−0.461	0.129	−0.120	0.004	−0.005	0.000	−0.001	2.148	0.762	1.403	−0.171
H6	0.468	0.293	0.401	−0.015	0.025	0.006	0.017	−0.002	0.903	0.436	0.697	−0.057
H7	0.820	0.130	0.553	−0.063	0.004	0.000	0.002	0.000	0.627	0.170	0.377	−0.053
H8	0.698	0.565	0.648	−0.004	0.002	0.000	0.001	0.000	0.651	0.130	0.259	−0.033
H9	0.499	0.784	0.628	0.032	0.064	0.055	0.064	−0.001	3.232	2.906	2.986	−0.042
H10	0.683	0.778	0.710	0.009	0.057	0.029	0.043	−0.004	4.724	2.900	3.758	−0.240
H11	0.022	0.861	0.518	0.088	−0.002	0.006	0.004	0.001	1.042	1.299	1.316	0.015
H12	0.934	0.930	0.921	−0.001	0.017	0.023	0.021	0.001	1.558	2.344	1.991	0.062
H13	−0.647	−0.370	−0.533	0.038	−0.031	−0.011	−0.019	0.003	0.255	0.342	0.292	0.010
H14	−0.152	0.434	0.150	0.062	−0.002	0.001	0.000	0.000	0.424	0.562	0.460	0.005
H15	0.844	0.730	0.754	−0.015	0.053	0.028	0.038	−0.003	3.469	2.606	2.886	−0.112
H16	−0.393	−0.357	−0.304	−0.001	−0.015	−0.021	−0.012	−0.001	0.339	0.194	0.297	−0.022

续表

	NEX				MIC				RCA			
H17	−0.264	−0.124	−0.310	0.014	−0.058	−0.031	−0.051	0.003	0.746	0.667	0.640	−0.017
H18	0.750	0.672	0.684	−0.002	0.007	0.004	0.005	0.000	0.437	0.622	0.458	0.030
H19	−0.858	−0.138	−0.711	0.075	−0.010	−0.001	−0.005	0.001	0.449	0.890	0.424	0.059
H20	0.623	0.557	0.524	0.002	0.003	0.004	0.003	0.000	0.623	1.077	0.818	0.047
H21	0.313	0.340	0.315	0.004	0.008	0.005	0.008	0.000	0.798	0.992	0.881	0.037
H22	0.457	0.523	0.407	0.013	0.012	0.011	0.010	0.000	1.058	0.900	0.935	−0.019
H23	−0.255	0.473	−0.119	0.091	−0.025	0.023	−0.011	0.005	0.657	1.132	0.764	0.055
H24	−0.147	−0.243	−0.247	0.004	−0.013	−0.018	−0.015	0.000	0.777	0.566	0.725	−0.023
H25	0.480	0.622	0.534	0.013	0.018	0.025	0.021	0.001	1.379	1.418	1.358	0.003
H26	−0.445	0.035	−0.296	0.047	−0.057	−0.006	−0.033	0.005	0.381	0.688	0.499	0.023
H27	0.047	0.272	0.077	0.020	−0.008	0.013	−0.001	0.001	0.268	0.439	0.316	0.012
H28	−0.083	−0.171	−0.223	−0.011	−0.049	−0.101	−0.097	−0.008	0.926	1.370	1.132	0.031
H29	0.307	0.647	0.423	0.048	0.033	0.155	0.099	0.017	1.465	3.047	2.176	0.192
H30	0.070	−0.016	−0.027	−0.010	−0.008	−0.027	−0.019	−0.003	1.115	1.631	1.390	0.063

注：H1：煤炭采选业、H2：石油开采业、H3：黑金采选业、H4：有金采选业、H5：非金属矿采选业、H6：食品加工业、H7：饮料制造业、H8：烟草加工业、H9：纺织、服装业、H10：皮革制品业、H11：木材加工业、H12：家具制造业、H13：造纸业、H14：印刷业、H15：文体制造业、H16：石油加工业、H17：化学原料制造业、H18：医药制造业、H19：化学纤维制造业、H20：橡胶制品业、H21：塑料制品业、H22：非金制品业、H23：黑金属冶炼业、H24：有金属冶炼业、H25：金属制品业、H26：机械制造业、H27：交通设备制造业、H28：电气机械制造业、H29：电子制造业、H30：仪器机械制造业。

型行业都具有显著的比较优势;人均资本存量最大的前6个资本密集型产业的RCA指数都小于1,其中5个行业的NEX指数为负,表明这些资本密集型行业不具有显著的比较优势。

表4 各变量的基本特征

	NEX	RCA	MIC	GZ	SO_2	RL	ZB
单位	—	—	—	%	吨/百万元	%	万元/人
平均	0.125	1.053	-0.0007	0.8878	4.723	4.0793	8.050
最大	0.941	4.883	0.1627	6.1700	48.530	11.820	43.145
最小	-1.000	0.000	-0.1358	0.0324	0.010	0.400	1.331
标准误	0.548	0.951	0.0390	1.0318	8.088	2.541	6.935
样本	330	330	330	330	330	330	330

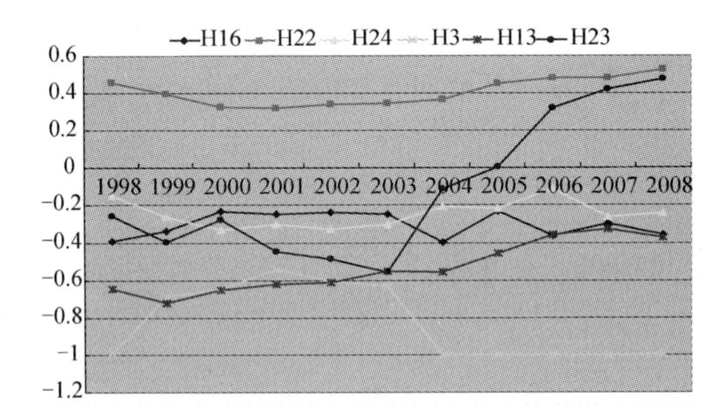

图3 前6个污染类产业的NEX指数

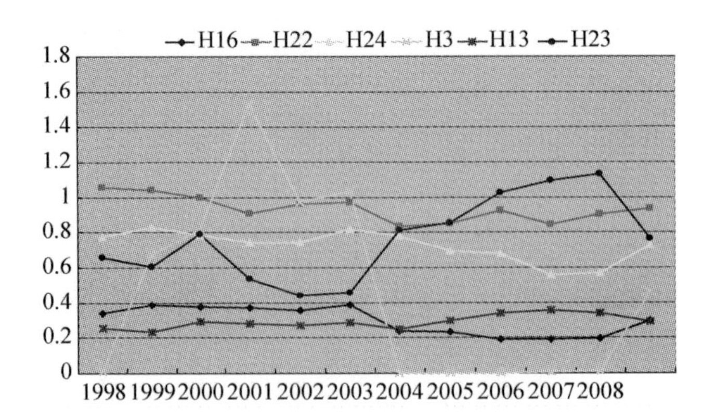

图4 前6个污染类产业的RCA指数

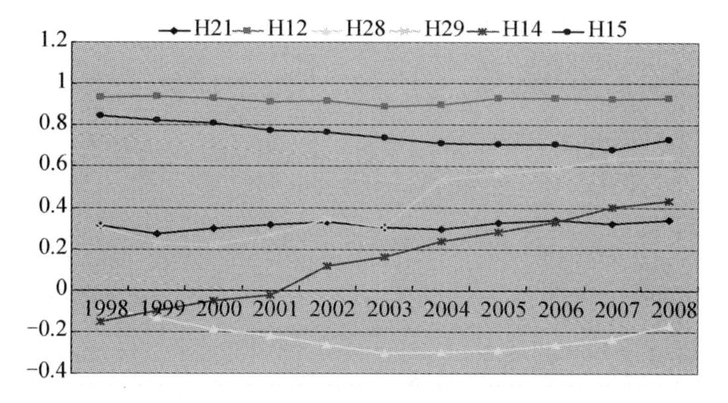

图 5　前 6 个干净类产业的 NEX 指数变

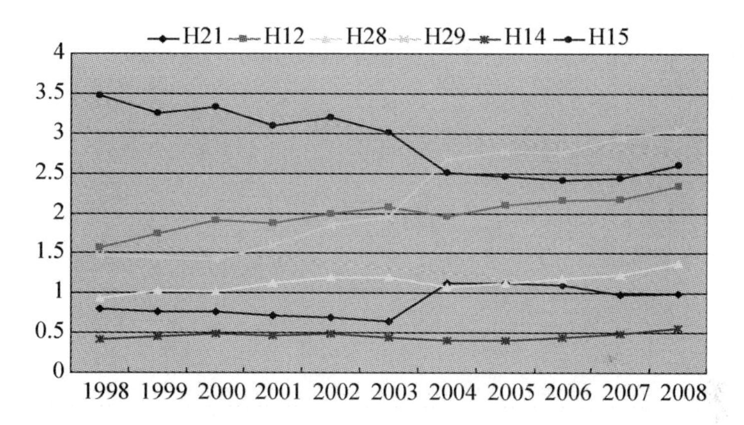

图 6　前 6 个干净类产业的 RCA 指数

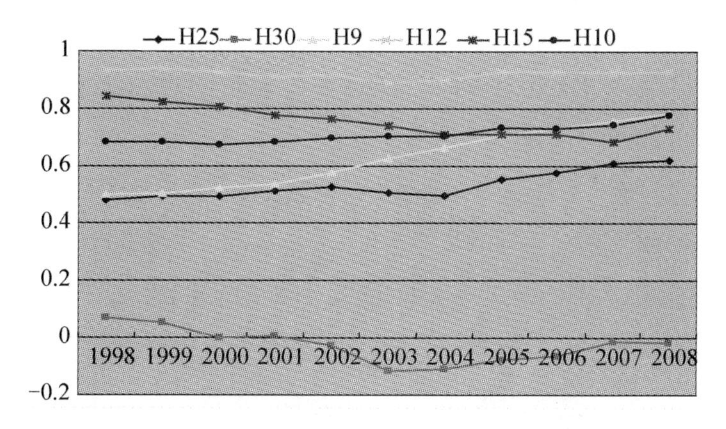

图 7　前 6 个劳动密集型产业的 NEX 指数

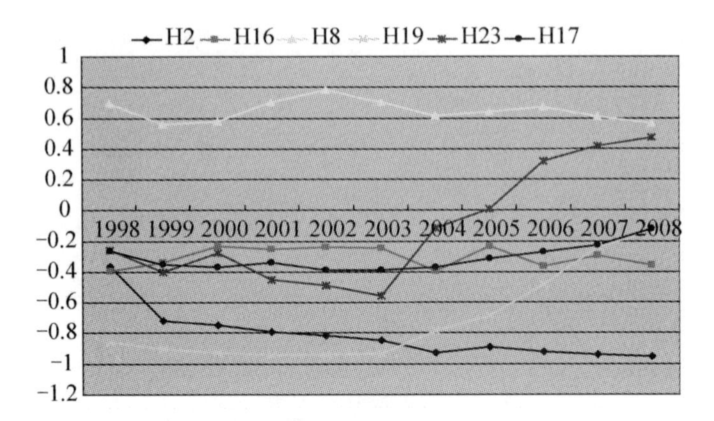

图 8　前 6 个资本密集型产业的 NEX 指数

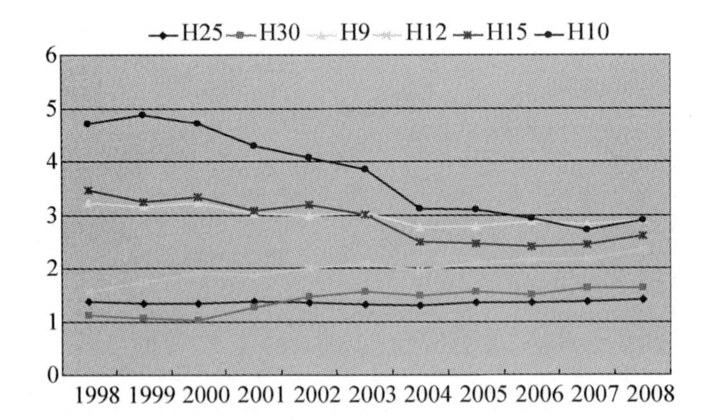

图 9　前 6 个劳动密集型产业的 RCA 指数

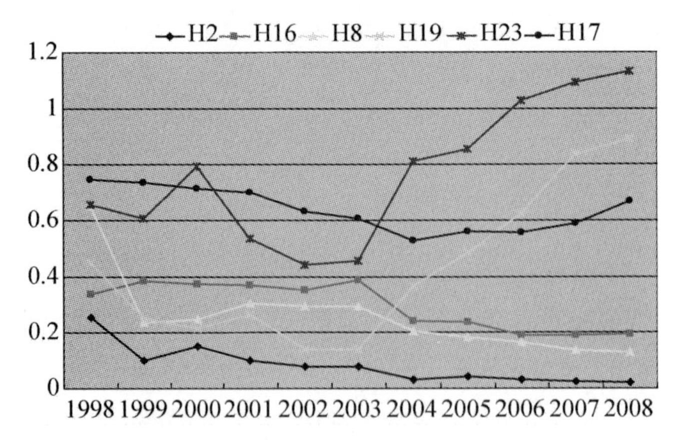

图 10　前 6 个资本密集型产业的 RCA 指数

（三）回归结果分析

表5、表6列出了环境规制强度等因素对贸易比较优势影响的回归结果。我们检验了人力资本、物质资本强度和环境规制强度三个自变量之间的VIF值，其VIF值分别为1.09、1.14、1.07，这些值都小于10，说明这三个自变量之间不存在共线性问题。从采用工具变量FE-IV模型中的Cragg-Donald Wald F统计值、Anderson canon LM统计值和Sargan统计值来看，各工具变量FE-IV模型所选取的工具变量是合适的。

表5列出了以RCA贸易比较优势指数作为因变量的回归模型结果。从表5的结果来看，无论是采用FE效应、RE效应模型还是采用工具变量的FE-IV模型，环境规制强度变量的回归系数都为正，即环境规制强度能够提升工业行业的贸易比较优势，越是注重污染治理的工业行业，其RCA贸易比较优势相对越大。此外，我们还从模型(1)至模型(6)中发现，环境规制强度的平方项为负，即随着环境规制强度由弱转强到一定的水平时，环境规制强度对贸易比较优势会产生先提高后降低的影响趋势。人力资本和RCA贸易比较优势变量负相关。这可能和我国的主要贸易形式是加工贸易有关，我国加工贸易出口占总出口的比重基本上保持在50%以上，加工贸易在国际产业链中处于低端地位，我国主要承接产品的组装和配套生产，劳动密集度高、技术含量和增值率低；因此，加工贸易企业一般不需要较高的人力资源，拥有较高的人力资源需要付出较高的人力资本报酬，反而可能会增加其成本、降低其贸易比较优势。物质资本强度和RCA贸易比较优势指数正相关。这表明企业通过购买新的机器设备等资本投资能够提升其贸易竞争力。在模型(10)和(11)中，当增加物质资本强度的平方项时，物质资本强度的一次项系数显著为负，其平方项的回归系数显著为正，这说明物质资本强度和RCA贸易比较优势指数间存在显著的倒“U”形关系；随着物质资本强度的增加，物质资本强度对RCA贸易比较优势指数的影响会经历先提高后降低的趋势，即对于物质资本强度存在一个转折点，当物质资本强度大于这个转折点时，物质资本强度反而不利于产业RCA贸易比较优势的提升。

为了进一步验证回归结果的稳健性，我们分别采用各行业的NEX指数和MIC指数作为因变量，表6列出了其回归结果。从回归结果中可以看出，环境规制强度、人力资本和物质资本强度一次项的回归结果和表5的结果基本一致。对于自变量二次项的回归系数而言，环境规制强度的二次项系数在以净出口指数为因变量的回归模型中为负，即环境规制强度对净出口指数也存在先提升后降低的影响趋势；但是在以MIC指数作为因变量的模型中没有发现这个影响趋势。在净出口指数和MIC指数作为因变量的模型中，物质资本强度对贸易比较优势也存在先提升后降低的影响趋势。在表(6)中的模型(7)中，我们还发现人力资本变量的一次

表 5　回归结果

解释变量	(1) RCA	(2) RCA	(3) RCA	(4) RCA	(5) RCA	(6) RCA	(7) RCA	(8) RCA	(9) RCA	(10) RCA	(11) RCA
GZ	0.246**** (2.60)	0.192*** (2.08)	0.241**** (2.37)	0.178*** (2.08)	0.174** (1.83)	0.088 (0.95)	0.055* (1.56)	0.026 (0.74)	0.070 (0.50)	0.062** (1.75)	0.072 (0.51)
GZ^2	−0.033** (−1.83)	−0.025 (−1.42)	−0.033** (−1.81)	−0.025 (−1.36)	−0.023 (−1.35)	−0.012 (−0.72)					
RL					−0.162**** (−7.17)	−0.148**** (−6.81)	−0.164**** (−7.30)	−0.149**** (−6.90)	−0.162**** (−6.31)	−0.182**** (−7.65)	−0.177**** (−6.80)
ZB					0.030**** (2.86)	0.012 (1.19)	0.030**** (2.81)	0.011 (1.16)	0.057**** (2.76)	0.099**** (2.95)	0.123*** (2.46)
ZB^2										−0.001**** (−2.17)	−0.001* (−1.57)
年度效应	否	否	是	是	是	是	是	是	是	是	是
R^2	0.1066	0.1071	0.1053	0.1052	0.1947	0.1896	0.1947	0.1856	0.2026	0.2077	0.2123
F 或 wald 值	83.70	6.19	82.43	14.02	70.58	63.91	70.33	63.32	5.14	60.82	4.93
Hausman	7.51 (0.0234)		6.84 (0.8678)		23.18 (0.0574)		11.62 (0.5587)			27.23 (0.0180)	

续表

解释变量	(1) RCA	(2) RCA	(3) RCA	(4) RCA	(5) RCA	(6) RCA	(7) RCA	(8) RCA	(9) RCA	(10) RCA	(11) RCA
Anderson canon LM 统计值									15.944 (0.0003)		15.679 (0.0004)
Cragg-Donald Wald F 统计值									8.112 (19.93)		7.933 (19.93)
Sargan 统计值									0.946 (0.3306)		1.325 (0.2496)
模型	FE	RE	FE	RE	FE	RE	FE	RE	FE−IV	FE	FE−IV
样本	330	330	330	330	330	330	330	330	270	330	270

注：模型9、11的内生变量为环境规制强度变量，工具变量为环境规制强度变量的1、2阶滞后项；Hausman括号里为Prob>chi2的值；系数值括号里为t值或z值；Cragg-Donald Wald F统计值括号里的值为弱工具变量检验的10%水平标准值；Sargan括号里的值为Chi-sq P-val；****、***、**、*分别为在1%、5%、10%和15%水平上显著；FE-IV为采用工具变量的FE模型。

表 6　回归结果

解释变量	(1) NEX	(2) NEX	(3) NEX	(4) NEX	(5) NEX	(6) NEX	(7) NEX	(8) NEX	(9) MIC	(10) MIC	(11) MIC	(12) MIC
GZ	0.0936** (1.83)	0.047 (0.94)	0.1281*** (2.34)	0.0698 (1.29)	0.1212*** (2.18)	0.014 (0.17)	0.015 (0.18)	0.012 (0.14)	0.0009 (0.46)	−0.000 (−0.00)	0.006 (0.84)	0.006 (0.83)
GZ^2	−0.018** (−1.87)	−0.012 (−1.21)	−0.021*** (−2.13)	−0.013 (−1.34)	−0.020*** (−2.01)							
RL					−0.0159 (−1.21)	−0.036*** (−2.43)	−0.054* (−1.56)	−0.038*** (−2.55)	−0.004**** (−3.38)	−0.004**** (−3.36)	−0.004**** (−3.69)	−0.005**** (−3.64)
ZB					0.003 (0.44)	0.038**** (3.26)	0.039**** (3.29)	0.048** (1.68)	0.0004 (0.72)	−0.0002 (−0.33)	0.005**** (4.96)	0.005** (2.07)
RL^2							0.001 (0.57)					
ZB^2								−0.0002 (−0.42)				−0.00001 (−0.04)
年度效应	否	否	是	是	是	是	是	是	是	是	是	是
R^2	0.0118	0.0086	0.0430	0.0388	0.1310	0.0879	0.0892	0.0884	0.0422	0.0385	0.111	0.1114

续表

解释变量	(1) NEX	(2) NEX	(3) NEX	(4) NEX	(5) NEX	(6) NEX	(7) NEX	(8) NEX	(9) MIC	(10) MIC	(11) MIC	(12) MIC
F或 wald值	77.26	1.72	76.85	8.96	59.62	1.93	1.79	1.78	48.51	14.43	2.84	2.60
Hausman	27.94 (0.000)		30.59 (0.0023)		47.80 (0.0023)				4.61 (0.9828)			
Anderson canon LM 统计值						15.944 (0.0003)	15.943 (0.0003)	15.679 (0.0004)			15.944 (0.0003)	22.346 (0.0000)
Cragg-Donald Wald F 统计值						8.112 (19.93)	8.076 (19.93)	7.933 (19.93)			8.112 (19.93)	12.115 (19.93)
Sargan 统计值						1.215 (0.2703)	1.158 (0.2819)	1.330 (0.2489)			0.023 (0.8794)	0.222 (0.6372)
模型	FE	RE	FE	RE	FE	FE−IV	FE−IV	FE−IV	FE	RE	FE−IV	FE−IV
样本	330	330	330	330	330	270	270	270	330	330	270	270

注:模型6、7、8、11、12的内生变量为环境规制强度变量,工具变量为环境规制强度变量的1、2阶滞后项;Hausman括号里为Prob>chi2的值;系数值括号里为t值或z值;Cragg-Donald Wald F统计值括号里的值为弱工具变量检验的10%水平标准值;Sargan括号里的值为Chi-sq P-val;****、***、**、*分别为在1%、5%、10%和15%水平上显著;FE-IV为采用工具变量的FE模型。

项系数显著为负，其二次项的系数为负，这表明人力资本变量与 NEX 指数存在“U”形关系的趋势，即随着人力资本水平的提升，人力资本变量对 NEX 指数会经历先降低后提高的影响趋势。

从上面的分析我们发现，环境规制强度能够提升中国工业行业的贸易比较优势。其主要原因可能是中国工业行业存在一定的“波特效应”，按照“波特假说”，合适的环境规制能激发企业的创新补偿效应，不仅能弥补企业遵循环境规制的成本，还能提高企业的生产率和国际竞争力等，实现提升环境效应和企业经济效应的双赢目标；但是环境规制强度也有一个“度”的限制，当环境规制强度超过一定的水平时，其反而不利于产业贸易比较优势的提升。其实，Porter 和 Linde（1995）也认为只有合适的环境规制才不会阻碍其国际竞争力，才会通过促进技术创新来弥补其遵守规制的成本而受益。我们还发现物质资本强度和贸易比较优势间存在倒“U”形的关系，即在一定范围内，物质资本强度能够提升工业行业的贸易比较优势；但是当物质资本强度超过这个“度”范围时，其反而不利于产业贸易比较优势的提升。这符合林毅夫、张鹏飞（2006）提出的适宜技术基本结论，他们认为一个国家最适宜（优）的技术结构内生决定于这个国家的要素禀赋结构；如果发展中国家选择与其要素禀赋结构相一致的技术结构，那么这个发展中国家和发达国家之间在生产率以及人均产出上等的差异就会变得最小。因此，由于发展中国家的最丰富资源禀赋是劳动而不是资本，对于中国这个发展中国家来说，其产业的物质资本强度并不是越高越好，当其物质资本强度达到一定的水平后，更高的物质资本可能并不会带来符合中国发展水平的最适宜技术，因此也并不能促进产业的贸易比较优势。作为一个劳动力丰富的发展中大国，中国劳动力要素价格相对较低，中国采用一定的劳动密集型生产方式符合劳动力禀赋的比较优势，能更有效地提升产业的国际竞争力。

因此，环境规制强度以及传统的要素禀赋使得中国工业行业的贸易比较优势集中在相对劳动密集型和干净类产业上。一方面，合适的环境规制强度能够提升注重污染治理的工业行业的贸易比较优势，并导致出口竞争力强的工业行业变得更为“干净型”；另一方面，中国作为一个发展中大国，劳动力资源相对比较丰富，中国产业的比较优势也会集中在劳动密集型产品上；当超过一定的物质资本强度时，物质资本强度反而会不利于产业贸易比较优势的提升；而劳动密集型产业又恰恰是干净类产业，其本身污染排放量比较小。因此，环境规制强度能够强化中国工业行业的比较优势集中在劳动密集型产业上。

五、结论

本文运用30个中国工业行业1998—2008年的数据对环境规制强度等因素如何影响工业行业的贸易比较优势进行了实证分析。我们得到了几个主要的结论：第一，我们发现工业行业环境规制强度能够提升产业的贸易比较优势；环境规制强度以及传统的要素禀赋使得中国工业行业的贸易比较优势集中在劳动密集型和干净类产品上，这也是中国没有成为“污染天堂”的重要原因。但是环境规制强度对产业贸易比较优势的影响也有一个“度”的限制，当环境规制强度超过这个“度”之后，其对产业贸易比较优势的影响会有降低的趋势。第二，物质资本强度与贸易比较优势之间存在倒“U”形关系，即随着物质资本强度的增加，物质资本对工业行业贸易比较优势会经历一个先提高后降低的影响趋势；而人力资本水平越高并不意味着产业的贸易比较优势越强，这可能和中国开展大量的加工贸易有关。

本文的结论为中国实施适当的环境规制提供了理论依据。首先适当的环境规制是中国建设环境友好、资源节约型社会的需要；当环境规制强度适当时，产业的“创新补偿”等能够弥补治理污染的外部成本，从而提升产业的贸易竞争力；但是当环境规制强度超过一定限度时，产业的“创新补偿”等有可能不能再弥补外部成本的增加，反而会导致其贸易竞争力的下降。其次，我们在提升产业比较优势的时候既要注重选择适宜技术，也要注重产业比较优势的动态发展。作为一个劳动力丰富的发展中大国，中国劳动力要素价格相对比较便宜，这是中国要素禀赋的比较优势所在，因此，中国既要避免过分选择资本密集型的技术水平，同时也要注重比较优势的动态演变以避免陷于“低技术陷阱”，而失去产业升级的动力。

本文的分析也存在一定的局限性。首先，由于中国工业行业的统计口径和联合国的统计口径不一致，使得我们难以从更细分行业水平上去展开分析；而从企业或更细分析行业角度去分析环境规制强度等因素对其比较优势的影响是我们进一步研究的方向[①]；其次，环境规制强度对一国比较优势的影响表现为两种途径：一种是通过FDI，另一种是通过国际贸易，而这两个途径实质是互相对应的；根据“污染天堂假说”，发达国家严格的环境规制使得其污染产业选址（或投资）到发展中国家，使得发达国家从发展中国家进口更多的污染类产品，从而使发达国家和发展中国家的产业贸易比较优势发生变化。因此，环境规制对产业FDI或者选址的影响直接决定了一国产业贸易比较优势的变动，从这两个角度对环境规制影响中国

---

① 感谢匿名审稿人的建议。

比较优势进行比较分析具有较强的理论和现实意义。

主要参考文献

1. 包群、阳佳余:《金融发展影响了中国工业制成品出口的比较优势吗?》,《世界经济》,2008 年第 3 期。
2. 陈勇、李小平:《中国工业行业的面板数据构造与资本深化评估》,《数量经济技术经济研究》,2006 年第 10 期。
3. 代谦、李唐:《比较优势与落后国家的二元技术进步》,《经济研究》,2009 年第 3 期。
4. 傅京燕:《环境规制对贸易模式的影响及其政策协调》,暨南大学博士论文,2006 年。
5. 傅朝阳:《中国出口商品比较优势的实证分析》,《世界经济研究》,2005 年第 3 期。
6. 解垩:《环境规制与中国工业生产率增长》,《产业经济研究》,2008 年第 1 期。
7. 李强、聂锐:《环境规制与中国大中型企业工业生产率》,《中国地质大学学报》,2010 年第 7 期。
8. 李小平、朱钟棣:《国际贸易、R&D 溢出和生产率增长》,《经济研究》,2006 年第 2 期。
9. 连玉君、苏治、丁志国:《现金-现金流敏感性能检验融资约束假说吗?》,《统计研究》,2008 年 10 月。
10. 陆旸:《环境规则影响了污染密集型商品的贸易比较优势吗?》,《经济研究》,2009 年第 4 期。
11. 林毅夫、李永军:《比较优势、竞争优势和发展中国家经济发展》,《管理世界》,2003 年第 7 期。
12. 林毅夫、张鹏飞:《适宜技术、技术选择和发展中国家的经济增长》,《经济学季刊》,2006 年第 3 期。
13. 彭水军、刘安平:《中国对外贸易的环境影响效应:基于环境投入-产出模型的经验研究》,《世界经济》,2010 年第 5 期。
14. 盛斌:《中国对外贸易政策的政治经济分析》,上海人民出版社,2002 年。
15. 盛丹、李坤望、王永进:《劳动力流动会影响我国地区出口比较优势吗?》,《世界经济研究》,2010 年第 9 期。
16. 曾贤刚:《环境规制、外商直接投资与"污染避难所"假说》,《经济理论与经济管理》,2010 年第 11 期。
17. 赵细康:《环境保护与产业国际竞争力》,中国社会科学出版社,2003 年。
18. 朱平芳、李磊:《两种技术引进方式的直接效应研究——上海市大中型工业企业的微观实证》,《经济研究》,2006 年第 3 期。
19. 朱平芳、徐大丰:《中国城市人力资本的估算》,《经济研究》,2007 年第 9 期。
20. 张成、陆旸、郭路、于同申:《环境规制强度和生产技术进步》,《经济研究》,2011 年第 2 期。
21. 张杰、黄泰岩、芦哲:《中国企业利润来源与差异的决定机制研究》,《中国工业经济》,2011 年第 1 期。
22. Balassa, B., "Trade Liberalization and Revealed Comparative Advantage", *Manchester School of Economics and Social Studies*, 1965,33: 99-123.
23. Busse, M., "Trade, Environmental Regulations and the World Trade Organization: New Empirical Evidence", *Journal of World Trade*, 2004,38:285-306.
24. Cole and Robert J. R. Elliott, "Do Environmental Regulations Influence Trade Patterns? Testing Old and New Trade Theories",*The World Economy*, Volume 26, Issue 8: 1163-1186.
25. Cole et. al., "Why the grass is not always greener: the competing effects of environmental regulations and factor intensities on US specialization",*Ecological Economics*, 2005,54:95-109.
26. Derek K. Kellenberg, "An empirical investigation of the pollution haven effect with strategic environment and trade policy", *Journal of International Economics*,2009,78:242-255.
27. Dasgupta,S.,A.Mody, S. Roy and D. Wheeler, "Environmental Regulation and Development: A Cross-Country Empirical Analysis",*World Bank*, *Policy Research Department*, *Working Paper* No. 1448.
28. Ederington, J., A. Levinson and J. Minier, "Footloose and Pollution-Free", *Review of Economics and Statistics*, 2003,87(1): 92-99.

29. Grossman, G. M. and Krueger, A. B., "Environmental impacts of a North American Free Trade Agreement", *NBER Working Paper No*. 3914, Issued in November 1991.

30. A. Levinson and S. Taylor, "Unmasking the Pollution Haven Effect", *NBER Working Paper Series*, No. 10629, 2004.

31. A. Levinson and S. Taylor, "Trade and the Environment: Unmasking the Pollution Haven Hypothesis", Low P. and Yeats A., Do"dirty" industries migrate? *in International Trade and the Environment*, ed. Low P., pp. 89-103, *World Bank Discussion Papers*, NO. 159, 1992, World Bank, Washington, DC.

32. Lucas R.E.B., Wheeler D. and Hettige H., "Economic Development, Environmental Regulation and the International Migration of Toxic Industrial Pollution: 1960-1988", in *International Trade and the Environment*, ed. Low P., *World Bank Discussion Paper* No. 159, 1992, World Bank, Washington, DC.

33. Mani, M. and D. Wheeler, "In Search of Pollution Havens? Dirty Industry in the World Economy, 1960-1995", *Journal of Environment and Development*, 1998, Vol. 7, No. 3: 215-247.

34. Michaely, M., *Concentration in International Trade*, North Holland, Amsterdam, 1962.

35. Porter, M. E. and Linde, C., "Toward a new conception of the environment competitiveness relationship", *Journal of Economic Perspectives*, 1995, 9 (4): 97-118.

36. Quiroga, Migueland, Persson, Martin and Sterner, Thomas, "Have Countries with Lax Environmental Regulations a Comparative Advantage in Polluting Industries?", *Working Papers in Economics* 412, Göteborg University, Department of Economics, 2009.

37. Raymond J.G.M., Abay Mulatu, Cees Withagen, "Environmental Regulation and Competitiveness", *Tinbergen Institute Discussion Papers with number* 2001-039/3.

38. Robison, H. D., "Industrial pollution abatement: The impact on balance of trade", *Canadian Journal of Economics*, 1988, 21(1): 187-199.

39. Xu, X. and L. Song, "Regional cooperation and the environment: do "dirty" industries migrate?", *Weltwirtschaftliches Archiv*, 2000, 136(1): 137-157.

40. Tobey, J., "The Effects of Domestic Environmental Policies on Patterns of World Trade: An Empirical Test", Kyklos, 1990, Volume 43, Issue 2: 191-209.

附图1　一些发达国家的环境污染治理和控制经费(PAC)占GDP的比值

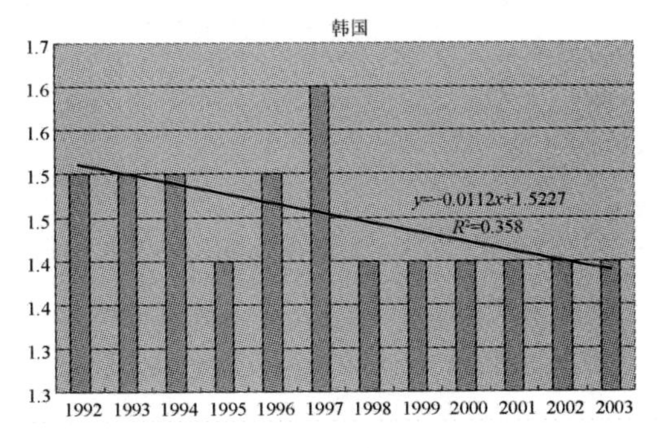

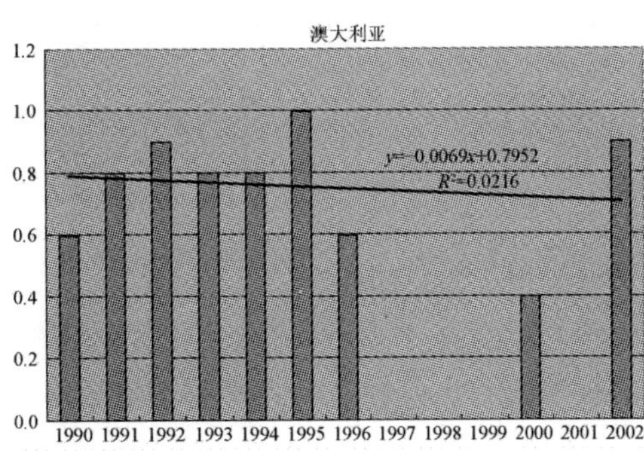

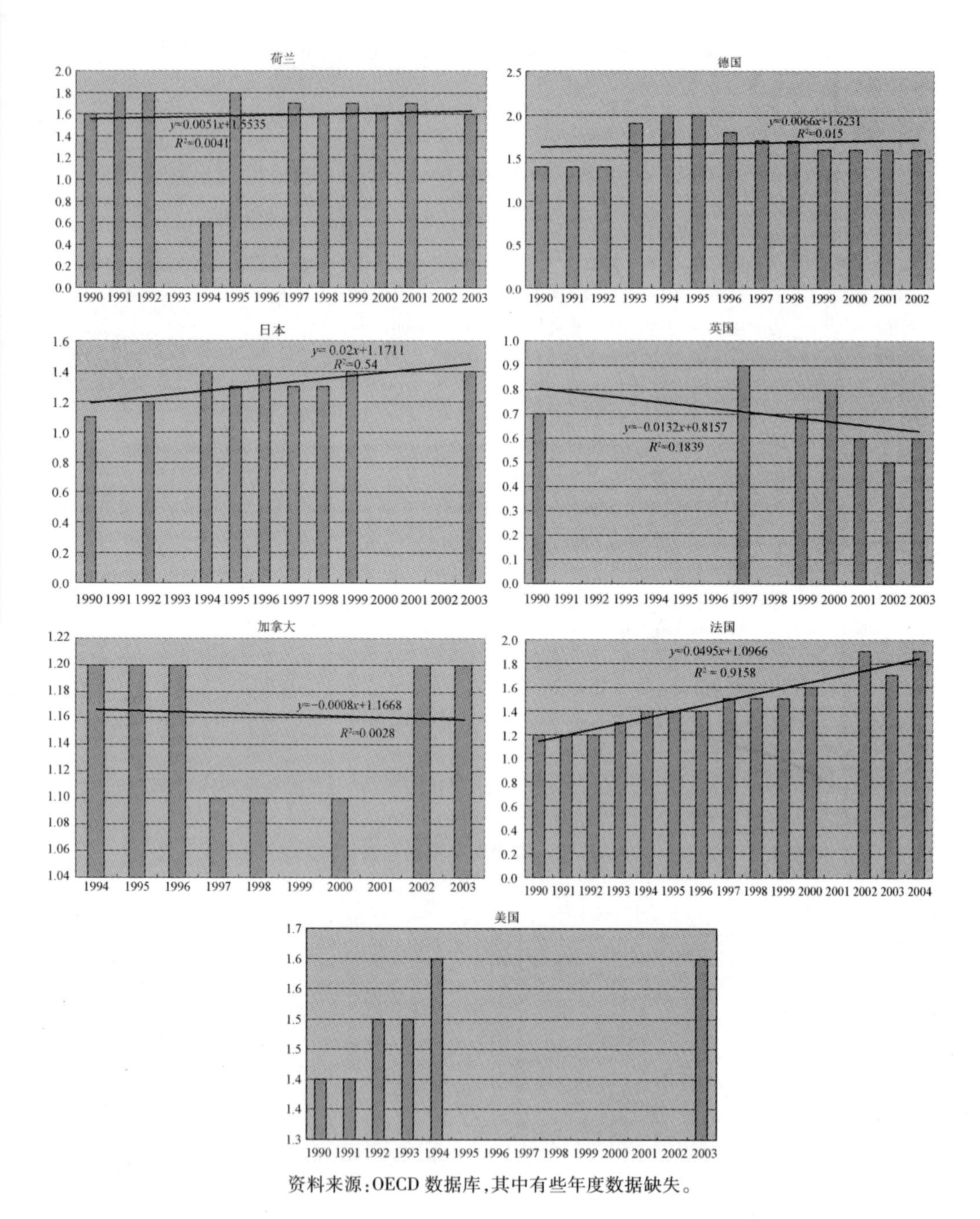

资料来源:OECD 数据库,其中有些年度数据缺失。

《世界经济》,2012 年第 4 期;本文与李小平、陶小琴合写